И.В. ФАГРАДЯНЦ

НЕМЕЦКО-РУССКИЙ СЛОВАРЬ СОКРАЩЕНИЙ

WÖRTERBUCH DER ABKÜRZUNGEN DEUTSCH-RUSSISCH

I.W. FAGRADIANTS

Издательство «ЭТС»
Москва
2000

I.W. Fagradiants
WÖRTERBUCH DER ABKÜRZUNGEN. DEUTSCH-RUSSISCH

И.В. Фаградянц
НЕМЕЦКО-РУССКИЙ СЛОВАРЬ СОКРАЩЕНИЙ. — М.: ЭТС. — 2000. — 384 с.

Такой словарь издается впервые за последние 15 лет и включает как общераспространенные сокращения, так и сокращения из различных отраслей науки и техники, содержит отдельные, наиболее употребительные латинские, английские и другие иноязычные аббревиатуры — всего более 20 000 словарных статей. Словарь особенно интересен тем, что включает в себя сокращения, связанные с современными реалиями: объединение Германии и вступление ее в ЕС, распад СССР и СЭВ, развитие ЕС и создание так называемой Еврозоны *(зоны хождения общеевропейской валюты Евро)*, расширение блока НАТО и его программ, развитие Интернет, повсеместное распространение вычислительной техники и новых технологий, «взрывообразное» развитие электронной коммерции по сетям Интернет и т.п.

В конце словаря приводятся новые правила написания немецких аббревиатур. Словарь рассчитан на широкие круги читателей.

Все критические замечания и предложения просьба направлять по адресу: 103062 Москва, Подсосенский пер. 13, издательство «ЭТС»; т./ф. (095) 917-21-60; e-mail:ets@ets.ru.

Информация о новинках издательства «ЭТС», полный каталог, демонстрационные версии словарей Polyglossum, электронных книг серии «Русские словари» и другие полезные сведения и программы — на странице издательства в Интернет:
http://www.ets.ru

Издание словаря осуществлено при активной помощи Государственного Фонда содействия развитию малых форм предприятий в научно-технической сфере (генеральный директор Иван Михайлович Бортник, тел./факс +7 (095) 135-7734)

Запрещается полное или частичное воспроизведение настоящего словаря в любой форме без письменного разрешения издательства.

No part of this edition may be translated, reproduced or transmitted in any form or by any means without the written permission of publishers.

ISBN 5-93386-003-4
© Издательство «ЭТС», 2000 г.
© И.В. Фаградянц, 1999 г.

ОТ АВТОРА

В редактировании и дополнении словарных материалов активное участие принимали: *И.А.Михайлова* (буквы A — I) и *Э.Г.Шахиджанян* (буквы I — Z). Особую благодарность автор выражает *Эране Грантовне Шахиджанян*, которая взяла на себя труд вычитать макет словаря, а также *Владимиру Александровичу Бутакову* и *Владимиру Ивановичу Никифорову*, осуществившим электронную обработку текста.

СТРУКТУРА СЛОВАРЯ И УСЛОВНЫЕ ОБОЗНАЧЕНИЯ

Все немецкие сокращения расположены в алфавитном порядке, при этом учитывается регистр букв — сначала большие, потом маленькие; также учитывается написание сокращений на буквы с умляутом (вынесены для удобства пользования) отдельно и в последнюю очередь учитывается написание сокращений со специальными символами и знаками, например:

A	AA	a.a.	a.D.
A.	A.A.	AD	ad
a	A.a.	A.D.	a.d.
a.	a.A.	A/D	a/d
ä	ä.A.	Ad	
ä.	aa	A/d	

Сокращённые слова и аббревиатуры, выражающие одно и то же понятие, при одинаковых буквенных обозначениях или несколько отличном написании, как правило объединены в одной статье, если они располагаются последовательно в алфавитном порядке или стоят по алфавиту близко друг от друга, например:

Wdh.; Wdhlg | Wiederholung | повторение

ПРИНЯТЫЕ СОКРАЩЕНИЯ

ав. — авиация
австр. — австрийский термин
авто — автомобилестроение, автомобильный транспорт
анат. — анатомия
англ. — английский (язык)
арт. — артиллерийский, относящийся к артиллерии
архит. — архитектура
астр. — астрономия
банк. — банковское дело
библиогр. — библиография
биол. — биология
бирж. — биржевой термин
бухг. — бухгалтерский термин
бывш. — бывший, бывшая
в сложн. — в сложных словах
водоснаб. — водоснабжение
воен. — военное дело, военный
вчт. — вычислительная техника
газоснаб. — газоснабжение
геогр. — география
геод. — геодезия
геол. — геология
гидр. — гидротехника
грам. — грамматика, грамматический термин
дер. — деревообработка
ж.-д. — железнодорожный транспорт
изд. — издание
исп. — испанский язык
ист. — история
итал. — итальянский язык
канц. — канцеляризм

карт. — картография
ком. — коммерция, торговля
крист. — кристаллография
лат. — латынь, латинский язык
лингв. — лингвистика
лит. — литература, литературоведение
мат. — математика
маш. — машиностроение, металлообработка
мед. — медицина
мет. — металлургия
метео — метеорология
мин. — минералы
мн. ч. — множественное число
мор. — морской транспорт, судостроение
муз. — музыкальный термин
навиг. — навигация
опт. — оптика
орг. — оргтехника
пищ. — пищевая промышленность
полигр. — полиграфия
почт. — почта
психол. — психология
радио — радиосвязь, радиодело
разг. — разговорное выражение
рел. — религия
свз. — связь
сет. пл. — сетевое планирование
спорт. — спорт
стр. — строительство
страх. — страхование
с.-х. — сельское хозяйство
суд. — судоходство

театр. — театральный термин
текст. — текстильная промышленность
тех. — техника
тж. — также
тлв. — телевидение
тлг. — телеграфия
тлф. — телефония
топ. — топография, топографический знак
торг. — торговля
усл. обзн. — условное обозначение
уст. — устаревший термин, устаревшее понятие
физ., яд. физ. — физика, ядерная физика
физиол. — физиология
фин. — финансы
фото — фототехника

фр. — французский язык
хим. — химия
холод. — холодильная техника
церк. — церковный термин
шахм. — шахматы
эк. — экономика
эл. — электротехника
элн. — электроника
юр. — юриспруденция, юридический термин
яз. пр. — язык программирования
engl. — английский язык
f — Femininum, женский род
fr. — французский язык
lat. — латынь, латинский язык
m — Maskulinum, мужской род
n — Neutrum, средний род
pl — Plural, множественное число

НЕМЕЦКИЙ АЛФАВИТ

Aa, Ää	**Bb**	**Cc**	**Dd**	**Ee**
Ff	**Gg**	**Hh**	**Ii**	**Jj**
Kk	**Ll**	**Mm**	**Nn**	**Oo, Öö**
Pp	**Qq**	**Rr**	**Ss**	**Tt**
Uu, Üü	**Vv**	**Ww**	**Xx**	**Yy**
		Zz		

A

A, Abfluß сток

A, Abflußmenge сток; расход *(воды); тех.* расход потока

A, Abfrage *вчт., тлф.* 1. опрос; считывание 2. запрос; вызов

A, Absorptionsvermögen поглощающая способность; коэффициент поглощения

A, Absperrorgan *газоснаб., водоснаб.* запорный орган *(напр., запорный вентиль)*

A, Aggregat агрегат

A, Akzept 1. акцепт, акцептование *(векселя)* 2. акцептованный вексель

A, Allison *авто* коробка передач «Аллисон»

A, Alp *топ.* горное пастбище

A, alterungsbeständig *тех.* стойкий против старения, нестареющий *(в маркировке стали)*

A, Ampere ампер, *A (единица силы электрического тока)*

A, Amplitude амплитуда

A, Amt 1. учреждение; контора; ведомство, управление 2. должность 3. *(телефонная)* станция

A, Anfänger начинающий; новичок *(в каком-л. деле)*; дебютант; инициатор

A, Å, Ångström (einheit) ангстрём *(единица длины световых волн)*

A, а, Anode *эл.* анод

A, Anrufschranke *ж.-д.* шлагбаум, открываемый дежурным по переезду по просьбе участника дорожного движения

A, Anteflexion *авто, мед.* изгиб кости вперёд *(вид травмы при ДТП)*

A, Antenne антенна

A, Arbeit работа; задание

A, Archiv архив *(принятое наименование для научных печатных трудов)*

A, Argon *хим.* аргон

A, Armee- *в сложн.* армейский

A, Armee армия

A, asphärischer Spiegel *опт.* асферический отражатель *(в маркировке зеркальных отражателей)*

A, association *англ.* ассоциация; объединение

A, Atlas *текст.* атлас, атласное переплетение; сатиновое переплетение

A, Aufgang подъём; восхождение

A, Ausgabe 1. издание *(напр., книги)*; выпуск *(напр., газеты)* 2. выдача *(напр., денег)* 3. *вчт.* вывод; выдача *(данных)*; устройство вывода

A, Ausgang 1. выход *(напр., из помещения)* 2. эл., *вчт.* выход, выходной сигнал 3. *вчт.* выходное устройство

A, ausgelassen *тех.* отпущенный *(в маркировке стали)*

A, Ausmusterung *ж.-д.* исключение из парка, прекращение эксплуатации

A, Aussaatjahr год посева

A, Austria, Österreich Австрия *(напр. индекс государственной принадлежности автомобиля)*

A, Auswahlprüfung выборочное испытание; выборочная проверка

A, Autobahn автобан, автострада, шоссе

A, Azetat *текст.* ацетат; ацетатный шёлк

A., Abteilung отдел, отделение, секция

A., Akkusativ аккузатив, винительный падеж

A., Akt акт

A., Alt, Altstimme *муз.* альт *(голос)*

A., Anmelder заявитель

A., Anmelderin заявительница

A., anno *(lat.)*; **im Jahre** в *(таком-то)* году

A., Antiphon *муз.* антифон

A., Antrag предложение; требование; заявление, ходатайство; *ком.* оферта

A., Arterie *мед.* артерия

A., Ausschuß комитет; комиссия; коллегия

a, achtern *мор.* кормовой

a, Ar ар *(метрическая мера земельной площади = 100 кв.м.)*

a, Arbeitskontakt *эл.* рабочий контакт

a., alt *(стольких-то)* лет

a., am; an dem; an; an der на *(такой-то реке)*

a., amido- *в сложн. хим.* амидо-

a.

a., anno *lat.;* im Jahre *лат.* в *(таком-то)* году
a., anonym анонимный
a., asymmetrisch асимметричный, несимметричный
a., auch также, тоже; и
a., auf на, в, по
a., aus из, с; по, от
a., außen снаружи
ä, ähnlich *мат.* подобный
ä., äußerlich внешне, извне; снаружи; *мед.* для наружного употребления
AA, Abrechnungsart *бухг.* вид расчёта; вид учёта
AA, Adressenart *вчт.* вид адреса, тип адреса
AA, Anmeldeabteilung отдел приёма заявок; отдел заявок *(напр. патентного ведомства)*
AA, Anzahl der Ärzte *мед.* число врачей
AA, Arbeitsamt 1. биржа труда *(в Германии)*; бюро по трудоустройству *(РФ)* 2. *ист.* «Трудовая повинность» *(организация в фашистской Германии)*
AA, Arbeitsausschuß рабочий комитет *(для решения вопросов в рабочем порядке)*
AA, Armeeabteilung 1. *воен.* батальон армейского подчинения; дивизион армейского подчинения 2. *воен.* армейская группа, АГ *(временное объединение из нескольких корпусов или дивизий и т.п.)*
AA, atmosphärisches Aerosol атмосферный аэрозоль
AA, Atomabsorption *хим., физ.* атомная абсорбция; атомно-абсорбционный спектральный анализ
AA, Ausbildungsabteilung учебный отдел; уч. отд.
AA, Ausführungsanordnung *юр.* распоряжение об исполнении закона, распоряжение об исполнении постановления, приказ об исполнении закона, приказ об исполнении постановления, исполнительное распоряжение
AA, Auslandsabteilung зарубежный филиал *(какой-л. фирмы, организации)*
AA, Auswärtiges Amt министерство иностранных дел, МИД
AA, Gemeinschaft der Anonymen Alkoholiker Общество анонимных алкоголиков; *(общественная организация, движение)* «Анонимные алкоголики»; АА
А.А., Armeeabteilung 1. *воен.* батальон армейского подчинения; дивизион армейского подчинения 2. *воен.* армейская группа, АГ *(временное объединение из нескольких корпусов или дивизий и т.п.)*
А.А., Aufklärungsabteilung *воен.* разведывательный отряд, РО; разведывательный батальон, рб, разведбат
А.А., Ausbildungsabteilung 1. *воен.* учебный батальон, уб; учебный дивизион, удн 2. учебный отдел, уч. отд.
Аа., Arterien *мед.* артерии *(мн.ч.)*
aA, automatische Abfrage *вчт.* автоматический опрос; автоматическое считывание; автоматическое распознавание
a.A., alte Ausgabe предыдущее издание; более старое издание; устаревшее издание
a.A., alter Art старого образца; устаревшего образца
a.A., anderer Ansicht с другой точки зрения; иного мнения
a.A., auf Abruf по вызову; по требованию; по запросу
a.A., auf Anfrage по запросу
a.A., auf Anhänger *тж. воен.* на прицепе; *воен.* на лафете
a.A., auf Anordnung по распоряжению [приказу, предписанию], в соответствии с распоряжением [приказом, предписанием]
a.A., auf Antrag по требованию; по заявлению; по ходатайству; по предложению *(кого-л.)*
ä.A., ältere Ausgabe старого издания; старое издание
aa, ana partes aequalis *лат.* равными частями *(напр. помета в фармакологии)*
a.a., ad acta *лат.* к делу; исполнено
a.a., always afloat *англ., ком.* всегда на плаву *(условие в чартер-партии)*
А.А.А., American Automobile Association *англ.* Американская автомобильная ассоциация
AAB, Allergiker- und Astmatiker-Bund Союз аллергиков и астматиков
AAB, Allgemeine Ausführungsbestimmungen zur Eisenbahnverkehrsordnung Об-

щие положения по исполнению правил железнодорожного движения
AAB, Arbeiter- und Angestelltenbund *австр.* Союз рабочих и служащих
AAB, Association of Aircraft Brokers *англ.* Ассоциация авиационных брокеров (Англия)
A-Adresse, *вчт.* внешний адрес; *яз. пр.* внешняя метка 2. адрес вывода
AAE, automatische Anrufbeantwortungseinrichtung *вчт., тлф.* автоматический ответчик; автоответчик; автоматическое устройство квитирования
AAG, Armeeartilleriegruppe *воен.* армейская артиллерийская группа, ААГ *(в бывш. ГДР и СССР, РФ)*
A.A.G., Antennenanpassungsgerät антенное согласующее устройство
ÄAG, Änderungs- und Anpassungsgesetz *юрид.* закон об изменении и соответствии размера пенсии повышению цен и изменению уровня заработной платы
AAHH, Alte Herren старые [почётные] корпоранты *(форма письменного обращения к лицам, сохранившим связь со студенческой корпорацией после окончания высшего учебного заведения)*
AAI, Afro-Asiatisches Institut *австр.* Афро-Азиатский институт
AAMI, Association for the Advancement of Medical Instrumentation *(англ.)* ассоциация «За прогресс медоборудования»
AAN, Ausstattungsanweisung *воен.* наставление о снабжении
AANw., Ausführungsanweisung инструкция об исполнении; распоряжение об исполнении
AAO, Ausländeranordnung положение о статусе иностранцев
a.a.O., am angeführten Ort в указанном месте; в цитированном месте
a.a.O., am angegebenen Ort в указанном месте
AAPSO, Afro-Asian Peoples' Solidarity Organization *англ.* Организация солидарности народов Африки и Азии
AAR, Antigen-Antikörper-Reaktion *мед.* реакция антиген — антитело

A.A.R., against all risks *англ.* против всех рисков *(указанных в страховом полисе)*
AaRdT, allgemein anerkannte Regeln der Technik общепризнанные технические нормы; общие технические нормы
A.A.R.-Versicherung, against all risks-Versicherung страхование против всех рисков, страхование от всех рисков
a.a.S., auf angeführter Seite на указанной странице
AASM, assoziierte afrikanische Staaten und Madagaskar ассоциированные страны Африки и Мадагаскар
AATUF, All African Trade Union Federation *англ.* Всеафриканская федерация профсоюзов
AAWW, Almanach der Akademie der Wissenschaften in Wien «Альманах Венской академии наук», *наименование периодического издания Академии наук в Вене*
AAZ, Allgemeine Automobilzeitung *наименование периодического издания по автомобильному делу*
AB, Abkuppeln *ж.-д.* расцепление, отцепка *(толкаемых вагонов при манёврах)*
AB, Allgemeine Bedingungen общие условия *(торговли, контракта, договора и т.п.)*
AB, Amplitudenbegrenzer *опт., эл.* амплитудный ограничитель; АО
AB, Anodenbatterie *радио* анодная батарея; АБ
AB, Anschlußbahn *ж.-д.* подъездной путь; примыкающая железнодорожная линия
AB, Apfelbaum яблоня
AB, armierter Beton армированный бетон
AB, Artilleriebeobachtung *воен.* артиллерийская инструментальная разведка, АИР
AB, Ausführungsbestimmungen технические условия, ТУ; техническая спецификация, ТС; правила выполнения
AB, Ausnahmebedingung исключительная ситуация; особые условия
AB, Außenhandelsbank внешнеторговый банк, внешторгбанк
AB, aussetzender Betrieb повторно-кратковременный [прерывистый] режим ра-

боты *(двигателя, устройства, механизма, компьютерной программы и т.п.)*
AB, Bayern Бавария *(индекс принадлежности автомобиля)*
AB, Waggons 1. und 2. Klasse *ж.-д., усл.* вагоны первого и второго классов
A.B., Armeebefehl *воен.* приказ по армии
A.B., Augsburgische Bekenntnis Аугсбургское исповедание *(систематизированное в 1530 году Филиппом Меланхтоном учение Мартина Лютера)*
A.B., Autobahn автострада; автомагистраль; автобан; шоссе *(высшей и первой категории)*
Ab., Abitur экзамен(ы) на аттестат зрелости
a.B., auf Befehl по приказу, по приказанию; по команде
a.B., auf Bestellung по заказу; на заказ; *разг.* под заказ
a.B., außer Betrieb выведен(о, а) из строя; закрыто *(напр., о предприятии)*
a.B., außergewöhnliche Belastungen *бухг.* непредвиденные расходы *(статья баланса, плана счетов и т.п.)*
ab, abgerechnet *бухг., ком.* за вычетом
ab., abgefertigt сданный; сдан *(напр., о багаже)*
ab., abgegangen отправленный; отправлен; отосланный, отослан *(напр., о багаже, грузе, почтовом отправлении)*
ab., abonnieren подписываться, приобретать абонемент *(на что-л.)*, абонировать *(что-л.)*
ABA, Abhandlungen der Berliner Akademie der Wissenschaften наименование периодического издания Берлинской академии наук
ABA, Abwasserbehandlungsanlage (водо)очистное сооружение, сооружение для очистки сточных вод
ABA, American Bankers' Association *англ.* Американская банковская ассоциация, АБА
ABA, ABAf, Annalen der Betriebswirtschaft und Arbeitsforschung наименование периодического издания по вопросам управления предприятиями и организации труда

ABAO, Arbeits- und Brandschutzanordnung правила охраны труда и противопожарной безопасности
ABB, allgemeine Blitzschutzbestimmungen общие положения [правила, нормы] по молниезащите
ABB, Arbeitsbefreihungsbescheinigung справка об освобождении от работы
ABB, Arbeitsstelle für betriebliche Berufsausbildung рабочий орган по производственному профессиональному обучению
ABB, Ausschuß für Blitzableiterbau Комитет по грозозащитным сооружениям; Комитет по строительству громоотводов *(ФРГ)*
Abb., Abbildung 1. изображение; иллюстрация, рисунок; образ 2. *мат.* отображение 3. индикация; отображение, представление *(напр. данных)*;
ABBOS, Ausführungsbestimmungen zur Eisenbahnbau und -betriebsordnung Положения о применении правил строительства и эксплуатации железных дорог
Abbr., Abbreviation; Abbreviatur сокращение; аббревиатура; сокращённое обозначение; сокращённое слово
ABC, Arbeitnehmer-Beratungs-Center консультационный центр рабочих и служащих
ABC, Waggons 1., 2. und 3. Klasse *ж.-д., усл.* вагоны первого, второго и третьего классов
ABCC, Association of British Chambers of Commerce *англ.* Ассоциация английских торговых палат
ABC-Staaten, Argentinien, Brasilien, Chile *(собирательное название государств)* Аргентина, Бразилия, Чили
ABC-Trieb, *пищ.* кислый углекислый аммоний *(химический разрыхлитель теста)*
ABC-Waffen, atomare, biologische und chemische Waffen атомное, биологическое и химическое оружие *(в русском языке соответствует — ОМП = оружие массового поражения или ОМУ = оружие массового уничтожения)*
Abd., Abdankung увольнение *(в отставку)*, отставка

Abd., Abend вечер

ABDA, Arbeitsgemeinschaft der Berufsvertretungen Deutscher Apotheker Объединение профессиональных представительств немецких аптекарей

Abdr., Abdruck *полигр.* печать; печатание; перепечатка; оттиск

Abdr. gen., Abdruck genehmigt *полигр.* перепечатка разрешена

Abdr. vorg., Abdruck vorgesehen *полигр.* перепечатка предусмотрена

abds., abends вечером; вечерами; по вечерам

ABE, Allgemeine Betriebserlaubnis общее разрешение на производство работ и/или эксплуатацию

ABE, Anzeige- und Bedieneinheit *ж.-д.* блок индикации и управления; пульт *(управления)*

ABECOR, Associated Banks of Europe Corporation S.A. *(Brüssel) англ., ист.* банковская группировка Европы *(Брюссель)*

ABF, Abfühlen *вчт.* считывание; опрос; воспроизведение *(напр., данных)*

ABF, Arbeiter-und-Bauern-Fakultät *ист.* рабоче-крестьянский факультет *(бывш. ГДР)*

ABF, automatisches Betriebsführungssystem *ж.-д.* автоматическая система управления движением *(поездов)*

Abf, Arbeitsgemeinschaft Betriebswirtschaftlicher Fachberater Объединение специалистов-консультантов по организации производства

Abf., Abfahrt отправление *(автобуса, поезда, парохода и т.п.)*

Abfl., Abflug вылет, отлёт *(самолёта)*

A.B.Fla., Ausbildungsvorschrift für die Flugabwehr *воен.* наставление по противовоздушной обороне, наставление по ПВО

ABG, Allgemeine Betriebsgenehmigung общее разрешение на производство работ и/или эксплуатацию

ABG, Arbeitsgemeinschaft Berliner Galerien Объединение Берлинских галерей

Abg., Abgeordnete *m (f)* депутат*(ка)*; делегат*(ка)*

abg., **abgek.**, abgekürzt сокращённо; сокращённый; сокращено

abg., abgeschlossen запертый; закрытый; закрыто

ABGB, Allgemeines Bürgerliches Gesetzbuch für Österreich Гражданский кодекс Австрии; ГК Австрии

abgef., abgefertigt сданный *(напр., о багаже)*; обработан *(о грузе в логистике)*

abgeg., abgegangen отправленный; отправлен *(груз, багаж, почтовое отправление)*

abger., abgerechnet 1. оплаченный; оплачено 2. *бухг.* за вычетом

abges., abgesagt отказано; отказать *(пометa на документе)*

abges., abgesandt отправленный; отправлено *(почтовое отправление, груз, багаж,)*

abgeschl., abgeschlossen запертый; на запоре [замке]; закрытый; закрыто

abgest., abgestempelt проштампованный; проштамповано *(напр. о конверте)*; погашено *(о почтовой марке)*

Abg.H., AbgH, Abgangshafen порт отправления

Abg. St., AbgSt, Abgangsstation станция отправления

Abg'turbo, Abgasturbolader турбогазонагнетатель; турбонагнетатель

ABH, Allgemeine Bedingungen für Haftpflichtversicherung Общие условия гарантийного страхования *(бывш. ГДР)*; Общие условия страхования от ответственности

abh., abhängig зависимый; в зависимости *(от)*

AbhAkGött, Abhandlungen der Göttingen-Akademie *наименование периодического издания* Гёттингенской академии

ABI, Arbeiter-Bauern-Inspektion *ист.* Рабоче-крестьянская инспекция, РКИ

Abi, Abitur экзамен(ы) на аттестат зрелости

ÄBK, Ärzteberatungskommission врачебно-трудовая экспертная комиссия, ВТЭК *(бывш. ГДР, бывш. СССР, РФ)*

Abk., Abkommen соглашение

Abk., Abkürzung сокращение; аббревиатура

ABl., Amtsblatt официальный бюллетень; ведомственное издание

ABl. EG

ABl. EG, Amtsblatt Europäischer Gemeinschaft Официальный бюллетень Европейского Сообщества; Официальный бюллетень ЕС; ОБЕС

Abl.F, Abl.-Fr., Ablieferungsfrist срок поставки; срок доставки

Abl.-Pl., Abladeplatz 1. свалка 2. место выгрузки [разгрузки] 3. *суд.* разгрузочная пристань

Abl.-Sch., AblSch., Ablieferungsschein накладная; расписка в получении товара

A.Bo., Ankerboje *мор.* бакен; буй

Abo, Abonnement абонемент

A-Bombe, Atombombe атомная бомба, АБ

ABR, Amtliches Bayerisches Reisebüro Баварское государственное бюро путешествий

AbrB, Abr.B., Abrechnungsbuch *бухг.* книга счетов

AbrdVO, Abrundungsverordnung *бухг.* положения о порядке ведения округлённых денежных расчётов; положения о порядке округления *(дробных чисел)*

AB/RGW, Allgemeine Lieferbedingungen des RGW Общие условия поставок в *бывш.* страны — члены СЭВ

ABRKV, Ausführungsbestimmungen zur Reichskostenverordnung исполнительная инструкция для определения издержек при государственных подрядах и поставках

Abr.-Term., Abrechnungstermin срок *(взаимного)* расчёта, срок взаиморасчётов

ABS, Anodenbasisschaltung *эл., радио* схема с общим анодом

ABS, Antilock Brake System *англ., авто* антиблокировочное устройство; антиблокировочная система, *(система)* АБС

ABS, Ausbaustrecke *ж.-д.* реконструируемый участок дороги, подлежащий реконструкции участок сети железных дорог

Abs., Absatz абзац; раздел

Abs., Absender 1. отправитель 2. адрес отправителя *(напр., отметка на конверте)*

abs., absolut абсолютный; абсолют

abs., abstrakt абстрактный

Abschn., Abschnitt 1. глава, раздел 2. отрезок *(напр., пути)* 3. *мат.* сегмент 4. *тех.* участок, часть; секция; *воен.* участок

ABS-Polymere, Polymerisate aus Akrylnitril, Butadien und Styrol *хим.* полимеры из акрилнитрила, бутадиена и стирола

Abs.St., Absendestelle место отправления; экспедиция *(учреждения)*

A.B.St., Artilleriebeobachtungsstelle *воен.* артиллерийский наблюдательный пункт, АНП; пост артиллерийской инструментальной разведки, пост АИР

Abst., Abstammung место происхождения *(напр., товара, при заполнении внешнеторговых документов, таможенной декларации)*

Abst., Abwehrstelle *воен.* отдел контрразведки

abst., abstammen происходить, иметь происхождение *(от кого-л., от чего-л.)*, быть родом *(откуда-л.)*

Abt., Abtlg., Abteilung 1. отдел; отделение; секция 2. раздел, часть *(книги)* 3. *воен.* батальон; дивизион

Abtlgn., Abtn., Abteilungen *pl* 1. отделы; отделения 2. разделы, части *(напр., книги)* 3. *воен.* батальоны, дивизионы

ABU, Allgemeine Bedingungen für Unfallversicherung Общие условия страхования от несчастных случаев

ABUS, (Volkseigene Betriebe für die) Ausrüstung von Bergbau und Schwerindustrie Народные предприятия по производству оборудования для горнорудной и тяжёлой промышленности *(бывш.* ГДР)

ABV, Abschnittsbevollmächtigte участковый уполномоченный *(народной полиции* в *бывш.* ГДР)

ABV, Amateurboxerverband Союз боксёров-любителей

ABV, Anforderungsbehörden- und Bedarfsträgerverordnung положение об уполномоченных органах власти, наделённых правом требования и юридических лицах ответственных за обеспечение материальными ресурсами

ABV, automatischer Blokierverhinderer, *eng.* ABS *ж.-д., авто* противоблокировочное устройство тормозной системы; антиблокировочная система, АБС

A-B-Verfahren, Adsorptions- und Belebungsverfahren очистка сточных вод методом адсорбции и активным илом, комбинированный способ очистки сточных вод с использованием адсорбции и активного ила

ABVT, Allgemeine Bedingungen für die Versicherung von Gütertransporten Общие условия транспортного страхования грузов

ABW, Abwickler устройство перемотки *(магнитной ленты)*

Abw., Abwasser сточные воды

Abw., Abwässer *pl* сточные воды

Abw., Abwechslung 1. изменение, перемена 2. смена, чередование

Abw., Abwehr *воен.* оборона

Abw., Abweichung 1. уклонение, отступление *(от чего-л.)* 2. расхождение; различие, отличие

Abw., Abwesenheit отсутствие

Abw., Abwicklung 1. исполнение; выполнение *(напр. заказа)* 2. ликвидация, окончание *(дела)* 3. *тех.* разматывание, размотка; *мат.* развёртка

a. b. W., auf besonderem Wege особым способом; частным образом

abw., abwärts вниз, в стороне *(расположенный)*

abw., abwechseln менять, заменять, сменять; чередовать

abw., abweichen уклоняться, отклоняться *(от курса)*

abw., abwerten проводить девальвацию, снижать курс, обесценивать *(валюту, деньги)*

abw., abwesend отсутствующий; отсутствует *(помета, напр., в списке)*

abw., abwickeln 1. выполнять, осуществлять 2. ликвидировать *(коммерческое дело)*

ABz, Amtsbezirk административный округ, АО, адм.о.

Abz., Abzahlung платёж [уплата, оплата] в рассрочку

Abz., Abzug *бухг., ком.* 1. вычет; удержание 2. скидка *(с цены)*

AbzG, Gesetz betreffend die Abzahlungsgeschäfte закон о платежах в рассрочку

abzgl., abzüglich *бухг., ком.* за вычетом

ACI

AC, accumulator *англ., вчт.* 1. накапливающий регистр; накопитель 2. накапливающий сумматор

AC, alternate current; alternating current *англ.* переменный ток

Ac, Aktinium *хим.* актиний

aC, auf Kommission *ком.* на комиссии; на комиссию

ac, Azetat *хим.* ацетат

a c., a/c, a conto *итал. бухг., ком.* в счёт, в зачёт, за счёт

a.c., anni currentis *(lat.)*; des laufenden Jahres с.г., сего года; т.г., текущего года

Acc, Akzept *банк., бухг., ком.* акцепт, акцептование векселя

Accu, Akkumulator аккумулятор; аккумуляторная батарея

ACE, Administration de Cooperation Economique *(fr.)*; Verwaltung für wirtschaftliche Zusammenarbeit Администрация экономического сотрудничества («план Маршалла»)

ACE, Alliance Cinematographique Européenne *(fr.)*; Europäische Film-Allianz Европейский кинематографический альянс

ACE, automatic computing engine *(аїаё.)*; elektronische Rechenmaschine *уст.* автоматическая вычислительная машина, АВМ; электронная вычислительная машина, ЭВМ

ACE *(англ.),* Aktion der Gemeinschaft für Zusammenarbeit im Bereich der Wirtschaftswissenschaften План действий (Европейского) Сообщества по сотрудничеству в области экономических наук *(англ. Community action for co-operation in the field of economics)*

ACHEMA, Ausstellung für chemisches Apparatewesen Выставка химического приборо- и машиностроения

АChM, Archiv für physiologische und pathologische Chemie und Mikroskopie *наименование австрийского периодического издания по вопросам физиологической и патологической химии и микроскопии*

ACI, Alliance Cooperative Internationale *англ.* Международный кооперативный альянс, МКА

ACI, automatic car identification *англ., ж.-д.* устройство автоматического считывания номеров вагонов; устройство автоматической идентификации подвижного состава

AcivPr, Archiv für die civilistische Praxis архив гражданских дел

ACK, positive Rückmeldung *эл., вчт.* сигнал положительной обратной связи

ACM, Association for Computing Machinery *англ.* Ассоциация по вычислительной технике *(США)*

AcP, Archiv für die Civilistische Praxis наименование периодического издания по вопросам гражданского права

AcP, Archiv für die civilistische Praxis архив гражданских дел

ACS, Automobilclub der Schweiz Швейцарский автомобильный клуб

ACT, Achtung «Внимание» *(вызов; сигнал вызова)*

ACT, Algebraic Compiler and Translator *англ.* алгебраический компилятор

ACTH, Adrenocorticotrophisches Hormon *физиол.* адренокортикотропный гормон *(гормон гипофиза, стимулирующий функцию надпочечников)*

ACV, Allgemeiner Konsum-Verein Всеобщий союз потребительских обществ *(Швейцария)*

ACV, Arbeitsgemeinschaft Chemische Verfahrenstechnik Общество разработки технологических процессов для предприятий химической промышленности

AD, Ablaufdiagramm 1. диаграмма процесса; блок-схема процесса; технологическая схема процесса 2. *вчт.* блок-схема программы; логическая схема *(программы, алгоритма)*

AD, Archivdatei *вчт.* архивный файл; заархивированный файл; *разг.* архив

AD, Auslandsdeutscher немец иностранного происхождения

AD, Außendienst 1. представительство, филиал *(напр., фирмы)* 2. заграничная служба 3. разъездная работа *(финансовых инспекторов)*

AD, Außendurchmesser наружный диаметр

A/D, analog-digital; Analog-Digital- аналогово-цифровой

Ad, Aerodynamik аэродинамика

A/d, analog-digital; Analog-Digital аналогово-цифровой

a.D., an der Donau на р. Дунае

a.D., A.D., anno Domini *(lat.)*; im Jahre des Herrn *(такого-то)* года от рождества Христова

a.D., auf Dienstreise в командировке

a.D., außer Dienst в отставке

ä.D., äußerer Durchmesser наружный диаметр

ad, aerodynamisch аэродинамический

a.d., after date *англ.* от сего числа; от даты векселя

a.d., an der на *(такой-то реке)*

a/d, after date *англ.* от сего числа; от даты векселя

ADA, allgemeine Dienstanweisung общая служебная инструкция; служебная инструкция об общих обязанностях; служебная инструкция об основных общих правилах *(напр., организации работ, подготовки документов и т.п.)*

ADA, allgemeines Dienstalter общий служебный [рабочий] стаж; общая выслуга

ADA, Amtsdienstalter служебный стаж; выслуга лет

ADA, Außendienstangestellte *m, f* служащий [служащая] филиала [представительства]

ADAC, Allgemeiner Deutscher Automobilclub Общегерманский автомобильный клуб

ADAS, Abkommen über deutsche Auslandsschulden *ист.* Соглашение о германских иностранных долгах

ADB, African Development Bank Африканский банк развития

ADB, Allgemeine Deutsche Binnentransport-Versicherungsbedingungen Общие внутригерманские условия транспортного страхования

ADB, Allgemeine Deutsche Biographie *наименование биографического справочного издания*

ADB, Allgemeiner Deutscher Beamtenbund Всеобщий союз немецких государственных служащих

ADB, Arbeitsgemeinschaft Deutscher Betriebsingenieure Секция германских

инженеров-производственников *(Союза германских инженеров)*
ADB, Arbeitsgemeinschaft deutscher Betriebsingenieure in VDI Объединение немецких инженеров-производственников при Обществе немецких инженеров
ADB, Asian Development Bank Азиатский банк развития
A.D.B., Allgemeiner Deutscher Beamtenbund Всеобщий союз немецких государственных служащих
A.D.B., Allgemeiner Deutscher Burschenbund Всеобщий союз немецких буршей *(студенческая корпорация)*
adb., adiabatisch *физ.* адиабатический
A.D.C., Allgemeiner Deputierten-Convent Конвент студенческих корпораций *(корпорантов)*
Adca, ADCA, Allgemeine Deutsche Kreditanstalt Немецкий кредитный банк
Add, ADD, Addition сложение; суммирование
Add., Additionswerk сумматор, суммирующее устройство; *вчт.* арифметическое устройство;
a.d.D., an der Donau на р. Дунае
a.d.D., an diesem Datum в указанное время, указанного числа, сего числа; в указанный срок; в указанный день
a.d.D., auf dem Dienstwege в служебном [административном] порядке, по инстанции
ADE, Anschlußeinheit für Datenerfassungen und -ausgabe *вчт.* терминал для сбора и передачи данных
ADE, Arbeitsgemeinschaft der Elektrowirtschaft Секция по вопросам электрохозяйства *(Австрия)*
a.d.E., an der Elbe на р. Эльбе
Adema, Adressiermaschine адресная машина *(почтовая)*, адресограф
ADES, Automatic Didital Encoding System *англ.* автоматическая цифровая система кодирования
AdEW, Arbeitsgemeinschaft der Landesverbände der Elektrizitätswerke Объединение районных электростанций
ADF, ADFC, Allgemeiner Deutscher Fahrradclub Общегерманский велосипедный клуб

ADM

a.d.G., aus dem Gebiet ... из *(такой-то)* области, относящийся *(к такой-то)* области
ADGB, Allgemeiner Deutscher Gewerkschaftsbund *ист.* Всеобщее объединение немецких профсоюзов *(1919—1933 гг.)*
Adgo, Allgemeine Deutsche Gebührenordnung für Ärzte правила взимания налогов с врачей
a.d.Gr., aus diesem Grund по этой причине
ADH, antidiuretisches Hormon *мед.* антидиуретический гормон
ADH, Arbeitsgemeinschaft Deutscher Hochschulsport Спортивное общество высших учебных заведений
A.d.H., A. d. Hrsg., Anmerkung des Herausgebers примечание издателя
ADHGB, Allgemeines Deutsches Handelsgesetzbuch Германский свод торговых законов
AdIA, Aerodynamisches Institut in Aachen Аахенский аэродинамический институт
ADIG, Allgemeine Deutsche Investment-Gesellschaft Всеобщая немецкая инвестиционная компания
Adj., Adjektiv *грам.* имя прилагательное
ADK, Allgemeine Deutsche Kreditanstalt Немецкий кредитный банк
ADK, Arbeitsgemeinschaft Demokratischer Kreise Объединение демократических кругов
A.D.K., Arbeitsgemeinschaft der Deutschen Kautschukindustrie Общество германской промышленности *(синтетического)* каучука
ADKI, Arbeitsgemeinschaft Deutscher Konstruktions-Ingenieure Секция германских инженеров-конструкторов *(Союза германских инженеров)*
ADL, Allgemeine Deutsche Lehrerzeitung наименование периодического издания для учителей
a.d.L., an der Lahn на р. Лане
ADM, Arbeitsgemeinschaft der Deutschen Milchkontrollangestellten Объединение немецких служащих-контролёров молочной продукции
ADM, Arbeitsgemeinschaft Deutscher Musiker Объединение немецких музыкантов

ADM, Arbeitsgemeinschaft Deutscher Musikkritiker Объединение немецких музыкальных критиков

adm., administrativ административный; управленческий; администраторский; в административном отношении; в административном порядке

adm., admittiert допущенный; допущено *(напр., к использованию)*; разрешено *(напр., к продаже)*

ADMIRAL, Automatic and Dynamic Monitor with Immediate Relocation Allocation and Loading *англ.* операционная система АДМИНАЛ фирмы «Хониуэлл» *(США)*

Admst.Offz., Admiralstabsoffizier офицер главного морского штаба

ADMV, Allgemeiner Deutscher Musikverein Всеобщий немецкий музыкальный союз

ADN, Aden Аден *(индекс государственной принадлежности автомобиля)*

ADN, Allgemeiner Deutscher Nachrichtendienst информационное агентство АДН *(бывш. ГДР)*

A.d.N., Admiral der Nordsee командующий военно-морскими силами на Северном море *(в бывшем германском флоте)*

A.d.O., Admiral der Ostsee командующий военно-морскими силами на Балтийском море *(в бывшем германском флоте)*

ADP, Adenosindiphosphat *хим.* аденозиндифосфат

ADP, Adenosindiphosphorsäure *мед.* аденозиндифосфат

ADP, Arbeitsdienstpflicht трудовая повинность

ADP, automatic data processing, automatische Datenverarbeitung *вчт.* автоматическая обработка данных, АОД

Adr., Adressat адресат, получатель письма

Adr., **ADR**, Adresse адрес

a.d.R., an der Ruhr на р. Руре

Adrema, Adressiermaschine *наименование предприятий, изготовляющих адресопечатные машины*

Adrema, Adressiermaschine *вчт.* устройство *(для)* адресации; машина с системой адресации операндов

Adr Reg, Adressenregister *вчт.* адресный регистр, регистр адресов

ADS, Allgemeine Deutsche Seeversicherungsbedingungen Германские правила морского страхования

ADS, Allgemeiner Deutscher Sprachverein Общегерманский языковой союз

ADS, Arbeitsgemeinschaft Deutscher Schafzüchter Общество немецких овцеводов

ADS, Arbeitsgemeinschaft Deutscher Schweinezüchter Общество немецких свиноводов

ADS, Arbeitsgemeinschaft Deutscher Studentenbühnen Объединение немецких студенческих театров

a.d.S., an der Saale на р. Заале

a.d.S., an der See у моря

ADSp, Allgemeine Deutsche Spediteurbedingungen Всеобщие германские экспедиционные условия, Общегерманские экспедиторские условия

a. ds. T., an demselben Tag в тот же день; в этот день

ADSVB, Allgemeine Deutsche Seeversicherungsbedingungen Германские правила морского страхования

ADU, Analog-Digital-Umsetzer аналого-цифровой преобразователь, АЦП

A.d.Ü., Anmerkung des Übersetzers примечание переводчика, прим. пер.

ADV, Allgemeine Durchführungsverordnung Общие положения, регламентирующие порядок исполнения

ADV, Arbeitsgemeinschaft Deutscher Verkehrsflughäfen Общество оборудования и эксплуатации западногерманских аэропортов *(на международных авиалиниях)*

ADV, Atlas der Deutschen Volkskunde Немецкий этнографический атлас

ADV, automatische Datenverarbeitung *вчт.* автоматическая обработка данных; АОД

AdV, Arbeitsgemeinschaft der Vermessungsverwaltungen der Länder der Bundesrepublik Deutschland Объединение геодезических управлений земель ФРГ

Adv., Advent адвент, предрождественское время *(начинается с четвёртого воскресенья до рождества)*

Adv., Adverb *грам.* наречие
adv., adverbial *грам.* адвербиальный, наречный; обстоятельственный
ADV-Motor, Anpreßdruck-Verstellungsmotor *авто* электропривод стеклоочистителя с регулированием по усилию прижатия щёток
Advt, Adventist *рел.* адвентист
ADW, Analog-Digital-Wandler аналого-цифровой преобразователь, АЦП
ADW, Arbeitsgemeinschaft Deutscher Werbungsmittler Общество немецких агентов рекламы
AdW, Arbeitsgemeinschaft der Wählerinnen Общество женщин-избирателей
A.d.W., Admiral des Westens командующий военно-морскими силами на Западе, командующий военно-морскими силами в Атлантике *(в бывшем германском флоте)*
A.d.W., Akademie der Wissenschaften Академия наук; АН
AE, Abfrageeinheit *вчт.* 1. блок опроса, опрашивающее устройство; считывающее устройство, устройство считывания *(данных)* 2. блок [устройство] ввода-вывода запросов
AE, Absatzerlös *ком.* доход от реализации продукции
AE, Anrufeinheit 1. *тлф.* абонентский комплект на станции 2. *вчт.* устройство запроса; устройство опроса
AE, Anschlußeinheit *вчт., тлф.* 1. блок коммутации, устройство коммутации 2. устройство сопряжения; интерфейс(ный блок) 3. внешнее устройство, периферийное устройство 4. абонентский комплект
AE, antitoxische Einheit *мед., хим.* противотоксическая [антитоксическая] единица
AE, Arbeitseinheit 1. единица учёта труда 2. *с.-х., ист.* трудодень
AE, Archiv für Elektrotechnik *наименование периодического издания по электротехнике*
AE, astronomische Einheit астрономическая единица *(среднее расстояние от Земли до Солнца=149,5 миллионов километров; внесистемная единица длины в астрономии)*

AE, Auftragselement *вчт.* элемент задания; элемент заявки
AE, Ausfuhrerklärung *(таможенная)* экспортная декларация, ЭД
ÅE, Angströmeinheit *физ.* ангстрём, Е *(единица длины световых волн)*
Ae, Äther *хим.* эфир
a.E., Als Ersatz *страх.* как возмещение, в качестве компенсации, в качестве возмещения
a.E., am Ende в конце
AEA, American Economic Association Американская экономическая ассоциация *(США)*
AEB, Allgemeine Einbruchdiebstahlversicherungsbedingungen общие условия страхования от кражи со взломом
AEBTRI, Association des Enterprises Bulgares des Transports Routiers Internationaux Ассоциация болгарских автопредприятий по международным грузовым перевозкам
AEC, Aeroklub аэроклуб
AeCS, Aeroklub der Schweiz Швейцарский аэроклуб
AED, Automated Engineering Design *англ.* язык программирования АЕД для автоматизации проектирования *(США)*
AEE, elektronische Analogeingabe электронный ввод данных в аналоговой форме
A.E.F., Ausschuß für Einheiten und Formelgrößen Комитет норм, стандартов и единой научно-технической терминологии *(ФРГ)*
AEG, Allgemeine Elektrizitätsgesellschaft «Альгемайне электрицитетсгезельшафт» *(Всеобщая электрическая компания, электротехнический концерн в ФРГ)*
AEG, Allgemeines Eisenbahngesetz Закон о германских железных дорогах
A. Ehttw., Archiv für das Eisenhüttenwesen *наименование периодического издания по чёрной металлургии*
AEisbG, Allgemeines Eisenbahngesetz *ж.-д.* Общий закон о железнодорожном транспорте *(ФРГ)*
aero., aeron., aeronautisch аэронавигационный
AE StGB, Alternativentwurf eines Strafgesetzbuches *(Allgemeiner Teil)* альтер-

нативный проект Уголовного кодекса ФРГ *(общая часть)*
AE StVollzG, Alternativentwurf eines Strafvollzugsgesetzes альтернативный проект закона об исполнении уголовного наказания
AET, «Archiv für Eisenbahntechnik» *ж.-д.* «Архив железнодорожной техники» *(издаётся как приложение к журналу «Eisenbahntechnische Rundschau»)*
A.E.Ü., Archiv der Elektrischen Übertragung *наименование периодического издания по электропередачам*
AEV, Arbeitsgemeinschaft Erdölgewinnung und Verarbeitung Общество по добыче и переработке нефти
AEV, Automatisches Expansionsventil *тех.* автоматический регулирующий вентиль; автоматический расширительный клапан
AEVO, Arbeitserlaubnisverordnung положение о допуске к работе [работам]
AEZ, Allgemeine Elektrotechnische Zeitschrift *наименование периодического издания по электротехнике*
AF, Ablenkfaktor коэффициент отклонения
AF, Ackerfläche площадь пашни
AF, Ackerflächenverhältnis структура посевных площадей
AF, alle Fahrt *мор.* полный ход
AF, Arbeitsfähigkeit работоспособность, трудоспособность 2. *тех.* предел усталости, предел выносливости
AF, Artilleriefährprahm *воен.* артиллерийское десантное судно; артиллерийский паром
AF, Audiofrequenz *физ.* звуковая частота
AF, Auslandsfernamt международная телефонная станция
A.F., Audiofrequenz *физ.* звуковая частота
a.F., alte Fassung в старой редакции, старая редакция *(документа, текста)*
a.f., anni futuri *лат.* будущего года
AFA, American Finance Association *анг.* Американская финансовая ассоциация
AFA, automatische Frequenzabstimmung *эл.. радио* автоматическая подстройка частоты, АПЧ
AfA, Arbeitsgemeinschaft freier Angestelltenverbände Объединение свободных

(профессиональных) союзов служащих
Afa, **AfA**, Abschreibung /Absetzung für Abnutzung *ком.* скидка за износ
a.F.a., am Flak-Sperrgebiet abgebrochen (самолёт) сбит в районе зенитного заграждения
AFB, Allgemeine Feuerversicherungsbedingungen Всеобщие правила страхования от огня
AFB, Amtliches Fernsprechbuch официальный телефонный справочник
AFB, Ausfuhrbestimmungen *тж. юр.* экспортные постановления [предписания, условия]
AfD, Amt für Datenverarbeitung отдел [ведомство, управление] обработки данных
A.f.E., Archiv für Elektrotechnik *наименование периодического издания по электротехнике*
AFeB, Amtliches Fernsprechbuch служебный [официальный] телефонный справочник
AfEP, Amt für Erfindungs- und Patentwesen ведомство по делам изобретений и патентов *(в бывш. ГДР)*
Aferna, Armeefernsprechabteilung *воен.* армейский батальон телефонной *(проводной)* связи
AFF, **A.F.F.**, Ansteuerungsfunkfeuer курсовой радиомаяк; аэродромный радиомаяк; *мор.* подходный радиомаяк
AfF., Archiv für Funkrecht *наименование периодического издания по вопросам права в радиосвязи*
AFG, Arbeitsförderungsgesetz закон о содействии трудоустройству
Afgh., Afghane *m*, *f* афганец; афганка
Afgh., Afghani афгани *(денежная единица Афганистана)*
Afgh., Afghanistan Афганистан
afgh., afghanisch афганский
AFI, Artillerieträgerflottille *воен.* флотилия плавучих батарей; дивизион плавучих батарей
AFI, automatische Fahrzeugidentifizierung *ж.-д.* автоматическая идентификация подвижного состава
AfI, Amt für Information информационное ведомство [управление], ведомство информации

AfJ, Amt für Jugendfragen ведомство по делам молодёжи *(в бывш. ГДР)*
AFJPS, American Federation of Information Processing Societies *англ.* Американская федерация по обработке информации, АФИПС
AfK, Amt für Klassifikation *(DIN)* ведомство по вопросам классификации *(ДИН)*
AfK, Arbeitsausschuß für Klassifikation *(DNA)* Рабочий комитет [комиссия] по вопросам классификации *(ДНА)*
AfK, Arbeitsgemeinschaft für Kerntechnik Общество по ядерной технике
AfK, Archiv für Kulturgeschichte *наименование периодического издания по истории культуры*
Afl., Artillerieflieger *воен.* лётчик корректировочно-разведывательной авиации
AFL-CIO, American Federation of Labor-Congress of Industrial Organizations *англ.* Американская федерация труда — конгресс производственных профсоюзов, АФТ — КПП *(США)*
aflt., afloat *англ.* перевозимый морем, морской *(груз)*
AfLuT, Amt für Landwirtschaft und Tierzucht управление сельского хозяйства и животноводства
AfM., Arbeitsgruppe für Menschenrechte *(Berlin)* Рабочая группа по правам человека *(Берлин)*
AFN, Anzeigegerät für Funknavigation прибор для радионавигации, радионавигационный прибор
AFN, automatische Frequenznachstimmung; automatische Frequenznachstellung автоматическая подстройка частоты, АПЧ
AFÖ, Akademische Föderation Österreichs Федерация австрийских студентов
AFÖB, Arbeitsgemeinschaft zur Förderung der österreichischen Bauwirtschaft Австрийское общество содействия развитию строительства
AFP, Allgemeine Frauenpartei Всеобщая женская *(политическая)* партия
AFP, Artilleriefährprahm *воен.* артиллерийское десантное судно; артиллерийский паром

AfPU, African Postal Union *англ.* Африканский почтовый союз
AFR, Abfühlregister *вчт., тлф.* регистр опроса *(напр., состояния, занятости)*; регистр считывания
AFR, automatische Frequenzregelung автоматическая регулировка частоты, АРЧ
A Fr, Amt Frankenberg административный район Франкенберг
afr, Algerischer Franc алжирский франк *(денежная единица)*
afr., afrik., afrikanisch африканский
afr., afrz., altfranzösisch древнефранцузский
A-Fraktion, *хим.* А-фракция; амилоза
AFS, automatisierte Fertigungssteuerung автоматизированное управление производством
AfS, Absetzung für Substanzverringerung скидка на истощение запасов ископаемых *(при установлении размера налогообложения)*
AfS, Amt für Standardisierung Комитет по стандартизации *(бывш. ГДР)*
AfV, Anzeigenblatt für Verkehr *наименование справочного издания австрийских железных дорог*
AFZ, Allgemeine Fischwirtschaftszeitung *наименование периодического издания по рыбному хозяйству*
AFZ, Aufzeichnung 1. запись; занесение; фиксация; регистрация 2. *вчт.* запись *(данных)*
AG, Abeitsgang 1. рабочий процесс; рабочий цикл 2. *вчт.* операция; процедура
AG, Aktiengesellschaft акционерное общество, АО
AG, Amtsgericht суд первой [низшей] инстанции; участковый суд
AG, Appellationsgericht апелляционный суд; кассационный суд
AG, Arbeitgeber работодатель
AG, Arbeitsgang рабочий процесс; ход работы
AG, Arbeitsgruppe рабочая группа
AG, Arbeitslosengeld пособие по безработице
AG, Auftraggeber заказчик; лицо, дающее поручение; поручитель; *юр.* доверитель, мандант

AG, Aufwertungsgesetz *эк.* закон прибавочной стоимости; закон возрастания стоимости

AG, Ausführungsgesetz закон, регулирующий исполнение закона *(ранее изданного)*

AG, Autonomes Gebiet автономная область; АО

A.G., Arbeitsgemeinschaft объединение; рабочая группа; координационный комитет; общество; сообщество; кружок

A.G., Artilleriegeschoß *воен.* артиллерийский снаряд; комплект выстрела

A.G., Atomgewicht *физ., хим.* атомный вес

A.G., Aufklärungsgruppe *воен.* разведывательный отряд, РО; разведывательная группа, разведгруппа, РГ

Ag, Amtsgericht суд первой [низшей] инстанции; участковый суд

Ag., Argentum *лат.* серебро

Ag., A.G., Atomgewicht *физ., хим.* атомный вес

a.G., ab Grenze от границы *(условие поставки во внешнеэкономической деятельности)*

a.G., als Gast 1. в качестве приглашённого 2. в качестве гастролёра, на гастролях

a.G.; aG, auf Gegenseitigkeit в порядке взаимности, на основе взаимности

a.g., anderweitig genannt в дальнейшем именуемый; иначе называемый

äg., ägyptisch египетский

AGA, Arbeitsgemeinschaft Andernach Координационный комитет студенческих организаций Андернаха

AgA, Ausschuß für gefährliche Arbeitsstoffe Комитет по опасным рабочим веществам

AGAF, Arbeitsgemeinschaft für Ausbildung und Fortbildung общество по обучению и совершенствованию профессиональных знаний

A-Galle, *мед.* дуоденальная жёлчь

Agawa, Ausgleich- und Auswertungsamt der Deutschen Reichsbahn *ж.-д.* служба по несохранным перевозкам железных дорог

AGB, Allgemeine Geschäftsbedingungen Общие условия заключения торговых сделок

AGB, Arbeitsgesetzbuch Кодекс законов о труде, КЗОТ

AGBG, AGBGes, Gesetz zur Regelung des Rechts der Allgemeinen Geschäftsbedingungen Закон о регулировании законности общих условий коммерческих [торговых] сделок

AGDL, Arbeitsgemeinschaft Deutscher Lehrerverbände Объединение союзов учителей

Ageka, Aktiengesellschaft für Gemeinnützigen Kleinwohnungsbau (Hamburg) Акционерное общество строительства малометражных квартир *(в Гамбурге)*

Ager., Amtsgericht суд первой [низшей] инстанции; участковый суд

agerm., altgermanisch старогерманский

A.-Gest., A-Gestell *авто.* А-образная рама

A.-Gew., Atomgewicht *физ., хим.* атомный вес

AGF, Arbeitsgemeinschaft der Grossforschungsanstalten *ж.-д.* рабочее объединение исследовательских центров *(в области бесконтактного транспорта — ФРГ)*

AGF, Arbeitsgemeinschaft Güterfernverkehr (im Bundesgebiet) Общество по перевозке грузов на дальнее расстояние *(в пределах ФРГ)*

Agfa, Aktiengesellschaft für Anilinfabrikation Акционерное общество анилиновой промышленности; АГФА

AGFF, Arbeitsgemeinschaft für Förderung des Futterbaues Швейцарское общество содействия увеличению производства кормов

AgfV, Aktiengesellschaft für Versorgungsunternehmen, Ruhr Акционерное общество снабжения предприятий Рурской области

AGG, Abteilungsgewerkschaftsgruppe профсоюзная группа [профгруппа] цеха *или* отдела *(в бывш. ГДР)*

AGG, Arbeitsgerichtgesetz положение о судах, разбирающих трудовые конфликты, закон о судах по трудовым спорам

Aggr., Aggregat 1. *тех.* агрегат 2. *мат.* многочлен

AG i.L., Aktiengesellschaft in Liquidation акционерное общество в процессе ликвидации

AGL, Abteilungsgewerkschaftsleitung 1. комитет профсоюзной организации *(на предприятиях, имеющих свыше 500 рабочих — бывш. ГДР)* 2. руководство профсоюзной организации отдела *(в бывш. ГДР)*
AGL, Allgemeines Landrecht für die Preußischen Staaten *ист.* закон о собственности на землю в Прусском государстве
Agla, Ausgleichsamt согласительное бюро для перерасчётов по неправильно взысканным сборам за перевозки
a.gl.O., am gleichen Ort в том же месте
a-Glukosidase, мальтаза
AGM, Arabischer Gemeinsamer Markt Арабский общий рынок, АОР
AGM, Asynchronmotor gesteuert durch Magnetverstärker *эл.* асинхронный двигатель, управляемый магнитным усилителем
Agm., Arbeitsgemeinschaft объединение; рабочая группа; координационный комитет; общество; сообщество
AGN, Arbeitsgemeinschaft Güternahverkehr *(im Bundesgebiet) ж.-д.* Общество по перевозке грузов на короткие расстояния *(в пределах ФРГ)*
AGNB, Allgemeine Güternahverkehrsbedingungen *ж.-д.* Общие условия перевозки грузов на короткие расстояния *(в пределах ФРГ)*
AGO, Abteilungsgewerkschaftsorganisation профсоюзная организация отдела *(в бывш. ГДР)*
AGO, Allgemeine Gerichtsordnung *ист.* общее судоуложение *(Пруссия)*
AGO, Arbeitsgerichtsordnung порядок судопроизводства по трудовым спорам
AGP, Arbeitsgemeinschaft der Produktionsgenossenschaften Объединение производственных кооперативов *(бывш. ГДР)*
AGP, Arbeitsgemeinschaft Personenverkehr Общество пассажирских перевозок
AGP, Arbeitsgemeinschaft zur Förderung der Partnerschaft in der Wirtschaft Общество по развитию партнерства в экономике
AGR, Amtsgerichtsrat участковый судья; член участкового суда; член суда первой [низшей] инстанции

AGr., Arbeitsgruppe рабочая группа
A.Gr., Armeegruppe *воен.* армейская группа, АГ *(1. фронтовая группировка бывшей германской армии 2. фронтовая группировка ВС бывш. СССР)*
Agr., Agrarier 1. аграрий; крупный землевладелец 2. член партии аграриев; сторонник партии аграриев
Agr., Agronom агроном
Agr., Agronomie агрономия
Agr., Agrumen *pl.* плоды цитрусовых
Agr., Ausgangsgruppe *св., тел.* выходная группа
a.Gr., ab Grenze *ком.* франко-граница; на границе; от границы
agr., agrarisch аграрный, земельный; земледельческий, сельскохозяйственный
agr., agronomisch агрономический
agr., altgriechisch древнегреческий
AgrarRefG, Agrarreformgesetz закон об аграрной реформе; закон о проведении аграрной реформы
AGR-Kühlung, Abgasrückkühlung охлаждение рециркулируемых отработавших газов [ОГ]
AGS, adrenogenitales Syndrom *мед.* адреногенитальный синдром
AGS, Amtsgerichtssekretär секретарь участкового суда; секретарь суда первой [низшей] инстанции
AGS, Arbeitsgangstufe ступень производственного процесса *(бывш. ГДР)*
ags, angelsächsisch *лингв.* англосаксонский
Agsb, Augsburg г. Аугсбург
AGSoz, Archiv für Geschichte des Sozialismus *наименование периодического издания по вопросам истории социализма*
Agt., Agent агент
Agt., Agentur агентство
AGU, Arbeitsgemeinschaft für Umweltfragen Рабочая группа по проблемам окружающей среды
AGV, Akademischer Gesangverein Студенческий певческий союз
AGV, Angestelltenversicherungsgesetz закон о страховании служащих
AGV, Arbeitgebervereinigung объединение работодателей
AGV, fahrerloses Transportsystem роботизированная транспортная система

AgV, Arbeitsgemeinschaft der Verbraucherverbände Объединение союзов потребителей

A.G., Auslandsgruppenwähler *тлф.* групповой искатель международных линий

agz, angezeigt 1. уместный, своевременный, целесообразный 2. *мед.* показанный

AGZR, Allgewerkschaftszentralrat Центральный совет всегерманских профсоюзов

AH, allgemeine Haftpflicht солидарная [общая] ответственность

AH, A.H., Alter Herr старый [почётный] корпорант *(форма письменного обращения к лицу, сохранившему связь со студенческой корпорацией после окончания высшего учебного заведения)*

AH, Hessen Гессен *(индекс принадлежности автомобиля)*

A.H., allgemeines Heeresgerät прибор, принятый на вооружение

Ah, Amperestunde *физ.* ампер-час, А/ч

Ah., Anhang приложение *(к книге)*

Ah., Anhänger *авто.* прицеп

Ah., Aushilfe 1. временная помощь; временная работа, подсобная работа 2. временный помощник; подсобная рабочая сила; временный работник; временно приходящая прислуга

AHA, allgemeines Heeresamt *воен.* общевойсковой штаб

AHAH, A.H.A.H., Alte Herren старые [почётные] корпоранты *(форма письменного обращения к лицам, сохранившим связь со студенческой корпорацией после окончания высшего учебного заведения)*

AHB, Allgemeine Haftpflichtversicherungsbedingungen общие [генеральные] условия страхования от ответственности *(за причинение ущерба)*

AHB, Außenhandelsbank банк внешней торговли, внешнеторговый банк

AHB, Außenhandelsbetrieb внешнеторговое предприятие, ВТП; внешнеторговая фирма, ВТФ

AHD, Außenhandelsdienst *(der Industrie- und Handelskammern und Wirtschaftsverbände)* наименование периодического издания по экономической информации

AHD, Außenhandelsdienst der Vereinigten Wirtschaftsdienste Служба зарубежной экономической информации

Ahd., Althochdeutsch древневерхненемецкий язык; древневерхненемецкий период *(в истории немецкого языка)*

aHD, abgestrebter Hochdecker *ав.* жёстко расчаленный высококрылый моноплан

ahd., althochdeutsch древневерхненемецкий

ahd., althochdeutsche Sprache древневерхненемецкий язык

AHE, Außenhandelserläße наименование периодического издания по вопросам внешней торговли и международного торгового права

AHessG, Archiv für Hessische Geschichte наименование периодического издания по истории земли Гессен

A.H.K., Alliierte Hohe Kommission [für Deutschland] *ист.* Союзная верховная комиссия для Германии

AHM, Allgemeine Heeresmitteilungen наименование бывшего периодического издания по военным вопросам

AHM, Deutsche Außenhandelsmappe наименование справочного издания по внешней торговле

AHO, Außenhandelsorganisation внешнеторговая организация, ВТО *(в бывш. ГДР)*

Ahp., AhP, Anhaltspunkt отправная точка; исходное положение

A.H.Q., Armeehauptquartier штаб армии

AHV, Alter- und Hinterbliebenen-Versorgungsgesetz закон об обеспечении престарелых и сирот *(в Швейцарии)*

aHV, außerordentliche Hauptversammlung чрезвычайное общее собрание; внеочередное общее собрание *(акционеров)*

AHVB, allgemeine Haftpflichtversicherungsbedingungen общие [генеральные] условия страхования от ответственности *(за причинение ущерба)*

AI, aerodynamisches Institut аэродинамический институт

AI, archäologisches Institut археологический институт
AI, Inspektion der Artillerie Инспекция артиллерии
Ai, Aisan топливная аппаратура фирмы «Айзан»
ai, amnesty international *англ.* Международная амнистия
AIA, Aerodynamisches Institut, Aachen Аахенский аэродинамический институт
AiA, Angestellter im Außendienst служащий представительства [филиала] *(напр., фирмы)*; сотрудник заграничной службы
AIB, Aerodynamisches Institut, Braunschweig Брауншвейгский аэродинамический институт
AIB, Anweisung für Abdichtung von Ingenieurbauwerken *ж.-д.* Руководство по изоляции инженерных сооружений
AID, Aerodynamisches Institut, Darmstadt Дармштадтский аэродинамический институт
AID, Allgemeiner Informationsdienst информационное агентство АИД *(Австрия)*
AID, Land- und Hauswirtschaftlicher Auswertungs- und Informationsdienst Институт экономического анализа промышленности и сельского хозяйства
AIDOS, Automatisiertes Informations- und Dokumentationssystem автоматизированная информационно-поисковая система [ИПС], автоматизированная система поиска и хранения информации и документации
AIDP, Association Internationale de Droit Penal *(фр.)*, Internationale Vereinigung für Strafrecht Международная ассоциация уголовного права, МАУП
AIG, Auslandsinvestitionsgesetz закон о зарубежных [иностранных] инвестициях
AIPPI, Association Internationale pour la Protection de la Propriete Industrielle *(фр.)*; Internationale Vereinigung für gewerblichen Rechtsschutz Международная ассоциация по охране прав на промышленную собственность, АИППИ

a. i. R., auch in Reinschrift и в чистовом экземпляре
air., altirische Sprache древнеирландский язык
AIS, Arbeitsgemeinschaft Internationaler Straßenverkehrsunternehmer Österreichs Рабочая ассоциация австрийских автопредприятий, выполняющих международные грузовые перевозки
AISJ, Association Internationale des Sciences Juridiques *(фр.)*; Internationaler Verband für Rechtswissenschaft Международная ассоциация юридических наук, МАЮН
aisl., altislandisch древнеисландский
AIST, Arbeitsgemeinschaft zur Förderung und Entwicklung des Internationalen Straßenverkehrs in der DDR Рабочая ассоциация содействия и развития международных автоперевозок *(в бывшей ГДР)*
AIV, automatisierte Informationsverarbeitung автоматизированная обработка информации
AIVS, automatische Informationsverarbeitungssystem автоматическая система обработки информации
AIZ, Arbeiterillustrierte Zeitung газета «Арбайтер иллюстрирте цайтунг»
AJAS, Verein zur Förderung der Ausbildung junger Auslandschweizerinnen und Auslandschweizer Общество содействия образованию швейцарской молодёжи, постоянно проживающей вне страны
AJB, Außenhandelsjahrbuch *наименование ежегодного издания по вопросам внешней торговли*
AK, **A.K.**, Absorptionskoeffizient *физ.* коэффициент поглощения, коэффициент абсорбции
AK, Adre:skode *вчт.* код адреса, адресный код
AK, Adressenkonstante *вчт.* адресная константа
AK, Aktienkapital акционерный капитал
AK, Allied Kommandantur *(Berlin) ист.* Союзная комендатура *(в Берлине)*
AK, Amtskasse ведомственная касса
AK, Ankunftsmeldung *ж.-д.* уведомление о прибытии поезда

AK

AK, Antikörper *биол.* противотело, *биол., физ.* антитело
AK, Arbeitskraft рабочая сила; работник, работница
AK, Arbeitsstromkontakt *эл.* рабочий контакт
AK, Armeekorps армейских корпус; АК
AK, Athletikklub клуб лёгкой атлетики
AK, Aufräumungskosten расходы по расчистке *(по уборке обломков и мусора)*
AK, Außenkante *тех.* наружная кромка
AK, äußerste Kraft *мор.* аварийный ход
AK., Akademie академия
AK., Akademiker 1. человек с высшим образованием 2. академик, член академии наук *(не в Германии)* 3. преподаватель высшего учебного заведения *(в Германии)*
AK., Akustik акустика
A-K, Anode - Kathode анод - катод
a.K., auf Kredit в кредит
a.K., auf Kriegsdauer на время войны
a.K., außer Konkurrenz вне конкуренции
a.K., außer Kraft не работает; не действительно; не действует
ak, altkatholisch старокатолический
ak., akademisch с академическим образованием; имеющий высшее образование; университетский, относящийся к высшей школе; академический
ak., akustisch акустический
ak., akut *мед.* острый, акутный *(напр., о воспалении, болезни и т.п.)*
AKA, Absorptionskälteanlage абсорбционная холодильная установка
AKA, Ausfuhrkreditaktiengesellschaft Акционерное общество кредитования экспортных операций; консорциум банков для кредитования экспорта
AKA, Ausfuhrkreditanstalt институт кредитования экспорта
Akad., Akademie академия
Akad., Akademiker 1. человек с высшим образованием 2. академик, член академии наук *(не в Германии)* 3. преподаватель высшего учебного заведения *(в Германии)*
akath., altkatholisch старокатолический
AKB, Allgemeine Bedingunger für die Kraftfahrzeugversicherung условия страхования автомобилей *(ФРГ)*

Ak.B., Akustische Beihefte *наименование периодического издания по вопросам акустики*
AKD, Arbeitsgemeinschaft kommunale Datenverarbeitung общество по обработке муниципальных данных
Ak.d.K., Akademie der Künste Академия художеств
Ak.d.Wiss., Akademie der Wissenschaften Академия наук, АН
A.K.F., Autokorrelationsfunktion *мат.* автокорреляционная функция, функция автокорреляции
AKF(-System), Abgas-Kreisführung (ssystem) *авто* система рециркуляции отработавших газов *(возврата ОГ в камеру сгорания ДВС)*
AKG, Archiv für Kulturgeschichte *наименование периодического издания по истории культуры*
AK-Getriebe, Allklauen-Getriebe коробка с переключением всех передач кулачковыми муфтами
Aki, Aktualitätenkino кинохроника, «новости дня»
AKIS, alphabetisches Kundeninformationssystem алфавитная информационная система коллективного пользования
AKK, Anstalt für Kabelkommunikation ведомство по кабельным системам связи
Akk.,, Akkumulator 1. *тех.* аккумулятор 2. *вчт.* накапливающий регистр; накопитель; накапливающий сумматор
Akk., Akkusativ винительный падеж
Akku, Akkumulator аккумулятор
Akkulok, Akkumulatorenlokomotive аккумуляторный электровоз
AKL, Anrufkontrollampe *тлф.* контрольная лампа вызова; индикаторная лампа вызова
AKM, Absorptionskältemaschine абсорбционная холодильная машина
A.K.M., Autoren, Komponisten, Musikverleger Австрийская ассоциация авторов, композиторов и нотных издателей
AKM-Herstellender-Betrieb, Absorptionskältemaschinen-Herstellender-Betrieb предприятие [завод] по изготовлению абсорбционных холодильных машин,

завод-производитель абсорбционных холодильных машин
AKM-know how, Absorptionskältemaschine-know how «ноу-хау» *(для)* абсорбционных холодильных машин
AKM-Technik, Absorptionskältemaschine-Technik цикл абсорбционной холодильной машины
AKN, Altona-Kaltenkirchene Eisenbahn *ж.-д.* Альтона-Кальтенкирхенская железная дорога
AKO, Allerhöchste Kabinetts-Ordre *ист.* (высочайший) кабинетский указ, (высочайший) княжеский указ
AKO, Amtskassenordnung правила для ведомственных касс
A-Kohle, Aktivkohle *мед., хим.* активированный уголь
AKP, Afrika, Karibik und Pazifischer Raum *(Staaten in Afrika, im Karibischen Raum und im Pazifischen Ozean)* АКТ, страны Африки, бассейнов Карибского моря и Тихого океана
AKP, Armeekraftfahrpark *воен.* армейский автомобильный парк
a.Kr., auf Kredit в кредит
a.Kr., auf Kriegsdauer на время войны
AKRA, Arbeitsgemeinschaft Kraftwagenspedition Общество по перевозке автомобилей
Akt., Akten дело *(папка с документами)*
AktG, Aktiengesetz закон об операциях с ценными бумагами; закон об акционерных операциях
AKTH, adrenokortikotropes Hormon *мед.* адренокортикотропный гормон
Akt-Z., Aktenzeichen номер дела
AKU, Allgemeine Kunstseideunion Объединение европейских предприятий по производству искусственного шёлка
Akü, Abkürzung сокращение, аббревиатура
Aküspr., Abkürzungssprache язык сокращений
AKV, Aachener Kohlenverkaufsgesellschaft Аахенское общество по сбыту угля
AKV, Allgemeine Kreditvereinbarungen общие условия кредитования; общее положение о заимствовании
a. K. v., AKV, äußerste Kraft voraus *мор.* аварийным ходом вперёд

ALAF

AK-Verfahren, Akkreditivverfahren аккредитивная форма расчётов [расчёта]
AKW, Atomkraftwerk атомная электростанция
AKWJ, Arbeitsgemeinschaft Katholischer Weiblicher Jugend Объединение швейцарской католической женской молодёжи
Akz, Akzise акциз, косвенный налог
Akz., Aktenzeichen *канц.* помета в деле; номер дела
AL, Albanien Албания *(индекс государственной принадлежности автомобиля)*
AL, Allgemeine Leistungsbedingungen общие условия заключения сделок
AL, Allgemeine Liefer- und Leistungsbedingungen общие условия поставки и исполнения
AL, Anruflampe *тлф.* лампа вызова, вызывная лампа, ламповый индикатор вызова
AL, Anschlußleitung *тлф.* абонентская линия
AL, Anzeigenleiter заведующий отделом (рекламных) объявлений
Al, Aluminium *хим.* алюминий
Al., Alinea *лат. полигр.* абзац, красная строка
Al., Alkohol алкоголь, (винный) спирт; *хим.* спирт
Al., Anlasser *тех.* пусковое устройство; стартёр; пусковой реостат
Al., Arbeitslose безработный
A-l, Archipel архипелаг
a.L., an der Lahn на р. Лане
a.L., auf Lebenszeit на всю жизнь, пожизненно, навсегда
a.L., auf Lieferung *ком.* может быть поставлен
ä.L., ältere Linie старшая родословная ветвь
ALA, Ahnenlistenaustausch обмен родословными *(в торговле животными)*
ALA, Arbeitsgemeinschaft der schweizerischen Aluminiumverarbeiter, -walzwerke und -hütten Швейцарское промышленное объединение предприятий по переработке, литью и прокату алюминия
ALAF, Asociacion Latina-Americana de Ferrocarriles *исп., ж.-д.* Союз железных дорог Латинской Америки

ALB, Allgemeine Lagerbedingungen *(des deutschen Möbeltransports)* общие условия складирования *(при транспортировке мебели в Германии)*
ALB, Allgemeine Lebensversicherungsbedingungen общие условия страхования жизни
ALB, Allgemeine Lieferbedingungen общие условия поставок
ALB, Arbeitsgemeinschaft Landwirtschaftliches Bauwesen Сельскохозяйственное строительное объединение
Alb., Album альбом
alb., albanisch албанский
ALB RGW, ALB/RGW, Allgemeine Bedingungen für die Warenlieferungen zwischen den Organisationen der Mitgliedsländer des Rates für Gegenseitige Wirtschaftshilfe *ист.* Общие условия поставки товаров между организациями стран-членов СЭВ
AlBz, Aluminiumbronze алюминиевая бронза
ALCO, Alcom, ALCOM, ALGOL-Compiler *англ., вчт.* транслятор с языка АЛГОЛ, компилятор с языка АЛГОЛ, АЛГОЛ-компилятор
ALCOM, Algebraic Compiler *англ., вчт.* алгебраический компиллятор, компилятор с языка, ориентированного на решение алгебраических задач
ALCOR, ALGOL converter *англ., вчт.* транслятор с языка АЛГОЛ
ALCU, Aluminium-Cuprum биметлл алюминий-медь, плакированный медью алюминий
Alcup, Aluminium mit aufgeschweißter Kupferschicht алюминий с наплавленным медным слоем *(биметалл)*
ALEA, Allgemeine Lieferbedingungen für den Export von Anlagegütern правила по экспорту капиталов
Alex, Alexanderplatz Александерплац *(площадь в Берлине)*
ALFU, Arbeitslosenfürsorgeunterstützung *(государственная)* организация помощи безработным
Alg, Arbeitslosengeld пособие по безработице
ALGOL, Algorithmic Language *англ.* АЛГОЛ *(язык программирования)*

Alhi, Arbeitslosenhilfe помощь безработным, помощь при безработице
ALI, Autofahrer-Lenkungs und Informationssystem система выдачи водителю автомобиля информации об оптимальном пути следования
ALK, Ausgabelochkarte *вчт.* перфокарта вывода, перфокарта с выведенной информацией
Alk, Alkali щёлочь
alkal, alkalisch щелочной
Alkett, Altmärkische Kettenwerke Альтмаркские заводы по производству цепей
alkoh, alkoholisch спиртовой
alleinst., alleinstehend одинокий, холостой, незамужняя
allerh., allerhand всякий, разный, всевозможный
Allg., Allgäu Альгей *(область в Альпах)*
allg., allgemein общий, всеобщий
allg. Gen., allgemeine Genehmigung общее разрешение [утверждение, одобрение, согласие]
allgm., allgemein общий, всеобщий
allj., alljährig ежегодный, годичный; ежегодно, каждый год
Alm., Almanach альманах, календарь-справочник, ежегодник
Alnico, Aluminium-Nickel-Kobalt алюминий, никель, кобальт
ALPETH, Aluminium-Polyäthylen «алпет», алюминий-полиэтилен
Alph., Alphabet алфавит, азбука
ALR, Allgemeines Landsrecht закон о земельной собственности
ALR, Allgemeines Landrecht *(ист.)* общий свод законов *(Пруссии)*
ALR, automatische Lautstärkeregelung *радио* автоматическая регулировка усиления, АРУ, автоматическая регулировка громкости, АРГ
Alt., (Hamburg-) Altona Альтона *(название района и ж.-д. станции в Гамбурге)*
alt., alternativ альтернативный, чередующийся, попеременный
altd., altdt., altdeutsch старонемецкий, древненемецкий; по-старонемецки
altgr., altgriechisch древнегреческий
altgr., altgriechische Sprache древнегреческий язык
AltH, Altenheim, Altersheim дом престарелых

Altm, Altmark район Альтмарк
ALTRAN, Algebraic Translator *англ., вчт.* алегбраический транслятор; транслятор с языка, ориентированного на решение алгебраических задач
Alu, Aluminium алюминий
Alu, Arbeitslosenunterstützung помощь безработным; пособие по безработице
ALVNdSa, Archiv für Landes- und Volkskunde von Niedersachsen *наименование периодического издания по краеведению и этнографии Нижней Саксонии*
ALZUDI, Algorithmische Zuordnungsdidaktik *вчт.* Алгоритмический язык АЛЦУДИ
AM, Amplitudenmodulation *физ.* амплитудная модуляция, АМ
AM, Anfangsmarke *вчт.* метка начала, начальная метка *(напр., блока данных, программы)*
AM, Arbeitsmittel средства труда
AM, Ausfuhrmeldung экспортная декларация, ЭД
AM, Musterbauabteilung отдел конструирования опытных образцов
A.M., Archiv der Mathematik *наименование периодического издания по высшей математике*
Am, Amerizium *хим.* америций
Am., Amateur любитель, непрофессионал; дилетант
Am., Amerikanismus американизм
Am., Arbeitsmann рабочий
a.M., als Mitglied как член, в качестве члена [участника]
a.M., am Main на р. Майне
a.M., anderer Meinung другого [иного] мнения
a.M., angewandte Mathematik прикладная математика
a/M, am Main на р. Майне
am., amerikanisch американский; проамериканский
AMA, Achszählmelde-Anlage *ж.-д.* устройство контроля свободности участка с использованием счётчиков осей
AMB, Allgemeine Montagebedingungen общие условия монтажа
AMB, Ausgabemagnetband *вчт.* выходная (магнитная) лента; (магнитная) лента с выходными [выводимыми] данными
Amb., Ambulanz 1. амбулатория, амбулаторное отделение больницы 2. машина скорой помощи
amb., ambulant 1. подвижной, передвижной, нестационарный 2. амбулаторный
AMBlFin, Amtliches Mitteilungsblatt der Verwaltung für Finanzen der Vereinigten Wirtschaftsgebiete *наименование периодического издания по хозяйственно-финансовым вопросам объединённой экономической области*
amd., altmodisch старомодный
Amdienst, Amerikadienst американская служба информации для западногерманской прессы *(в Бад Годесберге)*
amerik., amerikanisch американский; проамериканский
A.Met.G.Bio., Archiv für Meteorologie, Geophysik und Bioklimatologie *наименование австрийского периодического издания по метеорологии, геофизике и биоклиматологии*
AMG, Arzneimittelgesetz закон по лекарственным средствам
AMK, Arbeitsmittelkarte паспорт *(станка, машины и т. п.)*
amMR, amerikanische Militärregierung *ист.* американская военная администрация *(в Германии)*
AmMRK, Amerikanische Menschenrechtskonvention Американская конвенция о защите прав человека
AMÖ, Arbeitsgemeinschaft Möbeltransport *(Lübeck)* Общество по перевозке мебели *(в Любеке)*
A-Modem, akustisches Modem акустический модем *(модулятор - демодулятор)*
AMP, Ausgabemagnetplatte *вчт.* выходной (магнитный) диск; (магнитный) диск с выходными данными
Amp., Ampere *физ.* ампер, А
AMPOST, Amerikanischer Postdienst американское почтовое ведомство, американское военно-почтовое ведомство
AMS, *вчт.* тип 16-разрядной шины
AMT, A.M.T., Arbeitsgemeinschaft Mittlerer Tageszeitungen in der Standortpresse

Объединение сотрудников небольших газет *(ФРГ)*

A.M.T., astronomischer Meßtrupp астронавигационный отряд

AMTCL, Association for Machine Translation and Computational Linguistics *англ.* Ассоциация по машинному переводу и математической лингвистике

amtl., amtlich, amtlicherseits официальный; служебный; должностной

amtl. Begr, amtliche Begründung официальное [служебное] обоснование

amtl. Bek., amtliche Bekanntmachung официальное объявление [сообщение]

A.M.Tr., Artilleriemeßtrupp отряд артиллерийской инструментальной разведки

AMTRAN, Automatic Mathematical Translation *англ.* язык программирования АМТРАН, ориентированный на решение математических задач

am Z, amerikanische Zone *ист.* американская зона *(в Германии)*

AN, Amtliche Nachrichten des Versicherungsamtes *наименование официального периодического издания по вопросам социального страхования*

AN, Anpassungsnetzwerk *вчт.*, *эл.* согласующая схема

A.N., Ausrüstungsnachweisung табель вооружения, табель имущества

An, Ankuppeln *ж.-д.* сцепление *(локомотива с вагонами)*

An, Athenium *хим.* афиний *(прежнее название элемента с атомным номером 99)*

An, normale Atmosphäre нормальная атмосфера

an., altnordisch древнескандинавский

an., altnordische Sprache древнескандинавский язык

an., anal., analog аналоговый

A.Nachr., Astronomische Nachrichten *наименование периодического издания по астрономии*

Anb, Anschlußbahn *ж.-д.* подъездной путь

ANBA, Amtliche Nachrichten der Bundesanstalt für Arbeit официальный бюллетень ведомства по труду

And, Andromeda *астр.* Андромеда

and., andauernd продолжительный, длительный; постоянный; постоянно, всё время

and., anders иной, другой; иначе, по-другому

Änd. G., Änderungsgesetz закон изменения; закон распределения

Änd G., Änderungsgesetz закон об изменениях и поправках *(к существующему законодательству)*

A.n.d.R., Abfluß nach der Regelung *гидр.* сток (воды) после регулирования

ÄndVO, Änderungsverordnung постановление об изменении

anerk., anerkannt признанный, пользующийся всеобщим признанием

AnfG, Anfechtungsgesetz закон о порядке оспаривания; закон о порядке обжалования

Anfr., Anfrage 1. опрос 2. запрос; вызов; заявка

Ang., Angaben данные

Ang., Angebot *тж. эк.* предложение

ang, angeblich якобы, будто бы, по утверждению

ang, angeboren врождённый, прирождённый, природный

ang, angehend начинающий, молодой; будущий

ang, angehörend принадлежащий

ang, angemeldet объявленный, заявленный

ang, angenommen условный

ang, angewandt прикладной

ang., angular *мат.* угловой

an.g., anderweitig genannt иначе называемый

Angekl., Angeklagte *m, f юр.* обвиняемый, обвиняемая; подсудимый, подсудимая

angekl, angeklagt обвинённый, обвиняемый

Angh., Angehöriger родственник

Ang Kü Fr G, AngKüFr.G., Gesetz über die Fristen für die Kündigung von Angestellten закон о сроках предупреждения служащих при увольнении

Angst., Angestellte *m, f* служащий, служащая

Ang V, Angestelltenversicherung страхование служащих

AngVersG., Ang VG, Angestelltenversicherungsgesetz закон о страховании служащих

Anh., Anhang приложение *(к книге)*

ANITA, Associazione Nationale Impese Transporti Automobilistici Национальная ассоциация международных автоперевозок *(Испания)*
Ank., Ankauf покупка, закупка; скупка
Ank., Ankunft прибытие *(поезда, парохода и т. п.)*
Anka, Antennenkappe *радио* антенная коробка
Ankl., Anklage обвинение
Ankl., Ankläger обвинитель
ANL, Anlagentechnik отделение промышленного оборудования *(в составе фирмы «Сименс»)*
Anl., Anlage 1. вложение, вклад *(капитала)*; инвестиции 2. *канц.* приложение к письму 3. *тех.* установка; агрегат; сооружение; оборудование
Anm., Anmelder заявитель
Anm., Anmerkung примечание, замечание, заметка; сноска
Anm.-Form., Anmeldeformular формуляр для прописки; формуляр для принятия на учет; формуляр для приёма, прописной листок
Ann., Annahme предположение, допущение; гипотеза
Ann., Annalen ежегодники; анналы
ann., annoncieren объявлять, публиковать; давать объявление *(о чем-л.)*
ann., annulieren аннулировать, отменять
Ann HVNRh, Annalen des Historischen Vereins für den Niederrhein *наименование периодического издания по вопросам истории Нижнего Рейна*
Ann.Met., Annalen der Meteorologie *наименование периодического издания по метеорологии*
Ann.Phys., Annalen der Physik *наименование периодического издания по физике*
Ann St., Annahmestelle 1. пункт приёма *(заказов, товаров)* 2. приходная касса
AnpG., Anp.-Ges., Anpassungsgesetz закон о согласовании пенсии с повышением цен и с изменением уровня заработной платы
Anr., Anruf вызов; звонок *(по телефону)*
ANRC, Australian National Railway Commission *ж.-д. англ.* Австралийский национальный комитет по железнодорожному транспорту

Anschl., Anschlag 1. смета; оценка; расчёт 2. *тех.* упор
Anschl., Anschluß 1. *ист.* аншлюс *(аннексия Австрии гитлеровской Германией)* 2. *тех.* подключение; подсоединение; присоединение; ввод 3. удобное сообщение *(при наличии пересадок)*; согласованность расписаний; пересадка
anschl., anschließend при сём, в качестве приложения; прилагаемый, приложенный
ANSI, American National Standard Institute *англ.* Американский национальный институт стандартов
Ant, Antenne антенна
ant., antik древний, старинный
ANTRAM, Associacas National de Transportadires, Publicos Rodoviarios de Mercadorias Португальская ассоциация международных автоперевозок
Antw., Antwort ответ
ANUGA, Allgemeine Nahrungs- und Genußmittel-Ausstellung in Köln Кёльнская выставка гастрономических товаров и кондитерских изделий
Anw., Anwalt адвокат
Anw., Anweisung 1. инструкция, указание; директива 2. *(денежный)* перевод; чек 3. *вчт.* оператор; макрокоманда
anw., anwesend присутствующий
AnwBl, Anwaltsblatt *(Zeitschrift)* «Анвальтсблатт» *(журнал для адвокатов)*
Anwiko, Anorganisch-Wissenschaftliche Kommission Научная комиссия по неорганическим веществам
Anz., Anzahl количество, число
Anz., Anzahlung задаток, аванс; плата *(в счёт чего-либо)*; первый взнос *(при покупке в рассрочку)*
Anz., Anzeige извещение; заявление, уведомление; объявление
Anz-Pfl., Anzahlungspflicht обязательство по выплате аванса
Anz.-Pfl., Anzeigepflicht обязательное извещение; обязанность извещать, обязанность сообщать *(о преступлениях, о заразных болезнях)*
AO, Abgabenordnung положение о порядке взимания налогов [сборов, пошлин]; правила о взыскании налогов, сборов и пошлин

AO, Anordnung распоряжение, предписание, инструкция; приказ, указ,

AO, Arbeitsordnung правила внутреннего распорядка на предприятии, порядок [распорядок] работы

AO, Ausfuhrordnung положение о порядке осуществления экспорта; правила по экспорту

AO, Auslandsorganisation зарубежная организация

AO, außerordentlicher экстраординарный *(профессор)*

A.o., Auslaßventil öffnet *авто.* выпускной [выхлопной] клапан открывается

a.O., an der Oder на р. Одере

ao., a.o., außerordentlich чрезвычайный; исключительный; внештатный; экстраординарный

a/o, account of *англ.* счёт от *(какого-л. лица, фирмы)*

AÖG, Archiv für österreichische Geschichte *наименование периодического издания по истории Австрии*

Ao Ges, AO GES., außerordentlicher Gesandter чрезвычайный посланник

AoGubM, außerordentlicher Gesandter und bevollmächtigter Minister чрезвычайный посланник и полномочный министр

aoH, ao.H, außerordentlicher Haushalt чрезвычайный бюджет

aoHv, außerordentliche Hauptversammlung чрезвычайное [внеочередное] общее собрание *(акционеров)*

AOI, Abteilung für Organisation und Informatik *ж.-д.* Отдел организации и информатики *(Швейцарские федеральные железные дороги)*

AÖI, Archiv des Österreichinstitutes Архив Национального австрийского института

AOK, Armeeoberkommando армейское командование, штаб армии

AOK(K), Allgemeine Ortskrankenkasse общая местная больничная *(страховая)* касса

A-Operand, *вчт.* операнд адреса, адресный операнд

ao. Prof., a. o. Prof., außerordentlicher Professor экстраординарный профессор

AOR, Anstalt des öffentlichen Rechts учреждение публично-правового характера

AöR, Archiv für öffentliches Recht *(Zeitschrift)* «Архив публичного права» *(журнал)*

AOSP, Automatic Operating and Schedule Programs *англ., вчт.* операционная система АОСП фирмы «Барроуз» *(США)*

A.O.Z., Anoden-Öffnungs-Zuckung *физиол.* сокращение мышцы при анодном размыкании

AP, Amsterdamer Pegel амстердамский измеритель уровня воды

AP, Anwenderprogramm, Anwendungsprogramm, Applikationsprogramm *вчт.* 1. прикладная программа 2. программа пользователя, пользовательская программа

AP, Arbeitsproduktivität производительность труда

AP, Arbeitsrechtliche Praxis Практика трудового законодательства *(издание)*

AP, Ausgabeprogramm *вчт.* программа вывода

A.P., amerikanisches Patent американский патент

A.P., Anhaltepunkt 1. остановочный пункт, остановка; станция 2. отправная точка; исходное положение

A.P., Anlaßpumpe *тех.* пусковой насос

A.P., Anlegepunkt, Anlegeplatz место причала; пристань; причал

A.P., Artilleriepunkt артиллерийский пункт

A.P., Aufnahmepunkt точка [перспектива, ракурс] съёмки

A.P., Aussichtspunkt *воен.* наблюдательный пункт

A.P., authority to pay *англ.* полномочие на проведение платежа

A/P, account paid *англ.* счёт оплачен

ap, auf Putz элт., усл. обозн. *(проводка)* поверх штукатурки *(открытая проводка)*

ap., außerplanmäßig 1. внеплановый; 2. *австр.* внештатный, экстраординарный *(профессор)*

a.p., anni practeriti *(lat.)*, vergangenen Jahres прошлого года

a.p., anterior-posterior *лат.* направление лучей спереди назад *(при рентгеноскопии)*

APA, Austria Presseagentur Австрийское агентство печати, АПА

AP-Achse, Antriebspendelachse авто ведущий мост на балансирной подвеске

AP-Achse, Außenplanetenachse авто ведущий мост с планетарными колёсными передачами

A.P.B., Allgemeine Polizeiliche Bestimmungen всеобщие полицейские постановления

A-Personal, персонал торгового предприятия, занятый в сфере продажи товаров *(включая хранение на складах и перевозку)*

APG, Archiv für Politik und Geschichte *наименование периодического издания по политическим и историческим вопросам*

Apho, Arbeitsausschuß der Deutschen Photowirtschaft Рабочий комитет объединения западногерманской фотопромышленности

APHV, Allgemeiner Postwertzeichenhändler-Verband Всеобщий союз продавцов знаков почтовой оплаты

A.Phys., Annalen der Physik *наименование периодического издания по физике*

APK, Arbeitspensionskasse рабочая пенсионная касса

Apk, Apokalypse *рел.* апокалипсис

APL, A Programming Language *англ.* язык программирования **APL**, ориентированный на научные расчёты

apl., außerplanmäßig 1. внеплановый 2. *австр.* внештатный, экстраординарный *(профессор)*

apl.Prof., außerplanmäßiger Professor экстраординарный [внештатный] профессор

APM, Informationsdienst der Pressestelle der Österreichischen Ärztekammer «Arzt-Presse-Medizin» Информационная служба австрийской врачебной палаты

APO, Allgemeine Prüfungsordnung инструкция по проверке бухгалтерской отчётности; Общая инструкция по проверке бухгалтерской отчётности

APO, außerparlamentarische Opposition внепарламентская оппозиция

ApoG, Gesetz über das Apothekenwesen закон о регулировании деятельности аптек

Apok., Apokalypse *рел.* Апокалипсис

Apok., Apokore *лингв.* апокопа, отпадение одного или нескольких звуков в конце слова

apok., apokalyptisch апокалипсический, таинственный, зловещий

Apokr., Apokryphen *рел.* апокрифы, непризнанные церковью писания *(о жизни Христа и т.п.)*

apokr., apokryph апокрифический, неподлинный, подложный; недостоверный

Apoth G., Gesetz über das Apothekenwesen закон о регулировании деятельности аптек

App., Apparatur аппаратура; агрегат; механизм; оборудование

App., Appartment аппартаменты *(номер в гостинице)*

App., Appellativ *грам.* имя нарицательное

App., Apposition *грам.* приложение, аппозиция

app, **App**, Apparat аппарат; прибор; устройство

Appl., Applaus аплодисменты, рукоплескания

Appl., Applikant проситель, заявитель; претендент, кандидат *(на должность)*

Appl., Applikation прошение, заявление

Appos., Apposition *грам.* приложение, аппозиция

Appr., Apposition *грам.* приложение, аппозиция

Appr., Appretur *текст.* отделка; аппретирование

Appr., Approbation допущение к практике *(врача, аптекаря)*

Appr., Approximation *мат.* приближенное вычисление; аппроксимация

Approb., Approbation допущение к практике *(врача, аптекаря)*

Approx., Approximation *мат.* приближенное вычисление; аппроксимация

APr, Arbeitsproduktivität производительность труда

Apr., April апрель

apr.

apr., apriorisch априорный, не зависящий от опыта
apr., apropos *фр.* кстати, между прочим
a. pr., anni praesentis *(lat.)*; des gegenwärtigen Jahres сего года, с.г., текущего года
a. pr., anni praeteriti *(lat.)*; des vorigen Jahres прошлого года
APSW, altes Programmstatuswort *вчт.* старое слово состояния программы
APT, Adenosintriphosphat *хим.* аденозинтрифосфат
APT, Automatic Programming for Tools *англ.* язык программирования АПТ для станков с цифровым управлением
A.P.T., Artilleriepunkttafel артиллерийская топографическая таблица
APU, Altpreußische Union der Evangelischen Kirche Старопрусское объединение евангелической церкви
APV, Arbeitsgemeinschaft der Papier- und Pappenverarbeitenden Industrie Общество бумаго- и картоноперерабатывающей промышленности
APZ, automatischer Peilzusatz *радио., опт.* автоматическое пеленгационное устройство, АПУ
Äq, Äquivalent эквивалент
äq, äquivalent эквивалентный
Aqll, Aquarell акварель
Äq.Pr., Aquatorprojektion *геогр.* экваториальная проекция
AR, Abstimmanzeigeröhre электронный индикатор настройки
AR, Adressenregister *вчт.* адресный регистр, регистр адресов
AR, Analogrechner аналоговое вычислительное устройство; АВУ; аналоговая вычислительная машина; АВМ
AR, Aufsichtsrat 1. наблюдательный совет *(напр., акционерного общества)* 2. член наблюдательного совета
AR, Außenhandelsrecht внешнеторговое право, ВТП
AR, automatische Regelung автоматическое регулирование
AR, autonome Republik автономная республика; АР
AR, Halbspeisewagen *ж.-д.* комбинированный пассажирский вагон с салоном-рестораном

AR , Autorenrecht Германское авторское право *(издание)*
A.R., Abderhalden's Reaktion *физиол.* реакция Абдерхальдена
A.R., auswärtige Redaktion редакция иностранного отдела *(газеты, журнала)*
Ar, Argon *хим.* аргон
Ar., Aroma *пищ.* ароматизатор *(средство, добавляемое для запаха)*
a/r, A/R, all risks, alle Risiken все риски *(страхование от всех рисков)*
Arak, Atomrakete атомная ракета
aram., aramäisch арамейский *(относящийся к древнему семитскому населению Сирии)*
ARB, Austria-Ratarder-Bau название австрийской фирмы, выпускающей тормоза-замедлители
ArbEG, Gesetz über Arbeitnehmererfindungen закон о служебных изобретениях
ArbG., Arbeitsgesetz закон о труде *(и заработной плате)*
Arbg, ArbG., Arbeitsgericht суд по трудовым спорам, суд по разбору трудовых конфликтов
Arbgem., Arb.-Gem., Arbeitsgemeinschaft общество, сообщество, объединение; координационный комитет
Arbgem'n, Arbeitsgemeinschaften общества, сообщества, объединения; координационные комитеты
ArbGG, Arbeitsgerichtsgesetz закон о судах по трудовым спорам
Arbl, ArBl, Arbeitsblatt *наименование периодического издания по вопросам труда*
ArblU, Arbl.-Unt, Arbeitslosenunterstützung помощь безработным; пособие по безработице
Arb.-Nachw., Arbeitsnachweis 1. биржа труда 2. объявление о найме на работу *(в газете)*
ArbPlSchG., Arbeitsplatzschutzgesetz закон о сохранении рабочего места; закон о сохранении места работы
ArbR-Hdb, Arbeitsrechts-Handbuch юридический справочник по трудовому законодательству
ArbR Samml, Arbeitsrechtssammlung кодекс законов о труде, КЗОТ; сборник законов о труде

ArbZ, Arbeitszeit рабочее время
ArbZG, Arbeitszeitgesetz закон о рабочем времени; закон о нормировании рабочего времени; закон о рабочем дне; закон о продолжительности рабочего дня
ARC, Amateurradioclub клуб радиолюбителей
Arch., Archäloge археолог
Arch., Architekt архитектор
Arch.E., Archiv für Elektrotechnik *наименование периодического издания по электротехнике*
Arch EBW, Archiv für das Eisenbahnwesen *наименование периодического издания по железнодорожному делу*
ArchEis, Archiv für Eisenbahnwesen Архив железнодорожного дела
Arch.E.Ü., Archiv der Elektrischen Übertragung *наименование периодического издания по электропередачам*
Archkrim, Archiv für Kriminologie «Архив криминологии» *(ежемесячный журнал, ФРГ)*
Archvl, Archivalien архивные документы
arc.sin., arcus sinus *мат.* арксинус
arc.tg., arcus tangens *мат.* арктангенс
ARC-Verfahren, autorefrigerated cascade-Verfahren способ самоохлаждающегося каскада, метод аврефрижераторного каскада
ArD, Arbeitsdienst трудовая повинность
ARE, Agrarrechnungseinheit сельскохозяйственная расчётная единица
A-Register, Ausgaberegister регистр вывода; выходной регистр
ARFF, Allrichtungsfunkfeuer всенаправленный радиомаяк
ARG, Archiv für Reformationsgeschichte наименование периодического издания по вопросам истории лютеранской церкви
ARG, Astrorechengerät астровычислительный прибор
Arg., Argentinien Аргентина
Arg., Argentinier, Argentinierin аргентинец, аргентинка
Arg., Argonauten *pl. зоол.* аргонавты *(головоногие моллюски)*
arg., argentinisch аргентинский
ARGE, Arbeitsgemeinschaft 1. объединение *(организация)* 2. комитет, комиссия

Ar.Ge., Arbeitsgemeinschaft общество, сообщество, объединение; координационный комитет
Arge, Arbeitsgenossenschaft ассоциация фирм-подрядчиков *(выполняющих работы на одном объекте)*
argent., argentinisch аргентинский
ARGUS, automatic routine generating and updating system *англ.* система автоматического программирования и обновления данных АРГУС фирмы «Хониуэлл» *(США)*
a.Rh., **a/Rh**, am Rhein на р. Рейне
Arith., Arithmetik арифметика
arith., arithmetisch арифметический
Ariz., Arizona Аризона *(штат США)*
Ark., Arkansas Арканзас *(штат США)*
ARKB, Arbeiter-Rad- und Kraftfahrer-Bund *ист.* Рабочий (спортивный) союз велосипедистов и мотоциклистов
Arko, Artilleriekommandeur командующий артиллерией
Arl., Artillerie артиллерия
Arm., Armatur арматура
arm., armenisch армянский
arm., armiert армированный
ARQ, automatic request, automatische Rückfrage *свз., вчт.* автоматический опрос
arr., arrival *англ.* прибытие
ARS, Anrufrelaissatz комплект вызывных реле
ARS, Aufhängerahmen für Sender держатель радиопередатчика
ARSpL, automatische Regelung der Spannung des Lichtbogens *св.* автоматическое регулирование напряжения дуги
ARSpS, automatische Regelung der Spannung der Speiseleitung автоматическое регулирование напряжения питающего фидера *(дуговой сварки)*
ARSrL, automatische Regelung des Lichtbogenstroms *св.* автоматическое регулирование силы тока дуги
ARStrS, automatische Regelung des Speisestroms автоматическое регулирование питающего тока *(дуговой сварки)*
Art., Artikel 1. статья *(напр., закона, газетная)* 2. пункт *(договора, соглашения)* 3. товар 4. предмет, вещь 5. артикул

Art. Abt., Artillerieabteilung артиллерийский дивизион
ARV, Auslandsreiseversicherung страхование поездок за границу
ArVNG, Arbeiterrentenversicherungs-Neuregelungsgesetz [Gesetz zur Neuregelung des Rechts der Rentenversicherung der Arbeiter] закон о новой редакции прав работников на пенсионное страхование, закон о внесении изменений в права работников на пенсионное страхование
ARW, Archiv für Religionswissenschaft *наименование периодического издания по теологии*
ARZ, Autoreisezug *ж.-д.* пассажирский поезд с включёнными в его состав вагонами для перевозки легковых автомобилей, пассажиров
ARZ-Best, Tarifbestimmungen für die Benutzung der Autoreisezüge *ж.-д.* Тарифные правила проезда в пассажирских поездах с провозом личных легковых автомобилей
ARZ-T, Autoreisezug-Tarif *ж.-д.* тариф на перевозку легковых автомобилей в пассажирских поездах
AS, Absperrschieber *тех.* задвижка, заслонка
AS, Ackerschlepper трактор *(сельско- и лесохозяйственный)*
AS, Amtliche Sammlung der Bundesgesetze und Verordnungen Свод законов и распоряжений правительства Швейцарской федерации
AS, A.S., Anflugführungssender приводная радиостанция; приводной радиомаяк
AS, Anrufsucher *тлф.* абонентский искатель; искатель вызовов
AS, Antriebsseite сторона привода
AS, Aufzeichnungsspalt *вчт., радио., эл.* зазор между головкой записи и рабочей поверхностью (магнитного) диска *или* (магнитной) ленты
AS, Ausschalter выключатель
AS, Außenstation межпланетная станция
AS, Auto-Schutz-Verband Союз защиты прав владельцев автомашин
A-S, Altostratus *метео* высокослоистые облака

As, Amperesekunde *физ.* ампер-секунда, A./c
As, Anschlußplan *эл.* схема соединений, коммутационная схема; *эл., ж.-д.* схема подключений [подключения]
As, Arsen *хим.* мышьяк
A.s., Auslaßventil schließt *авто.* выпускной клапан закрывается
a.S., am Samstag в субботу
a.S., an der Saale на р. Заале
a.S., an Samstagen по субботам; по субботним дням
a.S., auf Seite на странице
a.S., auf Sicht *ком.* 1. по первому требованию; прима-виста 2. по предъявлении *(напр., оплата по предъявлении документов)*
as, Apostilb *физ.* апостильб, *асб (единица поверхностной яркости)*
as., altsächsisch древнесаксонский
as., altsächsische Sprache древнесаксонский язык
as., aseptisch *мед.* асептический, антибактерицидный; стерильный
as., asiatisch азиатский
as., asymmetrisch асимметричный, несимметричный
a/s, after sight *англ.* по предъявлении *(напр., оплата по предъявлении документов)*
ASA, American Standart Association *англ.* Американская ассоциация стандартов
ASA, Antriebsschlupfanlage *ж.-д., авто* система предотвращения буксования, СПБ *(ведущих колёс)*, противопробуксовочная [антипробуксовочная] система
ASA, Arbeitsschutzartikel пункт [параграф, статья] договора об охране труда; пункт [параграф, статья] закона об охране труда
ASA, Arbeitsschutzausschuß Комитет по охране труда
ASA, automatische Scharfabstimmung *эл., радио.* автоматическая подстройка
asächs., altsächsisch древнесаксонский
ASA-Leder, Arbeitsschutzartikel-Leder кожа для изготовления рабочей спецодежды
ASAO, Arbeitsschutzanordnung положение по технике безопасности, инструкция по технике безопасности

ASAO, Arbeitsschutzanordnungen *pl.* положения [инструкции] по технике безопасности; правила техники безопасности

ASB, Abteilung zur Sicherstellung von Bewegung *воен., полиц.* отряд обеспечения движения, ООД

ASB, Anschlußbereich *связ., тлв.* район подключения

ASB, Arbeitsgemeinschaft für (wirtschaftliche Betriebsführung und) soziale Betriebsgestaltung Общество подготовки технических и руководящих кадров для торговых и промышленных предприятий

ASB, Arbeitsschutzbestimmung(en) положение (ия) об охране труда

ASB, Aussetzschaltbetrieb *эл.* повторно-кратковременный режим работы с переменной нагрузкой и частыми включениями

Asb., Asbest асбест

asb, Asb, Apostilb *физ.* апостильб, асб *(единица поверхностной яркости)*

ASBH, Arbeitskreis der Studenten an Berufspädagogischen Hochschulen Координационный комитет студенческих организаций педагогических институтов

ASC, automatische Stabilitäts-Control автоматика предотвращения буксования; автоматика противоскольжения

ASCENT, Assembly System for Central Processor *англ., вчт.* ассемблер для центрального процессора АСКЕНТ фирмы «Юнивак» *(США)*

Aschbg, Aschaffenburg г. Ашафенбург

A-Schl, Anzeigenschluß конец раздела объявлений *(в газете или журнале)*

Aschr., Anschrift 1. адрес *(на письме)* 2. надпись *(на книге)*

ASCII, American Standart Code of Information Interchange *англ.* американский стандартный код (для) обмена информацией

ASE, Abteilung Stahl und Eisen Управление чёрной металлургии

ASE, Anschlußsteuereinheit *вчт.* блок управления интерфейсом; контроллер интерфейса

ASE, Arbeitsgemeinschaft Solarenergie Комитет по использованию солнечной энергии

Asec, Amperesekunde *физ.* ампер-секунда, А/сек

ASG, условное обозначение композитного материала

As G, Anschlußgroßvorrichtung *тех.* соединительное устройство

ASI, Antriebs-, Schalt- und Installationstechnik отделение технических средств привода, коммутации и электромонтажа *(в составе фирмы «Сименс»)*

ASIG, Arbeitssicherheitsgesetz *ж.-д.* закон о безопасных условиях труда *(с. 1.01.1978 г. распространяется на деятельность Государственных железных дорог ФРГ)*

ASIPI, Interamerikanische Vereinigung zum Schutz des gewerblichen Eigentums Межамериканская ассоциация по охране промышленной собственности, АСИПИ

ASK, Arbeitsschutzkommission комиссия по охране труда *(в бывш.* ГДР*)*

ASK, Armeesportklub армейский спортивный клуб, спортивный клуб армии, СКА

ASK, Asiatische Sozialistische Konferenz Конференция социалистических партий стран Азии

Ask, Anschlußkabel *эл.* соединительный [питающий] кабель; *тлф.* абонентский соединительный кабель

ASK-DA, Anschlußkabel-Doppelader пара (жил) абонентского кабеля

ASKI, Ausländer-Sonderkonten für Inlandszahlungen *уст.* особые (валютные) текущие счета для иностранцев, производящих платежи внутри Германии

ASKL, Anruf- und Schlu:skontrollampe *тлф.* вызывная и отбойная контрольная лампа

ASK-Nk, Anschlußkabel-Netzknoten сетевой узел абонентского кабеля

ASKÖ, Arbeiterbund für Sport und Körperkultur Österreichs Австрийский рабочий союз физической культуры и спорта

ASL, Anruf- und Schlu:slampe *тлф.* вызывная и отбойная лампа

asl., altslawisch старославянский, древнеславянский

asl., altslawische Sprache старославянский язык

ASLB, automatisiertes System der Leitung eines Transportbetriebes *ж.-д.* автоматизированная система управления транспортного предприятия

ASM, Amtliche Sportmitteilungen *наименование официального периодического издания по вопросам спорта*

ASM, Asynchronmaschine эл. асинхронная машина, асинхронный двигатель

ASMW, Amt für Standardisierung, Meßwesen und Warenprüfung ведомство по стандартизации, метрологии и контролю за качеством товаров

ASO, Arbeitsschutzobmann инспектор по технике безопасности *(на предприятиях, имеющих не менее 20 рабочих — бывш. ГДР)*

ASP, Arbeitsgemeinschaft Spedition und Lagerei Общество транспортных и складских операций

ASp, Altsparer владелец вклада, внесённого до 1945 г.

Asp, Arbeitsspeicher *вчт.* оперативная память

Asp., Aspirant кандидат *(претендент на какое-л. место)*; аспирант; учащийся среднего специального учебного заведения *(ФРГ)*

ASpB, Arbeitsgemeinschaft der Spezialbibliotheken Общество специализированных библиотек

ASPER, Assembly System for Peripheral Processors *англ., вчт.* ассемблер для периферийных процессоров АСПЕР фирмы «Юниваю» *(США)*

Asph., Asphalt асфальт

ASR, Ablaufsteuerrechner *ж.-д.* ЭВМ управления горочными процессами *(процессами роспуска вагонов с сортировочной горки)*

ASR, Achillessehnenreflex *мед.* ахиллов рефлекс

ASR, Amplitudensignalregelung *эл., радио* автоматическая регулировка амплитуды

ASR, Anti-Schlupf-Regelung; Antriebschlupfregelung *авто* система предотвращения буксования [СПБ] ведущих колёс *(регулятор тормозных и тяговых сил по сцеплению колёс с дорогой)*; автоматика противоскольжения

ASS, Ablaufsichtstation *ж.-д.* пункт наблюдения за ходом процесса роспуска вагонов с сортировочной горки

Ass., Assekuranz страхование *(груза)*

Ass., Assessor асессор *(кандидат на повышение в должности)*

ASSR, Autonome Sozialistische Sowjetrepublik *ист.* автономная советская социалистическая республика, АССР

Asst, Assistent ассистент, помощник

ASSTP, Automatisiertes System zur Steuerung technologischer Prozesse автоматизированная система управления технологическими процессами, АСУТП

Assz, Assistenz помощь, содействие

ASt, A.St., Annahmestelle 1. приёмный пункт 2. *воен.* призывной пункт *(ФРГ)*

ASt, Ausgabestelle пункт выдачи

A.St., Abwehrstelle *воен.* отдел контрразведки

A.St., Amtsstelle служебная инстанция; официальное учреждение

A.St., Aufklärungsstreifen *воен.* полоса разведки

A.St., Ausgabestelle пункт выдачи

A.St., Auswertstelle *воен.* пункт обработки донесений

Ast, A. St., Auswertestelle 1. пункт обработки данных [информации] 2. вычислительный центр

a.St., alten Stils по старому стилю

a.St., am Stück (цена) за штуку

ASta, ASTA, Allgemeiner Studentenausschuß an Hochschulen Объединённый комитет студенческих корпораций

ASTAG, Schweizerischer Nutzfahzeugverband Швейцарское объединение владельцев грузовых автомобилей и автобусов

AStG, Außensteuergesetz закон о налоге с предпринимателями, связанных с иностранными государствами

AstL, Außenstellenleiter *ж.-д.* начальник линейного подразделения *(железной дороги)*

Asto, Admiralstabsoffizier офицер главного морского штаба
Astr., Astronomie астрономия
Astro N, Astronomische Nachrichten *наименование периодического издания по астрономии*
AStV, Ausschuß ständiger Vertreter Комитет постоянных представителей *(государств-членов ЕС)*
ASU, Arbeitsgemeinschaft Selbständiger Unternehmer Общество независимых предпринимателей *(не входящих в картели и др. объединения — ФРГ)*
ASV, Allgemeiner Schriftstellerverein Всеобщий союз писателей
ASV, Allgemeiner Sportverein Всеобщий спортивный союз
ASV, Athletik-Sportverein спортивно-атлетический союз
ASV, Atlas der Schweizerischen Volkskunde *наименование швейцарского справочного издания по этнографии*
ASVG, Allgemeines Sozialversicherungsgesetz общий закон социального страхования
ASVO, Arbeitsschutzverordnung постановление об охране труда *(в бывш. ГДР)*
ASVÖ, Allgemeiner Sportverband Österreichs Общеавстрийский спортивный союз
ASW, Auswahl 1. выбор; отбор; ассортимент 2. *вчт.* отбраковка; выборка
ASW-A, Auswahl-Ausgabe *вчт.* выбор устройства вывода; подключение устройства вывода
AS WWU, Arbeitsstab «Europäische Wirtschafts- und Währungsunion» рабочий штаб «Европейский экономический и валютный союз»
AsylVfG, Asylverfahrensgesetz закон о порядке предоставления убежища
asym, asymmetrisch асимметричный, несимметричный
A.S.Z., Anoden-Schließungs-Zuckung *физиол.* сокращение мышцы при анодном замыкании
AT, Abfragetaste *вчт.* клавиша запроса; *тлф.* опросный ключ
AT, Abgasturbine турбина, работающая на отработавших газах [ОГ]

AT, Adress(en)teil *вчт.* адресная часть *(команды)*
AT, Ankertau *мор.* якорная цепь, минреп
AT, Auslösetaste 1. клавиша [кнопка] отбоя; клавиша [кнопка] разблокировки 2. клавиша пуска; пусковая кнопка
AT, Ausnahmetarif исключительный [специальный] тариф *(на перевозку грузов)*
AT, automatische Transmission *авто.* автоматическая трансмиссия
A.T., Altes Testament Ветхий завет, библия
A.T., Alt-Tuberkulin *хим., мед.* старый туберкулин
A.T., Arzneitaxe лекарственный ценник; такса на медикаменты
A.T., Aussichtsturm *воен.* наблюдательная вышка
At, Antenne антенна
At, Astatin *хим.* астат, астатин
At., Abtaster 1. щуп; зонд 2. опрашивающее устройство; считывающее устройство 3. сканирующее устройство, сканер
At., Atelier ателье, студия, мастерская
At., Atom атом
at., Atmosphären-Druck *физ.* давление в атмосферах
at., technische Atmosphäre техническая атмосфера, *атм.*
ATA, Allgemeiner Tarifanzeiger всеобщий тарифный указатель *(на перевозку грузов)*
at. abs., ata, absolute Atmosphäre *физ.* абсолютное давление в атмосферах
ATAFEG, Austria Tabakeinlöse- und Fermentationsgesellschaft Австрийская табачная монополия
ATB, Akademischer Turnbund Объединение студенческих гимнастических организаций
ATB, Arbeiter-Touring-Bund Швейцарский рабочий союз *(автомобильного)* туризма
ATC, Automatisk-Täghastighets-Controll *ж.-д.* шведская система автоматической локомотивной сигнализации с контролем скорости поезда и автостопом
ATG, automatisches Testgerät автоматический контрольный прибор

ATG

ATG, Autotransportgemeinschaft автотранспортное объединение

ATG, VDI-Fachgruppe Fahrzeugtechnik специализированная группа по автомобильной технике в составе Союза немецких инженеров *(ФРГ)*

AtG, Atomgesetz *(Gesetz über die friedliche Verwendung der Kernenergie und der Schutz gegen ihre Gefahren)* закон об использовании атомной энергии в мирных целях и защите от возможных опасностей в результате ее применения

AtG, At.-Gew., Atomgewicht *хим.* атомный вес

äth, Äthiopischer Dollar эфиопский доллар *(денежная единица)*

ATL, Abgasturbolader газотурбонагреватель; турбонаддувочный агрегат *(тепловоза)*

ATM, Archiv für Technisches Messen *наименование периодического издания по технике измерений*

Atm., Atmosphäre атмосфера

atm, physikalische Atmosphäre физическая атмосфера, *атм.*

ATO, Autotransportordnung правила автомобильных (грузовых) перевозок

ATP, Adenosintriphosphorsäure *хим.* аденозинтрифосфорная кислота

ATP, Übereinkommen über internationale Beförderungen leichtverderblicher Lebensmittel und über die besonderen Beförderungsmittel, die für diese Beförderungen zu verwenden sind *ж.-д.* Соглашение о международных перевозках скоропортящихся пищевых продуктов и об особых транспортных средствах, которые должны применяться для таких перевозок *(разработано Экономической комиссией ООН для Европы)*

ATR, Achstrieb *ж.-д.* осевая передача

ATR, Arbeitsausschuß Transport - Rationalisierung Рабочий комитет по рационализации транспортного дела

Atri, Abtriftsmesser *мор.* измеритель дрейфа [сноса]

atro, absolut trocken абсолютно сухой

ATRS, Anordnung über den Transport radioaktiver Stoffe *ж.-д.* Положение о перевозке радиоактивных веществ

ATS, Administrative Terminal System *англ., вчт.* Система управления терминалами АТС фирмы ИБМ *(США)*

ATS, Österreichischer Schilling австрийский шиллиг

AT-Schaltung, Autotransformer-Schaltung *ж.-д.* схема включения автотрансформатора в зоне между тяговыми подстанциями

ATSV, Allgemeiner Turn- und Sportverein Всеобщий спортивно-гимнастический союз

ATT, Ausschuß Tank/Technik комиссия по цистернам технического назначения

Attr., Attribut *грам.* определение, атрибут

attr., attraktiv привлекательный, миловидный, приятный

atu, Atmosphärenunterdruck пониженное давление *(по сравнению с атмосферным)*; разрежение

atü, Atü, Atmosphärenüberdruck избыточное давление в атмосферах, избыточная *(техническая)* атмосфера, *ати*

ATV, Allgemeine Tarifvorschriften Всеобщие тарифные предписания *(по перевозке грузов)*

ATV, Allgemeine Technische Vorschriften Общие технические правила, ОТП; Общие технические условия, ОТУ

ATV, Arbeiter-Turn-Verein Рабочий гимнастический союз

ATV, Automobil-Treuhand-Verband Союз обществ ответственного хранения автомобилей *(при неуплате покупателем в срок полной их стоимости — ФРГ)*

ATW, Antriebswagen *ж.-д.* приводной вагон

A-Тур, Adressentyp *вчт.* тип адреса

ATZ, Aufzeichnungstaktzähler *вчт.* счётчик тактов [циклов] записи

ATZ, automatische Telephonzentrale автоматическая телефонная станция, АТС

AU, Arbeitsunfähigkeit нетрудоспособность; потеря трудоспособности

AÜ, Anpassungsübertrager согласующий трансформатор

AÜ, Arbeitnehmerüberlassung *юр.* переуступка наёмного работника другому работодателю

Au, Ansgangsdatengruppe *вчт.* группа выходных данных; выходная группа данных

Au, Auspuff 1. выпуск, выхлоп; истечение *(газа)* 2. выхлопная труба

au, a.u., arbeitsverwendungsunfähig к использованию в работе непригоден; непригодный для выполнения работы, неработоспособный

AUB, Allgemeine Unfallversicherungsbedingungen Общие условия страхования от несчастного случая

Aubo, Außenbord *мор.* забортный

Aud., Auditorium аудитория

Audimax, Auditorium maximum *студ.-жарг.* большой лекционный зал

a.u.d.T., auch unter dem Titel (известно) также под названием...

A.u.E.St., Annahme- und Entlassungsstelle пункт приёма и увольнения

AUF, Archiv für Urkundenforschung *наименование периодического издания по вопросам изучения исторической документации*

Auf., Aufenthalt местопребывание, проживание; пребывание

Aufg., Aufgabe 1. *мат.* задача, пример 2. место отправления письма; место приёма, место сдачи *(багажа)* 3. сдача, капитуляция *(в шахматах)*

Aufh., Aufhebung *юр.* отмена; упразднение, прекращение; расторжение

Aufkl., Aufklärer *воен.* 1. разведчик 2. самолет-разведчик, разведчик

Aufkl., Aufklärung *воен.* разведка

Aufl., Auflage *(напр., первое издание);* редакция *(напр., закона);* тираж

Aufn., Aufnahme фотоснимок; снимок

Aufr., Aufrichtigkeit *юр.* искренность *(показания, признания)*

Aufr., Aufriß профиль; вертикальное изображение; вертикальная проекция; вид спереди

Aufr., Aufruhr *страх.* волнения; бунт; мятеж; восстание)

aufr., aufrecht прямо, стоймя, вертикально

aufr., aufrecht *юр.* сохраняющий законную силу; сохраняющий силу; действительный

aufr., aufreißen *тех.* открыть рывком; поднять рывком; оторвать рывком

Aufs., Aufsatz насадка; наконечник; приставка

Aufs., Aufseher надзиратель; надсмотрщик

Aufs., Aufsicht *ж.-д.* дежурный по парку [путям, перрону, вокзалу]

Aufs.-B, Aufsichtbeamte *ж.-д.* контролер; распорядитель; дежурный

Aufs.-B, Aufsichtbehörde 1. инспекция, контрольный орган, орган надзора 2. *юр.* надзорная судебная инстанция

Aufsb, Aufsichtbeamte *ж.-д.* контролер; распорядитель; дежурный

Aufs.-Beam., Aufsichtbeamte *ж.-д.* контролер; распорядитель; дежурный

Aufs.-Beh., Aufsichtbehörde 1. инспекция, контрольный орган, орган надзора 2. *юр.* надзорная судебная инстанция

Aufsch B, Aufschubbuch *бухг.* книга учёта отсрочек платежей

Aufschl., Aufschlag надбавка *(к цене),* наценка

Aufschl., Aufschluß объяснение, разъяснение

Auftr., Auftrag поручение, задание; *юр.* договор поручения; *ком.* заказ

Auftr B, Auftragsbuch книга заказов

Aug., August август

AUMA, Ausstellungs- und Messeausschuß *(der Deutschen Wirtschaft)* Комитет устройства выставок и ярмарок *(германского народного хозяйства)*

AuR, Arbeit und Recht *(Zeitschrift)* «Арбайт унд рехт», «Труд и право» *(журнал)*

AUS, Australien Австралия *(индекс государственной принадлежности автомобиля)*

AuS, Arbeiten unter Spannung эл. работы под напряжением

Aus., AUS, Ausschalten выключить; выключено *(напр., надпись на кнопке, клавише, панели, индикаторе)*

Ausb., Ausbilder инструктор; руководитель *(тж. воен.)*

Ausb., Ausbildung обучение; подготовка; образование

ausb., ausbezahlt оплачено полностью; выплачено сполна; выплачено полностью

Ausbild.

Ausbild., Ausbildung обучение; подготовка; образование
Ausbild.-Beih., Ausbildungsbeihilfe стипендия
AusbildO, Ausbildungsordnung правила обучения; правила подготовки
AusbildP, Ausbildungsprogramm программа обучения
Ausb.Of., Ausbildungsoffizier офицер-инструктор
Ausf, Ausfahrt ж.-д. отправление (поезда)
Ausf., Ausfahrt горн. выезд из шахты
Ausf., Ausfahrt выезд; место выезда
Ausf., Ausfahrt ж.-д. отправление (поезда)
Ausf., Ausfallen хим. выпадение осадка; осаждение
Ausf., Ausfällung хим. 1. выделение; осаждение 2. осадок 3. выпадение осадка
AusfAnw., Ausführungsanweisungen исполнительная инструкция
AusfBest., Ausführungsbestimmung положение о применении (закона, инструкции); исполнительное постановление
AusfG, Ausführungsgesetz закон об исполнении (закона; наказания; обязательств)
Ausf.V., Ausführungsvorschrift предписание о порядке исполнения
Ausg., Ausgabe издание (книги)
Ausg., Ausgang выход (место); выходная дверь
ausg., ausgesetzt бирж. выставлено на продажу; выставлено для продажи
AusgB, Ausgabenbuch бухг. расходная книга, кассовая книга
ausgen., ausgenommen за исключением
AusgN, Ausgabennachweis бухг. учёт расходов
Ausgüb, Ausgabenübersicht бухг. перечень расходов
Aush., Aushang объявление, афиша
Aush., Aushilfe 1. подсобный рабочий 2. вспомогательная работа
Ausk., Auskunft, Auskünfte справка, информация; справочное бюро
ausl., ausländisch иностранный, заграничный
AuslG, Ausländergesetz закон об иностранцах; закон о статусе иностранных граждан

AuslInvestG, Auslandsinvestitionsgesetz закон об иностранных инвестициях
ausschl., ausschließlich бухг. за вычетом
AUSt, Außenstelle für Erzeugnisse der Ernährung und Landwirtschaft филиал по пищевым и сельскохозяйственным продуктам
Aust., Ausgleichsstelle ж.-д. отдел претензий и исков
Ausv., **Ausverk.**, Ausverkauf распродажа (сезонная или в связи с ликвидацией)
Ausw., Auswahl 1. выбор; отбор; ассортимент 2. вчт. отбраковка;. выборка
Ausw., Ausweis 1. удостоверение личности, личный документ; пропуск 2. финансовый отчёт; отчётная ведомость; баланс
AUT, Getriebeautomat автоматическая коробка передач
AUTODIN, Automatic Digital Network англ. автоматическая сеть передачи цифровых данных АВТОДИН (США)
Autofabag, automatische Fernsprech-Anlagen-Baugesellschaft организация по строительству АТС
autom, **autom.**, automatisch автоматический
AUTOMAP, Automatic Machining Programm англ. язык программирования АВТОМАП для станков с цифровым управлением фирмы ИБМ (США)
AUTOPROMT, automatic programming of machine tools англ. система автоматического программирования АВТОПРОМТ для станков с цифровым управлением
AUTOSPOT, Automatic System for Positioning Tools англ. язык программирования АВТОСПОТ для станков с цифровым управлением
AuV., **A.u.V.**, Aufnahme und Versand приём и отправка (груза)
a.u.Z., auf unbestimmte Zeit на неопределённый срок
AV, Abstandhaltevorschrift ж.-д. инструкция по расчёту межпоездных интервалов
AV, alle Fahrt voraus мор. полный ход вперёд
AV, Allgemeine Vorschrift общее постановление

AV, Alpenverein союз альпинистов
AV, Amtsvorsteher местный начальник; деревенский староста
AV, Angestelltenversicherung страхование служащих
AV, Auflösungsvermögen *опт.* разрешающая способность; разрешающая сила *(объектива)*
AV, Ausbildungsvorschrift *воен.* наставление по боевой подготовке
AV, Auslaßventil выпускной клапан; выпускной вентиль
AV, Außenverkehr; Aussenverkehr *ж.-д.* внешние *(по отношению к определённому району)* сообщения или транспортные потоки *(в окрестностях этого района)*
AV., Arbeitsvorbereitung подготовка к работе
A.V., Archivverwaltung архивное управление
av, a.v., a vista по предъявлении *(в вексельном обороте о сроке уплаты)*
a.v., ad valorem с ценности, с объявленной цены
a.v., arbeitsverwendungsfähig годный для выполнения работ; работоспособный; *воен.* годный к нестроевой службе
AVA, aerodynamische Versuchsanstalt научно-исследовательский аэродинамический институт
AVAVG, Arbeitsvermittlungs- und Arbeitslosenversicherungsgesetz закон о трудоустройстве и страховании безработных
AVB, Allgemeine Verfrachtungsbedingungen общие правила [условия] перевозок грузов речными судами
AVB, Allgemeine Versicherungsbedingungen генеральные правила страхования; общие условия страхования
AVBl, Armeeverordnungsblatt сборник приказов по военному ведомству
Avbr, automatische Vakuumbremse автоматический вакуумный тормоз
A.v.D., Automobilklub von Deutschland Немецкий автомобильный клуб
av(dp), Avoirdupois английская система мер веса *(для всех товаров, кроме благородных металлов, драгоценных кам-*

ней *и аптекарских товаров;* 1 *фунт* avdp= 453,59 *г)*
A.v.d.R., Abfluß vor der Regelung сток (воды) перед регулированием; бытовой сток
AVE, Abfertigungsvorschriften für den zwischenstaatlichen Expreßgüterverkehr *ж.-д.* инструкция о порядке приёма к отправке экспресс-грузов в международном (железнодорожном) сообщении
AVE, Abscheidesammler-Verflüssiger-Einheit *тех.* агрегат отделителя и конденсатор; конденсаторно-отделительный агрегат
A-Verw, Anzeigenverwaltung отдел объявлений *(в газете, журнале)*
AVG, Albtalbahn Альбтальская железная дорога *(частная железная дорога в районе Карлсруе)*
AVG, Angestelltenversicherungsgesetz закон о страховании служащих
A.V.I., Ausbildungsvorschrift für die Infanterie наставление по боевой подготовке пехоты
AVJ, activités de la vie journalière *фр.* программа «За повседневную жизненную активность»
AVK, Allgemeine Verkaufskosten общие затраты по продаже
AVK, Artillerieversuchskommando комиссия артиллерийских испытаний
AVKL, Artillerieversuchskommando Land комиссия по испытаниям береговой артиллерии
AVKS, Artillerieversuchskommando Schiff комиссия по испытаниям корабельной артиллерии
AVL, Armeeverpflegungslager военный продовольственный склад
AVM, audiovisuelle Medien аудио-визуальные коммуникативные средства
AVN, Angehörige der Vereinten Nationen граждане Организации Объединённых Наций *(эмигранты и перемещённые лица)*
AVO, Ausführungsbestimmungen zu einer Verordnung инструкция о порядке выполнения какого-л. распоряжения
AVO, Ausführungsverordnung инструкция о порядке исполнения нормативного акта; исполнительное постановление

AVO, Verordnung zur Änderung EBO Положение об изменении правил строительства и эксплуатации железных дорог *(ФРГ)*

A.V.O., Artillerieverbindungsoffizier офицер связи артиллерийского командования

ÄVO, Änderungsverordnung постановление об изменении действующего положения

AVOR, Abeitsvorbereitung подготовка работы

AVR, automatische Verstärkungsregelung *радио., опт.* автоматическая регулировка усиления; АРУ

AVS, Alpenvereinsektion секция союза альпинистов

AVst, Amtsvorstand начальник управления; директор учреждения

AV-StB, Arbeitsausschuß «Verdingungswesen im Straßen- und Brückenbau» *ж.-д.* рабочая комиссия по подрядам на строительство автомобильных дорог и мостов

A.V.T., Artillerie - Vermessungstrupp отряд артиллерийской инструментальной разведки

avu, a.v.u., arbeitsverwendungsunfähig к использованию в работе непригоден; непригодный для выполнения работы, неработоспособный

AVU-Rente, Zusatzrente für Arbeitsverwendungsunfähige дополнительная пенсия по нетрудоспособности

Avus, Automobil-Verkehrs- und Übungsstraße учебная автомобильная дорога *(в Западном Берлине)*

AVV, Allgemeiner Verband der Versicherungsangestellten Всеобщий союз страховых служащих

AVV, Allgemeine Verwaltungsvorschrift(en) Общие правила управления

AVV, Allgemeine Verwaltungsvorschriften *ж.-д.* Общие предписания по административному управлению

A.V.Z., Abwurfverteilerzentrale центральный склад авиабомб

AW, Ausbesserungswerk *ж.-д.* ремонтное предприятие

AW, Nordwürttemberg und Nordbaden Северный Вюртемберг и Северный Баден *(индекс принадлежности автомобиля)*

A.W., Artilleriewerkstatt артиллерийская мастерская; артмастерская

A.W., Atemwiderstand *физиол.* сопротивление дыханию

A.W., Ausbildungswesen *воен.* боевая подготовка

A/W, Aufnahme/Wiedergabe запись- воспроизведение

Aw., Anwartschaft право на получение пенсии *(при наступлении определённых условий)*

Aw., Anwesende *m, f* присутствующий; присутствующая

Aw., Ausweis справка; документ; удостоверение личности

a.W., ab Werk с завода *(производителя),* *ком.* франко-завод

a.W., an der Weser на р. Везере

a.W., auf Wartegeld на временном (пенсионном) пособии

a.W., auf Widerruf впредь до отмены

a.W., auf Wunsch по желанию

ä.W., äußere Weite внешний [наружный] размер; наружный диаметр

aw, Aw, Amperewindung *физ.* ампер-виток

AWA, Anstalt zur Wahrung der Aufführungsrechte auf dem Gebiet der Musik Управление по охране авторских прав композиторов *(бывш. ГДР)*

A.Wa., Artilleriewaffenamt управление артиллерийского вооружения

Awanschl, Ausweichanschlußstelle *ж.-д.* пункт примыкания на перегоне *(обслуживаемого с освобождением главного пути перегона для движения других поездов)*

AWE, automatische Wähleinrichtung 1. *тлф.* автоматический селектор; автоматический коммутатор 2. *вчт.* автоматический дешифратор

AWE, automatische Wiedereinschaltung эл. автоматическоп повторное включение, АПВ

AWE, Automobilwerke Eisenach Эйзенахский автомобильный завод *(бывш. ГДР)*

AWF, Ausschuß für wirtschaftliche Fertigung Комитет по экономическим вопросам производства

AWG, Arbeiterwohnungsbaugenossenschaft рабочий жилищно-строительный кооператив *(в бывш. ГДР)*

AWG, Außenwirtschaftsgesetz закон о регулировании внешнеэкономической деятельности [внешнеэкономических связей]

AWJ, «Aufbauwerk der Jugend «Созидательный труд молодёжи» *(австрийская молодёжная организация)*

AWP, Absorptionswärmepumpe; Absorptions-Wärmepumpe абсорбционный тепловой насос

AWP-Einsatz, Absorptionswärmepumpen-Einsatz применение абсорбционного теплового насоса

AWR, Archiv für Wettbewerbsrecht *наименование периодического издания по вопросам права конкуренции*

Awst, Ausbesserungswerkstätten *ж.-д.* ремонтные мастерские

AWV, Allgemeine Wirtschaftliche Verwaltung Исследовательское учреждение по разработке рациональных методов управления хозяйством

AWV, Außenwirtschaftsverordnung постановление о регулировании внешнеэкономической деятельности [внешнеэкономических связей]; правила внешнеэкономической деятельности *(устанавливаемые государством)*

AZ, Alkalitätszahl щелочное число

AZ, Azimut *астр., мат.* азимут

A.Z., Alarm zu Ende отбой *(после тревоги)*

A/Z, алфавитный порядок

Az, Arbeitszug *ж.-д.* рабочий поезд, хозяйственный поезд

Az., AZ, Aktenzeichen номер документа [дела]; регистрационный номер; помета в деле

Az., Aufschlagzünder ударный взрыватель

aZ, allgemeiner Zustand общее состояние *(больного)*

a.Z., auf Zeit 1. на срок, срочный 2. временный

AZB, Abstandszielbremsung *ж.-д.* система торможения, основанная на соблюдении заданных интервалов между отцепами *(при роспуске с горки)*

A-Zeit, Ausgabezeit время издания

AzFV, Anhang zu den Fahrdienstvorschriften *ж.-д.* Приложение к Инструкции по движению поездов и маневровой работе

AZG, Artilleriezielgabegerät, Artilleriezielgebergerät *воен.* артиллерийский целеуказатель *(прибор наводки)*

AZKW, Amt für Zoll und Kontrolle des Warenverkehrs Управление таможенных пошлин и контроля (внешнего) товарооборота

AZO, Allgemeine Zollordnung таможенный устав; общие таможенные правила

AzObv, Anhang zu den Oberbahnvorschriften *ж.-д.* Приложение к Инструкции по проектированию, строительству, ремонту и содержанию верхнего строения пути

AZR, Aufzeichnungsregister *вчт.* регистр записи

Azubi, Auszubildende(r) ученик, ученица *(на производстве)*

AZV, AZVO, Arbeitszeitverordnung постановление о продолжительности рабочего дня [рабочей недели]

AZV, Autofahrlehrer-Zentralverband Швейцарская ассоциация инструкторов автомобильных школ

B

B, Band 1. лента *(напр., магнитная)* 2. полоса *(частот)*; диапазон *(частот)*
B, Bandbreite 1. *радио., опт.* ширина полосы *(напр., пропускания)* 2. *тех.* ширина ленты
B, Basis база; основа; основание; базис
B, Basiszahl основание *(системы счисления)*
B, Bauer *шахм.* пешка
B, Baumschule лесопитомник; древесный питомник
B, Baumwolle хлопок
B, Bayern Бавария *(индекс принадлежности автомобиля)*
B, Bedarfsausbesserung *ж.-д.* внеплановый ремонт *(локомотива или мотор-вагонного поезда)*
B, Bedarfszug *ж.-д.* дополнительный поезд
B, Befehlsregister *вчт.* регистр команд
B, Bel бел, Б
B, Belgien Бельгия *(индекс государственной принадлежности автомобиля)*
B, Beschleunigung *физ.* ускорение
B, Bessemerstahl бессемеровская сталь *(маркировка)*
B, Beton бетон
B, biologisch биологический *(напр., биологическое оружие - B-Waffen)*
B, Bit *вчт.* 1. бит, двоичный разряд; 2. бит информации, двоичная единица информации
B, Blendenzahl *опт., фото* диафрагменное число, показатель диафрагмы; величина диафрагмы
B, Blindleitwert *эл.* реактивная проводимость
B, Blinker блинкер *(светосигнальный прибор)*
B, Bord борт
B, Bord- *в сложн.* бортовой; судовой, корабельный
B, Bug *мор.* нос
B, Bug- *в сложн.* носовой
B, Bund(es)-, *в сложн.* федеральный
B, Byte *вчт.* байт

B, magnetische Induktion магнитная индукция
B, Schiffsbreite ширина судна
B., Bad курорт
B., Balboa 1. бальбоа *(денежная единица Панамы)* 2. г. Бальбоа
B., Barometerstand барометрическое давление
B., Beschleunigung *физ.* ускорение
B., Bolivar боливар *(денежная единица Венесуэлы)*
B., Boliviano боливиано *(денежная единица Боливии)*
B., Bor *хим.* бор
B., «Brief» курс продавцов, «предложение» *(в курсовых бюллетенях)*
b, Bar бар *(единица атмосферного давления)*
b, Beschleunigung *физ.* ускорение
b, bezahlt 1. *банк.* уплачено; оплачено 2. все приказы выполнены *(отметка в биржевом бюллетене)*
b, Hilfsschalter *эл., усл. обзн.* вспомогательный выключатель
b., bei у, при, под *(с указанием, географического пункта)*
BA, Bauabteilung строительное отделение; строительный отдел
BA, Bauart *ж.-д.* тип *(вагона)*
BA, Befehlsaufrufsteuerung *вчт.* 1. управление выборкой команд 2. устройство управления выборкой команд
BA, Beidrückanlage *ж.-д.* устройство осаживания вагонов
BA, Bergakademie горная академия
BA, Bergamt горное управление; горное ведомство
BA, Berufsausbildung профессиональное обучение, профессиональная подготовка
BA, Betriebsausbesserung *ж.-д.* текущий ремонт
BA, Betriebs- und Abfertigungsstelle *ж.-д.* пункт организации движения и выполнения коммерческих операций

BA, Bratislavaer Abkommen *ж.-д.* Братиславское соглашение
BA, Bundesanstalt федеральное ведомство
BA., Bankaktie банковская акция
B.A., Beobachtungsabteilung дивизион артиллерийской инструментальной разведки
B.A., Betriebsamt заводоуправление
B.A., Betriebsanweisung инструкция по уходу, руководство по эксплуатации
Ba, Barium *хим.* барий
Ba, Batterie батарея
Ba., Bauchverletzung ранение в живот
ba, bahnamtlich *ж.-д.* служебный; выполняемый в соответствии со служебными инструкциями [предписаниями] железных дорог
BAA, Bauaufsichtsamt ведомство строительного надзора
BAA, Bundesausgleichsamt Федеральное управление по предоставлению льгот пострадавшим от войны и переселенцам
BAB, Betriebsabrechnungsbogen *ж.-д.* Ведомость расчёта производственных расходов *(линейного подразделения Государственных железных дорог ФРГ)*; ведомость производственного учёта
B-Abt, betriebstechnische Abteilung *ж.-д.* производственно-технический отдел [цех, подразделение] *(ФРГ)*
B.Abt., Bauabteilung *воен.* строительная команда
B.Abt., Beobachtungsabteilung дивизион артиллерийской инструментальной разведки
BAföG, Bundesausbildungsförderungsgesetz федеральный закон о содействии образованию
BAG, Berufsausbildungsgesetz закон о профобразовании
BAG, Buchhändler-Abrechnungs-Genossenschaft *уст.* расчётное товарищество книготорговцев
BAG, Bundesamt für Gesundheitswesen *(Schweiz)* Фудеральное ведомство здравоохранения *(Швейцария)*
BAG, Bundesanstalt für den Güterverkehr Федеральное ведомство грузовых перевозок

BAG, Bundesarbeitsgericht Федеральный суд по рассмотрению трудовых споров
BAg, Bahnagent железнодорожный агент
BA/GD, Betriebsabteilung der Generaldirektion *ж.-д.* Отдел эксплуатации Генеральной дирекции *(швейцарских федеральных железных дорог)*
Bagu, Bauchgurt поясной ремень *(парашютного или лётного снаряжения)*
BAGUV, Bundesverband der Versicherungsträger der Öffentlicher Hand Союз страхователей за счёт федерального бюджета ФРГ
BAH, Bundesfachverband der Arzneimittelhersteller Профессиональный союз изготовителей лекарственных средств
BAI, Bundesverband der Architekten und Ingenieure Профессиональный союз архитекторов и инженеров
BAK, Blutalkoholkonzentration концентрация [содержание] алкоголя в крови
BAKöV, Bundesakademie für öffentliche Verwaltung Федеральная академия *(по подготовке кадров)* государственных служащих
BAKred, Bundesaufsichtsamt für das Kreditwesen Федеральное ведомство надзора за кредитными операциями
BAKred, Bundesaufsichtsamt für das Kreditwesen Федеральное ведомство надзора за кредитными операциями *(кредитными учреждениями; деятельностью кредитных учреждений)*
BALGOL, Burroughs ALGOL *англ.,вчт. (вариант языка)* АЛГОЛ фирмы «Барроуз» *(США)*, БАЛГОЛ
Ball., Ballett балет; балетная труппа
Ball., Ballistik баллистика
Ball., Ballon 1. баллон 2 аэростат; воздушный шар 3. автомобильная шина 4. колба *(электрической лампы)*
BALM, Bundesanstalt für landwirtschaftliche Marktordnung Федеральное бюро по координации производства и сбыта сельскохозяйственной продукции *(в рамках ЕЭС)*
balt., baltisch балтийский, прибалтийский
BAM, Belegartmerkmal *вчт.* признак типа документа

BAM, Bundesanstalt für Materialforschung- und prüfung федеральное ведомство по исследованию и испытанию материалов

BAM, Bundesanstalt für (mechanische und chemische) Materialprüfung Управление (механических и химических) испытаний материалов

BAM, Bundesanstalt für Materialprüfung *ж.-д.* федеральный центр по испытаниям материалов

BAM, Bundesarbeitsministerium Министерство труда

Band., Bandage *мед., тех.* бандаж

Band., Banderole 1. бандероль *(почтовая)* 2. бандероль *(акцизная)*; бандеролька

Bank., Bankett банкет *(званый обед или ужин)*

Bank., Bankrott банкротство, несостоятельность, неплатёжеспособность

bank., bankrott обанкротившийся, банкрот, несостоятельный

BAnw., Bundesanwaltschaft федеральная прокуратура

BAnz., Bundesanzeiger *наименование официального периодического издания, публикующего указы и законы правительства ФРГ*

BAO, Berliner Absatzorganisation Берлинская сбытовая организация *(внешней и внутренней торговли)*

BAOInsp., Bauamtsoberinspektor главный [старший] инспектор по надзору за строительными работами [за строительством]

Baon, Bataillon *австр. воен.* батальон; дивизион

BAP, Basic Assembler Programm *англ., вчт.* программа-ассемблер для языка БЭЙСИК, БАП

BAP, Bildschirmarbeitsplatz рабочее место с дисплеем

bapt., baptistisch *рел.* баптистский

BAR, Dienstvorschrift für das Aufstellen und Bekanntgeben von Betrieb- und Bauanweisungen bei Abweichungen vom Regelbetrieb sowie für die Bekanntgabe vorübergehend eingerichteter Langsamfahrtstellen und sonstiger Besonderheiten *ж.-д.* служебная инструкция по проведению путевых работ и организации движения в период их производства

BaR, Strecken für die Betriebsführung in den Ballungsräumen железнодорожные участки, используемые для обслуживания пассажирских сообщений в агломерациях

Bar, Barometer барометр

Bar, Barometerstand показание барометра; барометрическое давление

BARA, biologische Abwasserreinigungsanlage станция биологической очистки сточных вод

BArbG, Bundesarbeitsgericht федеральный суд по рассмотрению трудовых споров

BAS, Assembler von Burroughs Corp. *вчт.* (программа-) ассемблер фирмы «Барроуз» *(США)*

Basa, Bahnselbstanschlußanlage железнодорожная автоматическая телефонная станция

BASF, Badische Anilin- und Soda-Fabrik *(Ludwigshafen)* Баденские содовые и анилиновые предприятия *(в Людвигсхафене)*

BASIC, Beginners All-purpose Symbolic Instruction Code *англ.* язык программирования БЭЙСИК

BAST, Bundesanstalt für Straßenwesen федеральное дорожное ведомство ФРГ

BASY, Efficient Assembly System *англ.* система программирования ИЗИ фирмы «Хониуэлл» *(США)*

BAT, Bundesangestelltentarif федеральный тариф для (проезда) служащих

Bat., Bataillon *воен.* батальон; дивизион

Batt(r)., Batterie *тж. воен.* батарея

Bauaufs., Bauaufsicht строительный надзор, стройнадзор; контроль за качеством строительных работ

BauGB, Baugesetzbuch кодекс законов о строительстве; строительный кодекс

Bauing., Bauingenieur инженер-строитель

Baultr., Bauleiter начальник строительства; прораб

BauNVO, Baunutzungsverordnung f административное распоряжение об удовлетворении строительных нужд

BauONW, Bauordnung des Landes Nordrhein-Westfalen порядок осуществле-

ния строительной деятельности в земле Нордрейн - Вестфален
BauR, Baurecht *(Zeitschrift)* «Строительное право», «Баурехт» *(журнал)*
BauR, Baurecht *юр.* строительное право; законодательство о строительстве
Bautr., Bauträger подрядно-строительная фирма; подрядно-строительная организация; стройподрядчик
Bauverw., Bauverwaltung строительное управление, стройуправление
Bauw., Bauwesen строительство, строительное дело
BAV, Besondere Anordnungen für Versorgung специальные распоряжения о государственном обеспечении лиц, пострадавших от войны и семей погибших военнослужащих
BAV, Bundesaufsicht über das Versicherungswesen федеральный надзор за страховой деятельностью, федеральный надзор за деятельностью страховых компаний
B.A.V., Bayerischer Apotheker-Verein Баварский союз аптекарей
Bav., Bavaria Бавария
BAVO, Bahnaufsichtsverordnung Положение о государственном железнодорожном надзоре; постановление о государственном железнодорожном надзоре
BAW, Bayrische Akademie der Werbung Баварская академия рекламы
BAW, Bundesamt für gewerbliche Wirtschaft Федеральное ведомство по отраслевому регулированию *(внешней торговли)*
BAW, Bundesanstalt für Wasserbau Федеральное ведомство по гидротехническому строительству
b.a.W., bis auf Widerruf впредь до отмены, временно
b.a.w., bis auf weiteres впредь до дальнейшего [особого] распоряжения; пока что; до поры, до времени; впредь до новых указаний
BawaDV, Dienstvorschrift für Bau und Überwachung von Bahnwasserwerken sowie Speisewasserpflege Служебная инструкция по сооружению и надзору за устройством железнодорожного водоснабжения

BAWAG, Bayerische Wasserkraftwerke - Aktiengesellschaft Акционерное общество баварских гидроэлектростанций
BAWe, Bundesaufsichtsamt für den Wertpapierhandel Федеральное ведомство надзора за торговлей ценными бумагами *(фондовым рынком; фондовыми операциями; операциями на фондовом рынке)*
BAWe, Bundesaufsichtsamt für den Wertpapierhandel Федеральное ведомство надзора за торговлей ценными бумагами [за фондовыми операциями]
Bay, Bay., Bayern Бавария
BayEBG, Bayerisches Eisenbahn- und Bergbahngesetz Баварский закон о железных и горных дорогах
BayEG, Bayerisches Gesetz über die Entschädigungspflichtige Enteignung *ж.-д.* Баварский закон о компенсации отчуждаемого в пользу государства имущества *(напр., при отводе земель для железнодорожного строительства)*
BayObLG., Bayerisches Oberstes Landesgericht Верховный суд земли Бавария; суд высшей инстанции земли Бавария
BayVGH., Sammlung von Entscheidungen des bayerischen Verwaltungsgerichtshofs Сборник решений административного суда земли Бавария
BAZ, Bandmarke aufzeichnen *вчт.* записать ленточный маркер *(команда)*
BAZ, Bandmarkeaufzeichnung *вчт.* запись ленточного маркера; запись метки на ленте
BAZ, Bundesanzeiger *наименование официального периодического издания, публикующего указы и законы правительства ФРГ*
Baz., Bazillen бациллы
Baz., Bazillus бацилла
BAZG, Bäckerarbeitszeitgesetz закон о труде работников пекарен
BB, Bereitschaftsbetrieb *эл.* режим готовности; резервный режим
BB, Bergbremse *ж.-д.* позиция замедлителей на скоростном уклоне, первая тормозная позиция
BB, Beschleunigungsbetrieb *эл.* режим ускорения; динамический режим с частыми пусками

BB, Bestellbuch книга заказов
BB, Betriebsbereitschaftsgruppe *ж.-д.* парк формирования поездов и отстоя резервных вагонов *(элемент пассажирской технической станции)*
BB, Bibliotheken библиотеки
BB, Bundesbahn *ж.-д. австр.* федеральные железные дороги
BB, Der Betriebsberater *наименование периодического издания по вопросам управления предприятиями, налоговому обложению и социальному праву*
B.B., Backbord *мор.* бакборт, левый борт
B.B., Bordbatterie *тех.* бортовая батарея
B.B., Bord zu Boden *мор.* борт на уровне причала
Bb., Baubeschreibung строительное описание
Bb., Beobachtungsabteilung дивизион артиллерийской инструментальной разведки
bB, bezahlt Brief предложение превышало спрос, но операции *(на бирже)* произведены
bB, bezahlt-Brief приказы на продажу выполняются частично
BBA, Betriebsbremsanlage рабочая тормозная система
BBahnG, Bundesbahngesetz федеральный закон о Государственных железных дорогах ФРГ; закон о государственных [федеральных] железных дорогах
BBank G, Gesetz über die Deutsche Bundesbank закон об организации немецкого федерального банка, закон о немецком федеральном банке
BBau G, Bundesbaugesetz федеральный закон о строительстве
BBC, Brown Boveri & Co швейцарские заводы тяжелого машиностроения и котлостроения компании Браун Бовери
BBergG, Bundesberggesetz федеральный закон о горных работах
BBesG, Bundesbesoldungsgesetz федеральный закон об окладах госслужащих; федеральный закон о порядке выплаты денежного содержания
BBG, Bundesbahngesetz (федеральный) закон о государственных железных дорогах, закон о железных дорогах ФРГ

BBG, Bundesbeamtengesetz *(федеральный)* закон о статусе федеральных служащих, федеральный закон о статусе госслужащих
BBiG, Berufsbildungsgesetz закон о профессиональном образовании [профобразовании]; закон о профессионально-техническом образовании [профтехобразовании]
BBK, Beauftragter des Bundeskanzlers уполномоченный федерального канцлера
BBK, Bezirksbeschwerdekommission окружная комиссия по рассмотрению жалоб в области социального страхования *(в бывш. ГДР)*
B.B.K., Berufsverband Bildender Künstler Профессиональное объединение деятелей изобразительных искусств
BBL, Baubetriebsleitung *ж.-д.* строительно-эксплуатационное управление
BBL, Vorschrift für Baubetriebsplanung- und Leitung *ж.-д.* Инструкция по планированию строительных и ремонтных работ и организации эксплуатационной работы при их проведении
Bbl, Beiblatt приложение *(к периодическому изданию)*, вкладной лист
BBL-Bs, Baubetriebsleitung der Bezirkstellen *ж.-д.* строительно-эксплуатационные подразделения районных предприятий *(железные дороги бывш. ГДР)*
BBLDR, Baubetriebsleitung der Deutschen Reichsbahn *ж.-д.* Строительно-эксплуатационное управление железных дорог *(в бывш. ГДР)*
BBM, Bedarfsberichtigungsmeldung *ж.-д.* заявка, уточняющая потребность в материалах и запчастях *(в организации материально-технического обеспечения)*
BBP, Bürger- und Bauernpartei *(Hessen)* Бюргерско-крестьянская партия земли Гессен
Bbrt, Betriebsbruttotonne эксплуатационная тонна брутто
BBS, Bandbetriebssystem *вчт.* ленточная операционная система
BBS, Basisbetriebssystem *вчт.* основная [базовая] операционная система

Bbtg, Bearbeitung 1. обработка, отделка 2. горн. разработка, эксплуатация

B.B.V., Bayerischer Bauernverband Баварский крестьянский союз

BBZ, Bergbaubedarf-Beschaffungszentrale Центральное управление снабжения шахтным оборудованием

B.B.Z., Bergbau-, Bohrtechniker- und Erdölzeitschrift *наименование австрийского периодического издания по шахтостроительному, бурильному и нефтяному делу*

BC, Ballspielclub клуб для игр в мяч

BC, Bedingungscode, Bedingungskode *вчт.* код условия; условный код; код признака результата

BC, Binärcode *вчт.* двоичный код

BC, Binnencontainer *ж.-д.* крупнотоннажный контейнер для внутренних сообщений

BC, Bordcomputer бортовой компьютер *(автомобиля)*

BC, Container and cargoes *ж.-д. фр.* подкомитет ИМКО по контейнерным перевозкам

BCC, block check character, Blocksicherungszeichen *вчт.* контрольный код [знак] блока (данных); комбинация контрольных разрядов блока (данных)

BCD, binär codiert dezimal *вчт.* двоично-кодированный десятичный; двоично-десятичный

BCD, binär codierte Dezimalziffer *вчт.* двоично-кодированная десятичная цифра

BCDC, binär codierter Dezimalkode [Dezimalcode] *вчт.* двоично-десятичный код

BCG, Bacillus Calmette-Guerin *мед.* аттенцированный Кальметтом и Гереном штамм туберкулёзной палочки, вакцина Кальметта-Герена

BCG, Bund Christlicher Gewerkschaften Федерация христианских профсоюзов

Bch, Buch книга

BCP, basic control programme *англ.* базовая управляющая программа *(система программного обеспечения ВСР фирмы «Барроуз»)*

BCP, Bund Christlicher Pfadfinderinnen Союз христианских гёрлскаутов *(ФРГ)*

BC-Programm, Bürocomputer-Programm программа для офисного компьютера; программа для персонального компьютера

BD, Bahndirektion дирекция железной дороги

BD, Baudirektion дирекция строительства

BD, binary decoder, binärer Dekoder *вчт.* двоичный дешифратор

BD, Bitdichte *вчт.* плотность записи или передачи информации в битах

BD, Blutdruck *мед.* кровяное давление

BD, Bundesrat Бундесрат *(индекс принадлежности автомобиля)*

BD, Bundesregierung Федеральное правительство *(индекс принадлежности автомобиля)*

BD, Bundestag Бундестаг *(индекс принадлежности автомобиля)*

BD, Bürodirektor директор бюро

BD, Bus-duct *англ.* шинопровод в коробе, шиносборка

B.D., bank draft *англ.* банковский вексель

Bd, Bandgerät 1. магнитофон 2. лентопротяжное устройство; лентопротяжный механизм, ЛПМ

Bd, Bandstahl ленточная [полосовая] сталь; стальная лента [полоса]

Bd, Blechdose консервная банка; жестяная банка, жестянка *(вид упаковки)*

Bd, Bündel связка, узел; пучок

Bd., Baden г. Баден

Bd., Band том *(книги)*

BDA, Besoldungsdienstalter *(der Beamten)* стаж *(государственных служащих)*, определяющий категорию по тарифной сетке

BDA, Bund Deutscher Architekten Союз немецких архитекторов

BDA, Bundesdenkmalamt Ведомство по охране национальных памятников *(Австрия)*

BDA, Bundesvereinigung der Deutschen Arbeitgeberverbände Федеральное объединение союзов предпринимателей, Федеральное объединение союзов работодателей

BdA, Befehlshaber der Aufklärungsstreitkräfte командующий разведывательными силами *(в бывшем германском флоте)*

BDAM, Basic Direct Access Method *англ. вчт.* метод приямого базисного доступа

BdB, Bund Deutscher Berufsboxer Союз немецких боксёров-профессионалов

BdB, Bundesverband deutscher Banken Федеральный союз германских банков

Bdb, Brandenburg (Havel) г. Бранденбург на р. Хавеле

Bd.-Bd., Baden-Baden г. Баден-Баден

Bdch, Bändchen томик *(книги)*

BdD, Bund der Deutschen Союз немцев *(партия ФРГ)*

BDDV, Bund Deutscher Dolmetscherverbände Федерация союзов немецких (устных) переводчиков

BDE, Betriebsdatenerfassung сбор производственных данных; регистрация производственных [технологических] данных

BDE, Bundesverband Deutscher Eisenbahnen Федеральный союз железных дорог ФРГ *(не относящихся к государственным, 1965 г.)*

BDE, Bund für Deutschlands Erneuerung Союз за обновление Германии, «движение Штрассера»

Bde, Bde., Bände тома *(книг)*, тт.

BDF, Bundesministerium für Finanzen Федеральное министерство финансов

BDF, Bundesverband des deutschen Güterfernverkehrs федеральное объединение фирм, выполняющих магистральные грузовые автоперевозки *(ФРГ)*

BdF, Bundesministerium der Finanzen Федеральное министерство финансов

BDG, Bund der Diplomgärtner Союз садоводов с высшим образованием

BDG, Bund Deutscher Gebrauchsgraphiker Союз немецких художников прикладной графики

BdG, BdGes, Bundesgesetz федеральный закон

BDI, Bund Deutscher Ingenieure Союз немецких инженеров

BDI, Bundesverband der Deutschen Industrie Федеральный союз германской промышленности

BdI, Bundesministerium des Innern Министерство внутренних дел

BDIA, Bund Deutscher Innenarchitekten Союз немецких архитекторов — специалистов по внутреннему оформлению помещений

BDJ, Bund Deutscher Jugend Союз немецкой молодёжи

BDK, Bund Deutscher Kunsterzieher Союз немецких педагогов по художественному воспитанию

BdK, Befehlshaber der Kampfgruppe командующий тактической группой *(в бывшем германском флоте)*

BdK, Befehlshaber der Kreuzer командующий крейсерами *(в бывшем германском флоте)*

BdK, Bund der Kinderreichen Союз многодетных семей

BdK, Bund der Kriegsgegner Союз противников войны

BDKJ, Bund der Deutschen Katholischen Jugend Союз немецкой католической молодёжи

BDL, Bank Deutscher Länder, Deutsche Bundesbank Банк Федеративной Республики Германии

BdL, Bank deutscher Länder банк немецких земель

B.d.L., Befehlshaber der Luftstreitkräfte командующий военно-воздушными силами *(в бывшей германской армии)*

BDM, Bund Deutscher Mädel Союз немецких девушек *(нацистская организация)*

BDP, Bremer Demokratische Partei Бременская демократическая партия

BDP, Bund Deutscher Pfadfinderinnen Союз немецких гёрлскаутов

B.d.P., Befehlshaber der Panzerschiffe командующий линкорами *(в бывшем германском флоте)*

B.D.Ph., BDPh, Bund Deutscher Philatelisten Союз немецких филателистов

Bd.R., Bd.Rat, Bundesrat бундесрат, федеральный совет *(представительство земель ФРГ, Австрии)*; федеральный совет *(правительство Швейцарской Конфедерации)*

B.d.R., BDR, Bund Deutscher Radfahrer Союз немецких велосипедистов

Bd.-Reg., Bundesregierung федеральное правительство *(ФРГ, Австрия)*

BDS, Bund Demokratischer Studenten Союз демократических студентов

BDS, Bundesverband der Deutschen Schrottwirtschaft федеральное объединение потребителей металлического лома

bds., beiderseits с обеих сторон; по обе стороны

BDSt, Bund Deutscher Steuerbeamten Союз немецких налоговых чиновников

BDSt, Bund Deutscher Steuerberater Союз немецких налоговых консультантов

BDSV, Bund Demokratischer Studentenvereinigungen Союз демократических студенческих организаций

bdt., bdtd., bedeutend значительный, важный; выдающийся; значительно

bd.taugl., bedingt tauglich условно годен

b.d.Tr., bei der Truppe (находящийся) при войсках

BDU, Bundesverband Deutscher Unternehmensberater Федеральный союз экспертов [советников, консультантов] по организации (и ведению) бизнеса

BdU, Befehlshaber der Unterseeboote командующий подводными лодками *(в бывшем германском флоте)*

BdU, Bund der Unabhängigen Союз независимых *(партия ФРГ)*

bdu., borddienstunfähig к лётной [лётно-подъёмной] службе непригоден

BDV, Baudienstvorschrift *ж.-д.* Инструкция по ведению строительных и ремонтных работ

BDV, Bundesverband Deutscher Volks- und Betriebswirte Федеральное объединение немецких экономистов и инженеров по организации производства

BDVI, Bund der öffentlich bestellten Vermessungsingenieure Союз состоящих на государственной службе инженеров-геодезистов

BDVP, Bezirksbehörde der Deutschen Volkspolizei окружное управление немецкой народной полиции *(в бывш. ГДР)*

BDW, Blokdruckwerk блочное печатающее устройство

BDW, Bund Deutscher Werbeberater und Werbeleiter Союз консультантов и руководителей рекламного дела

BdW, Bund Deutscher Werbeschaffenden Союз работников (торговой) рекламы

Bdw, Bundeswehr бундесвер *(вооружённые силы ФРГ)*

BDZ, Bund Deutscher Zollbeamten Союз немецких таможенных чиновников

BDZ, Bundesverband der Deutschen Zahnärzte Федеральный союз немецких зубных врачей

B.d.Z., Befehlshaber der Zerstörer командующий эскадренными миноносцами *(в бывшем германском флоте)*

Bdz, Bodenzünder донный взрыватель

BDZV, Bundesverband der Deutschen Zeitungsverleger Федеральный союз немецких газетных издателей

BE, Bauelement деталь строительства, строительный элемент; конструктивный элемент

BE, Bedienereingriff вмешательство оператора; (управляющее) воздействие оператора

BE, Berechnungsgrundlagen für stählerne Eisenbahnbrücken Основы расчёта стальных железнодорожных мостов *(служебная инструкция Государственных железных дорог ФРГ)*

BE, Bildschirmeinheit *вчт.* экранное устройство отображения; дисплей; монитор; блок дисплеев; блок мониторов

BE, bill of exchange *англ.* переводной вексель

BE, biologische Einheit биологическая единица

B/E, bill of exchange *англ.* переводной вексель

Be, Beryllium *хим.* бериллий

BEA, Bernische Ausstellergenossenschaft Бернское товарищество специалистов по устройству выставок

BEA, Bundeserziehungsanstalt Австрийский педагогический институт

Bea., Beamt., Beamter, Beamtin государственный служащий, должностное лицо, чиновник, служащий, служащая

BeamtVG, Beamtenversorgungsgesetz *(федеральный)* закон об обеспечении государственных служащих

Bearb., Bearbeiter ответственный исполнитель; редактор

BED, Bedienung 1. эксплуатация; обслуживание *(напр., машины)* 2. *(ручное)* управление; манипуляция
Bed., Bedeutung значение, смысл
Bedh., Bedarfshalt *ж.-д.* остановка поезда на раздельном пункте при необходимости выполнения каких-либо работ *(напр., выгрузке грузов)*
BedVG, Gesetz über die bedingte Verurteilung закон о применении условного осуждения *(наказания)*
BEF, Belgischer Franc бельгийский франк
BEF, Bundesamt für Ernährung und Forstwirtschaft Федеральное ведомство по продовольствию и лесному хозяйству
Befbf., Befehlsbahnhof *ж.-д. австр.* распорядительная станция *(управляющая движением при отсутствии диспетчерского руководства)*
BefC, Befehlscode [Befehlskode] *вчт.* код команды, командное слово
Befg., Beförderung *ж.-д.* перевозка
Befgpl., Beförderungsplan *ж.-д.* план перевозок; расписание следования вагона [группы вагонов]
Befh., Befehlshaber командующий, главнокомандующий
BefReg, Befehlsregister *вчт.* регистр команд
BefSt, Beförderungssteuer провозная пошлина
Befstw, Befehlstellwerk *ж.-д.* распорядительный пост централизации
BefW, Befehlswort *вчт.* 1. код команды 2. командное слово; команда; программное слово
BefZ, Befehlszähler *вчт.* счётчик команд
BEG, Be- und Entladegemeinschaft *ж.-д.* объединение по производству погрузочно-разгрузочных работ
BEG, Bundesentschädigungsgesetz федеральный закон о возмещении вреда, федеральный закон о компенсации
Beg., Beginn начало
Begl., Beglaubigung удостоверение, скрепление подписью *(какого-либо документа)*; *юр.* засвидетельствование *(подписи, копии)*
Begl., Begleitung сопровождение; свита, сопровождающие лица

begr., begraben похоронен *(тогда-то, там-то)*
BEgut, beschleunigtes Eilgut срочный груз
beh.aut., behördlich autorisiert с согласия администрации [властей]; согласовано с администрацией [с властями]
beif., beifolgend в приложении, прилагаемый; при сём, при этом; прилагается, приложено
Beil., Beilage приложение, пр.
beil., beiliegend приложено, прилагается *(к чему-либо)*
Beitr.GerichtMed., Beiträge der Gerichtlichen Medizin Вопросы судебной медицины *(австрийский журнал)*
BeitrO, Beitreibungsordnung порядок взыскания *(причитающихся сумм)*
BEJ, Bund Europäischer Jugend Союз европейской молодёжи *(сторонников создания «европейской федерации»)*
BEJÖ, Bund Europäischer Jugend Österreichs Австрийский союз европейской молодёжи *(сторонников создания «европейской федерации»)*
Bekula, Berliner Kraft- und Lichtanlagen - Aktiengesellschaft Акционерное общество энергетических предприятий Западного Берлина
BekV, Bekanntmachungsverordnung распоряжение о порядке ознакомления
Bel., Belichtung *опт., фото* выдержка; экспозиция
Bel., Belohnung награда, вознаграждение
Bel Anr, Beleganrechnung *фин.* начисление в соответствии с представленными справками, начисление по документу
BEM, Bundesernährungs-Ministerium Министерство продовольствия
Bem., Bemerkung заметка, замечание; помета
BEMA, Business Equipment Manufacturers Association *англ.* Ассоциация производителей конторского оборудования *(США)*
Bema-Dienst, Betriebsmaschinen-Dienst *ж.-д.* служба эксплуатации локомотивов, вагонов, грузовых автомобилей, машин и установок
Ben., benutzt, benützt использованный

BENELUX, Belgien-Niederlande-Luxemburg Бенилюкс *(Бельгия, Нидерланды, Люксембург)*
BEO, Bundesergänzungsgesetz zur Entschädigung für Opfer der nationalsozialistischen Verfolgung дополнение к закону о возмещении убытков, понесённых жертвами нацистского режима
Ber., Berater консультант
Ber., Beratung консультация
Ber., Berechnung калькуляция; подсчёт, оценка; *ком.* счёт, расчёт, оплата
Ber., Bereitschaft готовность
Ber., Berufung апелляция
Berat., Beratung консультация
Ber.-Ber., Ber.-Berat., Berufsberatung консультация по выбору профессии
BerBG, Berufsbildungsgesetz закон о профессиональном образовании [профобразовании]
BEREK, Berliner Reklamewesen Общество торговой рекламы Берлина
Berl., Berlin Берлин
BerlinFG, Gesetz zur Förderung der Berliner Wirtschaft закон о содействии экономике Берлина; закон о развитии экономики Берлина
Berr, Berichte доклады, отчёты, сообщения, корреспонденции
Ber-Tfz, Bereitschaftstriebfahrzeug *ж.-д.* локомотив оперативного резерва
BES, Besetzt *вчт., тлф.* сигнал «занято», сигнал занятости; состояние «занято», состояние занятости
BeS, Beschneideschablone *тех.* обрезной шаблон
Bes., Besitz владение; собственность; имущество; (земельное) владение, имение
Bes., Besitzer владелец, собственник
bes., besondere Vorschriften специальные правила [инструкции, предписания]
bes., besonders особенно
Beschl., Beschlagnahme опись имущества; конфискация
BeschwF, Beschwerdeführer *юр.* жалобщик
BesG, Besoldungsgesetz закон о порядке выплаты денежного содержания
BesGr, Besoldungsgruppe разряд тарифной сетки
BesL, Besetztlampe лампа занятости

BESPO, Berufs- und Sportbekleidungsindustrie Объединение промышленности производственной и спортивной одежды
Bes. Statut, Besatzungsstatut оккупационный статут
best., bestellt заказанный; заказано; заказной
BestA, Bestellauftrag заказ-наряд, ЗН; заказ
Best.-H., Bestimmungshafen порт назначения
Best.Nr., Bestellnummer номер заказа
BESTo, business EDP systems technique *англ.* система обработки коммерческой информации БЕСТ фирмы «Нейшнл каш реджистер»
Best.-Ort, Bestimmungsort 1. место [пункт] назначения 2. *юр.* место исполнения договора купли-продажи
Best.-Qu., Beteiligungsquote доля участия
Bes.-W, Besitzwechsel *ком.* римесса, вексель к получению
BET, Berufseignungstest тест на профессиональную пригодность [профпригодность]
BETA, Business Equipment Trade Association *англ.* Ассоциация фирм, выпускающих конторское оборудование *(Великобритания)*
Betr., Betreuung руководство; обслуживание
Betr., Betrieb 1. предприятие, производство, завод, фабрика 2. работа, действие, функционирование; режим; эксплуатация
Betr., Betrug *страх., юр.* мошенничество
betr., betreffend, betrifft, betreffs *канц.* относительно, по поводу, в связи *(с чем-л.);* в отношении *(чего-л.),* что касается... ; относящийся *(к чему-л.);* касающийся *(чего-л.)*
BetrAV, betriebliche Altersversorgung *страх.* производственное страхование по старости, страхование по старости на производстве
BetrAVG, Gesetz über betriebliche Altersversorgung *страх.* закон об улучшении производственного страхования по старости
Betr. Spg, Betriebsspannung рабочее напряжение

BetrVG, Betriebsverfassungsgesetz *(федеральный)* закон о правовом режиме предприятий
BEV, Bayerischer Eissportverband Баварский союз конькобежного спорта
BEV, Bergbau-ElektrIzitäts-Verbundgemeinschaft, Essen Горнопромышленный и энергетический концерн в г. Эссене
BeV, Billion Elektronenvolt *физ.* миллиард электронвольт, ГэВ
Bev., **Bevkg**, Bevölkerung население
Bew, Bewerber заявитель
Bew, Bewohner жилец, обитатель
BEWAG, Berliner Elektrizitätswerke-Aktiengesellschaft Акционерное общество электростанций Западного Берлина
Bew Aussch., Bewertungsausschuß оценочная комиссия
BewDV, Durchführungsverordnung zum Bewertungsgesetz постановление о порядке осуществления закона об оценке имущества *(подлежащего налогообложению)*
BewG, Bewertungsgesetz закон об оценке имущества *(подлежащего налогообложению)*
Be - Wi, Betriebswirtschaftsstelle группа хозяйственного руководства предприятием
Bewtg, Bewertung оценка, подсчёт; котировка *(биржевая)*
Bez., Bezeichnung название, наименование; обозначение; маркировка; отметка; помета
Bez., Bezieher 1. подписчик *(напр., газеты)*; абонент 2. покупатель; фирма-покупатель 3. получатель *(напр., ренты, зарплаты)*
Bez., Bezirk 1. округ 2. район *(Австрия)*
Bez., Bezüge *pl* жалованье; содержание; доходы
bez., bezahlt уплачено, оплачено
bez., beziffern нумеровать, обозначать цифрами, выражать в числах
bez., **bezgl.**, bezüglich *тж. канц.* относительно, по поводу, насчёт
BezA, **Bez.-Amt**, Bezirksamt окружное управление
Bezhptm, Bezirkshauptmann районный правительственный комиссар *(Австрия)*

Bezhptmsch., Bezirkshauptmannschaft районный комиссариат *(орган государственной администрации в Австрии)*
Bezst., Bezirksstadt окружной (административный) центр
BezTfLtg., Bezirks-Trägerfrequenz-Leitung районная линия связи на несущей частоте
bezw., beziehungsweise или, то есть; соответственно
BF, Bandfilter *радио., опт.* полосовой фильтр
Bf, Bahnhof вокзал, станция железной дороги
Bf, Basisfrequenz основная частота
Bf, Bastfaser *текст.* лубяное волокно
Bf., Beförderung провоз, перевозка, транспортировка; доставка
Bf., Beifahrer сопровождающий водителя грузовика [мотоцикла]; второй водитель
Bf., Beruf профессия специальность
Bf., Beschwerdeführer лицо, подающее жалобу, жалобщик
Bf., Bischof епископ
Bf., Brief 1. курс продавцов, «предложение» *(в курсовых бюллетенях)* 2. вексель
BFA, Bereich von der Fahrzeugausbesserung der Deutschen Reichsbahn *ист.* отрасль хозяйства железных дорог *бывш.* ГДР по ремонту подвижного состава
BFA, Bundesauskunftsstelle für den Außenhandel Федеральное информационное бюро внешней торговли
BfA, Bundesversicherungsanstalt für Angestellte Федеральное ведомство страхования служащих
BfAI, Bundesstelle für Außenhandelsinformation Федеральное бюро внешнеторговой информации
BFANL, Bundesforschungsanstalt für Naturschutz und Landschaftsökologie *ж.-д.* *(ФРГ)* Федеральный центр по исследованиям в области охраны природы и экологии ландшафтов
BfE, Büro für Erfindungs- und Vorschlagswesen Бюро изобретений и рационализаторских предложений *(бывш. ГДР)*

BFF, Bundesfachgruppe der Film- und Fernsehschaffenden профессиональное общество творческих работников кино и телевидения

Bfg, Berufung 1. ссылка *(на что-л.)* 2. *юр.* апелляция

Bfgbesch., Berufsbescheid *юр.* решение апелляционной инстанции

BFH, Bundesfinanzhof 1. Федеральное налогово-финансовое управление 2. Федеральный финансовый суд

Bfh., Befehlshaber командующий, главнокомандующий

Bfhg, Befähigung способность, пригодность

BfK, Bahnhofskasse вокзальная касса

Bfk, Briefkasten почтовый ящик; письма читателей *(рубрика в газете, журнале)*

bfl., bischöflich епископальный

BFM, Bundesfinanzministerium Министерство финансов

Bfm., Briefmarke почтовая марка

bfn, brutto für netto (вес) брутто за нетто

Bfo, Bahnhofsfahrordnung *ж.-д.* порядок приёма и отправления поездов *(нормативный документ)*

BFR, Betriebsführungsrechner *ж.-д.* ЭВМ для управления эксплуатационной работой *(станции, участка)*

bfr., Belgischer Franc бельгийский франк *(денежная единица)*

Bfst., Befehlsstelle штаб; командный пункт

Bfs-Wsp, Bahnhofswiederholungssperre *ж.-д.* противоповторная замычка станционной блокировки

B FV, Bayerischer Forstverband Баварский союз лесоводов

Bfv(B), Büro für Verkehrsplanung beim Rat des Bezirkes *ж.-д.* Бюро транспортного планирования при совете округа *(бывш. ГДР)*

BFW, Berufsförderungswerk комбинат повышения квалификации *(центр профессиональной подготовки)*

BfW, Bundesstelle für den Warenverkehr Федеральное управление товарооборота

BG, background *англ.* фон

BG, Bandgerät магнитофон

BG, Bedienungsgerät *тех.* прибор управления; обслуживающее приспособление

BG, Berufsgenossenschaft 1. профессиональное объединение; корпорация лиц одной профессии 2. союз предпринимателей

BG, Bezirksgericht окружной суд *(в бывш. ГДР)*; участковый суд *(Австрия, Швейцария)*

BG, Börsengesetz закон о биржах и биржевых операциях, закон о биржевой деятельности

BG, Bulgarien Болгария *(индекс государственной принадлежности автомобиля)*

BG, Bundesgebiet территория Федеративной Республики Германии, федеральная территория

BG, Bundesgericht Федеральный суд *(ФРГ, Швейцария)*

BG, Bundesgesetz 1. федеральный закон *(Австрия)* 2. закон ФРГ

B.G., Basisgerät (базисный) дальномер

Bg, Bagger экскаватор

Bg, Bauerngut крестьянская усадьба

Bg, Bedienungsgerät *тех.* прибор управления

Bg., Basisgerät (базисный) дальномер

Bg., Beitrag 1. взнос; вклад, доля, пай 2. *лит.* статья

Bg., Berg гора

Bg., Bindegewebe *анат.* соединительная ткань

Bg., Bogen лист *(бумаги)*

Bg., Bürger 1. гражданин 2. горожанин

bG, b.G., bezahlt Geld *бирж.* приказы на покупку выполнены частично; сделка *(совершена)* за наличные, оплачено наличными *(деньгами)*

b.g., bedingt gestattet условно разрешено, условно разрешается *(для применения)*

BGA, Bonner General-Anzeiger название периодического издания

BGB, Bauern-, Gewerbe- und Bürgerpartei партия крестьян, ремесленников и горожан *(Швейцария)*

BGB, besonders gute Beziehungen *разг.* особо хорошие отношения, «блат»

BGB, Bundesbahn-Güterzugfahrplan-Besprechung *ж.-д.* совещание по согласова-

нию графика движения грузовых поездов *(железные дороги ФРГ)*
BGB, Bürgerliches Gesetzbuch Гражданский кодекс, ГК
Bgb, Bergbau горное дело
BGB Gesellschaft, общество гражданского права
BGBl, Bundesgesetzblatt Федеральный вестник законов *(ФРГ, Австрия)*
BGBl., Bundesgesetzblatt *наименование периодического издания, публикующего законы и постановления правительства ФРГ*
BGE, Bundesgerichtsentscheid решение Федерального суда *(Швейцария)*
Bge., Berge горы
BGG, Betriebsgewerkschaftsgruppe профсоюзная организация *(на предприятиях, насчитывающих свыше 20 рабочих — бывш. ГДР)*
BGH, Bundesgerichtshof Федеральный суд, Верховный суд *(ФРГ)*
BGHSt, Entscheidungen des Bundesgerichtshofes in Strafsachen сокращённое обозначение решений уголовной колегии федерального суда ФРГ; сборник решений Федерального суда по уголовным делам
BGHZ, Entscheidungen des Bundesgerichtshofs in Zivilsachen сборник решений Федерального суда по гражданским делам
Bgin, Beschwerdegegnerin *юр.* представительница противной стороны при разборе апелляционной жалобы
BGL, Betriebsgewerkschaftsleitung фабрично-заводской комитет, фабзавком *(профсоюзный комитет) (в бывш. ГДР)*
BGL, Bundesverband Güterkraftverkehr und Logistik Федеральный союз автотранспортных перевозок и логистики
Bgld, Burgenland Бургенланд *(юго-восточная Австрия)*
Bgld., Bargeld наличные деньги, кассовая наличность
Bgld., Burgenland Бургенланд *(юго-восточная Австрия)*
Bgm., Bürgermeister бургомистр
BGr, Baugruppe *воен.* строительная группа; строительная команда

Bgr, größte Breite максимальная ширина
Bgr., Bürger 1. гражданин 2. горожанин
bgrzt., begrenzt ограниченный
BGS, Bildschirmgruppen-Steuergerät *вчт.* блок *или* пульт управления группой дисплеев
BGS, Bundesgrenzschutz пограничная охрана ФРГ
BGS, Gleisbaumaschinenstation *ж.-д.* путевая машинная станция, ПМС
BGSG, Bundesgrenzschutzgesetz федеральный закон об органах пограничной охраны
BGSt, Bezirksgeschäftsstelle окружная канцелярия
Bgw., Bergwerk горнопромышленное предприятие; рудник; шахта
BH, Britisches Honduras Британский Гондурас *(индекс государственной принадлежности автомобиля)*
BH, Büstenhalter бюстгальтер *(размер)*
B.H., Bauhöhe строительная высота; монтажная высота
Bh, Bremshundertstel *ж.-д.* отношение тормозной массы к массе поезда в процентах
Bh., Bhf, Bahnhof вокзал, станция железной дороги
BHG, Bäuerliche Handelsgenossenschaft крестьянский торговый кооператив *(в бывш. ГДР)*
BHG, Berliner Handelsgesellschaft Западно-берлинское торговое общество
BHI, Bank für Handel und Industrie торгово-промышленный банк
BHinterbl G., Beamtenhinterbliebenengesetz *(федеральный)* закон об обеспечении семей умерших государственных служащих
BHO, Bundeshaushaltsordnung положение о федеральном бюджете
Bhrg, Bohrung отверстие
BHRW, Blockheizkraftwerk эл. *(блочная)* теплоэлектроцентраль; блок-ТЭЦ
BHT - Koks, Braunkohlenhochtemperaturkoks высокотемпературный кокс из бурого угля
BHZ, Berliner Handelszentralen берлинские центральные *(оптовые)* торговые предприятия *(бывш. ГДР)*

BI, Bibliographisches Institut Библиографический институт

B.I., Bourse Internationale Международная фондовая биржа, МФБ

Bi., Bischof епископ, архиерей

BIAG, Braunkohlen-Industrie-Aktiengesellschaft Акционерное общество промышленности бурых углей

BIB, Bekleidungsindustrie-Berufsgenossenschaft Профессиональное *(страховое)* товарищество работников швейной промышленности *(ФРГ)*

Bib., Bibel библия, священное писание

Bibl., Bibliothek библиотека

Bi/Bo, Benzin-Benzol-Gemisch бензино-бензоловая смесь

B.I.E., Bureau International d'Electrothermie *фр.* Международное бюро по электротермии

Bier Ao, Bierausfuhrordnung правила экспорта пива

BiF, Biegeform *тех.* форма для гибки; *маш.* гибочный копир, гибочная матрица *(металлообработка)*; *дер.* шаблон для гнутья

Bil., Bilanz баланс, итог

Bin, Binnenschiff речное судно

bin, binär двоичный, бинарный

Bing, Betriebsingenieur инженер-технолог

BinnSchG, Gesetz über die Binnenschiffahrt закон о судоходстве по рекам и озёрам

BinSchSiV, Verordnung zur Sicherstellung des Binnenschiffsverkehrs постановление об обеспечении внутреннего водного судоходства; положение об организации сообщения по внутренним видным путям

biol., biologisch биологический

BIP, Bruttoinlandsprodukt валовой национальный продукт, валовой внутренний продукт, брутто-национальный продукт

B.I.P.M., Bureau International des Poids et Mesures *фр.* Международное бюро мер и весов

BIRIiG, Bilanz-Richtlinien-Gesetz закон о правилах составления годовых балансов фирм

BIS, Baustein-Interpretier-System блочная система интерпретации

BIS, Business Information System *англ.* коммерческая информационная система БИС фирмы «Белл» *(США)*

BIS., berufsintegrierendes Studium профессионально ориентированное [профориентированное] обучение

B.I.S., Bank for International Settlements *англ.* Банк международных расчётов, БМР

BISAM, Basic Index Sequential Access Method *англ., вчт.* метод базисного индексно-последовательного доступа

Bisch., Bischof епископ, архиерей

BISchG, Bundes-Immissionsschutzgesetz федеральный закон об охране от вредного воздействия дыма и сточных вод

Bisch.-S, Bischofssitz резиденция епископа [архиерея]

BISCOFA, Schweizerischer Verband der Biskuits- und Confiseriefabrikanten Швейцарский союз фабрикантов бисквитных и кондитерских изделий

Bisl., bislang до сих пор, доныне

BiST, Biegestanze *тех.* гибочный штамп

BiSt., Biersteuer налог на пиво *(с потребителя)*

Bist., Bistum епископство

BiStG, Biersteuergesetz закон о налоге на пиво *(с потребителя)*

bisw., bisweilen иногда, изредка, подчас, порой, временами

BIT, Berufsinteressentest тест на профориентацию

BIT, Bulgarisch-Jugoslawischer Gütertarif *ж.-д.* Болгарско-Югославский железнодорожный грузовой тариф

Bit., Bitumen *хим., строит.* битум

bit, Bit, binary digit *англ. вчт.* 1. бит; двоичная цифра; двоичный разряд 2. двоичная единица, бит *(информации)*

Bit/s, Bits pro Sekunde бит в секунду, *бит/с*

Bitsy, Bildtextsystem система телетекст

BIW, Bund der Ingenieure des Weinbaues Союз инженеров-виноградарей

BIWA, billige Waren дешёвые товары

BIZ, Bank für Internationalen Zahlungsausgleich Банк международных расчётов

BIZMAC, Business Machine Computer *англ.* вычислительная машина [ВМ] БИЗМАК для коммерческих расчётов фирмы «Рейдио корпорейшн оф Америка» *(США)*

BJ, Bachjahrbuch *название музыкального ежегодника*

BJ, Bj., Baujahr год постройки *(напр., судна, здания)*, год сооружения *(напр., здания)*

Bj., Betriebsjahr хозяйственный год; финансовый год; отчётный год

BJagdG, Bundesjagdgesetz федеральный закон об ограничении охоты; федеральный закон об охоте

BJB, Bundesjugend Schweizerischer Baptistengemeinden Объединённая молодёжь швейцарских баптистских общин *(организация)*

B.Jb.V., Bayerisches Jahrbuch für Volkskunde *наименование баварского ежегодного издания по этнографии*

BJD, Bund Junger Deutscher Союз молодых немцев

BJG, BJgdG, Bundesjagdgesetz федеральный закон об ограничении охоты; федеральный закон об охоте

BJG, Bund Junger Genossenschaftler Союз молодых кооператоров

BJK, Bezirksjugendkommission окружная комиссия по делам молодёжи *(бывш. ГДР)*

BJM, Bundesjustizministerium Федеральное министерство юстиции

BJO, Bundesjugendorchester государственный [федеральный] молодёжный оркестр

BJR, Bayerischer Jugendring Баварское объединение молодёжных организаций

BJR, Bundes-Jugend-Ring Федеральное объединение молодёжных организаций

BJU, Bundesverband Junger Unternehmen Федеральное объединение молодых предпринимателей

BJU, Bundesverband JungerUnternehmer Федеральный союз молодых предпринимателей

BK, Bankkonto текущий счёт в банке

BK, Batteriekasten аккумуляторный ящик

BK, Baukombinat строительный комбинат

BK, Baukommission строительная комиссия

BK, Baukosten затраты на строительство

BK, Bordkanone самолётная пушка

BK, Bremsklotz тормозная колодка

BK, Bremskrafthöchstwert *ж.-д.* максимальное значение тормозной силы

BK, Bundeskanzler 1.федеральный канцлер *(ФРГ, Австрия)* 2. президент *(Швейцария)*

В.К., Blendkörper дымовая шашка

Bk, Bake 1.*мор.* бакен; буй 2. *геод.* веха 3. дорожный знак

Bk, Berkelium *хим.* беркелий

Bk., Bank банк

Bk., Baukunst архитектура

BKA, Bundeskanzleramt канцелярия федерального канцлера

BKA, Bundeskriminalamt Федеральное управление уголовной полиции; ведомство по уголовным делам ФРГ

BKartA, Bundeskartellamt Федеральное ведомство по делам картелей

BKB, Braunkohlenbergwerk буроугольная шахта; буроугольный разрез

Bk.-Bed., Bankbedingungen условия банковских операций

BKE, Bandstahlkombinat лентопрокатный комбинат

BKE, Brechkrafteinheit единица оптической силы, диоптрия

BKGG, Bundeskindergeldgesetz федеральный закон о детских пособиях, федеральный закон о пособиях многодетным семьям

BKH, Bikarbonathärte бикарбонатная жёсткость *(воды)*

BKK, Betriebskrankenkasse фабрично-заводская больничная *(страховая)* касса

Bk.-К., Bk.-Kto., Bankkonto (текущий) счёт в банке

Bk.-Kr., Bankkredit банковский кредит

BKL, Belegungskontrollampe контрольная лампа занятости

Bkl., Beklagte *m, f юр.* ответчик, ответчица *(в гражданском процессе)*

BKN, Betriebskostennachweis учёт производственных затрат [издержек производства]

BKS-Verfahren, seitliche Bohrlochsondierung боковое каротажное зондирование, БКЗ
Bkt., Bakterie бактерия
Bktr., Betriebskontrolle производственный контроль, технический контроль *(напр., работы установки)*
BKU, Bund Katholischer Unternehmer Католический союз предпринимателей
BKUVG, Beamten-Kranken- und Unfallversicherungsgesetz закон о страховании служащих на случай болезни и увечья
BKV, Beckers Kleine Volksbibliothek Маленькая популярная библиотека Беккера
BKV, Betriebskollektivvertrag коллективный договор *(на предприятии)*, колдоговор
BKV, Brühler Kohlen-Vertriebsgesellschaft Брюльское общество по сбыту угля
BKV, Bund der Kriegsdienstverweigerer Союз отказников от военной службы
B.K.V., Bahnkreuzungsvorschriften правила перехода через железнодорожные пути
BkVA, Blindkilovoltampere квар
BKVG, Bauernkrankenversicherungsgesetz закон о страховании крестьян на случай болезни
BKW, Berner Kraftwerke Бернские электростанции, Бернская энергосистема
BkW, Blindkilowatt киловатт реактивной мощности, киловар, квар
Bkw, Bahnkraftwerk железнодорожная электростанция
Bkw., Beobachtungskraftwagen *воен.* разведывательный автомобиль, боевая разведывательная машина, БРМ
BKZ, BkZ, Baukostenzuschuß дотация на покрытие строительных расходов
Bkz., Bankziehung 1. выставление банковской тратты 2. банковская тратта
BL, Basutoland Базутоленд *(индекс государственной принадлежности автомобиля)*
BL, Befehlslänge *вчт.* длина команды
BL, Betriebsstofflager склад горючего
B.L., Betriebsleitung заводоуправление; дирекция [администрация] предприятия

B/L, Bill of lading *англ. мор.* коносамент *(расписка, удостоверяющая принятие груза к перевозке)*
Bl., Bahnstromleitung *ж.-д.* линия *(внешнего)* энергоснабжения железной дороги
Bl., Blatt 1. лист *(бумаги)* 2. листок, бюллетень; газета; журнал
Bl., Blattfaser *текст.* лиственные волокна
Bl., Blockstelle *ж.-д. австр.* (автоматический) блок-пост
Bl., Blume цветок
Bl., Blut кровь
bl., blank блестящий, сверкающий; чистый; гладкий, полированный
bl., blanko 1. бланковый, открытый; незаполненный, чистый *(напр., о бланке)* 2. *фин.* необеспеченный, без покрытия
bl., blau синий, голубой *(цвет)*
bl., blind слепой
bl., blond светловолосый, белокурый *(о человеке)*; белокурый, светло-русый, золотистый *(о волосах)*
bl., blutig кровавый, окровавленный; кровянистый
bl., gebleicht *текст.* отбелённый
Blab, Betriebslaboratorium заводская лаборатория
BLADS, Bell Laboratories Automatic Design System *англ.* система автоматического проектирования БЛАДЗ фирмы «Белл» *(США)*
BLAG, Bund der LKW-Automobilisten Griechenlands Греческий союз владельцев грузовых автомобилей
BLBA, Bundeslehrerbildungsanstalt Австрийский учительский институт
BLC, Befehlslängekode *вчт.* код длины команды
BLD, Bayerischer Landtagsdienst *наименование пресс-бюллетеня ландтага Баварии — ФРГ*
Blf, Bielefeld *г.* Билефельд
BLFA-PBefG, Bund-Länder-Fachausschuß «Straßenpersonenverkehr» специализированная комиссия по вопросам пассажирского автотранспорта, состоящая из представителей земель ФРГ и федеральных властей

BLG, Bundesleistungsgesetz федеральный закон о денежных сборах на общественные цели [нужды]
blg., beiliegend приложено, прилагается *(к чему-то)*
BLGABV, Verordnung über Anforderungsbehörden und Bedarfsträger nach dem Bundesleistungsgesetz положение об уполномоченных органах власти и юридических лицах ответственных за обеспечение материальными ресурсами в соответствии с федеральным законом о денежных сборах на общественные нужды
Blk., Balkan Балканы, Балканские горы
Blk., Balkon балкон *(тж. театр.)*
Blk., Blinkfeuer *навиг.* проблесковый огонь
Bll., Ballen тюк, кипа
Bll., Blätter листки, газеты
BLmSchV, Verkehrslärmschutzverordnung f постановление о защите от транспортного шума
Bln, Bln., Berlin г. Берлин
BLP, Bayerische Landespartei *(Sozialer Volksbund)* Баварская партия Социальный народный союз
BL S, Betriebsleitsystem *ж.-д.* система автоматического регулирования движения поездов
Blst., Blockstelle *ж.-д.* блокпост
BLSV, Bayerischer Landes Sportverband Баварский спортивный союз
BLSV, Bundes-Luftschutzverband Союз противовоздушной обороны
BluStV, Vorschrift für den Block- und Stellwerkdienst *ж.-д.* служебная инструкция по работе постов централизации и блок-постов
Bl.-V., Bl.-Vollm., Blankovollmacht общая [генеральная] доверенность; неограниченное полномочие на представительство
Blw, Blockwärter *ж.-д.* дежурный по блокпосту; оператор блок-поста
BLWU, Belgisch-Luxemburgische Wirtschaftsunion Бельгийско-Люксембургский экономический союз, БЛЭС
BLZ, Betriebsleitzentrale *ж.-д.* пост диспетчерской централизации
Blz, Beschaffungsleitzahl *ж.-д.* код материала в системе материально-технического обеспечения

Blz, Blattzahl *полигр.* число листов
Blz, Blitzfeuer *навиг.* огонь вспышками, проблесковый огонь
BM, Bohrsches Magneton *физ.* магнетон Бора
BM, Bordmechaniker *ав.* бортмеханик
BM, Bundesminister федеральный министр *(ФРГ, Австрия)*
BM, Bundesministerium федеральное министерство *(ФРГ, Австрия)*
B.M., Bordmechaniker бортмеханик
Bm, Bergmeister *ж.-д.* дежурный по сортировочной горке
Bm., Baumuster строительный образец
BMA, Braunschweigische Maschinenbau-Anstalt Брауншвейгские машиностроительные заводы
BMAt, Bundesminister für Atomfragen министр по атомным делам
BMB, Bundesministerium für innerdeutsche Beziehungen *(Федеральное)* Министерство по внутригерманским отношениям
Bmbg, Bamberg г. Бамберг
BMBR, Bundesminister für Angelegenheiten des Bundesrats министр по делам бундесрата
BMELF, Bundesministerium für Ernährung, Landwirtschaft und Forsten *(Федеральное)* Министерство продовольствия, сельского и лесного хозяйства
B-Messer, *пищ.* свеклорезный нож «В»
BMF, Bundesministerium der Finanzen Федеральное министерство финансов
BMFA, Bundesminister für besondere Aufgaben министр по особым поручениям, министр без портфеля
BM f. Fin., Bundesministerium für Finanzen Министерство финансов *(Австрия)*
BM f. H. u. V., Bundesministerium für Handel und Verkehr Министерство торговли и транспорта *(Австрия)*
BM f. Just., Bundesministerium für Justiz Министерство юстиции *(Австрия)*
BM f. Landw., Bundesministerium für Land- und Forstwirtschaft Министерство сельского и лесного хозяйства *(Австрия)*
BM f. soz. Verw., Bundesministerium für soziale Verwaltung Министерство по социальным делам *(Австрия)*

BM f. U., Bundesministerium für Unterricht Министерство просвещения *(Австрия)*
BMfwA, Bundesministerium für wirtschaftliche Angelegenheiten *(Österreich)* федеральное министерство экономики *(Австрия)*
BMG, Bundesministerium für Gesamtdeutsche Fragen Министерство по общегерманским вопросам
BMI, Bundesministerium des Innern (Федеральное) Министерство внутренних дел
BMJ, Bundesminister der Justiz министр юстиции
BMJ, Bundesministerium der Justiz (Федеральное) Министерство юстиции
BML, Bundesministerium für Ernährung, Landwirtschaft und Forsten Федеральное министерство по продовольствию, сельскому и лесному хозяйству
BMP, Bundesministerium für das Post- und Fernmeldewesen (Федеральное) Министерство связи
B.Ms., Bühnenmanuskript сценический вариант рукописи
BMSR, Betriebsmessung-Steuerung und Regelung измерение; управление и регулирование производственных процессов
BMSR-Technik, Betriebs-Meß-Steuerungs- und Regelungstechnik техника измерения, управления и регулирования производственных процессов; контрольно-измерительные приборы и автоматика, КИП и А
BMT, Basic Motion Time *англ.* время основных движений *(понятие, используемое при анализе микродвижений)*
BMV, Bundesministerium für Verkehr Федеральное министерство путей сообщения
BMVg, Bundesministerium für Verteidigung Федеральное министерство обороны
BMVt, Bundesministerium für Vertriebene, Flüchtlinge und Kriegsgeschädigte Федеральное министерство по делам перемещённых лиц, беженцев и пострадавших от войны

BM Vtdg, Bundesministerium für Verteidigung Федеральное министерство обороны
BMW, Bayerische Motorenwerke *(München)* Баварские автомобильные, мотоциклетные и моторостроительные заводы *(в Мюнхене)*
BMWi, Bundesministerium für Wirtschaft Федеральное министерство экономики
BM Wo, Bundesministerium für Wohnungsbau Федеральное министерство жилищного строительства
BMZ, Bundesminister für wirtschaftliche Zusammenarbeit (федеральный) министр по делам экономического сотрудничества
BMZ, Bundesministerium für wirtschaftliche Zusammenarbeit Федеральное министерство по экономическому сотрудничеству
BN, Betriebsnummer *ж.-д.* эксплуатационный *(не заводской)* номер *(единицы подвижного состава)*
BN, binary number *англ.* двоичное число
Bn., Berlin г. Берлин
BNA, Betriebsnummer des Absenders *ж.-д.* код отправителя
BNatSchG, Bundesnaturschutzgesetz n федеральный закон об охране природы; федеральный закон о защите природы
BndE, Bandeisen ленточная [полосовая] сталь; стальная лента [полоса]
BNE, Betriebsnummer des Empfängers *ж.-д.* код получателя
BNE, Block der Nationalen Einigung Блок национального единения
Bnk, Bank *мор.* банка, подводная отмель
BNO, Baunotabgaben взносы на нужды строительства
B.Nr., Buchnummer номер по книге
Bnzn, Benzin бензин
BO, Bauordnung положение о строительстве; строительные нормы, строительные нормы и правила, СНиП
BO, Brennereiordnung акцизные правила для винокуренных заводов
bo, brutto брутто
b.o., bis oben доверху
Boch., Bochum г. Бохум

BOG, Bund Österreichischer Gebrauchsgraphiker Союз австрийских художников прикладной графики
BOH, Berufsverband Oberländischer Holzschnitzerei Швейцарский союз резчиков по дереву
BOMP, Bill of Material Processor *англ., вчт.* устройство (для) обработки списков деталей
Bonn.Jb., Bonner Jahrbücher des Rheinischen Landesmuseums *наименование ежегодных изданий рейнского музея краеведения*
Boo, Bootes *астр.* Волопас
BOP, Bau- und Betriebsordnung für Pioniereisenbahnen *ж.-д.* Правила строительства и эксплуатации пионерских [детских] железных дорог *(бывш. ГДР)*
Bor., Borussia символическое название Пруссии
Bors G, Börsengesetz закон о биржах и биржевых сделках
BOS, basic operating system *англ., вчт.* базовая операционная система
BOS, Eisehbahnbau- und Betriebsordnung für Schmalspurbahnen *ж.-д.* Правила строительства и эксплуатации железных дорог узкой колеи
BÖS, Belgisch-Österreichischer Seehafentarif *ист.* Бельгийско-австрийский согласительный тариф о пользовании бельгийскими *(транзитными)* портами
BoS, Bo S, Bohrschablone *тех.* шаблон для сверления; сверлильный кондуктор
BOStrab, Bau- und Betriebsordnung für Straßenbahnen *ж.-д.* Правила строительства и эксплуатации трамвайных линий
BOStraß, Verordnung über den Bau und Betrieb der Straßenbahn положение о строительстве и эксплуатации трамвайных линий *(ФРГ)*
bot., botanisch ботанический
Botel, Bootshotel гостиница на пароходе
Botsch., Botschaft посольство
Botsch., Botschafter посол
Bo V, Bohrvorrichtung *тех.* приспособление для сверления
Bö W, Bördelwerkzeug кромкозагибочный станок
BP, Bahnpolizei железнодорожная полиция

BP, Bandpaß *радио., опт.* полосовой фильтр
BP, Bayernpartei Баварская партия
BP, bedingte Pufferzeit *сет. пл.* частный резерв времени первого вида
BP, Benzin- und Petroleum-Gesellschaft Общество по сбыту бензина и керосина
BP, Betschuanaland Бечуаналенд *(индекс государственной принадлежности автомобиля, теперь Ботсвана)*
BP, Bundespatent патент ФРГ
BP, Bundespräsident 1. федеральный президент *(ФРГ, Австрия)* 2. президент Швейцарской Конфедерации
Bp, Bahnpolizei железнодорожная полиция
Bp, Bahnpost железнодорожная почта
Bp., BP, Betriebsprüfung 1. эксплуатационное испытание; заводское [производственное] испытание 2. финансовая ревизия на предприятии
B/p, bills payable *англ.* вексель платежом
bP, bezahlt Papier оплачено ценными бумагами
b.P., beschleunigter Personenzug ускоренный пассажирский поезд
bp, Bandpaß *радио., опт.* полосовой фильтр
BPA, Bahnpostamt почтовое отделение на станции железной дороги
BPA, Bundespresseamt, Presse- und Informationsamt der Bundesregierung Федеральное ведомство печати, Ведомство печати и информации при правительстве ФРГ
BPA - Punkt, Beginn der Paraffinabscheidung *хим.* начало кристаллизации парафина
BPB, Berliner Pressebüro пресс-бюро магистрата Большого Берлина
BP B, Bundesbahn-Personenzugfahrplanbesprechung *ж.-д.* Совещание по графику движения пассажирских поездов на Государственных железных дорогах ФРГ
BPI, bits per inch *вчт.* битов на дюйм, *бит/дм. (единица плотности записи информации)*
BPKK, Bezirksparteikontrollkommission окружная комиссия партийного контроля *(бывш. ГДР)*

BPr., BPR, Bundespräsident 1. федеральный президент *(ФРГ, Австрия)* 2. президент Швейцарской Конфедерации

B.-Pr., BPr., Betriebsprüfung 1. эксплуатационное испытание; заводское [производственное] испытание 2. финансовая ревизия на предприятии

BPrSt., Bundesprüfstelle Федеральное цензурное учреждение

BPS, basic programming system *англ.* базовая система программирования

B.P.S., Brems-Pferdestärke, Bremsleistung in Pferdestärke мощность на валу; тормозная мощность в л.с.; мощность тормозного режима работы *(электровоза)*

bps, bits pro sekunde *вчт.* битов в секунду, бит/с *(размерность значения скорости передачи информации)*

BPSo, basic programming support *англ.* основное [базовое] программное обеспечение

BPU, Basisprogrammierunterstützung основное [базовое] программное обеспечение

B PVG, Bauern Pensionsversicherungsgesetz закон о пенсионном страховании крестьян

Bpw, Bahnpostwagen железнодорожный почтовый вагон

BR, Basisregister *вчт.* регистр базы; базисный [базовый] регистр

BR, Befehlsregister *вчт.* регистр команд

BR, Belastungsregler регулятор нагрузки

BR, Brasilien Бразилия *(индекс государственной принадлежности автомобиля)*

BR, Bundesrat 1. бундесрат *(верхняя палата парламента ФРГ)* 2. Федеральный совет *(правительство Швейцарии; верхняя палата парламента Австрии)*

BR, Bundesrepubik федеративная республика

BR, Radialbohrmaschine радиально-сверлильный станок

B.R., Bundesrat 1. бундесрат *(верхняя палата парламента ФРГ)* 2. Федеральный совет *(правительство Швейцарии)* 3. Федеральный совет *(верхняя палата парламента Австрии)*

B/R, bills receivable *англ.* вексель, подлежащий оплате

Br, Brom *хим.* бром

Br., Brief 1. курс продавцов, «предложение» *(в курсовых бюллетенях)* 2. вексель

Br., Brücke мост *(в разн. знач.)*

b.R., bitte Rücksprache прошу переговорить

br., braun коричневый, смуглый, загорелый; карий *(о глазах)*; каштановый *(о волосах)*

br., brutto брутто

BRAGO, Bundesgebührenordnung für Rechtsanwälte федеральный закон о порядке вознаграждения услуг адвокатов

Bramo, Brandenburgische Motorenwerke Бранденбургские моторостроительные заводы

Brandb., Brandenburg г. Бранденбург

BRAO, Bundesrechtsanwaltsordnung федеральное положение об адвокатуре

Brat., Braten 1. жаренье 2. жаркое

BRB, Bundesratbeschluß постановление Федерального совета *(Швейцарии)*

BRC, Bunker-Ramo Corp. *англ.* фирма «Банкер-Рамо», выпускающая оборудование для обработки данных *(США)*

BRD, Bundesrepublik Deutschland Федеративная Республика Германии, ФРГ

BRG, Betriebsrätegesetz закон о заводских советах

BRG, Bodenreformgesetz закон о реформе землепользования и землевладения

BRG, Bundesrealgymnasium австрийская реальная гимназия *(средняя школа, состоящая из старших классов и готовящая к поступлению в университет)*

Br.-G., Br.-Gew., Bruttogewicht вес [масса] брутто, вес товара с упаковкой

BRGM, Bundesrepublik-Gebrauchsmuster образец изделия, охраняемый законом ФРГ

BRH, Bundesrechnungshof Федеральная расчётная палата

Briefm., Briefmarke почтовая марка

BRKG, Bundesreisekostengesetz закон о командировочных расходах

Brm, Bremen г. Бремен

Brm., Briefmarke почтовая марка

br MR, britische Militärregierung *ист.* британская военная администрация *(в Германии)*
brn., braun коричневый, смуглый, загорелый; карий *(о глазах)*; каштановый *(о волосах)*
brosch., broschiert *полигр.* сброшюровано; издано брошюрой
Brr., Briefe 1. курс продавцов, «предложение» *(в курсовых бюллетенях)* 2. векселя
Br.-Reg.-T., Bruttoregistertonne *мор.* брутто-регистровая тонна
BRRG, Beamtenrechtsrahmengesetz закон о правовом положении чиновников
BRS, Block rücksetzen *выч., авт.* команда «вернуться на одну зону назад»
Brschw., Braunschweig г. Брауншвейг
BRT, «Bereit» состояние готовности
BRT, Bruttoregistertonnage *мор.* брутто-регистровый тоннаж
BRT, Bruttoregistertonne *мор.* брутто-регистровая тонна, брт, БРТ
BRT, Brutto-Tonne брутто-тонна
brt., brutto брутто
BRÜB, Bautechnische Richtlinien für die Überbauung von Bahnanlagen *ж.-д.* Строительные правила перекрытия железнодорожных устройств зданиями *(ФРГ)*
BrV, Brennstofventil топливный клапан
BRVS, Bahn-Rollfuhr-Versicherungsschein свидетельство о страховании груза, перевозимого по железным и безрельсовым дорогам
br.Z., britische Zone *ист.* британская *(оккупационная)* зона
Br.Z.-A., Britisch-Zentral-Afrika *ист.* британские владения в Центральной Африке
BS, Bahamainseln Багамские острова *(индекс государственной принадлежности автомобиля)*
BS, Bandsperre полосозаграждающий фильтр
BS, Bergschule горное училище
BS, Berufsschule профессиональная школа, профтехучилище, ПТУ
BS, Betriebsschutz вневедомственная охрана
BS, Betriebssystem *вчт.* 1. операционная система 2. промышленная система

BS, Bildschirm экран; дисплей; монитор
BS, Bildschirmsteuereinheit, Bildschirmsteuergerät *вчт.* блок управления дисплеем, дисплейный контроллер
BS, Bildsender устройство передачи изображений, передатчик изображений
BS, Blattschreiber страничный *или* рулонный буквопечатающий аппарат; алфавитно-цифровое устройство печати на бланках *или* формулярах; телетайп
BS, Blutsenkung *мед.* оседание эритроцитов; РОЭ
BS, Brennschluß *тех.* конец горения, прекращение горения; выключение ракетного двигателя
Bs., Besitz владение; собственность; имущество; (земельное) владение, имение
Bs., Besitzer владелец, собственник
b.S., beide Seiten обе стороны
b.S., beliebige Sicht *банк.* (к оплате) в любой срок
BSA, Batteriespeicheranlage *эл.* аккумуляторная установка; батарея аккумуляторов
BSA, Bund Schweizer Architekten Союз швейцарских архитекторов
BSAM, basic sequential access method *англ.* метод базисного доступа для последовательной организации данных в памяти
B-Säule, *усл. обозн.* центральная стойка *(кузова автомобиля)*
BSB, Besprechungsbericht доклад о состоявшихся переговоров
BSB, biochemischer Sauerstoffbedarf биохимическое потребление кислорода, БПК
BSB, Bodensee-Schiffsbetriebe *ж.-д.* Пароходство остр. Бодензее *(находится в ведении Государственных железных дорог ФРГ)*
Bsch, Bauernschaft крестьянство
bsch., beschädigt 1. повреждённый 2. пострадавший; раненый
Bschr., Beschreibung описание
bsd., **bsds.**, besonders особо, отдельно, специально
BSE, Bereichssteuereinheit *ж.-д.* зонное управляющее устройство
BSE, Blattschreiber страничный *или* рулонный буквопечатающий аппарат;

алфавитно-цифровое устройство печати на бланках *или* формулярах; телетайп

BSeeSchG, Gesetz über die Aufgaben des Bundes auf dem Gebiet der Seeschiffahrt закон о задачах федеративного государства в области морского судоходства; закон об обязанностях федеративного государства в области морского судоходства [мореплавания]

BSeuchen G, Bundes-Seuchengesetz федеральный закон о борьбе с эпидемиями

BSG, Betriebssportgemeinschaft профсоюзная спортивная организация *(бывш. ГДР)*

BSG, Bundessozialgericht федеральный суд по социальным вопросам

BSGJ, Bund der Schweizerischen Genossenschaftsjugend Союз молодых швейцарских кооператоров

BSGß, Entscheidungen des Bundessozialgerichts сборник решений федерального суда по социальным вопросам

bsh, Bushel бушель *(мера объёма сыпучих и жидких тел 36,3 л)*

BSHG, Bundessozialhilfegesetz федеральный закон о социальной помощи

BSJ, Bund der Sozialistischen Jugend des Saarlandes Союз социалистической молодёжи Саара

BSK, Bremskraftsteuerkreis *ж.-д.* контур [цепь] регулирования тормозной силы

BSM, Bolzenschneidemaschine болторезный станок

BSN, Befehlshaber der Sicherung der Nordsee командующий охраной водного района Северного моря *(в бывшем германском флоте)*

BSO, Befehlshaber der Sicherung der Ostsee командующий охраной водного района Балтийского моря *(в бывшем германском флоте)*

BSP, Bruttosozialprodukt валовой национальный продукт, ВНП

BSP, Bund Schweizerischer Pfadfinderinnen Союз швейцарских гёрлскаутов

Bsp., Beispiel пример, образец

bsph., beispielhaft примерный, образцовый, показательный

BSpt, Breite auf Spanten ширина без обшивки, конструктивная ширина *(судна)*

bspw., beispielsweise к примеру, например

BSR, Bund Schweizerischer Reklame-Berater Союз швейцарских советников по рекламе

BSSV, Bund Schweizerischer Schwerhörigenvereine Швейцарская ассоциация плохослышащих

B.-St., Bahnstation железнодорожная станция

B.-St., Baustelle строительный участок, строительная площадка, стройплощадка

Bst., Bahnstation железнодорожная станция

Bst., Baustelle строительный участок, строительная площадка, стройплощадка

b.St., beim Stab в штабе; при штабе

BStA, Bezirksstaatsanwaltschaft окружная прокуратура *(бывш. ГДР)*

BStBl, Bundessteuerblatt *наименование периодического издания по налоговым вопросам*

B-Stelle, Beobachtungsstelle *воен.* наблюдательный пункт

BSTG, Baustahlgewebe, *n* арматурная сетка

Bstg., Bahnsteig станционная платформа, перрон

Bstg., Bestellung заказ; поручение

BStGB, Bundesstrafgesetzbuch свод уголовных законов

Bstllg, Bestellung заказ; поручение

BStMdI, Bayerisches Staatsministerium des Innern Баварское министерство внутренних дел

BSV, Bayerischer Skiverband Баварский союз лыжного спорта

BSVG, Bauernsozialversicherungsgesetz закон о социальном страховании крестьян

BSW, Befehlshaber der Sicherung West командующий охраной водного района Запада; командующий охраной водного района Атлантики *(в бывшем германском флоте)*

Bswg, Braunschweig г. Брауншвейг

BSZ, Betriebssteuerstelle *ж.-д.* центр автоматизированного управления движением поездов *(железные дороги ФРГ)*

BT, Bildtelegrafie, Bildtelegraphie фототелеграфия

BT, Bundestag бундестаг *(нижняя палата парламента ФРГ)*

B/T, Breiten-Tiefengrad степень углубления по ширине, осадка по ширине *(судна)*

Bt, Bistum епископство

bt, bit *вчт.* бит

b.t., berth terms условия причалов

BTÄ, Bleitetraäthyl *хим.* тетраэтилсвинец, ТЭС

BtG, Betreuungsgesetz n закон о социальной помощи; закон о предоставлении социальной помощи

BTH, Bismaleinimid-Triazinharz триазиновая смола

Btm, Betäubungsmittel обезболивающее средство

BtMG, Betäubungsmittelgesetz n закон о наркотических веществах

BTR, Beratungsdienst Transportrationalisierung Консультативная служба по вопросам рационализации транспорта

Btr., Betrieb производство; завод; предприятие

Btrh, Betriebshalt *ж.-д.* остановка поезда по условиям организации движения поездов *(в отличие от остановки по коммерческим условиям)*

btto., brutto брутто

BTVG, Bundesverband der Tierversuchsgegner союз противников проведения экспериментов над животными

Btx, Bildschirmtext телетекст; система телетекст

Btzn, Bautzen г. Бауцен

BU, Bandumsetzung *радио* преобразование полосы [спектра] частот]

BU, Betriebsunfähigkeit производственная непригодность; профнепригодность

BU, Betriebsunfall несчастный случай на производстве

BU, Betriebsunterbrechung прерывание эксплуатации [производственного процесса]; простой

BU, Breitenunterschied *геогр.* разность широт

BÜ, Befehlsübermittlung передача команд(ы)

BÜ, Berner Übereinkunft, Berner Übereinkunft zum Schutze von Werken der Literatur und der Kunst Бернская конвенция об охране авторских прав на произведения литературы и искусства, Бернское (международное) соглашение о защите авторских прав на произведения литературы и искусства

Bü, Bahnhofsbetriebsüberwachung *ж.-д.* диспетчерское руководство работой станции

Bü., Büro бюро; контора; канцелярия; приёмная должностного лица

b.u., bis unten донизу

Büa, B.ü.a., Breite über alles максимальная ширина

BuB, Buch- und Betriebsprüfung проверка (бухгалтерской) отчётности и деятельности предприятия

B.u.E., Berichtigungen und Ergänzungen поправки и дополнения

BÜFA, Schweizerische Bürofach-Ausstellung Швейцарская выставка конторского оборудования

BÜG, Bürgerrechtgesetz закон о гражданстве *(Швейцария)*

Bugra, Buchgewerbe- und Graphikausstellung выставка книгоиздательского и полиграфического дела

Buna, Butadien + Natrium синтетический каучук «Буна»

bürg., bürgerlich гражданский; мещанский; городской; буржуазный

bürg R, bürgerliches Recht гражданское право

BUS, Batterieumschalter *эл.* переключатель батареи

BUSt., Börsenumsatzsteuer налог на биржевой оборот

BÜSTRA, Richtlinien über Abhängigkeiten der technischen Sicherung von Bahnübergängen und der Verkehrsregelung an benachbarten Straßenkreuzungen und -einmündungen *ж.-д.* Правила о зависимостях между техническими средствами обеспечения безопасности на переездах и регулированием движения на прилегающих к ним пересечениях и соединениях шоссейных дорог *(ФРГ)*

BuT, beweglicher Transformator unter Tage передвижной подземный трансформатор

BÜV, Bahnübergangsvorschrift *ж.-д.* Инструкция по устройству и эксплуатации переездов

b. u. v., beschlossen und verkündet решённый и обнародованный; решено и объявлено

BUVB, Bundesbahn-Ausführungsbehörde für Unfallversicherung *ж.-д.* Исполнительный орган Государственных железных дорог ФРГ по страхованию от несчастных случаев

BUZ, Berufsunfähigkeits-Zusatzversicherung дополнительное страхование на случай профессиональной нетрудоспособности

BUZ, Bonner Universitätszeitung «Боннер университетс-цайтунг» *(газета Боннского университета)*

BV, Bauvorschriften строительные нормы, правила строительства

BV, Binnenverkehr *ж.-д.* внутреннее сообщение, внутренние транспортные потоки

BV, Buchveröffentlichung опубликование книги

BV, Bundesverfassung конституция Швейцарской Федерации

B.V., Benzin-Benzol-Verband Объединение предприятий по производству и сбыту *(синтетического)* бензина и бензола

BVA, Bayerische Volksaktion Баварское народное действие *(партия ФРГ)*

BVA, Bundesvermessungsamt Федеральное топографическое ведомство *(Австрия)*

BVB, Bühnenvolksbund Объединение народных театров

BvD, Bund der vertriebenen Deutschen Союз немецких перемещённых лиц

BVE, Befehlsvorbereitungseinheit *вчт.* блок подготовки команд

BVerfG,, Bundesverfassungsgericht Конституционный суд ФРГ, Федеральный конституционный суд

BVerfGE, Entscheidungen des Bundesverfassungsgerichts «Сборник решений федерального конституционного суда»

BVerfGG, Gesetz über das Bundesverfassungsgericht закон о федеральном конституционном суде

B Vers, Bundesversammlung Федеральное собрание *(ФРГ, Швейцария)*

BVerwG, Bundesverwaltungsgericht федеральный административный суд

BVerwGE, Entscheidungen des Bundesverwaltungsgerichts сборник решений федерального административного суда

BVF, Bauvorschrift für Flugzeuge нормы и правила по самолётостроению

BVFG, Bundesvertriebenengesetz закон о перемещённых лицах

BVFG, Bundesvertriebenen - und Flüchtlingsgesetz закон о перемещённых лицах и беженцах

BVG, Berliner Verkehrsaktiengesellschaft Берлинское акционерное общество городского транспорта

BVG, Betriebsverfassungsgesetz *(федеральный)* закон о правовом режиме предприятий; закон о регистрации уставов торгово-промышленных предприятий

BVG, Bezirksvertragsgericht окружной арбитраж [арбитражный суд] *(в бывш. ГДР)*

BVG, Bonner Verkehrsgesellschaft Боннское общество городского транспорта

BVG, Bundesverfassungsgericht Конституционный суд ФРГ; Федеральный конституционный суд

BVG, Bundesverfassungsgesetz закон о Конституционном суде ФРГ

BVG, Bundesversorgungsgesetz закон о государственном обеспечении лиц, пострадавших от войны, и сирот военнослужащих; федеральный закон об оказании помощи жертвам войны

BVI, Bundesversuchsinstitut Австрийский экспериментальный институт

BVM, Bundesverkehrsministerium (федеральное) Министерство путей сообщения

BVMW, Bundesverband mittelst°ndische Wirtschaft Федеральный союз средних хозяйств [среднего бизнеса]

BVN, Bund der Verfolgten des Naziregimes Союз преследовавшихся при нацизме

BVO, Belade- und Verpackungsordnung *ж.-д.* Правила погрузки и упаковки грузов

BVP, Bayerische Volkspartei Баварская народная партия

BVR, Brütverdampfungsreaktor *тех.* бридерный реактор с непосредственным испарением охладителя

BVR, Bundesverband der Deutschen Volksbanken und Raiffeisenbanken Федеральный союз германских народных банков и банков кредитования сельского хозяйства «Райфейзен»

BVR, Bundesverfassungsrichter судья федерального конституционного суда

BVR, Bund für vereinfachte Rechtschreibung *(Schweiz)* Союз по упрощённому правописанию *(Швейцария)*

bvr., bevorrechtigt привилегированный

Bvst, Brigadevorsteher *ж.-д.* руководитель бригады [смены] станционных работников

BVS-V, Verordnung über den Aufbau des Bundesverbandes für den Selbstschutz положение об устроении федерального союза самообороны

BVS-Verordnung, Verordnung über den Aufbau des Bundesverbandes für den Selbstschutz положение об устроении федерального союза самообороны

BVU, Beratergruppe Verkehr und Umwelt *ж.-д. австр.* консультационная группа по проблеме «Транспорт и окружающая среда»

BVV, Bauvertragsvorschrift *ж.-д.* Инструкция о порядке заключения договоров на производство строительных работ *(Государственные железные дороги ФРГ)*

BVW, Bundesverband der Wirtschaftsberater Федеральный союз экспертов [советников, консультантов] по вопросам экономики

B.v.W., Bund versorgungsberechtigter ehemaliger Wehrmachtangehöriger und ihrer Hinterbliebenen Союз бывших военнослужащих и членов семей погибших, имеющих право на государственное обеспечение

BVWP, Bundesverkehrswegeplan *ж.-д.* Федеральный план развития сети путей сообщений

BVZ, Berliner Verkehrszeitung наименование периодического издания по вопросам транспорта и грузоперевозок

BW, Baden-Württemberg Баден-Вюртемберг *(земля)*

BW, Bauwerk строительный объект

BW, Betriebswirt инженер по организации производства

BW, Bevollmächtigter der Wehrmacht полномочный представитель военного ведомства *(на каком-л. заводе — до 1945 г.)*

Bw, Baumwolle хлопок

Bw, Betriebswerk *ж.-д.* депо

Bw, Bundeswehr бундесвер

Bw., Beiwort *грам.* имя прилагательное

b. w., bitte wenden смотри на обороте, см. на обор.

B Wahl G, Bundeswahlgesetz федеральный закон о выборах в бундестаг

BWE, Brustwandelelektrogramm *мед.* электрограмма грудной клетки

B.W.E., besondere Witterungseinflüsse особые метеорологические помехи

bwf., bewaffnet вооружённый

bwgl., beweglich движущийся, подвижной, передвижной; скользящий *(часто не связанный с точной календарной датой, напр., о церк. праздниках)*

BWK, Bundeswirtschaftskammer Федеральная экономическая палата

B.W.K., Brennstoff-Wärme-Kraft наименование периодического издания по теплотехнике

BWL, Betriebswirtschaftslehre экономика и организация производства

BWM, Bundeswirtschaftsministerium Федеральное министерство экономики; Министерство народного хозяйства

BWR, Bundeswirtschaftsrat Федеральный экономический совет

BWS, Brustwirbelsäule *анат.* грудной позвоночник

B.W.Sp., Betriebswasserspiegel уровень воды при эксплуатации (гидротехнического) сооружения

BWVO, Binnenwasserstraßen-Verkehrsordnung правила судоходства по внутренним водным путям, правила внутреннего судоходства

Bww, Bahnbetriebswagenwerk *ж.-д.* вагонное депо

BWWV, Bayerischer Wasserwirtschaftsverband Баварский союз водного хозяйства
B.W.Z., Bombenabwurfzone район бомбометания
bxs, boxes *англ.* ящики
By, By., Bayern Бавария
BZ, Badezimmer ванная (комната)
BZ, Bedarfsgüterzug *ж.-д.* дополнительный грузовой поезд
BZ, Befehlszähler *вчт.* счётчик команд
BZ, Befehlszähl(er)register *вчт.* регистр счётчика команд; счётчик команд
BZ, Besetztzeichen сигнал занятости; сигнал «занято»
BZ, Betriebsstundenzähler счётчик рабочего времени; счётчик полезного (машинного) времени
Bz., Bezahlung оплата
Bz., Bezeichnung обозначение, отметка
Bz., Bezirk 1. округ 2. *австр.* район
Bz., Bücherzettel талон на право заказа книги непосредственно у издателя
bz, bezahlt уплачено; оплачено
BZA, Betrieb - Zugforderung - aussergewöhnliche Sendung *ж.-д.* условное обозначение отправок, перевозимых на особых условиях на железных дорогах
BZA, Bundesbahnzentralamt Центральное управление федеральных железных дорог
B.Z.A., Bombenzielapparat *воен.* бомбовый прицел; прицел бомбометания
BzA, Bezirksamt 1. окружное управление 2. районное управление в *бывш.* Западном Берлине 3. *австр.* районное управление
BzA, Bezirksausschuß *ист.* окружной комитет *(депутатов трудящихся, в бывш. ГДР)*
BzAA, Bezirksarbeitsamt окружная биржа труда; районная биржа труда
BZAL, Bundesbahnzentralstelle gegen die Alkoholgefahren *ж.-д.* Центр Государственных железных дорог ФРГ по борьбе с алкоголизмом *(наркологический центр)*
BzArbA, Bezirksarbeitsamt окружная биржа труда; районная биржа труда

BZB, Berliner Zentralbank Берлинский центральный банк
B.z.B., Bord zu Bord *мор.* борт к борту
bz B, bezahlt Brief предложение превышало спрос, но операции *(на бирже)* произведены
BZBl., Bundeszollblatt *наименование периодического издания по таможенному делу*
B.z.E., Bord zu Erde *мор.* борт на уровне причала
BZG, Bundeszentralgenossenschaft Федеральная кооперативная организация по гаражному и техническому обслуживанию автотранспорта на дорогах
bz.G., bezahlt Geld *ком.* сделка (совершена) за наличные, оплачено наличными деньгами
bzgl, bezüglich *тж. канц.* относительно, по поводу, насчёт
BZK, Bezirkskabel районный кабель
BZK/BRK, Bezirk-/Bereichskasse *ж.-д.* районно-окружная расчётная касса
BZKomm, Bezirkszollkommissar окружной таможенный комиссар
Bzl, Benzol бензол
Bzn, Benzin бензин
BZP, Bundesverband (Zentralverband) der deutschen Verkehrsunternehmer mit PKW федеральный союз владельцев легковых автомобилей, выполняющих коммерческие пассажирские перевозки *(ФРГ)*
Bzp, Bahnschutzpolizei железнодорожная охранная полиция
BZR, Brüsseler Zollrat *(Брюссельский)* Совет таможенного сотрудничества, СТС
BZR, Bundeszentralregister Федеральный центральный регистр [реестр] *(судебной статистики)*
BZRG, Bundeszentralregistergesetz федеральный закон об учреждении центрального реестра *(судебной статистики)*
BZT, Brüsseler Zolltarifschema Брюссельская таможенная номенклатура, БТН
bzw., beziehungsweise или, то есть; соответственно

C

C, CUNA, обозначение стандартов Испании
C, Befehlsfolgeregister *вчт., усл. обозн.* регистр счётчика команд; счётчик команд
C, Befehlszähler *вчт., усл. обозн.* счётчик команд
C, Berlin C Берлин Центр *(при указании адреса)*
C, Carboneum, Kohlenstoff *хим.* углерод
C, C-Betrieb *радио., автом.* режим класса C
C, оС, Celsius Цельсий, *(столько-то)* градусов Цельсия
C, Cent цент *(монета)*
C, Centime *(фр.)* сантим *(монета)*
C, Centimo *(исп.)* сентимо *(монета)*
C, Centum *(лат.)* сто
C, Code, Kode код
C, Colon колон *(денежная единица в Коста-Рике и Сальвадоре)*
C, (Nicaragua-) Cordoba (никарагуанская) кордоба *(денежная единица)*
C, Coulomb кулон, Кл *(единица измерения количества электричества)*
C, Curie кюри, Ки *(единица измерения радиоактивности)*
C, Kapazität ёмкость
C, Kondensator конденсатор
C, konstantes Kapital *эк.* постоянный капитал
C, Kuba Куба *(индекс государственной принадлежности автомобиля)*
C, Zentrum центр *(города)*
C, Zyklus цикл
C., Courtage, Kurtage комиссионные деньги, вознаграждение *(маклеру)* за посредничество, куртаж
c, Anzahl von Belegungen *тлф.* число занятых линий
c, capitulum *lat.,* **Kapitel** глава *(напр. в книге)*
c, Cent цент *(монета)*
c, Centavo *(португ., исп.)* чентаво *(монета в странах Латинской Америки)*
c, Centime *(фр.)* сантим *(монета)*
c, Centimo *(исп.)* сентимо *(монета)*
c, chromatiert хромированный
c, Karat карат
c, konstant постоянный
c, Lichtgeschwindigkeit *физ.* скорость света, c
c, spezifische Wärmekapazität удельная теплоёмкость
c, Zenti- *в сложн.* санти- $(10^{-2}$ часть$)$
c., Cent цент *(монета)*
c., Centavo *(португ., исп.)* чентаво *(монета в странах Латинской Америки)*
c., Centime *(фр.)* сантим *(монета)*
c., Centimo *(исп.)* сентимо *(монета)*
CA, Celluloseacetat ацетат целлюлозы
C.A., chronologisches Alter хронологическая давность
Ca, Calzium, Kalzium *хим.* кальций
Ca, Carter топливная аппаратура фирмы «Картер»
Ca, Carzinoma *lat.,* **Karzinom, Krebsgeschwulst** *мед.* карцинома, раковая опухоль
ca, ca., zirka около, приблизительно
c.a., current account *англ.* текущий счёт; контокоррент
c/a, contra *юр.* против
CAB, Celluloseacetobutyrat ацетобутират целлюлозы
Cab, Cabriolet кабриолет; легковой автомобиль с кузовом кабриолет
CAD, Computer Aided Design система автоматизированного проектирования, САПР
cad, c.a.d., cash against documents *англ.* платёж наличными против документов
CAD/CAM, Computer Aided Design/ Computer Aided Manufacturing *англ.* система автоматизированного проектирования и управления производством, САПР/АПП
CAD-Katalogblatt, Computer Aided Design-Katalogblatt, rechnerunterstütztes

Entwerfen-Katalogblatt каталожный лист для проектирования на ЭВМ

CAD-Lösung, Computer Aided Design-Lösung, rechnerunterstütztes Entwerfen-Lösung проектное решение, полученное с использованием ЭВМ [на базе ЭВМ]

c.a.f., cost and freight *англ.* стоимость и фрахт; каф

CAI, computer-assisted instruction *англ.* обучение с помощью компьютера

CAJ, Christliche Arbeiterjugend Христианская рабочая молодёжь *(организация в ФРГ)*

CAL, Conversational Algebraic Language *англ.* алгебраически-ориентированный язык программирования КЭЛ Калифорнийского университета *(США)*

Cal, Kilogrammkalorie большая калория, килограмм-калория, *кг-кал*

cal., Grammkalorie малая калория, грамм-калория, *г-кал*

CA-Lagerung, controlled atmosphere-Lagerung хранение в контролируемой атмосфере

CALCOMP, California Computer Products *англ.* фирма КАЛКОМП, выпускающая вычислительные средства *(США)*

CAM, Computer Aided Manufacturing *англ.* автоматическая система управления производством, АСУП

CAM-Technologie, Computer Aided Manufacturing; Rechnerunterstützte Fertigungstechnologie технология изготовления с использованием ЭВМ [на базе, на основе ЭВМ]

CaO-alkalischer Saft, *пищ.* сок со щёлочностью, обусловленной окисью кальция

CAP-Phase, Computer Aided Planning; computergestützte Fertigungsplanung-Phase период [фаза] планирования производства с использованием ЭВМ [на базе ЭВМ]

CAR, channel address register *англ. вчт.* адресный регистр канала

CAVO, Zentralgenossenschaft für Alkoholfreie Verwertung von Obstprodukten Швейцарское центральное кооперативное объединение по безалкогольной переработке фруктов

CAW, channel address word *вчт.* адресное слово канала

CaZ, CZ, Ñetanzahl цетановое число *(тяжёлого топлива)*

CB, Belgischer Kongo Бельгийское Конго *(индекс государственной принадлежности автомобиля)*

Cb, Kolumbium *хим.* колумбий *(прежнее название элемента ниобия)*

Cb., Cumulonimbus, Kumulonimbus *метео* кучево-дождевые облака; грозовое облако; грозовые облака

cbcm, Kubikzentimeter кубический сантиметр, *куб. см*

c.b.d., cash before delivery *англ.* платёж наличными до отгрузки товара

cbdm, Kubikdezimeter кубический дециметр, *куб. дм*

cbkm, Kubikkilometer кубический километр, *куб. км*

cbm, Kubikmeter кубический метр, *куб. м*

cbmm, Kubikmillimeter кубический миллиметр, *куб. мм*

CBN, cubischer Bornitrid боразон *(абразив)*

Cbr, Kartellbruder член католической студенческой корпорации

CC, Konsularkorps консульский корпус *(индекс принадлежности автомобиля)*

CC, Neusekunde метрическая *(угловая)* секунда

C.C., Coburger Konvent Кобургский конвент *(наименование съезда студенческих корпораций ФРГ)*

C.C., Kolloquium-Klub студенческий клуб для дискуссий научного характера, коллоквиум-клуб

c.c., cours de compensation *англ.* компенсационный курс

c/c, Clean Credit *англ.* кредит в наличной форме

cca, zirka около, приблизительно

CCB, cyclic-check(ing) byte *англ. вчт.* байт циклического контроля

CCC, Customs Cooperative Council *(engl.)*; Europäischer Zollrat Совет таможенного сотрудничества Европы, Европейский совет таможенного сотрудничества, ЕСТС

CCI, Chambre de Commerce Internationale, Internationale Handelskammer Международная торговая палата, МТП

CCIF, Comité Consultatif International Téléphonique *фр.* Международный консультативный комитет по телефонии, МККФ

C.C.I.R., Comité Consultatif International des Radiocommunications *(дд).*, Internationaler beratender Ausschu:s für den Radiodienst Международный консультативный комитет по радио, МККР

C.C.I.T.T., Comité Consultatif International de Téléphonie et Télégraphie *фр.* Международный консультативный комитет по телефонии и телеграфии, МККТТ

ccm, Kubikzentimeter кубический сантиметр, *куб. см*

CCST, Ctnter for Computer Science and Technology *англ.* Научно-Исследовательский центр по вычислительной технике *(США)*

CCT, computer controlled teletext *англ.* телетекст с управлением от ВМ, автоматизированная система телетекста

CCW, Channel Command Word, Kanalkommandowort *англ., вчт.* команда канала; канальная команда

CD, Certificate of Deposit *англ.* депозитный сертификат

CD, compact-disk компакт-диск, си-ди

CD, Diplomatisches Korps дипломатический корпус *(индекс принадлежности автомобиля)*

CD, Schleifen mit kontinuierlichem Abrichten *усл.обозн.* шлифование с непрерывной правкой круга

Cd, Cadmium, Kadmium *хим.* кадмий

cd, Candela кандела, свеча, *св (международная единица измерения силы света)*

c.d., cum dividendo *лат.* с правом на получение дивиденда

CDA, Konvent Deutscher Akademikerverbände Конвент немецких студенческих союзов

C.D.A., Konvent Deutscher Altherrenverbände Конвент немецких союзов старых корпорантов

CDG, *ж.-д.* условное обозначение подкомитета ИМКО «Перевозки опасных грузов»

CDH, Zentralvereinigung Deutscher Handelsvertretungen Handelsmakler-Verbände Центральное объединение союзов представителей торговых фирм и посредников

CDK, Konvent Deutscher Korporationsverbände Конвент немецких студенческих корпораций

c Dm, Kubikdekameter кубический декаметр, *куб. дкм*

cdm, Kubikdezimeter кубический дециметр, *куб. дм*

CDP, checkout data processor *англ., вчт.* процессор для обработки данных контроля

CDP, Christlich-Demokratischer Pressedienst служба информации Христианско-демократического союза, пресс-бюро Христианско-демократического союза

CDP, communication data processor *англ., вчт.* процессор для обработки данных от линий связи

CDU/CSU, Christlich-Demokratische Union/ Christlich-Soziale Union Христианско-демократический и Христианско-социальный союз, ХДС-ХСС

CDU(D), Christlich-Demokratische Union (Deutschlands) Христианско-демократический союз (Германии) *(партия бывш. ГДР*

C.d.Z., Chef der Zivilverwaltung начальник гражданского управления

CE, Collip-Einheit *хим.* единица Коллипа

CE, Kontinentaler Eisenhandel *наименование периодического издания по сбыту чёрных металлов*

Ce, Containerzug im Binnenverkehr *ж.-д.* контейнерный поезд внутреннего сообщения

Ce, Zer *хим.* церий

cE, kontinentale afrikanische Tropikluft *метео, усл. обозн.* континентальные африканские тропические воздушные массы

CeCa, Centro Carri/Operating *ж.-д.* Центр оперативного контроля международных перевозок *(Италия)*

CEE, Commission Internationale de Réglementation en Vue de l'Approbation de l'Equipement Electrique *(fr.);* International Commission on Rules for the

Approval of Electrical Equipment *(engl.)* Международная комиссия по разработке технических норм и стандартов на электрооборудование

C.E.I., Commission Electrotechnique Internationale *фр.* Международная электротехническая комиссия, МЭК

CEM, Europäische Güterzugfahrplankonferenz *ж.-д.* Европейская конференция по расписаниям движения грузовых поездов

CE-Ring, *тех., усл.обозн.* уплотнительное кольцо из мягкого герметика со стальной окантовкой, армированной проволочным пружинным кольцом

C.E.R.N., Centre Européen de Recherches Nucléaires *(fr.)*; Europäisches Kernforschungszentrum Европейский центр ядерных исследований, ЦЕРН

C.E.S., Comité Electrotechnique Suisse *фр.* Швейцарский электротехнический комитет

Cf, Kalifornium *хим.* калифорний

c.f., cost and freight, Verladekosten und Fracht im Preis eingeschlossen цена, включающая стоимость и фрахт

CFC, kohlenstoffaserverstärkter Kohlenstoff углерод, армированный углеволокном

CFD, kohlenstoffaserverstärkter Duromer армированный углеволокном реактопластик

CFK, Chemiefaserkombinat комбинат химического волокна

CFK, kohlenfaserverstärkte Kunststoffe углепластики

CFSTI, Clearinghouse for Federal Scientific and Technical Information *англ.* Федеральный центр научно-технической информации *(США)*

CFW, Chemiefaserwerk завод химического волокна

cg, Zentigramm сантиграмм, *сг*

CGJ, Christliche Gewerkschaftsjugend des Saarlandes Христианская профсоюзная молодёжь Саара *(организация)*

CGPM, Conférence Générale des Poids et Mesures *фр.* Генеральная конференция по мерам и весам

C.G.S., Chef des Generalstabes начальник генерального штаба

cgs, CGS, Zentimeter-Gramm-Sekunde (System) (система единиц) сантиметр-грамм-секунда, СГС

cgse, Zentimeter-Gramm-Sekunde elektrostatisches System электростатическая система единиц сантиметр-грамм-секунда [СГС]

cgsm, Zentimeter-Gramm-Sekunde elektromagnetisches System электромагнитная система единиц сантиметр-грамм-секунда [СГС]

CH, cosinus hyperbolicus *мат.* гиперболический косинус

Ch., Charge *фр.* 1. должность, чин, звание *(воен.)* 2. австр. младший командир

Ch., Charge уполномоченный студенческой корпорации

Ch., Chaussee *фр.* шоссе

Ch., Chef начальник; руководитель; шеф; босс

C/h, Cyclus/hora циклов в час

Cha, Chamäleon *астр.* Хамелеон

Chbg, Chlb, (Berlin-)Charlottenburg (Берлин-)Шарлоттенбург

Chem., Chemie химия

chem., chemisch химический

chem. Fa., chemische Fabrik химический завод

chem. ger., chemisch gereinigt подвергнуто химической очистке

chem. Rein., chemische Reinigung химчистка

Chh, Chaussehaus *топ.* дом на шоссе

Chil, Chilenischer Peso чилийское песо *(денежная единица)*

chin., chinesisch китайский

CHIPS, Clearing House Interbank Payments System электронная система межбанковских клиринговых расчётов

chir., chirurgisch хирургический

Chm, Chemie химия

chm, Kubikhektometer кубический гектометр, *куб. гм*

Chnz, Chemnitz г. Хемниц

Chq, Cheque чек

Chr., Chromatotypie *полигр.* хромотипия, многокрасочная печать

Chr., Chronometer хронометр

Ch-Red, Chefredakteur главный редактор

Chr. Z., Chronometerzeit время по хронометру

CI

CI, Caritas Internationales международная католическая благотворительная организация «Каритас»

CI, corporate identity унифицированный фирменный дизайн

C/I, certificate of insurance *англ.* страховой сертификат, страховой полис

Ci, Zirrus *метео* перистые облака

Cia, Compania акционерное общество *(в странах испанского языка)*

CIAM, computerised integrated and automated manufacturing *англ.* автоматизированное производство

C.I.E., Commission Internationale de l'Eclairage *фр.* Международная комиссия по освещению, МКО

cif, cost, insurance, freight *англ., ком.* сиф *(условие продажи, при котором цена включает страхование и фрахт)*

c.i.f. and e., cost, insurance, freight and exchange *англ., ком.* стоимость, страхование, фрахт и курсовая разница; сиф, включая курсовую разницу валюты

cifci, cost, insurance, freight, commission, interest *англ., ком.* цена, включающая стоимость, расходы по страхованию, фрахт, комиссионные покупателя, банковский процент

CIFI, zylinderindividuelle Kraftstoffeinspritzung *авто* система впрыскивания топлива с индивидуальным регулированием по цилиндрам

CIGRE, Conférence Internationale des Grands Réseaux Electriques à Haute Tension *(fr.)*; Internationale Hochspannungskonferenz Международная конференция по большим электрическим системам, СИГРЕ

C.I.L.P.E, Conférence Internationale de Liaison entre Porducteurs d'Energie Electrique *(fr.)*; Internationale Konferenz der Erzeuger elektrischer Energie Международная конференция производителей электроэнергии

CIM, computer integrated manufacturing (system) *(engl.);* vollständig Computergestützte Fertigung *(faßt alle Elemente einer Produktion in eine einzige reibungslos funktionierende Maschine zusammen)* автоматизированная система производства *(объединяющая все его компоненты в одно бесперебойно функционирующее целое)*

CIM, computerintegrierte Fertigung автоматизированное [компьютеризованное] производство, производство с использованием ЭВМ

CIM, Convention Internationale concernant le transport des Marchandises par chemin de fer *фр.* Международное соглашение по железнодорожным грузовым перевозкам

CIM, flexibel automatisiertes Fertigungssystem гибкая автоматизированная система производства

CIM, komplex automatisiert rechnerintegrierter Betrieb гибкая автоматизированная система производства

CIMAC, Internationaler Verbrennungskraftmaschinen-Kongre:s Международная конференция по двигателям внутреннего сгорания

CIOCS, Communication Input and Output Control System *англ., вчт.* система управления вводом-выводом через линии связи КИОКС фирмы ИБМ *(США)*

CIPCE, Centre d'information et publicite des chemins de fer europeens *фр., ж.-д.* Информационный центр европейских железных дорог *(Рим; орган МСЖД)*

Ci-S, Zirrostratus *метео.* перисто-слоистые облака

CISO, computer integrated ship operation *(àiâё.);* Konzept für Schiffsautomatisierung концепция автоматизации управления судном

C.I.S.P.R., Comité International Spécial des Perturbations Radio-électriques *(fr.)*; Internationaler Sonderausschu:s für Funkstörungen Международный специальный комитет по радиопомехам, МСКР

C-Kanten-Schleifen, шлифование [притупление] кромок стекла

Cl, Chlor *хим.* хлор

cl, Zentiliter сантилитр, *сл*

c.l., car load *англ.* погрузка в вагон

Clb, Containerladebrücke *мор.* мостовой контейнероперегружатель

CLC, Commercial Letter of Credit *англ.* коммерческий аккредитив

cld, cleared through customs *англ.* очищенный от таможенных пошлин

CLIP, Compiler Language for Information Processing *англ.* язык программирования КЛИП фирмы «Систем девелопмент» *(США)*

CLK, clock *англ.* часы; датчик времени; таймер

CLOCK, Taktgenerator импульсный генератор *(обозначение одной из клавиш бортового компьютера автомобиля)*

CLU, Central Logic Unit *англ. вчт.* центральное устройство управления

CM, Code Modulation *англ.* кодово-импульсная модуляция, КИМ

CM, Communication Multiplexer *англ., вчт.* мультиплексор каналов связи

Cm, Curium *хим.* кюрий

cm, Zentimeter сантиметр, *см*

CMDS, komplementärer Metalloxid-Halbleiter Complementary Metal-Oxide-Semiconductor дополняющий металлоксидный полупроводник, КМОП

CMDS-RAM, C-MDS-RAM, *вчт.* ОЗУ на КМОП-микросхемах

CMG-SDV-Service-Unternehmen, сервисный вычислительный центр [ВМ]

CMI, Commission Mixte Internationale pour la Protection des Lignes de Télécommunications et des Canalisations Souterraines *фр.* Международная смешанная комиссия по катодной защите линий связи и подземной канализации

cmkg, Zentimeter-Kilogramm сантиметр-килограмм, *см.кг*

cmm, Kubikmillimeter кубический миллиметр, *куб. мм*

CMR, LKW-Frachtbrief автотранспортная накладная *CMR*

cm/sek, Zentimetersekunde сантиметр-секунда, *см/сек*

CMT, Comité Mixte International du matériel de Traction Electrique *фр.* Международный смешанный комитет по тяговому электрооборудованию

cmW, Zentimeterwellen *радио* сантиметровые волны

CN, Chromnickel нихром

c/n, cover note коверонт, временное свидетельство о страховании

CNC, Computer Numerical Control *англ.* числовое [цифровое] программное управление *(станками)*, ЧПУ

CND, Christlicher Nachrichtendienst *(München)* Христианское информационное агентство *(в Мюнхене)*

CNG, compress natur gas сжатый природный газ

CO, Kolumbien Колумбия *(индекс государственной принадлежности автомобиля)*

C/O, cash order *англ.* заказ с оплатой наличными

Co, Kobalt *хим.* кобальт

COBOL, Common Business Oriented Language *англ., вчт.* алгоритмический язык КОБОЛ, ориентированный на решение экономических задач

Cocom, Coordinating Committee of East-West Trade Policy *англ.* комитет по координации экспорта стратегических товаров *(между Востоком и Западом)*, КОКОМ

Cod, cash on delivery *англ.* наложенный платёж; платёж по поставке

Cod., Kodex кодекс

CODAP, Control Data Assembly Programm *англ.* система программирования КОДАП фирмы «Контрол дейта» *(США)*

CODASYL, Conference on Data Systems Languages *англ.* организация по разработке языков программирования для обработки данных, КОДАСИЛ *(Великобритания)*

CO-Emission, *авто.* выброс окиси углерода

COGO, Coordinate Geometry *англ.* язык программирования COGO, ориентированный на решение геометрических задач

COIM, Centro operativo intercompartimentable merci *ж.-д.* оперативный центр итальянских государственных железных дорог по регулированию приёма грузов по пограничным переходам

Col, Colon сальвадорский колон *(денежная единица)*

Col., Kolumne *полигр.* полоса *(набора)*, столбец

col., koloriert *полигр.* раскрашенный, в красках

COM, Computer Output Microfilming *англ.* система вывода из вычислительной машины на микрофильмы

Com, Compiler *англ., вчт.* (программа)компилятор, (программа)транслятор

COMECON, Council for Mutual Economic Aid *англ., уст.* Совет Экономической взаимопомощи; СЭВ

COMIT, Computing system Massachusetts Institute of Technology *англ.* язык программирования КОМИТ Массачусетского технологического института *(США)*

COMPASS, Assembler von Control Data Corp. система программирования КОМПАСС фирмы «Контрол дейта» *(США)*

Compri Bk, Kommerz- und Privatbank Коммерческий и частный банк

COMTRAN, commercial translator *англ.* система программирования КОМТРАН фирмы ИБМ, ориентированная на решение экономических и коммерческих задач *(США)*

Conn., Konnossement *ком., мор.* коносамент *(расписка, удостоверяющая принятие груза к перевозке)*

Conti., Continental-Gummi-Werke *(Hannover)* заводы резиновой промышленности «Континенталь» *(в Ганновере)*

CONTRAN, Control Translator *англ.* система программирования КОНТРАН фирмы «Хониуэлл» *(США)*

CORAL, Class Oriented Ring Association Language *англ.* язык программирования КОРАЛ Массачусетского технологического института, ориентированный на обработку списковых структур *(США)*

Co'rd, Nicaragua-Cordoba никарагуанская кордоба *(денежная единица)*

cori Col, Costa-Rica-Colon костариканский колон *(денежная единица)*

Corr., *(corrigend)*, Druckfehlerverzeichnis 1. список опечаток 2. распечатка ошибок; таблица ошибок

corr., korrigiert исправленный, выправленный; *полигр.* «правка внесена»

cos, Kosinus *мат.* косинус

c.o.s., cash on shipment платёж при погрузке

cosec, Cosecans, Kosecans *мат.* косеканс

cot, Cotangens, Kotangens *мат.* котангенс

CouP, Projekt «Computer und Polizei» проект по автоматизации управления работой полиции ФРГ

court., Courtage *англ.* маклерский сбор

COZ, Karbonylzahl *хим.* карбонильное число

CP, Cellulosepropinat *хим.* пропинат целлюлозы

CP, Christlicher Pfadfinderbund Христианский союз бойскаутов

Cp, Cassiopeium *хим.* кассиопий *(прежнее название лютеция)*

cP, kontinentale Polarluft *метео* континентальные полярные воздушные массы

cP, Zentipoise сантипуаз, *спз (единица измерения динамической вязкости)*

cp, constant potential *англ., эл.* постоянный потенциал

c.p., cge. paid, carriage paid *англ.* транспортировка оплачена

c/p, с./р., charter-party *англ.* чартер-партия, договор о фрахтовании судна

cPA, kontinentalarktische Polarluft *метео* континентальные арктические воздушные массы

c.p.d., charter pay duties *англ.* фрахтователь *(грузоотправитель)* платит пошлину

CPE, Central Processing Element *англ.* центральный процессор, ЦП *(см. также CPU)*

CPE, chloriertes Polyäthylen хлорированный полиэтилен

CPL, Combined Programming Language *англ.* универсальный язык программирования CPL

CPM, critical path method *англ., сет. пл.* метод критического пути

CPT, Critical Path Technique *англ., сет. пл.* метод критического пути

CPU, Central Processor Unit; Central Processing Unit *(engl.)*; Zentraleinheit центральный процессор, ЦП *(см. также ZE; ZT)*

C.P.V.A., Chemisch-Physikalische Versuchsanstalt Физико-химический экспериментальный институт

CR, Computer und Recht Компьютер и право *(издание)*
C.R., Company's Risk *англ.* риск несёт компания
Cr, Brasilianischer Cruzeiro бразильский крузейро *(денежная единица)*
Cr, Chrom *хим.* хром
Cr., Kredit кредит
cR, Ceulon-Rupie цейлонская рупия *(денежная единица)*
CRAM, magnetic card random access memory *англ., вчт.* память на магнитных картах с произвольным доступом фирмы **NCR** *(США)*
CRC, Quer- und Längsparitätskontrolle *вчт.* поперечный и продольный контроль на чётность
CRD, Centro Raccolta Dati *ж.-д.* центр коммерческой обработки грузовых отправок *(на пограничном переходе)*
Cr Ni St, Chromnickelstahl хромоникелевая сталь
CRT, Cathode-Ray Tube *англ.* электроннолучевая трубка, ЭЛТ
crt, kurant находящаяся в обращении *(о валюте)*
CS, Commercial Standard *англ.* торговый стандарт *(США)*
CS, Containerschiff контейнерное судно; судно-контейнеровоз
CS, Tschechoslowakei Чехословакия *(индекс государственной принадлежности автомобиля)*
Cs, Cäsium, Zäsium *хим.* цезий
cs, Zentisekunde сантисекунда, *ссек (0,01 сек)*
CSB, chemischer Sauerstoffbedarf химическое потребление кислорода, ХПК
CSC, Internationale Konvention über sichere Container *ж.-д.* Международная конвенция по безопасным контейнерам, КБК
CSL, Computer-Sensitive Language *англ.* машинно-ориентированный язык **CSL**
CSM, chlorsulfonisiertes Polyäthylen хлорсульфированный полиэтилен
cSt, Centistokes сантистокс, *сст (единица измерения кинематической вязкости)*

CSU, Christlich-Soziale Union Христианско-социальный союз *(партия в Баварии; см.* **CDU/CSU***)*
CT, Coiltransporter *ж.-д.* рулоновоз
CT, Computertomographie компьютерная томография
CT, Containerterminal контейнерный терминал
CT, Konventionaltarif *ком.* конвенционный тариф
C.T., cable transfer *англ.* телеграфный перевод
Ct, Celtium *хим.* цельтий *(прежнее название гафния)*
cT, kontinentale Tropikluft *метео* континентальные тропические воздушные массы
c.t., conference terms *англ.* условия конференции
CTB, chemisch-technische Beratungsstelle химико-технический консультационный пункт
Ctb, Cottbus, Kottbus г. Котбус
ctg, Cotangens, Kotangens *мат.* котангенс
CTHL, Christlicher Transport-, Handels- und Lebensmittel-Arbeiterverband Христианская федерация профсоюзов рабочих транспорта, торговых предприятий и промышленности продовольственных товаров *(Швейцария)*
ctl, cental квинтал *(мера сыпучих тел = 45,36 кг)*
c.t.l., constructive total loss *страх.* (подразумеваемая) полная гибель *(судна или груза)*
c.t.l.o., constructive total loss only *страх.* только при (подразумеваемой) полной гибели *(судна или груза)*
c Tp, gemäßigtkontinentale Tropikluft *метео* умеренно-континентальные тропические воздушные массы
CTS, Containertransportsystem контейнерная транспортная система
cts, cents центы
CTSS, Compatible Time-Sharing System *англ.* информационная система с разделением времени **CTSS** Массачусетского технологического института *(США)*
CTU, Central Terminal Unit *англ., вчт.* центральное устройство управления терминалами

CU

CU, Control Unit *англ.* устройство управления, УУ
Cu, Cuprum, Kupfer *хим.* медь
Cu, Kumulus *метео* кучевые облака
cub, Kubanischer Peso кубинское песо *(денежная единица)*
CUF, Kupferfaser медноаммиачное волокно
Cu-N, Cumulonimbus, Kumulonimbus *метео* кучево-дождевые облака, ливневые облака, грозовые облака
CUNA, обозначение стандартов Испании
curr. v., c. v., curriculum vitae *(lat.)*; Lebenslauf краткая биография; жизнеописание
CUX, Cuxhafen Куксхафен *(индекс принадлежности автомобиля)*
CV, Dienstvorschrift für den Gross- und Mittelcontainertransport *ж.-д.* Служебная инструкция по перевозкам крупно- и среднетоннажных контейнеров *(на железных дорогах ГДР)*
CV, Vorschrift für den Güterverkehr in Container-Kleincontainer *ж.-д.* Инструкция по перевозке грузов в контейнерах и малых [малотоннажных] контейнерах *(ФРГ)*
C.V., Kartellverband *(der Katholischen Deutschen Studentenvereine)* Корпоративное объединение *(немецких католических студенческих союзов)*
CVD, low-temperature-CVD-Verfahren технология нанесения покрытий физико-химическим осаждением из газовой фазы
CVJF, Christlicher Verein Junger Frauen Христианский союз молодых женщин
CVJM, Christlicher Verein Junger Männer Христианский союз молодых людей
CVJT, Schweizerischer Nationalverband Christlicher Vereine Junger Töchter und Frauen Швейцарское национальное объединение христианских женских союзов
CVM, Containervormeldung *ж.-д.* предварительная информация о контейнерных отправках
CVP, Christliche Volkspartei des Saarlandes Христианско-народная партия Саара
CW, Codewort, Kodewort кодовое слово, код
CW, Kondensator/Widerstand конденсатор/сопротивление
CW-Betrieb, *усл.обозн.* непрерывный режим *(лазерной резки)*
CWL, Konstruktionswasserlinie конструктивная [расчётная] ватерлиния судна
c.w.o., cash with order *(engl.)*; zahlbar bei Auftragserteilung *ком.* подлежащий оплате при выдаче заказа
CY, Zypern Кипр *(индекс государственной принадлежности автомобиля)*
cy, copy *англ.* копия, экземпляр
cy, currency *англ.* валюта
CYBORG, Cybernetic Organism *англ.* кибернетический организм; робот
CZ, CaZ, Cetanzahl; Zetanzahl цетановое число *(тяжёлого топлива)*

D

D, Dame *шахм.* ферзь
D, Daten данные
D, Deka- *в сложн.* дека-
D, Deplacement in Tonnen *мор.* водоизмещение в тоннах
D, Deuterium *хим.* дейтерий
D, Deutschland Германия *(индекс государственной принадлежности автомобиля)*
D, Dezimalpotenz десятичная степень *(в гомеопатии)*
D, Dichte *тех.* плотность

D, Diesel(motor) дизельный двигатель, дизель
D, Differential- *в сложн.* дифференциальный
D, Differentialgetriebe дифференциальная передача
D, Dimension размер; размерность
D, Dinar динар *(денежная единица Ирана)*
D, DIN, Deutsche Industrie-Norm промышленный стандарт ФРГ, Германский промышленный стандарт, ДИН
D, Diode диод
D, Dioptrie диоптрия
D, Dose коробка; жестяная банка
D, Drachme драхма *(старинная мера аптекарского веса)*
D, Drehkreuz *ж.-д.* турникет *(на пешеходной дорожке у переезда)*
D, Drehstrom трёхфазный ток
3D, dreidimensional трёхмерный
D, dringend срочно *(на почтовых отправлениях)*
D, Druckluft сжатый воздух
D, Durchdringlichkeit проницаемость
D, Durchgangszug 1. поезд прямого сообщения, транзитный поезд 2. поезд из вагонов со сквозным проходом
D, Durchgriff проницаемость *(лампы)* ; коэффициент проницаемости
D, Durchlaufgleis *ж.-д.* обгонный путь; ходовой путь *(для пропуска локомотивов)*
D, Durchmesser диаметр
D, fünfhundert пятьсот *(римская цифра)*
D, Griechische Drachme греческая драхма *(денежная единица)*
3D, «Three Dimensions», dreidimensional трёхмерный; объёмный; стереоскопический
D., Diskont *банк.* 1. сумма процентов, уплачиваемая при учёте векселей, дисконт 2. скидка
D., Düsseldorf Дюссельдорф *(индекс принадлежности автомобиля)*
3 D, dreidimensional трёхмерный; пространственный
d, Deuteron *физ.* дейтрон
d, dextrogyr *физ.* правовращающий
d, Dezi- *в сложн.* деци-, д *(десятичная приставка к единицам измерения)*

d, differential *мат.* дифференциальный
d, Durchmesser диаметр
DA, Algerischer Dinar алжирский динар *(денежная единица)*
DA, Darmstadt *(индекс принадлежности автомобиля)*
DA, Datenanalysator *ж.-д.* анализатор данных
DA, Deutsche Akademie Немецкая академия
DA, Deutsches Archiv für Geschichte des Mittelalters *наименование периодического издания по истории средневековья*
DA, Dienstanweisung служебная инструкция
DA, Digitalausgabe 1. цифровой вывод, вывод (данных) в цифровой форме 2. цифровой выход
DA, Doppelader парная жила, пара жил *(абонентского кабеля)*
D.A., Dampferanlegestelle пароходная пристань
D.A., deposit account *англ.* депозитный счёт
D/A, days after acceptance *англ., ком.* дней после акцепта
D/A, Dienstanweisung служебная инструкция
D/A, Digital-Analog- *в сложн.* цифро-аналоговый
D/A, Dokumente anbei документы приложены, документы прилагаются
D-Ä, DÄ, Dextrose-Äquivalent *хим.* декстрозный эквивалент, ДЕ
Da, Außendurchmesser наружный диаметр
Da, Durchrutschwegauflösetaste *ж.-д.* кнопка размыкания охранного отрезка за сигналом
d.A., der Ältere старший *(при мужских именах и фамилиях)*
da, Deziar дециар
DAAD, Deutscher Akademischer Austauschdienst Управление по обмену академической *(научной, учебной и пр.)* информацией
DAB, Dauerbetrieb mit aussetzender Belastung *эл.* продолжительный режим с повторно-кратковременной нагрузкой
DAB, Deutscher Athletik-Bund Объединение немецких спортивно-атлетических организаций

DAB, Durchlaufbetrieb *тех.* непрерывный режим работы; непрерывная эксплуатация

D.A.B., Deutsches Arzneibuch Германская фармакопея

D.a.B., Dienst an Bord корабельная служба

dab., dabei при этом; к тому же, вместе с тем

DABA, Datenbank банк данных

DAbF, Deutscher Ausschuß für brennbare Flüssigkeiten Немецкий комитет по горючим жидкостям

DÄBl, Deutsches Ärzteblatt *наименование периодического медицинского издания*

DABV, Deutscher Amateur-Boxverband Союз немецких боксёров-любителей

DAC, Deutsch-Ausländischer Club [Klub] немецко-иностранный *(студенческий)* клуб

DAC, Development Asistance Committee *англ.* Комитет оказания помощи развивающимся странам

DACA, Deutsche Arbeitsgemeinschaft Christlicher Aufbaulager Объединение христианских лагерей хозяйственного восстановления Германии *(организация в ФРГ)*

DAD, dynamische Digitalausgabe динамический цифровой вывод (данных)

dad., dadurch вследствие этого, благодаря этому

D.A.d.Ldw., Deutsche Akademie der Landwirtschaftswissenschaften Академия сельскохозяйственных наук *(бывш. ГДР)*

dad. verurs., dadurch verursacht вызванный вследствие этого

D.A.d.W., Deutsche Akademie der Wissenschaften Академия наук *(бывш. ГДР)*

DAE, Dienstaufwandentschädigung возмещение служебных издержек

DAeC, Deutscher Aeroklub Немецкий аэроклуб

DAF, Deutsche Allgemeine Feuerwehr Немецкое пожарное общество

DAF, Deutsche Arbeitsfront *истор.* «Германский рабочий фронт» *(нацистская организация)*

DAG, Deutsche Angestelltengewerkschaft профсоюз служащих ФРГ *(торговых, конторских и технических)*

DAG, Dynamit-Aktiengesellschaft Акционерное общество по производству взрывчатых веществ

dag, Dekagramm декаграмм, дкг *(десять граммов)*

DAGK, Deutsche Arbeitsgemeinschaft Kybernetik Немецкое общество кибернетики

DAHV, Deutscher Automobilhändlerverband Немецкий союз продавцов автомобилей

DAI, Deutscher Architekten- und Ingenieur-Verband Общество немецких архитекторов и инженеров

DAI, Deutsches Archäologisches Institut Немецкий археологический институт

DAI, Deutsches Auslandsinstitut Немецкий институт внешних сношений

DAJC, Deutsch-Amerikanischer Jugendklub Немецко-американский молодёжный клуб

DAK, Deutsche Angestelltenkrankenkasse больничная *(страховая)* касса для служащих

DAK, Deutsche Atom-Kommission Атомная комиссия ФРГ

D.A.K., Deutsches Afrikakorps *ист.* Германский корпус в Африке *(войска Роммеля)*

DAL, Deutsche Akademie der Luftfahrtforschung Немецкая научно-исследовательская аэронавигационная академия

DAL, Dienstanruflampe сигнальная лампа служебного вызова

DAL, Drahtfunk-Anschlu:sleitung абонентская линия (сети) проводного радиовещания

dal, Dekaliter декалитр

DALVE, Deutsches Archiv für Landes- und Volksforschung *наименование периодического издания по вопросам краеведения и этнографии*

D.A.M., Deutsches Apothekermuseum Немецкий музей аптекарского дела

D.-Am., D.Am., Deutsch-Amerikaner, Deutschamerikaner американец немецкого происхождения

dam, Dekameter декаметр, *дкм*
DAMG, Deutsches Amt für Maß und Gewicht Немецкая палата мер и весов *(бывш. ГДР)*
DAMW, Deutsches Amt für Material- und Warenprüfung Управление испытания материалов и товаров *(бывш. ГДР)*
DAMW, Deutsches Amt für Meßwesen und Warenprüfung Управление измерительной техники и испытания товаров *(бывш. ГДР)*
DAN, Die Aktuelle Nachricht информационное агентство ДАН *(Австрия)*
dank, dankend с благодарностью
Da-No-Sve, Dänemark-Norwegen-Schweden Дания, Норвегия, Швеция *(страны, объединённые экономическим и таможенным союзом)*
D. Anw., Dienstanweisung служебная инструкция
DAP, Deutsche Arbeiterpartei Немецкая рабочая партия
DAP, Deutsches Ausschließungspatent патент, при котором право использования сохраняется за изобретателем *(бывш. ГДР)*
DAR, Datenregister регистр данных, информационный регистр
DAR, Deutsches Autorenrecht Германское авторское право *(тж. издание)*
DARAG, Deutsche Auslands- und Rückversicherungsaktiengesellschaft Германское акционерное общество страхования и перестрахования внешнеторговых грузов
D Arb R, Deutsches Arbeitsrecht германское трудовое законодательство
DARC, Deutscher Amateuren-Rundfunk-Club один из союзов радиолюбителей ФРГ
DARC, Deutscher Amateurradioklub Немецкий клуб радиолюбителей
darl., darlegen излагать; объяснять; представлять *(напр., проект);* юр. доказывать, устанавливать
DARO, Datenerfassung, Datenaufbereitung, Rationalisierung, Organisation сбор и предварительная обработка данных
DARO, Daten-Robotron, Datenrobotron BM для обработки данных «Роботрон» *(бывш. ГДР)*

Darst., Darsteller, Darstellerin исполнитель, исполнительница *(роли)*
Darst., Darstellung представление
DAS, Deutscher Allgemeiner Sängerbund Немецкий певческий союз
DAS, statische Digitalausgabe статический цифровой вывод (данных)
das., daselbst тут же, там же
DASD, Deutscher Amateursendedienst Немецкое общество радиолюбителей
dass., dasselbe то же самое, тот же, тот же самый
DAT, Deutsch-Atlantische Telegraphengesellschaft Общество германо-атлантического телеграфа
DAT, Deutsche Automobil Treuhand Общество ответственного хранения автомашин *(при неуплате покупателем в срок полной их стоимости — ФРГ)*
D.A.T., Deutsche Arzneitaxe Германский лекарственный ценник
Dat., Daten 1. данные; информация; сведения; справки 2. *тех.* параметры; характеристики 3. даты, календарные числа
Dat., Datenverarbeitung обработка данных [информации]
Dat., Dativ *грам.* дательный падеж
Dat., Datum дата, календарное число
DATAM, data attribute modification *англ., вчт.* модификация описателя данных
Datel, data telecommunication *англ.* информационная связь
Datsch, Deutscher Ausschuß für Technisches Schulwesen Немецкий комитет технического образования
DATZ, Deutsche Aquarien- und Terrarienzeitschrift *наименование периодического издания по аквариумам и террариям*
DAU, Digital-Analog-Umsetzer цифро-аналоговый преобразователь, ЦАП
DAU, Digital-Analog-Umwandler цифро-аналоговый преобразователь, ЦАП
DAV, Deutscher Alpenverein Союз немецких альпинистов
DAV, Deutscher Ammoniak Verkauf Объединение по сбыту аммиака
DAV, Deutscher Anwaltverein Союз немецких адвокатов

DAV, Deutscher Artistenverband Союз немецких артистов
DAV, Deutscher Autorenverband Союз немецких авторов
D.A.V., Deutscher Apothekerverein Союз немецких фармацевтов
dav., davon от этого [того, него, неё, них]; из этого [того, него, неё, них]; об этом [о том, нём, ней, них]
DA-VtPl, Doppelader-Verteilungsplan план распределения пар жил кабеля
DAW, Dienstanweisung служебная инструкция
DAX, Deutscher Aktienindex германский индекс акций
DAZ, Deutsche Allgemeine Zeitung газета «Дойче альгемайне цайтунг»
dazw., dazwischen между тем
DB, Daimler-Benz 1. Даймлер-Бенц *(марка автомобиля)* 2. концерн «Даймлер-Бенц» *(ФРГ)*
DB, Datenbereiststellung подготовка данных; предварительная обработка данных; редактирование данных
DB, Datenbestand 1. (имеющиеся) данные, наличие данных 2. фонд данных, информационный фонд 3. массив данных; файл
DB, Dauerbetrieb длительная работа; длительная эксплуатация; непрерывная эксплуатация; непрерывное производство; режим непрерывной работы
DB, Deutsche Bahn AG АО Немецкие железные дороги
DB, Deutsche Bank Дойче банк
DB, Deutsche Bauernbank Немецкий крестьянский банк *(бывш. ГДР)*
DB, Deutsche Bücherei Немецкая государственная библиотека *(в Лейпциге)*
DB, Deutsche Bundesbahn государственные железные дороги ФРГ
DB, Dienstbeschädigung травматическое повреждение при исполнении служебных обязанностей
DB, Diphtheriebazillus дифтерийная палочка
DB, Dresdner Bank Дрезднер банк
DB, Durchführungsbestimmung 1. исполнительное распоряжение 2. инструкция о порядке исполнения, исполнительная инструкция

DB, Durchführungsbestimmungen 1. исполнительные распоряжения 2. инструкции о порядке исполнения
DB, Durchlaßbereich *эл., радио* полоса пропускания *(фильтра)*
D.B., Daimler-Benz («Mercedes») автомобильные и моторостроительные заводы «Даймлер-Бенц» («Мерседес»)
D.B., Deutsche Burschenschaft «Немецкие бурши» *(наименование студенческой корпорации - ФРГ)*
D/B, Documentary Bill *англ.* документальная тратта
dB, Dezibel *физ.* децибел, *дБ (единица акустической мощности)*
d.B., des Beurlaubtenstandes *воен.* ... запаса *(при соответствующем звании)*
d.B., durch Boten (отправлено) с посыльным
DBA, Dentin Bonding Agent усилитель адгезивности по отношению к дентину *(для пломбировочного материала)*
DBA, Doppelbesteuerungs-Abkommen соглашение о предотвращении двойного [многократного] налогообложения, соглашение о двойном налогообложении
DBB, Deutsche Bundesbank Германский федеральный банк
DBB, DBBd, Deutscher Beamtenbund профсоюз государственных служащих
DBBS, Datenbankbetriebssystem операционная система банка данных
DBD, Demokratische Bauernpartei Deutschlands Демократическая крестьянская партия Германии, ДКПГ *(бывш. ГДР)*
DBD, Doppelbasisdiode *элн.* двухбазовый полупроводниковый диод
Dbd., Doppelband двойной том
DBF, Devisenbetriebsfonds основной капитал в иностранной валюте
DBF, dezentraler Zuluftbaustein für Fenstereinbau децентрализованный стандартный блок [модуль] подаваемого воздуха для монтажа в окне
DB-Fpl., Fahrplan der Deutschen Bahn AG расписание движения поездов АО Немецкие железные дороги
DBG, Deutsche Botanische Gesellschaft Немецкое ботаническое общество

DBG, Deutsche Buchexport- und Importgesellschaft Немецкое общество международной *(экспортно-импортной)* книжной торговли *(бывш. ГДР)*

DBG, Deutsches Beamtengesetz закон о государственных служащих

DBG, dezentrales Belüftungsgerät децентрализованный вентилятор [вентиляционный аппарат]

DBGM, Deutsches Bundes-Gebrauchsmuster образец, зарегистрированный в патентном бюро ФРГ

DBIV, Deutscher Braunkohlenindustrieverein Союз немецких предприятий по добыче бурых углей

DBJb, Deutsches Biographisches Jahrbuch *наименование ежегодного биографического справочного издания*

DBJR, Deutscher Bundesjugendring Федеральное объединение немецких молодёжных организаций

DBl, Deckblatt *воен.* вкладной лист *(с указанием изменений, дополнений или исправлений, вносимых в устав, наставление, инструкцию)*

DBM, Deutsche Baubedarfmusterschau (Hamburg) Немецкая выставка строительных механизмов *(в Гамбурге)*

DBO, Deutsche Bauordnung Германские строительные правила

DBP, Deutsche Bundespost почтовое ведомство ФРГ

DBP, Deutsches Bundespatent патент ФРГ

DBP ang., Deutsches Bundespatent angemeldet германский федеральный патент заявлен

DBR, Deutsche Binnenreederei Озёрно-речное пароходство *(бывш. ГДР)*

DBS, Deutsche Bausparkasse немецкая сберегательная касса

DB-StrVerz, Gesamtstreckenverzeichnis der DB *ж.-д.* Общий перечень участков Государственных железных дорог ФРГ

DBSV, Deutscher Bobsleigh- und Schlittensportverband Союз бобслея и санного спорта

DB-Tragschnabelwagen, Deutsche Bahn-Tragschnabelwagen *ж.-д.* сочленённый транспортёр парка Государственных железных дорог ФРГ

DBV, Deutsche Beamtenversicherung Страхование служащих *(ФРГ)*

DBV, Deutscher Bauernverband немецких крестьян *(организация в ФРГ)*

DBV, Deutscher Berufsboxverband Немецкий союз профессионального бокса

DBV, Deutscher Bund für Vogelschutz Немецкий союз охраны птиц

DbV, Dienststelle für besondere Versorgungsaufgaben des Bundesministeriums für Ernährung, Landwirtschaft und Forsten Управление специального обеспечения Министерства продовольствия, сельского и лесного хозяйства

DBVermögG, Gesetz über die vermögensrechtlichen Verhältnisse der Deutschen Bundesbahn *ж.-д.* Закон об имущественно-правовых отношениях Государственных железных дорог ФРГ *(от 2.3.51)*

DBZ, Deutsche Zeitung für Briefmarkenkunde *наименование периодического издания по филателии*

DC, Dünnschichtchromatographie тонкослойная хроматография

DCA, digital computers association *англ.* Асоциация пользователей цифровых ВМ

DCB, data control block, Dateisteuerblock *вчт.* блок управления данными; таблица управления данными

DCC, Digital Computer Control *англ.* фирма «Диджитэл компьютер контрол», выпускающая вычислительные средства *(США)*

DCG, Deutsche Chemische Gesellschaft Немецкое химическое общество

D.Ch., Diplomchemiker химик с дипломом *(об окончании высшего учебного заведения)*, дипломированный специалист-химик

dch., durch через, сквозь, по; благодаря; посредством

dcm, Dezimeter дециметр, *дм*

DD, Dampfdichte плотность пара

DD, Dateidefinition определение файла; описание файла

DD, Datendefinition определение данных; описание данных

DD, doppelt dick *торг.* двойной толщины

DD, doppelte Dicke двойная толщина

D.D., Die Direktion дирекция
Dd., Dividend *мат.* 1. делимое 2. числитель *(дроби)*
Dd., Doktorand докторант
Dd., Doktorandus докторантура
d.d., dangerous deck *англ.* опасный груз, который можно грузить только на палубу
DDA, Diätendienstalter стаж работы, дающий право на получение суточных денег в командировках
DDA, digitaler Differentialanalysator цифровой дифференциальный анализатор
DDB, Deutscher Diabetikerbund немецкий союз диабетиков
DDB, Deutscher Dolmetscherbund Союз (устных) переводчиков
D'dorf, Düsseldorf г. Дюссельдорф
DDP, Deutsche Demokratische Partei Немецкая демократическая партия
DDR, Deutsche Demokratische Republik *ист.* Германская Демократическая Республика, ГДР
DDR-SFRJ-Tarif, Eisenbahn-Gütertarif Deutsche Demokratische Republik-Sozialistische Föderative Republik Jugoslawien *ж.-д., ист.* железнодорожный грузовой тариф ГДР-СФРЮ *(сообщения между этими странами и транзит через СФРЮ в Албанию, НРБ, Грецию, Сирию и Ирак)*
DDS, Daten-Dialog-System диалоговая информационная [информационно-поисковая] система
DDSG, Donau Dampfschifffahrtsgesellschaft Общество судоходства по Дунаю
DDT, Dichlordiphenyltrichloräthan *хим.* ДДТ, дихлордифенилтрихлорэтан *(ядохимикат)*
ddz, Dokumentation der Zeit наименование периодического издания, публикующего историческую общественно-политическую документацию *(бывш. ГДР)*
DE, Dampferzeuger паровой котёл; парогенератор
DE, Datenelektronik электронное устройство обработки данных
DE, Datenerfassung сбор данных; приём данных; регистрация данных
DE, Dielektrizitätskonstante диэлектрическая проницаемость
DE, Diensteinkommen заработная плата по занимаемой должности
DE, Digitaleingabe *вчт.* 1. цифровой ввод; ввод (данных) в цифровой форме 2. цифровой [дискретный] вход
DE, Dreiphasen-Gegeninduktivität am Empfänger трёхфазная взаимоиндуктивность у приёмника
De, Durchgangseilgüterzug транзитный ускоренный грузовой поезд
d.E., durch Eilboten с нарочным
DEA, Deutsche Erdölaktiengesellschaft Немецкое акционерное общество по добыче и переработке нефти
Deaka, Deutscher Akademischer Austauschdienst Управление по обмену академической информацией *(научной, учебной и пр.)*
DEBEG, Deutsche Betriebsgesellschaft für drahtlose Telegraphie Немецкое производственное товарищество беспроводного телеграфа
DEC, Dekort декорт, скидка за недоброкачественность товара
DEC, Digital Equipment Corporation *англ.* фирма ДЕК по производству вычислительных средств *(США)*
Dec, Dekort декорт, скидка за недоброкачественность товара
DECB, data event control block *англ. выч.* таблица *или* блок управления массивами данных типа «событие» с файлами
Dechema, Deutsche Gesellschaft für Chemisches Apparatewesen Общество химического приборо- и машиностроения
DECONSULT, Die Deutsche Eisenbahn Consulting GmbH *ж.-д.* Немецкая железнодорожная консультационная фирма *(дочернее предприятие Германского банка и Государственных железных дорог ФРГ для операций за границей)*
DED, dynamische Digitaleingabe динамический цифровой ввод (данных)
DEDROFA, Deutsche Drogisten-Fachausstellung Немецкая выставка аптекарских товаров
DEE, Datenendeinrichtung *вчт.* терминал, оконечное устройство (для) ввода-вывода данных

DEFA, Deutsche Filmaufnahmegesellschalt общество по производству кинофильмов ДЕФА *(бывш. ГДР)*

DEFRA, Deutsche Vereinigung zur Förderung der Wirtschaftsbeziehungen mit der Französischen Union Немецкое общество содействия развитию экономических связей с Французским Союзом

DEG, Deutsche Eisenbahnergewerkschaft профсоюз немецких железнодорожников

DEG, Deutsche Finanzierungsgesellschaft für Beteiligungen in Entwicklungsländern GmbH Германское общество содействия прямым инвестициям в развивающихся странах

DEGESA, Deutsche Gesellschaft für Siedlung im Ausland Общество содействия переселению за границу

Degesch, Deutsche Gesellschaft für Schädlingsbekämpfung Общество по борьбе с сельскохозяйственными вредителями

DEGETO, Deutsche Gesellschaft für Ton und Bild Общество по производству звуковых кинофильмов

De Ge Wo, Deutsche Gesellschaft zur Förderung des Wohnungsbaues Общество содействия развитию жилищного строительства

DEGT, Deutscher Eisenbahngütertarif германский железнодорожный грузовой тариф

Degussa, Deutsche Gold- und Silberscheideanstalt *(Frankfurt a. M.)* Германский аффинажный завод *(во Франкфурте-на-Майне)*

DEHOGA, Deutscher Hotel- und Gaststättenverband Союз владельцев гостиниц

Dehydag, Deutsche Hydrierwerke - Aktiengesellschaft *(Düsseldorf)* Немецкое акционерное общество гидрогенизационных заводов *(в Дюссельдорфе)*

DEJ, Deutsche Esperanto-Jugend Немецкая эсперантистская молодёжь *(организация в ФРГ)*

Dekl., Deklination *грам.* склонение

DEM, Deutsche Mark марка ФРГ; немецкая марка

DEMAG, Deutsche Maschinenfabrik - Aktiengesellschaft Немецкое акционерное общество машиностроительных заводов

Dem.L., Demarkationslinie демаркационная линия

demn., demnach 1. соответственно, согласно; вследствие этого; судя по этому 2. таким образом, итак, следовательно

demn., demnächst в скором времени, скоро

demz., demzuf., demzufolge вследствие этого, следовательно; затем

den, Denier 1. *текст.* денье *(единица веса = 0,05 г)*

DENA, Deutsche Nachrichtenagentur информационное агентство ДЕНА *(см. тж.* dpa, DPA)

DEND, Dividend *мат.* 1. делимое 2. числитель *(дроби)*

DE-OS, Deutsche Erfinderverband-Offenlegungsschrift выложенное описание изобретения к неакцептованной заявке, зарегистрированной Немецким союзом изобретателей *(ФРГ)*

DEP, Datenerfassungsplatz 1. пункт сбора данных 2. устройство сбора данных

DepG, DepotG, Depotgesetz закон о порядке хранения вкладов; закон о порядке хранения и приобретения ценных бумаг

DEPT, Deutscher Eisenbahn-Personen-Gepäck - und Expreßguttarif Германский железнодорожный тариф на перевозку пассажиров, багажа и экспресс-грузов

DER, Deutsches Reisebüro Немецкое бюро путешествий

DERD, Darstellung extrahierter Radardaten система визуальной индикации экстрагированных радиолокационных данных

dergl., dergleichen подобный *(тому)*, такого рода, такой; равным образом

derj., derjenige [diejenige, dasjenige, diejenigen] тот [та, то, те]

derm., dermaßen так, таким образом, настолько, до такой степени

derm., dermatologisch *мед.* дерматологический

DES, Datenerfassungsstelle 1. пункт сбора данных 2. устройство сбора данных 3. устройство приёма [приёмник] данных 4. устройство регистрации данных

DES, Diesel-Elektroschiff дизельэлектроход, теплоход

DES, statische Digitaleingabe статический цифровой ввод (данных)

des., designatus *лат.* намеченный, предусмотренный; назначенный *(но ещё не утверждённый в должности)*

Deschimag, Deutsche Schiffs- und Maschinenbau-Aktiengesellschaft *(Bremen)* Немецкое акционерное общество судо- и машиностроительных заводов *(в Бремене)*

desgl., desgleichen подобным образом

Dest., Destillat дистиллят

Dest., Destillation дистилляция

DESY, Deutsches Elektronen-Synchrotron Немецкий электронный синхротрон *(в Гамбурге)*

Det, Detektor *радио* детектор

Det., Dedikation посвящение

DETAG, Deutsche Tafelglas-Aktiengesellschaft Немецкое акционерное общество заводов листового *(оконного)* стекла

De-Te-We, Deutsche Telephonwerke Германские заводы телефонной аппаратуры

DETT, Deutscher Eisenbahn-Tiertarif Германский железнодорожный тариф на перевозку животных

DEU, Deutsche Europa-Union Немецкое объединение сторонников «европейской федерации»

DEV, Deutsche Einheitsverfahren Единая общегерманская методика

DEV, Deutscher Eisenwarenhändler-Verband Объединение немецких продавцов металлических изделий

DEV, Deutscher Eissportverband Немецкий союз конькобежного спорта

DEVa, Deutsche Verlagsanstalt Немецкое издательство

DEVV, Deutscher Eisenbahnverkehrsverband немецкий профсоюз работников железнодорожного транспорта

DEW, Deutsche Edelstahlwerke *(Krefeld)* заводы легированных сталей *(в Крефельде)*

DEWAG, Deutsche Werbe- und Anzeigen-Gesellschaft Государственное рекламное общество *(бывш. ГДР)*

DEWOG, Deutsche Wohnungsgesellschaft Немецкое общество *(рационального)* жилищного строительства

DEXAN, digital experimental airborne navigator *англ.* бортовое вычислительное устройство для навигации самолётов ДЕКСАН

Dez., Dezember декабрь

DF, Datenfeld *вчт.* поле данных; массив данных

DF, Deutsches Fernsehen немецкое телевидение

DF, Differenzfrequenz разностная частота

DF, Drehzahl-Fühler датчик частоты вращения

DF, Durchgangsfernamt промежуточная междугородная станция

D.F., Dampffähre пароходный паром

Df, Dorf *топ.* деревня

Df, Drahtfunk проводное радиовещание

Df., Durchfahrt проезд

Df., Durchführung исполнение, проведение, осуществление

d.f., dead freight *англ.* мёртвый фрахт

DFB, Deutscher Fußballbund Немецкий футбольный союз

DFD, Demokratischer Frauenbund Deutschlands Демократический женский союз Германии, ДЖСГ *(бывш. ГДР)*

D.F.F., Drehfunkfeuer радиомаяк с вращающейся диаграммой

DFG, Datenfreigabe сигнал разрешения передачи данных

DFG, Deutsche Feriengesellschaft Немецкое общество по организации коллективного проведения каникул

DFG, Deutsche Forschungsgemeinschaft Немецкое научно-исследовательское общество

DFG, Deutsche Friedensgesellschaft Немецкое общество сторонников мира *(бывш. ГДР)*

dfg, dienstfähig годный к (военной) службе

3D-Film, dreidimensionaler Film стереофильм

D Fin W, Deutsche Finanz-Wirtschaft *наименование периодического издания*

Министерства финансов бывш. ГДР

DfK, Drahtfunk проводное радиовещание

DfK, Durchführungskondensator эл. проходной конденсатор

DFL, Dampffischlogger рыбачий паровой логгер, паровой дрифтер

DFL, Deutsche Forschungsanstalt für Luftfahrt Немецкий научно-исследовательский аэронавигационный институт

DFP, Datenflussplan схема информационных потоков, схема потоков данных

DFP, Deutsche Frauenpartei Немецкая женская партия

DFS, Deutsche Forschungsanstalt für Segelflug Немецкий научно-исследовательский институт планеризма

DFT, Dünnfilmtechnik тонкоплёночная техника; тенкоплёночная технология

DFTV, Deutsche Filmtonmeistervereinigung Профессиональное объединение звукооператоров немецкого кино

DFU, DFÜ, Datenfernübertragung дистанционная передача данных

DFV, Datenfernverarbeitung вчт. дистанционная обработка данных, телеобработка данных

DFV, Deutscher Feuerwehrverband Немецкий союз пожарников

DFV, Deutscher Fremdenverkehrsverband Немецкий союз по иностранному туризму

DfV, Durchführungsverordnung исполнительная инструкция

DFVLR, Deutsche Forschungs- und Versuchsgesellschaft für Luft- und Raumfahrt Немецкое экспериментально-исследовательское общество воздухоплавания и космонавтики

DFWD, Deutsch-französischer Wirtschaftsdienst Германо-французское агентство экономической информации

DG, Deutsche Gemeinschaft Немецкое сообщество *(партия ФРГ)*

DG, Deutsche Gruppe Немецкая группа *(партия ФРГ)*

DG, Diplomgärtner садовод с дипломом *(об окончании высшего учебного заведения)*

DG, Drehfeldgeber эл. сельсин-датчик

Dg, Dekagramm декаграмм, *дкг*

Dg, Durchgangsgüterzug транзитный грузовой поезд

Dg., Dichtung *библиогр.* поэзия; поэма

d.G., durch Güte благодаря любезности *(такого-то)*

dg, Dezigramm дециграмм, *дг*

DGB, Deutscher Gewerkschaftsbund Объединение немецких профсоюзов, ОНП

DGEG, Deutsche Gesellschaft für Eisenbahngeschichte *ж.-д.* Германское общество по истории железных дорог

DGG, Deutsche Gartenbau-Gesellschaft Немецкое общество садоводства

DGG, Deutsche Gefangenen-Gewerkschaft Немецкий профсоюз заключённых

DGG, Deutsche Geologische Gesellschaft Немецкое геологическое общество

DGG, Deutsche Glastechnische Gesellschaft Германское общество технического стекла

dGH, deutscher Gesamthärtegrad *тех.* германский общий градус жёсткости

dgl., dergleichen, desgleichen подобный (тому), такого рода, такой; равным образом

D-Glukose, *пищ.* D-глюкоза, декстроза

DGM, Deutsche Gesellschaft für Metallkunde Немецкое общество металловедения

DGPh, Deutsche Gesellschaft für Photographie Немецкое фотографическое общество

d. Gr., der Große Великий *(при именах королей и императоров)*

d. Gr., die Große Великая *(при именах королев и императриц)*

DGV, Deutscher Generalagenten-Verband Союз генеральных представителей (торгово-промышленных) фирм

DGV, Druckgasverordnung *ж.-д.* Правила обращения со сжатыми газами *(ФРГ)*

DGVN, Deutsche Gesellschaft für die Vereinten Nationen Немецкое общество содействия Организации Объединённых Наций

DGWR, Deutsches Gemein- und Wirtschaftsrecht германское общее и хозяйственное право

DGZ, deutsche gesetzliche Zeit германское официальное время

DH, deutsche Härtegrade *тех.* жёсткость воды по немецкой шкале
D.H., Der Herausgeber издатель, редактор издания
d.h., der Herausgeber издатель, редактор издания
d.h., das heißt то есть
DHA, Deutsches Handelsarchiv *наименование периодического издания по истории германской (внешней) торговли*
DHB, Deutscher Handballbund Немецкий союз ручного мяча
DHB, Deutscher Hausfrauenbund Союз немецких домохозяек
DHfK, Deutsche Hochschule für Körperkultur *(Leipzig)* Немецкий институт физической культуры *(в Лейпциге)*
DHfM, Deutsche Hochschule für Musik Высшее музыкальное училище *(бывш. ГДР)*
DHfP, Deutsche Hochschule für Politik Немецкий институт политики
DHG, deutsche Handelsgesellschaft немецкая торговая компания, немецкое торговое общество
D.H.G., Drachenhorchgerät *воен. мор.* буксируемый гидрофон
DHHU, Dortmund-Hörder-Hüttenunion Дортмунд-Хёрдерские объединённые металлургические предприятия
DHI, Deutsches Hydrographisches Institut Немецкий гидрографический институт
DHÜ, Drehstrom-Hochspannungs-Übertragung электропередача переменного тока высокого напряжения
DHV, Deutschnationaler Handlungsgehilfen-Verband Немецкий национальный (профессиональный) союз приказчиков
DHZ, Deutsche Handelszentralen Немецкие центральные *(оптовые)* торговые предприятия *(бывш. ГДР)*
Di, Diphtherie дифтерия
Di, Innendurchmesser внутренний диаметр
Di., Dienst служба
Di., Dienstag вторник
Di., Diphtherie дифтерия
di., dienstags по вторникам
d.i., das ist то есть

DIA, Deutscher Innen- und Außenhandel германская внутренняя и внешняя торговля *(бывш. ГДР)*
DIA, Diagnose 1. диагноз 2. диагностика *(напр., неисправностей или ошибок)*
Dia, Diapositiv диапозитив
diab., diabetisch диабетический
DIALGOL, dialect of ALGOL *англ., вчт.* вариант языка АЛГОЛ фирмы ИБМ, ДИАЛГОЛ
Diamat, dialektischer Materialismus диалектический материализм
DIB, Deutsche Investitionsbank Немецкий инвестиционный банк *(бывш. ГДР)*
DIB, Deutscher Ingenieurbund Немецкий инженерный союз
DiB, Diphtheriebazillus дифтерийная палочка
Did., Didaktik дидактика
didacta, Internationale Bildungsmesse Международная ярмарка достижений в области образования
DIDEG, Dreimächte-Dekartellisierungs- und Entflechtungsgruppe *ист.* Англо-американо-французская группа по декартелизации и разукрупнению германской промышленности
die RGE-Anlage, Rauchgasentschwefelungsanlage установка [устройство] для удаления серы из дымового газа, установка для десульфурации дымового газа
Diesj., diesjährig этого [нынешнего] года
dig., digital цифровой
DIGIPLOT, Digital Plotter *англ.* ДИГИПЛОТ, программа вывода данных на графопостроитель фирмы ИБМ *(США)*
DIGIT, Deutsch-Italienischer Eisenbahn-Gütertarif *ж.-д.* Немецко-Итальянский железнодорожный грузовой тариф
DIHT, Deutsche Industrie- und Handelstag Немецкий промышленно-торговый съезд, Конгресс торгово-промышленных палат
DIM, Deutsche Industriemesse Немецкая промышленная выставка
DIM, Deutsches Institut für Marktforschung Немецкий институт по изучению рынка *(бывш. ГДР)*
Dim., Diminutiv *грам.* уменьшительная форма

DIMDI, Deutsches Institut für medizinische Dokumentation und Information Немецкий институт медицинской документации и информации

DIMITAG, Dienst Mittlerer Tageszeitungen (in Bonn) Служба печати средних и мелких газет *(в Бонне)*

DIN, Deutsche Industrienorm Германский промышленный стандарт, ДИН

Din, Jugoslawisches Dinar югославский динар *(денежная единица)*

DINC, Tandem-Einschaltkreis тандемная схема включения *(обозначение одной из клавиш бортового компьютера на автомобиле)*

Dion., Direktion управление, дирекция

Dipl., Diplom- *в сложн.* с дипломом *(об окончании высшего учебного заведения)*

dipl., diplomiert дипломированный, имеющий диплом

Dipl.-Hdl., Diplomhandelslehrer преподаватель коммерческих наук с дипломом *(об окончании высшего учебного заведения)*

Dipl.-Ing., Diplom-Ingenieur инженер с дипломом *(об окончании высшего учебного заведения)*

Dipl.-Kfm., Diplom-Kaufmann коммерсант с дипломом *(об окончании высшего учебного заведения)*

Dipl.-Ldw., Diplomlandwirt агроном с дипломом *(об окончании высшего учебного заведения)*

Dipl.-Met., Diplommeteorologe метеоролог с дипломом *(об окончании высшего учебного заведения)*

Dipl.-Volksw., Diplomvolkswirt экономист с дипломом, дипломированный экономист *(об окончании высшего учебного заведения)*

DIPR, Deutsches Institut für Public Relations Немецкий институт общественных отношений

Dir.-Send., Direktsendung прямая передача

Dir.-Verb., Direktverbindung прямое соединение

DISAC, Digital Simulated Analog Computer *англ.* язык ДИСАК фирмы «Контрол дейта» для моделирования аналоговых ВМ *(США)*

DISMA, Deutsches Institut für Statistische Markt- und Meinungsforschung Немецкий научно-исследовательский статистическо-конъюнктурный институт

DISPO, Dispositionsstelle *ж.-д. австр.* центр диспетчерского управления движением поездов

Dispo, Betriebsüberwachungsdisponent *ж.-д.* поездной диспетчер *(ФРГ)*

Dispo, Dispositionsstelle *ж.-д. австр.* центр диспетчерского управления движением поездов

Diss., Dissertation диссертация

DITR, Deutsche Informationszentrum für technische Regelwerke Германский центр информации о технических средствах регулирования

DIUM, Distancier international uniforme marchandises *ж.-д.* Единый международный указатель расстояний для грузовых сообщений

div, Divergenz расхождение, дивергенция

DIVO, Deutsches Institut für Volkstumfragen Немецкий институт изучения общественного мнения

DIW, Deutsches Institut für Wirtschaftsforschung Немецкий институт экономических исследований

DIW, Deutsches Institut für Wirtschaftsforschung Berlin West Западноберлинский институт экономических исследований

DIZ, Deutsches Institut für Zeitgeschichte *(Berlin)* Немецкий институт новейшей истории *(в Берлине)*

D.J., Deutsche Justiz *наименование периодического издания по юридическим вопросам*

D.J., Deutsches Jungvolk Немецкая молодёжь *(нацистская организация)*

d.J., der Jüngere младший *(при мужских именах и фамилиях)*

d.J., desselben Jahres того же года

d.J., dieses Jahres сего года, этого года, текущего года

D-Jetronic, elektronisch geregelte Benzineneinspritzung система впрыскивания бензина с электронным управлением

DJFR, Deutscher Jugendfahrtring Немецкое молодёжное туристское объединение

DJH, Deutscher Jugendherbergeverband Немецкий союз туристских молодёжных баз

d.j.J., des jetzigen Jahres настоящего года, нынешнего года, текущего года

DJK, Deutsche Jugendkraft «Сила немецкой молодёжи» *(католическое спортивное общество в ФРГ)*

DJO, Deutsche Jugend des Ostens Немецкая молодёжь из Восточной Германии *(организация в ФРГ)*

DJPA, Deutsche Jugend-Presse-Agentur Немецкое молодёжное агентство печати

DJRK, Deutsches Jugendrotkreuz Немецкое молодёжное общество Красного Креста

DJT, Deutsch-Jugoslawischer Wagenladungstarif *ж.-д., истор.* немецко-югославский железнодорожный грузовой тариф на перевозки грузов повагонными отправками *(ФРГ-СФРЮ)*

DJV, Demokratischer Jugendverband Демократический союз молодёжи

DJV, Deutscher Jagdschutzverband Немецкий союз охраны охотничьих прав

DJV, Deutscher Journalistenverband Союз немецких журналистов

DJZ, Deutsche Juristenzeitung «Дойче юристенцайтунг», немецкая юридическая газета

DK, Dänemark Дания *(индекс государственной принадлежности автомобиля)*

DK, Delegiertenkonferenz совещание делегатов

DK, Dezimalklassifikation десятичная система классификации

DK, Dielektrizitätskonstante диэлектрическая постоянная; диэлектрическая проницаемость

DK, Doppelklöppel *эл.* двойной сухарь; с двумя сухарями

DK, Drehkondensator *эл.* конденсатор переменной ёмкости, переменный конденсатор

D-K, Oberbauversuchsanlage Dachau-Karlsfeld *ж.-д.* Полигон для испытаний материалов и конструкций верхнего строения пути Дахау-Карлсфельд *(Государственные железные дороги ФРГ)*

D.K., Deutsches Konsulat германское консульство

dk, deka- *в сложн.* дека-

DKB, Dauerbetrieb mit kurzzeitiger Belastung *эл.* продолжительно-прерывистый режим работы

DKB, Deutscher Keglerbund Немецкий союз игры в кегли

DKB, Dreikraftbremse *ж.-д.* трёхсиловой замедлитель

DKB, Durchlaufbetrieb mit Kurzzeitbelastung *эл.* непрерывный режим работы с кратковременной нагрузкой, продолжительно-прерывистый режим работы

DKBL, Deutsche Kohlenbergbau-Leitung Управление строительства предприятий угольной промышленности

DK-EW, Deutsches Komitee für Elektrowärme Германский комитет по электротермии *(при Обществе немецких электриков)*

DKF, dreiphasige Kurzschlu:sfortschaltung трёхфазное автоматическое повторное включение, трёхфазное АПВ

Dkfm., Diplom-Kaufmann коммерсант с дипломом *(об окончании высшего учебного заведения)*

DKfW, Deutsche Kommission für Weltraumforschung Немецкая комиссия по исследованию космического пространства

DKG, Deutsche Keramische Gesellschaft Германское керамическое общество

DK-G, Dako-Güterzugbremse *ж.-д.* тормоз Дако для грузовых вагонов *(надпись на вагоне, предписанная МСДЖ)*

Dkg, Dekagramm декаграмм, *дкг*

DK-GP, Dako-Güterzug-Personenzug-Bremse *ж.-д.* тормоз Дако для грузовых и пассажирских вагонов *(надпись на вагоне, предписанная МСЖД)*

DKK, Dänische Krone датская крона

Dkl, Dekaliter декалитр, *дкл*

DKM, Drehkolbenmotor роторно-поршневой двигатель *(внутреннего сгорания)*

dkm, Dkm, Dekameter декаметр, *дкм*

DKP, Deutsche Konservative Partei Немецкая консервативная партия

DK-P, Dako-Personenzug-Bremse *ж.-д.* тормоз Дако для пассажирских вагонов

(надпись на вагоне, предписанная МСЖД)
DK-PR, Dako-Personenzug-Schnellzug-Bremse *ж.-д.* тормоз Дако для вагонов, включаемых в пассажирские и скорые поезда *(надпись на вагоне, предписанная МСДЖ)*
dkr, Dänische Krone датская крона *(денежная единица)*
DKV, Dampfstrahlkältemaschine (паро)эжекторная холодильная машина, паровая струйная холодильная установка
DKV, Deutsche Kohlenverkaufsorganisation Немецкая организация по сбыту угля
DKV, Deutsche Kornbranntwein-Verwertung Объединение по сбыту продукции германской спиртоводочной промышленности
DKV, Deutsche Kraftverkehr-Mitteilungen *наименование периодического издания по вопросам автомобильных грузовых перевозок*
DKV, Deutscher Kanuverband Немецкий союз каноэ-байдарочного спорта
DKV, Deutscher Künstlerverband Немецкий союз работников искусств
DKV, Deutscher Kunststudentenverband Немецкий союз студентов художественных учебных заведений
D.K.V., Dampfkesselverordnung инструкция по испытаниям паровых котлов
DKW, Dampf-Kraft-Werke машиностроительные заводы ДКВ
DKW, «Das Kleine Wunder», «Deutscher Klein-Wagen» марка малолитражных автомобилей и мотоциклов
DL, Dampflogger *мор.* паровой логгер
DL, Dampflokomotive *ж.-д.* паровоз
DL, Deutsche Landsmannschaft Немецкие землячества *(объединение студенческих землячеств ФРГ)*
DL, Dienstleitung *свз.* служебная линия; служебный канал
DL, Dienstleitungslampe лампа служебной линии
DL, Dienststellenleiter *ж.-д.* начальник линейного подразделения *(железной дороги)*
DL, Diplomlandwirt агроном с дипломом, дипломированный агроном *(об окончании высшего учебного заведения)*

D.L., Deutsche Landsmannschaft Немецкие землячества *(объединение студенческих землячеств ФРГ)*
Dl, Dekaliter декалитр, *дкл*
Dl., Druckluft сжатый воздух
dl, Deziliter децилитр, *дл*
DLA, Deutsche Landjugendakademie Германская академия сельской молодежи
DLG, Deutsche Landwirtschaftsgesellschaft Немецкое сельскохозяйственное общество
DLH, D.L.-Hansa, Deutsche Lufthansa немецкая авиакомпания [компания воздушных сообщений] «Люфтганза»
d.l.M., des laufenden Monats сего месяца, этого месяца, текущего месяца
dl.o., dispatch loading only *англ.* прибавка платится только за ускоренную погрузку *(а не разгрузку)*
DLP, Deutsche Landwirte-Partei партия немецких сельских хозяев
D.L.P., Dampflenzpumpe паровой водоотливной (трюмный) насос
DLRG, Deutsche Lebensrettungs-Gesellschaft Немецкое общество спасения
Dlu, mit Druckluftunterstützung (сцепление) с пневмоусилителем привода
DLV, Deutscher Leichtathletik-Verband Немецкий союз лёгкой атлетики
d.l.W., der laufenden Woche текущей недели
DM, Daten-Multiplexer, Datenmultiplexer мультиплексор в системе передачи данных
DM, Deutsche Mark немецкая марка
DM, Deutsche Meisterschaft чемпионат Германии
DM, Deutsche Molkereizeitung *наименование периодического издания по вопросам молочной промышленности*
DM, Dieselmotor дизель, дизельный двигатель
DM 4, Viertaktdieselmotor четырёхтактный дизельный двигатель
D.M., Dampfmühle паровая мельница
Dm, Damm плотина; дамба; вал
Dm, Dekameter декаметр
Dm, Domäne 1. государственное имущество 2. имение, поместье 3. область деятельности
Dm, Durchmesser диаметр

Dm., Denkmal памятник
d.M., deutsche Meile германская миля, немецкая миля
d.M., dieses Monats сего месяца, этого месяца, текущего месяца
dm, Dezimeter дециметр, *дм*
DMA, Direct Memory Access *вчт.* прямой доступ к памяти
DmA, D-Zug mit Autobeförderung *ж.-д.* пассажирский поезд с включёнными в его состав вагонами для перевозки легковых автомобилей
D-Mark, Deutsche Mark марка ФРГ; немецкая марка
DME, digital Motor-Elektronic система ЧПУ режимом работы двигателя
DMEB, Deutsche-Marken-Eröffnungsbilanz *фин.* начальный баланс, исчисленный в немецких марках
DMG, Deutsche Maschinentechnische Gesellschaft *ж.-д.* Немецкое машинно-техническое общество
DMG, Deutsche Meteorologische Gesellschaft Немецкое метеорологическое общество
DMJ, Deutsches Meteorologisches Jahrbuch *наименование ежегодного справочного издания по метеорологии*
DMR, Deutsche Mietrecht правовые нормы, регулирующие наём жилья, правовые нормы найма жилья; германское арендное право
Dmr, Durchmesser диаметр
DMS, Dehnungsme:sstreifen тензометрический преобразователь, тензодатчик
Dmst, Darmstadt г. Дармштадт
d.Mst., dieses Monats этого месяца
DMT, Dimensional Motional Time *англ.* затраты времени на размерно детерминированные движения *(при расчёте рабочего времени)*
DMV, Deutscher Motorradsportverband Немецкий союз мотоциклетного спорта
DMW, Deutsche Medizinische Wochenschrift немецкий еженедельный медицинский журнал
DN, Deutsche Notenbank Немецкий эмиссионный банк *(бывш. ГДР)*
DN, Doppelnummer двойной номер *(журнала)*

D/N, debit note *англ., бухг.* дебет-нота, дебетовое авизо
DNA, Deutscher Normen-Ausschuß Германский комитет промышленных норм и стандартов
DNB, Deutsche Notenbank Немецкий эмиссионный банк *(бывш. ГДР)*
DNC, direct digital control *англ.* непосредственное цифровое управление
DNK, Desoksyribonukleinsäure дезоксирибонуклеиновая кислота, ДНК
DNL, Doppelnutläufer *эл.* двухклеточный ротор
D Not V, Zeitschrift des Deutschen Notarvereins *наименование периодического издания союза нотариусов*
DNotZ, Deutsche Notar-Zeitschrift Германский журнал нотариуса
DNP, Deutsche Neutralitätspartei Немецкая нейтральная партия
DNS, Deutsche Nationale Sammlung Немецкое национальное единение *(организация в ФРГ)*
DNVP, Deutsche Nationale Volkspartei Немецкая национальная народная партия
DO, Dienstordnung служебный распорядок; внутреннее расписание *(напр., работы учреждения)*
DO, Divisionsoffizier *мор.* командир дивизиона
D/O, delivery order *англ.* свидетельство о поставке
Do, Dienstordnung устав, наставление
Do, Donnerstag четверг
d.O., der Obige вышеупомянутый
DOAG, Deutsch-Ostasiatische Gesellschaft Общество развития торговых отношений между Германией и странами Восточной Азии
D.Ö.A.V., Deutsch-Österreichischer Alpenverein Германо-австрийский союз альпинистов
DOB, Damenoberkleidungsindustrie Объединение промышленности верхнего женского платья
DOB, Deutscher Offiziersbund Немецкий союз офицеров
DOG, Deutsche Olympische Gesellschaft Германское олимпийское общество
DOG, Deutsches Obergericht Верховный суд

Do.-H., Doppelheft двойной номер *(журнала)*
Dok, Dokument документ
DOKA, Doppelkurzschlu:sanker *эл.* двойной короткозамкнутый ротор *(два роторных пакета на общем валу, с общими короткозамкнутыми стержнями)*
DokS, Dokumentensammlung собрание документов, сборник документов
DOL, Deutsche Ostafrika-Linie Немецкая компания воздушных сообщений с Восточной Африкой
Dolm., Dolmetscher (устный) переводчик
dom, Dominikanischer Peso доминиканское песо *(денежная единица)*
DÖMAG, Deutsch-Österreichische Messe- und Außenhandelsgesellschaft Германо-австрийское общество ярмарок и внешнеторговых операций
DONUT, Digitally Operated Network Using Threshold *англ.* вычислительная машина [ВМ] на пороговых элементах *(фирмы «Дженерал электрик» и Техасского университета)*
dopp., doppelt двойной, сдвоенный; двоякий; вдвойне, вдвое; двояко
DOR, Divisor 1. *мат.* делитель 2. *вчт.* делительное устройство, устройство деления
dorth., dorther оттуда
dorth., dorthin туда
DOS, Disk Operating System *англ., вчт.* дисковая операционная система фирмы ИБМ *(США),* ДОС
DÖS, Deutsch-Österreichische Seehafentarife германо-австрийские согласительные тарифы о пользовании западногерманскими (транзитными) портами
dos., dosieren дозировать *что-л.,* производить дозировку *чего-л.*
DÖSDU, Deutsch-Österreichischer Seehafen-Donau-Umschlagtarif германо-австрийский согласительный тариф о пользовании морскими и дунайскими перегрузочными портами
DP, Demokratische Partei Демократическая партия
DP, Deutsche Partei Немецкая партия
DP, Deutsche Post Почтовое ведомство *(бывш. ГДР)*

DP, Dienstpaß служебный паспорт
DP, Dividieren 1. деление 2. операция деления
DP, Durchschnitts - Polymerisationsgrad средняя степень полимеризации
Dp, Doppel- *в сложн.* дву-, двух-; двойной
d/p, D/P, documents against payment *англ.* документы за наличный расчёт
DPA, Deutsche Presseagentur агентство печати ДПА *(образовалось от слияния агентств* **DENA** *и* **DPD** *— ФРГ)*
DPA, Deutscher Personalausweis немецкое удостоверение личности
DPA, Deutsches Patentamt Немецкое патентное ведомство, патентное ведомство ФРГ
dpa, Deutsche Presseagentur агентство печати ДПА *(образовалось от слияния агентств* **DENA** *и* **DPD** *— ФРГ)*
DPB, Deutsche Partei Bayern Немецкая партия Баварии
Dp.-Bd., Doppelband двойной том
DPD, Deutscher Pressedienst агентство печати ДПД *(см. тж.* **dpa, DPA***)*
Dpf , DPf, Deutscher Pfennig немецкий пфенниг
Dpfm., Dampfmaschine паровой двигатель, паровая машина
Dpf. T., Dampfturbine паровая турбина
DPG, Deutsche Physikalische Gesellschaft Германское Физическое Общество
DPG, Deutsche Postgewerkschaft Немецкий профсоюз почтовых работников
DPG, Deutsches Patentgericht Немецкий патентный суд
Dp.-H., Doppelheft двойной номер *(журнала)*
D.Ph.V., Deutscher Philologen-Verband Немецкое филологическое общество
DPK, Deutsche Pressekorrespondenz информационная служба «Дойче прессекорреспонденц»
DPMA, Data Processing Management Association *англ.* Ассоциация руководителей в области обработки данных *(США)*
dpp., doppelt двойной, сдвоенный; двоякий; вдвойне, вдвое; двояко
DPresse, dringendes Pressetelegramm срочная корреспондентская телеграмма

DPS

DPS, Demokratische Partei des Saarlandes Демократическая партия Саара
DPS, Druckpufferspeicher *вчт.* буферная память печатающего устройства, буферное ЗУ печати, буфер печати
DPSG, Deutsche Katholische Pfadfinder St. Georg Немецкая католическая бойскаутская организация св. Георгия
DPT, Deutscher Eisenbahn Personen-, Gepäck- und Expreßgut-Tarif германский железнодорожный тариф на перевозку пассажиров, багажа и экспресс-грузов
Dpt., Departement департамент
Dptr., Dioptrie диоптрия
DPU, data processing unit *англ.* устройство (для) обработки данных; процессор (для) обработки данных
DPZI, Deutsches Pädagogisches Zentralinstitut Немецкий центральный педагогический институт *(бывш. ГДР)*
DR, Demokratische Republik демократическая республика
DR, Deutsche Reichsbahn Государственные железные дороги *(бывш. ГДР)*
DR, Deutsches Recht 1. Свод германских законов 2. *наименование периодического издания по вопросам права*
DR, Deutsches Reich *ист.* Германская империя
DR, Differenzrelais *эл.* дифференциальное реле
DR, Digitalrechner цифровая вычислительная машина, ЦВМ
DR, Drucker печатающее устройство, печать, принтер
D.R., Die Redaktion редакция *(текста)*
Dr, Draht проволока; провод
Dr, Drossel *тех.* дроссель
Dr, Drossel дроссель, дроссельная катушка
Dr, Griechische Drachme греческая драхма *(денежная единица)*
Dr., Doktor доктор *(наук) (учёная степень, в России ей соответствует учёная степень кандидат наук)*
Dr., Drillings- трёх-, тройной
Dr., Drucker печатающее устройство, печать, принтер
Dr., Drucker печатник, типограф
Dr., Druckerei типография

d.R., der Reserve *воен.* ... резерва *(при соответствующем звании)*
d.R., des Ruhestandes отставной, в отставке
dr, debtor *англ.* должник, дебитор
dr, Drachme *уст.* драхма *(единица аптекарского веса)*
dr, dringend срочный, неотложный, безотлагательный, настоятельный; срочно, безотлагательно
dr, Griechische Drachme греческая драхма *(денежная единица)*
DRA, Druckerausgabe вывод (данных) на печать, вывод (данных) на печатающее устройство
DRAnz, Deutscher Reichsanzeiger *наименование бывшего официального периодического издания по вопросам германского имперского законодательства*
DRB, Deutsche Reichsbahngesellschaft Общество государственных железных дорог Германии
Dr.des., Doktor designatus лицо, защитившее докторскую диссертацию, но ещё не утверждённое в степени
DREB, Deutscher Rat der Europäischen Bewegung Германский совет европейского движения
Dr.e.h., Dr.E.h., Doktor ehrenhalber почётный доктор *(лицо, получившее учёную степень доктора без защиты диссертации)*
Drehko, Drehkondensator *эл.* конденсатор переменной ёмкости, переменный конденсатор
D.R.F., Deutsche Rezeptformeln немецкая рецептура
DRG, Deutsche Reichsbahngesellschaft *ж.-д. ист.* Германское общество государственных железных дорог *(1924—1937 гг.)*
drgl, drgl., dergleichen подобный *(тому)*; такого рода
D.R.G.M., Deutsches Reichs-Gebrauchsmuster образец, охраняемый германским законом
Drgt, Dirigent дирижёр; регент хора
DRiG, Deutsches Richtergesetz *(федеральный)* закон о судьях
Dr.Ing., Doktor der Ingenieurwissenschaften доктор технических наук

DRiZ, Deutsche Richterzeitung Германская газета для судей
DRiZ, Deutsche Richterzeitung «Дойче Рихтерцайтунг» *газета Немецкого союза судей*
Dr.Jur., doctor juris доктор права *(первая учёная степень после окончания вуза)*
DRK, Deutsches Rotes Kreuz Немецкое общество Красного Креста *(бывш. ГДР)*
Drog., Drogerie аптекарский магазин, торгующий аптекарскими и хозяйственными товарами, предметами сангигиены и косметики
DRP, Deutsche Reichspartei *ист.* Немецкая имперская партия
DRP, Deutsche Reichspost почтовое ведомство
DRP, Deutsches Reichspatent германский государственный патент *(до 1945 г.)*
Drp., Druckpunkt *тех.* центр давления; точка приложения давления
DRPa, Deutsches Reichspatent angemeldet германский государственный патент заявлен
DRPfl, Deutscher Rechtspfleger *наименование периодического издания по вопросам права*
DrT, Drehtransformator поворотный трансформатор, индукционный регулятор, потенциал-регулятор
Drucks., Drucksache(n) печатное издание(я)
DRUPA, Internationale Messe «Druck und Papier» Международная ярмарка полиграфической и бумажной промышленности
DRV, Deutsche Raiffeisenverband Объединение касс (банков) кредитования сельского хозяйства «Райфейзен» *(ФРГ, Швейцария)*
DRV, Deutscher Reisebüroverband Немецкое объединение бюро путешествий
Drwk, Drehwerk механизм поворота
DRZ, Deutsche Rechts-Zeitschrift *наименование периодического издания по вопросам права*
DS, Dampfschiffahrt пароходство
DS, Deutscher Sportausschuß Комитет по делам физической культуры и спорта *(бывш. ГДР)*

DS, Deutsche Sammlung Немецкое единение *(партия ФРГ)*
DS, Deutsche Sängerschaft Немецкая (молодёжная) певческая капелла
DS, Die Deutsche Schule *наименование периодического издания по школьно-педагогическим вопросам*
DS, Doppelsternschaltung *эл.* схема двойной звезды; соединение звезда-звезда
DS, Druckseite сторона нагнетания
Ds., Drehstrom трёхфазный ток
d.s., das sind как-то *(при перечислении)*
DSA, Deutscher Sprachatlas Атлас немецких диалектов
DSAC, Electronic Delay-Storage Automatic Computer *англ.* вычислительная машина ЭДСАК *(первая английская вычислительная машина)*
DSACEUR, Stellvertretenden Obersten Alliierten Befehlshaber Europa Заместитель Верховного главнокомандующего объединёнными силами (НАТО) в Европе
DSB, Deutscher Dolmetscher- und Sprachlehrerbund Союз немецких переводчиков и преподавателей иностранных языков
DSB, Deutscher Sängerbund Немецкий певческий союз
DSB, Deutscher Sportbund Немецкий спортивный союз
Dsb, Duisburg г. Дуйсбург
DSC, Documentation Standards Committee *англ.* Комитет по стандартизации в области документации *(Великобритания)*
d.Sch., die Schriftleitung редакция *(текста)*
D/schn, Durchschnitt *мат.* средняя величина
DSchSp, Dünnschichtspeicher *вчт.* тонкоплёночное ЗУ
Dsdn, Dresden г. Дрезден
DSE, Deutsche Stiftung für internationale Entwicklung Немецкий фонд международного развития *(бывш. Немецкий фонд помощи развивающимся странам)*
DSE, Druckersteuereinheit блок управления печатающим устройством, устройство [блок] управления принтером

DSF, Gesellschaft für Deutsch-Sowjetische Freundschaft *ист.* Общество германо-советской дружбы *(в бывш. ГДР)*
DS-Fahrerhaus, Doppelstock-Fahrerhaus двухъярусная кабина водителя
DSG, Deutsche Saatguthandelszentrale Главное управление торговли посевными материалами *(бывш. ГДР)*
DSG, Deutsche Schlafwagen- und Speisewagen-Gesellschaft Общество вагонов-ресторанов и спальных вагонов прямого сообщения
dsgl, desgleichen подобный тому; равным образом
DSGV, Deutsches Sparkassen- und Giroverband Германский союз сберегательных касс и жироцентров
ds.J., des/dieses Jahres этого года, текущего года
DSK, Demokratischer Studentenkreis Демократическое объединение студентов *(организация в ФРГ)*
DSK, direkter Speicherkanal *вчт.* прямой канал ЗУ
DSL, Deutsch-Südafrikanische Luftfahrtlinie Немецкая компания воздушных сообщений с Южной Африкой
DSM, Dampfsägemühle паровая лесопилка
DSM, Doppelsternmotor (электро)двигатель со схемой соединения обмоток в двойную звезду
ds.M., des/dieses Monats этого месяца, текущего месяца
DSP, Dateispiegel *вчт.* копия массива данных; копия файла
DSP, Deutsche Soziale Partei Немецкая социальная партия
dspr., deutschsprachig немецкоговорящий
DSR, Deutsche Seereederei Морское пароходство *(бывш. ГДР)*
DS-Regler, druckgesteuerter Stromregler управляемый по давлению регулятор тока
DSRK, Deutsche Schiffsrevision und Klassifikation Управление судовой инспекции и классификации; германский судовой регистр *(бывш. ГДР)*
D.S.S., Dampfschiffstation пароходная пристань
Dssd, Düsseldorf г. Дюссельдорф

DST, Deutscher Städtetag Немецкий союз городов *(более 50 000 жителей)*
D.St., Dampfschiffstation пароходная пристань
D.-St., Dienststelle обслуживающий пункт, служба
Dst, Drucktaste (нажимная) клавиша; (нажимная) кнопка
Dst., Dienststelle обслуживающий пункт; служба; (служебная) инстанция
Dst.-A., Dienstalter трудовой стаж
D St Bl, Deutsches Steuerblatt *наименование периодического издания по налоговым вопросам.*
D St G, Deutsche Statistische Gesellschaft Немецкое статистическое общество
Dst Gr., Dienstgrad чин, звание
dstl., dienstlich служебный
D St O, Dienststrafordnung дисциплинарный устав
DStP, Deutsche Staatspartei Немецкая государственная партия
Dstp, Dienstpersonenzug *ж.-д.* служебный пассажирский поезд
DStR, Deutsches Steuerrecht Германское налоговое право
DStR., Deutsches Steuerrecht Немецкое налоговое право
DStR., Deutsches Strafrecht Немецкое уголовное право
D Str V, Dienststrafverfahren *воен.* дисциплинарная мера
DSTV, Deutscher Stahlbauverband Немецкое объединение предприятий по сооружению стальных конструкции
D St Z, Deutsche Steuerzeitung *наименование периодического издания по налоговым вопросам*
Dst.-Zt., Dienstzeit служебное время
DSU, Deutsche Schiffahrts- und Umschlagsbetriebe Управление перевозок по водным путям *(бывш. ГДР)*
DSV, Deutscher Schriftstellerverband Союз немецких писателей *(бывш. ГДР)*
DSV, Deutscher Skiverband Немецкий союз лыжного спорта
DSVollZ, Dienst- und Sicherheitsvorschriften für den Strafvollzug Инструкции по несению службы и обеспечению безопасности в местах лишения свободы

DSZ, deutsche Sommerzeit германское летнее время
DT, Datenträger *вчт.* носитель информации [данных]; запоминающая среда
DT, Deutsche Turnerschaft Немецкая лига гимнастических обществ
DT, drahtlose Telegraphie радиотелеграфия
dt, dedit *лат., ком.* оплачено
dt, dt., deutsch немецкий, германский; по-немецки
dt, Dezitonne децитонна, *дт (100 кг)*
DTA, Differentialthermoanalyse дифференциальный термоанализ
DtA, Deutshe Ausgleichsbank Германский жиробанк
DTB, Deutscher Turnerbund Немецкий гимнастический союз
DTB, Deutsche Terminbörse Германская срочная биржа; Германская фьючерсная биржа
DTC, Deutscher Touring-Club [Klub] Немецкий клуб автомобильного туризма
DTC, Deutsche Transport-Kompanie Немецкая транспортная компания
DTL, Diode-Transistor-Logik *элн.* диодно-транзисторные логические схемы, логические схемы на диодах и транзисторах
Dtl., Dtld., Deutschland Германия
DTM, digitales Geländemodell *геод.* цифровая модель местности, ЦММ
Dtmd, Dortmund г. Дортмунд
DTÖ, Denkmal der Tonkunst in Österreich памятник австрийского музыкального искусства
DT Seeh.-Sped., Kombinat Deutrans, Seehafen-Spedition портовая экспедиция комбината «Дойтранс» *(ФРГ)*
DTTB, Deutscher Tisch-Tennis-Bund Немецкий союз игроков в настольный теннис
DTV, Deutscher Transportversicherer-Verband Немецкий союз страховщиков грузов
dt.Vertr., deutscher Vertreter немецкий представитель
Dtz, Dtzd, Dutzend дюжина
DU, Demokratische Union Демократическое единство *(партия Австрии)*
DU, Deutsche Union Немецкий союз *(партия ФРГ)*

DÜ, Datenübertragung передача данных
d.U., der Unterzeichnete нижеподписавшийся
du, dienstuntauglich к несению службы непригоден
d.u., dauernd untauglich не для длительного пользования
d.u., dauernd unterwegs *разг.* в бегах; в самовольной отлучке; в разъездах
DUB, Deutsche Unabhängigkeitsbewegung Немецкое движение за независимость *(организация в ФРГ)*
DUD, Deutschland-Union-Dienst «Дойчланд унион динст» *(пресс-бюллетень Христианско-демократического и Христианско-социального союза — ФРГ)*
DuD, Zeitschrift für Datenschutz und Datensicherung журнал «Защита и безопасность данных»
DÜFA, Datenübertragungs- und Fernwirkanlage установка передачи данных и телеуправления
DUGENA, Deutsche Uhrmachergenossenschaft Кооперативное товарищество немецких часовщиков
Duko, Durchführungskondensator *эл.* проходной конденсатор
Dulag, Durchgangslager этапный лагерь
Dunaja, dunkle Nachtjagd действия истребительной авиации в ночных условиях
dupl, Dupl., Duplikat дубликат
Dural, Dur Al, Duraluminium дюралюминий
Düss., Düsseldorf г. Дюссельдорф
D.U.Z., Dienstuntauglichkeitszeugnis медицинское свидетельство о негодности [непригодности] к военной службе
Duz, «Dreh' und zieh» *торг.* «поверни и тяни» *(система упаковки)*
DV, Datenverarbeitung обработка данных
DV, Demokratische Volkspartei des Saarlandes Демократическая народная партия Саара
DV, dielektrischer Verlustfaktor коэффициент диэлектрических потерь
DV, Durchführungsverordnung исполнительная инструкция
D.V., Divisionsverordnung распоряжение по дивизии
D.V., Durchgangsvermittlung транзитная связь

Dv.

Dv., Druckverfahren *полигр.* способ печати
Dv., Druckvorschrift *воен.* Устав
d.V., der Verfasser составитель, автор
d.V., der Vertreter представитель; заместитель; агент *(напр., фирмы)*
DVA, Datenverarbeitungsanlage вычислительная машина, ВМ, ЭВМ *(для обработки данных)*; система обработки данных
DVA, Deutscher Verdingungs-Ausschuß für Bauleistungen Комитет рационализации строительных работ
DVA, Deutsche Verkehrsausstellung Немецкая выставка средств пассажирских перевозок
Dv AhFV/SbV, Dienstvorschrift für die Aufstellung des Anhangs zu den Fahrdienstvorschriften und der Sammlung betrieblicher Vorschriften *ж.-д.* Служебная инструкция о порядке разработки приложения к инструкции по движению поездов и маневровой работе и сборника инструкций по эксплуатационной работе
DVBl, Deutsches Verwaltungsblatt *наименование периодического издания по административно-хозяйственным вопросам*
d.Verf., D.Vf., der Verfasser составитель, автор
d.Vert., Vertreter представитель; заместитель; агент *(напр., фирмы)*
DVGW, Deutscher Verein von Gas- und Wasserfachleuten Немецкое (профессиональное) объединение специалистов газоводопроводного дела
d.v.J., des vorigen Jahres прошлого года
DVJJ, Deutsche Vereinigung für Jugendgerichte und Jugendgerichtshilfen Немецкое объединение судов по делам несовершеннолетних и учреждений по оказанию помощи осуждённым судом подросткам
DVK, Deutscher Volkskongreß *ист.* Немецкий народный конгресс
DVKB, Deutsche Verkehrskreditbank Немецкий банк кредитования транспортных операций
DVL, Deutsche Versuchsanstalt für Luftfahrt Немецкий экспериментальный аэронавигационный институт

DVL, Drahtfunkverbindungsleitung радиотрансляционная линия
DVM, Deutscher Verband für Materialprüfung Немецкое общество испытания материалов
DVM, Digitalvoltmeter цифровой вольтметр
DVO, Durchführungsverordnung исполнительная инструкция
DVP, Demokratische Volkspartei des Saarlandes Демократическая народная партия Саара
DVP, Deutsche Vaterländische Partei Немецкая отечественная партия
DVP, Deutsche Volkspartei Немецкая народная партия
DVP, Deutsche Volkspolizei *ист.* немецкая народная полиция *(в бывш. ГДР)*
DVR, Demokratische Volkrepublik Народная Демократическая Республика
DVR, Deutscher Volksrat *ист.* Немецкий народный совет
DVS, Datenverarbeitungssystem система обработки данных
DVS, Deutscher Versicherungsschutzverband Союз охраны интересов держателей страховых полисов
DVS, Deutsche Verkehrsfliegerschule Немецкое училище гражданской авиации
DV-Steilstr, Dienstvorschrift für den Betrieb auf Steilstrecken *ж.-д.* Служебная инструкция по организации движения на участках с крутыми уклонами
D.V.W., Deutscher Verein für Vermessungswesen Немецкое геодезическое общество
DVWG, Deutsche Verkehrswissenschaftliche Gesellschaft Немецкое научное общество по вопросам транспорта
DVZ, Deutsche Verkehrszeitung «Дойче феркерсцайтунг» *(газета по вопросам транспорта)*
DW, Dauerwelle перманент, шестимесячная завивка
DW, Deutsche Welle (радиостанция) «Дойче Велле», «Немецкая волна»
DW, Dienstwohnung служебная квартира
DW, Druckwerk печатающее устройство, принтер, печать; печатающий механизм

D/W, dock warrant *англ., ком.* доковый варрант *(расписка)*
d.w., dieser Woche на этой неделе
dw, doppelwirkend двойного действия
d.w., *eng.* deadweight, totes Gewicht дедвейт *(валовая грузоподъёмность судна)*
DWA, Diebstahlwarnanlage противоугонное сигнальное устройство *(автосторож)*
DWD, Deutscher Wetterdienst Германская метеорологическая служба
DWD, Deutscher Wirtschaftsdienst Немецкая служба экономической информации
DWK, Deutsche Wirtschaftskommission Хозяйственная комиссия *(бывш. ГДР)*
DWM, Deutsche Waffen- und Munitionsfabriken Германские заводы вооружения и боеприпасов
DWo, Dienstwohnung служебная квартира
DWP, Deutsches Wirtschaftpatent германский экономический патент *(бывш. ГДР)*
DWR, Dauerwohnrecht *юр.* право длительного пользования определённой квартирой *(которая может отчуждаться и переходить по наследству – ФРГ)*
DWR, Druckwasser-Reaktor *физ.* реактор, охлаждаемый водой под давлением
DWT, Doppelstrom-Wechselstromtelegraphie телеграфирование токами двух направлений
DWV, Deutscher Wirtschaftsverband Общество немецких экономистов
DWV, Deutscher Wissenschafter-Verband Немецкий союз людей науки *(студенческая корпорация в ФРГ)*
DWV, Deutsche Wagenbauvereinigung *ж.-д.* Немецкое объединение предприятий вагоностроительной промышленности
DWV, Deutsche Warenvertriebsgesellschaft Общество сбыта товаров *(Министерства внутренней и внешней торговли бывш. ГДР)*
DWV, Dienstwohnungsvorschrift *воен.* положение о квартирном довольствии
dx, (Voll)duplex *вчт.* дуплексный режим, дуплекс (-режим)
dx, Entfernung über 2000 Kilometer дальность свыше 2000 километров

DXF, Data Exchange Format *вчт.* обозначение программного интерфейса для сопряжения программной системы строительного проектирования **Allplot** с другими системами
Dy, Dysprosium *хим.* диспрозий
Dyn, Großdyn *физ.* 100000 дин, большая дина
DZ, Algerien Алжир *(индекс государственной принадлежности автомобиля)*
DZ, Deutsche Zeitung und Wirtschaftszeitung газета «Дойче цайтунг унд виртшафтсцайтунг»
DZ, doppeltwirkender Zweitaktmotor двухтактный двигатель двойного действия
D.Z., Druckzünder взрыватель нажимного действия
Dz, Doppelzentner (метрический) центнер, *ц (100 кг)*
Dz., Dozent преподаватель высшего учебного заведения; доцент
dz., derzeit в настоящее время, в данное время
DZB, Deutsche Zentralbank Немецкий центральный банк
DzB, Devisenzuteilungsbestätigung подтверждение в получении валютных ассигнований
DZE, Digitaler Zielextraktor цифровой преобразователь радиолокационных данных
DZF, digital-zyklische Fernwirkanlage телемеханическая установка с циклической передачей дискретных сигналов
DZFV, Deutsche Zentralfinanzverwaltung Центральное финансовое управление *(бывш. ГДР)*
DZG, Deutsche Zoologische Gesellschaft Немецкое зоологическое общество
DZgerichtlMed, Deutsche Zeitschrift für die gesamte gerichtliche Medizin «Дойче цайтшрифт фюр гезамте герихтлихе медицин» *Немецкий журнал общей судебной медицины*
DZM, Drehzahlmesser тахометр
DZP, Deutsche Zentrumspartei *ист.* Немецкая партия центра
dzt, dzt., derzeit в настоящее время, в данное время
D-Zug, Durchgangszug поезд прямого сообщения; скорый поезд

DzZG, Durchführungsbestimmungen zum Zollgesetz инструкции о порядке выполнения таможенного устава *(закона о таможне)*

E

E, Die Erziehung *наименование периодического издания по педагогическим вопросам*
E, Edelgas благородный газ
E, Edison-Fassung, Edison-Gewinde резьба Эдисона *(в лампах накаливания)*
E, Eilgut *ж.-д.* груз большой скорости
E, Eilzug скорый поезд
E, Eindringtiefe *ав.* радиус действия
E, Einfahrgruppe *ж.-д.* парк приёма
E, Eingabe- *в сложн.* входной; исходный
E, Eingang, eingegangen *канц.* поступило *(с указанием входящего номера документа и даты поступления)*
E, Eingangsdatengruppe группа входных данных, входная группа данных
E, Einkaufstätte *ж.-д.* место совершения покупок *(конечный пункт поездки; в теории изучения транспортных потребностей)*
E, Einphasenstrom однофазный ток
E, einsatzgehärtet *мет.* цементированный, закалённый
E, Einschreiben заказное *(пометка на почтовых отправлениях)*
E, Eintritt вход
E, Elastizitätsmodul *физ.* модуль упругости
E, elektrische Feldstärke *физ.* напряжённость электрического поля
E, elektrischer Betrieb электротяга
E, Elektrizität электричество
E, Elektrolokomotive электровоз
E, elektromotorische Kraft электродвижущая сила, эдс *(в формулах)*
E, Elektrostahl электросталь
E, Element элемент
E, Emitter *элн.* эмиттер
E, Empfänger (радио)приёмник
E, Endmast концевая опора

E, Energie энергия
E, Entmagnetisierung размагничивание
E, Entscheidungen des Reichsgerichts in Strafsachen *наименование периодического указателя решений германского суда по уголовным делам*
E, Erde *эл.* земля, заземление
E, Erg эрг *(единица работы в абсолютной системе мер)*
E, Erprobungs- *в сложн.* испытательный
E, Erregeranode *эл.* анод возбуждения
E, Erscheinung выход в свет *(издания)*
E, Erstarrungspunkt точка [температура] замерзания, точка [температура] затвердевания
E, offener Wagen in Rogelbauart, stirn - und seitenkippbar mit Flachboden *ж.-д.* полувагон нормального типа с плоским полом, пригодный для разгрузки с торцевым или боковым опрокидыванием
e, Basis der natürlichen Logarithmen *мат.* основание натуральных логарифмов
e, Elementarladung *физ.* заряд электрона
e, Entfernung расстояние; удаление; дальность
e, Exzentrizität эксцентриситет
e+, Positron *физ.* позитрон
e-, Elektron *физ.* электрон
e., ehrenamtlich почётный; общественный; добровольный
e., eingetragen зарегистрированный
e., englische Sprache английский язык
EA, Aushilfsenergie *тех.* вспомогательная энергия
EA, Eildienst für den Außenhandel *наименование периодического издания по внешней торговле*
EA; E/A, Eingabe/Ausgabe; Ein-und Ausgabe 1. ввод/вывод (данных) 2. устройство ввода/вывода

EA, Einigungsamt *юр.* примирительная камера; арбитраж
EA, Einzahlungsauftrag платёжное поручение
EA, Elektronenaffinität сродство к электрону
EA, elektronischer Analogrechner электронная аналоговая ВМ
EA, Empfängerausgang выход радиоприёмника
EA, Empfangsamt приёмная станция
EA, Empfangsantenne приёмная антенна
EA, Endamt *тлф.* оконечная станция
EA, Entwicklungsausschu:s *ж.-д.* Комиссия по исследованиям и разработкам Главного управления *(Государственных железных дорог ФРГ)*
EA, Ernährungsamt управление продовольственного снабжения
EA, Exportauftrag экспортный заказ
EA, Exportausschu:s Комитет по вопросам экспорта *(ФРГ)*
E.A., Eisenbahnaktie акция железнодорожной компании
eA, eigene Arbeitsstelle *ж.-д.* место работы *(как конечный пункт поездки; в теории изучения транспортных потоков)*
EAB, Evangelische Arbeiterbewegung Евангелическое рабочее движение *(организация в ФРГ)*
EAB-PiM, Ergänzungs- und Ausführungsbestimmungen der Deutschen Reichsbahn zu den Vorschriften für den internationalen Güterverkehr PiM *ж.-д.* Дополнительные и разъясняющие указания Государственных железных дорог ФРГ к Инструкции о международных перевозках грузов **PiM**
EAE, elektronische Abschalteinrichtung *ж.-д.* электронный выключатель
EAG, Ein- und- Außfuhrhandels-Gesellschaft Экспортно-импортное общество
EAG, Europäische Atomgemeinschaft Европейское сообщество по атомной энергии, Евроатом
EAI, Electronic Associate, Inc. *англ.* фирма «Электроник ассошиэйт», выпускающая оборудование для обработки данных *(США)*
E-Al, E-Aluminium, Elektrolytaluminium электролитный алюминий

EB

EAM, Einseitenbandamplitudenmodulation однополюсная амплитудная модуляция, однополюсная АМ
EAO, Eingabe-Ausgabe-Operation *вчт.* операция ввода-вывода
Ea.R., Entartungsreaktion *биол.* реакция вырождения
EARP, Der Euro-Atlantische Partnerschaftsrat Евро-Атлантическое партнёрство *(программа НАТО)*
EAS, Eingabe-Ausgabe-System *вчт.* система (устройств) ввода-вывода
EA SS, Europäisches Abkommen über soziale Sicherheit Европейское соглашение о социальном обеспечении
EAT, Tanganjika Танганьика *(индекс государственной принадлежности автомобиля)*
eaT, Speichertriebwagen *ж.-д.* аккумуляторный моторный вагон
EAU, Einankerumformer *эл.* одноякорный преобразователь
EAU, Uganda Уганда *(индекс государственной принадлежности автомобиля)*
EAW, Eingabe-Ausgabe-Werk *вчт.* устройство ввода-вывода
EAW, Eisenbahnausbesserungswerk железнодорожный ремонтный завод, вагоноремонтный завод
EAW, Elektroapparatewerk завод электроаппаратуры
E.A.Z., empfindlicher Aufschlagzünder чувствительный ударный взрыватель
EB, Eigenbericht сообщение собственного корреспондента
EB, Eigenberichterstatter собственный корреспондент, от собственного корреспондента
EB, Einfuhrbewilligung разрешение на ввоз, импортная лицензия
EB, Einspritzbeginn начало впрыска *(топлива)*
EB, Elektrische Bahnen *наименование периодического издания по электротяговым устройствам*
EB, Entwicklungsbank банк (экономического) развития
EB, Eröffnungsbilanz *бухг.* начальный баланс
EB, Externes Befehlssignal внушняя команда; внешний управляющий сигнал

Eb.

Eb., Ebene 1. плоскость 2. равнина
Eb., Ehrenbürger почётный гражданин
eb., ebenfalls так же, таким же образом
ebd., ebenda там же
EBefVO, Eisenbahn-Befähigungsverordnung *ж.-д.* Положение об определении профессиональной пригодности работников железнодорожного транспорта *(ФРГ)*
ebenf., ebenfalls также, тоже, и, равным образом
Ebf, Einschreibebrief заказное письмо
Ebf., Erzbischof архиепископ
ebf., ebenfalls также, тоже, и, равным образом
EBG, Gesetz über Eisenbahnen und Bergbahnen *ж.-д.* Закон о железных и горных дорогах *(ФРГ, земля Гессен)*
EBH, elektronische Börsenhandel электронные биржевые торги, ЭБТ
EBM, Eisen-, Blech- und Metallwarenindustrie железоделательная, листопрокатная и метизная промышленность
EBO, Eisenbahn-Bau- und Betriebs-Ordnung положение о строительстве и эксплуатации железных дорог
EBOS, Eisenbahnbau- und Betriebsordnung für Schmalspurbahnen *ж.-д.* Правила строительства и эксплуатации железных дорог узкой колеи
e.Br., eigenhändiger Brief собственноручное письмо
e. Br., Einschreibebrief заказное письмо
EBS, elektronisches Bremssystem тормозная система с электронным регулятором
Eb Schra, Einbauvorschriften für Reichsbahnschranken *ж.-д.* Инструкции по оборудованию переездов шлагбаумами
Ebt, Erzbistum архиепископство
EBU, Europäische Boxunion Европейский союз боксёрских обществ
EBÜT, Einheits-Bahnübergangs-Technik *ж.-д.* Унифицированная система переездной сигнализации *(Государственные железные дороги ФРГ, разработана в 1980 году)*
EBW, Erwachsenen-Bildungs-Werk (техническое) учебное заведение для взрослых

EC, Eisenbahnklub железнодорожный клуб
EC, Eislaufklub конькобежный клуб
EC, Energie-Control *авто.* экономер
E.C., Einheitskontaktmine *мор.* контактная унитарная мина
ECAS, *авто., англ.* электронный регулятор подвески
Ecb, ECB, even control block *англ., вчт.* таблица управления событиями; блок управления событиями
ECD, eurocertificate of deposit *англ.* депозитный сертификат в евровалюте
ECE, Economic Comission for Europe Экономическая комиссия для стран Европы, ЭКЕ
ECHA, European Council for High ability Европейская организация содействия высокоодаренной молодежи
ECK, Electrochemisches Kombinat электрохимический комбинат
ECKS, Europäische Gemeinschaft für Kohle und Stahl «Европейское объединение угля и стали», ЕОУС
ECM, electrochemisch электрохимический
ECM, electrochemische Metallbearbeitung электрохимическая обработка металлов
ECMA, European Computer Manufacturing Association *англ.* Европейская ассоциация фирм-изготовителей вычислительных машин *(Швейцария)*
Eco, Ekonomiser экономайзер
ECOSOC, Economic and Social Council Экономический и социальный совет *(ООН),* ЭКОСОС
Ecs, escape (key) *англ. выч.* 1. клавиша выхода *(сброса)* 2. клавиша перехода *(напр. на другой регистр)*
Ecs, Escudo эскудо *(денежная единица Португалии, Чили и ряда др. стран)*
ECT-Spiegel, Elektro-Chromtechnologie-Spiegel *авто.* неослепляющее зеркало, выполненное по технологии электрохромирования
ECU, European Currency Unit *англ.* ЭКЮ *(Европейская валютная единица)*
Ecu, Leitkupfer проводниковая медь; медь для проводов
ED, Einbruchsdiebstahl кража со взломом
ED, einfach dick *орг.* одинарной толщины

ED, einfache Dicke одинарная толщина
ED, Einschaltdauer длительность включения
ED, Einschaltdauer эл. *(относительная)* продолжительность включения
ED, Einzeldosis *мед.* однократная доза
ED, Eisenbahndirektion дирекция железной дороги
Ed., Edikt эдикт, указ, приказ *(верховной власти)*
Ed., Edition издание
e.D., exklusive Dividende *банк.* привилегированный дивиденд
ed., ediert, herausgegeben издано
EDB, Einheits-Durchschreibe-Buchhaltung единое копируучётное ведение бухгалтерских книг
EDC, elektronische Dämpfer-Control электронный регулятор амортизаторов
EDC, elektronische Dieselregelung электронный регулятор дизеля
EDE, Ende der Eingabe *вчт.* конец ввода, завершение процесса ввода
Edeka, Einkaufsgenossenschaft der Kolonialwarenhändler Закупочное товарищество торговцев колониальными товарами
EDF, Electricité de France *фр.* Государственное энергетическое управление Франции
EDG, elektrodynamische Gleisbremse *ж.-д.* электродинамический вагонный замедлитель
E.D.K., Europäische Donaukommission Европейская дунайская комиссия
EDP, electronic data processing *англ.* электронная обработка данных *(см. тж.* **EDV)**
EDPM, electronic data processing machine *англ.* электронная вычислительная машина *(для обработки данных),* ЭВМ *(см. тж.* **EDVA)**
EDR, Einkaufsring Deutscher Radiohändler Закупочное объединение немецких торговцев радиотоварами
EDS, elektrodynamisches Schweben *ж.-д.* электродинамический подвес
EDU, Energiedirektumwandlung прямое преобразование энергии
edul, entgegen dem Uhrzeigerlauf против (движения) часовой стрелки

EDV, Elektronische Datenverarbeitung электронная [автоматизированная, компьютерная] обработка данных
EDVA, elektronische Datenverarbeitungsanlage электронное устройство обработки данных; ЭВМ
EDVAC, Electronic Discrete Variable Automatic Calculator; Electronic Discrete Variable Automatic Computer *англ.* вычислительная машина ЭДВАК *(США)*
EDV-Anwendung, elektronische Datenverarbeitungs-Anwendung прикладная программа электронной [компьютерной] обработки данных
EDV-Einsatz, elektronischer Datenverarbeitungs-Einsatz применение электронной обработки данных; внедрение электронной обработки данных
EDV-gerecht, совместимый с ЭВМ, компьютеросовместимый, компьютерноориентированный
EDVM, elektronische Datenverarbeitungsmaschine ЭВМ *(для обработки данных)*
EDV-Programm, elektronisches Datenverarbeitungsprogramm программа (для) электронной обработки данных, программа обработки данных на ЭВМ; компьютерная программа; *разг.* софт
EDV-Projekt, elektronischer Datenverarbeitungs-Projekt проект (системы) электронной обработки данных; проект компьютерной обработки данных
EDVSZ, elektronische Datenverarbeitungs und Speicherzentrum центр обработки и накопления данных
EE, Einfuhrerklärung импортная декларация, ИД
EE, Einkaufsermächtigung полномочие на закупку
EE, Einspritzende окончание впрыска *(топлива)*
EE, Eisenbahn- und Verkehrsrechtliche Entscheidungen und Abhandlungen *ж.-д.* железнодорожно- и транспортноправовые решения и юридические проработки вопросов *(ФРГ)*
EE., Entseuchungs- und Entgiftungsgerät обеззараживающая и дегазационная аппаратура

Е.Е., Entropie-Einheit *физ.* единица энтропии

ЕЕА, Einheitliche Europäische Akte Единые европейские акты

ЕЕА, Electronic Engineering Association *англ.* Ассоциация по электронной технике *(Великобритания)*

EEC, European Economic Community Европейское экономическое сообщество, ЕЭС

EEE, Erdnuß-Eiweißfaser волокно из земляного ореха

EEF, Europäischer Entwicklungsfonds Европейский фонд развития

Eeg, EEG, Elektroenzephalogramm *мед.* электроэнцефалограмма

EEM, Einzelkanalfrequenzmodulation *радио* одноканальная частотная модуляция [ЧМ]

EF, Eimerfüllung наполнение ковша *(экскаватора)*

EF, Eisenbahnfähre железнодорожный паром

EF, Elektrofilter электрофильтр

EF, Endfernamt оконечная междугородная телефонная станция

EF, Erbfolge порядок наследования

E.F., Einheitsfreimine *мор.* неконтактная унитарная мина

E.F., Eisenbahnfähre железнодорожный паром

Ef, Ef., Einfuhr импорт, ввоз

Ef., Einfuhr- *в сложн.* импортный

Ef., Erbfolge порядок наследования

eF, Edelfestsitz *тех.* глухая посадка 1-го класса точности

EfD, Einfalldosis доза внешнего облучения

Eff., Effekt 1. эффект, результат; следствие 2. *тех.* производительность; мощность

Eff., Effizienz эффективность; кпд

eff, effektiv 1. эффективный 2. действительный; фактический; реальный

EFG, Einschiff-Flußräumgerät корабельный речной трал

EFG, Entgeltsfortzahlungsesetz закон о нормах продолжающейся оплаты труда

EFM, Einzelkanalfrequenzmodulation одноканальная частотная модуляция

Eft, Erfurt г. Эрфурт

EFTA, European Free Trade Association *англ.* Европейская Ассоциация свободной торговли, ЕАСТ

EFTPOS, Elektronic Funds Transfer at the Point of Sale *англ.* передача данных при использовании кредитных карточек

EFWZ, Europäischer Fonds für währungspolitische Zusammenarbeit Европейский фонд валютно-политического сотрудничества

EG, Allgemeines Eisenbahngesetz закон о германских железных дорогах

EG, Ehegesetz закон о браке

EG, Ehrengericht суд чести

EG, Einführungsgesetz вводный закон

EG, Eislauf-Gemeinschaft конькобежное (спортивное) общество

EG, Empfangsgebäude *ж.-д.* здание вокзала

EG, Empfangsgebiet *ж.-д.* зона назначения мелких отправок

EG, Erdgeschoß первый этаж, партер

EG, Europäische Gemeinschaft Европейское (экономическое) сообщество, ЕС, ЕЭС

EG., Ehrengericht суд чести

E.G., Ergänzungsgesetz дополнительный закон

Eg, Eilgüterzug скорый грузовой поезд

Eg, Eilguterzug *ж.-д.* ускоренный грузовой поезд

Eg., Eisessig ледяная уксусная кислота

E/g., Erdgeschoß первый этаж; партер

e.G., eingetragene Genossenschaft зарегистрированное *(торгово-промышленное)* товарищество *(внесённое в регистр)*

e.G., ewige Gefrörnis вечная мерзлота

Ega, Eilgutabfertigung *ж.-д.* отправка грузов большой скоростью

EGAGB, Einführungsgesetz zum Arbeitsgesetzbuch вводный закон к Кодексу законов о труде *(в бывш. ГДР)*

E-Gas, *авто* система с электрической связью между педалью газа и рейкой ТНВД

EGB, Europäischer Gewerkschaftsbund Европейская федерация профсоюзов

Egb., Eigenbau 1. частное строительство 2. частное строение [здание]

EGBGB, Einführungsgesetz zum Bürgerlichen Gesetzbuch вводный закон к Гражданскому кодексу

EGFGB, Einführungsgesetz zum Familiengesetzbuch вводный закон к Кодексу о браке и семье *(в бывш. ГДР)*

EGGVG, Einführungsgesetz zum Gerichtsverfassungsgesetz вводный закон к закону о судоустройстве

EGK, Europäische Güterzugfahrplankonferenz *ж.-д.* Европейская конференция по расписаниям движения *(международных)* грузовых поездов

Egk, Eilgutkasse *ж.-д.* касса грузов большой скорости

EG-Kommission, Комиссия Европейского Сообщества

EGKS, Europäische Gemeinschaft für Kohle und Stahl Европейское объединение угля и стали

EGmbH, eingetragene Genossenschaft mit beschränkter Haftpflicht зарегистрированное общество с ограниченной ответственностью, зарегистрированное *(торгово-промышленное)* товарищество с ограниченной ответственностью

Egmp, Eilgüterzug mit Personenbeförderung ускоренный товаро-пассажирский поезд

EGMR, Europäischer Gerichtshof für Menschenrechte Европейский суд по правам человека

EgmuH, eingetragene Genossenschaft mit unbeschränkter Haftpflicht зарегистрированное *(торгово-промышленное)* товарищество с неограниченной ответственностью; зарегистрированное общество с неограниченной ответственностью

EGmuN, eingetragene Genossenschaft mit unbeschränkter Nachschußpflicht зарегистрированное *(торгово-промышленное)* товарищество [общество] с неограниченной ответственностью по уплате дополнительных денежных взносов

EGP, Existenzgründungsprogramm программа учреждения и начала функционирования предприятий

EGR-Anlage, *ààõî* elektrische Gasreinigungsanlage электрическая газоочистительная установка

EGS, Einheitsgewerkschaft der Arbeiter, Angestellten und Beamten des Saarlandes Объединённый профсоюз рабочих, служащих и чиновников Саара

EG-Steuersystem, система налогообложения внутри Европейского союза

EGStGB, Einführungsgesetz zum Strafgesetzbuch вводный закон к Уголовному кодексу

EGStPO, Einführungsgesetz zur Straf-Prozeßordnung вводный закон к Уголовно-процессуальному кодексу

EGV, Europäischer Golfverband Европейская ассоциация гольфа

EGVG, Einführungsgesetz zu den Verwaltungsverfahrensgesetzen вводный закон к законам об административном судопроизводстве

EGW, Endamtsgruppenwähler *тлф.* групповой искатель оконечной станции

EGWStG, Einführungsgesetz zum Wehrstrafgesetz вводный закон к закону о воинских преступлениях *(ФРГ, 1957 г.)*

EGZGB, Einführungsgesetz zum Zivilgesetzbuch вводный закон к Гражданскому кодексу, вводный закон к ГК

EGZPO, Einführungsgesetz zur Zivilprozeßordnung вводный закон к Гражданско-процессуальному кодексу, вводный закон к ГПК

EH, Einzelhandel розничная торговля

EH, elrktronisch-hydraulisch электронно-гидравлический, с электронно-гидравлическим управлением

E.H., Erste Hilfe *мед.* первая помощь

Eh, Enzelradaufhängung *авто.* независимая подвеска *(колёс)*

E.h., ehrenhalber почётный

eh., ehelich брачный

eh., ehemalig прежний, бывший

eh., ehrenhalber почётный

e.h., ehrenhalber почётный

e.h., eigenhändig собственноручно

EheG, Ehegesetz закон о браке *(и семье)*

ehem., ehemalig прежний, бывший

EHG, elrktronisch-hydraulische Getriebesteuerung электронно-гидравлическое управление автоматической коробкой передач [АКП]

ehi., ehelich брачный

ehm., ehemalig прежний, бывший

ehm., ehemals прежде, когда-то

Ehr.Fdhf., Ehrenfriedhof военное кладбище, братское кладбище

EH-Verfahren, Elin-Hafergut-Verfahren, Unterschienenschwei:sen сварка лежачим электродом

EHW, Eisen- und Hüttenwerke *(Köln)* заводы чёрной металлургии *(в Кёльне)*

Ehz, Erzherzog эрцгерцог

Ei, Eingabe 1. ввод (данных) 2. входная информация, вводимая информация 3. устройство ввода 4. вход

EIA, Electronic Industries Association *англ.* Ассоциация предприятий электронной промышленности *(США)*

EIB, Europäische Investitionsbank Европейский инвестиционный банк

EIB, Export-Import-Bank der Vereinigten Staaten Экспортно-импортный банк США

EIC, Euro-Info-Centres Консультационный центр по вопросам законодательства ЕС

EIF, elektrische Isolierfolie *эл.* изоляционная плёнка

Eig.-Ber., Eigenbericht сообщение собственного корреспондента

Eigent., **Eigt.**, Eigentum собственность

eigtl., eigentlich 1. собственно (говоря); в сущности, по сути дела; на самом деле 2. собственный, подлинный, настоящий; истинный; первоначальный

Eigt.-Whg., Eigentumswohnung собственная квартира

Eigw., Eigenschaftswort *грам.* имя прилагательное

Eilb., Eilbote курьер; нарочный

Eilg., Eilgut *ж.-д.* груз большой скорости, срочный груз

EILP, Europäischer Infrastruktur-Leitplan *ж.-д.* Руководящий план перспективной инфраструктуры железных дорог Европы *(принят МСЖД в 1973 г.)*

Ein., **EIN**, Einschalten включить; включено *(надпись на кнопке, клавише, панели, индикаторе)*

Einb.-Kü., Einbauküche кухня с встроенным оборудованием

Einb.-Schr., Einbauschrank встроенный шкаф

eind., eindeutig ясный недвусмысленный определённый; *мат.* однозначный

eindr., **eindrgl.**, eindringlich настойчивый, настоятельный, убедительный; настойчиво, настоятельно, убедительно

Einf., Einfahrt ворота, въезд, подъезд

Einf.-Hs., Einfamilienhaus особняк, одноквартирный дом, дом для одной семьи

Eing Nr, Eingangsnummer *канц.* входящий номер

Einh, Einheit 1. единица 2. блок; устройство

EinhDynBel, Einheits-Dynamo-Beleuchtung *ж.-д.* унифицированная система электроосвещения пассажирских вагонов

Einh W, Einheitswert имущественный ценз

EinkStG, Einkommenssteuergesetz закон о подоходном налоге

EinnB, Einnahmebuch *бухг.* приходная книга

Einn Nachw, Einnahmenachweisung *бухг.* сведения о поступлении *(денег, товаров)*; авизо

EinnÜb, Einnahmeübersicht *бухг.* перечень поступлений

einschl., einschließlich включая; включительно

Einw, Einwirkung *(управляющее)* воздействие

einwdfr., einwandfrei безупречный, безукоризненный; безупречно, безукоризненно

Einz., Einzahl *грам.* единственное число

Einzelpr., **Einz.-Pr.**, Einzelpreis цена за штуку, розничная цена

Einzelz., Einzelzimmer отдельная комната, комната на одного человека

Einz.-Z., **Einz.-Zi.**, Einzelzimmer отдельная комната, комната на одного человека

EIS, Europäisches Informationssystem европейская информационная система, ЕИС

Eis., Eisenach *г.* Эйзенах

Eisenb., Eisenbahn *ж.-д.* железная дорога

eisenh., eisenhaltig железосодержащий, содержащий железо

EIU, elektronisches Einspritzsystem электронная система управления впрыскиванием топлива

EIVM, elektronische Informationsverarbeitungsmaschine ЭВМ для обработки информации

Ei.Z., Einschießziel *воен.* пристрелочный репер
EJ, Erscheinungsjahr год издания *(книги)*
EJCC, Eastern Joint Computer Conference *англ.* ежегодная восточная объединённая конференция по вычислительной технике
EK, Eigenkapital собственный капитал
EK, Einlaßkanal впускной канал
EK, Eisernes Kreuz «Железный крест» *(германский военный орден)*
EK, Elektrokarre электрокар(а)
EK, Empfänger kurz приёмник настроен на коротковолновый приём
eK, Kartenentfernung топографическая дальность
EKD, Entwurfs- und Konstruktionsdokumentation проектно-конструкторская документация, ПДК
EKD, Evangelische Kirche in Deutschland евангелическая церковь Германии
Ekg, EKG, Elektrokardiogramm *мед.* электрокардиограмма
EK-HF, Expertenkomitee des SEV für die Begutachtung von Konzessionsgesuchen für Hochfrequenzverbindungen auf Hochspannungsleitungen Швейцарский комитет экспертов по вопросам высокочастотной связи по линиям электропередачи
EKiD, Evangelische Kirche in Deutschland евангелическая церковь Германии
EKKI, Exekutivkomitee der Kommunistischen Internationale *ист.* Исполнительный Комитет Коммунистического Интернационала
EKM, Volkseigene Betriebe des Energie-; Konstruktions- und Maschinenbaus Народные предприятия энергооборудования и машиностроения *(бывш. ГДР)*
EKMR, Europäische Kommission für Menschenrechte Европейская комиссия по правам человека
EKO, Eisenhüttenkombinat Ost металлургический комбинат «Ост» *(бывш. ГДР)*
EKO, elektronengekoppelter Oszillator генератор с электронной связью
EKRI, Einheitskontenrahmen der Industrie единый счётный план [единая номенклатура счетов] в промышленности *(бывш. ГДР)*

EKRL, Einheitskontenrahmen der Landwirtschaft единый счётный план [единая номенклатура счетов] в сельском хозяйстве *(бывш. ГДР)*
EKrV, Eisenbahnkreuzungsverrordnung *ж.-д.* нормативный акт о регулировании отдельных вопросов о пересечениях железных дорог с шоссейными *(издаётся федеральным министром транспорта на основании соответствующего закона ФРГ)*
EKS, Elektrokardioskop электрокардиоскоп
EKT, Elektrokardio-Tachograph электрокардиотахограф
EKu, elektrische Kupplung электрическое сцепление; соединительная муфта *(электрических проводов)*
EKV, Einheit-Kurzschrift-Verein профессиональное объединение стенографов, работающих по единой системе стенографирования
EKV der DB, Einkaufsvorschrift der Deutschen Bundesbahn *ж.-д.* Инструкция о порядке проведения закупок *(Государственные железные дороги ФРГ, базируется на VOL)*
EKW, Eisenbahnkesselwagen вагон-цистерна, железнодорожная цистерна
EKZ, Einkaufszentrum торговый центр
EKZ, Elektrizitätswerke des Kantons Zürich энергосистема кантона Цюриха
EKZ, Elektrozugkarre электротягач
E.K.Z., empfindlicher Kopfzünder чувствительный головной взрыватель
EL, elektrische Lokomotive *ж.-д.* электровоз
EL, Empfänger lang приёмник настроен на длинноволновый приём
EL, Endleitung оконечная линия
EL, Erhaltungsladung *эл.* постоянная подзарядка
E.L., Erkennungslicht опознавательный огонь
El, Elektron электрон
el, elektrisch электрический
el., elastisch эластичный; упругий
Ela, Elektroakustik электроакустика
ela, elektroakustisch электроакустический
ELAG, Electro-Akustik-Anlage *наименование периодического издания по вопросам электроакустики*

ELAV, Eidgenössischer Leichtathletikverband Швейцарский союз лёгкой атлетики
el Bel, elektrische Beleuchtung *ж.-д.* электрическое освещение пассажирских вагонов *(надпись на вагоне)*
Elbf, Elberfeld (-Wuppertal) г. Эльберфельд(-Вупперталь)
Elgro, Einkaufsgemeinschaft der Lebensmittelgroßhändler Закупочное объединение оптовых торговцев продовольственными товарами
ElHz, elektrische Heizung электрическое отопление
ELK, Eingabe-Lochkarte перфокарта с вводимыми данными [с входными данными]; перфокарта с исходными данными
ELK., Evangelisch-Lutherische Kirche Евангелистско-Лютеранская церковь
Elka, Elektrokarren электрокар, электрическая грузовая *(багажная)* тележка,
Elko, Elektrolytkondensator электролитический конденсатор
Elkw, Elektrokraftwagen электромобиль
ell., elliptisch эллиптический
ELM, englische Luftmine английская авиационная мина-торпеда
Elm, Elektrometall электрометалл
Elmi, Elektronenmikroskop электронный микроскоп
Elmo, Elektromotor электродвигатель, электромотор
E-Lok, Ellok, elektrische Lokomotive электровоз
Elomag, elektrolytisch oxydiertes Magnesium электролитически окисленный магний
Eloxal, elektrolytisch oxydiertes Aluminium электролитиче окисленный алюминий
El.Str.Ltg., Elektrostreckenleitung *ж.-д. австр.* провод линии энергоснабжения участка
Elt, Elektrizität электричество
Elt, Elektrolokomotive электровоз
Eltbetrieb, elektrotechnischer Betrieb электротехническое предприятие
ELTM, englische Lufttreibmine английская воздушная торпеда
EltvU, Elektrizitätversorgungsunternehmen электроэнергетическая система
Eltwerk, Elektrizitätswerk электростанция

Elyt, Elektrolytkondensator электролитический конденсатор
EM, Einheitsmine *мор.* унитарная мина
EM, Einzelmaß *торг.* штучная мера
EM, Elektromagnet электромагнит
EM, Elektromotor электродвигатель, электромотор
EM, Elektronenmikroskop электронный микроскоп
EM, Eurostar-Modell модель, впервые экспонируемая на международной автомобильной выставке, «еврозвезда»
EM, Mittelwagen *ж.-д.* средний прицепной вагон электросекции
Em, Emanaion эманация
Em, Entfernungsmesser дальномерный
em., emeritiert 1. уволенный на пенсию 2. освобождённый от своих обязанностей *(о преподавателях высших учебных заведений)*
EMA, European Monetary Agreement Европейское валютное соглашение, ЕВС
EMB, Eingabemagnetband магнитная лента с вводимыми данными [с входными данными]; магнитная лента с исходными данными
EMD, Eidgenössisches Militärdepartement Швейцарский военный департамент
EME, elektromagnetische Einheit электромагнитная единица
EME, Elektronenmikroskop электронный микроскоп
E-Metallurgie, Eisenmetallurgie чёрная металлургия
EMF, European Monetary Fund Европейский валютный фонд, ЕВФ, ЕМФ
EMG, Einmann-Gesellschaft *ком.* общество, акции которого сосредоточены в руках одного лица, единоличное общество
EMG, Elektromyogramm электромиграмма *(запись биотоков мускулов)*
EMG, Entmagnetisierungsgruppe группа размагничивания кораблей
EMG, Gesetz über den Verkehr mit Edelmetallen und Perlen закон о торговле благородными металлами, драгоценными камнями и жемчугом
EMK, elektromotorische Kraft электродвижущая сила, эдс

EML, elektronische Motorleistungsregelung электронный регулятор мощности двигателя
EMO, Entfernungsmeßoffizier офицер-дальномерщик
emo, einmotorig одномоторный
E-Modul, Elastizitätsmodul модуль упругости
EMP, Eingabemagnetplatte *вчт.* магнитный диск с вводимыми данными [с входными данными]; магнитный диск с исходными данными
EMP, Evangelischer Mädchenpfadfinderbund Союз гёрлскаутов-евангелисток
EMPA, Eidgenössische Materialprüfungsanstalt Швейцарский институт испытания материалов
EMPF, Entscheidungsempfehlung рекомендация *(для принятия решения)*
Empf., Empfang приём, приёмка, получение *(денег, писем)*
Empf., Empfänger приёмник; приёмное устройство
Empf., Empfehlung рекомендация, совет
Empf.B., Empfangsbescheinigung расписка в получении
empf. Pr., empfohlener Preis рекомендуемая цена
EMS, elektromagnetische Schwebetechnik *ж.-д.* транспортная техника на магнитном подвесе
EMS, elektromagnetisches Schwebesystem *ж.-д.* электромагнитная система подвеса *(транспортного средства на магнитной подушке)*
EMT, Elektromeßtechnik электроизмерительная техника
EMU, elektromagnetische Umgebung окружающая электромагнитная среда; внешнее электромагнитное поле
EMV, elektromagnetische Verträglichkeit электромагнитная совместимость
EMW, elektromechanisches Werk электромеханический завод, ЭМЗ
emw, elektromagnetische Welle электромагнитная волна
EN, Entkopplungsnetzwerk *эл.* развязывающая схема; развязывающая цепь
EN, Europäische Norm европейский стандарт, евростандарт

En., Eigenname *грам.* имя собственное
En., Energie энергия *(в разных значениях)*
END, Endimpuls; Endeimpuls импульс [сигнал] завершения
endg., endgültig окончательно
Ends, Endsatz комплект оконечной аппаратуры
Endst., Endstation конечная станция, конечная остановка
eng., engagieren 1. ангажировать; принимать [приглашать] на работу 2. обязывать, связывать *(кого-л.)* обязательством
eng., engagiert ангажированный; обязанный, связанный обязательством
engl., englisch английский; по-английски
ENIAC, Electronic Numerical Integrator and Calculator; Electronic Numerical Integrator and Computer *англ.* вычислительная машина [ВМ] ЭНИАК Пенсильванского университета *(США)*
ENKB, elektrisch angetriebene Normalfilm-Kinokamera für Bomben широкоплёночная с электрическим приводом кинокамера для (учебного) бомбометания
ENP, Entscheidungsnetzplan *сет. пл.* альтернативная сетевая модель
ENQ, enquiry, Aufforderung zum Empfang запрос на приём *(данных)*
E-Nr., Einzelnummer отдельный номер *(журнала, газеты)*
ENT, elektrische Nachrichtentechnik техника электрической связи
ent, entomologisch энтомологический
Entf., Entfernung расстояние; удаление; дальность
entf., entfernt отдалённый, удалённый, дальний; далёкий
enth., enthalten содержать
Entl., Entladung 1. разгрузка, выгрузка 2.*эл.* разряд, разрядка
Entl.Gr., Entlassungsgrund причина увольнения
EO, Eosinophil *биол.* эозинофил
EOA, end-of-address *англ.* нижняя граница адресов
EöH, Eisenbahnen öffentlicher Häfen *ж.-д.* железные дороги портов общего пользования *(ФРГ)*

E.O.M., end of month following *англ.* конец месяца, следующий после дня продажи

EONIA-Rate, Euro Overnight Indexed Averaged Rate *(межбанковская)* усреднённая ставка на основе суточного индекса в Евро

E-Ort, Erscheinungsort место издания *(книги)*

EOS, Echtzeitoperationssystem *вчт.* операционная система, работающая в реальном (масштабе) времени

EOS, l'Energie de l'Ouest-Suisse *фр.* электросеть Западной Швейцарии

EOT, end-of-transmission *англ., вчт.* конец передачи

EOV, end of volumen *англ., вчт.* конец носителя данных; конец тома

EOW, elektrisch-ortsbediente Weiche *ж.-д.* стрелка с электроприводом (находящаяся) на местном обслуживании

e.o.W., erstes offenes Wasser с открытием навигации, первой открытой водой, ПОВ

EP, Eingabeprogramm программа ввода

EP, Endpunkt конечный пункт

EP, Epoxid эпоксид

EP, Erstarrungspunkt точка [температура] замерзания, точка [температура] затвердевания

EP, Erweichungspunkt точка [температура] размягчения

EP, Europäisches Parlament Европейский парламент

EP, Europress агентство печати Европресс

E.P., englisches Patent английский патент

Ep., Epistel книга «Послания апостолов» *(часть библии)*

ep, elektropneumatische Betätigung (сцепление) с электропневматическим приводом

EPA, Elektronische Platzbuchungsanlage *ж.-д.* система электронного учёта и резервирования мест в пассажирских поездах

EPA, Europäisches Patentamt Европейское патентное ведомство

EPA, Europäisches Patentamt Европейское патентное управление

EP-Bremse, elektropneumatische Bremse *ж.-д.* электропневматический тормоз

EPC, European Patent Convention *англ.* Европейское соглашение о патентах

epd, EPD, Evangelischer Presse- und Informationsdienst *(Göttingen)* Евангелическая служба печати и информации *(в Геттингене)*

Epf, Einführungspfeifen *элт., усл. обозн. (проводка)* вводные втулки

EPG, Europäische Politische Gemeinschaft Европейское политическое сообщество *(стран, объединённых планом Шумана)*

EPI, Evangelischer Presse- und Informationsdienst *(Kassel)* Евангелическая служба печати и информации *(в Касселе)*

EPK, Europäische Personentarifkonferenz *ж.-д.* Европейская конференция по пассажирским тарифам

EPL, European Program Library *англ.* «Европейская библиотека программ»

EPM, Ersatz-Primärmischung *свз., тлв.* эквивалентная первичная схема включения

EPO, Europäische Patentorganisation Европейская патентная организация

EPO, Europäische Politische Organisation Европейская политическая организация

EPO, European Patent Office *англ.* Европейская патентная служба

EPP, Europäischer Palettenpool *ж.-д.* Европейский пул по использованию поддонов

EPR, elektronenparamagnetische Resonanz электронный парамагнитный резонанс

EPR, Elektronische Platzreservierung *ж.-д. (швейцарская)* система электронного учёта и резервирования мест в пассажирских поездах

Epr., Einzelpreis розничная цена

E-PROM, eraseable programmable read-only memory *вчт.* стираемое программируемое постоянное ЗУ, СППЗУ

EPS, earnings per share *англ.* доход в расчете на акцию

EPS, effektive Schleppferdestärke эффективная буксировочная мощность *(в л.с.)*

EPS, elektropneumatische Schaltung электропневматическая система переключения передач

ePS, effektive Pferdestärke эффективная мощность *(в лошадиных силах)*
EPSp, Restpferdestärke остаточная мощность *(в лошадиных силах)*
EPSR, Reibungspferdestärke мощность трения в лошадиных силах, мощность, затраченная на трение
EPU, Europäische Parlamentarische Union Европейский парламентский союз, ЕПС
EPU, European Payments Union *англ.* Европейский платежный союз
EPZ, Eisenportlandzement *стр.* шлакопортландцемент
EPZ, Europäische Produktivitätszentrale Европейское агентство по вопросам производительности *(Организации европейского экономического сотрудничества)*
EQ, Equador Эквадор *(индекс государственной принадлежности автомобиля)*
ER, Einfuhrerklärung 1. заявление импортёра, декларация импортёра 2. импортная *(таможенная)* декларация, ИД
ER, Eisenbahntechnische Rundschau *ж.-д.* «Железнодорожное обозрение» *(журнал)*
ER, Elektronenrechner электронная вычислительная машина, ЭВМ
ER, Empfangsrelais приёмное реле
ER, Europarat, Europa-Rat, Eurorat Евросовет, Европейский Совет, ЕС
ER, Europarekord *спорт.* европейский рекорд
Er, Erbium *хим.* эрбий
ERA, elektronische Reisezugauskunft *ж.-д.* автоматизированная справочная система для выдачи информации о движении пассажирских поездов *(ФРГ)*
ErbSt, Erb.St., Erbschaftssteuer налог на наследство
ErbStG, Erbschaftssteuergesetz закон о налоге на наследство
ERC, Elektronic Retarder Control электронная система управления тормозом-замедлителем
Erdei., Erdeinschießziel *воен.* наземный пристрелочный репер
Erdg., Erdgeschoß первый этаж, партер

ERFPI, Extended Range Floating Point Interpretive (System) *англ.* интерпретирующая система для вычислений с плавающей запятой и увеличенной разрядностью мантиссы
ERG, Erg, Elektroretinogramm *мед.* электроретинограмма
Erg.-Bd., Ergänzungsband дополнительный том
Erg.D.A., Ergänzungsbuch zum Deutschen Arzneibuch дополнительный том к Германской фармакопее
Erg.-H., Ergänzungsheft дополнительный номер журнала
Eri, Eridanus *астр.* Эридан
Erinngn, Erinnerungen *библиогр.* воспоминания, мемуары
Erk.M., Erkennungsmarke опознавательный знак
ERL, erweiterter Regellichtraum *ж.-д.* расширенный габарит приближения строений
Erl, Erlaß указ
Erl, Erläuterung разъяснение; пояснение; комментарий
Erl., Erlaß указ; предписание, приказ
erl., erledigt *канц.* исполнено
ERM, elektronische Rechenmaschine электронная вычислительная машина, ЭВМ
Erm., Ermächtigung полномочие
Erm V., Ermittlungsvorschriften *юр.* правила производства дознания и следствия
ERP, European Recovery Program 1. Программа восстановления Европы, Программа экономической помощи Европе 2. план Маршалла
ERS, Ersatz заменитель
ers., ersetzbar заменяемо
ERSC, Eislauf- und Rollschuhklub клуб конькобежного и роликового спорта
Erzg., Erzählung *библиогр.* рассказ, повесть
ES, Empfangssieb *радио* фильтр приёмника
ES, Steuerwagen für Elektrotriebwagen прицепной электровагон с постом управления *(серийное обозначение)*
E-S, Empfänger - Sender радиостанция двухсторонней связи, приёмопередатчик
E.S., Erkennungssignal *навиг.* опознавательный сигнал, сигнал опознавания

Es

Es, Eskudo эскудо *(денежная единица Португалии)*
Es, Spitzenenergie *тех.* пиковая энергия
e.S., erhöhte Sicherheit повышенная надёжность; повышенная безопасность
ESA, Steuerwagen für Akkumulatorenfahrzeug вагон с постом управления аккумуляторного электроподвижного состава
ESB, Einseitenbandbetrieb *свз.* однополосная работа, однополосный режим
ESBO, Eisenbahnbau- und Betriebsordnung für Schmalspurbahnen Правила строительства и эксплуатации узкоколейных железных дорог *(ФРГ)*
Esc., Eskudo эскудо *(денежная единица Португалии)*
E-Schweißen, Elektroschweißen электросварка
es E, E.S.E., elektrostatische Einheit электростатическая единица
ESE-M, elektronische Steuereinheit für das Motorrad электронный распределитель зажигания для мотоцикла
ESER, einheitliches System der elektronischen Rechentechnik; Einheitssystem elektronischer Rechner единая система электронных вычислительных машин, ЕС ЭВМ
ESG, Einscheibensicherheitsglas однослойное безопасное стекло
E.S.G., ESGiD, Evangelische Studentengemeinde in Deutschland Немецкое евангелическое студенческое общество
ESH-Schwingtisch, Elektro-Servo-Hydraulik-Schwingtisch электросервогидравлический вибрационный стол
ESH-Technik, Elektro-Servo-Hydraulik/-Technik электросервогидравлическая техника
e.Sk., erhöhter Sicherheitskoeffizient повышенный коэффициент надёжности
ESM, Einseitenbandmodulation *радио* однополосная модуляция
Esn, Essen г. Эссен
ESO, Eisenbahnsignalordnung правила железнодорожной сигнализации
ESP, Spanische Peseta испанская песета
Esp, Echosperre эл. подавитель отражённых сигналов, эхозаградитель

Espe, elektrostatische Spannungseinheit электростатическая единица напряжения
Espr., Espresso крепкий чёрный кофе *(быстро приготовленный)*
ESR, Elektronenspinresonanz электронный парамагнитный резонанс, ЭПР
E.S.R., Elektronenstrahlröhre электроннолучевая трубка, ЭЛТ
EsR, Entartungsreaktion *биол.* реакция перерождения
ESS, elektronisches Schaltsystem электронная система коммутации
Ess., Essigsäure уксусная кислота
esS, Steuerwagen zum Elektrotriebwagen für Stromschiene *ж.-д.* вагон с кабиной управления из состава электросекции с питанием от контактного рельса *(не моторный)*
ES-Schweißen, Elektro-Schlackeschweißung электрошлаковая сварка
Essl., Eßlingen г. Эслинген
ESt, Einkommensteuer подоходный налог
E.St., Eisenbahnstation железнодорожная станция
esT, Elektrotriebwagen für Stromschiene *ж.-д.* моторный вагон электросекции с питанием от контактного рельса
EStDV, Verordnung zur Durchführung des Einkommensteuergesetzes инструкция о порядке проведения закона о подоходном налоге
EStG, Einkommensteuergesetz закон о подоходном налоге
Estgut, Eilstückgut *ж.-д.* штучный груз большой скорости
Esttg, Erstattung *юр.* возвращение, возмещение
ESTW, Elektronisches Stellwerk электронная централизация
ESU, Englische Sprachunion союз народов, говорящих на английском языке
ET, Eintontelegrafie однотональная телеграфия
ET, Einzeltakt одиночный такт; одиночный тактовый импульс
ET, Elektrotriebwagen моторный вагон
ET, Endtriode элн. оконечный триод
ET, Entscheidungstabelle таблица переходов; таблица (проверки) условий *(в программе)*

ET, Erreger-Transformator трансформатор возбудителя

Et, Eiltriebwagen железнодорожный вагон для грузов большой скорости

ETA, elektrischer Triebwagen mit Akkumulatorenbatterie аккумуляторный моторный вагон

E-Tage, Erscheinungstage дни выхода *(газеты, журнала)*

ETB, Einheitliche Technische Baubestimmungen унифицированные технические строительные нормы

ETC, Eissport- und Tennisklub клуб конькобежного и теннисного спорта

Etel, Erdtelegraphie телеграфия с использованием земли в качестве обратного провода

ETG, Elektrotechnische Gesellschaft электротехническое общество

Etg., Etage этаж

ETH, Äthiopien Эфиопия *(индекс государственной принадлежности автомобиля)*

ETH, Eidgenössische Technische Hochschule Швейцарское высшее техническое училище

ETM, Einheitstrimmoment *мор.* момент, изменяющий дифферент на 1 дюйм

ETR, elektronischer Tischrechner электронная настольная вычислительная машина [ВМ]

Etra, Eisenbahntransportabteilung отдел железнодорожных перевозок

ETS-Gerät, elektronisches Transistorschutz-Gerät электронное устройство защиты перевозимого груза

E-TSt, Endtelegraphenstelle оконечная телеграфная станция

ETT, einheitlicher Transittarif единый транзитный тариф

ETT, Eintontelegrafie однотональная телеграфия

ETV, Eidgenössischer Turnverein Швейцарский гимнастический союз

ETV, Elektrotechnischer Verein Электротехнический союз

ETVA, Elektrotechnische Versuchsanstalt Wien-Arsenal Электротехнический испытательный центр Вена-Арсенал

etw., etwas несколько, немного

ETX, Ende des Textes конец текста

ETZ, Elektrotechnische Zeitschrift *наименование периодического издания по электротехнике*

EU, Einankerumformer *эл.* одноякорный преобразователь

EU, Empfängerumformer преобразователь тока в радиоприёмнике

EU, Entfernungsunterschied *мор.* величина изменения расстояния

EU, Europaunion, Union Europäischer Föderalisten Европейский союз, Европейский союз федералистов

EU, Europium *хим.* европий

EuGH, Europäischer Gerichtshof Европейский Верховный суд, ЕВС

EuKMR, Europäische Kommission für Menschenrechte Европейская комиссия по правам человека, Еврокомиссия по правам человека

EU-Kommission, Комиссия Европейского Союза; Комиссия ЕС; Еврокомиссия

EuM, Entscheidungen und Mitteilungen des Versicherungsamtes *наименование периодического издания по вопросам (социального) страхования*

E.u.M., Elektrotechnik und Maschinenbau *наименование периодического издания по электротехнике и машиностроению*

EuMRK, Europäische Menschenrechtskonvention Европейская конвенция по правам человека

EUR, Euro евро

EUR, Europäischer Palettenpool *ж.-д.* Европейский пул по использованию поддонов

EURAILPASS, European Railroad Pass *ж.-д.* единый международный сетевой билет для иностранных туристов *(введён с 1.03.59 г. 13-ю железными дорогами Западной Европы)*

EURATOM, Europäische Atomgemeinschaft Европейское сообщество по атомной энергии, Евратом

EUREX, European Exchange *анг.* сводный индекс Германской срочной биржи DTB *(Deutsche Terminbörse)* и Швейцарской срочной биржи SOFFEX *(Schweizer Terminbörse, Swiss Options and Financial Futures Exchange)*

EURIBOR, Euro Interbank Offered Rate *анг.* межбанковская ставка в Евро
EURIBOR, Euro Interbank Offered Rate межбанковская ставка в Евро
EUR/NWE, Euro-Einheit/nationale Währungseinheit денежная единица в Евро/национальная денежная единица; пересчёт денежных единиц в Евро в национальные денежные единицы
Euro-CD, eurocertificate of deposit *англ.* депозитный сертификат в евровалюте
EuroEG, Euro-Einführungsgesetz закон о введении Евро
EuroEG, Gesetz zur Einführung des Euro закон о введении Евро *(в качестве единой валюты ЕС)*
EUV, Einzelunfallversicherung страхование единичного несчастного случая
EU-Widerstand, Eisen-Urdox-Widerstand эл. железоводородный бареттер
EuZW, Europäische Zeitschrift für Wirtschaftsrecht Европейский журнал по хозяйственному праву
EV, Einlaßventil впускной клапан
EV, Eissportverband союз конькобежного спорта
EV, Emaniervermögen *физ.* эманирующая способность
EV, E.V., Empfangsverstärker усилитель (радио)приёма; усилитель приёмника
EV, Evs, Endverschluß концевая *(кабельная)* муфта; *(кабельное)* оконцевание; заделка концов *(кабеля)*
EV, Endverstärker оконечный усилитель
EV, Endverzweiger распределительная коробка; распределительный шкаф; конечный распределительный щит
EV, Energieversorgung энергоснабжение
EV, Energieverteilung отделение энергораспределительных систем *(в составе фирмы «Сименс»)*
EV, Ermittlungsverfahren предварительное расследование
EV, Europa-Verlag, Zürich издательство Европа-ферлаг в Цюрихе
E.V., Eingang vorbehalten при условии (предварительного) получения, при условии (предварительного) поступления *(денег, письма и пр.)*
Ev, Endverstärker эл. оконечный усилитель
Ev., Evangelium евангелие

eV, Elektronenvolt *физ.* электрон-вольт, эВ
e.V., eidesstattliche Versicherung заверение, равное присяге
e.V., eingetragener Verein зарегистрированное общество [объединение], зарегистрированный союз
ev, Evolvente эвольвента
ev., evangelisch *рел.* евангелический
EVA, Einheitsvertrag für Architekten единый договор для архитекторов
EVB, Allgemeine Einheitsversicherungs-Bedingungen общие условия группового [коллективного] страхования
EVD, Eidgenössisches Volkswirtschaftsdepartement Швейцарский департамент народного хозяйства
EVD, Evangelischer Volksdienst «Евангелическая служба народу» *(организация в ФРГ)*
EVG, Europäische Verteidigungsgemeinschaft «Европейское оборонительное сообщество», ЕОС
evgl., evangelisch *церк.* евангелический
EvH, Hilfswerk der Evangelischen Kirche in Deutschland благотворительный фонд евангелической церкви Германии
ev.-luth., evangelisch-lutherisch *рел.* евангелистско-лютеранский
EVM, Einheitliches Verdingungsmuster единый образец выдачи подряда
EVN, Energieverbrauchsnorm норма *(удельного)* расхода энергии
EVO, Eisenbahn-Verkehrs-Ordnung правила коммерческой эксплуатации железных дорог *(для внутригерманского сообщества)*; положение о железнодорожном сообщении
EVO, Europäische Verteidigungsorganisation «Европейская оборонительная организация»
EVP, Europäische Volkspartei Европейская народная партия
ev.-ref., evangelisch-reformiert *рел.* реформистско-евангелический, евангелистско-реформатский
EVS, elektrische Vollschrankenanlage *ж.-д.* шлагбаум с полным перекрытием проезжей части дороги с электроприводом, автоматический шлагбаум с полным перекрытием проезжей части дороги

Evs, EV, Endverschluß концевая *(кабельная)* муфта; *(кабельное)* оконцевание; заделка концов *(кабеля)*
EVSt, Endvermittlungsstelle оконечная коммутационная станция
evt., evtl., eventuell 1. возможный 2. при случае, смотря по обстоятельствам
EVU, Elektrizitätsversorgungsunternehmen электроснабжающее предприятие
EVZA, «Elektronische VZ-Abrechnung» *ж.-д.* централизованные автоматизированные расчёты за перевозки с клиентами *(бывш. ГДР)*
EW, Einheitswagen *ж.-д.* унифицированный пассажирский вагон *(железных дорог Швейцарии)*
EW, Einheitswelle единичная волна
EW, Einweggleichrichtung *эл.* однополупериодное выпрямление
EW, Einwohner житель
EW, Eisenhüttenwerk металлургический завод
EW, Eisenwasserstoffwiderstand *эл.* железо-водородный баррттер
EW, Eiweiß *мед.* белок
EW, Elektrizitätswerk электростанция
EW, elektromechanisches Werk электромеханический завод
EW, Empfängerwellenerreger *радио* приёмный осциллятор
Ew., Einwohner житель
Ew., Entweichung утечка *(тока)*; улетучиваемость *(газа)*
ew, einfachwirkend простого действия
EWA, Europäisches Währungsabkommen Европейское валютное соглашение
EWA, Europäische Werkzeugmaschinen - Ausstellung Европейская выставка станков
E-Weise, Erscheinungsweise порядок выхода *(газеты, журнала)*
E-Werk, Elektrizit°tswerk электростанция
EWF, Europäischer Währungsfond Европейский валютный фонд
EWG, Europäische Wirtschaftsgemeinschaft *(heute: Europäische Gemeinschaft* Европейское экономическое сообщество, ЕЭС
EWGV, Vertrag über die Europäische Wirtschaftsgemeinschaft договор об европейском экономическом сообществе, договор об ЕЭС
EWI, Elektrowärme-Institut *(Essen)* Научно-исследовательский институт электротермии *(в Эссене)*
EWK, Endwertkarte итоговая (перфо)карта, (перфо)карта с итоговыми значениями [результатами]
EWK, Europäische Wagenbeistellung-Konferenz Европейская конференция по регулированию вагонопотоков
EWk, Elektrizitätswerk электростанция
E.W.L., Entwurfwasserlinie проектная ватерлиния
Ewl, EWL, Linksweiche *ж.-д.* левый стрелочный перевод
EWM, Elektronenwellenmagnetron электронноволновый магнетрон
EWO, Internationale Schau für Ernährung und Wohnkultur Международная выставка организации питания и культуры быта
EWP, Europäischer Wagenbeistellungsplan Европейский план регулирования вагонопотоков
EWR, Elektronenwellenröhre электронноволновая лампа
EWR, Europäischer Wirtschaftsraum Европейское экономическое пространство
Ewr, EWR, Rechtsweiche *ж.-д.* правый стрелочный перевод
EWS, Europäisches Währungssystem Европейская валютная система
EWT, Elektrizitätswerktelephonie телефонная связь в энергосистемах
EWU, Europäische Währungsunion Европейский валютный союз; ЕВС
EWU, Fernwirkunterstation *ж.-д.* пункт телеуправления
EWWU, Europäische Wirtschafts- und Währungsunion Европейский экономический и валютный союз; ЕЭВС
EWZ, Fernwirkzentrale *ж.-д.* пункт телеуправления; центр телеуправления
Ew.-Z., EwZ, Einwohnerzahl число жителей
Ex., Exemplar экземпляр
Ex-Ausschuß HB, служба надзора за взрывобезопасностью фирмы «Хартман унд Браун» *(ФРГ)*
exc., except *англ.* исключая

EXCP

EXCP, Makro zur Ausführung des Kanalprogramms *вчт.* макрокоманда (выполнения) программы канала
Exe, Auswertelektronik электронный дешифратор
Ex «e», erhöhte Sicherheit категория повышенной взрывобезопасности
ex.f., extrafein *торг.* высшего качества, экстра, высшей степени очистки
Exgut, Expreßgut груз особой срочности, экспресс-груз
Ex «i», Eigensicherheit категория собственной взрывобезопасности
Ex-Im, **EXIM**, Export-Import-Bank der Vereinigten Staaten Экспортно-импортный банк США
exkl., exklusiv исключительный; замкнутый, обособленный
exkl., exklusive за исключением, исключая
Exp., Export экспорт
Exp., Export- *в сложн.* экспортный
exp, Exponentialfunktion *мат.* экспоненциальная функция; показательная функция; экспонента
exp., experimental экспериментальный
Exp A, Exportausschuß Комитет по вопросам экспорта
EXPERT, Expanded PERT *англ.* расширенная *(модернизированная)* система сетевого планирования ПЕРТ, система ЭКСПЕРТ
Expl., Exemplar экземпляр
expl., explizit явный
Expr, Expressgutwagen *ж.-д.* вагон для перевозки грузобагажа; вагон для перевозки грузов особой срочности [экспресс-грузов]
Ex «s», Sonderschutz категория специальной взрывобезопасности
Exspl, explosionsgefährlich *ж.-д.* взрывоопасный *(о грузе)*

Ext, Expresstriebwagen *ж.-д.* моторный грузовой вагон для перевозки грузобагажа [грузов большой скорости]
Ext, extern внешний
Ext, Externe Unterbrechung *вчт.* внешнее прерывание
extrf., extrafein *торг.* высшего качества, экстра
«Ex-Zug» Expresszug *ж.-д. австр.* экспресс
EZ, Ehrenzeichen знак отличия
EZ, Einheitszeit единое время
EZ, Einzelzimmer одноместный номер *(в гостинице)*
EZ, Erinnerungszeiger напоминающий указатель; предупредительный индикатор
EZ, Esterzahl *хим.* эфирное число
Ez, Einzahl *грам.* единственное число
Ez, Entzerrer 1. *эл.* корректор; компенсатор искажений 2. *вчт.* блок коррекции, корректирующее устройство
EZA, Eisenbahnzentralamt Центральное управление железных дорог
EZB, Einfuhr- und Zahlungsbewilligung импортно-платёжная лицензия
EZB, Einheitliche Zusatzbestimmungen zu CIM sowie CIV *ж.-д.* Единые дополнительные условия к соглашениям **CIM** и **CIV**
EZB, Europäische Zentralbank Центральный банк Европы (Европейского Союза); Центральноевропейский банк
Ezg, Einzahlung платёж, взнос; оплата
EZO, Eisenbahn-Zollordnung железнодорожные таможенные правила; железнодорожный таможенный устав, ЖТУ
EZU, Europäische Zahlungsunion Европейский платёжный союз
E-Zug, Eilzug скорый пассажирский поезд *(с доплатой за скорость)*
EZW, Einziehwerkzeug заводной пружинный механизм

F

F, **Fahrenheit** *(столько-то)* градусов по Фаренгейту
F, **Farad** *физ.* фарада, Ф *(единица электроёмкости)*
F, **Feind** *воен.* противник
F, **Fenschnellzug** скорый поезд дальнего следования
F, **Fensterreinigung** *ж.-д.* наружная очистка стёкол окон пассажирского вагона, наружное мытьё стёкол окон пассажирского вагона
F, **Fernaufklärer** самолёт-разведчик с большим радиусом действия
F, **Fernbereich** *ж.-д.* зона организации *(продвижения)* вагонопотоков между сортировочными станциями
F, **Fernhörer** телефон
F, **Fernmeldetechnik** техника электросвязи
F, **Fernsprechleitung** телефонная линия; телефонный провод
F, **fester Auflager** неподвижная опора *(моста)*
F, **Festfeuer** *навиг.* постоянный огонь
F, **Festigkeit** предел прочности при растяжении
F, **Festungs-** *в сложн. воен.* долговременный, оборонительный
F, **Feuerwehr** пожарная охрана
F, **Fläche** поверхность; площадь
F, **Flugebene** *ав.* несущая плоскость
F, **Fluor** *хим.* фтор
F, **Fluß** *топ.* река
F, **Formschwerpunkt** (des Schiffes), **Verdrängungsschwerpunkt** *мор.* центр величины, центр тяжести водоизмещения
F, **Frachtgut** *ж.-д.* груз малой скорости
F, **Frankreich** Франция *(индекс государственной принадлежности автомобиля)*
F, **Frequenz** *физ.* частота
F, **Fristarbeit** *ж.-д.* плановый ремонт *(локомотива в депо)*
F, **Fristenfahrzeug** *ж.-д.* локомотив, подлежащий деповскому ремонту
F, **Fühler** 1. чувствительный элемент 2.щуп; зонд

F, **Fusionspunkt** точка [температура] плавления
F., **Femininum** *грам.* женский род
F., **Fließpunkt** точка текучести
F., **Folge** ряд, серия
F., **Fortsetzung** продолжение
F., **Freitag** пятница
F., **Frischwasserfreibord** *мор.* пресноводный надводный борт
f, **fein** *opг.* тонкий; мелкий
f, **flächenzentriert** *крист.* гранецентрированный
f, **Frequenz** *физ.* частота
f, **Frühzündung** раннее зажигание
f., **femininum** *грам.* женский род
f., **Funktion** *мат.* функция
f., **für** для; за *(кого-л., что-либо)*; на *(каждого)*
f., **und folgende** (Seite) и следующая *(страница)*
FA, **Facharzt** врач-специалист
FA, **Fahrabteilung** транспортный батальон
FA, **Fernantrieb** дистанционный привод
FA, **Fernmeldeamt** станция дальней связи
FA, **Fernsprechamt** управление телефонной связи
FA, **Finanzamt** налогово-финансовое управление; финансовое ведомство
FA, **Firmenanschrift** адрес фирмы
FA, **Flakartillerie** зенитная артиллерия, ЗА
FA, **Flugabwehr** противовоздушная оборона
FA, **Forschungsamt** научно-исследовательское управление
FA, **Frankfurter Allgemeine Zeitung für Deutschland** газета «Франкфуртер альгемайне цайтунг»
FA, **Führungsabteilung** главный отдел управления
Fa, **Einholen der Fahrerlaubnis** *ж.-д.* получение разрешения на движение [отправление] поезда
Fa, **Fernsprechanschlussverbindung** *ж.-д.* провод между абонентской точкой и телефонной станцией

Fa, Fernwirkanlage телемеханическая установка

Fa, Fa., Firma фирма

Fa., Familie семья, *биол.* род

fa, fallweise festgelegt устанавливается от случая к случаю

FAA, Fahrausweisautomat *ж.-д.* билетный автомат, автоматическая касса

f.a.a., free of all average *англ.* свободно от всякой аварии *(в страховании)*

FAB, Fernmeldeanlagenbaubetrieb организация по строительству установок связи

f.a.B., frei an Bord *англ. ком.* франко-борт

Faberg, Fachnormenausschuß Bergbau *(im DNA)* Комитет технических норм и стандартов горной промышленности *(в составе Германского комитета промышленных норм и стандартов — ФРГ)*

Fabr., Fabrik фабрика, завод

Fabr., Fabrikat фабричное изделие, фабрикат

F.Abt., Feldtransportabteilung отдел военно-полевых перевозок

f.a.c., fast as can *англ.* как можно скорее

FACT, Fully Automatic Compiler Translator; Fully Automatic Compiler Technique *англ.* система автоматического программирования ФАКТ фирмы «Хониуэлл» *(США)*

FAD, Freiwilliger Arbeitsdienst добровольная трудовая повинность *(в Швейцарии)*

Fad, Dispatcher-Fernsprech-Anschlu:sverbindung *ж.-д.* провод диспетчерской связи

FADA, Fahrdienstleiteranlage *ж.-д.* пульт управления дежурного по станции *(при МРЦ)*

f.a.F., frei ab Fabrik *ком.* франко-завод

FAG, Fernmeldeanlagengesetz закон о телефонных установках

FAG, Flugtechnische Arbeitsgemeinschaft авиационно-техническое общество

f.a.H., frei ab Haus *ком.* франко-местонахождение

Fahi, Fahrrad mit Hilfsmotor велосипед с двигателем, мопед

fahrb., fahrbar передвижной; транспортабельный; проходимый для автотранспорта, проезжий

Fahrg. - Nr., Fahrgestellnummer номер шасси

Fahrz., Fahrzeug транспортное средство- *(автомобиль, мотоцикл и т. п.); ж.д.* единица подвижного состава

Fahrz., Fahrzeuge подвижной состав

FAJ, Freiheit-Aktion der Jugend Молодёжное движение за свободу *(организация в ФРГ)*

FAK, Familien-Ausgleichskasse касса выплаты пособий многодетным рабочим и служащим

F.A.K., Flugabwehrkommando командование противовоздушной обороной

Fak., Fakultät факультет

fak., fakultativ факультативный, необязательный

FAKI, Fachnormenausschuß Kinotechnik *(im DNA)* Комитет кинотехнических норм и стандартов *(в составе Германского комитета промышленных норм и стандартов — ФРГ)*

FAKRA, Fachnormenausschuß Kraftfahrzeugindustrie *(im DNA)* Комитет технических норм и стандартов автомобильной промышленности *(в составе Германского комитета промышленных норм и стандартов — ФРГ)*

FALU, Fachnormenausschuß für die Luftfahrt *(im DNA)* Комитет технических норм и стандартов авиационной промышленности *(в составе Германского комитета промышленных норм и стандартов — ФРГ)*

FAM, Fachnormenausschuß für Mineralöl- und Brennstoffnormung *(im DNA)* Комитет технических норм и стандартов на нефтепродукты и жидкое топливо *(в составе Германского комитета промышленных норм и стандартов — ФРГ)*

Fam., Familie *(биол.)*

Fam., Familie семья; *биол.* семейство, род

FamRZ, Zeitschrift für das (gesamte) Familienrecht журнал «Семейное право»

F.A.N., Friedensausrüstungsnachweis табель вооружения в мирное время

FANAK, Fachnormenausschuß Akustik *(im DNA)* Комитет акустических норм и стандартов *(в составе Германского*

комитета промышленных норм и стандартов — ФРГ)
FAO, Food and Agriculture Organization *англ.* Продовольственная и сельскохозяйственная организация ООН, ФАО
FAP, FORTRAN Assembly Programm *англ.* программа-транслятор ФАП Гарвардского университета с языка ФОРТРАН *(США)*
faq, F.A.Q., fair average quality *англ. ком.* справедливое среднее качество
f.a.q., free alongside quay *англ. мор.* свободно вдоль набережной, свободно вдоль причала
farb., farbig цветной, окрашенный
farbl., farblos бледный, бесцветный
FAS, Flakartillerieschule зенитно-артиллерийское училище
f.a.s., free alongside ship *англ. ком.* франко вдоль борта судна, ФАС *(обязанность доставить за свой счёт груз к борту судна)*
Fass., **Fassg.**, Fassung формулировка; изложение; редакция
FAST, formula and statement translator; FORTRAN automatic symbol translator *англ.* алгоритмический язык ФАКТ *(типа ФОРТРАН)*, ориентированный на обработку символьной информации
FASt, Fernsprechanmeldestelle *ав.* пункт приёма радиотелефонных донесений
FAuT, Flugzeugaufklärungstafel *воен.* график воздушной разведки
FAV, Flugabwehrvorschrift *воен.* наставление по противовоздушной обороне
FA Vorst, Vorsteher des Finanzamtes начальник налогово-финансового управления
f. a. W., frei ab Werk франко-завод-поставщик
fax, **FAX**, Faksimilegerät факс, факсимиле-аппарат
FAZ, Fernanrufzeichen *тлф.* сигнал междугороднего вызова
FAZ, Frankfurter Allgemeine Zeitung *название газеты*
FB, Fehlerbedingung 1. ошибочное условие 2. наличие ошибок; наличие сбоев; состояние неисправности *(устройства)*

FB, Forschungsbericht научный доклад; отчёт о научно-исследовательской работе
FB, Frachtbrief транспортная накладная; *мор.* коносамент
FB, Funktionsblock функциональный блок
F.B., Fahrbahn проезжая часть *(дороги, моста)*
Fb, Fachbereich отделение *(факультета)*
Fb, **Fbd.**, Freibord *мор.* надводный борт
Fb., Fabrik фабрика, завод
Fb., Feldbahn полевая дорога, узкоколейная железная дорога, узкоколейка
Fb., Flugbetriebsstoff *ав.* авиационное горючее
Fb., Freibord *мор.* надводный борт *(судна)*
fb., fahrbar передвижной; транспортабельный; проезжий, проходимый для транспорта
fb., fahrbereit готовый к отходу [к отъезду, к отплытию]
fb., feldverbrauchbar для использования в полевых условиях
FBA, Fahrbetriebsabkommen *ж.-д.* соглашение об организации движения *(на пограничном переходе)*
FBA, Fernmeldebauamt управление строительством линий связи
FBA, Fetalblutanalyse *мед.* фетальный анализ крови
FBB, Frei- und Besetzmeldeeinrichtung *ж.-д.* блок контроля занятости участка пути
FBD, Fernmeldebaudienst служба сооружения линий связи
Fbd, Freibord *мор.* надводный борт *(судна)*
Fbe, Bezirkfernsprechverbindung für die elektrische Zugförderung *ж.-д.* телефонная связь, обеспечивающая передачу информации об отказах устройств энергоснабжения и используемая при работах на контактной сети и постах секционирования
FbF., Frachtenbahnhof *ж.-д. австр.* грузовая станция
FBG, Fleischbeschaugesetz закон о врачебной инспекции мясопродуктов
Fbg, Fernbesprechgerät контрольный телефонный аппарат

fbg., farbig цветной, окрашенный
FBI, Federal Bureau of Investigation *(аï ãë.)*, Bundeskriminalamt der USA Федеральное бюро расследований США, ФБР
FBI, fortlaufende Bestellpositionsidentifikation текущая идентификация статей заказа
Fbl., Formblatt формуляр; бланк
Fbmg, Frachtberechnungsmindestmasse *ж.-д.* наименьший вес [наименьшая масса] груза для расчёта провозной платы *(независимо от фактического веса груза, если он меньше этой нормы)*
FBO, Funkbetriebsordnung правила осуществления радиосвязи
FBPG, Forschungen zur Brandenburgischen und Preußischen Geschichte *наименование периодического издания по вопросам истории Бранденбурга и Пруссии*
Fbr., Fabrik фабрика, завод
Fbr., Fabrikat фабричное изделие, фабрикат
F.B.St., Funkbetriebsstelle управление радиосвязи
FBW, Forschungsgemeinschaft Bauen und Wohnen Общество исследования вопросов жилищного строительства и жилищно-бытовых условий
FBz, Firmenbezeichnung *мед., фармак.* фирменное название *(лекарственного препарата)*
Fbz, Forstbezirk окружное лесное хозяйство
FC, Fußballklub футбольный клуб
FCh, Flottilienchef командир флотилии
FCL, Full Container Load *англ.* полностью загруженный контейнер
fco, franko *англ. ком.* франко — свободно от расходов, бесплатно
FCR, Forwarding Agent's Certificate of Receipt *англ.* экспедиторское свидетельство о принятии груза
F.C.&.S., free of capture and seizure *англ., страх.* свободно от пленения и захвата
f.c.s.r. c.c., free of capture, seizure, riots and civil commotion *англ. страх.* свободно от всех рисков при насильственной конфискации, восстании, революции
FD, Ferndurchgangszug скорый поезд дальнего следования

FD, Fernmeldedienst, Fernsprechedienst служба связи
FD, Fernsprechedienst отдел телефонной связи
FD, Filialdirektion дирекция филиала
FD, Filialdirektor директор филиала
FD, Fischdampfer (рыбачий) траулер
FD, Frischdampf свежий пар
Fd, Fahrdienstverbindung *ж.-д.* поездная диспетчерская связь
Fd, Minenführer der Minenschiffe командующий минными заградителями *(в бывшем германском флоте)*
Fd., Faden морская сажень *(182,5 см)*
Fd., Fahndung *юр.* розыск *(преступника, пропавших без вести лиц)*
Fd., Feind противник; враг
f.D., frei Dock *ком.* франко-док
fd., feindlich вражеский
f.d., free discharge *англ.* свободная выгрузка
f.d., für den за *(такого-то)*
FDA, Freier Deutscher Autorenverband Свободный союз немецких авторов
fdf., felddienstfähig *воен.* годен к службе в полевых условиях
FDG, Forschungen zur Deutschen Geschichte *наименование периодического издания по истории Германии*
Fdg., Fahndung *юр.* розыск *(преступника, пропавших без вести лиц)*
Fdg., Federung 1. упругость; пружинение 2. подрессоривание 3. осадка, деформация
Fdg., Forderung *канц., ком.* требование
f.D.G., für den Dienstgebrauch для служебного пользования, дсп, ДСП
FDGB, Freier Deutscher Gewerkschaftsbund Объединение свободных немецких профсоюзов, ОСНП *(бывш. ГДР)*
FDGW, Ferndienstgruppenwähler групповой искатель междугородной связи
FDJ, Freie Deutsche Jugend Союз свободной немецкой молодёжи, Союз СНМ *(организация в бывш. ГДР)*
f. d. J., für dieses Jahr на этот год
FDK, Familienbund Deutscher Katholiken Семейный союз немецких католиков *(организация в ФРГ)*
fdk, Freie Demokratische Korrespondenz «Фрайе демократише корреспонденц»

(бюллетень *Свободной демократической партии* — *ФРГ*)
FDL, ferngesteuerte Drehlafette *воен.* поворотный лафет с дистанционным управлением
F.d.L., Führer der Luftwaffe командующий военно-воздушными силами *(в бывшей германской армии)*
Fdl, Fahrdienstleiter *ж.-д.* дежурный по станции; участковый диспетчер
fdl., feindlich вражеский
Fd.Laz., Feldlazarett военно-полевой госпиталь
FD-Linie, Felddauerlinie постоянная полевая телефонная линия
FDM, Fehlerdämpfungsmesser измеритель балансного затухания
FdM, Führer der Minensuchboote командующий тральщиками *(в бывшем германском флоте)*
fdm, feldmäßig полевой, походный
FDO, Felddienstordnung *воен.* полевой устав
FDP, Freie Demokratische Partei Свободная демократическая партия
FDR, Fahrausweis-Druck- und Registriergerät *ж.-д.* устройство печатания билетов и регистрации билетно-кассовых операций
F.D.R., für die Richtigkeit *канц.* верно, с подлинным верно
f.d.R., F.d.R., für die Richtigkeit *канц.* с подлинным верно, верно
f.d.R.d.A., F.d.R.d.A., für die Richtigkeit der Abschrift *канц.* копия верна, с подлинным верно
f.d.R.d.U., F.d.R.d.U., für die Richtigkeit der Unterschrift *канц.* подпись удостоверяется
FDS, Frischdampfsammelrohr коллектор свежего пара
FdS, Führer der Schnellboote командующий торпедными катерами *(в бывшем германском флоте)*
FDSt, Fernsprechdienststelle управление телефонной связи
FDt, Fernschnelltriebwagen *ж.-д.* моторный вагон для скорого сообщения и дальнего следования
FdU, Führer der Unterseeboote командующий подводными лодками *(в бывшем германском флоте)*

FDV, Fernmeldedienstvorschrift *ж.-д.* инструкция по обслуживанию устройств телефонной связи
Fdw., Feldwebel фельдфебель
FdZ, Führer der Zerstörer командующий эскадренными миноносцами *(в бывшем германском флоте)*
FE, finite element calculation расчёт по методу конечных элементов
FE, F/E, Forschung und Entwicklung научно-исследовательские и опытно-конструкторские работы, НИОКР
F.E., Feldeisenbahn полевая железная дорога
Fe., Fernsprecher телефон
Feba, Feldbahn полевая [узкоколейная] железная дорога, узкоколейка
Febr., Februar февраль
FeCrAl, Ferro-Chrom-Aluminium *(сплав)* фехраль
FED, Flugzeugerkennungsdienst служба опознавания самолётов
F-Effekt, Feldeffekt полевой эффект *(в транзисторе)*
Fe.Fl.Pl., Feldflugplatz полевой аэродром
Fe.Fu., feste Funkstelle стационарная радиостанция
FEG, Föderation Europäischer Gewässerschutz Европейская федерация по охране вод
FEH, Facheinzelhandel специализированная розничная торговля
FEH, Forschungen und Entwicklungen des Heereswaffenamtes *наименование бывш. периодического издания по военно-техническим вопросам*
Feka, Fernkampfartillerie дальнобойная артиллерия
Felda, Feldartillerie полевая артиллерия
FEM, Finite-Elemente-Berechnung *мат.* расчёт по методу конечных элементов
Fem., Femininum *грам.* женский род; имя существительное женского рода
fem., feminin женский
FEP, Forschungs-, Erfindungs- und Patentwesen *наименование периодического издания по вопросам исследований, изобретений и патентного дела*
Fepo, Geheime Feldpolizei тайная военно-полевая полиция, военно-полевая жандармерия *(в бывшей германской армии)*

Fernltg, Fernleitung 1. линия электропередачи, ЛЭП 2. линия дальней [междугородной] связи; линия дистанционной связи

Fern-L-W, Fernleitungswähler междугородный линейный искатель, ЛИМ

FES, Fachnormenausschuß über Eisen und Stahl *(im DNA)* Комитет технических норм и стандартов для чёрной металлургии *(в составе Германского комитета промышленных норм и стандартов — ФРГ)*

FESA, feste Zugfunkanlage *ж.-д.* стационарная станция поездной радиосвязи

Festb., Festungsbau строительство долговременных укреплений

FESTO, Fertigungsplanung und -steuerung im Oberbaudienst *ж.-д.* автоматизированная система планирования и управления производственным процессом в службе пути *(Государственные железные дороги ФРГ)*

FET, Feldeffekttransistor *элн.* полевой транзистор

FET, Feldeffekttransistor полевой транзистор

Feta, Fernsprechamttafel ведомственная таблица для телефонных переговоров

FET-Op, Feldeffekttransistor-Operationsverstärker ИС операционного усилителя на полевых транзисторах

Fetra, Feldeisenbahntransportabteilung отдел перевозок по полевым железным дорогам

FeU, Fernuniversität t заочный университет

FeV, Fernsprechvorschrift *ж.-д.* инструкция по служебной телефонной и радиосвязи

FEVS, Fürsorgerechtliche Entscheidungen der Verwaltungs- und Sozialgerichte решения административных и социальных судов о социальном обеспечении

Fewa, Feinwaschmittel моющий препарат для тонких тканей

FF, Flugfunkforschungsinstitut научно-исследовательский институт авиационной радиосвязи

FF, Freiwillige Feuerwehr добровольная пожарная команда

FF, Fremdenführer 1. гид, проводник 2. путеводитель

FF, Fremdfertigung иностранного производства

FF, Funkfeuer радиомаяк

F + F, Flipflop; Flip-Flop *англ., элн.* триггер; триггерная схема; мультивибратор

F.F., Festungsflak крепостная зенитная артиллерия

F.f., Fortsetzung folgt продолжение следует

ff:, etw. aus dem Effeff gründlich verstehen, etw. aus dem ff gründlich verstehen знать назубок что-л.

ff, sehr fein *торг.* самого высшего качества, экстра

ff, viel Vergnügen! *разг.* приятного времяпрепровождения!

ff., und folgende (Seiten) и следующие (страницы)

FFA, Fliegerführer Atlantik командующий авиацией района Атлантики *(в бывшей германской армии)*

FFD, Fahrzeug-Fahrweg-Dynamik *ж.-д.* динамика взаимодействия пути и подвижного состава

Ffd, Dispatcher-Fernsprech-Fernverbindung *ж.-д.* диспетчерская связь между дирекцией и отделением эксплуатации железных дорог

ffd., federführend ответственный *(за что-л.)*; ведение дела поручено *(тому-то)*

FFF, Film, Funk, Fernsehen кино, радио и телевидение

f. FF, festes Funkfeuer постоянный [стационарный] радиомаяк

fff, von höchster Feinheit *торг.* наивысшего качества, суперэкстра

FFFF, frisch-fromm-fröhlich-frei бодрый, благочестивый, весёлый, свободный *(девиз корпоративного студенчества)*

FFG, flugtechnische Fachgruppe специализированная авиатехническая группа

FFG, Fördertechnische-Forschungsgesellschaft GmbH *ж.-д.* ООО «Общество исследований (средств) транспорта» *(ФРГ)*

FFH, Feldflughafen полевой аэродром

FFK, F.F.K., Feldfernkabel полевой кабель для дальней (телефонной) передачи
FFK, Freund-Feind-Kennung метод познавания «свой-чужой»
Ffl., Fahnenflucht дезертирство
Ffm, Frankfurt am Main г. Франкфурт-на-Майне
FF m.r.S., Funkfeuer mit rotierendem Strahl радиомаяк с вращающимся лучом
Ffo, Frankfurt an der Oder г. Франкфурт-на-Одере
FFP, Feldflugplatz полевой аэродром
FFR, Französischer Franc французский франк
Ffr., Freifrau баронесса
ffr, Französischer Franc французский франк *(денежная единица)*
FFT, Fast Fourier Transformation *англ., физ.* быстрое преобразование Фурье, БПФ
FFT-An., Fast Fourier Transformation Analysator *физ.* БПФ-анализатор, анализатор на основе быстрого преобразования Фурье
FFT-M, Fast Fourier Transformation Modul *физ.* модуль быстрого преобразования Фурье, БПФ-модуль
FFW, Freiwilliger Feuerwehr добровольная пожарная охрана
FG, Fahrgeschwindigkeit *ж.-д.* путевая скорость; скорость движения; *мор.* скорость хода *(судна)*
FG, Ferngespräch междугородный телефонный разговор
FG, Fernschaltgerät дистанционный выключатель
FG, Finanzgericht суд по налоговым вопросам; суд по финансовым [финансово-налоговым] делам
FG, Flüssiggas сжиженный газ, жидкий газ
Fg, Feingold чистое [высокопробное] золото
Fg, Fernsprechgerät телефонный аппарат
Fg, Frachtgüterzug поезд для перевозки грузов малой скорости
Fg., Feingold чистое золото
Fg., Fliehgewicht центробежная сила
FGB, Familiengesetzbuch Семейный кодекс, Кодекс о семье *(и браке)*
FGB, Forschungen zur Geschichte Bayerns *наименование периодического издания по вопросам истории Баварии*

Fgbz, Forstgutbezirk лесохозяйственный округ; окружное лесничество
FGeb, Fernsprechgebühren плата за телефон
FGG, Gesetz über die Angelegenheiten der freiwilligen Gerichtsbarkeit закон о делах добровольной юрисдикции
Fgl., Fangglocke *геол.* ловильный колокол
Fgn, Forschungen (научные) исследования
FGO, Finanzgerichtsordnung положение о финансовых судах
Fgr., Fachgruppe специализированная группа
FG-RS, Forschungsgemeinschaft Rad/Schiene *ж.-д.* объединение по исследованиям системы «колесо-рельс» *(ФРГ)*
FGSL, Feldgassammelleitung *нефт.* газосборный коллектор
Fgut, Frachtgut *ж.-д.* груз малой скорости
FGW, Gruppenwähler für Fernverkehr групповой искатель аппаратуры междугородной телефонной связи
FH, Flugzeughandbuch авиационный справочник
F.H., Full Hole *геол.* широкое проходное отверстие *(бурильного замка)*
Fh, Fähre паром
FHD, Fokushautdistanz *физ.* плёночно-фокусное расстояние
FHD, Frauen-Hilfs-Dienst Женская вспомогательная служба швейцарской армии
Fhd, Dispatcher-Fernsprech-Hauptverbindung *ж.-д.* диспетчерская связь между Главным штабом оперативного управления движением и дирекциями железных дорог
Fhr, Freiherr барон
Fhr, Führer 1. вождь 2. командир 3. водитель, шофёр; пилот, лётчик
Fhrw., Fuhrwerk повозка; экипаж
Fhrz., Fahrzeug транспортное средство *(автомобиль, мотоцикл и т. п.); ж.д.* единица подвижного состава
FHZ, Freihandelszone зона свободной торговли
FI, Fachinformation специальная информация
FI, F.I., Färbenindex *мед.* цветной показатель крови
FI, Fehlerstrom 1. ток утечки; аварийный ток, ток повреждения 2. избыточный

ток, ток небаланса 3. недостаточный ток *(для приведения в действие реле)*
FI, flugtechnisches Institut авиатехнический институт
FI, Forschungsinstitut научно-исследовательский институт
Fi., Filter фильтр
Fi., Finanzamt налогово-финансовое управление; финансовое ведомство
fi, in Falzrohren *элт., усл. обозн. (проводка)* в трубках типа Бергмана *(со швом внахлёстку)*
f.i., free in *англ.* погрузка оплачивается фрахтователем
f.i., freight and insurance *англ.* фрахт и страхование
FIAR, Vereinigung von Fabrikanten, Importeuren und Agenten auf dem Radiosektor Объединение фабрикантов, импортёров и представителей радиотехнических фирм
FIATA, Federation Internationale des Associations de Transitaires et Assimilés *фр.* Международная федерация транспортно-экспедиторских ассоциаций
FIB, Flugtechnisches Institut an der Technischen Hochschule, Berlin кафедра авиатехники при Берлинском высшем техническом училище
FIBOR, Frankfurt Interbank Offered Rate межбанковская ставка на основе операций во Франкфурте-на-Майне
Fibor, Frankfurt Interbank Offered Rate *англ.* межбанковская ставка на основе операций во Франкфурте-на-Майне
FID, Freiluftinnenraumdurchführung ввод воздушной линии в помещение
FIEE, Forschungsinstitut für die Erkundung und Förderung von Erdöl und Erdgas Исследовательский институт по разведке и добыче нефти и газа *(Гоммерн)*
FiG, Fischereigesetz закон по рыболовству
FIH, Hauptfernleitung линия центральной телефонной станции
FIK, Fernleitungskabel районный кабель
Filmdia, Filmdiapositiv плёночный диапозитив
FIM, Finnmark финская марка
FIM, Finnmark финская марка *(денежная единица)*

Fin., Finanz- *в сложн.* финансовый, налоговый
Fin., Finanz финансы
FinA, Finanzamt налогово-финансовое управление; финансовое ведомство
FINEBEL, Frankreich-Italien-Niederlande-Belgien Франция, Италия, Нидерланды, Бельгия *(страны, объединённые экономическим и таможенным союзом)*
Fing, Flottilleningenieur флагманский механик флотилии, флагманский механик дивизиона *(в бывшем германском флоте)*
finn., finnisch финский; по-фински
f.i.o., free in and out *англ.* погрузка и выгрузка оплачиваются фрахтователем
fip, in Falzrohr unter Putz *элт., усл. обозн. (проводка)* в трубках типа Бергмана под штукатуркой
FIPACE, Fédération Internationale des Producteurs Autoconsommateurs Industriels d'Electricité *(fr.);* Internationale Vereinigung der Eigenerzeuger Международная федерация по производству электрэнергии для собственных нужд
FIPS, Festkomma-Interpretier-System *вчт.* система интерпретации операций с фиксированной запятой
FIPS, FIPS mit Kommaerkennung *вчт.* система интерпретации операций с фиксированной запятой и плавающими масштабами
FIPS V, Festkomma-Interpretier-System, variable Wortlänge *вчт* система интерпретации операций с фиксированной запятой для слов с переменной длиной
Firm., Firmelung; Firmng *рел.* конфирмация
firm., firmieren иметь наименование *(о фирме)*; подписывать от имени фирмы; ставить знак фирмы
Firm.-St., Firmenstempel фирменная печать; печать фирмы; оттиск фирменной печати; фирменный штемпель
FischereiG, Fischereigesetz закон о рыбной ловле
FischG, Fischereigesetz закон о рыбной ловле
FischG, Fischgesetzt
fisk., fiskalisch фискальный

FI und FU-Schutzschaltung, схема защиты от аварийных токов и напряжений
FIV, Fahrzeuginformation- und Vormeldesystem *ж.-д.* система информации о подвижном составе *(состоит из ряда подсистем; входит в ITS)*
FIZ, Zubringerfernleitung подводящая междугородная линия
Fj., Finanzjahr финансовый год
Fj., Fjord(e) *геогр.* фьорд(ы)
FJB, Freireligiöser Jugendbund Союз верующей молодёжи
FJCC, Fall Joint Computer Conference *англ.* ежегодная Осенняя *(бывшая Западная)* объединённая конференция по вычислительной технике *(США)*
FJF, Fachausschuß für Jugendfragen экспертная комиссия по делам молодёжи [молодёжным вопросам]
FJg, Feldjäger *воен.* фельдъегерь;
Fjg., Fallschirmjäger *воен.* 1. парашютно-десантные войска *(части, подразделения и т.п.)* 2. десант *(обозначение на карте места выброски или высадки десанта)*
FJM, Freundinnen Junger Mädchen «Друзья женской молодёжи» *(международная женская благотворительная организация)*
FK, Fachkommission комиссия специалистов
FK, Feldkommandantur полевая комендатура; комендатура прифронтового района
FK, Feldküche походная кухня
FK, Fernkabel кабель для дальней (телефонной) связи
FK, Fernlenkkörper управляемый снаряд, УС; телеуправляемая ракета
FK, Fernsehkamera телевизионная камера
FK, Festkomma *вчт.* фиксированная запятая
FK, Finanzkasse налогово-финансовая касса
FK, Fischkutter рыболовный катер
FK, Fliegerklub аэроклуб
FK, Freikorps добровольческий корпус
FK, Führerkompaß *ав.* командирский компас
FK, Funker радист
FK, Fußballklub футбольный клуб

FK, Verdrängungsschwerpunkt über Oberkante Kiel *усл.обозн.* центр величины над верхней кромкой киля судна
Fk, Fahrkarte проездной билет
Fk, Fälligkeit *страх.* срок исполнения обязательства; срок платежа
Fk, Fallklappe *эл.* вызывной клапан
Fk, Filterkuchendicke *геол.* толщина глинистой корки
Fk., Feldkanone полевая пушка
Fk., Feldklappenschrank полевой телефонный коммутатор
Fk., Fernkabel междугородный кабель
Fk., Fernschrank междугородный коммутатор
Fk., Funk радио
fk., fachkundig знающий дело, сведущий в данной области
Fka., Fahrkartenausgabe продажа проездных билетов
Fk-EV, Fernkabel - Endverschluß концевая муфта междугородного кабеля
FKFS, Forschungsinstitut für Kraftfahrwesen und Fahrzeugmotoren der Technischen Hochschule, Stuttgart кафедра автомобильного и моторостроительного дела при Штутгартском высшем техническом училище
FKG, Fehlerkorrekturgerät блок [устройство] корректировки [коррекции] ошибок
FKH, Forschungskommission für Hochspannungsfragen Комитет по высоковольтным исследованиям *(Союза швейцарских электротехников)*
FKI, Fachvereinigung der Deutschen Kartonagenindustrie Отраслевое объединение промышленности картонных [картонажных] изделий
FKK, freie Körper-Kultur культура обнажённого тела *(напр., надпись на пляже нудистов)*
FKK, Freikörperkultur нудизм; культура обнажённого тела
FkK, Fahrkartenkasse билетная касса
Fkl., Funklenk- *в сложн.* радиоуправляемый
FKL-Lagerung, freie Konvektionslüftungslagerung хранение при естественной конвекционной [конвективной] вентиляции

FKM, Fälligkeitsmonat месяц платежа *(страхование)*
FKM, Fluorkautschuk фторкаучук
Fkm., Funkmeister техник-радист
F-Kohle, Filterkohle уголь для фильтров, фильтровальный уголь
FKS, *маш.* программа расчёта поперечных сечений среза при зубофрезеровании
FKS, Funktionalkomplexsystem комплексная функциональная система
Fkta, Faktura накладная, фактура, счёт-фактура, СФ
FKT-E, Funktion-E *вчт.* режим ввода
Fk-TF, Trägerfrequenzfernkabel междугородный кабель высокочастотной связи
FKW, Fluorchlorkohlenwasserstoff фторхлористый углеводород
FL, Fernlenk- *в сложн.* телеуправляемый
FL, Fischlogger рыболовный логгер, рыболовное судно
FL, Flüssigkeitskühlung жидкостная система охлаждения
F.L., Feldlazarett военно-полевой госпиталь
F.L., Fernlenkung дистанционное управление; телеуправление
Fl, Fernleitung 1. линия электропередачи, ЛЭП 2. линия дальней [междугородной] связи; линия дистанционной связи
Fl, Flecken *топ.* населённый пункт, слобода
Fl, Freiliste список товаров, разрешённых к внешнеторговым операциям
Fl., Fernlenkung радиотелеуправление
Fl., Fläche 1. плоскость, поверхность 2. *топ.* равнина
Fl., Flasche бутыль; баллон
Fl., Fleisch мясо
Fl., Florin флорин *(английская серебряная монета)*
Fl., Flug полёт, перелёт
Fl., Fluß река
Fl., Flüssigkeit жидкость
fl, flüssig жидкий
fl., flach плоский
fl., flämisch фламандский
fl., flämische Sprache фламандский язык
fl., Florin флорин *(английская серебряная монета)*
fl., flüssig жидкий, текучий, жидкотекучий

FLA, Fachlehranstalt Институт по подготовке преподавателей специальных предметов *(Австрия)*
FLA, Fliegeralarm воздушная тревога
Fla, Flugabwehr противовоздушная оборона
FLAC, Florida Automatic Computer *англ.* вычислительная машина [ВМ] ФЛАК *(ВВС США)*
Flagruko, Flakgruppenkommando командование группой зенитной артиллерии *(в бывшей германской армии)*
Flak, Flugabwehrkanone, Flugzeugabwehrkanone зенитное орудие; зенитная пушка; зенитная артиллерия
Flak Kdr, Flakkommandeur командир зенитной артиллерии
Flak Lstd, Flakleiterstand пост управления зенитным огнём
Flamg, Fla-MG, Fliegerabwehrmaschinengewehr, Flugabwehrmaschinengewehr, зенитный пулемёт
Fl.A.R., Fliegerausbildungsregiment авиационный учебный полк
Fla-R, Flugabwehrrakete занитная ракета; ракета класса «земля-воздух»
Flaso, Flaksondergerätewerkstatt мастерские по изготовлению и ремонту специальной аппаратуры противовоздушной зенитной обороны
Flata, Flammenwerfertank огнемётный танк
Flavo, Flakverbindungsoffizier офицер связи ПВО *(противовоздушной обороны)*
Flb., Flugbahn траектория *(полёта)*; орбита
Flb., Flugbericht донесение о полёте
Flc, Flacon, Flakon флакон
Flch, Flottenchef командующий флотом *(в бывшем германском флоте)*
Fldw., Feldwebel фельдфебель
Fleiper-Verkehr, kombinierter Flugzeug-Eisenbahn-Personenverkehr смешанные авиационно-железнодорожные пассажирские перевозки
Flei-Verkehr, kombinierter Flugzeug-Eisenbahn-Güterverkehr смешанные авиационно-железнодорожные грузовые перевозки
Fleiverkehr, Flugzeug-Eisenbahnverkehr комбинированное авиа-железнодо-

рожное *(товаро-пассажирское)* сообщение
Flen., Flensburg г. Фленсбург
flex., flexibel 1. гибкий; эластичный; упругий 2. *грам.* изменяемый
Fl.F., fliegende Fähre *ав.* летающий паром
FLG, Flößereigesetz закон о сплаве леса
FLG, Fluchtliniengesetz *навиг.* правило о створах
FLG, Funkleitstrahlgerät лучевой радиомаяк
Flg., Flieger лётчик, пилот
Flg., Folge 1. последовательность; чередование; *мат.* прогрессия 2. следствие
Flg., Folgerung заключение, вывод
flg., der folgende; das folgende следующий в очереди, по порядку; следующее
flg., flügelig *ав.* крыльевой
flg., flgd., folgend следующий, нижеследующий
Flgz., Flugzeug самолёт
Flgze., Flugzeuge самолёты
Fl.H., Fliegerhorst авиабаза
Fl.H., Flughalle ангар
Flhf., Fl.-Hf., Flughafen аэропорт
Fl.Hst., Fliegerhorst авиабаза
Flibo, Fliegerbombe авиабомба
Fl Ing, Flotteningenieur флагманский механик флота
Flivo, Fliegerverbindungsoffizier офицер связи с авиацией
FlJ, Flakjäger 1. катер противовоздушной обороны 2. истребитель ПВО
Fl.K., Fliegerkorps авиационный корпус
Flk., Flüssigkeit жидкость
FLK-System, freies Konvektionslüftungssystem система естественной конвекционной [конвективной] вентиляции
Fllg., Füllung 1. наполнение, заполнение 2. начинка, фарш 3. пломба *(зубная)*
Fl.P., Festlegepunkt *воен.* точка наводки
Flp, Flammpunkt точка воспламенения
FLPL, Fortran (-compiled) List Processing Language *англ.* алгоритмический язык ФЛПЛ *(типа ФОРТРАН)*, ориентированный на обработку списков
Fl. S., Flussigkeitssäule столб жидкости
Fls, Flugsicherung *(навигационное)* обеспечение полёта

Fl St, Flachstanze *тех.* плоский штамп
FLU, Fernleitungsübertrager телефонный трансформатор
Fluba, Flugbetriebstoff-Ausgabestelle место выдачи авиационного горючего
FLUDA, Flugzeug-Dampfer-Anschlußdienstverkehr комбинированное авиапароходное *(товаро-пассажирское)* сообщение
Fluk, Flugkörper *(беспилотный)* летательный аппарат; управляемый снаряд; ракета; летающий объект
Fluko, Flugwachkommando пункт сбора донесений *(службы воздушного наблюдения, оповещения и связи)*
Flum, Flugmeldung служба воздушного наблюдения, оповещения и связи, ВНОС
Flum A, Flugmeldeabteilung батальон службы воздушного наблюдения, оповещения и связи
Flumast, Flugmeldeauswertungsstelle пункт обработки донесений *(службы воздушного наблюдения, оповещения и связи)*
Fluna, Flugnachrichtenabteilung отдел полётной связи
Flürak, Flüssigkeitsrakete ракета с жидкостным ракетным двигателем
Fluwa, Flugwache пост воздушного наблюдения, оповещения и связи
Fluz, Flugsicherungszentrale центральный пункт (службы) обеспечения безопасности полётов
FLW, Fernleitungswähler *тлф.* междугородный линейный искатель, ЛИМ
FLW, Fliegerwerkstoff авиационный материал
Flw., Flammenwerfer огнемёт
Fl WB, Flugzeugwasserbombe авиационная глубинная бомба
Flzg, Flugzeug самолёт
Flzg.Ind., Flugzeugindustrie авиационная промышленность
FM, Fachnormenausschuß Maschinenbau отраслевой комитет машиностроительных норм и стандартов *(ФРГ)*
FM, Fehlermenge 1. множество *(возможных)* ошибок, совокупность *(возможных)* ошибок 2. количество ошибок; объём ошибок

FM, Feinheitsmodul *тех.* модуль крупности

FM, Feldmarschall фельдмаршал

FM, Feuermelder пожарный извещатель, прибор пожарной сгинализации

FM, Flächenmaß квадратная мера

FM, Flowmeter *геол.* дебитомер

FM, Flugmelde- *в сложн.* относящийся к службе воздушного наблюдения, оповещения и связи

FM, Flußmine речная мина

FM, Fördermotor электродвигатель шахтной подъёмной машины

FM, Forstmeister старший лесничий; заведующий лесничеством

FM, Frequenzmodulation частотная модуляция, ЧМ

FM, Funkmeister техник-радист

FM, Malaiische Union Малайская Федерация *(индекс государственной принадлежности автомобиля)*

Fm, Fehlmeldung *ж.-д.* заявка о недостаче груза

Fm, Fermium *хим.* фермий

Fm., Flächenminimum *мат.* минимальная поверхность; минимальная площадь

Fm., Forstmeister старший лесничий; заведующий лесничеством

Fm., Funkmeister техник-радист

fm, Festmeter фестметр *(кубический метр сплошной массы древесины)*

fm, frequenzmoduliert модулированный по частоте, частотномодулированный

f.m., fair merchantable *англ.* хороший товар среднего качества

FMA, Fernmeldeamt управление связи

F-Mast, Flachmast *ж.-д.* плоская железобетонная опора контактной сети

FmBikBiz, Festfeuer mit Blinken oder Blitzen *навиг.* постоянный огонь с проблесками, постоянный огонь с вспышками

fmdl, fernmündlich по телефону

FMEA, Fehler-Möglichkeits- und Eingriffs-Analyse вероятностно-активный анализ погрешностей *(техпроцесса)*

FMG, Flakmeßgerät измерительные приборы для ведения зенитного огня

Fmg, Funkmeßgerät радиолокационная станция; радиолокатор

F. m. H., Fahrrad mit Hilfsmotor мопед

FMI, Fonds Monetaire International *англ.* Международный валютный фонд, МВФ

FMK, Fernmeldekabel кабель связи

Fmk, Finnmark финская марка *(денежная единица)*

FmL, Fernmeldeleitung линия (дальней) связи; линия дистанционной связи

FMN, Fernmeldenetz сеть (дальней) связи; система связи

Fm o R, Festmeter ohne Rinde фестметр без коры *(кубический метр сплошной массы древесины)*

FMR, Fehlermusterregister *вчт.* регистр кода ошибки *или* неисправности

FMS, Fernmeldesatellit спутник связи

FMS, Flugmeldestelle пункт полётной информации

Fmt, Formatbezeichnung *полигр.* обозначение формата

FMV, Freier Militärischer Vorunterricht добровольная военная допризывная подготовка *(в Швейцарии)*

FMVSS, Federal Motor Vehicle Safety Standards федеральный стандарт безопасности автотранспортных средств *(США)*

FMW, Fernmeldewesen техника дальней связи

F.M.Z., Flugmeldezentrale центральный пункт полётной информации

FN, Fernnetz сеть междугородной связи

FN, Funkdienst радиослужба

FN, F.N., Funknavigation радионавигация

Fn., Fahrtnummer маршрутный номер

Fn., Familienname фамилия

FNA, Fachnormausschuß отраслевой комитет норм и стандартов

FNA Fuo, Fachnormenausschuß Feinmechanik und Optik *(im Deutschen Normenausschuß [DNA])* Комитет норм и стандартов в области точной механики и оптики *(в составе Германского комитета промышленных норм и стандартов)*

FNBau, Fachnormenausschuß für Bauwesen *(im DNA)* Комитет строительных норм и стандартов *(в составе Германского комитета промышленных норм и стандартов)*

FNBÜ, Fachnormenausschuß Bürowesen *(im DNA)* Комитет канцелярских норм и стандартов *(в составе Германского комитета промышленных норм и стандартов)*

F.N.D., Feindnachrichtendienst *воен.* служба информации о противнике

FNdeV, Ferrocarriles Nationales de Venezuela *ж.-д. исп.* Государственные железные дороги Венесуэлы

FNE, Fachnormenausschuß Elektrotechnik *(im DNA)* Комитет норм и стандартов электротехнической промышленности *(в составе Германского комитета промышленных норм и стандартов)*

FNF, Fachnormenausschuß Farbe *(im DNA)* Комитет норм и стандартов лакокрасочной промышленности *(в составе Германского комитета промышленных норм и стандартов)*

FNFW, Fachnormenausschuß Feuerlöschwesen *(im DNA)* Комитет норм и стандартов противопожарной техники *(в составе Германского комитета промышленных норм и стандартов)*

FNFW, Normenausschuß Feuerwehrwesen Комитет по стандартизации в области пожарного дела *(ФРГ)*

FNHL, Fachnormenausschuß Heizung und Lüftung *(im DNA)* Комитет норм и стандартов по отоплению и вентиляции *(в составе Германского комитета промышленных норм и стандартов)*

FNI, Fachnormenausschuß Informationsverarbeitung *(im DNA)* Комитет норм и стандартов по обработке информации *(в составе Германского комитета промышленных норм и стандартов)*

FNI, Fachnormenausschuss Informationsverarbeitung Отраслевой комитет по стандартизации в области обработки информации

FNK, Fachnormenschu:s Kältetechnik Отраслевой комитет по стандартизации в области холодильной техники *(в составе Германского комитета промышленных норм и стандартов)*

FNK, Fachnormenausschuß Kunststoffe *(im DNA)* Комитет норм и стандартов по искусственным материалам *(в составе ве Германского комитета промышленных норм и стандартов)*

FNL, Fachnormenausschuß Lichttechnik *(im DNA)* Комитет светотехнических норм и стандартов *(в составе Германского комитета промышленных норм и стандартов)*

FNM, Fachnormenausschuß Materialprüfung *(im DNA)* Комитет технических норм и стандартов по испытанию материалов *(в составе Германского комитета промышленных норм и стандартов)*

FNP, Frankfurter Neue Presse газета «Франкфуртер Нойе Прессе»

FNR, Fachnormenausschuß Radiologie *(im DNA)* Комитет радиологических норм и стандартов *(в составе Германского комитета промышленных норм и стандартов)*

FNr., Fahrtnummer маршрутный номер

FNS, Fachnormenausschuß Schiffbau *(im DNA)* Комитет технических норм и стандартов судостроительной промышленности *(в составе Германского комитета промышленных норм и стандартов)*

FNS, Fachnormenausschuß Schweißtechnik *(im DNA)* Комитет норм и стандартов по сварочной технике *(в составе Германского комитета промышленных норм и стандартов)*

FNS/E, Fachnormenausschu:s Schiffbau/ Elektrotechnik *(im DNA)* Отраслевой комитет по стандартизации в области электротехники судостроения *(в составе Германского комитета промышленных норм и стандартов)*

FNTR, Federation nationale des Transporteurs Routiers *(France)* Французская национальная федерация магистрального автотранспорта

FO, Fahrbahnoberkante *авто.* поверхность проезжей части

FO, Fernsprechordnung 1. порядок пользования телефоном 2. *тж. воен.* наставление по телефонному делу

FO, Funkortung определение местоположения при помощи радиосредств

FO, Furka-Oberalp-Bahn *ж.-д.* швейца железная дорога Фурка-Оберальп

F.O., Fußbodenoberkante верхняя кромка пола *(вагона, контейнера)*
Fo, Ford топливная аппаратура фирмы «Форд»
Fo, Forsthaus *топ.* дом лесничего
fo., Folio *бухг.* фолио
f.o., fein ordinär *торг.* обычный тонкий, ординарный тонкий
f.o.a., free on aircraft *англ.* франко-самолёт
fob, free on board *англ.* франко-борт, фоб, ФОБ
f.o.c., free of charge *англ.* бесплатно, франко
f.o.d., free of damage *англ.* свободно от повреждения *(в страховании)*
föd., föderal федеральный
föd., föderativ федеративный, союзный
Fol., Folioblatt *полигр.* формат в пол-листа, фолио
fol., Folio *бухг.* фолио
folg., der folgende; das folgende следующий в очереди, по порядку; следующее
folg., folgend следующий, нижеследующий
FONDAK, Fonds für Deutsche Aktien фонды для мелких держателей акций предприятий
FONDRA, Fonds für Deutsche Renten und Aktien фонды для мелких держателей ренты и акций предприятий
FONSA, Anlagefonds Schweizer Aktien фонды швейцарских акций
f.o.q., free on quay *англ.* франко-пристань
f.o.r., free on rail *англ.* франко-погрузочная платформа, фор
FORMAC, formula manipulation compiler *англ.* алгоритмический язык ФОРМАК фирмы ИБМ *(США)*
FORTRAN, formula translator; formula translating (system); formula translation *англ.* алгоритмический язык ФОРТРАН
FORTRANSIT, FORTRAN and internal translator system *англ.* алгоритмический язык ФОРТРАНЗИТ фирмы ИБМ *(США)*
FÖS, Förderstrang *геол., нефт.* эксплуатационная колонна
f.o.s., free on steamer *англ.* франко-судно
FOSDIC, film optical sensing device for input to computer *англ.* оптическое читающее устройство *(для ввода информации в машину)*, ФОСДИК Министерства торговли США
foss., fossil *геол.* ископаемый; окаменелый
f.o.t., free on truck *англ.* франко-грузовик, фот
f.o.w., free on waggon *англ.* франко-вагон
FP, Festpreis твёрдая цена
FP; F.P., Festpunkt опорная точка, репер
FP, Festpunkt *тех.* точка опоры, опорная точка; репер; постоянная точка, поворочная точка
FP, Flammpunkt точка [температура] воспламенения
FP, freie Pufferzeit *сет. пл.* свободный резерв времени
F.P., französisches Patent французский патент
F.P., Fusionspunkt точка [температура] плавления
Fp, Fusionspunkt точка [температура] плавления
Fp., Füllpulver разрывной заряд
fp, finanzpolitisch финансово-политический
f.p., fully paid *англ.* полностью оплаченный
FPA, Filmpreß Austria Фильмпресс Аустриа *(австрийская служба информации о кино и телевидении)*
f.p.a., free of particular average *англ.* свободный от частной аварии *(в страховании)*
FPD, Feuilleton-Pressedienst служба печати Фельетон-прессединст *(Австрия)*
FPD, Freiheitlicher Pressedienst служба печати Фрайхайтлихер прессединст *(Австрия)*
FPG, Produktionsgenossenschaft werktätiger See- und Küstenfischer рыболовецкий производственный кооператив *(бывш. ГДР)*
Fpl., Fahrplan расписание движения *(поездов)*
Fpl., Flugplan расписание полётов
FPS, Forschungsinstitut für Physik der Strahlantriebe научно-исследовательский институт физики реактивных двигателей *(ФРГ)*
F.P.S., Fuß-Pfund-Sekunde-System фут-фунт-секунда *(система единиц)*
fps, Fuß-Pfund-Sekunde-System фут-фунт-секунда *(система единиц)*

Fpz, Fernplatz рабочее место междугородной телефонистки
FR, Familienrecht семейное право
FR, Fernrakete ракета дальнего действия
FR, Flußräumboot речной катерный тральщик
FR, Folgeregelung следящее регулирование
FR, Folgeregler следящий регулятор
FR, Frequenz *физ.* частота
FR, Fronte фронтовой
FR, Funkraum радиорубка
FR, Futterrohr *геол., нефт.* обсадная труба
Fr, Franzium *хим.* франций
Fr., Fracht 1. груз; кладь; тоннаж 2. плата за провоз, фрахт
Fr., Frau госпожа
Fr., Freitag пятница
Fr., Frist срок, время; отсрочка
Fr., Frühstück завтрак
fr, Franc франк *(денежная единица)*
fr., franko, frei *ком.* франке, свободно от расходов, бесплатно
fr., französisch французский; по-французски
fr., französische Sprache французский язык
fr., frei свободный; незанятый; вакантный; открытый
fr., freigemacht свободно *(для продажи, обращения и т.п.)*; оплачено; очищено от сборов и пошлин
fr., freitags по пятницам
fr., frisch недавний, новый, свежий
fr., früher более ранний; прежний, предыдущий, бывший; раньше, прежде
FRA, Federal Railroad Administation *ж.-д. англ.* Федеральная администрация по железнодорожному транспорту *(США)*
F.R.A., Funkrichtungsanlage радиопеленгаторная станция
Fr.Ä.Afr., Französisch-Äquatorial-Afrika французские владения в Экваториальной Африке
Frakt., Fraktion часть *чего-л.*; фракция *(в разных значениях)*
FRAME, код для обозначения качества радиопередачи
frb., fahrbar проезжий, проходимый для транспорта
Frbg, Freiburg г. Фрайбург

frbl., freibleibend *торг.* остаётся свободным *(для реализации, продажи и пр.)*
FRD, Frachtraschdienst *наименование периодического издания по вопросам фрахтового дела*
Frdh., Friedhof кладбище
frdspr., fremdsprachig иностранный, иноязычный
freiw., freiwillig добровольный; добровольно
freiw., Freiwillige доброволец; *воен., ист.* вольноопределяющийся
Freiz., Freizt., Freizeit свободное от работы время, досуг
fremdl., fremdländisch иностранный, чужеземный
Fremdw., Fremdwort иностранное слово, заимствованное из иностранного языка слово, иностранное заимствование
fr fr, frachtfrei *ком.* включая стоимость фрахта до места назначения; бесплатный фрахт
Frg., Feuerung топка
frgm., freigemacht свободно *(для продажи, обращения и пр.)*; оплачено; очищено от сборов и пошлин
Frh., Freiherr барон
Frh., Freiherrin баронесса
fr. H., frei Haus включая стоимость доставки на дом, бесплатно "до дверей"
fr. h., freihändig с руки; без упора *(напр., стрельба)*
Frhf., Friedhof кладбище
Frhr., Freiherr барон
Frhr., Freiherrin баронесса
Fris., Frisur причёска
Fritalux, Frankreich-Italien-Luxemburg Франция, Италия, Люксембург *(страны, объединённые экономическим. и таможенным союзом)*
FRK, Flachreedkontakt *эл.* плоский герметический контакт, геркон
Frl., Fräulein госпожа *(ставится перед именем или фамилией незамужней женщины)*
Frl., Freiliste список товаров, разрешённых к внешнеторговым операциям
Frm., FrM, Freimarke (почтовая) штемпельная марка
fr.M.R., französische Militärregierung *ист.* французская военная администрация *(в Западной Германии)*

fro, franko *ком.* франко, свободно от расходов, бесплатно
FRS, File rücksetzen *вчт.* «вернуть файл»; «переместить файл назад» *(макрокоманда)*
frs., Francs *(столько-то)* франков
FRSt, Fernsprechrechnungsstelle абонементно-расчётный отдел телефонной станции
Frt, Fracht *ком.* фрахт
frt, freight *англ., ком.* фрахт
frt.fwd., freight forward *англ., ком.* взыскивать фрахт
Frto, Frachttonne фрахтовая тонна
frt.ppd., freight prepaid *англ., ком.* оплачивать фрахт вперёд *(авансом)*
Frühh, Frühhalt *ж.-д.* остановка поезда на начальном отрезке пути приёма
FrV, Fräsvorrichtung *тех.* приспособление для фрезерования
fr. v., frei von свободно от...
Fr.W., Frischwasser свежая вода; пресная вода; питьевая вода
Frw, Feuerwerks- *в сложн.* пиротехнический
frw., freiwillig добровольный
frZ, französische Zone *ист.* французская зона *(оккупации)*
frz., französische Sprache французский язык
Frzbd, Franzband переплёт из телячьей кожи, кожаный переплёт; книга в кожаном переплёте
Frzt., Freizeit свободное от работы время, досуг
FS, Azienda autonoma delle Ferrovie dello Stato *итал., ж.-д.* Государственные железные дороги Италии
FS, Fernschnellzug скорый поезд дальнего следования
FS, Fernschreiben телекс; телеграмма
FS, Fernschreiber телетайп
FS, Fernsehen телевидение, ТВ
FS, Fertigungssystem система управления производством
FS, Flächen-Schwerpunkt центр тяжести плоскости
FS, Flugsicherung обеспечение полёта
FS, Flußschnellboot речной торпедный катер
FS, Frauenschule женская школа
FS, Funkstelle радиостанция, PC
F.S., Fallschirm парашют
Fs, Fahrladeschaffner *ж.-д.* разъездной раздатчик багажа
Fs, Feinsandstein *геол.* мелкий песчаник
Fs, Feinsilber чистое [высокопробное] серебро
Fs, Fernschreiben телекс; телеграмма
Fs, Fernschreiber телетайп
Fs., Fortsetzung продолжение
Fs., Fürsorge 1. социальное обеспечение 2. попечение, забота
FSA, Fernsehantenne телевизионная антенна
FsAL, Fernschreibanschlußleitung телеграфная абонентская линия
FSB, Formularsteuerband лента управления подачей формуляров
FSC, Fallschirmsportspringerklub клуб спортсменов-парашютистов
FSch, Feuerschiff плавучий маяк
Fsch, Federschienenzunge *ж.-д.* остряк с пружинящим соединительным рельсом *(в формуле унифицированного обозначения типа стрелочного перевода)*
F-Schicht, Ionosphäre *физ.* ионосфера
FSD *(а̀іа̄ё.),* FBI-Stammdatei *вчт.* файл исходных данных для текущей идентификации статей заказа
FsE, Fernsehempfänger телевизионный приёмник, телевизор
Fs-EVSt, Fernschreibendvermittlungsstelle телеграфная оконечная коммутационная станция
Fshfn, Friedrichshafen г. Фридрихсхафен
FSM, Fräser-Strahlmühle *геол.* фрезерно-струйная мельница, ФСМ
Fsm., Fischschwanzmeißel *геол.* долото типа «РХ»
FSP, Freie Soziale Partei Свободная социальная партия
F.S.P, Funkseitenpeilung бортовой радиопеленг
Fsp, Fernspruch телефонограмма
Fspr., Fernsprecher телефон; телефонный аппарат
Fss, Fortsetzungen продолжения
F.St., Feuerstellung *воен.* огневая позиция
F.St., Funkstation радиостанция, PC

F.St., Funkstelle радиостанция
Fst, Fernsprechstelle переговорный (телефонный) пункт
Fstm., Fürstentum княжество
F.St.N., Friedensstärkenachweisung *воен.* штат мирного времени
Fstr-Hsp(G), Fahrstrassenhebelsperre, den Fahrstrassenhebel in Grundstellung verschliessend *ж.-д.* замычка маршрутной рукоятки, запирающая её в основном положении
Fstr-Hsp(u), Fahrstrassenhebelsperre, den Fahrstrassenhebel in umgelegter Stellung verschliessend *ж.-д.* замычка маршрутной рукоятки, запирающая ее в отклонённом положении
FSU, Freie Soziale Union Свободный социальный союз *(партия ФРГ)*
FSV, Fußball-Sport-Verein Футбольный спортивный союз
FT, Frequenzteiler *радио* делитель частоты
F.T., Funktelegraph радиотелеграф
F.T., Funktelegraphie радиотелеграфия
F.-T., Fourier-Transformation *физ.* преобразование Фурье
Ft, Fürstentum княжество
Ft, Ungarischer Forint венгерский форинт *(денежная единица)*
Ft., Fett жир; сало; *тех.* пластичная [консистентная] смазка
Ft., Fürstentum княжество
ft, full terms *англ. ком.* условия в целом
FTGS, frequenzmodulierte Tonfrequenzgleiskreis(e) *ж.-д.* частотно модулированные рельсовые цепи тональной частоты
ftl, fürstlich княжеский
Ftln, Fernsprechteilnehmer телефонный абонент
FTO, Funkoffizier офицер радиосвязи
Ftr, Flugzeugträger авианосец
FTS (*eng.* AGV), fahrerloses Transportsystem роботизированная транспортная система
Ft.St., Ft. Stat., Funktelegraphenstation радиотелеграфная станция
FTS-Testschleife, петлевая антенна пункта технического контроля роботовележек
FTZ, Fernmeldetechnisches Zentralamt центральное ведомство связи *(ФРГ)*

FTZ, Fernmeldetechnische Zeitschrift *наименование периодического издания по вопросам техники дальней связи*
FU, Fehlerspannung эл. аварийный потенциал *(при повреждении изоляции)*
FU, Föderalistische Union Федералистский союз
FU, Freie Universität (Westberlin) Свободный университет Западного Берлина
FU, Frequenzumsetzer; Frequenzumformer преобразователь частоты
Fu, Fuller коробка передач «Фуллер»
Fu, Funk радио
Fu, Funkgerät радиостанция
Fu, Funkmeß- *в сложн.* радиолокационный; радиоизмерительный
Fu., Führer 1. вождь 2. командир 3. водитель, шофёр; пилот, лётчик
Fu., Fuß 1. *топ.* подножие *(горы)* 2. фут, фт *(единица измерения)*
FUA, Fachunterausschuß отраслевой подкомитет
FuA, Funkamt станция радиосвязи
FuAnl, Fu.-Anl., Funkanlage радиоустановка
Fube, Funkblindlandgerät радиостанция посадки по приборам
Fu BK, Funk-Betriebs-Kommission комиссия по радиоделу
FuE, Forschung und Entwicklung исследование и развитие
Fue, Funkkommandoempfänger радиоприёмная станция начальника радиосвязи
FueD, Funkentstörungsdienst служба борьбы с радиопомехами
FUF, Finnisch-Ugrische-Forschungen *наименование периодического издания по изучению угро-финских народов*
F.u.F.P., Feld- und Forstpolizei полевая и лесная полиция
FUG, FuGer., Funkgerät 1. радиоаппаратура 2. радиостанция
Fugr., Fachuntergruppe специализированная подгруппа
FuKMD, Funkkontroll-Me:sdienst служба радиоконтроля и измерений
FuKMst, Funkkontroll-Me:sstelle станция радиоконтроля и измерений
Fu LS, Funkleitstelle радиомаяк
FuM, Funkme:stechnik радиолокационная техника; радиолокация

Fu MA, Funkmeßabteilung *воен.* радиолокационный батальон
Fu MB, Funkmeßbordgerät бортовая радиолокационная установка; бортовая радиолокационная станция, бортовая РЛС, БРЛС
Fu Me, Funkmeßerkennungsgerät радиолокационная опознавательная аппаратура
Fu MG, Funkmeßgerät радиолокатор, РЛ
Fu MLA, Funkmeßlehrabteilung *воен.* учебный радиолокационный батальон
Fu MO, Funkmeßortungsgerät радиолокационная установка, радиолокационная станция, РЛС
Fu MS, Funkmeßstörsender передатчик радиолокационных помех, противолокационный радиопередатчик
Fu MT, Funkmeßtäuschungsgerät *воен.* маскирующая противолокационная радиоаппаратура
Fu MZ, Funkmeßzusatzgerät *тж. воен.* вспомогательная радиолокационная аппаратура
«FUN», Funktion *выч.* оператор «функция»
FUND, International Monetary Fund *англ.* Международный валютный фонд, МВФ
Funk St., Funkstelle радиостанция
FuO, Feinmechanik und Optik точная механика и оптика
FuP, Funkprüfgerätesatz комплект принадлежностей для испытания радиоаппаратуры
FuPA, Funkpeilanlage радиопеленгатор, радиопеленгационная установка
FuPB, Funkprüfbatteriesatz комплект батарей для испытания радиоаппаратуры
FuPM, Funkprüfmaschinensatz комплект принадлежностей для испытания механической части радиоаппаратуры
FuPNG, Funkprüfnetzgerätesatz комплект принадлежностей для испытания радиосети
FuPSt, Funkpeilstelle радиопеленгаторный пост, пост радиопеленгации
FuS, Funksignal(e) радиосигнал(ы)
FuSD, Funksignaldienst служба радиосигнализации
FuSE, Funksenderempfänger приём(н)о-передающая радиостанция

FuSpr, Funkspruch радиограмма
Fußpfd, Fußpfund футо-фунт
FuSt., Funkstation радиостанция, РС
Fust, FuSt., Funkstelle радиоузел, РУ
Fusta, Funkstation радиостанция
FuStöMD, Funkstörungs-Me:sdienst служба измерения радиопомех
FuT, Forschung und Technologie исследования и технология
Fut., Futur(um) *грам.* будущее время, футурум
FuV, Fu.Verb., Funkverbindung радиосвязь
FuW, Funkwache радиовахта
F/U-Wandler, Frequenz-Spannungs-Wandler преобразователь частоты в напряжение
FuZ, Funkzubehörsatz комплект принадлежностей для радиооборудования, ЗИП для радиоаппаратуры
FV, Fachverband отраслевое объединение
FV, Fachvereinigung специализированное *(торговое или промышленное)* объединение, отраслевое *(торговое или промышленное)* объединение
FV, Fahrdienstvorschriften инструкция по движению поездов
FV, Fernverkehr связь на дальнее расстояние
FV, Frequenzvervielfacher умножитель частоты
FV, Fußballverein футбольный союз
Fv, Fernverbindung дальняя [междугородная] связь
Fv., Fachvereinigung специализированное *(торговое или промышленное)* объединение, отраслевое *(торговое или промышленное)* объединение
Fv., Fernsprechvermittlung телефонная станция, коммутатор
FVAz, Fernverkehrsausscheidungsziffer цифра [индекс] выделения междугородной связи
FVD, Fernsprechvermittlungsdienst служба телефонной связи
FVG, Gesetz über die Finanzverwaltung закон о налоговой инспекции
F.V.I., Forschungsergebnisse des Verkehrswissenschaftlichen Instituts für Luftfahrt *наименование периодического издания по аэронавигации*

FVK, Fachvereinigung Kohle (Berlin) отраслевое объединение по сбыту угля *(в Западном Берлине)*
FVK, faserverstärkte Kunststoffe стеклопластики
FVRJ, Föderative Volksrepublik Jugoslawien Федеративная Народная Республика Югославия, ФНРЮ
FVS, File vorsetzen *вчт.* «выдать файл»; «переместить файл вперёд»; «активизировать файл» *(макрокоманды)*
FVSt, Fernvermittlungsstelle станция междугородной связи
Fvt., Feuerverteilung *воен.* распределение огня
FVV, Frankfurter Verein der Verkehrsbetriebe Франкфуртская ассоциация транспортных предприятий
FVV, Frankfurter Verkehrsverbund *ж.-д.* Объединение предприятий общественного пассажирского транспорта г. Франкфурт-на-Майне
FVV, Fremdenverkehrsverein объединение (иностранного) туризма
FW, Fangwerkzeug *нефт.* ловильный инструмент
FW, Fernmeldewerkstatt *ж.-д.* мастерская дистанции связи
FW, Festwiderstand постоянный резистор
FW, Feuerwehr пожарная команда; пожарная охрана
FW, Forstwirtschaft лесное хозяйство
Fw., Feldwache сторожевая застава
Fw., Feldwebel *воен., полиц.* фельдфебель
Fw., Feuerwerker пиротехник
Fw., Flammenwerfer *воен.* огнемёт
fw., freiwillig добровольный
FWA, Fernwählamt междугородная автоматическая станция
Fwb., Fachwörterbuch специальный [отраслевой] словарь
Fwb., Fremdwörterbuch словарь иностранных слов
Fw K, Forschungsinstitut für Warmkraftmaschinen der Technischen Hochschule, Stuttgart кафедра термодинамики при Штутгартском высшем техническом училище
FWL, Fernwahlleitung междугородная цепь с автоматическим обслуживанием
fx, Vorschub in X-Richtung подача по оси X *(обозначение)*

fy, Vorschub in Y-Richtung подача по оси Y *(обозначение)*
FZ, Fachzeitschrift специальный журнал
FZ, Fahrzeug транспортное средство *(автомобиль, мотоцикл и т. д.); ж.-д.* единица подвижного состава
FZ, Farbzahl *хим.* индекс цвета
FZ, Festlegezahl исходная установка; *воен.* угломер точки наводки
FZ, Festzeichendruck печать фиксированного набора знаков
FZ, Freizeichen сигнал «свободно»
FZ, Frequenzzeiger частотомер
Fz, Fahrzeit *ж.-д.* время хода поезда
Fz, Fahrzeug транспортное средство *(автомобиль, мотоцикл и т. п.); ж.-д.* единица подвижного состава
Fz, Feldzeugdienst *воен.* служба артиллерийско-технического снабжения
Fz, Feldzeugmeisterei *ист., воен.* артиллерийско-техническое управление, артиллерийское управление
Fz., Feldzeugkommando *ист., воен.* управление артиллерийско-технического снабжения войскового [корпусного] округа *(в бывшей германской армии)*
Fz., Fernzug поезд дальнего следования
fz, Vorschub in Z-Richtung подача по оси Z *(обозначение)*
FZA, Fernmeldezentralamt Центральное управление связи *(ФРГ)*
Fzg, Fahrzeuggeschwindigkeit *ж.-* конструктивная скорость единицы подвижного состава
FZM, Feldzeugmeister начальник артиллерийско-технического снабжения
FZM, Feldzeugmeisterei отдел артиллерийско-технического снабжения
FZO, Fleischbeschau-Zollordnung таможенные правила врачебной инспекции мясопродуктов, таможенные ветеринарно-санитарные правила
FZRVO, freiwillige Zusatzrentenversicherungsordnung положение о добровольном дополнительном пенсионном страховании
Fzt, Fahrzeit время нахождения в пути *(поезда и пр.)*
Fzw., Finanzwesen финансовая система; финансы

G

G, elektrischer Leitwert электропроводимость
G, Feldgassammelleitung *нефт.* газосборный коллектор
G, Gamma-Messung *нефт.* гамма-каротаж
G, Gasmotorverdichter *нефт.* газомоторный компрессор
G, Gasölkontakt *нефт.* ГК, газойлевый контакт
G, Gasometer *нефт.* газгольдер
G, Gauß гаусс, Гс *(единица магнитной индукции)*
G, Geber датчик
G, Gegnerpunkt *воен.* точка цели
G, geheim секретно, С, секр.
G, «Geld» *бирж.* курс покупателей *(в курсовых бюллетенях)*
G, Gelenkwelle карданный вал
G, Gemeinde 1. община; общество 2. муниципалитет, городское самоуправление; сельское самоуправление 3. церковный приход
G, Generator генератор
G, Gesetz закон
G, Gewicht вес; масса
G, Gewichtsschwerpunkt *тех.* центр тяжести системы
G, Giga- *в сложн.* гига- *(в миллиард раз бульшая часть)*
G, Gitter сетка
G, Gleichstrom *эл.* постоянный ток
G, Gleislager *ж.-д.* склад материалов верхнего строения пути
G, Graphitkohle высокографитный уголь
G, Gravitationskonstante *физ.* гравитационная постоянная
G, Grubenlokomotive рудничный электровоз
G, Gruppe группа
G, Guarani гварани; гуарани *(денежная единица Парагвая)*
G, Guatemala Гватемала *(индекс государственной принадлежности автомобиля)*
G, Gummiisolierung резиновая изоляция

G, Schubmodul *тех.* модуль сдвига, модуль упругости 2-го рода, модуль Стокса
G., «Geld» *бирж.* курс покупателей, «спрос» *(в курсовых бюллетенях)*
G., Grosserie- *уст. в сложн.* оптово-торговый
G., Güter- *в сложн.* грузовой, товарный
g, auf Isolierglocken *элт., усл. обозн.* *(проводка)* на роликах с юбкой
g, Gramm грамм, г
g, Gravitation *физ.* гравитация, притяжение; ньютоновское притяжение
g, grob *торг.* грубый; крупный
g, Groschen грош *(австрийская монета)*
g., gedeckt *банк.* 1. покрыто 2. обеспечено
g., gotisch 1. *ист.* готский 2. готический шрифт
GA, G/A, general average *англ.* общая авария *(в страховании)*
GA, Gamma-Aktivität гамма-активность; гамма-радиоактивность
GA, Gate Array *англ., вчт.* управляющий массив
GA, Geschäftsaufsicht 1. надзор за операциями 2. контроль за деятельностью предприятия 3. торговая администрация
GA, Gesetsesartikel статья закона
GA, Gesundheitsamt отдел здравоохранения, здравотдел
GA, Goldammer Archiv für Strafrecht Архив уголовного права Гольдаммера *(Гамбург)*
GA, Gruben-Akkulokomotive рудничный аккумуляторный электровоз
G-A, Gitter-Anode *эл.* сетка-анод
Ga, Gallium *хим.* галлий
Ga, Güterabfertigung отправка грузов; приём грузов к отправке; обработка грузов; экспедиция грузов
Ga., Garten сад
GAA, Gütegemeinschaft anodisiertes Aluminium Ассоциация по контролю за качеством анодированного алюминия *(ФРГ)*

GAB, General Arragement to Borrow *англ., ком.* Общее положение о заимствовании

GAB, *геол., нефт.* geschützte ausgesalzene Bentonitspülung *геол., нефт.* защищённый рассоленный бентонитовый раствор

GAB, Gesellschaft zur Aufsuchung von Bodenschätzen Общество по изысканию полезных ископаемых

GABAL, Gesellschaft für Förderung anwendungsorientierter Betriebswirtschaft und aktivier Lehrmethoden in Fachhochschule und Praxis Общество содействия экономике и организации предприятий, ориентированным на пользователей, а также методам активного обучения в специализированных вузах и на производстве

GABB, geschützte ausgesalzene beschwerte Bentonitspülung *геол., нефт.* ащищённый рассоленный утяжелённый бентонитовый раствор

G.A.C.C., Gesamt-Altherrenverband des Coburger Konvents Объединённый союз старых [почётных] корпорантов Кобургского конвента

G.A.D., Grenzaufsichtsdienst служба пограничной охраны

GAG, Generalauftraggeber генеральный заказчик, гензаказчик

Gag, Ganzgütezug, Ganzzug *ж.-д.* маршрутный (грузовой) поезд

Gagfah, Gemeinnützige Aktiengesellschaft für Angestelltenheimstätten Акционерное общество строительства многоквартирных домов для служащих

GAK, Gestängeabschlußkopf *геол., нефт.* онтрольная головка бурильной колонны

GAL, Gesetz über eine Altershilfe für Landwirte закон о помощи престарелым фермерам [крестьянам]

GAL, Guß-Aluminium, Aluminiumguß литой алюминий

Gal., Galerie галерея

gal, Gallone галлон *(мера объёма жидких и сыпучих тел)*

G.A.L.T., Gesamtverband Alter Landsmannschaften und Turnerschaften Объединение старейших (студенческих) землячеств и гимнастических союзов

GAMM, Deutsche Gesellschaft für angewandte Mathematik und Mechanik Немецкое общество прикладной математики и механики

GAN, Generalauftragnehmer генеральный подрядчик, генподрядчик

GAN, Generalauftragnehmer генеральный подрядчик; генподрядчик

GANAT, Gemeinschaftliche Aktionen zum Naturschutz План действий (Европейского) Сообщества по сохранению природы

GAP, Gemeinsame Agrarpolitik общая сельскохозяйственная политика *(ЕС)*

Ga-Pa, Garmisch-Partenkirchen г. Гармиш-Партенкирхен *(место проведения зимних спортивных игр в ФРГ)*

GAR, Geräteadressregister регистр адреса устройства

gar., garantiert гарантировано

GAS, grenzflächenaktive Stoffe поверхностно-активные вещества, ПАВ

GASAG, Gaswerke-Aktiengesellschaft, Berlin Акционерное общество (западноберлинских) газовых заводов

GASt, Grenzaufsichtsstelle пост пограничной охраны

G.A.St., Geräteausgabestelle пункт выдачи аппаратуры, склад аппаратуры

GaTP, Gabeltiefpa:s *эл.* переходный фильтр нижних частот

GATT, Allgemeines Zoll- und Handelsabkommen *(General Agreement on Tariffs and Trade)* Генеральное соглашение о тарифах и торговле, ГАТТ

Gatt., Gattung *биол.* род; вид

G-Aufl., Gesamtauflage общий тираж

GAV(St), Güterabfertigungsvorschriften für Stückgut *ж.-д.* Правила выполнения операций по приёму к перевозке и выдаче мелких отправок

GB, «Geld und Brief» *бирж.* курс покупателей и курс продавцов *(в биржевых бюллетенях),* «спрос и предложение» *(в курсовых бюллетенях)*

GB, Genehmigungsbescheid уведомление о разрешении

GB, Generalbeauftragter главный уполномоченный

GB, Generalbevollmächtigter des Vorstandes für Absatz und Produktion *ж.-д.* Генеральный уполномоченный Правления Государственных железных дорог ФРГ по вопросам производства и сбыта транспортных услуг

GB, Geräuschboje *мор.* шумовой буй *(против акустических мин)*

GB, Geschäftsbedingungen 1. условия сделки 2. *юр. ком.* правила ведения дел

GB, geschützte Bentonitspülung *геол., нефт.* защищённый бентонитовый раствор

GB, Gesetzbuch кодекс *(законов)*

GB, gewöhnlicher Betrieb обычный режим

GB, Gitterbatterie *эл.* батарея сеточного смещения

GB, Großbritannien Великобритания *(индекс государственной принадлежности автомобиля)*

GB, Grundbuch поземельная книга; земельный кадастр

GB, Güterbahnhof *ж.-д.* грузовая станция; дебаркадер железнодорожной станции

G.B., Gesundheitsbuch журнал состояния здоровья *(судовых экипажей и пр.)*

G.B., Gleitbombe *воен.* планирующая бомба

Gb., Gebirge горная порода

Gb., Gebirge *топ.* горы

Gb., Gebühr пошлина; сбор; налог

Gb., Gebühren- *в сложн.* пошлинный; налоговый

gb., geboren 1. родился, родилась *(тогда-то)* 2. урождённая *(с прибавлением девичьей фамилии)*

gb., genehmigungsberechtigt (авиатехник) имеющий право допускать мотор к эксплуатации после капитальной переборки

gb., grundüberholungsberechtigt (авиатехник) имеющий право производить капитальную переборку мотора

GBA, Gesetzbuch der Arbeit Кодекс законов о труде *(в бывш. ГДР)*

GBAG, Gelsenkirchener Bergwerks-Aktiengesellschaft Гельзенкирхенское горно-промышленное акционерное общество

GB/BHE, Gesamtdeutscher Block BHE *(Block der Heimatvertriebenen und Entrechteten)* Общегерманский блок *(партия переселенцев в ФРГ)*

Gbd., Gebäude здание

G.B.E., Geräuschboje mit elektrischem Antrieb *мор.* шумовой буй против акустических мин с электроприводом

Gbf, Güterbahnhof *ж.-д.* товарная станция

Gbge, Gebirge горы

GBGS, Gesetz über den Bundesgrenzschutz закон о федеральной пограничной охране

Gbh., **GBhf**, Güterbahnhof *ж.-д.* грузовая станция, товарная станция

GBI, Gesellschaft für bahntechnische Innovationen *ж.-д.* Общество по новой технике на железнодорожном транспорте; Общество по научно-техническим инновациям на железной дороге *(ФРГ)*

GBI, Gesellschaft für betriebswirtschaftliche Information Общество промышленно-экономической информации

GBK, Gro:sbaukasten унифицированный блок; стандартный узел

GBL, Generalbetriebsleitung *ж.-д.* главное эксплуатационное управление

GBl, Gesetzblatt вестник законов, сборник законов; нормативный сборник

GBl, Gesetzblatt der Deutschen Demokratischen Republik *периодическое издание по вопросам законодательства бывш. ГДР*

G.B.M., Geräuschboje mit mechanischem Antrieb *мор.* шумовой буй против акустических мин с механическим приводом

Gbn, Guben г. Губен

GBO, Grundbuchordnung положение о порядке ведения кадастровых [поземельных] книг, правила ведения кадастровых [поземельных] книг

Gb.-O., Gbo., Geburtsort место рождения

g.b.o., goods in bad order *англ., ком., страх.* товары в плохом состоянии

GBP, Pfund Sterling фунт стерлингов

gbr, gebräuchlich употребительный, принятый, обычный

gbr., gebraucht подержанный, поношенный, бывший в употреблении

GBS, Gitterbasisschaltung *эл.* схема с общей сеткой

GBS, Güterbewegungsstatistik *ж.-д.* статистика перевозок грузов; логистическая статистика

Gbt., Gebet молитва, моление
Gbt., Gebiet территория; район; область; округ; зона
GBV, (innerdienstliche) Güterbeförderungsvorschriften der Eisenbahn (внутренние) правила о перевозках грузов по железным дорогам
GBW/Sdh, Güterbeförderungsvorschriften Sonderheft *ж.-д.* специальная часть инструкции по перевозке грузов железнодорожным транспортом
GBY, Malta Мальта *(индекс государственной принадлежности автомобиля)*
GBZ, Gibraltar Гибралтар *(индекс государственной принадлежности автомобиля)*
GbZ, Gebührenzettel квитанция об уплате налогов [сборов]
Gbz, Gutsbesitz земельное владение; поместье; территория, занимаемая чьим-л. имением
GC, Gro:scontainer *ж.-д.* крупнотоннажный контейнер
GCE, Gro:scontainereinheit *ж.-д.* крупнотоннажный контейнер *(учётная единица)*
g. Ch., gemischte Chor смешанный хор
GCP, Gro:scontainerumschlagplatz *ж.-д.* грузовой пункт для обработки крупнотоннажных контейнеров
GD, Gamma-Dichtemesser *нефт.* гаммаплотномер
GD, Generaldirektor генеральный директор, ген.директор
Gd, Gadolinium *хим.* гадолиний
GDA, Gewerkschaftsbund der Angestellten профсоюз *(торговых, конторских и технических)* служащих
Gdbgr., Grundbegriff основное понятие
GDCh, Gesellschaft Deutscher Chemiker Общество немецких химиков
Gde, Gemeinde 1. община, общество 2. муниципалитет, городское самоуправление; сельское самоуправление 3. церковный приход
GdG, Gesamtverband der Gebrauchtwagenhändler Deutschlands общий союз продавцов подержанных автомобилей Германии
Gdh, Gradierhaus *тех. водоснаб.* градирня

GDL, Gemeinschaft Deutscher Lehrerverbände Объединение немецких учительских союзов
GDL, Gesellschaft Deutscher Lichtbildner Общество немецких фотографов
G.D.M., Gesamtverband Deutscher Metallgießereien Объединение немецких литейных заводов
GDN, Gesellschaft Deutscher Neurologen Немецкое общество неврологов
GdP, Gewerkschaft der Polizei профсоюз полиции
GDS, gebührenpflichtige Dienstsache служебный документ, подлежащий оплате гербовым сбором
GDS, Gegendruckseite *авто* сторона юбки поршня, противоположная давлению на зеркало цилиндра
GDT, Genossenschaft Deutscher Tonsetzer Товарищество немецких композиторов
GDU, Gleichstrom-Drehstrom-Umformer преобразователь постоянного тока в трёхфазный переменный
GDV, Gasdynamische Versuchsanstalt Газодинамический экспериментальный институт
GDV, Gesamtverband der Deutschen Versicherungswirtschaft Объединение немецких страхователей; Общий союз немецких страхователей
GDV, Grenzschutzdienstvorschrift положение о прохождении службы в пограничной охране
G.D.V., Generaldurchschaltversuch окончательное испытание электропневматического управления ракеты
GDW, Geschäftsführende Direktion für den Werkstattendienst *ж.-д.* дирекция (железных дорог), ответственная за ведение дел по службе ремонта подвижного состава *(ФРГ)*
Gdw, Gradierwerk *тех. водоснаб.* градирня
GE, General Electric *англ.* фирма «Дженерал электрик», выпускающая оборудованиек для обработки данных
GE, Geräteende завершение работы устройства; отключение (от) устройства
GE, Geräuschempfänger гидрофон
GE, Gewichtseinheit весовая единица

GE, Gleiserneuerung *ж.-д.* капитальный ремонт пути
GE, Grundeinheit *ж.-д.* «основная единица» — расчётный состав пассажирского поезда, по которому рассчитывается ёмкость парков пассажирской технической станции *(ФРГ)*
Ge, Generator генератор
Ge, Germanium *хим.* германий
Ge, Gleiserneuerung *ж.-д.* капитальный ремонт пути
Ge, Grundeinheit *ж.-д.* «основная единица» — расчётный состав пассажирского поезда, по которому рассчитывается ёмкость парков пассажирской технической станции *(ФРГ)*
Ge, GE, Gußeisen литейный чугун
Ge., Geographie- *в сложн.* географический
ge, gelb жёлтый *(в маркировке проводников, проводов в схемах)*
GEB, Niedersächsisches Gesetz über Eisenbahnen und Bergbahnen *ж.-д.* Нижнесаксонский закон о железных и горных дорогах *(ФРГ, земля Нижняя Саксония, от 1957 г.)*
Ge. B., geographische Breite географическая широта
Geb., Gebäude *тж. топ.* здание, строение
Geb., Gebet молитва; молебен
Geb., Gebiet территория; район; область; округ; зона
ge.B., geographische Breite *геогр.* географическая широта
geb., geboren 1. родился, родилась *(тогда-то)* 2. урождённая *(с прибавлением девичьей фамилии)*
geb., gebunden *полигр.* переплетённый, в переплёте
Geb.-J, Geburtsjahr год рождения
Geb.-Jg, Geburtsjahrgang год рождения
Geb.-L, Geburtsland родина; страна рождения
Geb O, Gebührenordnung правила взимания налогов; правила взимания судебных пошлин
Geb.O, Gebührenordnung положение о порядке уплаты сборов *(налогов, пошлин)*
Geb.-O, Geburtsort место рождения
Geb.-Ort, Geburtsort место рождения
Gebr., Gebrüder братья

ge.Br., geographische Breite *геогр.* географическая широта
gebr., gebräuchlich употребительный, принятый, обычный
gebr., gebraucht подержанный, поношенный, бывший в употреблении
Gebr.-A., Gebrauchsanleitung, Gebrauchsanweisung инструкция по эксплуатации; инструкция по употреблению; правила пользования
Gebr.-Anl., Gebrauchsanleitung инструкция по эксплуатации; инструкция по употреблению; правила пользования
Gebr.-Anw., Gebrauchsanweisung инструкция по эксплуатации; инструкция по употреблению; правила пользования
GebrMG, Gebrauchsmusterschutzgesetz закон о правовой защите промышленных образцов
Geb.-T., Geb.-Tag, Geburtstag день рождения
GECOM, General Electric compiler *англ.* транслятор ДЖИКОМ фирмы «Дженерал электрик» *(США)*
GECOS, General Electric Comprehensive Operating Supervisor *англ.* (программа)супервизор ДЖИКЛС фирмы «Дженерал электрик» *(США)*
Ged., Gedicht *библиогр.* стихотворение, поэма
ged., gediegen *геол.* самородный
Gedok, Gemeinschaft Deutscher Organisationen von Künstlerinnen und Kunstfreundinnen Объединение организаций немецких женщин — деятелей и любительниц искусства
gedr., gedruckt печатный, отпечатанный
GEEP, General Electric electronic processor *англ.* вычислительная машина [ВМ] ДЖИП фирмы «Дженерал электрик» *(США)*
Gef., Gefahr опасность
gef., gefallen павший в бою, погибший на войне
GEFA, Gesellschaft für Absatzfinanzierung Общество финансирования сбытовых операций
Gefg., Gefängnis тюрьма
Gefl., Geflügel домашняя птица; битая птица
gefl., gefällig услужливый, любезный

gefl., gefälligst пожалуйста, если угодно
GEFO, Gesellschaft für Osthandel (Hamburg) Общество торговли с восточными странами *бывш.* ГДР *(в Гамбурге)*
Gef. P., Gefrierpunkt *физ.* точка замерзания
gefr., gefroren замороженный
Gefr.-Fl., Gefrierfleisch мороженое [замороженное] мясо
Gefr.-P., Gefrierpunkt *физ.* точка замерзания
GEFU, Gesellschaft zur Förderung Gewerblicher Unternehmungen Общество содействия развитию кустарно-промысловых предприятий *(бывш.* ГДР)
GefZ, Gefahrzettel *ж.-д.* ярлык со знаком опасности *(на вагоне или грузовом месте при перевозке опасного груза)*
GEG, Großeinkaufsgenossenschaft der Konsumvereine Оптово-закупочное товарищество потребительских обществ
geg., gegeben данный *(напр., о случае)*
geg., gegen 1. против 2. за, взамен
gegr., gegründet заземлённый
gegr., gegründet основан *(тогда-то)*
Geh., Gehäuse корпус; кожух
Geh., Geheimsache секретное дело, секретный документ
geh., gehackt рубленый *(gehacktes Fleisch рубленое мясо, фарш)*
geh., geheftet *полигр.* сброшюровано, сшито
geh., geheim тайный, секретный; секретно
Geh.-A., Geheimakten секретное дело *(папка с документами)*
GEHAG, Gemeinnützige Heimstätten-Aktiengesellschaft, Berlin Акционерное общество строительства многоквартирных домов в Западном Берлине
geh.Kdos., geheime Kommandosache *воен.* совершенно секретный документ
Geh. Rat, Geheimrat тайный советник
gek., gekocht кипячёный; варёный
gek., gekühlt охлаждённый
gek., gekürzt сокращённый; укороченный
Ge. L., geographische Länge географическая долгота
Gel., Gelände 1. местность, территория 2. земля, участок земли
ge.L., geographische Länge географическая долгота

gel., geliefert поставленный, доставленный
geleg., gelegentlich случайный; случайно; при случае; по случаю
gelgg., geländegängig повышенной проходимости *(транспортное средство)*
Gel.-K., Gel.-Kauf., Gelegenheitskauf покупка по случаю, покупка по оказии
gelt., geltend действующий, имеющий силу, действительный
Gem., Gemeinde 1. община; общество 2. муниципалитет, городское самоуправление; сельское самоуправление 3. церковный приход
gem., gemäß сообразно, соответственно
gem., gemeldet доложено; доведено до сведения
GEMA, Gesellschaft für Musikalische Aufführungs- und Mechanische Vervielfältigungsrechte Общество по охране авторских прав, прав на воспроизведение и тиражирование музыкальных произведений
gem. Ch., gemischter Chor смешанный хор
GEMES, Gesellschaft für Messegestaltung und -organisation Общество по оборудованию и организации ярмарок
GEMK, gegenelektromotorische Kraft противоэлектродвижущая сила, противоэдс
GemO, Gemeindeordnung положение об общине *(как органе самоуправления)*
GemVG, Gemeinde-Verfassungsgesetz закон о правовом статусе общин
Ge.N., geographischer Nord географический север
Gen, Generator генератор
Gen., Genitiv *грам.* родительный падеж, генитив
Gen., Genosse товарищ *(по партии)*
ge.N., geographischer Nord географический север
gen., genannt названный
gen., genehmigt согласовано, разрешено, одобрено
gen., geneigt 1. наклонный; отлогий 2. склонный; расположенный
gen., geneigter Motor двигатель с наклонным расположением цилиндров
gen./1, in Längsrichtung geneigter Motor поперечный двигатель с наклоном цилиндров

Gen Dir, Generaldirektor генеральный директор, главный директор
Gen.Fm., Generalfeldmarschall генерал-фельдмаршал
GenG, GenGes, Genossenschaftsgesetz закон о кооперативных товариществах
Gen. Kdo, Generalkommando штаб корпуса
Ge.No., geographischer Nord географический север
gen./q, in Querrichtung geneigter Motor продольный двигатель с наклоном цилиндров
Gen Schr, Genehmigungsschreiben подтверждающее письмо, письменное согласие
Gen St, Generalstaaten *ист.* Генеральные Штаты
GenStA, Generalstaatsanwalt Генеральный прокурор, ГП
GenStA, Generalstaatsanwaltschaft Генеральная прокуратура, ГП
geod., geodätisch геодезический
geogr., geographisch географический
geol., geologisch геологический
geom., geometrisch геометрический
GEP, General Electric Plastics фирма «Дженерал Электрик плэстикс»
G.E.P., Gesellschaft Ehemaliger Studierender der Eidgenössischen Polytechnischen Hochschule Общество бывших учащихся Швейцарского высшего политехнического училища
Gep., Gepäck багаж
Gepa, Gepäckabfertigung отправка багажа, приём багажа к отправке
Gepo, Gegerpotentiometer потенциометр-датчик
gepr., geprüft проверено
gepr. u. gen., geprüft und genehmigt проверено и одобрено; проверено и согласовано
Ger., Gericht суд
Ger.-Arzt, Gerichtsarzt судебный врач
germ., germanische Sprachen германские языки *(мн. ч.)*
GES, Gesuch 1. запрос; требование 2. поиск
Ges., Gesandter посол
ges., gesucht требуется

GESA, Gesellschaft Schweizer Akademiker Швейцарское студенческое общество *(Всемирной организации помощи студенчеству)*
gesch., geschieden *юр.* разведённый, разведёная
geschm., geschmolzen расплавленный
GeschO, Gesch.-Ord., Geschäftsordnung 1. устав предприятия 2. порядок ведения дел 3. процедура; регламент
Gesch Pl, Geschäftsplan план ведения дел
Gesch St, Geschäftsstelle бюро; контора; канцелярия
geschtl., geschichtlich исторический
Geschw., Geschwindigkeit скорость
Gesfürel, Gesellschaft für Elektrische Unternehmungen Общество электрических предприятий
ges. gesch., ges.gesch., gesetzlich geschützt охраняется законом, находится под охраной закона, охраняется законом
Ges.-Gew., Gesamtgewicht общий вес, общая масса
GESOREI, Gemeinschaft für Sozialtouristik und Reisesparen Объединение по организации общественного туризма на льготных условиях проезда
gesp., gesperrt! проход закрыт
Ges St, GesSt, Gesellschaftssteuer налог на *(торгово-промышленные)* общества
Ges.St., Gesamtstärke общая численность
Gest., Gestell стойка
gest., gestatten разрешать, позволить, допускать
gest., gestattet разрешено, позволено
gest., gestiftet учреждено, основано *(тогда-то)*
gest., gestorben умер, умерла *(тогда-то)*
Gestapo, Geheime Staatspolizei гестапо *(тайная государственная полиция в нацистской Германии)*
Ges.W., gesammelte Werke собрание сочинений
GES-Z, Gesuch-Eingabe; Gesucheingabe *вчт.* 1. запрос на ввод 2. ввод запроса
GeT, Germaniumtransistor германиевый транзистор
get., getauft крещен *(тогда-то)*
Getr., Getränke прохладительные напитки
GeV, Giga-Elektronenvolt *физ.* гига-электронвольт, *ГэВ*

GEW, Gewerkschaft Erziehung und Wissenschaft профсоюз педагогов и научных работников
Gew., Gewährleistung гарантия, поручительство
Gew., Gewicht вес; масса; *тех.* груз, нагрузка
Gew., Gewinn 1. прибыль, доход; выгода 2. выигрыш *(в игре, в лотерее)*
Gew., Gewürz пряности, приправа
gew., gewöhnlich обычно
Gew G, Gewerbegericht ремесленный суд
GewO, Gewerbeordnung промысловый устав
GEWOBAG, Gemeinnützige Wohnungsbau-Aktiengesellschaft Акционерное общество строительства многоквартирных домов *(в Западном Берлине)*
Gewog, Gemeinnützige Wohnstätten-Gesellschaft (Hamburg) Общество строительства многоквартирных домов *(в Гамбурге)*
GewSt, Gew.- St, Gewerbesteuer налог на вид деятельности; промысловый налог
GewStG, Gewerbesteuergesetz закон о промысловом налоге
Gew.T., Gewichtsteil весовая часть
Gez., Gezeiten прилив и отлив
gez., gezähnt (почтовая марка) с зубчиковой перфорацией
gez., gezeichnet подлинник подписал *(такой-то)*
gez.Bl., gezählte Blätter количество *(учётно-издательских)* листов
GF, Gasfilter *нефт.* газовый фильтр
GF, Geschäftsführer управляющий; управляющий делами; коммерческий директор
GF, Gleisfreimeldeanlage *ж.-д.* устройство контроля [сигнализации] занятости пути
GF, große Fahrt *мор.* большой ход
GF, Grubenfahrleitungslokomotive рудничный троллейный электровоз
GF, Grundfonds основные фонды
GF, grundsätzliche Feststellung des staatlichen Vertragsgerichts обязательное постановление центрального государственного арбитража
G.F., Großzahlforschung исследование больших чисел

Gf., Gefahr опасность
g.F., gegebenenfalls при случае, при известных условиях
GFA, Gewerbeförderungsamt Ведомство поощрения ремёсел *(Австрия)*
GfdS, Gesellschaft für deutsche Sprache Общество немецкого языка
GF-EP-Kernverbund, стеклонаполненная эпоксидная смола с сердцевинным армированием
GFFS, Gas-Flüssigkeits-Feststoff-System *нефт.* система газ-жидкость-твёрдая фаза
GFG, Gas-Flüssigkeits-Gemisch *нефт.* ГЖС, газожидкостная смесь
GFG, Graduiertenförderungsgesetz закон о содействии дальнейшему обучению
gfg., gasförmig газообразный, газовый
GfK, Gewerkschaftsgruppe für Kleinbetriebe профсоюзная группа на мелких предприятиях *(бывш. ГДР)*
Gfl., Geflecht *анат.* сплетение
gfl, gräflich графский *(в титуле Gräflich)*
GFM, Generalfeldmarschall генерал-фельдмаршал
G.F.P., Geheime Feldpolizei тайная военно-полевая полиция, военно-полевая жандармерия *(в бывшей германской армии)*
GfpE, Gesellschaft für praktische Energiekunde Общество практической энергетики *(ФРГ)*
GFpl, Güterzugfahrplan расписание движения грузовых поездов
Gfsch., Gefangenschaft плен, нахождение в плену
Gfsch., Grafschaft графство
GfT, Gesellschaft für Teerverwertung Общество использования каменноугольных смол
Gft, Grafschaft графство
Gfter, Gesellschafter компаньон
G für O, Gesellschaft für Organisation Общество научной организации управления *(торгово-промышленными)* предприятиями
GFV, Gas-Flüssigkeits-Verhältnis *нефт.* соотношение газ — жидкость; газоводяной фактор, ГВФ
GFV, Güterfernverkehr дальнее грузовое сообщение

GG, Gamma-Gamma-Messung *нефт.* гамма-гамма-каротаж, ГГК; ГГМ, гамма-гамма-метод
GG, Gleichstromgenerator *эл.* генератор постоянного тока
GG, Grauguß серый чугун
GG, Grundgesetz der Bundesrepublik Deutschland конституция ФРГ, основной закон ФРГ
GG., Geschäftsgang ход дела
GG., Gesetze законы; правила
GG., Grabenholz-Gesellschaft Общество торговли крепёжным лесом
G.G., Genossenschaftsgesetz закон о кооперативных товариществах
G.G., gesellschaftliches Gericht общественный суд, товарищеский суд *(в бывш. ГДР, в бывш. СССР)*
G.G., gesetzlich geschützt охраняется законом
G.G., Gewerbegericht промысловый суд
G.G., Grundgesetz основной закон
Gg, Gegengewicht противовес
Gg., Ganglion *анат.* ганглий, нервный узел
gg., gegen против
g. g., ganz geheim совершенно секретно
GGA, Göttinger Gelehrte Anzeigen *наименование гёттингенского периодического издания по научным вопросам*
ggbfs., gegebenenfalls при случае, при известных условиях, при необходимости
ggez., gegengezeichnet *ком.* контрассигновано, скреплено подписью
GGF, Geschäftsführer коммерческий директор
ggf., ggfs, gegebenenfalls при случае, при известных условиях; при необходимости
G.G.G., Gesetz über die gesellschaftlichen Gerichte закон об общественных судах, закон о товарищеских судах *(в бывш. ГДР, СССР)*
GGK, Gamma-Gamma-Kurve *нефт.* диаграмма гамма-гамма-каротажа, кривая гамма-гамма-метода
GGK, Gehaltsgruppenkatalog тарифно-квалификационный справочник
ggl., gglb., gottgläubig верующий *(без принадлежности к христианской церкви)*
g.Glt., graduierte Glastube стеклянная трубка с нанесёнными делениями; мензурка

g.g. R., gegen gefällige Rückgabe с условием (любезно) возвратить, вернуть обратно
GGS, интегрированная графическая система *(для проектирования кузовов легковых автомобилей)*
GGS, Gamma-Gamma-Sonde *нефт.* скважинный зонд гамма-гамма-метода
Ggs., Gegensatz противоположность, контраст
ggs., gegenseitig обоюдный, взаимный; двусторонний
g.g.T., größter geneinsamer Teiler *мат.* наибольший общий делитель
GGVE, Gefahrgutverordnung - Eisenbahnverordnung über die Beförderung gefährlicher Güter mit der Eisenbahn *ж.-д.* Положение о перевозках опасных грузов железнодорожным транспортом *(ФРГ)*
GGVS, Gefahrgutverordnung Straße правила перевозки опасных грузов по автодорогам
Ggw., Gegenwart *грам.* настоящее время
Ggw., Gutgewicht *торг.* прибавка в весе, поход
ggz., gegenzeichnen *юр.* скреплять своей подписью, визировать; контрассигновать
GH, Gesamthärte общая жёсткость *(воды)*
GH, Großhandel оптовая торговля
Gh, Gasthaus гостиница
Gh, Gehöft *топ.* двор, хутор
Gh., Gehalt оклад, жалованье
Gh., Gehalt 1. содержание 2. ёмкость
Gh., Gehör слух
GHDA, Gesamthältedruckhöhe der Anlage общая высота избыточного давления для установки
GHDP, Gesamthältedruckhöhe der Pumpe общая высота избыточного давления для насоса
GHG, Gemeinwirtschaftliche Hochseefischerei-Gesellschaft Кооперативное общество морского рыболовства
G.H.G., Gruppenhorchgerät *мор.* групповой гидроакустический локатор
GHH, Gute Hoffnungshütte «Гуте Хофнунгсхютте» *(металлургический концерн в Рурской области)*

Ghl., Gehilfe помощник, подручный; ассистент
G.H.Q., Großes Hauptquartier ставка верховного главнокомандующего
GHz, Gigahertz гигагерц, *ГГц*
GI, Gesellschaft für Informatik общество информатики
GI, Gesundheits-Ingenieur *наименование периодического издания по санитарной технике*
Gi, Gitter 1. решётка 2. сетка *(лампы)*
Gie, Gießbarkeit пригодность для литья; литейное качество; жидкотекучесть *(литейного сплава)*
GiKo, Girokonto *ком.* жиросчёт
Gi.N., Gitternord север координатной сетки
GINA, Fachnormenausschuß Gießereiwesen *(im DNA)* Комитет норм и стандартов литейного дела *(в составе Германского комитета промышленных норм и стандартов)*
GIPS, Gleitkomma-Interpretier-System *вчт.* система интерпретации операций с плавающей запятой
GIRLS, Generalized Information Retrieval and Listing System *англ.* информационно-поисковая система ГЕРЛЗ *(США)*
GIS, gasisolierte Schaltanlage *эл.* элегазовое распределительное устройство
GIS, Güterverkehrs-Informationssystem *ж.-д.* информационная система для контроля, управления и расчётов по грузовым перевозкам с использованием ЭВМ
GIW, Gesetz über Internationale Wirtschaftsverträge закон о международных хозяйственных договорах *(в бывш. СЭВ)*
GJ, Geographisches Jahrbuch *наименование ежегодного издания по географии*
GJ, Geschäftsjahr финансовый год
GK, Gasölkontakt *нефт.* ГК, газойлевый контакт
GK, Gewichtsschwerpunkt über Oberkante Kiel центр тяжести над верхней кромкой киля судна
GK, Girokonto *ком.* жиросчёт
GK, Gleitkomma плавающая запятая
GK, Glühkathode накаливаемый катод
GK, Gummikabel кабель с резиновой изоляцией
GK, Güterkasse товарная касса

G-K, Gitter-Kathode сетка - катод
G.K., Genfer Konvention Женевская Конвенция *(1864, 1929, 1949 годов, регулирующая положение раненых, пленных и гражданских лиц, захваченных воюющими сторонами)*
Gk., Gelenk *анат.* сустав, сгиб
gk., gekürzt сокращённо
G Kde, Geschichtskunde историческая наука, историография
g.Kdos., geheime Kommandosache *воен.* совершенно секретный документ
GKDR, Güterkursbuch der Deutschen Reichsbahn *ж.-д. ист.* Указатель грузовых сообщений железных дорог бывш. ГДР
GKF, Gas-Kondensat-Faktor *нефт.* ГКФ, газоконденсатный фактор
GKG, Gerichtskostengesetz закон о судебных издержках
GKM, Grosskraftwerk Mannheim электростанция Манхейма
GKO, Geschäftskostenordnung положение об издержках на организационные расходы
g.Kos., geheime Kommandosache *воен.* совершенно секретный документ
GKR, Gleitkommaregister *вчт.* регистр для чисел с плавающей запятой
GKS, gekapselte Kompakt-Station *эл.* компактная закрытая подстанция
GKSGB, Gemeinschaftskommentar zum Sozialgesetzbuch Общий комментарий к Кодексу социальных законов
GKT, Gültigkeit действительность; законность; действенность
Gkw., Geschützkraftwagen артиллерийская грузовая автомашина
GL, gefährliche Ladung *ж.-д.* опасный груз
GL, Glühkopf *авто* калоризатор; калильная головка
GL, Glühkopfmotor калоризаторный двигатель
GL, Göteborger Lokalverkehr *ж.-д.* швед. Гётеборгские локальные пассажирские сообщения
GL, Grenzlast *ж.-д.* максимальный вес поезда брутто, максимальная масса поезда брутто
G.L., Germanischer Lloyd Германский Ллойд *(техническая ассоциация в*

G.L.

Гамбурге, ведающая классификацией морских транспортных судов)
Gl, Gleichung уравнение
Gl, Glimmlampe лампа тлеющего разряда
Gl., Gelenklager подшипник коленчатого вала
Gl., Gleichung уравнение
gl., geländegängig *авто* вездеходный, предназначенный для передвижения в условиях бездорожья
gl. A., gl. Adr., gleiche Adresse тот же адрес
Glad., Gladbeck *(Westfalen)* г. Гладбек *(в Вестфалии)*
Glb, Gleisbauhof *ж.-д.* путевая ремонтная база, путевая рембаза
Glbz., Gleisbauzug путеукладочный поезд, поезд-путеукладчик
Gld., Glasdose стеклянная банка, склянка
gldg, geländegängig вездеходный, повышенной проходимости
Gldr, Ganzledereinband цельнокожаный переплёт *(книги)*
gleichbed., gleichbedeutend равнозначащий, равносильный; тождественный, идентичный
GLEIMAG, Interessen- und Wirtschaftsschutzverband für Gleis- und Magazinanlagen *ж.-д.* Объединение защиты интересов владельцев подъездных путей и складов *(ФРГ)*
Glfl., Gleitflug скользящий полёт, планирующий полёт
Gl.H., Glashütte стекольный завод
Glkn, Gelsenkirchen г. Гельзенкирхен
Gln, Gleichungen уравнения
gl.N., gleichen Namens одноимённый, того же наименования, с тем же названием
gl.Nr., gleiche Nummer тот же номер, тот же размер
GLP, Glasfaser стекловолокно
gls., glaubenlos неверующий
Glt., Glastube стеклянная трубка с нанесёнными делениями; мензурка
gl.T., zu gleichen Teilen равными дозами *(на рецептах)*
glt., gültig действительный, законный
gltd., geltend действительный, действующий, имеющий силу
Gl.Tn., Glockentonne *навиг.* буй с колоколом, акустический буй

glz., gleichzeitig одновременно, в одно и то же время
GM, Gamma-Messung *нефт.* гамма-каротаж
GM, Gasometer *нефт.* газгольдер
GM, Gasometrie газометрия, газовый каротаж
GM, Gebrauchsmuster промышленный образец; образец; модель
GM, General Motors коробка передач фирмы «Дженерал Моторз»
GM, Geschwindigkeitsmesser спидометр; тахометр; измеритель скорости
GM, Glasmatte стекломат
GM, Gleichstromantrieb эл. привод постоянного тока
GM, Gleichstrommotor двигатель постоянного тока
GM, Goldmark золотая марка *(условная денежная единица)*
GM, Gruppenmarke *вчт.* метка группы [массива, блока]
G.M., Geiger-Müller-Zähler *физ.* счётчик Гейгера-Мюллера
gm., gemäß сообразно, соответственно
GMA, Gasometeranlage ГГС, газгольдерная станция
GmbH, Gesellschaft mit beschränkter Haftpflicht общество с ограниченной ответственностью, ООО
GmbH & Co. KG, общество с ограниченной ответственностью с партнерами
GMD, Generalmusikdirektor главный дирижёр, главный музыкальный руководитель
Gmde, Gemeinde 1. община, общество 2. муниципалитет, городское самоуправление; сельское самоуправление 3. церковный приход
Gmk, Gemarkung пограничный район, пограничная область
G&MM, Deutsche Gesellschaft für Angewandte Mathematik und Mechanik Немецкое общество прикладной математики и механики
GMO, gemeinsame Marktorganisation общая организация рынков *(в политике сельского хозяйства ЕС)*
Gmp, Güterzug mit Personenbeförderung грузопассажирский поезд
Gms, Gußmessing литейная латунь

gms., gemeinsam совместно
GMT, thermostatische Verbundwerkstoffe термопластические композиты
g.mtl., gut mittel *торг.* хорошего качества в среднем
GmuH, Gesellschaft mit unbeschränkter Haftpflicht общество с неограниченной ответственностью
GMV, Gasmotorverdichter *нефт.* газомоторный компрессор
G.M.V., Gramm-Molekularvolumen граммолекулярный объём
gn, grün зелёный *(используется для маркировки проводников в схемах)*
GO, Gebührenordnung правила взимания налогов; правила взимания судебных пошлин
GO, Gemeindeordnung устав общины
GO, Geschäftsordnung 1. устав предприятия 2. порядок ведения дел; регламент
GO, Gewerbeordnung промысловый устав
GO, Goniometer гониометр
GO, Grundbuchordnung правила ведения кадастровых книг, правила ведения поземельных книг
G.O., Generaloberst генерал-полковник
G.O., Gipsofen гипсообжиговая печь, печь для обжига гипса
GOA, Gebührenordnung für Architekten правила взимания налогов с архитекторов
GOB, Grundsätze ordnungsmäßiger Buchführung основы упорядоченного бухучёта
g.o.b., good ordinary brand *англ.* хороший сорт, обычный сорт
GÖK, Gas-Öl-Kontakt *нефт.* газонефтяной контакт, ГНК; контакт газ - нефть
got., gotisch 1. *ист.* готский 2. готический шрифт
GÖV, Gas-Öl-Verhältnis *нефт.* газонефтяное отношение, газонефтяной фактор
GÖV, Gesetz über die örtlichen Volksvertretungen закон о местных народных представительствах *(в бывш. ГДР)*
GP, Gefrierpunkt точка замерзания
GP, Gemeinschaftspatent патент Европейского Сообщества
GP, Gesamtpufferzeit *ж.-д.* общий [полный] резерв времени *(в сетевом управлении)*

G.P., Generalpause *муз.* общая пауза
G.P., graphischer Punkt графический пункт
gp., gepanzert бронированный
GPh, Gasphase *нефт.* газовая фаза
GPK, Generalpostkasse главная почтовая касса
GPM, Gruppen pro Minute число групп в минуту *(скорость телеграфирования)*
g.p.m., Gallonen pro Minute *(столько-то)* галлонов в минуту
gpr., geprüft проверено
gpr. u. gen., geprüft und genehmigt проверено и одобрено
GPSS, General Purpose Simulation System *англ.* универсальная система моделирования, система моделирования широкого назначения
GR, Gasentladungsröhre газоразрядная лампа
GR, Gleichrichter *эл.* 1. выпрямитель 2. детектор
GR, Glimmrelais *эл.* ионное реле
GR, Griechenland Греция *(индекс государственной принадлежности автомобиля)*
GR, Güterrechtsregister 1. перечень прав грузовладельцев 2. реестр для занесения имущественных прав супругов
Gr, Generator генератор
Gr., Graben *геол.* грабен
Gr., Grammatik грамматика; учебник грамматики
Gr., Graphit графит
Gr., Greenwich г. Гринвич
Gr., Grenadier 1. гренадёр 2. пехотинец
Gr., Grenadier- *в сложн.* гренадёрский; пехотный
Gr., Grenze граница
Gr., Gros гросс *(12 дюжин, 144 штуки)*
Gr., Größe величина, размер; рост
g.R., gegen Rückgabe в обмен при возвращении
gr., gratis бесплатно, безвозмездно
gr., griechisch греческий
gr., griechische Sprache греческий язык
gr., groß большой; крупный; взрослый; великий
grad, grad., Gradient градиент
Gram., Grammatik грамматика; учебник грамматики
gran., granuliert гранулированный

Gr.B., Granatbüchse гранатомёт; ружейная мортира
grch., griechisch греческий
grch., griechische Sprache греческий язык
GRD, Griechische Drachme греческая драхма *(денежная единица Греции)*
grd., Grad градус; балл; единица шкалы; *тж. мат.* степень
Grdb., Grundbesitz недвижимое имущество; земельная собственность, землевладение
Grdb., Grundbuch поземельная книга, земельный кадастр
Grdr., Grundriß план, горизонтальная проекция
Grdst., Grundstück участок земли, земельный участок
GrdstVG, Grundstücksverkehrsgesetz закон о приобретении земельных участков
Grdwsp, Grdwsp., Grundwasserspiegel уровень грунтовых вод
GRE, Grabenräumeeinheit *ж.-д.* путевая машина-канавоочиститель
Greg.-K., Greg.-Kal., Gregorianische Kalender григорианский календарь *(новый стиль)*
G-Reihe, Großgewicht-Reihe типоразмерный ряд большегрузных автомобилей
Gr.F., Granatfüllung разрывной заряд гранаты
Grfsch., Grafschaft графство
Grhh., Großhirnhemisphäre полушарие головного мозга
Gr Hz, Großherzog *ист.* великий герцог
Gr Hzt, Großherzogtum *ист.* великое герцогство
griech., griechisch греческий; по-гречески
Gr.-Ind., Großindustrie крупная промышленность
gr.-kath., griechisch-katholisch *рел.* греко-католический
GrKrim., Grundlagen der Kriminalistik «Основы криминалистики» *(Гамбург, серия книг)*
Gr.L.u.VA., Graphische Lehr- und Versuchsanstalt Учебно-экспериментальный графический институт *(Австрия)*
Grlz, Görlitz г. Гёрлиц
GRMG, Geschäftsraummietengesetz закон о найме служебных помещений

Gr.m.P., Granate mit Panzerkopf граната с бронебойной головкой
GROFOR, Verband des Deutschen Großhandels mit Ölen, Fetten und Ölrohstoffen Объединение оптовой торговли маслами, жирами и сырьём
gr.-orth., griechisch-orthodox *рел.* православный
gr.-röm., griechisch-römisch *рел.* греко-римский
GRS, geheime Reichssache секретный государственный документ
GrS (BHF), Großer Senat des Bundesfinanzhofes сенатская коллегия федерального финансового суда *(ФРГ)*
GRST, Großspeichersteuerung *вчт.* управление памятью большой ёмкости
Gr St, Grundsteuer поземельный налог
Gr StG, Grundsteuergesetz закон о поземельном налоге
Gru., Gruppe группа
Gruga, Große Ruhrländische Gartenbauausstellung *наименование ботанического сада в Рурской области*
GRUR, Gewerblicher Rechtsschutz und Urheberrecht *наименование периодического издания по вопросам авторского и патентного права*
GRV, Gesetzliche Rentenversicherung обязательное пенсионное обеспечение
Grv., Gravüre гравюра
Gr W, Gewinderollwerkzeug инструмент для накатки резьбы
Gr.W., Granatwerfer миномёт
Gr.W., Grundwasser грунтовые воды
gr.wt., gross weight *англ.* вес брутто, масса брутто
Grz., Grenz- *в сложн.* пограничный
Grz., Grenze граница
GS, Gasschutz противохимическая защита
GS, Geräteschutzsicherung предохранитель (в цепи) прибора
GS, Gerichtssaal зал судебного заседания
GS, Gesetzessammlung; Gesetzsammlung свод законов; собрание законов, сборник законов
GS, Gewinnsatz норма прибыли
GS, Grundsystem базовая система
Gs, Gauß гаусс, Гс *(единица магнитной индукции)*
Gs, Gesandtschaft посольство, миссия

Gs, Gleichstrom постоянный ток
Gs., Gesetz закон
Gs., Gesicht зрение
Gsch., Geschäft 1. дело, занятие 2. сделка, торговая операция 3. фирма, предприятие; дело; торговый дом, магазин
gsch., geschieden *юр.* разведённый, разведённая
Gschf., Geschäftsführer управляющий делами
gschn., geschnitten *полигр.* разрезанный
gschr., geschrieben написанный
gschtl., geschichtlich исторический
GSE, Gerätesteuereinheit (местное) устройство управления *(в вычислительной системе)*
GSE, Projekt «Güterwagenstromermittlung» *ж.-д. ист.* программа железных дорог по обследованию вагонопотоков с использованием ЭВМ *(бывш. ГДР)*
GSGA, Gemeinnützige Siedlungs- und Wohnungsbaugesellschaft, Aachen Общество поселкового и многоквартирного жилищного строительства в Аахене
GSMBA, Gesellschaft Schweizer Maler, Bildhauer und Architekten Общество швейцарских художников, скульпторов и архитекторов
GSMBK, Gesellschaft Schweizerischer Malerinnen, Bildhauerinnen und Kunstgewerblerinnen Швейцарское общество женщин - художников, скульпторов и работников прикладного искусства
G.Sp., Grundwasserspiegel уровень грунтовых вод
Gsp, Gro:sraumspeicher *вчт.* память *или* ЗУ большой ёмкости
gspr., gesprochen словесно
GSR, Geschwindigkeitssteuerkreis *ж.-д.* контур [цепь] регулирования скорости движения *(отцепов в системе ГАЦ)*
GSS, Gro:sraumspeicher-Steuergerät; Gro:sraumspeichersteuergarät *вчт.* устройство управления ЗУ большой ёмкости
GST, Gesellschaft für Sport und Technik Спортивно-техническое общество *(бывш. ГДР)*
Gst, GSt, gleisbogenabhängige Wagenkastensteuerung *ж.-д.* система управления наклоном кузова вагона в кривой в зависимости от параметров этой кривой

GStA, Generalstaatsanwalt Генеральный прокурор, ГП
GstG, Gaststättengesetz закон о предприятиях общественного питания
gstr., gastronomisch гастрономический
GSW, Gemeinnützige Siedlungs- und Wohnungsbaugesellschaft, Berlin Общество поселкового и многоквартирного жилищного строительства в Западном Берлине
g.s.w., gross shipping weight *англ.* вес [масса] брутто при погрузке
GT, Gasturbine газовая турбина
GT, Gehaltstarif тариф заработной платы
GT, Gewichtsteil весовая часть
GT, Gewichtteile части по массе *(при указании состава смеси)*
G.T., Gleichstromtelegrafie телеграфирование на аппаратуре постоянного тока
Gt, Gütertriebwagen грузовой моторный вагон
Gt, Gütertriebwagen mit Anhänger *ж.-д.* грузовой мотор-вагон с прицепом
Gt., Garten сад
Gt., Gerät *тех.* прибор; аппарат; инструмент
Gt., Gerätetafel приборная доска, приборный щиток
gt., ganztägig круглосуточный, длящийся целый день
gt., ganztags на целый день
g.t., gross terms *англ.* погрузка и разгрузка за счёт судоходной компании
GTA, Gasturbinenanlage газотурбинная установка
GTar, Gütertarif железнодорожный грузовой тариф, тариф на грузовые перевозки
Gtr Bhf, Güterbahnhof товарная станция *(железной дороги)*
GTS, Großteil-Stufenpresse многопозиционный пресс последовательного действия для штамповки крупногабаритных деталей
GTS, Guß-Temper Schwarz ковкий неотбелённый чугун
Gttg, Göttingen г. Гёттинген
GTVO, Verordnung über den öffentlichen Gütertransport durch Eisenbahn, Binnenschiffahrt und Kraftverkehr-Gütertransportverordnung *ж.-д. ист.* Поло-

жение о перевозках грузов железнодорожным, внутренним водным и автомобильным транспортом общего пользования *(бывш. ГДР)*
GTW, Guß-Temper Weiß ковкий отбелённый чугун
GTZ, Deutsche Gesellschaft für Technische Zusammenarbeit GmbH Германское общество по техническому сотрудничеству
GU, Gruppenumsetzer групповой преобразователь
G.U., Gasschutzunteroffizier унтер-офицер (противо)химической защиты
G.U., Grundumsatz *физиол.* основной обмен
Gu., Gummi резина; каучук
Gu., Gummi- *в сложн.* резиновый
GUA, Gemeinschaftliche Umweltaktion План действий Европейского Сообщества по охране окружающей среды
GüKG, Güterkraftverkehrsgesetz закон о перевозках грузов автомобильным транспортом
Gült., Gültigkeit действительность, законность, сила *(закона, договора)*
Gült.-D., Gültigkeitsdauer срок действия *(напр., удостоверения)*
GUP, glasfaserummanteltes Polyesterharz полиэфирная смола, покрытая стекловолокном
GUS, СНГ, Союз независимых государств
GUS, (Volkseigene Betriebe für) Guß- und Schmiedeerzeugnisse Народные предприятия литейных и поковочных изделий *(бывш. ГДР)*
GUV, gesetzliche Unfallversicherung обязательное страхование от несчастного случая
GUVV, Gemeinde-Unfall-Versicherungs-Verband муниципальное объединение по страхованию от несчастных случаев
GUY, Guyana Гайяна *(индекс государственной принадлежности автомобиля)*
GUZ, Güterwagenumlaufzeit *ж.-д.* оборот грузового вагона
GV, Gebirgsverein союз горного туризма
GV, Gemeindeverband союз местных органов самоуправления; объединение общин

GV, Gemeindevertreter депутат общинного собрания
GV, Generalversammlung 1. общее собрание 2. генеральная ассамблея *(напр., ООН)*
GV, Gerichtsvollzieher судебный исполнитель
GV, Gesamtverzeichnis общий список
GV, Gesangverein певческий союз
GV, Gewinn- und Verlustrechnung счёт прибылей и убытков
GV, Gleichspannungsverstärkung эл. усилитель постоянного напряжения
GV, große Fahrt voraus *мор.* большой ход вперёд
GV, Gruppenverbinder *связ., тлф.* групповой соединитель
GV., gemeinsame Verfügung общее распоряжение
g.V., galvanische Verzinkung гальваническое цинкование
g.v., garnisonverwendungsfähig *воен.* годен для несения гарнизонной службы
g.v., grande vitesse скоростной груз, срочный груз
GVB, Generalversammlungsbeschluß решение общего собрания
GVBl, Gesetz- und Verordnungsblatt Вестник законов и постановлений
GV Bl Bn, Gesetz- und Verordnungsblatt für Berlin (West) *историческое наименование периодического издания, публикующего распоряжения западноберлинских властей и законы правительства ФРГ*
GVD, Generalverkehrsdirektion главная [генеральная] дирекция путей сообщения
GVE, Großvieheinheit *биол.* единица для крупного скота
GVFG, Gemeindeverkehrsfinanzierungsgesetz über Finanzhilfen des Bundes zur Besserung der Verkehrsverhältnisse der Gemeinden *ж.-д.* Федеральный закон о финансировании развития местного общественного транспорта *(ФРГ)*
GVG, Gerichtsverfassungsgesetz закон о судоустройстве
GVK, Gesamtverkehrskonzeption *швейц., ж.-д.* Концепция развития транспортной системы страны

GVK-CH, Gesamtverkehrskonzeption Schweiz общешвейцарская транспортная концепция
GVP, Gesamtdeutsche Volkspartei Общегерманская народная партия
GVP, Großhandelsverkaufspreis отпускная [продажная] оптовая цена
GVt, Gruppenverteiler коммутационное устройство первичных групп *(в многоканальных системах телефонии)*
GVV, Gemeindeverbände союзы местных органов самоуправления
gVV, gemeinschaftliches Versandverfahren *ж.-д.* общие условия поставки товаров, принятые странами ЕЭС, а также Австрией и Швейцарией; общие условия отправки грузов *(стран-членов ЕЭС)*
GVVG, Gebietsvereinigung Volkseigener Güter территориальное объединение народных имений *(бывш. ГДР)*
gVW, Gemeinschaftsvorwähler *тлф.* предыскатель линий коллективного пользования
GVZ, Güterverteilzentrum *ж.-д.* грузовой распределительный центр *(ФРГ)*
GW, Gas und Wasser газ и вода
GW, Gigawatt гигаватт, *ГВт*
GW, Gleichstromwandler трансформатор постоянного тока
GW, Gleichstrom-Wechselstrom... постоянного и переменного тока; с питанием от сети постоянного и переменного тока
GW, Gruppenwähler *тлф.* групповой искатель, ГИ
GW, Güterzugwagen *ж.-д.* грузовой вагон
GW, GW-Versorgung, Gas- und Wasserversorgung газо- и водоснабжение
G.W., gesammelte Werke собрание сочинений
G.W., gewöhnlicher Wasserstand бытовой уровень воды
Gw., Gewicht вес; масса; *тех.* груз, нагрузка
Gw., Gewinn 1. прибыль, доход; выгода 2. выигрыш *(в игре, в лотерее)*
GWB, Gesrtz gegen Wettbewerbsbeschränkungen закон против ограничения конкуренции
GWB, Gleiswechselbetrieb *ж.-д.* двустороннее движение поездов на двухпутном участке
GWB, Güterwagenstromblatt *ж.-д.* ведомость учёта вагонопотоков
Gwb., Gewölbe *архит.* свод
GWF, Das Gas- und Wasserfach *наименование периодического издания по газоводопроводному делу*
GWG, Gas-Wasser-Gemisch *нефт.* газоводяная смесь, смесь газ - вода
GWG, Gemeindewahlgesetz закон о выборах в общинах
GWGött, Gesellschaft der Wissenschaften, Göttingen Гёттингенское научное общество
GWh, Gigawattstunde эл. гигаватт-час, *ГВт/ч*
GWiss, Geschichtswissenschaft *наименование периодического издания по вопросам истории*
GWK, Gas-Wasser-Kontakt *нефт.* газоводяной контакт, ГВК; контур газоносности
GWO, Gemeindewahlordnung положение о выборах в общинах
g.w.o., geschehen wie oben как указано выше
Gwr., Gewinderohr труба с резьбой
GWU, Güterwagenumlaufermittlung *ж.-д.* сетевое обследование с целью определения оборота вагона с расчленением по основным элементам
GWV, Gas-Wasser-Verhältnis *нефт.* газоводяной фактор, ГВФ
GwvH, Gewichtsteile von Hundert весовые проценты
Gym., Gymnasium гимназия
Gym., Gymnastik гимнастика
Gyn., Gynäkolog(e) гинеколог
Gyrobus, Oberleitungsomnibus mit Elektrogyroantrieb троллейбус с электрогироскопическим приводом
GySEV, Györ-Sopron-Ebenfurthi Vasut *ж.-д.* Железная дорога Дьер-Шопрон-Эбенфурт *(Венгрия)*
GZ, Gesprächszähler *тлф.* счётчик вызова абонентов
GZ, Güterzug грузовой [товарный] поезд
Gz, Gelenkzunge *ж.-д.* шарнирный остряк *(железнодорожной стрелки)*

gz., ganz целый, весь
gz., gezähnt (почтовая марка) с зубчиковой перфорацией
gz., gezeichnet подлинник подписал *(такой-то)*
GZB, Geschwindigkeitszielbremsung *ж.-д.* система регулирования скатывания отцепов с горки по принципу «скорость - цель»
gzj., ganzjährig круглогодовой
Gzld, Ganzledereinband цельный кожаный переплёт *(книги)*
GZM, Gesprächszeitmesser *тлф.* счётчик продолжительности разговора
Gzn, Gezeiten прилив и отлив
Gzpgt., Ganzpergamenteinband цельный пергаментный переплёт *(книги)*
GZR, Gewerbezentralregister Центральный реестр [регистр] промыслов, Центральный промысловый реестр [регистр]
GZT, Gemeinsamer Zolltarif Общий таможенный тариф *(стран ЕЭС)*

H

H, обозначение 2-го класса точности измерительных приборов
H, Haben *бухг.* кредит, приход; кредит счёта
H, Hafen порт, гавань
H, Haltestelle остановка; стоянка
H, Hannover Ганновер *(индекс государственной принадлежности автомобиля)*
H, Härte твёрдость; крепость; жёсткость *(тж. воды)*
H, Hauptstrecke *ж.-д. австр.* магистральный участок железной дороги *(Н2 - двухпутный, Н1 - однопутный)*
H, Haushalt- *в сложн.* бытовой
H, Heer сухопутные войска
H, Heeres- *в сложн.* войсковой, относящийся к сухопутным войскам
H, Heizwert теплота сгорания, калорийность, теплотворная способность *(топлива)*
H, Henry генри, Г *(единица индуктивности)*
H, Hersteller изготовитель *(с указанием фирмы)*
H, Hochdruck 1. *тех.* высокое давление 2. *полигр.* высокая печать 3. *мед.* повышенное давление; гипертония
H, Hoch, Hochdruckgebiet *метео* область высокого давления
H, Hochschule высшее учебное заведение, высшая школа
H, Höchstkurs самый высокий (биржевой) курс
H, Honeywell *англ.* фирма «Хониуэлл», выпускающая оборудование для обработки данных *(США)*
H, Hungaria Венгрия *(индекс государственной принадлежности автомобиля)*
H, Hüttenwerklokomotive металлургический электровоз; металлургический локомотив
H, Hydrant гидрант
H, Hydrant пожарный кран
H, Hydraulikwagen *ж.-д.* (саморазгружающийся) вагон, оснащённый гидравлическими устройствами открывания и закрывания люков
H, Ladehöhe *ж.-д.* 1. высота погрузочной площадки вагона 2. высота боковых опорных частей грузонесущей балки у площадочных транспортёров *(над уровнем верха головок рельсов)* 3. высота боковых продольных балок у колодцевых транспортёров *(над уровнем верха головок рельсов)*
H, magnetische Feldstärke *эл.* напряжённость магнитного поля

H, Seitenhöhe des Schiffes высота борта *(судна)*, глубина судна
H., Haftung ответственность, гарантия
H., Härte твёрдость; крепость; жёсткость *(тж. воды)*
H., Heft выпуск, *(отдельный)* номер *(журнала)*; брошюра
H., Höhe *топ.* высота
H., Holzknecht-Einheit *биол.* единица Хольцкнехта
h, Hekto- *в сложн.* гекто-
h, hinten заднее расположение двигателя
h., Heller геллер *(чехословацкая денежная единица)*
h., ... hoch *(столько-то метров и т.п.)* высоты
HA, Deutsches Handelsarchiv *наименование периодического издания по истории германской внешней торговли*
HA, Haager Streitbeilegungsabkommen Гаагская конвенция о разрешении споров мирным путём
HA, Handelsabkommen торговое соглашение
HA, HASTRA, Hannover-Braunschweigische Stromversorgungs-Aktiengesellschaft Ганновер-Брауншвейгское акционерное общество электроснабжения
HA, Hauptadresse основной адрес
HA, Hauptamt центральная *(телефонная)* станция
HA, Hauptanschluß 1. основной абонентский аппарат; 2. магистральное присоединение
HA, Hauptpostamt главный почтамт
HA, Hochamt торжественное *(католическое)* богослужение
H.A., Hochfrequenzaudion *радио* детектор высокой частоты
Ha, Hamburg г. Гамбург
Ha., Hafen порт, гавань
Ha., Hafer овёс
h. A., herrschende Ansicht господствующее мнение
ha, Hektar гектар, *га*
Ha.-Art., Handelsartikel предмет торговли, товар
HAB, H.A.B., Homöopathisches Arzneibuch гомеопатическая фармакопея, гомеопатический рецептурный справочник
Ha.-Bil., Handelsbilanz торговый баланс
habsb., habsburgisch *ист.* габсбургский
HAC, Hague Arbitration Convention Гаагская конвенция о международном арбитраже
HAdW, Heidelberger Akademie der Wissenschaften Гайдельбергская Академия наук
Haf., Hafen порт, гавань
Haf., Hafer овёс
Hafraba, Hamburg-Frankfurt-Basel-Verkehrsstraße автострада Гамбург-Франкфурт-Базель
Haft., Haftg., Haftung *юр.* материальная ответственность; порука; гарантия
haftb., haftbar ответственный
HAG, Hauptauftraggeber главный заказчик
HAG, Heimarbeitsgesetz закон о кустарях-надомниках [ремесленниках-надомниках, надомных рабочих]
H.-Ag., Handelsagent торговый агент, поверенный торговой фирмы
HAGD, Hauptvereinigung des ambulanten Gewerbes und der Schausteller in Deutschland Центральное объединение странствующих ремесленников и артистов в Германии
Hageda, Handelsgesellschaft Deutscher Apotheker Торговое общество немецких аптекарей
HAKA, Herren- und Knaben-Oberbekleidungsindustrie Объединение предприятий, производящих верхнее платье для мужчин и мальчиков
HAL, Hauptanschlußlinie *эл., тлф.* главная линия
halb., halbieren делить [резать] пополам; раздваивать
Halbf., Halbfabrikat полуфабрикат; *тех.* промежуточное изделие, полупродукт
Halbj., Halbjahr полгода; полугодие; семестр *(в вузе)*
halbj., halbjhg., halbjährig полугодовой *(о сроке)*; семестровый
halbj., halbjhl., halbjährlich через каждые полгода, раз в полгода
haltb., haltbar прочный; устойчивый; крепкий; стойкий *(при хранении)*
hamb., hamburgisch гамбургский

HAN, Hauptauftragnehmer главный подрядчик; генеральный подрядчик, генподрядчик
handl., handlich удобный в обращении; портативный
Handl.-Geh., Handlungsgehilfe торговый служащий; продавец
Handw., Handwerk ремесло, профессия
HandwK, Handw.-K., Handwerkskammer ремесленная палата *(представительный орган ремесленников)*
HandwO, Handwerksordnung положение о промыслах
Hann., Hannover г. Ганновер
Hanomag, Hannoverische Maschinenbau-Aktiengesellschaft Ганноверское акционерное общество машиностроительных и автомобильных заводов
hans., hanseatisch *ист.* ганзейский
H.-Anst., HAnst., Haftanstalt тюрьма, место заключения
H.-Anst., HAnst., Heilanstalt лечебное учреждение [заведение]; лечебница
Hapag, Hamburg-Amerika Paketfahrt-Aktiengesellschaft Акционерное пароходное общество Гамбург—Америка
H.-Art., Handelsartikel торговый артикул
H.-Arzt., Hausarzt врач помощи на дому; домашний врач
H.-Arzt., Hilfsarzt врач-ассистент, субординатор
HAS, Hauptabfuhrstrecke *ж.-д.* магистральная железнодорожная линия, магистральный участок
HASt, Hauptabrechnungsstelle *ж.-д.* главное расчётное бюро
haupts., hauptsächlich главный, важнейший, существенный; преимущественный; главным образом, преимущественно; особенно, прежде всего
haus., hausieren торговать вразнос *(чем-л.)*, разносить по домам *(товары)*
Hausbes., Hausbesitzer домовладелец
Hausgeh., Hausgehilfin домашняя работница
Haush., Haushalt 1. домашнее хозяйство 2. бюджет
Haush.-W., Haushaltwaren хозяйственные товары

Hausm., Hausmeister 1. привратник; швейцар, портье 2. домоправитель; управдом
Hausr., Hausrat *страх.* домашнее имущество
Hausr., Hausrecht *юр.* право полного и беспрепятственного использования своей квартиры, своего служебного и торгового помещения
Hausz., Hauszins квартирная плата
Hav., Havarie авария *(на море и в воздухе)*
Ha.-Vertr., Handelsvertrag торговый договор
Ha.-Vertr., Handelsvertreter торговый представитель [агент], торгпред; представитель [поверенный] торговой фирмы
HAW, Heidelberger Akademie der Wissenschaften Гайдельбергская Академия Наук
Hawid, Halbleiter-Widerstand полупроводниковый резистор
HB, Brinell-Härtezahl, Härtezahl nach Brinell *физ.* твёрдость по Бринеллю
HB, Hauptbremse *ж.-д.* основной замедлитель *(парковой тормозной позиции)*
HB, Hauptbuch *бухг.* главная бухгалтерская книга, гроссбух
HB, Helvetisches Bekenntnis гельветическое исповедание *(исповедание евангелической реформистской церкви в Австрии)*
HB, Hofbibliothek Wien Венская дворцовая библиотека
Hb, Hämoglobin гемоглобин
Hb., Halb- *в сложн.* полу-, половинный
Hb., Handbedienung ручное управление
Hb., Handbuch справочник, руководство
Hb., Herberge 1. туристская база 2. постоялый двор
hb., halb- *в сложн.* полу-, пол-, половинный
Hbd., Hochbedarf интенсивный спрос
H.-Ber., Handelsbericht торговый бюллетень
H.-Bez., Handelsbezeichnung торговое название; торговое обозначение
Hbf., Hauptbahnhof главный [центральный] вокзал
Hbf., Heimatbahnhof вокзал на территории Германии
Hbg, Hamburg г. Гамбург

Hbg, Hamburgisches Gesetz- und Verordnungsblatt «Гамбургский вестник законов и постановлений»
hbg., hamburgisch гамбургский
Hbg.H., Hamburger Hafen гамбургский порт
Hbhf, Hauptbahnhof главный [центральный] вокзал
Hbj., Halbjahr полгода, полугодие; семестр *(в вузе)*
H.B.L., Heeresbetriebsstofflager склад горючего для сухопутных войск *(в бывшей германской армии)*
HBl, Hebelblock рычажный блок
HBl., Handelsblatt *наименование периодического издания по вопросам торговли*
H.-Bl., Harnblase *анат.* мочевой пузырь
HBLDR, Hauptstab für die operative Betriebsleitung der Deutschen Reichsbahn *ж.-д. ист.* Главный штаб оперативного управления движением железных дорог *(бывш. ГДР)*
H-Bombe, Wasserstoffbombe водородная бомба
hbstg., halbstündig получасовой *(о сроке, возрасте)*
hbstl., halbstündlich повторяющийся через каждые полчаса, раз в полчаса
HBT, Hauptbauteil *ж.-д.* главный [основной] узел *(единицы подвижного состава)*
HBV, Handel-, Banken- und Versicherungen-Gewerkschaft профсоюз работников торговых предприятий, банков и страховых обществ
HBV, Helmstedter Braunkohlen-Verkauf-Gesellschaft Гельмштедтское общество по сбыту бурого угля
HC, Hockeyklub хоккейный клуб
h.c., honoris causa *лат.* за заслуги, почётный
H Ch A, Helvetica Chimica Acta *наименование швейцарского периодического издания по вопросам химии*
HCL, Internationale Containervermieter *ж.-д.* Международное объединение фирм, сдающих контейнеры в аренду
HD, Hauptdeck главная палуба
HD, Hauptdüse *авто* главный жиклёр
HD, Heißdampf перегретый пар
HD, Höchstdosis *мед.* наивысшая доза
HD, hydraulische Drehringlafette гидравлический вращающийся лафет
Hd, Hand- *в сложн.* ручной, приводимый в действие рукой
Hd., Hemd рубашка, сорочка; майка
Hd., HD, Hochdruck 1. *тех.* высокое давление 2. *полигр.* высокая печать 3. *мед.* повышенное давление, гипертония
Hd., Hund собака
Hd., Hundert *(число, цифра, номер)* сто; сотня, сто штук *(мера)*
hd., hand- *в сложн.* ручной, приводимый в действие рукой
hd., hochdeutsch *лингв.* верхненемецкий; литературный немецкий язык
hd., hundert сто *(обозначение данного количества)*
HDA, Handwörterbuch des Deutschen Aberglaubens Справочник примет и суеверий немецкого народа
HdA, Handbuch der Ausfuhr Справочник по (германскому) экспорту
HdB, Handwörterbuch des Bankwesens Словарь банковских терминов
Hdb, Handbuch справочник, руководство
Hdbr., Handbremse ручной тормоз
hdbr., handbreit шириной в ладонь
HDE, Hauptverband des Deutschen Einzelhandels Главный союз германских розничных торговцев
HdE, Handbuch der Einfuhr Справочник по (германскому) импорту
hdgm., handgemacht ручной работы
Hdgr, Handgriff рукоятка, ручка
Hdh, Heidenheim г. Гейденхейм
Hdhbg., Handhabung обращение *(с чем-л.);* владение, пользование, управление *(чем-л.);* манипулирование *(чем-л.)*
HDI, Hirn-Dominanz-Instrument прибор для выявления доминирующих признаков состояния головного мозга
Hdibg, Heidelberg г. Гейдельберг
HDK, Hochdruckkompressor компрессор высокого давления
HDL, höchste Dauerleistung максимальная длительная мощность
Hdl, Handel торговля; торг; торговая сделка
Hdl, Handelslehrer преподаватель коммерческих наук

Hdl, Hauptdispatcherleitung *ж.д.* главное диспетчерское управление

hdl., handlich портативный

Hdls A, Deutsches Handelsarchiv *наименование периодического издания по истории германской (внешней) торговли*

HDS, Hochdrehschwingungen вертикально-крутильные колебания

Hdschr., Handschrift *библиогр.* рукопись, манускрипт

Hd St, Handwörterbuch der Staatswissenschaften Справочник по государственно-правовым наукам

HDStO, Heeresdisziplinarstrafordnung дисциплинарный устав *(в бывшей германской армии)*

HDT, Hochdruckturbine *тех.* турбина высокого давления

Hdt., Hundert *(число, цифра, номер)* сто; сотня, сто штук *(мера)*

hdt., hundert сто *(обозначение данного количества)*

H.Dv., Heeresdruckvorschrift устав, наставление *(в бывшей германской армии)*

Hdw., Handwagen ручная тележка

Hdw., Handwäsche бельё, требующее ручной стирки

Hdwb, **HdWb**, Handwörterbuch настольный словарь; словарь-справочник

HdZ, Hauptdienstzweig *ж.-д.* отрасль железнодорожного хозяйства

HD = ZD + Rf, zyklen- und rüttelfeste Batterie аккумулятор, стойкий к циклическим перезарядкам и вибрации

HdZ W, Hauptdienstzweig Wagenwirtschaft *ж.-д. ист.* вагонное хозяйство *(железных дорог бывш. ГДР)*

HE, Hektolitereinnahme добыча в гектолитрах

He, Helium *хим.* гелий

HEA, Hauptberatungsstelle für Elektrizitätsanwendung Главное консультационное бюро по вопросам применения электроэнергии

hebr., hebräisch еврейский

hebr., hebräische Sprache (древне)еврейский язык

Heim., Heimat родина, отечество, отчизна

heir., heiraten жениться *(на ком-л.)*, выходить замуж *(за кого-л.)*

H-Eisen, двутавровое широкополосное железо, двутавровая широкополосная сталь

HEKiD, Hilfswerk der Evangelischen Kirche in Deutschland благотворительный фонд евангелической церкви Германии

Helg., Helgoland o. Гельголанд

helv., helvetisch 1. *ист.* гельветический 2. швейцарский

Her, Herkules *астр.* Геркулес

her., heraldisch геральдический

herg., **hergest.**, hergestellt изготовлено, произведено

herm., hermetisch герметический, герметичный

Herst., Hersteller изготовитель *(с указанием фирмы)*

herv., hervorragend выдающийся, исключительный, замечательный

Hess., hessisch гессенский

Hess.Bll., Hessische Blätter für Volkskunde наименование периодического издания по этнографии земли Гессен

Hess Jb Lg, Hessisches Jahrbuch für Landesgeschichte *наименование ежегодного издания по вопросам истории земли Гессен*

Hess-Nass, Hessen-Nassau, Hessennassau *ист.* Гессен-Нассау *(провинция Пруссии)*

H.E.St., Heeresentlassungsstelle демобилизационный пункт для сухопутных войск *(в бывшей германской армии)*

HEV, Hilfsverein Ehemaliger Volkswagensparer Союз взаимопомощи держателей автообязательств на получение автомобиля «Фольксваген»

HEW, Hamburger [Hamburgische] Elektrizitätswerke Гамбургские электростанции

HF, flammgehärtet закалённый в пламенной печи *(маркировка стали)*

HF, halbe Fahrt *мор.* средний ход

HF, hochfest высокопрочный

HF, Hochfrequenz *физ.* высокая частота

HF, Hüttenwerk-Fahrleitungslokomotive металлургический троллейный электровоз

Hf, Hafnium *хим.* гафний

Hf., Hafen порт, гавань

Hf., Heeresfahrzeug армейский автомобиль, военная автомашина

HFA, Hüttenwerk-Fahrleitungs-Akkulokomitive металлургический троллейно-аккумуляторный электровоз для смешанной работы

HFAL, Hüttenwerk-Fahrleitungs-Akkulokomitive mit Ladung металлургический троллейно-аккумуляторный электровоз с зарядкой на станции

Hfbf, Hfbh, Hafenbahnhof портовая (железнодорожная) станция

HFD, Hüttenwerk-Fahrleitungs-Diesellokomotive металлургический электровоз двойного питания *(от контактной сети или дизельного агрегата)*

HFG, Hochfrequenzgerät высокочастотный прибор

H.F.G., Hohlstab-Fernräumgerät *мор.* телескопический дистанционный трал

H-Filter, H-образный фильтр

HFKF, Hochschulring für Kulturelle Freiheit Студенческое объединение за свободу культуры *(студенческая корпорация в ФРГ)*

HFL, Hochfrequenzlitze высокочастотный многопроволочный гибкий провод, высокочастотный литцендрат

HFl, Hauptfernleitung *тлф.* линия центральной станции

hfl, Holländischer Florin; Holländischer Gulden голландский флорин; голландский гульден *(денежная единица)*

Hfn, Hafen порт, гавань

hfn, ...hofen ...гофен, ...хофен *(в окончаниях сложных географических сокращений)*

HFR, homogener Flüssigkeitsreaktor *физ.* гомогенный жидкостный реактор

HFS, Hamburger Fremdsprachenschule Гамбургский институт иностранных языков

HFS, Hilfs-Durchflutung mit Stromsto:s намагничивание пропусканием импульса тока через вспомогательную цепь

Hft., Hftg., Haftung *юр.* материальная ответственность, порука, гарантия

HFTR, Hochfrequenztelephonrundspruch высокочастотное радиовещание

H.Fu., Heeresfunkstelle войсковая радиостанция

HFV, Hochfrequenzverstärker высокочастотный усилитель

HFW, Hilfs-Durchflutung mit Wechselstrom намагничивание пропусканием переменного тока через вспомогательную цепь

Hfz, Halbfranzband полукожаный переплёт *(книги)*

HG, Das Humanistische Gymnasium *наименование периодического издания по педагогическим вопросам*

HG, Hauptgleis *ж.-д.* главный путь

HG, Hochgeschwindigkeits- *в сложн.* скоростной

HG, Hockeygesellschaft хоккейное общество

HG, Horchgerät (гидро)акустический локатор, гидрофон

H.G., Handelsgericht коммерческий суд; суд по торговым спорам

Hg, Höchstgeschwindigkeit *ж.-д.* максимальная скорость *(движения поезда)*

Hg, Quecksilber *хим.* ртуть

Hg., Heeresgerät прибор [аппаратура] военного образца

Hg., Herausgeber (ответственный) редактор издания

hg, Hektogramm гектограмм, *гг*

hg., herausgegeben изданный, выпущенный *(о книге)*

HGB, Handelsgesetzbuch торговый кодекс

Hgb, Herausgeber (ответственный) редактор издания

hgb., herausgegeben изданный, выпущенный *(о книге)*

Hgbf, Hauptgüterbahnhof *ж.-д.* главная грузовая [товарная] станция

H-gekühlt, охлаждаемый водородом, с водородным охлаждением

H.-Ger., Hger., Hauptgericht главное (мясное) блюдо *(в меню)*

H.-Ges., Handelsgesellschaft торговое *(акционерное)* общество; торговое товарищество

HGesB, Handelsgesetzbuch торговый кодекс

HGF, Hauptgeschäftsführer; Hauptgeschäftsführerin председатель правления; управляющий [управляющая] головной фирмы

H.Gfr., Hauptgefreiter главный ефрейтор; старший ефрейтор

hgg, herausgegeben издано *(тогда-то; кем-то)*; издано под редакцией *(такого-то)*

HGK, Hochgeschwindigkeitskolonne высокоскоростная колонна

Hgl., Hagel *мед.* ячмень

Hgl., Hanglage вис; положение в висе *(гимнастика)*

Hgl., Hügel *топ.* холм

hgm., hausgemacht домашний, сделанный дома

HgN, Heeresgerätenorm стандарт для аппаратуры военного образца

Hgn, Hagen *(Westfalen)* г. Хаген *(в Вестфалии)*

Hgr., H.-Gr., HGr., Handgranate *воен.* ручная граната

Hgr., HGr., Häusergruppe 1. *топ.* группа домов; группа зданий 2. *воен.* группа армий; сухопутная группировка, группировка сухопутных войск

HGrG, Haushaltsgrundsätzegesetz закон о принципах планирования бюджета

HGS, HGSt., Hauptgeschäftsstelle правление; главная контора, главная администрация

HGW, Hauptamtsgruppenwähler *тлф.* групповой искатель центральной станции

HGW, H.G.W., höchster Grundwasserspiegel максимальный [наивысший] уровень грунтовых вод

Hgw, Hartgewebe текстолит

HH, Handelshochschule высшее коммерческое училище

HH, Hansestadt Hamburg *ист.* Ганзейский город Гамбург

HH, Hochschulen *pl.* высшие учебные заведения; вузы

HH., Herrenhaus *топ.* господский [помещичий] дом; помещичья усадьба

H.H., Herren господа *(такие-то)*

H.H., Höchwürdigster Herr досточтимый господин *(в обращении к высшим духовным лицам в католической церкви)*

H/H, Havre und Hamburg порты Гавр и Гамбург *(маршрут морской перевозки)*

Hh, Hartholzschwelle *ж.-д.* шпалы из древесины твёрдых пород

HHA, Hamburger Hochbahn AG *ж.-д.* Гамбургская эстакадная железная дорога

H-Härtung, отверждение жиров путём каталитического гидрирования

HHF, Höchstfrequenz [Ultrahochfrequenz] *физ.* сверхвысокая [ультравысокая] частота

HHG, Häftlingshilfegesetz закон о помощи заключённым

HHI, Heinrich-Hertz-Institut Институт Генриха Герца

HHL, Hypophysenhinterlappen *биол.* задняя доля гипофиза

H.H.Q., höchste Quantität; höchste Hochwassermenge *гидр.* самый высокий расход воды; пик паводка

HHS, Handelshochschule высшее коммерческое училище

HHS, Hüttenhartstein шлаковый камень, шлакоблок

HHW, Hochwasserwert *гидр.* наивысший уровень воды *(на р. Рейн в 1926; учитывается при строительстве сооружений, предохраняющих от половодья)*

H.H.W., höchster Hochwasserstand *гидр.* наивысший горизонт [уровень] высоких вод

Hhz, Hochdruckdampfheizung паровое отопление высокого давления

HI, Halbinsel полуостров

HI, hydrographisches Institut гидрографический институт

HI, induktionsgehärtet закалённый в индукционной печи *(маркировка стали)*

Hi., Hilfs- *в сложн.* вспомогательный, подсобный

HIC, Head Injury Criterion *англ.* критерий интенсивности ударного воздействия на голову пострадавшего при ДТП

HICOM-CS, digitales Vermittlungssystem für die Sprachvermittlung система для цифровой передачи речевых сообщений

HICOM-PAC, digitales Datenpaket-Vermittlungsnetz für die Datenvermittlung сеть связи для цифровой коммутации пакетов данных

Hif, Hilfsfreimeldung *ж.-д.* вспомогательное средство контроля занятости пути

Hi-Fi, high fidelity *англ.* высокая точность воспроизведения, с высокой точностью воспроизведения
Hik-GP, Hildebrand-Knorr-Güterzug-Personenzug-Bremse *ж.-д.* тормоз системы Хильдебранда-Кнорра для грузовых и пассажирских поездов
Hik-GPR, Hildebrand-Knorr-Schnellzug-Bremse *ж.-д.* тормоз системы Хильдебранда-Кнорра для скорых поездов
Hik-P, Hildebrand-Knorr-Personenzugbremse *ж.-д.* тормоз системы Хильдебранда-Кнорра для пассажирских поездов
Hi.-L., Hilfslehrer сверхштатный учитель
Hil., Hildesheim г. Хильдесхайм
Hind., Hindustani язык хиндустани
hind., hinderlich *тж. мед.* затруднительный, стеснительный, мешающий
Hin-F, Hafenfeuer *навиг.* портовые огни
hins., hinsichtlich в отношении, относительно
hint., hinten позади, сзади
hinth., hinterher 1. позади, сзади; следом 2. задним числом
HIP, heißisostatisches Pressen изостатическое горячее прессование
HiP, Hilfsprogramm вспомогательная программа
HIPSIC, heißisostatisch gepreßtes Siliziumnitrid нитрид кремния горячего изостатического прессования
Hirafe, Hinterradfederung *авто.* задняя подвеска *(колёс)*
HIS, haltestellenbezogenes Informationssystem *ж.-д.* система информации для пассажиров общественного транспорта на остановочных пунктах *(ФРГ)*
HIS, Honeywell Information Systems *англ.* фирма «Хониуэлл информейшн системз», выпускающая оборудование для обработки данных *(США)*
His, Histidin гистидин *(аминокислота)*
HiSp, Hilfsspeicher *вчт.* вспомогательное ЗУ; дополнительное ЗУ
Hist. Vjschr, Historische Vierteljahrschrift *наименование периодического издания по вопросам истории*
HJ, Halbjahr полугодие, семестр
HJ, Hitlerjugend Союз гитлеровской молодёжи, Гитлерюгенд

hj., halbjährig полугодовой, полугодичный
HJB, Halbjahresbeitrag *банк.* шестимесячный вклад, вклад на полгода
HJb, Historisches Jahrbuch der Görresgesellschaft *наименование ежегодного издания по вопросам истории*
HjD, Halbjahresdurchschnitt полугодичная средняя
Hjhr, halbjährig полугодовой, полугодичный
Hjhr.-Abo., Halbjahresabonnement полугодичный абонемент
HK, Handelskammer торговая палата
HK, Handelskammerbezirk округ, подведомственный торговой палате
HK, Hauptkasse главная касса
HK, Hefnerkerze свеча Гефнера *(единица силы света)*
HK, Heilkosten *страх.* расходы на лечение
HK, Hinterkante *тех.* задняя кромка
HK, Hochspannungskabel высоковольтный кабель
HK, Hongkong Гонконг *(индекс государственной принадлежности автомобиля)*
HK, Hongkong-Dollar гонконгский доллар *(денежная единица)*
H.K., Höheres Kommando высшее командование *(соединения, армии и т. п.)*
HKG, Heimkehrergesetz закон о возвращающихся на родину
HKI, Heiz- und Kochgeräteindustrie Объединение промышленности отопительного и варочного оборудования
HKL, Hauptkampflinie передний край обороны
HKl., H.-Kl., Handelsklasse категория товаров
HKS, Hilfskriegsschiff вспомогательный военный корабль
Hk-Sg, Huckepack-Schnellgüterzug *ж.-д.* скорый грузовой контрейлерный поезд
HKV, Hubkolbenverdichter поршневой компрессор
HKW, Heizkraftwerk теплоэлектроцентраль, ТЭЦ
HL, Halbleiter полупроводник
HL, Halblinker левый полусредний нападающий *(футбол)*

HL, Haltlichtanlage *ж.-д.* устройство автоматической переездной сигнализации с мигающим красным огнём

HL, Heeresleitung главное управление сухопутных войск *(в бывшей германской армии)*

HL, hinteres Lot кормовой перпендикуляр судна

HL, Hochleistung 1. высокая мощность 2. высокая производительность

HL, Höhenlader *ав.* высотный нагнетатель

Hl, Hängeisolator подвесной изолятор

Hl, Hauptamtsleitung линия центральной станции

Hl, Hauptlager главный склад

Hl, Hilfsschlu:slampe *тлф.* вспомогательная отбойная лампа

Hl, Hochspannungsleitung высоковольтная линия, линия электропередачи высокого напряжения

Hl, Hohlladung *воен.* кумулятивный заряд

Hl, Leuchtenhöhe высота подвеса светильника

hl, Hektoliter гектолитр, *гл*

hl., heilig святой

h.l., hoc loco *англ.* в этом месте

H.Laz., Heereslazarett военный госпиталь

HLB, Hochschullehrerbund Союз преподавателей высших учебных заведений

Hlbr, Heilbronn г. Хайльбронн

HLBS, Halbleiterblockschaltung *элн.* полупроводниковая (монолитная) ИС [интегральная схема]

Hldbd, Halblederband полукожаный переплёт *(книги)*

Hlfs., Hilfs- *в сложн.* вспомогательный, подсобный

hlg., heilig святой

Hlk., Heilkunde медицина, медицинская наука; терапия

HLKO, H.L.K.O., Haager Landkriegsordnung Гаагская конвенция о правилах ведения сухопутной войны

Hll., Heilige *m, f* святой, святая

Hlm, Hefnerlumen люмен, отнесённый к свече Гефнера

hl r. A., Hektoliter reiner Alkohol гектолитр чистого алкоголя

Hl.S., Hl.Schr., Heilige Schrift библия, священное писание

H-Luchs, Teilschnittmaschine Luchs H-110 проходческий комбайн избирательного действия «Лукс Н-110»

HLW, Halbleiterwiderstand полупроводниковый резистор

Hlwdbd, Halbleinwandband полухолщёвый переплёт *(книги)*

HM, Handelsministerium Министерство торговли *(Австрия)*

HM, Hartmetall твёрдый сплав

HM, Horizontalmagazin *тех.* горизонтальная обойма, горизонтальный магазин

H.M., Höhenmeßgerät измеритель высоты, высотомер

Hm, Halbmesser радиус

Hm., Hausmeister 1. привратник; швейцар, портье 2. домоправитель; управдом

h.M., herrschende Meinung господствующее мнение

hm, Hektometer гектометр, *гм*

Hmb, Hamburg г. Гамбург

HMN, Hamburger Methode der Netzplantechnik Гамбургский метод сетевого планирования

hmt, Handmikrotelephon микротелефонная трубка

HMV, Hausmüllverbrennungsanlage установка для сжигания бытового мусора

HN, Hg-Niederdruck... с ртутными парами низкого давления *(в обозначениях люминесцентных ламп фирмы Осрам)*

HN, Normalhöhe *геод.* нормальная высота

HNA, Handelsschiff-Normen-Ausschuß Комитет стандартов торгового судостроения

HNA/E, Handelsschiff-Normenausschu:s / Elektrotechnik Отраслевой комитет по стандартизации в области электротехники торговых судов

HNO, Hals-, Nasen- und Ohrenheilkunde *наименование периодического медицинского издания по терапии уха, горла, носа*

HNO-Arzt, Hals-, Nasen- Ohren-Arzt отоларинголог

HO, Handelsorganisation (государственная) торговая организация; предприятие государственной торговли *(в бывш. ГДР)*

HO, Hinterlegungsordnung *банк.* правила *(внесения в депозит и)* хранения депонированных сумм
HO, H.O., Hochofen доменная печь
Ho, Holmium *хим.* гольмий
Ho., HO, Hotel гостиница, отель
HOA, Heissläuferortungsanlage *ж.-д.* прибор обнаружения нагретых букс; ПОНАБ
HOAI, Honorarordnung für Architekten und Ingeneuere положение о выплате гонораров архитекторам и инженерам
Hochbg., Hochbagger экскаватор верхнего черпания
Hochsp., Hochspannung *эл.* высокое напряжение
hochw., hochwertig высококачественный, высокосортный
Hofg, Hofgut приусадебный надел
Hol, Holley топливная аппаратура фирмы «Холлей»
holl., holländisch голландский
Holmag, Holsteinische Maschinen-Aktiengesellschaft Гольштейнское акционерное общество машиностроения
Holst., Holstein Гольштейн *(историческая область в Германии)*
Hon., Honorar гонорар
Hon.Prof., Honorarprofessor почётный профессор университета
Hor., Horizont горизонт
Hor., Horizontale горизонталь
hor., horizontal горизонтальный; горизонтально
HoReCa, Internationaler Hotel-, Restaurant- und Cafehausbesitzerverband Международный союз владельцев гостиниц, ресторанов и кафе
Hosp., Hospital госпиталь, лазарет, больница
Hospg, Hospitalisierung госпитализация
HOZ, Hochofenzement шлакопортландцемент
HP, Hauptprogramm главная программа
Hp, HP, Hartpapier эбонит
Hp., HP, Haltepunkt *ж.-д.* остановочный пункт
hp, Hp, HP, Hochpaß *свз.* фильтр верхних частот, ФВЧ
h.p., HP, horse power *(engl.);* Pferdestärke лошадиная сила, л.с.

HPA, Handelspolitischer Ausschuß Комитет торговой политики
H.P.A., Helvetica Physica Acta *наименование швейцарского периодического издания по вопросам физики*
Hpa, HPA, H.P.A., Hauptprüfungsamt *ж.-д.* главное (контрольно-)испытательное управление
Hpbf, Hauptpersonenbahnhof главная пассажирская станция; центральный железнодорожный вокзал *(в городе)*
Hperg, Halbpergament полупергаментная бумага
HPG, Handwerksproduktionsgenossenschaft кустарное производственное товарищество, артель кустарей
H.Ph.A., Helvetica Physica Acta *наименование швейцарского периодического издания по вопросам физики*
HPSIC, HPSK, heißgepresstes Siliziumcarbid карбид кремния горячего прессования
HPSN, heißgepresstes Siliziumnitrid нитрид кремния горячего прессования
Hpt., Haltepunkt 1. остановочный пункт, место стоянки 2. *воен., спорт.* точка прицеливания; точка наводки
Hpt., Haupt- *в сложн.* главно-, главный
hpt, haupt- *в сложн.* главный
Hptm, Hauptmann *воен.* капитан *(сухопутных войск)*
hpts., hauptsächlich 1. главным образом, главное; преимущественно, особенно, прежде всего 2. главный, важнейший, существенный; преимущественный
Hptst., Hauptstadt столица, главный город
Hptst., Hauptstation *ж.-д.* главная станция, станция первого класса
Hptv., Hauptvertreter главный [генеральный] представитель
Hptvg, Hauptvertretung генеральное представительство
Hpt.V.Pl., Hauptverbandplatz *воен.* главный перевязочный пункт, главный пункт медицинской помощи
Hptw, Hauptwort *грам.* имя существительное
Hptw., Hauptwerk 1. основное произведение; главный труд 2. главная электростанция в энергосистеме

hptw., hauptwörtlich употребляемый как существительное
H-PVC, Hart-Polyvinylchlorid твердый поливинилхлорид
H-PVC, Hart-PVC твёрдый поливинилхлорид
H.Q., Hochwassermenge *гидр.* паводочный расход воды
H.Qu., Hauptquartier штаб-квартира
HR, Halbrechter правый полусредний нападающий *(футбол)*
HR, Handelsregister торговый регистр, торговый реестр
H+R, Hin- und Rückfahrt *ж.-д.* билет «туда и обратно»
HR, Hofrat надворный советник, гофрат *(чин)*
HR, Hohlrohr волновод
HR, Rockwellhärte *физ.* твёрдость по Роквеллу
H-R, Hin- und Rückfahrt *ж.-д.* билет «туда и обратно»
Hr, Hinterräder задние колёса
Hr., Herr господин
HRA, Handelsregister A торговый регистр A
HRB, Handelsregister B торговый регистр Б
Hrb, Harburg *(in Hamburg)* г. Харбург *(часть г. Гамбурга)*
H Reg, Handelsregister торговый регистр, торговый реестр
HRG, Hochschulrahmengesetz закон об общих принципах организации высшей школы
Hrg., Herausgeber (ответственный) редактор издания
hrg., herausgegeben издано *(тогда-то)*; издано под редакцией *(такого-то)*
HRh, Handelsgebräuche in der Rheinschiffahrt торговые обычаи в судоходстве по Рейну
Hrn., Herrn... господину *(такому-то)*
HRR, höchstrichterliche Rechtsprechung решение верховного суда
Hrsg., Herausgeber (ответственный) редактор издания
hrsg., herausgegeben издано *(тогда-то)*; издано под редакцией *(такого-то)*
Hrst, Hersteller изготовитель, производитель, продуцент

Hrst., Hersteller изготовитель *(с указанием фирмы)*
Hrst., Herstellung изготовление, производство; выпуск *(продукции)*
H. Rüst, Heeresrüstung вооружение армии
HS, Hafenschutz охрана водного района
HS, Halbschrankenanlage *ж.-д.* устройство переездного ограждения с полушлагбаумами
HS, Harmonisiertes System единая система обозначения и кодирования товаров в международной торговле, ЕСОК
HS, Hsp, Hauptspeicher *вчт.* основное ЗУ, основная память; оперативное ЗУ, ОЗУ, оперативная память
HS, Hochschule высшая школа
HS, Hochschwingungen вертикальные колебания
HS, Hochspannung *эл.* высокое напряжение
HS, Hüttenstein шлаковый камень, шлакоблок
Hs, Handschaltung *авто* ручное переключение
Hs, Haus *топ.* дом
Hs., Handschrift *библиогр.* рукопись, манускрипт
Hs., Hochspannung *эл.* высокое напряжение
hs., handschriftlich рукописный, написанный от руки
HSB, Handschwei:sbetrieb ручная *(дуговая)* сварка
Hsb, Hefnerstilb стильб Гефнера *(единица измерения силы света)*
Hs.-Bew., Hausbewohner жилец, житель
hschr., handschriftlich рукописный, написанный от руки
HSFl, Hafenschutzflottille базовая флотилия охраны водного района *(в бывшем германском флоте)*
HSG, Hochgeschwindigkeitschleifen скоростное шлифование
HSG, Hochschulsportgemeinschaft студенческое спортивное общество *(бывш. ГДР)*
HSGr, Hafenschutzgruppe базовый отряд охраны водного района *(в бывшем германском флоте)*
Hsh., Haushalt 1. домашнее хозяйство 2. бюджет

HSi, Hauptsicherung *эл.* главный [магистральный] предохранитель

HS-Kap., Hauptspeicherkapazität *вчт.* ёмкость [объём] основной памяти

HSM, Hochgeschwindigkeitsfräsen скоростное фрезерование

hsn, ...hausen ...гаузен, ...хаузен *(в окончаниях сложных географических сокращений)*

Hs.-Nr., Hausnummer номер дома

Hsp., Hospital госпиталь, лазарет; больница

Hsp., Hospiz приют *(при какой-л. религиозной организации),* ХОСПИС

Hss., Handschriften *библиогр.* рукописи, манускрипты

HSt, Hilfsstelle вспомогательный пункт

HSt, Hundsteuer налог на собак

Hst, Haltestelle *ж.-д.* остановочный пункт, имеющий путевое развитие

Hst., Handsteuerung ручное управление

HstD, Höchstdruck сверхвысокое давление

HSTR, Hauptsteuerprogramm *вчт.* главная управляющая программа

HST-Verbindung, *ж.-д.* скорое пассажирское сообщение, обслуживаемое поездами типа **HST** *(Британские железные дороги)*

HSV, Hamburger Sportverein Гамбургское спортивное общество

HTA, Hauptelegrafenamt центральный телеграф; главное телеграфное управление

HTA, Hochspannungs-Telephonie-Anlage установка для (высокочастотной) телефонной связи по линиям электропередачи

Hta, Holztränkanstalt деревопропиточный завод

HT-Farben, Hochtemperaturfarben высокотемпературные краски

HT-Koks, Hochtemperaturkoks высокотемпературный кокс

HTL, Höhere Technische Lehranstalt Среднее техническое училище

Htl, Hotel гостиница, отель

HTP, Hochtemperaturpyrolyse высокотемпературный пиролиз

H.Tr., Heerestruppen *ист., воен.* части резерва главного командования

H-TSt, Haupt-Telegraphenstelle центральная телеграфная станция

HU, Hakenumschalter *тех.* рычажный переключатель

HU, Hauptuhr главные электрочасы

Hü, Steckerhülse штепсельное гнездо

Hüa, Höhe über alles *ав.* полная габаритная высота

H.üb.NN, Höhe über Normalnull высота над уровнем моря

HUK, Verband der Haftpflicht-, Unfall- und Kraftverkehrs-Versicherer Объединение по страхованию на случай повышенной ответственности и автомобильных аварий

H u K, Zeitschrift für das gesamte Handelsrecht und Konkursrecht *наименование периодического издания по торговому и конкурсному праву*

H. ü M, H.üb.M, Höhe über Meeresspiegel высота над уровнем моря

Hum., Humoreske *лит., муз.* юмореска

HundStG, Hundsteuergesetz Закон о налоге на собак *(ФРГ)*

HV, Handelsverbindung торговое объединение

HV, Handelsvertrag торговый договор

HV, Handelsvertreter 1. торговый представитель, торгпред 2. представитель [поверенный] торговой фирмы

HV, Handelsvertretung торговое представительство, торгпредство

HV, Handelsvollmacht торговая доверенность; доверенность на ведение торговых сделок *или* операций; полномочие на ведение торговых сделок *или* операций

HV, Handverkauf ручная продажа

HV, Handvermittlung ручная коммутация; телефонная станция ручного обслуживания

HV, Handvermittlung ручная переотправка *(пневмопочта)*

HV, Hauptverhandlung судебное разбирательство

HV, Hauptvermittlung центральная телефонная станция

HV, Hauptversammlung общее собрание *(напр., акционеров)*

HV, Hauptvertrag общий [генеральный] договор

HV, Hauptvertreter генеральный [главный] представитель

HV, Hauptvertretung генеральное представительство

HV, Hauptverwaltung главная администрация; правление; Главное управление, ГУ

HV, Hauptvorstand (главное) правление; президиум

HV, Hausverwalter управдом

HV, Hausverwaltung домоуправление

HV, Heeresverordnung распоряжение по сухопутным войскам *(в бывшей германской армии)*

HV, Heeresverwaltung военная администрация *(в бывшей германской армии)*

HV, Heimatvertriebene перемещённые лица

HV, **H.V.**, Historischer Verein Историческое общество

HV, Historische Vierteljahrsschrift *наименование периодического издания по вопросам истории*

HV, Höherversicherung повышение страховой суммы; дополнительное страхование с целью повышения пенсии

HV, Vickershärte *физ.* твёрдость по Виккерсу

HV, Vorschriften betreffend Erstellung, Betrieb und Instandhaltung elektrischer Hausinstallationen Правила монтажа и эксплуатации домовых электроустановок

H.V., Handverkauf ручная продажа

HVA, Hauptvermessungsabteilung Главное геодезическое управление

HVA, Hauptversicherungsart основной вид страхования

HVA, Hauptversorgungsamt Главное управление социального обеспечения

HVB, Hauptverwaltung der Deutschen Bundesbahn Главное управление федеральных железных дорог

HVBl, Heeresverordnungsblatt сборник распоряжений по сухопутным войскам *(в бывшей германской армии)*

HVD, Hauptverkehrsdirektion главная дирекция путей сообщения

HVDR, Hauptverwaltung der Deutschen Reichsbahn Главное управление железных дорог *(бывш. ГДР)*

HV DVP, **HVdVP**, Hauptverwaltung der Deutschen Volkspolizei Главное управление немецкой народной полиции *(в бывш. ГДР)*

H.-Vers., **Hvers.**, Hauptversammlung общее собрание *(напр., акционеров)*

H.-Vers., **Hvers.**, Haus(rat)versicherung страхование (домашней) обстановки и предметов домашнего обихода

H.-Vers., **Hvers.**, Höherversicherung повышение страховой суммы; дополнительное страхование с целью повышения пенсии

H.-Vertr., **HVertr.**, Hauptvertrag общий [генеральный] договор

H.-Vertr., **HVertr.**, Hauptvertreter главный [генеральный] представитель

H.-Vertr., **HVertr.**, Hauptvertretung генеральное представительство

HVerw., **HVerw.**, Hausverwaltung домоуправление

H.-Verw., **HVerw.**, Hauptverwaltung главная администрация; правление; Главное управление, ГУ

H.-Verw., **HVerw.**, Hausverwalter управдом

HVG, Handelsvertretergesetz закон о деятельности торговых представителей

HVIÖ, Hauptverwaltung der Industrie Österreichs Главное промышленное управление Австрии

HVL, Hypophysenvorderlappen *биол.* передняя доля гипофиза

HVPF, Hauptverwaltung für das Post- und Fernmeldewesen Главное управление почтовой и телеграфной связи

HVRS, Handelsvertreter-Rechtsschutz правовая защита деятельности торговых представителей

H/V-Signalsystem, das System der DB mit Haupt- und Vorsignalen und einem Regelbremsweg von 1000 m *ж.-д.* система сигнализации на Государственных железных дорогах ФРГ с использованием главных и предупредительных сигналов и нормативного тормозного пути длиной 1000 м

HVSt, **HVStd**, Hauptverkehrsstunde час пик, час наибольшей нагрузки *(связи, транспорта)*

HVSt, Hauptvermittlungsstelle центральная телефонная станция

HVSt, Hauptverteilungsstelle *ж.-д.* главный распределительный пункт

H.V.T., die Hohen Vertragschließenden Teile *дип.* Высокие Договаривающиеся Стороны
HVV, Hamburger Verkehrsverbund *ж.-д.* Объединение предприятий общественного транспорта г. Гамбурга
HVW, Hochschule für Verwaltungswissenschaften высшая школа управленческих наук
HVZ, Hauptverkehrszeit *ж.-д.* период выполнения основных перевозок; период «пика» перевозок
HW, Halbwelle *радио* полуволна
HW, Halswirbel *анат., мед.* шейный позвонок
HW, Handelsware товар *(готовый к реализации)*
HW, Handelswert торговая [рыночная] стоимость, торговая [рыночная] цена
HW, Handelswissenschaften коммерческие науки
HW, Handwerk ремесло; профессия
HW, Handwerker ремесленник
HW, Handwörterbuch настольный словарь; словарь-справочник
HW, Hauptwagenamt *ж.-д.* управление подвижного состава
HW, Hauptwerkstatt главный цех
HW, Hilfswissenschaft(en) смежная наука, смежные науки
HW, Hochwasserstand *гидр.* уровень [горизонт] высоких вод; уровень высокой или полой воды
H.W., Hochwasser паводок, половодье
Hw, Hammerwerk кузнечный цех, кузница
Hw, Heizwerk котельная; котельная установка
Hw, Heizwert теплотворная способность, калорийность
Hw, Hüttenwerk металлургический завод
Hw., Handwagen ручная тележка
Hw., Hauptwort *лингв.* имя существительное; основное слово *(в противоположность служебному)*
Hw., Hauswart привратник; швейцар, портье; домоправитель
hW, Hektowatt гектоватт, *гВт*
h W, Hektowatt гектоватт, *гВт*
h.W., höchster Wasserstand максимальный [предельный] уровень воды

h.W., höchster Wert 1. наивысшая стоимость 2. максимальная величина, максимальное значение
hw, hardware *англ.* аппаратура; оборудование; техническое обеспечение *(вычислительной системы)*
HWA, Hauptwagenamt *ж.-д.* управление подвижного состава
HWA, Heereswaffenamt управление вооружений сухопутных войск *(в бывшей германской армии)*
H-Wagen, Drehschemel-Wagen *ж.-д.* вагон-платформа с турникетом
Hw(b)., Handwörterbuch настольный словарь; словарь-справочник
HwbKrim, Handwörterbuch der Kriminologie und der anderen strafrechtlichen Hilfswissenschaften словарь-справочник криминологии и других вспомогательных уголовно-правовых наук; толковый словарь по криминологии и другим вспомогательным уголовно-правовым наукам
HWD, Halbwertdicke *физ.* слой половинного поглощения
h.w.G., häufig wechselnder Geschlechtsverkehr беспорядочные половые связи, беспорядочная половая жизнь
HWH., Hochwasserhöhe 1. высота паводка; 2. высота полной воды, высота прилива
HwK, HWK, Handwerkskammer палата [представительство] ремесленников, ремесленная управа
HWL, Hauptwirtschaftslager главный хозяйственный склад
H.W.L., Hauptwiderstandslinie *воен.* главная полоса обороны
HWS, Halbwert[s]schicht *яд. физ.* слой половинного поглощения *(излучения)*
HWS, Halswirbelsäule шейный отдел позвоночника *(возможная зона травмирования при ДТП)*
HwVG, Handwerkerversicherungsgesetz закон о страховании кустарей
HWWA, Hamburgisches Welt-Wirtschafts-Archiv наименование периодического издания по вопросам мирового хозяйства
HWZ, Halbwert[s]zeit 1. *яд. физ.* период полураспада; 2. *хим.* время полуобме-

на; 3. продолжительность выщелачивания *(руд цветных металлов под давлением)*
HWZ, Heereswetterzentrale центральная военная метеорологическая станция *(в бывшей германской армии)*
hx, Halbduplex *вчт.* полудуплексный режим; полудуплекс (-режим)
Hy, Henry Генри, *Гн (единица индуктивности)*
Hy., Hydraulik гидравлика
hy, hydraulische Betätigung (сцепление) с гидроприводом
hy., hydraulisch гидравлический
hybd., hybrid, hybridisch гибридный
HYCOL, hybrid computer link *англ.* язык программирования для гибридной ВМ фирмы «Дженерал электрик» (США)
hydr., hydraulisch гидравлический
hydr., hydrologisch гидрологический
hygr., hygroskopisch гигроскопический
Hyp, Hyperbel гипербола
Hyp, Hypertonie гипертония
Hyp, Hypoidantrieb *тех.* гипоидная главная передача
Hyp, Hyp., Hypothek *эк.* ипотека, закладная; *банк.* ипотека, залог недвижимости
Hyp, Hypothese гипотеза
hyp, hydropneumatische Batätigung (сцепление) с гидропневматическим приводом
hyp., hypothetisch гипотетический
Hyp Abl, Hypothekablösung погашение ипотеки
Hyp B, Hypothekenbuch *банк.* ипотечная книга
Hypbank, Hypothekenbank ипотечный банк; Ипотечный банк *(ФРГ)*
HypBr, Hypothekenbrief ипотечный акт, акт о регистрации ипотеки в земельном кадастре
HypD., Hyp.-Darl., Hypothekendarlehen ипотечная ссуда
hypfr., hypfrei, hypothekenfrei свободный от ипотеки, незаложенный *(о недвижимости)*
hypt., hypertonisch *мед.* гипертонический
HZ, Haftungszeit гарантийный срок

HZ, Historische Zeitschrift *наименование периодического издания по вопросам истории*
HZ, Hochzucht 1.чистосортные семена 2. разведение высокопородных животных
HZ, Zeithärte, Herbert-Pendelhärte твёрдость по Герберту
HZ., Hinweiszeichen указательный знак; дорожный знак
Hz, Hertz *физ.* герц, *Гц (единица частоты колебания)*
Hz, Hochzucht 1.чистосортные семена 2. разведение высокопородных животных
Hz., Handzeichen знак рукой [руками]; поднятие рук *(при голосовании)*
Hz., Handzeichen подпись *(в виде знака, росчерка, инициалов, сильно сокращённая)*; знак *(крест и т. п., который ставит неграмотный вместо подписи)*
Hz.,, Handzettel 1. рекламный листок; анкета *(для покупателей)* 2. листовка
Hz.,, Heizung отопление; нагрев; обогрев
Hz.,, Herz сердце
Hz.,, Hochzeit свадьба
HZA, Habenzinsabkommen *банк.* соглашение о процентах по вкладу; соглашение о процентах по кредиту
HZA, Handels- und Zahlungsabkommen *ком.* соглашение о торговле и платежах
HZA, Hauptzollamt главная таможня; Главное таможенное управление, ГТУ
hzb., heizbar отапливаемый; нагреваемый; обогреваемый
Hzg, Heizing отопление; нагрев; обогрев
Hzg, Herzog герцог
Hz Jb, Hohenzollern-Jahrbuch *наименование ежегодника по истории и краеведению провинции Гогенцоллерн*
Hzl, Heizleitung отопительная сеть
Hzn, Hohenzollern Гогенцоллерн *(провинция)*
Hzt, Herzogtum герцогство
H-Zw.,*Hzw., Handelszweig отрасль торговли
H-Zw., Hzw., Hauptzweig главная отрасль

I

I, Indexregister индексный регистр
I, Information информация
I, infra- *физ.*, *в сложн.* инфра-
I, Italien Италия *(индекс государственной принадлежности автомобиля)*
I, Kühlwagen mit mittlerer Isolierung, mit Luftumwälzung, mit Fußbodenrost- und Eiskästen *ж.-д.*, *усл.обзн.* вагон-ледник со средней изоляцией, циркуляцией воздуха, напольной решёткой и ёмкостями для льда
I, Warmton тёплый тон *или* тёплый оттенок *(для обозначения окраски света)*
I., Imperator император
I., Imperium империя
I., Industrie промышленность, индустрия
I., Insel остров
I., Inspektion 1. инспекция *(учреждение)*; 2. инспекция; проверка; ревизия
I., Institut институт
i, imaginäre Einheit *физ.* воображаемая единица
i, in Isolierrohren *элт.*, *усл. обозн. (проводка)* в изоляционных трубках
i, iprägniert пропитанный
i., in, im в *(в сложных геогр. названиях)*
i., innen внутри
i., innerhalb внутри; в течение, за *(о времени)*
i., innerlich внутренний; внутри; *мед.* для внутреннего употребления *(напр., на рецептах)*
IA, Inhaberaktie акция на предъявителя
IA, Instandhaltungsabschnitt *ж.-д.* период между плановыми сроками технического обслуживания и ремонта *(подвижного состава)*
i.A., im Auftrag по поручению *(такого-то)*
i.a., im allgemeinen в общем
IAA, Internationale Automobilausstellung Международная автомобильная выставка
IAA, Internationales Arbeitsamt Международное бюро труда, МБТ *(ООН)*
IABG, Industrieanlagen-Betriebsgesellschaft Объединение предприятий по выпуску промышленного оборудования
i.a.d.C., im Auftrag des Konvents по поручению общего собрания конвента студенческих корпораций
IADL, International Association of Democratic Lawyers, Internationale Vereinigung Demokratischer Juristen Международная ассоциация юристов-демократов
IAEA, International Atomic Energy Agency, Internationale Atomenergieagentur Международное агентство по атомной энергии, МАГАТЭ
IAEO, Internationale Atomenergie-Organisation Международное агентство по атомной энергии, , МАГАТЭ
IAF, Interessengemeinschaft der mit Ausländern verheirateten deutschen Frauen Объединение немецких женщин, состоящих в браке с иностранцами
IAF, Internationale Astronautische Föderation Международная федерация астронавтики
IAFH, Institut für Aeromechanik und Flugtechnik der Technischen Hochschule, Hannover кафедра аэромеханики и авиационной техники при Ганноверском высшем техническом училище
IAI, Internationales Afrika-Institut Международный институт изучения Африки
IAI, Internationales Anthropologisches Institut Международный институт антропологии
IAK, Internationale Arbeitskonferenz Международная конференция по вопросам труда
IAL, international algebraic language *англ.* язык программирования для решения алгебраических задач
IAL, Internationale Artistenloge Международный артистический союз, Международная артистическая ложа
i.allg., im allgemeinen в общем

IALN, International Association of Law of Nations, Internationale Vereinigung für Völkerrecht Международная ассоциация публичного права, МАПП

IALS, International Association of Legal Science, Internationaler Verband für Rechtswissenschaft Международная ассоциация юридических наук, МАЮН

IAM, Impuls-Amplitudenmodulation *эл., радио* амплитудно-импульсная модуляция, АИМ

I-Anteil, интегральная составляющая

IAO, Internationale Arbeitsorganisation Международная организация труда, МОТ *(ООН)*

i.a.o.D., im außerordentlichen Dienst на сверхштатной службе

IAP, Industrieabgabepreis отпускная цена промышленности

IAPIP, International Association for the Protection of Industrial Property *(engl.)*; Internationale Vereinigung für gewerblichen Rechtsschutz Международная ассоциация по охране прав на промышленную собственность, АИППИ

IAPL, International Association for Penal Law *(engl.)*; Internationale Vereinigung für Fragen des Strafrechts Международная ассоциация уголовного права

IArbA, Internationales Arbeitsamt Международное бюро труда, МБТ *(ООН)*

IARU, Internationale Amateur Radio Union Международный союз радиолюбителей

IATA, International Air Transport Association *англ.* Международная авиатранспортная ассоциация, ИАТА

IATCL, International Association for Teaching of Comparative Law *(engl.)*; Internationale Vereinigung für Unterricht in vergleichendem Recht Международная ассоциация преподавания сравнительного права, МАПСП

IATM, International Associations of Transport Museums *англ., ж.-д.* Международная ассоциация транспортных музеев

IAU, Internationale Astronomische Union Международный астрономический союз

i.A.u.f.R., im Auftrag und für die Rechnung по поручению и за счёт *(такого-то)*

i.A.u.i.V., im Auftrag und in Vertretung по поручению и в порядке исполнения обязанностей *(такого-то)*

I-Ausweis, Identitätsausweis *австр.* удостоверение личности

i.a.W., in anderen Worten другими словами, иначе

IB, Industriebank промышленный банк

IB, Industriebau промышленное строительство

IB, Industriebauten промышленные сооружения

IB, Informationsbank информационный банк; банк данных

IB, Informationsblatt информационный листок [бюллетень]

IB, Internationales Ausstellungsbüro Международное бюро по устройству выставок

IB, interne Bereitschaft состояние внутренней готовности; состояние внутреннего ожидания

i.B., im/in Betrieb в работе; в эксплуатации

i.B., in Bayern в Баварии

i.b., im besonderen особенно, в особенности; в частности

IBA, International Bar Association, Internationale Juristenvereinigung Международная ассоциация юристов

IBA, Internationale Baufachausstellung Международная строительная выставка

IBA, Internationale Buchkunstausstellung Международная выставка книжно-оформительского искусства; Международная выставка книжной графики

IBA, Internationales Biographisches Archiv Международный биографический архив

Iba, Internationale Baufachausstellung Международная строительная выставка

IBCAG, Internationaler Bund Christlicher Angestellten-Gewerkschaften Международная федерация христианских профсоюзов служащих

IBCG, Internationaler Bund christlicher Gewerkschaften Международная конфедерация христианских профсоюзов

IBE, Internationale Benzoat-Einheit международная бензоатная единица

IBEC, International Bank for Economic Cooperation *англ.* Международный банк по экономическому сотрудничеству

i. bes., im besonderen особенно, в особенности; в частности

IBFG, Internationaler Bund Freier Gewerkschaften Международная конфедерация свободных профсоюзов, МКСП

IBI, Internationales Burgenforschungsinstitut Международный институт изучения истории средневековых замков

IBIS, Integriertes Börsenhandels- und Informationssystem интегрированная система информации и биржевых торгов

IBK, Interessengemeinschaft Berliner Kunsthändler Объединение берлинских владельцев магазинов художественных изделий *(антикваров)*

IBK, Internationale Beleuchtungskommission Международная комиссия по освещению, МКО

IBM, International Business Machines Corp. *англ.* фирма ИБМ; фирма «Интернейшнл бизнесс мэшинз», выпускающая оборудование для обработки данных *(США)*

I.B.O., Infanteriebeobachtungsoffizier пехотный офицер-наблюдатель

IBP, Internationaler Bund der Privatangestellten Международная федерация профсоюзов лиц, состоящих на частной службе

i.Br., in Breisgau в Брейсгау

IbrBau, Ingenieurbüro für Rationalisierung des Eisenbahnbaus *ж.-д.* инженерное бюро по рационализации путевых и строительных работ на железнодорожном транспорте

IBRD, International Bank for Reconstruction and Development *англ.* Международный банк реконструкции и развития, МБРР

Ibr Raf, Ingenieurbüro für Rationalisierung der Fahrzeugausbesserung *ж.-д.* инженерное бюро по рационализации ремонта подвижного состава

IBS, Integriertes Bedienungssystem im Personenfernverkehr *ж.-д.* Интегрированная система обслуживания пассажиров в дальних железнодорожных пассажирских сообщениях *(ФРГ)*

IBSL, Internationaler Bund der Schuh- und Lederarbeiter Международная ассоциация работников обувной и кожевенной промышленности

IBt, Infanterieboot десантная шлюпка для высадки пехоты

IBUPL, International Bureau for the Unification of Penal Law, Internationales Büro für die Vereinheitlichung des Strafrechts Международное бюро по унификации уголовного права

IBV, Internationaler Bergarbeiterverband Международная (профсоюзная) федерация горняков

IBWZ, Internationale Bank für wirtschaftliche Zusammenarbeit Международный банк экономического сотрудничества, МБЭС

IBZ, Illustrierte Berliner Zeitschrift *наименование иллюстрированного журнала*

IC, Intercity *усл.обзн.* скорый поезд в системе международных пассажирских сообщений «Интерсити»

IC, Intercontainer *ж.-д.* 1. крупнотоннажный контейнер для использования международных сообщений; интер-контейнер 2. Международное общество по контейнерным перевозкам

ICA, International Coffee Agreement *англ.* Международное соглашение по кофе

ICAO, International Civil Aviation Organization *англ.* Международная организация гражданской авиации

IC-Bauteil, интегральный модуль

ICC, International Chamber of Commerce, Internationale Handelskammer Международная торговая палата, МТП

ICC, International Computation Center *англ.* Международный вычислительный центр *(Италия)*

ICCH, International Commodity Clearing House *англ.* Международная палата клиринговых расчётов

ICFB, Internationales Catholisches [Katholisches] Filmbüro Международное католическое бюро кинематографии

ICIA, International Credit Insurance Association *англ.* Международная ассоциация по страхованию кредитных операций, МАСК

ICIP, International Conference on Information Processing *англ.* Международная конференция по обработке информации

I.C.ITO, Interim Commission of the International Trade Organization *англ.* Временная комиссия Международной торговой организации *(ООН)*

ICL, International Computers, Ltd. *англ.* фирма ИКЛ, выпускающая оборудование для обработки данных *(Великобритания)*

IC-Netz, Intercity-Netz *ж.-д.* сеть скорых поездов междугородных пассажирских сообщений «Интерсити»

ICS, Information Computer Systems *англ.* фирма ИКС [Информейшн компьютер системз], выпускающая оборудование для обработки данных *(Великобритания)*

ICS, Institution of Computer Sciences *англ.* Институт специалитсов по вычислительной технике *(Великобритания)*

IC-Schaltungstechnik, техника интегральных схем

IC-Streckennetz, Intercity-Streckennetz *ж.-д.* сеть обращения скорых пассажирских поездов междугородных сообщений «Интерсити»

ICT, International Computers and Tabulators *англ.* фирма ИКТ; фирма «Интернейшнл компьютерс энд табьюлейторс», выпускающая оборудование для обработки данных *(Великобритания)*

IC-Zug., Intercity-Zug *ж.-д.* скорый поезд в системе междугородних пассажирских сообщений «Интерсити»

ID, Identifikation идентификация

ID, Innendurchmesser внутренний диаметр

ID, Irak-Dinar иракский динар *(денежная единица)*

I.D., Infanteriedivision пехотная дивизия, пд

i.D., im Dampf *мор.* с поднятыми парами

i.D., im Dienst на службе

i.D., im Durchmesser в диаметре

i.D., im Durchschnitt в среднем

i.D., inklusive Dividende включая дивиденды

i.D., innerer Durchmesser внутренний диаметр

i.d., in der ... в ... *(в сложн. геогр. названиях)*

i.d., in der, in dem, in den, in die в ...

IDA, International Development Association Международная ассоциация экономического развития, МАР

IDAD, Interessengemeinschaft der Angesiedelten Deutschen Общество защиты интересов немецких переселенцев

IDB, Interamerikanische Entwicklungsbank Межамериканский банк развития

IDC, Internationale Dokumentationsgesellschaft für Chemie Международный информационный центр по химии

i.d.F., in der Fassung в редакции

i.d.F.,, in der Form в форме; в виде

i.d.Fa., in der Fassung в редакции

i.d.Fa., in der Firma в *(такой-то)* фирме

IDFF, Internationale Demokratische Frauenföderation Международная демократическая федерация женщин, МДФЖ

i.d.G., in dem Gesetz в законе

i.d.G., in der/dieser Gegend в этой местности

idg, indogermanisch *лингв.* индогерманский, индоевропейский

i.d.g.F., in der geltenden Fassung в настоящей редакции

IDH, Innerdeutscher Handel внутригерманская торговля

IDI, Institut de Droit International, Institut für Internationales Recht Институт международного права

IDK, Interessenverband Deutscher Komponisten Союз по охране авторских прав немецких композиторов

IdK, Internationale der Kriegsdienstgegner Интернационал противников войны *(организация)*

IDM, induktive dynamische Me:sanlage индуктивная динамическая измерительная установка

i.d.M., i.d.Min., in der Minute *(столько-то оборотов и т.п.)* в минуту

i.d.R., in der Regel как правило
i.d.R., in der Reserve в запасе, в резерве
IDS, identification section *англ., вчт.* раздел идентификаций *(КОБОЛ)*
IdS, Initiativausschuß Deutscher Studentenschaften инициативный комитет студенческих организаций
IdS, Institut für deutsche Sprache Институт немецкого языка
i.d.Sek., in der Sekunde *(столько-то оборотов и т.п.)* в секунду
i.d.Std., in der Stunde *(столько-то км и т.п.)* в час
IDT, Institut für Datenverarbeitung in der Technik Институт обработки технической информации *(при центре ядерных исследований в Карлсруэ)*
IDU, Interessengemeinschaft der Urheber Общество охраны авторских прав
i.Durchm., im Durchmesser в диаметре
i.Durchschn., im Durchschnitt в среднем
IDV, Integriete Datenverarbeitung централизованная обработка данных
IDV, Internationaler Deutschlehrerverband Международный союз преподавателей немецкого языка
idv; IDV, Institut für Datenverarbeitung Институт по обработке данных
IDZ, Internationales Design-Zentrum Международный центр дизайна
IE, Immunitätseinheit, Immunisierungseinheit *биол.* иммунизирующая единица
IE, Informationseinheit единица информации
I.E., Internationale Einheit международная единица *(измерения)*
i.E., im Entstehen в стадии возникновения, в период организации
i.E., im Entwurf в проекте
i.E., in Entwicklung в стадии развития
i.E.,IE, Internationale Einheit международная единица *(измерения)*
i.e., im einzelnen в частности; в отдельности
IEA, International Energy Agency международное энергетическое агентство
I.E.B., Infanterie-Ersatzbataillon пехотный запасный батальон
IEC, Internationale Elektrotechnische Kommission Международная электротехническая комиссия, МЭК

i.e.F., in erleichterter Form в доступном изложении
i.e.F., in erweiterter Fassung в расширенной редакции
I-Effekt, Induktionseffekt *эл.* эффект индуктирования [наведения]
IEI, Internationales Esperanto-Institut Международный институт языка эсперанто
IEK, Internationales Exekutivekomitee Международный исполнительный комитет
IEKV, Internationale Eisenbahn-Kongreß-Vereinigung Международный конгресс объединения железных дорог
i.Entw., im Entwurf в проекте
IEP, Irish pound *eng.*; Irisches Pfund ирландский фунт
I.E.R., Infanterie-Ersatzregiment пехотный запасный полк
i.e.R., im einstweiligen Ruhestand во временной отставке
i.e.S., im engeren Sinne в узком смысле
IETK, Internationales Eisenbahn-Transportkomitee Международный комитет железнодорожного транспорта
IEUVW, Internationale Eisenbahner-Unfallverhütungswochen *ж.-д.* Международные недели по предотвращению несчастных случаев с железнодорожниками *(проводятся МСЖД)*
IEV, Internationaler Eisenbahnverband Международное железнодорожное общество
IF, intermittierendes Fieber *мед.* перемежающаяся лихорадка
i.F., im Felde на фронте, в полевых условиях
IFA, Industrieverwaltung Fahrzeugbau Народные предприятия транспортного машиностроения *(в бывш.ГДР)*
IFA, International Fiscal Association, Internationale Vereinigung für Finanz- und Steuerrecht Международная налоговая ассоциация
IFA, österreichischer Pressedienst «Informationen für alle» австрийская служба печати ИФА
i.Fa., in Firma в *(такой-то)* фирме
i.Fa.A, Institut für angewandte Arbeitswissenschaft Институт прикладных наук

IFAT

IFAC, Internatikonal Federation of Automation Control *(engl.);* Internationaler Verband für automatische Regelung Международная федерация по автоматическому управлению
IFAC, International Federation of Accountants *англ.* Международная федерация бухгалтеров
IFAT, Internationale Fachmesse Abwassertechnik Международная специализированная выставка оборудования для очистки сточных вод
IFB, Internationale Filmfestspiele Berlin Международный Берлинский кинофестиваль
IFBM, Internationale Frankfurter Buchmesse Международная Франкфуртская книжная ярмарка
IFC, International Finance Corporation *англ.* Международная финансовая корпорация, МФК
IfD, Institut für Dokumentation Институт документации
I.F.E., Institut für Technische Forschung und Entwicklung Институт научно-технических исследований и усовершенствований *(Австрия)*
IfE, Institut für Eisenbahnwesen im Zentralen Forschungsinstitut des Verkehrswesens *ж.-д.* Институт железнодорожного транспорта при Центральном научно-исследовательском институте транспорта *(бывш. ГДР, создан в 1979 г.)*
IFF-Gerät, радиолокационный прибор опознавания «свой-чужой»
IFH, Internationale Föderation des Handwerks Международная федерация (союзов) ремесленников
IFH, Internationales Flughandbuch Международный авиационный справочник
IFIG, Internationales Forschungs- und Informationszentrum für Gemeinwirtschaft Международный исследовательский и информационный центр по вопросам ведения обобществлённого хозяйства
IFIP, International Federation for Information Processing *англ.* Международная федерация по обработке информации, ИФИП
IFIPS, International Federation of Information Processing Societies *англ.* Международная федерация обществ по обработке информации, ИФИПС
IFJ, International Federation of Journalists *англ.* Международная федерация журналистов
IFK, Installationsfragenkommission Международная комиссия по разработке технических правил на электромонтажные работы и оборудование
IFK, Internationale Föderation für Kurzschrift und Maschinenschreiben Международная федерация специалистов стенографии и машинописи
IFL, Internationale Freundschaftsliga Международная (молодёжная) лига дружбы
IFM, Impuls-Frequenzmodulation *эл., радио* частотно-импульсная модуляция, ЧИМ
IFMA, Internationale Fahrrad- und Motorradausstellung Международная выставка велосипедов и мотоциклов
IFO, Institut für Wirtschaftsforschung *(München)* Институт экономических исследований *(в Мюнхене)*
IFO, Internationale Filmorganisation Международная кинематографическая организация
IFO, Internationale Flüchtlingsorganisation der Vereinten Nationen Международная организация ООН по делам беженцев
Ifo, Information информация
IF-Operation, *выч.* условная операция
IFORS, International Federation of Operations Research Societies *англ.* Международная федерация обществ по исследованию операций
IFR, Installations-Fragen-Kommission Комиссия по вопросам электромонтажа
IFR-Flug, полёт по приборам; слепой полёт
IFRM, International Federation for the Rights of Man *(engl.);* Internationale Vereinigung für Menschenrechte Международная федерация по правам человека
IFS, Intergriertes Fahrplandatensystem *ж.-д.* Интегрированная система подготовки данных для разработки графиков движения поездов *(Государственные железные дороги ФРГ)*

IfS, Institut für Sozialforschung Институт социальных исследований
IFSPO, International Federation ot Senior Police Officers *(engl.)*; Internationaler Verband höherer Polizeibeamter Международная федерация старших [высших] полицейских чиновников
IfSt, Institut für Schwachstromtechnik Институт техники слабых токов
IFTA, Internationale Fachmesse für Film, Tele- und Audiovision Международная ярмарка кино-, теле- и аудиотехники
IfV, Institut für Verkehrswissenschaft an der Universität Köln *ж.-д.* Институт транспортной науки при Кёльнском университете
i.F.v., in Form von в форме ... , в виде ...
IfW, Institut für Warenprüfung Институт контроля качества товаров
IfW, Rheinisch - Westfälisches Institut für Wirtschaftsforschung Рейнско-Вестфальский институт экономических исследований
IFWL, International Federation of Women Lawyers *(engl.)*; Internationale Vereinigung weiblicher Juristen Международная федерация женщин-юристов
IG, IG-Metall профсоюз металлистов
IG, Impulsgeber импульсный датчик, датчик импульсов
IG, Industriegewerkschaft отраслевой профсоюз; профсоюз в промышленности
IG, Informationsgehalt количество информации
IG, Integriergetriebe интегрирующая передача
IG, Interessengemeinschaft объединение *(по интересам);* концерн
IG, Interessengemeinschaft für den Handel mit optischen Waren in der Schweiz Объединение защиты экономических интересов швейцарской торговли оптическими товарами
I.G., Infanterie-Geschütz пехотное артиллерийское орудие
Ig, IG, Industriegewerkschaft отраслевой профсоюз; профсоюз в промышленности
i.G., im Gange в действии, на ходу
i.G., im Gold, in Gold в золотом исчислении

i.g., im ganzen в общем, в целом; в итоге
IGA, Internationale Gartenbauausstellung Международная выставка садоводства *(в Гамбурге)*
IGAFA, Internationale Gastronomie- und Fremdenverkehr-Ausstellung Международная гастрономическая и туристская выставка
IGB, Internationaler Genossenschaftsbund Международный кооперативный альянс, МКА
IGB, Internationaler Gewerkschaftsbund Международная федерация профсоюзов, МФП
IGB, Internationales Gewerkschaftsbüro Международное бюро профсоюзов
IGB, Internationales Güterkursbuch *ж.-д.* Международный указатель грузовых сообщений
IGBE, Industriegewerkschaft Bergbau und Energie отраслевой профсоюз горняков и энергетиков
IGBK, Interessengemeinschaft Berliner Galerien Общество охраны произведений берлинских галерей
IGBK, Internationale Gesellschaft der Bildenden Künste Международное объединение изобразительных искусств
IGdA, Interessengemeinschaft deutschsprachiger Autoren Объединение немецкоговорящих авторов
IGF, Internationale Graphische Föderation Международная федерация профсоюзов полиграфической промышленности
IG-Farben, Interessengemeinschaft der Deutschen Farbenindustrie, Aktiengesellschaft ИГ-Фарбениндустри *(крупнейший химический концерн Германии)*
i.Gfgs., im Gefängnis в тюрьме; в тюремном заключении
i.Gfgsch., in Gefangenschaft в плену
i.Gfgsch., in Gefolgschaft в сопровождении
IGFM, Internationale Gesellschaft für Menschenrechte Международное общество защиты прав человека
IGG, Internationale Galolith-Gesellschaft Международное общество по производству пластических масс

I.G.H.

I.G.H., Internationaler Gerichtshof Международный суд *(в Гааге)*
IGJ, Internationales Geophysikalisches Jahr Международный геофизический год
I.G.K., Internationaler Genetikkongreß Международный конгресс генетиков
IGMW, Internationale Gesellschaft für Musikwissenschaft Международное общество музыкальной науки
IGNM, Internationale Gesellschaft für Neue Musik Международное общество современной музыки
I.G.R., Interessengemeinschaft für Rundfunkschutzrechte Общество охраны патентов в области радио
IGU, Internationale Geographische Union Международный географический союз
IGU, Internationale Gewerbeunion Международное объединение (союзов) ремесленников
IGV, Internationaler Gemeindeverband Международный союз местных органов самоуправления
IGV, Internationaler Genfer Verband Международный Женевский *(профессиональный)* союз *(официантов)*
I.H., Ihre Hocheit Ваше высочество
I.H., Ihrer Hochwohlgeboren Ваше высокоблагородие
i.H., im Hauptamt по основной должности
i.H., im Hause в *(такой-то)* фирме
IHB, Internationales Hydrographisches Büro Международное гидрографическое бюро
IHG, Investionshilfegesetz закон об инвестиционной помощи
IHI, Internationales Handelsinstitut Международный институт торговли
IHK, Industrie- und Handelskammer торгово-промышленная палата
IHK, Internationale Handelskammer Международная торговая палата
IHO, International Health Organisation *англ.* Международная организация здравоохранения
i.Hs., i.Hse., im Hause в *(такой-то)* фирме
IHT, Institut für Härtereitechnik Институт технологии термообработки
I.H.V., Internationaler Handballverband Международная ассоциация ручного мяча

IIA, Internationales Informationsamt der Vereinigten Staaten Информационная служба США
IIB, Institut International des Brevets *(fr.)*; Internationales Institut für Patentenwesen Международный патентный институт
IIB, Internationale Investitionsbank Международный инвестиционный банк
IIF, Institut International du Froid *(fr.)*; Internationales Kälteinstitut Международный институт холодильной техники *(в Париже)*
IIL, Institut of International Law *(engl.)*; Institut für Völkerrecht Институт международного права
IILS, International Institute of Space Law *(engl.)*; Internationales Institut für Raumrecht Международный институт космического права, МИКП
IIP, Internationales Institut für politische Philosophie Международный институт политической философии
IIS, Internationales Institut für Schweißtechnik Международный институт техники сварки металлов
IIS, Internationales Institut für Statistik Международный институт статистики
IIUDP, Institut International pour l'Unification du Droix Prive *(fr.)*; Internationales Institut für die Vereinheitlichung des Privatrechts Международный институт унификации частного права
IIUPL, International Institute for the Unification of Public Law *(engl.)*; Internationales Institut für die Vereinheitlichung des öffentlichen Rechts Международный институт унификации публичного права
IIVw, Internationales Institut für Verwaltungswissenschaften Международный институт управленческих наук
IIW, International Institute of Welding Международный институт по сварке
i.J., im Jahre в *(таком-то)* году
IJF, Internationale Journalistenföderation Международная федерация журналистов
I.J.G.D., Internationaler Jugend-Gemeinschaftsdienst Международное обслуживание молодёжи *(организация кол-*

лективного проведения каникул, экскурсий и пр.)
IJK, Internationale Juristenkommision Международная юридическая комиссия
IJO, Internationale Journalistenorganisation Международная организация журналистов, МОЖ
IK, I.K., Immunkörper *биол.* иммунное тело; *биол.* антитело
IK, internationale Kerze международная свеча
I.K., Infektionskrankheit инфекционное заболевание
i.K., in Konkurs *ком.* в стадии конкурса *(вследствие несостоятельности должника, банкротства)*
i.K., in Kürze вскоре; вкратце
IKA, (Volkseigene Betriebe für) Installation, Kabel und Apparate Народные предприятия по производству монтажного оборудования, кабеля и приборов *(бывш. ГДР)*
IKAB, Internationale Katholische Arbeiterbewegung Международное католическое рабочее движение *(организация)*
IKAMA, Internationaler Kongre:s mit Ausstellung für Me:stechnik und Automatik Международный конгресс с выставкой по измерительной технике и автоматике
I.K.H., Ihre Königliche Hoheit Её Королевское Высочество
I K.K., Innungskrankenkasse больничная (страховая) касса членов союза *(корпорации, гильдии)* ремесленников
IKPK, Internationale Kriminalpolizei-Kommission Комиссия по делам международного сотрудничества уголовной полиции
IKPO, Interpol, Internationale Kriminalpolizeiliche Organisation [Kriminalpolizeiorganisation] Интерпол, Международная организация уголовной полиции
IKR, Internationales Katholisches Rundfunkbüro Международная католическая организация радиовещания
ikr, Isländische Krone исландская крона *(денежная единица)*
IKRK, Internationales Komitee vom Roten Kreuz Международный комитет Красного Креста

IKRK, Internationales Komitee vom Roten Kreuz МКК, Международный Красный Крест
IKT, Institut für Kunststoff-Technologie *(der Universität Stuttgart)* Институт технологии искусственных материалов *(Штуттгартского университета)*
IKV, Institut für Kunststoffverarbeitung in Industrie und Handwerk Институт по переработке полимерных материалов в промышленности и кустарном производстве
IKV, Internationale Kriminalistische Vereinigung Международная ассоциация юристов-криминалистов, МАЮК
IKV, Internationaler Krankenhausverband Международный союз больниц
IL, intermittierendes Luftstrahltriebwerk пульсирующий воздушно-реактивный двигатель, ПуВРД
IL, Israel Израиль *(индекс государственной принадлежности автомобиля)*
i.L., im Lager на складе
i.L., im Lichten *тех.* в свету *(о размере)*
i.L., in Liquidation *торг., ком.* в стадии ликвидации
i. L., in Liquidation *торг., ком.* в стадии ликвидации
ILA, Internationale Luftfahrtausstellung Международная авиационная выставка
ILA, International Law Association *(fr.)*; Vereinigung für Internationales Rechtswesen Ассоциация международного права, АМП, ИЛА
Ila, Internationale Luftfahrtausstellung Международная авиационная выставка
Ilag, Interniertenlager лагерь для интернированных лиц
ILC, International Law Commission *(engl.)*; Kommission für Völkerrecht Комиссия по международному праву, КМП *(ООН)*
ILF, Internationale Landarbeiterföderation Международная (профсоюзная) федерация сельскохозяйственных рабочих
ILIS, Integriertes Leitungs-Informationssystem *вчт.* централизованная информационно-управляющая система
ILKA, Integriertes System Luft- und Kältetechnischer Ausrüstungen/ILKA единая

[общая] система холодильного и кондиционирующего оборудования
Ill., Illinois Иллинойс *(штат США)*
Ill., Illumination иллюминация
Ill., Illusion иллюзия
Ill., llustrierte иллюстрированный журнал
ill., illuminiert иллюминированный
ill., illustriert иллюстрированный
ILLIAC, Illinois Automatic Computer *англ.* вычислительная машина [ВМ] ИЛЛИАК Иллинойского университета *(США)*
ILM, Impuls-Längenmodulation *эл., радио* широтно-импульсная модуляция, ШИМ
ILM, Internationale Liga für Menschenrechte Международная лига защиты прав человека
ILO, International Labour Organisation *(engl.)*; Internationale Arbeitsorganisation Международная организация труда, МОТ *(ООН)*
ILRM, International League for the Rights of Man *(engl.)*; Internationale Liga für Menschenrechte Международная лига защиты прав человека
ILS, Instrumentenladesystem *ав.* истема посадки *(самолётов)* по приборам
IM, Impulsmodulation *эл.* импульсная модуляция
IM, Intermodulation взаимная модуляция
IM., Innenministerium министерство внутренних дел
I.M., Ihre Majestät Её Величество, Ваше Величество *(титулование императрицы)*
I.M., Innere Mission *наименование благотворительной евангелической организации*
Im., Imitation имитация, подражание, подделка
Im., Isoliermittel изоляционный материал
i.M., im Mittel в среднем
i.M., im Monat в месяц
i.M., in Mappe в папке
i.m., intramuskulär *мед.* внутримышечный
IMAG, Internationale Messe- und Ausstellungsdienstgesellschaft Международное общество по обслуживанию ярмарок и выставок

IMB, Internationaler Metallarbeiterbund Международная (профсоюзная) федерация рабочих-металлистов
IMBA, Internationales Musiker-Brief-Archiv Международный архив рукописей музыкантов
IMC, in mould coating нанесение покрытия способом **IMP** *(см. ниже)*
IMCO, Inter-Governmental Maritime Consultative Organization *(engl.);* Internationale Beratende Seeschiffahrtsorganisation Межправительственная морская консультативная организация, ИМКО
IMC-S, то же, что **IMC**, но без разделительной смазки прессформы
IMF, International Monetary Fund *(engl.);* Internationaler Währungsfonds Международный валютный фонд, МВФ
Imf, Institut für Meinungsforschung *(Bielefeld)* Институт изучения общественного мнения *(в Билефельде)*
i.Mi., im Mittel в среднем
IMLB, Internationale Musikleihbibliothek Международная нотная библиотека
i.Mo, im Monat в месяц
IMP, in mould primer *англ.* нанесение грунта на поверхность пенополиуретановой детали в прессформе параллельно процессу формования
Imp., Imperativ *грам.* императив, повелительное наклонение
Imp., Imperator император
Imp., Imperfekt *грам.* имперфект, прошедшее время
Imp., Import импорт, ввоз
Imp., Import- *в сложн.* импортный
Impf, Impfung(en) прививка, вакцинация
Impr, Importeur импортёр
Impr., Imprägnation *тех.* пропитка, пропитывание
Impr., Impression впечатление
Impr., Impressionismus импрессионизм
Impr., Impressum выходные данные книги *(год и место напечатания, наименование издательства)*
Impr., Improvisation импровизация
IMP-S, in mould primer S *англ.* нанесение грунта на поверхность пенополиуретановой детали в прессформе параллельно процессу формования без разделительных смазок между прессфор-

мой и изделием *(самоотделяющаяся система)*
Imp-St., Importsteuer налог на импорт
IMS, Informations-Management-System информационно-управляющая система
IMS, Informationsmeßsystem информационная измерительная система
IMS, in mould skinning *англ.* изготовление изделий нанесением пенополиуретана на раскрой из искусственной кожи в прессформе
IMS, Institute of Management Sciences *англ.* Институт проблем управления *(США)*
IMS, Institut für medizinische Statistik Институт медицинской техники
IMS., Information Management System система управления базами данных, СУБД
IMS., Informations-Management-System информационная система управления
IMS-S, in mould primer S *англ.* нанесение грунта на поверхность пенополиуретановой детали в прессформе параллельно процессу формования но без разделительной смазки прессформы
I.N., im Normalzustand в нормальном состоянии
In, Induktor индуктор
In., Indium *хим.* индий
In., Insel(n) остров(а)
i.N., im Namen от имени, от лица *(такого-то)*
i.N., im Nebenamt *(в должности)* по совместительству
i.N., im Normalzustand в нормальном состоянии
i.N., internationale Norm международная норма, международный стандарт
in., inch *англ.* дюйм
Ina, internationale Atmosphäre *физ.* международная (стандартная) атмосфера
I-Naht, шов стыкового соединения без скоса кромок
inakt., inaktiv неактивный; пассивный; инертный
Incoterms, International Commercial Terms *англ.* Инкотермс, международные торговые условия
IND, Indien Индия *(индекс государственной принадлежности автомобиля)*

Ind., Index 1. индекс; указатель; показатель 2. реестр, список
Ind., Indikation индикация; показание; указание
Ind., Indikativ *грам.* изъявительное наклонение
Ind., Indikator индикатор
Ind., Indossament *банк.* индоссамент, передаточная надпись *(на векселе)*
Ind., Industrie промышленность, индустрия
i.N.d., im Namen des/der от имени *(такого-то/такой-то)*
Ind.-B., Industriebahn промышленная [внутризаводская] железная дорога
Ind.-B., Industriebedarf промышленный спрос; потребности промышленности
Ind.-B., Industriebetrieb промышленное предприятие
Ind.-Bel., individuelle Belastung индивидуальная нагрузка
indian., indianisch индейский
INDOC, Indian National Scientific Documentation Centre *англ.* Индийский национальный центр научной информации
Ind. ök, Industrieökonomie экономика промышленности
INDROFA, Internationale Drogistenfachausstellung Международная выставка аптекарских товаров
ine., Inkunabel *полигр.* инкунабула
INEL, Internationale Fachmesse für industrielle Elektronik Международная специализированная выставка промышленной электроники
Inex, Industrieanlagenexport экспорт промышленного оборудования
Inf., Infektion инфекция
Inf., Infinitiv *грам.* инфинитив, неопределённая форма глагола
Inf., Information информация
Inf.-Bl., Informationsblatt информационный бюллетень
Inf.-Kr., Infektionskrankheit инфекционное заболевание
Info, Information информация
INFOTERM, Internationales Informationszentrum für Terminologie Международный информационный центр терминологии *(Австрия)*

Ing.

Ing., Ingenieur инженер
Ing., Ingenieur- *в сложн.* инженерный
Ing.B., Ingenieurbau инженерное сооружение
Ing.-Sch., Ingenieurschule техникум, среднее техническое учебное заведение
IngST, Ingenieurschule für Transportsbetriebstechnik *ж.-д.* Техникум по подготовке специалистов в области эксплуатации железных дорог и автотранспорта *(бывш. ГДР, г. Гота)*
Inh., Inhaber владелец; держатель *(ценной бумаги)*
Inh., Inhalt содержание
Inh.-Ang., Inhaltsangabe 1. изложение [обзор] содержания 2. оглавление, указатель; перечень
Ink., inkurabel, unheilbar неизлечимый
ink., inkompetent некомпетентный; несведущий; неправомочный
ink., inkorrekt неправильный, ошибочный; некорректный
ink., inkurabel, unheilbar неизлечимый
inkl., inklusive, einschließlich включительно
Inl., Inland своя страна *(в противоположность зарубежным странам);* внутренняя часть *(страны, материка)*
Inl., Inlaut *лингв.* звук внутри слова
INPOL, Informationssystem der Polizei информационная система полиции, информационная полицейская система
INQF, Internationale Vereinigung für Quartärforschung Международная ассоциация по исследованию четвертичного периода
INR, Institut für Neutronenphysik und Reaktortechnik Институт нейтронной и ядерной физики
Ins., Insekt насекомое
Ins., Insel *геогр., карт.* остров, о., о-в
Ins., Inserat объявление *(в газете, журнале)*
ins., insurance *англ.* страхование
in s., in situ *лат.* на *(нужном, прежнем)* месте, в правильном положении
insb., insbes., insbesondere особенно, в особенности; в частности
Insbr., Innsbruck г. Инсбрук
insg., insgesamt в целом, в совокупности; всего, итого

insgeh., insgeheim втайне; секретно
Insp., Inspekteur инспектор, начальник инспекции
Insp., Inspektion 1. инспекция *(учреждение)*; 2. инспекция; проверка; ревизия
Insp., Inspektions- *в сложн.* инспекционный
Insp., Inspiration *мед.* вдыхание, вдох
Insp(r)., Inspektor инспектор; ревизор
Inst., Installateur монтажник; монтёр, электромонтёр; слесарь; слесарь-сантехник; слесарь-водопроводчик
Inst., Installation 1. монтаж, установка, 2. оборудование 3. проводка, электропроводка
Inst., Instanz инстанция
Inst., Instinkt инстинкт
Inst., Institut институт
Inst(r)., Instruktion 1. инструкция, указание 2. инструктаж, обучение
Inst(r)., Instrument инструмент; прибор
Int., Intarsia интарсия, инкрустация
Int., Integration интеграция, объединение; слияние; унификация
Int., Integrierung *мат.* интегрирование
Int., Intendant 1. *воен.* интендант 2. директор; художественный руководитель; главный режиссёр *(напр., театра)*
Int., Intendantur 1. *воен.* интендантство 2. дирекция, управление *(театра, радиовещания, телевидения)*
Int., Intension напряжение, усилие
Int., Intensität интенсивность; сила; напряжение
Int., Interesse интерес
int, Int., International- *в сложн.* международный, интернациональный
inter., interessant интересный
inter., interessieren интересовать
INTERBAU, Internationale Bauausstellung Международная строительная выставка
INTERKAMA, Internationaler Kongreß mit Ausstellung für Meßtechnik und Automatik Международный конгресс с выставкой по измерительной технике и автоматике,
intern., international международный, интернациональный
intern., internieren интернировать
interp., interpolieren *мат.* интерполировать

Interpol, Internationale Kriminalpolizeiorganisation Интерпол, Международная организация уголовной полиции
Int.- Gem., Interessengemeinschaft общность [единство] интересов
Intn., International- *в сложн.* международный, интернациональный
Intr., Intrige интрига
Intr., Introduktion вступление, введение; *муз.* интродукция
intrm., intramuskulär *мед.* внутримышечный
intrv., intravenös *мед.* внутривенный
Int.-Vertr., Interessenvertreter представитель *(ч-л)* интересов
Inv., Invalide инвалид
Inv., Invaliden- *в сложн.* инвалидный
Inv., Invasion вторжение, нашествие, интервенция 2. *мед.* инвазия
Inv., Inventar инвентарь, имущество
Inv., Inventur инвентаризация; инвентарная опись
Inv., Inversion инверсия
Inv., Investition инвестирование, вложение [помещение] капитала
Inv., Investitionen инвестиции, капиталовложения
in V., in Vollmacht по полномочию; уполномочен; по доверенности
InvV, Invalidenversicherung страхование по инвалидности
InvVG, Invalidenversicherungsgesetz закон о страховании по инвалидности
inzw., inzwischen между тем, тем временем
I/O, Input/Output, input-output *англ., вчт.* ввод/вывод *(информации)*
Io, Ionium *хим.* ионий *(радиоактивный изотоп тория)*
i.O., in Oldenburg в Ольденбурге
i.O., in Ordnung в порядке
IOB, input-output block, Eingabe-Ausgabe-Block *вчт.* блок управления вводом-выводом; таблица управления вводом-выводом
IOB, Interessengemeinschaft der in Ostzone enteigneten Betriebe общество защиты интересов бывших владельцев предприятий, национализированных в бывш. ГДР
i.O.b., i.O.B., in Ordnung befunden найдено в порядке, проверено

IOCS, Input-Output-Control-System *англ., вчт.* система управления вводом-выводом
IÖGF, Institut für Österreichische Geschichtsforschung Австрийский научно-исследовательский институт истории
I.O.H., Internationaler Gerichtshof Международный суд *(в Гааге)*
IOK, Internationales Olympisches Komitee Международный олимпийский комитет, МОК
I.O.K., Internationaler Genetikkongreß Международный конгресс генетиков
I/O-Karte, Input-Output-Karte *вчт.* модульная плата ввода-вывода
IOM, input-output multiplexor *англ., вчт.* мультиплексор ввода-вывода
IOP, input-output processor *англ., вчт.* процессор ввода-вывода; периферийный процессор
IOS, Input-Output-System *вчт.* система ввода-вывода
IÖW, Institut für ökologische Wirtschaftsforschung Институт экологических исследований *(в Берлине)*
IOZV, Internationale Organisation für Zivilverteidigung Международная организация гражданской обороны
IP, Industrieproduktion 1. промышленное производство 2. промышленная продукция
IP, Inhaberpapiere предъявительские ценные бумаги
I.P., Institut Pasteur Институт Пастера
i.P., in Papier в ценных бумагах; в бумажной валюте
i.P., in Pension на пенсии
IPA, Internationale Pelzfachausstellung Международная выставка пушных товаров
IPA, Internationale Psychoanalitische Vereinigung Международная ассоциация психоаналитиков
IPA, I.P.A., Internationaler Programmaustausch международный обмен радиопрограммами
IPA, International Police Association *(engl.);* Internationaler Verband der Polizeiorganisationen Международная полицейская ассоциация, МПА
IPA, Interparlamentarische Arbeitsgemeinschaft Межпарламентское общество

IPAV, Internationales Pressearchiv für Verkehrswesen *наименование периодического издания по вопросам транспорта*
IPF, Institut für Post- und Fernmeldewesen Институт почтовой и электрической связи
IPG, Bundesgesetz über das internationale Privatrecht Федеральный закон о международном частном праве
IPI, Internationales Presseinstitut *(Zürich)* Международный институт печати *(в Цюрихе)*
I.P.K., Schweizerische Interessengemeinschaft für pharmazeutische und kosmetische Produkte Швейцарское объединение *(защиты экономических интересов)* фармацевтической и косметической промышленности
IPL, Information processing language *англ.* язык программирования ИПЛ
IPL, initial program loading *(engl.);* Laden des Anfangsprogramms *вчт.* 1. ввод начальной программы; 2. начальная загрузка программы
IPM, Impulsmodulation импульсная модуляция
IPM, Institut für Praktische Mathematik Институт прикладной математики, ИПМ
IPM, Institut für Praktische Mathematik der Technischen Hochschule Darmstadt кафедра прикладной математики Дармштадтского высшего технического училища
IPPC, International Penal and Penitentiary Commission *(engl.);* Internationale Kommission für Strafvollzug Международная комиссия по пенитенциарным вопросам
IPPF, International Penal and Penitentiary Foundation *(engl.);* Internationale Stiftung für das Studium von Problemen des Strafvollzugs Международная организация по изучению пенитенциарных проблем
IPR, Internationales Privatrecht Международное частное право
I-Profil, двутавровый профиль, двутавр
i.PS, I PS, indizierte Pferdestärke индикаторная лошадиная сила

IPTK, integrierte Produktions-Transportkette интегрированная производственно-транспортная цепь
IPU, International Postal Union *англ.* Международный почтовый союз
IPU, Interparlamentarische Union Межпарламентский союз, МПС
IQ, Informationsquelle источник информации
IR, Indische Rupie индийская рупия *(денежная единица)*
IR, Industrieroboter промышленный робот, ПР
IR, Infrarot *физ.* инфракрасный
IR, Interpolationsrechner интерполятор; устройство (для) интерполяции
IR, Investitionsrechnung расчёт рентабельности капиталовложений
IR, Iran Иран *(индекс государственной принадлежности автомобиля)*
I.R., Infanterieregiment пехотный полк, пп
I. R., Imperator Rex *ист.* император и король
Ir, Iridium *хим.* иридий
Ir, Irisches Pfund ирландский фунт *(денежная единица)*
i.R., im Ruhestand в отставке
i.R., in Reserve *воен.* в запасе, в резерве
ir, auf Isolierrollen элт., усл. обозн. *(проводка)* на роликах
IRA, Internationales Rohstoffabkommen международное товарное соглашение, МТС
IREG, Internationale Rohstahleisenexportgemeinschaft Международное общество экспорта передельного чугуна
Ireg, Indexregister индексный регистр
I-Regelung, система интегрального регулирования
I-Regler, интегральный регулятор, И-регулятор
I-Regler, Integral-Regler астатический регулятор, интегральный регулятор, И-регулятор
IR-Einsatzfall, Industrieroboter-Einsatzfall случай применения промышленных роботов
i.Res., in Reserve *воен.* в запасе, в резерве
IRG, Internationale Rohstoffgemeinschaft Международная организация по сырьевым ресурсам

IRIS, Internationales Reservierungs- und Informationssystem *ж.-д.* международная система по информации и резервированию мест *(в пассажирских поездах)*
IRK, Internationales Rotes Kreuz Международное общество Красного Креста
IRL, information retrieval language *англ.* информационно-поисковый язык, ИпЯ
IRO, International Refugees Organisation *(engl.);* Internationale Organisation für Flüchtlinge und Vertriebene *ист.* Международная организация по делам беженцев и изгнанных *(ООН)*
IRQ, Irak Ирак *(индекс государственной принадлежности автомобиля)*
IRR, Irrung ошибка *(оператора)*
Irr A, Irrenanstalt психиатрическая лечебница
IRS, Informationsrecherchesystem информационно-поисковая система, ИПС
IRT, Institut für Rundfunktechnik Институт техники радиовещания
IR-Technik, Industrieroboter-Technik техника промышленных роботов; технология промышленных роботов
Iru, Universalimpulsregler универсальный импульсный регулятор, универсальный регулятор импульсов
IRV, Internationale Rundfunkvereinigung Международный радиовещательный союз
IRV, Internationale Vereinigung des Rheinschiffsregisters Международная ассоциация рейнского судового регистра
IS, Impulssender импульсный передатчик
IS, Informationssystem информационная система
IS, innerer Speicher *вчт.* оперативное ЗУ, ОЗУ
IS, integrierte Schaltung, integrierter Schaltkreis *элн.* интегральная схема, ИС
IS, Island Исландия *(индекс государственной принадлежности автомобиля)*
I.S., Internationales Signalbuch *мор.* Международный свод сигналов
i.S., im Sinne в *(таком-то)* смысле
i.S., im Sommer летом
i.S., in Sachsen в Саксонии
i.S., i.Sa., in Summa в итоге, в сумме

ISA, Impuls-Staubabscheider *тех.* импульсный пылеугольный сепаратор, импульсный сепаратор пыли
i.Sa., in Sachsen в Саксонии
ISAIV, integriertes System automatisierter Informationsverarbeitung централизованная система автоматизированной обработки данных
ISAM, index sequential access *англ., вчт.* индексно-последовательный метод доступа
ISB, Internationaler Studentenbund Международный союз студентов, МСС
ISC, Internationaler Studentenklub *(München)* Международный студенческий клуб *(в Мюнхене)*
ISC, International Society of Criminology *(engl.);* Internationale Gesellschaft für Kriminologie Международное общество криминологии
ISCHIA, Informationssystem Chiasso *ж.-д.* Информационная система Кьяссо *(обслуживающая международные перевозки станции Государственных железных дорог Италии)*
ISD, Suchdienst служба розыска
ISF, Internationaler Studentenbund für Föderation Международный союз студентов - сторонников создания европейской федерации
I.S.G., Internationale Schlafwagengesellschalt Международное общество спальных вагонов *(прямого сообщения)*
ISH, Internationaler Verband der Seeleute und Hafenarbeiter Международный (профессиональный) союз моряков и докеров
ISI, Institute for Scientific Information *англ.* Институт научной информации *(США)*
ISI, Internationales Statistisches Institut Международный статистический институт
Isl., Islam *рел.* ислам
Isl., Island Исландия
Isl., Isländer исландец
ISM, induktive statische Meßanlage *эл.* индуктивная статическая измерительная установка
ISO, International Organisation for Standartization *(engl.);* Internationale Standartisierungsorganisation *англ.* Междуна-

родная организация по стандартизации, ИСО
ISO-Ct, *ж.-д.* крупнотоннажный контейнер, соответствующий стандартам ИСО
ISP., Institut für angewandte Systemforschung und Prognose Институт системного анализа и прогнозов
Isr., Israel Израиль
I.St., Ist-Stärke *воен.* наличный состав
i.St., im Stab *воен.* в штабе
IStR, internationales Steuerrecht международное налоговое право
I-Strahler, Infrarotstrahler инфракрасный излучатель
Is.V., Isotopieverschiebung *физ.* изотопическое смещение, изотопичаский сдвиг
iSv, im Sinne von... в смысле...
ISW, Interessengemeinschaft für den Schweizerischen Weinimport общество швейцарских импортёров вина
ISZM, indiziert sequentielle Zugriffsmethode *вчт.* индексно-последовательный метод доступа
IT, Impulstechnik импульсная техника
IT, Impulstelegraphie импульсная телеграфия
IT, Informationstechnik 1. информационная техника *(средства передачи, обработки или отображения информации)* 2. информационная технология, ИТ
IT, informationstechnologisch относящийся к сфере информационных технологий
IT, Informationsträger носитель информации
IT, Informationsträger *выч.* 1. носитель информации 2. запоминающая среда
IT, Italien Италия
IT, Italienerin f итальянка
IT, Italiener *m* итальянец
It., Italien Италия
It., Italiener итальянец
It., Iterativ *грам.* итеративный вид глагола
i.T., im Trockenzustand в сухом виде
it., italienisch итальянский
it., italienische Sprache итальянский язык
it., italisch *ист.* италийский
it., item *лат. канц.* также, тоже, равно; далее
it., iterativ *грам.* итеративный

ital., italien., italienisch итальянский
ITC, *англ.* система поддержания температуры воздуха в кабине *(грузовика)*
ITF, Internationale Transportarbeiterföderation Международная (профсоюзная) федерация транспортных рабочих
ITG, Internationale Tabakwissenschaftliche Gesellschaft Международное научное общество табачной промышленности и табаководства
i.Th., in Thüringen в Тюрингии
ITI, Internationales Theaterinstitut Международный институт театрального искусства
ITK, Internationales Eisenbahntransportkomitee Международный комитет железнодорожных перевозок
ITK, Internationales Transportkomitee Международный транспортный комитет
ITL, Italienische Lira итальянская лира
ITMA, Internationale Textilmaschinen-Ausstellung Международная выставка текстильных машин
ITO, International Trade Organisation *англ.* Международная организация торговли *(ООН)*
ITP, Institut für Technische Physik Физико-технический институт
I-Träger, двутавровая балка
ITS, Integriertes Transportsteuer-System *ж.-д.* Интегральная система управления перевозками *(Государственные железные дороги ФРГ)*
ITS, Integriertes Transportsteuerungsystem централизованная система управления транспортом
ITT, International Telephone and Telegraph *англ.* фирма ИТТ - «Интернейшнл телефоун энд телеграф», выпускающая оборудование для обработки данных *(США)*
ITTF, Internationale Tischtennisföderation Международная федерация настольного тенниса
ITU, International Telekommunication Union *(engl.);* Internationale Fernmeldeunion Международный союз телекоммуникаций
ITUL, innerbetriebliches Transport-, Umschlag- und Lagerhaltungssystem *ж.-д.*

внутрипроизводственная система транспортирования, переработки и складирования грузов

ITVA, Internationaler Verband der Video-Anwender Международная ассоциация видеопользователей

ITV(V), Internationaler Transportversicherungsverband Международный союз транспортного страхования

IU, Insassenunfallversicherung страхование пассажиров от несчастного случая

IU, Internationale Union международный союз, международное объединение, международная ассоциация

IU, Interparlamentarische Union Межпарламентский союз, МПС

i.U., in Umwandlung в состоянии переоборудования

i.ü., im übrigen впрочем

i.u.A.v., Irrtum und Auslassungen vorbehalten исключая ошибки и пропуски *(оговорка в документе)*

I-U-Charakteristik, вольт-амперная характеристика

IÜeG, Internationales Übereinkommen über den Eisenbahngüterverkehr Международная конвенция о перевозках грузов по железным дорогам

IÜeP, Internationales Übereinkommen über den Eisenbahn-Personen- und Gepäckverkehr Международная конвенция о железнодорожных перевозках пассажиров и багажа

i.u.F., im umgekehrten Fall(e) в противном случае

i.u.F., in umgekehrter Folge в обратном порядке

IUFTAV, Internationale Union für Forschung, Technik und Anwendung des Vakuums Международное объединение по исследованию и применению вакуумной техники

IÜG, Internationales Übereinkommen über den Eisenbahngüterverkehr Международная конвенция о перевозках грузов по железным дорогам

IÜP, Internationales Übereinkommen über den Eisenbahn-Personen- und Gepäckverkehr Международная конвенция о железнодорожных перевозках пассажиров и багажа

IUPAP, International Union of Pure and Applied Physics *англ.* Международный союз по теоретической и прикладной физике

IV, individueller Verkehr личный транспорт

IV, Industrieverband союз промышленников; профессиональный союз промышленных рабочих

IV, Industrievereinigung союз промышленников; профессиональный союз промышленных рабочих

IV, Informationsverarbeitung обработка информации

IV, Ingenieurverband союз инженеров

IV, Ingenieurvereinigung союз инженеров

IV, Institut für Verkehrssicherheit Институт безопасности движения *(при Берлинском Техническом университете)*

IV, Interessenvertreter представитель интересов

IV, Internatioale Vereinigung международное объединение, международный союз, международная ассоциация; международная корпорация

IV, Internationaler Verband международный союз, международное объединение [общество]; международная федерация

IV, Invalidenversicherung страхование по инвалидности, страхование на случай потери трудоспособности

I.v., Irrtum vorbehalten исключая ошибки, исключая ошибки и пропуски *(оговорка в документе)*

i.V., im Vakuum в вакууме

i.V., im Vorjahr в прошлом году

i.V., in Verbindung в связи; в сочетании

i.V., in Vertretung исполняющий обязанности, и.о. *(подпись на документах)*

i.V., in Verwahrung на хранении

i.V., in Vollmacht по полномочию, по доверенности

i.V., in Vorbereitung в стадии подготовки

i.v., intravenös *мед.* внутривенный

IVA, Instruktion über die Verwaltung der Armee im Aktivdienst Положение об управлении кадровой армией *(Швейцария)*

IVAz, internationale Verkehrsausscheidungsziffer международный индекс телефонной сети

IVBH, Internationale Vereinigung für Brücken- und Hochbau Международная ассоциация техники строительства мостов и *(металлических)* сборных конструкций

IVC, Industrievereinigung Chemiefaser Объединение промышленности искусственного волокна

IVDJ, Internationale Vereinigung Demokratischer Juristen Международная ассоциация юристов-демократов

I-Verhalten, интегральная характеристика

I.V.f.g.R., Internationale Vereinigung für Gewerblichen Rechtsschutz Международная ассоциация охраны промышленных товарных знаков, патентов и образцов

IVG, Internationale Vereinigung der Gewerkschaften Международное объединение профсоюзов

IVG, Internationale Vereinigung für germanische Sprach- und Literatutwissenschaft Международная ассоциация германской лингвистики и литературоведения

IVL, Internationale Vereinigung der Lehrerverbände Международная федерация союзов учителей

IVL, Internationale Vereinigung der Limnologen Международный союз лимнологов

i.Vm., im Vormonat в предыдущем месяце

i.Vm., in Vollmacht по полномочию, по доверенности

i.V.m., in Verbindung mit в связи с...; в сочетании с...

IVO, Dienstvorschrift für die Information der Reisenden *ж.-д.* служебная инструкция об информации для пассажиров *(железные дороги ГДР)*

IVS, informationsverarbeitendes System система обработки информации

IVSt, Industrieversuchsstelle экспериментальная промышленная лаборатория

IVU, Internationale Vegetarierunion Международный союз вегетарианцев

IVV, Ingenieurbüro für Verkehrsplanung und Verkehrsprognosen *ж.-д.* Инженерное бюро по транспортному планированию и разработке транспортных прогнозов *(в Аахене)*

IVW, Internationale Vereinigung der Widerstandskämpfer und Opfer des Faschismus Международная федерация участников движения сопротивления, жертв и узников фашизма

IW, Innenwache *воен.* внутренний караул

IW, internationale Wirtschaft *наименование австрийского периодического издания по вопросам международной экономики*

i.W., im Wartestand в ожидании пенсии

i.W., innere Weite *тех.* внутренний диаметр; ширина в свету

i. W., im Winter зимой

i. W., in Westfalen в Вестфалии

i. W., in Worten (сумма) прописью

IWA, internationale Fachausstellung «Wirtschaft und Werbung» международная выставка «Экономика и реклама»

IWA, Internationales Weizenabkommen Международная конвенция по торговле пшеницей

IWA, Internationale Werkzeugmaschinenausstellung Международная выставка станков

IWE, Informationsbüro West Berlin Информационное бюро в Западном Берлине

IWF, Internationaler Währungsfonds Международный валютный фонд, МВФ

IWG, Institut für Wirschafts- und Gesellschaftspolitik Институт экономики и политики

IWK, Internationale Weltkarte Международная карта мира *(наименование немецкого географического атласа)*

IWL, Institut für wissenschaftliche Lehrmethoden Институт научных методов обучения

IWR, internationale Wagenliste für Reisezüge *ж.-д.* международный натурный лист для пассажирских поездов

IWS, *авто.* система автоматической диагностики

IWS, Internationales Wollesekretariat Международный секретариат по шерсти *(ООН)*

IWS, ionisierter Naßabscheider *тех.* ионизирующий гидроциклон i.w.S., im weiteren Sinne в широком смысле

IWSG, Internationale Wollestudiengruppe Международная группа по изучению шерсти *(ООН)*

IWT, Informationssystem Wissenschaft und Technik информационно-поисковая система научно-технической информации

IWV, Internationale Warenhausvereinigung Международное объединение универсальных магазинов

i.W.v., im Wert(e) von в размере

IWWK, Institut für Weltwirtschaft an der Universität Kiel Институт мировой экономики при Кильском университете

IWZ, Institut für wirtschaftspraktische Zweckforschung Институт специализированных исследований для рациональной организации производства

IZ, Industriezentrum промышленный центр

IZ, Informationszentrum информационный центр

IZ, Internationale Zusammenarbeit международное сотрудничество

IZ, Internationale Zusammensschlüsse международные объединения *(напр., концерн)*

Iz, Innenzünder *воен.* внутренний взрыватель

i.Z., im/in Zusammenhang в связи *(с чем-л.)*

i.Z., im Ziel с целью, преследуя цель

i.Z., in Zusammenarbeit в сотрудничестве

IZE, Internationale Zeitschrift für Erziehungswissenschaft *наименование периодического издания по вопросам педагогики*

IZG, Impulszuzatzgerät эл. добавочная импульсная аппаратура

IZH, Interzonenhandel межзональная торговля

i.Z.m., im/in Zusammenhang mit ... в связи с ...

i.Z.m., in Zusammenarbeit mit ... в сотрудничестве с ...; в совместной работе с ...

J

J, Jäger *ав.* истребитель

J, Jahr год

J, Japan Япония *(индекс государственной принадлежности автомобиля)*

J, Jod *хим.* йод

J, Joule джоуль, Дж *(единица энергии, работы и количества теплоты)*

J, Magnetisierungsstärke *физ.* намагниченность

J., Jahrgang 1. год издания 2. годовой комплект *(периодического издания)* 3. *воен.* контингент призыва 4. выпуск *(из учебного заведения)*

J., Journal журнал; газета

J., Journalist журналист

J., Jugend молодежь

J., Junge мальчик; юноша

J., Justiz юстиция

j, ja да

JA, Jahresabschlu:s конец хозяйственного года; *бухг.* годовой баланс

JA, Jamaika Ямайка *(индекс государственной принадлежности автомобиля)*

JA, Jugendamt ведомство по делам молодёжи

JA, Juristische Arbeitsblätter *наименование юридического периодического издания*
Ja, Jagd- *ав.* истребительный
j/a, joint account *англ.* общий [объединённый] счёт
JAB, Jahresabschlu:sbericht годовой отчёт
Jabo, Jagdbombenfugzeug, Jagdbomber *ав.* истребитель-бомбардировщик
Jaborei, Jagdbomber mit Reichweite *ав.* истребитель-бомбардировщик с большим радиусом действия
JACC, Joint Automatic Control Conference *англ.* Объединённая конференция по автоматическому управлению
Jafü, Jagdführer командир подразделения истребительной авиации
Jahrb., Jahrbuch ежегодник; летопись
Jahrg., Jahrgang 1. год издания 2. годовой комплект *(периодического издания)* 3. *воен.* контингент призыва 4. выпуск *(из учебного заведения)*
Jahrh., Jahrhundert столетие, век
Jahrt., Jahrtausend тысячелетие
jak., jakut., jakutisch якутский
Jan., Januar январь
JAP, Jahresarbeitsprogramm годовая рабочая программа
jap., japanisch японский
jap., japanische Sprache японский язык
Jap(p)., Japanpapier японская бумага, рисовая бумага
JArbSchG, Jugendarbeitsschutzgesetz закон об охране труда несовершеннолетних
Jasta, Jagdstaffel эскадрилья истребительной авиации
jato, Jato, Jahrestonnen *(столько-то)* тонн в год, т/г.
JAV, Jahresarbeitsverdienst годовой заработок
JaVollzO, Jugendarrestvollzugsordnung положение о порядке исполнения наказания по отношению к несовершеннолетним преступникам
JAZ, Jahresarbeitszeit рабочее время за год
JB., Jahresbeitrag ежегодный денежный взнос
JB., Jugendbewegung молодёжное движение
JB., Jugendbund молодёжное объединение

Jb., Jahrbuch ежегодник; летопись
Jb., Jahresbericht годовой отчёт
Jbb, Jahrbücher ежегодники; летописи; анналы
Jbb.Dt.R., Jahrbücher des Deutschen Reiches наименование анналов по истории германского государства, Анналы немецкого рейха
Jber., JBer., Jahresbericht годовой отчёт
Jberr., Jahresberichte годовые отчёты
J Bll, Juristische Blätter *наименование периодического издания по юридическим вопросам*
JbNSt, Jahrbuch für Nationalökonomie und Statistik *наименование ежегодного издания по экономическим и статистическим вопросам*
JC, Jahrbuch für Charakterologie *наименование ежегодного издания по характерологии*, ежегодник по характерологии
JD, Jahresdurchschnitt в среднем за год; среднегодовой показатель
JD, Juristischer Dienst юридическая служба
J.D., Justizdienst военно-юридическая служба
j-d., jemand кто-либо, кто-нибудь; кто-то
JEIDA, Japan Electronik Industry Development Association *англ.* Японская ассоциация содействия развитию электронной промышленности, ДЖЕЙДА
JESA, Japanese Engineering Standards Association *англ.* Японская ассоциация по стандартизации
JEUS, Jugend der Europaunion in Saarland Саарский союз европейской молодёжи *(сторонников создания «европейской федерации»)*
jew., jeweilig соответствующий, данный
jew., jeweils соответственно; смотря по обстоятельствам
JF, Jugendfürsorge ведомство по делам несовершеннолетних
JFA, Junkers Flugzeug- und Motorenwerke in Aschersleben авиационные и моторостроительные заводы Юнкерса в Ашерслебене
Jfz., Jodfarbzahl интенсивность окраски по иодной шкале
JG, Jagdgesetz закон об охоте

JG, Jugendgericht суд по делам несовершеннолетних

J.G., Jagdgeschwader соединение истребительной авиации, истребительная авиационная эскадра

Jg, Jäger *ав.* 1. истребитель 2. егерь *(рядовой горнострелковых частей, парашютно-десантных войск и военной полиции ФРГ)*

Jg., Jahrgang 1. год издания 2. годовой комплект *(периодического издания)* 3. *воен.* контингент призыва, призывники *(определённого года)* 4. выпуск *(из учебного заведения)*

Jgd, Jugend молодёжь, юношество

JgdA, Jugendamt *(местное)* управление по делам молодёжи *(орган попечения о несовершеннолетних)*

Jgdkdo, Jagdkommando командование истребительной авиацией

Jgg, JGG, Jugendgerichtsgesetz закон об отправлении правосудия по делам несовершеннолетних, закон о подсудности несовершеннолетних

Jgg., Jahrgänge 1. годы издания 2. годовые комплекты *(периодических изданий)* 3. *воен.* призывники *(определённого года)* 4. выпуски *(из учебных заведений)*

Jgh, Jagdhaus *топ.* охотничий домик

Jg.Hb., JH, Jugendherberge молодёжная туристская база

Jh., Jahresheft ежегодный выпуск *(журнала)*

Jh., Jhdt, Jahrhundert столетие, век

Jhb, Jahrbuch ежегодник; летопись

JHG, Jugendhilfegesetz закон об оказании помощи молодёжи

Jhr.-Abo., Jahresabonnement 1. годичный абонемент 2. годовая подписка *(на периодическое издание)*

JhrB, Jahrbuch ежегодник; летопись

Jhrg., Jahrgang 1. год издания 2. годовой комплект *(периодического издания)* 3. *воен.* контингент призыва, призывники *(определённого года)* 4. выпуск *(из учебного заведения)*

JHS, Jugendherbergewerk Saarland Саарское объединение молодёжных туристских баз

JHV, Jahreshauptversammlung годовое общее собрание *(какого-л. общества)*

JIR, Journal für Internationales Recht «Журнал международного права»

J./J., Januar/Juli январь/июль *(срок исполнения обязательства)*

j.J., jedes Jahr каждый год, ежегодно

J.K., Julianischer Kalender Юлианский календарь

j.L., Jägerleitoffizier командир подразделения истребительной авиации

j.L., jüngere Linie младшая ветвь *(в родословной)*

J.L.O., Jägerleitoffizier командир подразделения истребительной авиации

JM, Jungmädel девушка-участница *какой-л.* молодёжной организации

JM, Justizministerium Министерство юстиции *(бывш.* ГДР)

j.M., jeder Monat каждый месяц, ежемесячно

JMBl, Justizministerialblatt «Вестник министерства юстиции» *(наименование периодического официального издания по юридическим вопросам)*

jmd., jemand кто-либо, кто-нибудь; кто-то

JMG, Joch-Magnetisierung mit Gleichstrom намагничивание постоянным током через полюсные башмаки ярма

JMV, Justizministerialverfügung постановление министерства юстиции, распоряжение министерства юстиции

J.-Nr., Journalnummer номер журнала

JOVIAL, Jule's Own Version of the IAL *англ.* вариант языка программирования **IAL** фирмы «Систем дивелопмент» *(США),* ДЖОВИАЛ

JP, Junge Pioniere Юные пионеры *(организация в бывш.* ГДР)

j. P., juristische Person юридическое лицо

JR, Juristische Rundschau «Юридическое обозрение» *(наименование периодического издания по юридическим вопросам, выходившее в бывш. Западном Берлине))*

JR, Juristische Rundschau Юридическое обозрение *(издание)*

Jr., Jahr год

Jr., Januar январь

Jr., Junior младший; младший партнёр, младший компаньон

jr., junior младший

JRK, Jugendrotkreuz Молодёжное общество Красного Креста
JRT, Jugoslawisch-Rumänischer Gütertarif *ж.-д.* Югославо-румынский грузовой тариф
JSchG, Jugendarbeitsschutzgesetz закон об охране труда несовершеннолетних
Jtg, Jahrtag ежегодное собрание *(какого-л. общества)*
Ju, Jute джут
Ju., Junkers «юнкерс» *(тип самолёта)*
Jub., Jubiläum юбилей
JUG, Joint Users Group *англ.* группа пользователей ДЖАГ ассоциации по вычислительной технике *(США)*
jug., jugoslavisch югославский
JUKO, Deutsch-Schweizerische Jugendkonferenz Германо-швейцарский совет молодёжи *(организация)*
Jul. K., Julianischer Kalender Юлианский календарь
Jum, Jumo, Junkers Motor мотор Юнкерса
Jun., Junior младший; младший партнёр, младший компаньон
jun., junior младший
Jungdo, Jungdeutscher Orden Младогерманский Орден *(националистическая организация в Веймарской республике)*
Jur., Jurisprudenz юриспруденция

Jur., Jurist юрист
jur., juristisch, juridisch юридический
JURA, Juristische Ausbildung Юридическое образование *(издание)*
jur. P, juristische Person юридическое лицо
Just., Justiz юстиция
JustM, Justizminister министр юстиции
JustM, Justizministerium министерство юстиции
Juw., Juwelen ювелирные изделия
Juw., Juwelier ювелир
JV, Jahresversammlung годовое общее собрание *(какого-л. общества)*
JW, Juristische Wochenschrift юридический еженедельник
JW, Neue Juristische Wochenschrift *наименование периодического издания по юридическим вопросам*
JWG, Jugendwohlfahrtsgesetz закон об общественном вспомоществовании молодёжи и несовершеннолетним
JWH, Jugendwohnheim общежитие для молодёжи
JZ, J.Z., Jodzahl *хим.* йодное число
JZ, Juristenzeitung «Юридическая газета»
JZEU, Jahrbuch des Zentralinstituts für Erziehung und Unterricht *наименование ежегодного издания по учебно-педагогическим вопросам*

K

К, *усл. обозн.* обозначение для числа, кратного 1024
K, elektrolytische Dissoziationskonstante постоянная электролитической диссоциации
K, Kaliber калибр
K, Kalium *хим.* калий
K, Kalorie калория
K, kältebeständig морозоустойчивый; морозостойкий *(в маркировке)*

K, Kambodscha Камбоджа *(индекс государственной принадлежности автомобиля)*
K, Kanal канал
K, Kangouron-Wagen *ж.-д.* вагон типа «кенгуру»
K, Kappenisolator эл. колпачковый изолятор
K, Kathode катод
°K, Kelvingrad *(столько-то)* градусов Кельвина

K, Kíp кип *(денежная единица Лаоса)*
K, Kipper самосвал; автосамосвал
K, Knorr-Bremse *ж.-д.* тормоз *(системы)* Кнорра
K, Kohle уголь
K, Köln Кёльн *(индекс принадлежности автомобиля)*
K, König *шахм.* король
K, Konstante константа, постоянная
K, Konzentration *хим.* концентрация
K, Korrosionsschutz антикоррозийная защита
K, Kote *геод.* отметка высота, нивелирная отметка
K, Krone крона *(денежная единица)*
K, Kurzwelle *радио* короткая волна
K, zweiachsiger (mit Einzelachsen) Flachwagen in Regebbauart mit Klappbaren Borden und mit kurzen Rungen *ж.-д., усл. обозн.* двухосная платформа стандартного типа с откидными бортами и короткими стойками
K., Kabel кабель
K., Kälte холод
K., Kapitel глава *(в книге)*
K., Karton картон; картонная коробка
K., Kasse 1. касса; сейф 2. сберегательная касса
K., Kesselkraftwagen автоцистерна
K., Kirche церковь
K., Kiste ящик *(вид упаковки)*
K., Konto счёт *(напр., текущий счёт в банке)*
K., Konzentration концентрация
K., Koordinaten координаты
K., Kopf «шапка» *(письма, бланка; газеты)*
k, Boltzmannsche Konstante *физ.* константа Больцмана
k, kalt холодный
k, K, Karat карат *(единица массы драгоценных камней, равная 200 мг)*
k, katholisch католический
k, Kilo- кило-, к *(десятичная приставка к единицам измерения)*
k, Konstante *мат.* константа, постоянная
k, kritisch критический
k, künftig будущий, предстоящий; грядущий
k, künstlich искусственный; *хим.* синтетический

KA, Kartenart *вчт.* тип [вид] карты; тип платы
KA, Klimaanlage кондиционер
KA, Knotenamt узел связи; узловая телефонная станция
KA, Kontoauszug выписка из счёта
KA, Kostenanschlag смета *(расходов)*
KA, Kreditabkommen соглашение о кредите
KA, Kulturausschuß комитет по культуре
KA, Kunstakademie академия художеств
KA, Kurzarbeit неполный рабочий день; неполная рабочая неделя; неполная занятость
K-A, Kathode-Anode катод-анод
K.A., Krümmungsanfang начало кривой *(железной дороги)*
Ka, Kathode катод
kA, Kiloampere *физ.* кило-ампер, кА
KAB, Katholische Arbeiterbewegung Католическое рабочее движение *(организация в ФРГ)*
Kab., Kabel кабель
Kab., Kabine кабина; каюта; салон; пассажирский салон
Kab., Kabinett кабинет
KAF, Kaseinfaser казеиновое волокно
K.A.F., Kost, Assekuranz, Fracht *ком.* цена, включающая стоимость, страховку и фрахт
KAG, Kapitalanlagegesellschaft инвестиционная компания
KAG, Kommunalabgabengesetz закон о порядке взимания и уплаты коммунальных сборов
KAGG, Gesetz über Kapitalanlagegesellschaften закон об инвестиционная компаниях [фирмах, обществах]
KAJ, Katholische Arbeiterjugend Католическая рабочая молодёжь *(организация в ФРГ)*
KA.JA.B., Katholische Jungarbeiterinnenbewegung Католическое движение женской рабочей молодёжи Швейцарии *(организация)*
KAJÖ, Katholische Arbeiterjugend Österreichs Австрийская католическая рабочая молодёжь *(организация)*
K.Ak., Kriegsakademie военная академия
KAL, Kanalanruflampe *тлф.* сигнальная лампа вызова канала

KAL, Suomen Kuorma-Autolitto г.у. финская ассоциация магистральных грузовых автоперевозок
Kal, Kilo(gramm)kalorie кило(грамм-)калория, большая калория, *ккал*
Kal., Kalender календарь
Kal., Kaliber калибр
kal, Kalorie, Grammkalorie грамм-калория, малая калория, *кал*
Ka-Li, Kammerlichtspiele *pl* кинематограф
Kam., Kamerad товарищ
Kam., Kamerun Камерун
K.A.N., Kriegsausrüstungsanweisung табель вооружения военного времени
Kan, Kanada Канада
Kan, Kanal канал
Kan, Kanister канистра; бидон
Kan, Kanone пушка
Kan, Kanüle *мед.* канюля
kan $, Kanadischer Dollar канадский доллар *(денежная единица)*
KAP, Kommunistische Arbeiterpartei Коммунистическая рабочая партия
Kap, Kapazität 1. ёмкость; объём 2. мощность
Kap., Kapitel глава *(книги)*
kap., kapitalistisch капиталистический
kap., kapitulieren капитулировать
Kap.-Erw., Kapazitätserweiterung расширение мощностей
Kap.-Ges., Kapitalgesellschaft общество, компания
KapSt, Kapitalertragssteuer налог на доход с капитала; налог с дохода от помещённого капитала
KapSt, Kapitalverkehrssteuer налог с оборота акционерного общества
KAR, Kleinanalogrechner малая аналоговая ВМ
Kar., Karaffe графин
Kar., Karosse коляска; карета
Kar., Karussel карусель
Kart., Kartei картотека
Kart., Kartell *эк.* картель
Kart., Kartoffel(n) картофель
Kart., Karton картон; картонная коробка
Kart., Kartothek картотека
KartG., Kartellgesetz закон о картелях
Kas, Kasachstan Казахстан
Kass., Kassation *юр.* кассация
Kass., Kassations- *в сложн.* кассационный
Kass AB, Kassenaufsichtsbeamter кассир-контролёр
Kass Best, Kassenbestand наличность кассы
Kass H St, Kassenhilfsstelle приписная [вспомогательная] касса
Kass Ltr, Kassenleiter казначей
Kass Pr., Kassenprüfung проверка (наличности) кассы
KA-System, kontinuierliches antriebsloses System бесприводная система непрерывного впрыскивания бензина
Kat., Katalog каталог
Kat., Katalysator *хим.* катализатор
Kat., Kataster *юр.* кадастр, поземельная книга
Kat., Katastrophe катастрофа
Kat., Kategorie категория
kat., katastrophal катастрофический
kat., kategorisch категорический, категоричный
Kat A, Katasteramt *ист.* Управление подушных податей *(Австрия)*
Kath., Kathedrale *топ.* кафедральный собор
Kath., Katholik католик
kath., katholisch католический
kaufm., kaufmännisch торговый; коммерческий
Kav., Kavallerie кавалерия
Kav., Kaverne *мед.* каверна, полость
Kav., Kaviar икра
KAW, KAWA, Kreditanstalt für Wiederaufbau Банк реконструкции *(в Германии)*
KB, Kartenbeilage приложение (географических) карт
KB, Kassenbeleg кассовый чек
KB, Kassenbestand кассовая наличность
KB, Kassenbuch кассовый реестр; приходно-расходная книга
KB, Kilobyte *вчт.* килобайт, *кбайт (единица измерения ёмкости памяти)*
KB, Kommissionsberatung совещание комиссии
KB, Kommissionsbericht отчёт комиссии
KB, Konstruktionsbüro конструкторское бюро, КБ
KB, Konzessionsbetrieb концессионное предприятие

KB, Körperbeschädigte потерпевший, потерпевшая; пострадавший, пострадавшая; получивший *(получившая)* телесные повреждения; инвалид
KB, Kraftstoffbehälter бензобак
KB, Kraftstoffbehälter топливный бак; бензобак
KB, Kriegsberichter военный обозреватель, военный корреспондент
KB, Kriminalsoziologische Bibliographie «Уголовно-социологическая библиография» *(издаётся в Вене)*
KB, Kulturbund zur Demokratischen Erneuerung Deutschlands Союз за демократическое обновление Германии, «Культурбунд» *(объединение деятелей культуры бывш. ГДР)*
KB, Kurzbericht краткий доклад [отчёт], сообщение
KB, Kurzzeitbetrieb, kurzzeitiger Betrieb *тех.* кратковременный режим
Kb, Kurzbenennung сокращённое наименование
k.b., kommandiert bei... прикомандированный *к кому-л., к чему-л*
KBAV, Kurzschlu:s- und Bürsten-Abhebe-Vorrichtung *эл.* приспособление для замыкания накоротко обмотки ротора и подъёма щёток
KBC- Waffen, Kern-, bakteriologische und chemische Waffen ядерное, бактериологическое и химическое оружие
KBE, Köln-Bonner Eisenbahnen AG *ж.-д.* железная дорога Кёльн-Бонн *(акционерное общество)*
K.-Bel., Kassenbeleg кассовый документ
K.-Ber., Kassenbericht кассовый отчёт
K.-Ber., Kurzbericht краткий доклад [отчёт], сообщение
Kbf, Knotenpunktbahnhof *ж.-д.* опорная станция *(в системе организации местной работы на Государственных железных дорогах ФРГ)*
KBG, Kommunalbeamtengesetz Закон о муниципальных чиновниках
k.b.K., keine besonderen Kampfhandlungen на фронте ничего существенного не произошло
KBLG, Körperbeschädigten-Leistungsgesetz закон о выплате пособий лицам за причинённые им телесные повреждения [лицам, получившим телесные повреждения]
Kblg., Kabellänge 1. длина кабеля 2. *мор.* кабельтов
KBLI, Kabelisolieröl изоляционное масло для кабелей
Kblz, Koblenz г. Кобленц
kbm, Kubikmeter кубический метр, кубометр, *куб. м.*
K-Bombe, Kernbombe, Atombombe атомная бомба
K-Bombe, Kobaltbombe кобальтовая бомба
KBRt, Kriegsbeschädigtenrente пенсия инвалидам войны
KBS, Kathodenbasisschaltung *эл.* схема с общим катодом
KBS, Kontrzettelblattschreiber *ж.-д.* устройство выдачи на печать сортировочного листка
Kbt, Kanonenboot канонерская лодка
KBV, Keton-Benzol-Verfahren процесс *(сольвентной)* депарафинизации *(смазочных масел)* кетоном и бензолом
k.b.V., keine besondere Vorkommnisse ничего существенного не произошло, никаких особых происшествий
KBW, Kombinat Binnenschiffahrt und Wasserstraßen комбинат речного транспорта
Kbw, Kraftwagenbetriebswerk станция технического обслуживания автомобилей; гараж-мастерская для автомобилей; *ж.-д. (железнодорожная)* автобаза
Kbyps, Kilobytes pro Sekunde *вчт.* килобайтов в секунду; *кбайт/с* (К байтов — единица измерения ёмкости памяти)
KC, Kleincontainer *ж.-д.* малый контейнер
kC, Kilocurie *физ.* килокюри, *кКи*
kcal, Kilokalorie кило[грамм-]калория, *ккал*
kcal/kg, Kilokalorie je Kilogramm килокалорий на килограмм, *ккал/кг (количество тепла, получаемое при сжигании 1 кг. твёрдого или жидкого топлива)*
KD, Kundendienst обслуживание, сервис
K.D., kulturgeschichtliches Denkmal *топ.* памятник культурно-исторического значения

k.D.

k.D., kulturgeschichtliches Denkmal *топ.* памятник культурно-исторического значения

k.d., К.D., knocked down *англ.* разобран *(на составные части)*

KDB, Katalysator-Druck-Beziehung зависимость эффективности действия катализатора от давления

KDB., Kriegsdienstbeschädigter пострадавший на военной службе

K.D.B., Krystalldrehbasisgerät *радио мор.* шумопеленгатор с кристаллическим приёмником

kdb, kriegsdienstbeschädigt пострадавший на военной службе

kdb, kündbar погашаемый; подлежащий погашению; подлежащий отмене

Kde., Kunde клиент; покупатель; заказчик

KDEM, Kurzweil Data Entry Machine машина фирмы «Курцвайль» для автоматического ввода информации

Kdeur, Kommandeur командир

KDF, Katholischer Deutscher Frauenbund Немецкий католический женский союз

Kdg(g), Kündigung расторжение, денонсация *(напр., договора)*; предупреждение, уведомление *(напр., об увольнении с работы)*; увольнение

KdgH, Kasse der gegenseitigen Hilfe касса взаимопомощи *(в бывш. ГДР)*

Kdo., Kommando 1. командование 2. команда

Kdos., Kommandosache *воен.* штабной документ; служебный документ

KDP, Kalium-Dihydrogen-Phosphat *хим.* кислый фосфат калия

KDr, Kurzschlu:sdrosselspule реактор для ограничения тока короткого замыкания

Kdr, Kalender календарь

Kdr, Kinder дети

Kdr, Kommandeur командир

KdSE, Katholische Deutsche Studenteneinigung Немецкое католическое студенческое единение *(организация в ФРГ)*

KDStV, Katholischer Deutscher Studentenverband Католический союз немецких студентов

KdT, Kammer der Technik Техническая палата *(бывш. ГДР)*

Kdt, Kommandant комендант

kdt, kommandiert командированный; прикомандированный

Kdtr, Kommandantur комендатура

KDV, Kassendentistische Vereinigung Объединение зубных врачей больничных *(страховых)* касс

KDV, Kriegsdienstverweigerung отказ [уклонение] от военной службы

KDVA, Klein-Datenverarbeitungsanlage малая вычислительная машина; малая ЭВМ

KE, Kalibereinheit комплект боеприпасов, боекомплект

KE, Kaninchen-Einheit *биол.* кроликовая единица

KE, Kommandoempfangsrelais реле приёма команд

KE, Konkurseröffnung *эк., юр.* открытие конкурсного производства

K.E., Kinetische Energie кинетическая энергия

K.E., Krümmungsende конец кривой *(железной дороги)*

Ke., Kessel- *в сложн.* котельный, котловой

Ke., Kessel котёл

Ke., Kette цепь

KE-Bremse, Knorr-Einheits-Bremse *ж.-д.* унифицированный тормоз Кнорра

KEG, Kabelendgestell *эл.* каркас для крепления кабельных оконцеваний; кабельная сборка

KEG, Katholische Erziehergemeinschaft Католическое педагогическое общество

KEMA, Köln-Ehrenfelder-Maschinenbau-Anstalt Объединённые Кёльн-Эренфельдские машиностроительные предприятия

kennz., kennzeichnen обозначать; отмечать; маркировать

kennz., kennzeichnend характерный; отличительный

Ke.-Nr., Kennummer код

KEP, Kraftwagen-Einheitspolice единый страховой автомобильный полис

KER, Keramik керамика

ker., keramisch керамический

Kess. Kw., Kesselkraftwagen автоцистерна

KESt, Kapitalertragssteuer налог на доход с капитала; налог с дохода от помещённого капитала

KE-StVollzG, Kommissionsentwurf eines Strafvollzugsgesetzes проект закона об исполнении наказания *(подготовленный в соответствующей комиссии парламента)*

keV, Kiloelektronvolt *физ.* килоэлектронвольт, *кэлВ, КЭВ*

KE-Zif., Kennziffer 1. показатель; индекс; 2. код

KF, kältebeständiges Fett морозоустойчивая мазь; морозостойкая смазка

KF, Kassenführer кассир

KF, kleine Fahrt *мор.* самый малый ход

KF, Konsulatsfaktura *ком.* консульская фактура

KF, Korrosionsfestigkeit сопротивляемость *(металла)* коррозии, коррозионная стойкость

KF, Kraftfahrzeug автомобиль, (авто)машина

K.F., Kaltfront *метео* холодный фронт

K.F., Kompanieführer командир роты

Kf, Kenaf кенаф

Kf., Kauf покупка

Kf., Kraftfahrer водитель *(автомобиля)*, шофёр

Kf., Kurzfassung краткое изложение

Kf., Kurzform краткая форма

K.F.A., Kosten, Fracht, Assekuranz *ком.* цена, включающая стоимость, фрахт и страховку; цена, фрахт, страхование, СИФ

KFAZ., Komitee für Frieden, Abrüstung und Zusammenarbeit Комитет в защиту мира, по разоружению и сотрудничеству

KFBE, Köln-Frechen-Benzelrather Eisenbahn *ж.-д.* железная дорога Кёльн-Фрехен-Бенцельрат

KFG, Gesetz über den Verkehr mit Kraftfahrzeugen закон об автомобильных перевозках *(грузовых и пассажирских)*, закон об организации автомобильных перевозок

KFG, Klappfenster mit Gitter *ж.-д.* откидное окно с решёткой

Kfh., Kaufhaus 1. универмаг 2. торговый дом *(фирма)* 3. товарный склад

KFIH, Komitee zur Förderung des Internationalen Handels Комитет содействия международной торговле *(с бывш.* СССР *и бывш. странами народной демократии)*

KFJ, Kaiser Franz-Joseph-... (имени) императора Франца-Иосифа

KFK, Konfrollfunktion функция контроля; проверочная функция

KfK, Kernforschungszentrum Karlsruhe Центр ядерных исследований в Карлсруэ

KfkF, Kongreß für Kulturelle Freiheit Конгресс (движения) за свободу культуры

Kfl, Kühlfläche охлаждающая поверхность

Kfl., Kühlfläche охлаждающая поверхность, поверхность охлаждения

Kfm., Kaufmann торговец, коммерсант

kfm., kaufmännisch торговый, коммерческий

Kf-Mast, Kleinflach-Mast *ж.-д.* малая плоская железобетонная опора контактной сети

KFN, Klappfenster mit Notaustieg *авиа.* откидное окно с аварийным выходом

Kf.-Pr., Kaufpreis покупная цена; цена покупателя; продажная цена

KfR, Kommission für Raumfahrttechnik Комитет по космической технике

kfr, Kongo-Franc франк Конго *(денежная единица)*

KFRG, Kabelfernräumgerät *мор.* тросовый дистанционный трал

Kfrg, Kesselfeuerung топка котла

KFS, Küstenfunkstelle береговая радиостанция

KFSG, Kriegsfolgenschlußgesetz закон о порядке возмещения ущерба, нанесённого войной

KFT, Kraftfahrzeugtechnik автомобильная техника

KfW, Kreditanstalt für Wiederaufbau Банк реконструкции *(в Германии)*

KfW, Kreditanstalt für Wiederaufbau кредитное учреждение [банк] по восстановлению *(восточных земель Германии; после объединения Германии)*

Kfw., Kampfwagen танк; бронемашина

Kfz, Kraftfahrzeug автомобиль, (авто)машина

Kfz-Abschmierfett, автомобильная пластичная смазка; автомобильная смазка; солидол

Kfz-Br., Kraftfahrzeugbrief технический паспорт автомобиля
Kfz.-Vers., Kraftfahrzeugversicherung страхование автомобиля
Kfz.-Vers., Kraftfahrzeugzulassung допуск автомобиля к эксплуатации
KG, Kammergericht апелляционный суд
KG, Kindergeld пособие на ребенка
KG, Kirchengeschichte история церкви
KG, Kirchengesetz закон о церкви
KG, Kommanditgesellschaft *юр., ком.* командитное товарищество, товарищество на вере
KG, Kommandogerät прибор управления артиллерийским огнём
KG, Konsumgenossenschaft потребительская кооперация
KG, Kostengesetz закон о судебных расходах
KG, Kreisgericht районный суд *(в бывш. ГДР)*
KG., Kammergericht *ист.* Высший суд Западного Берлина
K-G, Kathode-Gitter *эл.* катод-сетка
K-G, Knorr-Güterzugbremse *ж.-д.* тормоз Кнорра для грузовых поездов
K.G., Kampfgeschwader соединение бомбардировочной авиации
Kg, König король
Kg, Kühlgas охлаждающий газ
K.g., Kenntnis genommen *канц.* ознакомился, принял к сведению
kg, Kilogramm килограмм, *кг*
KGaA, Kommanditgesellschaft auf Aktien *юр. ком.* акционерное командитное товарищество [общество]
KG aA, Kommanditgesellschaft auf Aktien Акционерное командитное товарищество
kgcm, Kilogrammzentimeter килограмм-сантиметр, *кгсм*
Kgf, Kriegsgefangener военнопленный
K.G.G., Konsulargerichtsbarkeitsgesetz закон о консульской юрисдикции
kg-Heizwert, весовая теплота сгорания
Kg-in, Königin королева
kg/k Wh, Kilogramm pro Kilowattstunde *(столько-то)* килограммов на киловатт-час, *кг/кВтч*
KGL., Konkursgläubiger *эк., юр.* конкурсный кредитор

Kgl., Königlich королевский *(в названиях)*
kgl., königlich королевский
KGM, Kaltgasmaschine газовая холодильная машина
kgm, Kilogrammmeter килограммометр, килограмм-сила-метр, *кгм, кгс м*
kg/PSh, Kilogramm pro Pferdestärke-Stunde *(столько-то)* килограммов на лошадиную силу в час, *кг/л.с.ч*
Kgr., Königreich королевство
K-Gruppe, Gleisgruppe für Züge mit kurzem Aufenthalt im Abstellbahnhof *ж.-д.* парк отстоя составов с коротким временем оборота на пассажирской технической станции
KgU, «Kampfgruppe gegen Unmenschlichkeit» «Группа борьбы с бесчеловечностью» *(организация в бывш. Западном Берлине)*
k.g.V., kleinstes gemeinsames Vielfaches *мат.* наименьшее общее кратное
KgW, Knotenamtsgruppenwähler *тлф.* групповой искатель узловой станции
KH, Karbonathärte карбонатная жёсткость *(воды)*
KH, Kinderheim детский дом
KH, Kohlenhydrat(e) углевод(ы)
KH, Kriegshinterbliebene член семьи погибшего на войне
KH, Kulturhaus дом культуры
K-H, Kennelly-Heavyside-Schicht *физ.* слой Кенелли-Хэвисайда
Kh., Krankenhaus больница
k.H., kurzerhand на скорую руку, сразу же, не долго думая
k.H., kurzer Hand zurück незамедлительно вернуть *(пометка)*
Khf, Kirchhof *топ.* кладбище
KHFG, Krankenhausfinanzierungsgesetz закон о финансировании больниц
KHG, Krankenhausgesetz закон о больницах и больничном обслуживании
KHÖ, Katholische Hochschuljugend Österreichs Католическая молодёжь высших учебных заведений Австрии *(организация)*
K.H.W., katastrophale Hochwassermenge *гидр.* катастрофический расход воды; катастрофический горизонт высокой воды

K.H.W., Kriegshilfswerk вспомогательное *(промышленное)* предприятие военного времени

KHZ, Klöckner-Holzschnitzel-Zerspaner стружечный станок фирмы «Клекнер» для переработки щепы

k Hz, Kilohertz килогерц, *кГц*

KI, Kriminalinspektor инспектор уголовной полиции

KI, Kriminaltechnisches Institut der Deutschen Volkspolizei Институт криминалистической техники немецкой народной полиции *(в бывш. ГДР)*

KI, Künstliche Intelligenz искусственный интеллект

Ki., Kind ребёнок

Ki., Kinder дети

Ki., Kirche *топ.* церковь

Ki A, Kommandant im Abschnitt командир сектора

KIB, Kohlen-Industrie-Beirat эксперт угольной промышленности

KIB, Konstruktions- und Ingenieurbüro инженерно-конструкторское бюро

KIE, klinische Einheit *биол.* клиническая единица

Ki G, Kirchengeschichte история церкви

K.in, Kaiserin императрица

KIP, Koordiniertes Investitionsprogramm für die Bundesverkehrswege *ж.-д.* Координационная программа капиталовложений в федеральные пути сообщений

KIPA, Katholische Internationale Presseagentur Международное католическое агентство печати *(в Швейцарии)*

KiR, Kirchenrat церковный совет

KiR, Kirchenrecht церковное право

KIS, Kundeninformationssystem информационная система сервисной службы

kis., Kisuaheli-Sprache язык кисуахели *(в Восточной Африке)*

Ki St, Kirchensteuer *ист.* церковная подать

Kj., Kalenderjahr календарный год

Kj., Konjunktion *грам.* союз

Kj., Konjunktiv *грам.* конъюнктив, сослагательное наклонение

kJ, Kilojoule килоджоуль, *кДж*

k.J., kommenden [künftigen] Jahres будущего года

KJM, Katholische Junge Mannschaft Католический отряд молодёжи

KJÖ, Katholische Jugend Österreichs Австрийская католическая молодёжь *(организация)*

KJR, Kreisjugendring районное молодёжное объединение

KJSÖ, Katholische Jungschar Österreichs Австрийский католический союз подростков

KK, Karteikarte карта [карточка] для картотеки

KK, Kartenkennzeichen *вчт.* маркер карты

KK, Kartenkennzeichnung *вчт.* маркировка карт

KK, Kennelkohle кеннельский уголь

KK, Kleinkaliber- *в сложн.* малокалиберный

KK, Koaxialkabel коаксиальный кабель

KK, Kompaskurs *мор.* компасный курс, курс по компасу

KK, Konfliktkommission конфликтная комиссия

KK, Krankenkasse больничная касса; страховая касса

KKA, Kompaktkälteanlage компактная холодильная установка

kkal, Kilo(gramm)kalorie кило(грамм-)калория, большая калория, *ккал*

Kkg, Steuerventil der Bremsbauart Kunze-Knorr-Güterzugbremse *ж.-д.* воздухораспределитель тормоза системы Кунце-Кнорра для грузовых поездов

KK-GP, Kunze-Knorr-Güterzug-Personenzug-Bremse *ж.-д.* тормоз системы Кунце-Кнорра для грузовых и пассажирских поездов

KK-GPR, Kunze-Knorr-Schnellzugbremse *ж.-д.* тормоз системы Кунце-Кнорра для скорых поездов

KKhs., Kreiskrankenhaus районная больница

KKK, Kontokorrentkonto *ком.* контокоррентный счёт

KKM, Kompresionskältemaschine компресионная холодильная машина

KKM, Kreiskolbenmotor *авто* роторно-поршневой двигатель, двигатель Ванкеля

KKO, Konfliktkommissionsordnung положение о конфликтных комиссиях

K-Kontur, Kasten-Kontur прямоугольный контур передка автомобиля

KK-P, Kunze-Knorr-Personenzugbremse *ж.-д.* тормоз системы Кунце-Кнорра для пассажирских поездов
KKR, Kleinkraftrad мокик
KKS, kunststoffgekapselte Kabelstation *эл.* закрытая кабельная подстанция с пластмассовой изоляцией
KKV, Katholischer Kaufmännischer Verein Католический союз коммерсантов
KKW., Kernkraftwerk атомная электростанция
K.KW., Krankenkraftwagen санитарная машина
KL, Kabellänge длина кабеля
KL, Kapitänleutnant *мор.* капитан-лейтенант
KL, Kommalampe *вчт.* ламповый индикатор положения запятой
KL, Konsumladen магазин потребительской кооперации, потребительская лавка,
KL, Kontrollampe контрольная лампа; коммутаторная лампа; сигнальная лампа
KL, Kurzschlußläufer *эл.* короткозамкнутый ротор
K.L., Konversation(s)lexikon энциклопедический словарь
K.L., Konzentrationslager концентрационный лагерь
Kl, Klinke *тлф.* 1. гнездо *(коммутатора)* 2. защёлка *(аппарата)*
Kl., Klage жалоба; иск
Kl., Klammer 1. *мат.* скобка 2. *тех.* скоба; зажим
Kl., Klang звучание; звук; тон
Kl., Klasse 1. класс, классная комната 2. класс; разряд
Kl., Klassifikation классификация
Kl., Klavier рояль; пианино; фортепьяно
Kl., Kleid платье
Kl., Kleider платье; одежда
Kl., Klient клиент; заказчик
Kl., Klinke (дверная) ручка; щеколда; *тех.* защёлка; собачка
Kl., Kloster *топ.* монастырь
Kl., Klotz колода, чурбан; *тех.* колодка
Kl., Klub клуб
Kl., Kluft расселина; ущелье; трещина *(в горной породе)*
kl, Kiloliter килолитр, *кл*

Kla, Gleiskraftfahrzeug-Anhänger *ж.-д.* прицеп к путевой дрезине
K-Lampe, Kryptonlampe криптоновая лампа
Klb, Kl.-B., Kleinbahn 1. узкоколейная железная дорога, узкоколейка 2. подъездной железнодорожный путь; железнодорожная ветка
Klbhf, Kleinbahnhof станция узкоколейной железной дороги
Klbidbd, Kalblederband переплёт из телячьей кожи
KlC, Kleincomputer малая ВМ, мини-ЭВМ; миникомпьютер *(см. также* **KRA**)
Kld., Kunstleder искусственная кожа
Klf, Kleinwagenführer *ж.-д.* водитель дрезины *(автомобиля на рельсовом ходу и т. п.)*
Klf., Klagenfurt г. Клагенфурт
klf., klassifiziert классифицированный
Klfk, Klassifikation классификация
Kl.-G., Kleingarten (небольшой) садово-огородный участок
Klg, Klostergut *топ.* монастырское имение, монастырские земли
Klg, Kugellager шарикоподшипник
Kl.-Ha., Kleinhandel розничная торговля
KLJ, Katholische Landjugend Österreichs Австрийская католическая сельская молодёжь *(организация)*
Kl KO, Kleider-Kassen-Ordnung правила получения и выплаты ссуд кассами взаимопомощи на приобретение одежды
Klkw, Kl.-Kw., Kleinkraftwagen малолитражный автомобиль
Kl.-Ldw., Kleinlandwirt мелкий землевладелец
K-lle, Kapelle *топ.* часовня
Kl.M., kleine Menge малое количество, небольшое количество
klm, Kilolumen килолюмен, *клм*
klm-h, Kilolumen-Stunde килолюмен-час, *клм ч*
Kln, Köln г. Кёльн
Klo, Klosett уборная
Klop, Chlorpikrin *хим.* хлорпикрин
Klrh, Klsr, Karlsruhe г. Карлсруэ
KLV, kombinierter Ladeverkehr смешанные *(напр., автомобильно-железнодорожные)* грузовые перевозки

Klv, Gleiskraftfahrzeug mit Verbrennungsmotor *ж.-д.* дрезина с дизельным двигателем
KM, Kältemaschinenöl масло для холодильных машин
KM, Kontaktmechanismus *эл.* контактный механизм
KM, Kontrollmonitor видеоконтрольное устройство-монитор
KM, Kraftmagnet силовой магнит; электромагнит
KM, Kreuzungsmitte *ж.-д.* центр глухого пересечения
KM, Kriegsmarine- *в сложн.* военно-морской
KM, Kriegsmarine военно-морской флот
KM, Kulturministerium министерство культуры
KM, Küstenmine мина для прибрежных районов
Km, Kolbenmotor поршневой двигатель
k.M., kommenden [künftigen] Monats будущего месяца
km, Kilometer километр, *км*
KMA, Kriegsmarinearsenal военно-морской арсенал
KMD, Kommando *вчт.* команда, сигнал *(управления);* машинная команда
KMD, Kraftmessdose *ж.-д.* динамометрический датчик, месдоза
KMD, Kriegsmarinedienststelle военно-морское учреждение
Kmdo, Kommando 1. командование 2. команда
Kmdr., Kommandeur командир
Kmdt., Kommandant комендант
Kmdtr., Kommandantur комендатура
km/h, Kilometer je Stunde *(столько-то)* километров в час, *км/ч*
k M Hz, Kilomegahertz *физ.* киломегагерц *(1000 мегагерц), кМГц*
KMInd, Konsumtionsmittelsindustrie промышленность, производящая товары потребления
KMJÖ, Katholische Mittelschuljugend Österreichs Католическая молодёжь средних учебных заведений Австрии *(организация)*
KMK, Kabelme:skoffer переносный комплект приборов для кабельных измерений

KM-KÖ-Gemisch, Kältemittel-Kältemaschinenöl-Gemisch смесь холодильного агента и смазочного масла для компрессоров холодильных машин
KML, Kurz-, Mittel- und Langwellen(bereich) короткие, средние и длинные волны
Kmpn, Komposition композиция
KMR, Kommandoregister *вчт.* регистр команд
KMR, Kommentar комментарий, пояснение
KMS, Küstenmotorsegler каботажное моторно-парусное судно
km/sek, Kilometer je Sekunde *(столько-то)* километров в секунду, *км/с, км/сек*
km/st, Kilometer je Stunde *(столько-то)* километров в час, *км/ч*
kmt, Kilometertonne тонна-километр, *т-км*
KMW, Kriegsmarinewerft военная верфь
Kmzl.-R., Kommerzialrat *австр.* коммерциальрат, коммерции советник *(чин)*
KN, Kartennull *мор.* нуль *(глубин)* карты
KN, Kompaßnord *мор.* компасный норд
Kn, Kraftstoffnormverbrauch нормативный расход топлива *(по DIN)*
kN, Kilonewton килоньютон, *кН*
kn, Knoten *мор.* узел
kn., Knoten, Seemeilen je Stunde *мор.* узлов, *(столько-то)* морских миль в час
KNA, Katholische Nachrichtenagentur Католическое агентство информации
KnA, Knotenamt узловая телефонная станция
K.n.i.F., kommt nicht in Frage *разг.* об этом не может быть и речи
Knl, Kanal *топ.* канал
Kn.P., Knotenpunkt узловая точка, узел
K.Nr., K. Num, Kennummer опознавательный номер
Knz U, Konzessionsunternehmung концессионное предприятие
KO, Katodenstrahloszillograf электронный осциллограф
KO, Konkursordnung *юр., ком.* конкурсный устав; положение о конкурсах *(по делам несостоятельных должников);* порядок проведения конкурсов *(по делам о банкротстве)*

KÖ, Karboöl карболовое масло, фенольное масло; среднее каменноугольное масло
Ko, Kokosfaser кокосовое волокно
Ko, Koks кокс
Ko, Kondensator конденсатор
Ko., Koffer чемодан
Ko., Kohle уголь
Ko., Komödie комедия
Ko., Kompaß компас
Ko., Konnossement *ком.* коносамент
Ko., Kontrolle контроль, проверка
Ko., Kosten расходы, затраты, издержки
KOB, Korrekturbereich *вчт.* 1. зона коррекций 2. область памяти для (ввода) исправлений
Kob., Konstruktionsbericht техническое описание, описание конструкции
Kobü, Konstruktionsbüro конструкторское бюро, КБ
K.Oe.Z., Kathoden-Öffnungs-Zuckung *биол.* сокращение мышцы при катодном размыкании
Kofl, Kommandeur der Fliegertruppe командующий авиацией *(в бывшей германской армии)*
Koflug., Kommando Flughafenbereich командование района аэродрома *(в бывшей германской армии)*
Ko-Funktion, Komplementfunktion дополнительная функция
koh., kohärent *физ.* связанный, сцепленный, когерентный
Kok., Kokain кокаин
Kol., Kolonie колония
Kol., Kolonne колонна
Kol., Koloß колосс, гигант
Kol., Kolumbien Колумбия
kol $, Kolumbischer Peso колумбийское песо *(денежная единица)*
Koll., Kollege коллега; сотрудник, сослуживец
Koll., Kollektiv коллектив
Koll., Kolloquim коллоквиум
Koluft, Kommandeur der Luftwaffe командующий военно-воздушными силами *(в бывшей германской армии)*
Kol WH, Kolonialwarenhandel торговля колониальными товарами
Kom, KOM, Kraftomnibus автобус
Kom Abg G, Kommunalabgabengesetz закон о коммунальных сборах
Kom Ber, Kommissionsbericht *ком.* отчёт о комиссионной операции
Kombi, Kombinations- комбинированный
Kom G, Kommanditgesellschaft коммандитное товарищество, товарищество на вере
Kom Ga A, Kommanditgesellschaft auf Aktien акционерное коммандитное товарищество
Komm., Kommando 1. командование 2. команда
Komm., Kommission *ком.* комиссия, комиссионное вознаграждение
Komm., Kommunismus коммунизм
KommBG, Kommunalbeamtengesetz закон о служащих коммунальных учреждений
KommG, Kommanditgesellschaft. коммандитное товарищество, товарищество на вере
Komn., Kommunal- *в сложн.* городской, муниципальный; коммунальный
Komp., Kompanie компания *(торговая, промышленная и т.п.)*
Komp., Kompaß компас
Komp., Kompensation компенсация, возмещение
Komp., Kompetenz компетентность; компетенция; полномочия
Komp., Komponente компонент, составная часть; *мат.*, *физ.* составляющая, компонента
Komp., Komponist композитор
Koms., Kommissar комиссар
Komz., Kommerzien- *в сложн.* торговый, коммерческий
Kond., Kondensat *тех.*, *физ.* конденсат
Kond., Kondition условие; кондиция; качество; норма
Kond., Kondominium кондоминиум
Konf., Konfektion швейные изделия; готовое платье
Konf., Konferenz конференция, совещание
Konf., Konföderation конфедерация
Konj., Konjugation *грам.* спряжение
Konj., Konjunktiv *грам.* конъюнктив, сослагательное наклонение
konj., konjunkturell конъюнктурный
Kons., Konservatorium консерватория
Konst, Konstante *мат.* константа, постоянная

Konst, Konstitution строение; структура
konst, konstant постоянный
KONT, Kontrollzettel *ж.-д.* сортировочный листок
Kont., Kontakt контакт
Kont., Kontext контекст
Kont., Kontinent континент; материк
Kont., Kontingent 1. доля, часть 2. состав 3. контингент
Kont., Kontinuität непрерывность; *тех.* неразрывность; сплошность
Kont., Kontor контора
Konv., Konvaleszenz *мед.* выздоровление
Konv., Konvention конвенция, соглашение
Konv., Konvergenz *мат.*, *физ.* конвергенция
Konv., Konversion конверсия; *тех.* превращение
Konv., Konverter *тех.* конвертер
konv., konventionell общепринятый, обычный, традиционный; условный; договорный
Konv A, Konvertierungsanleihe конверсионный заём
Konv.T., Konventionaltarif конвенционный тариф
Konz, Konzentration концентрация
konz., konzentriert концентрированный
konz., konzentrisch концентрический
Konzm., Konzertmeister концертмейстер
Kop., Kopeke копейка
Kop., Kopie копия
kop., kopieren копировать
Kopo, Kopolimerisat сополимер
Korp., Korporation корпорация
Korr., Korrigenda список опечаток, опечатки
korr, korrigiert скорректированный; исправленный
KostO, Kostenordnung положение об издержках
K. Ö.Z., Kathoden-Öffnungs-Zuckung *биол.* сокращение мышцы при катодном размыкании
KP, Kegel-platte Einrichtung устройство: конус-плита
KP, Kommunistische Partei коммунистическая партия
KP, Kompaßpeilung *мор.* 1. компасный пеленг; 2. пеленгование по компасу

KP, Kristallisationspunkt точка [температура] кристаллизации
KP, Kurpackung дозированная упаковка лекарства, рассчитанная на полный курс лечения
K.P., Kleinpackung розничная упаковка, мелкая расфасовка *(товара)*
Kp, Kochpunkt точка [температура] кипения
Kp, Kolbenpumpe поршневой насос
Kp, Kompanie рота
Kp, Kompaß компас
kp, Kilopond *физ.* килограмм-сила, *кгс, кг*
KPA, Kriminalpolizei-Amt управление уголовной [криминальной] полиции
KPCh, Kommunistische Partei Chinas Коммунистическая партия Китая
KPD, Kommunistische Partei Deutschlands Коммунистическая партия Германии, КПГ
KPD/ML, Kommunistische Partei Deutschlands/ Marxisten-Leninisten Коммунистическая партия Германии/ марксисты-ленинисты
KPdSU, Kommunistische Partei der Sowjetunion *ист.* Коммунистическая партия Советского Союза, КПСС
Kpf, Kampf- *в сложн.* 1. боевой, боевого назначения 2. ав. бомбардировочный
Kp(fl.), Siedepunkt in flüssigem Zustand температура кипения в жидком состоянии
Kpfmehrs., Kampfmehrsitzer многоместный боевой самолёт
Kpfst, Kupferstich гравюра на меди
Kpfw., Kampfwagen танк; бронемашина
Kpf.Z., Kopfzünder головной взрыватель
Kpl, Kapelle *топ.* часовня
kpm, Kilopondmeter *физ.* килограмм-силаметр, *кгс м*
KPÖ, Kommunistische Partei Österreichs Коммунистическая партия Австрии, КПА
Kpt., Kapitän капитан *(судна)*
Kptlt., Kapitänleutnant *мор.* капитан-лейтенант
K Pz, Küstenpanzerschiff броненосец береговой обороны
KR, Kanalrechner; *(engl.)* 1-Chip-Mikrocomputer микро-ЭВМ, обслуживающая одни из каналов *(блока управления)*

KR, Kirchenrat 1. церковный совет; 2. член церковного совета

KR, (Alliierter) Kontrollrat *ист.* (Союзный) Контрольный совет *(в Германии после второй мировой войны)*

KR, Koordinierungsrechner *ж.-д.* ЭВМ, управляющая потоками внешней информации, поступающей в вычислительный центр сортировочной станции

KR, Korrekturregler корректирующий регулятор

KR, Kreisrat крейсрат, совет района *(исполнительный орган крейстага)*

KR, Kulturredakteur редактор отдела культуры *(журнала, газеты)*

K.R., Kesselraum котельное отделение

Kr, Kristall кристалл

Kr, Krypton *хим.* криптон

Kr., Kraft сила

Kr., Kragen ворот, воротник

Kr., Krankheit болезнь

Kr., Kranz венок; венец

Kr., Krater 1. кратер *(вулкана)*; 2. *тех.* полость; углубление

Kr., Kraut трава; зелень, овощи

Kr., Krawatte галстук

Kr., Krebs *мед.* рак

Kr., Kredit кредит

Kr., Kreis район, крайс *(низшая единица административного деления Германии)*

Kr., Kreuz 1. крест 2. *анат.* крестец, поясница 3. *мат.* плюс 4. *муз.* диез

Kr., Krieg война

Kr., Kriegs- *в сложн.* военный, военного назначения, военного времени

Kr., Kriterium критерий

Kr., Krone крона *(денежная единица)*

Kr., Krupp-Werke заводы Круппа

KRA, Kleinrechenanlage малая ВМ; мини-ЭВМ; миникомпьютер

Krabus, Kraftomnibus автобус

Krad, Krd, Kraftrad мотоцикл; мотороллер

Kradf., Kraftradfahrer мотоциклист

Krad o.B., Kraftrad ohne Beiwagen мотоцикл без *(прицепной)* коляски

Kradsch., Kradschütze стрелок-мотоциклист

Kraftf., Kraftfahrer водитель *(автомобиля)*, шофёр

KrAusz., Kriegsauszeichnungen военные награды

KRD, Katholische Rundfunkarbeit in Deutschland Католическое радиовещание Германии

KReg, kontenregulativ *бухг.* регулирующий взаимные расчёты

K Reg, Kontenregulativ *áóðã.* порядок регулирования взаимных расчётов

KREI-Verkehr, Kraftomnibus-Eisenbahn-Verkehr *ж.-д.* комбинированные перевозки пассажиров авто- и железнодорожным транспортом

Krf, Krefeld г. Крефельд

Krf., Kraftfahrer водитель *(автомобиля)*, шофёр

Krf., Kranführer крановщик

Krf., Kurfürst *ист.* курфюрст

Krfg, Kriegsführung ведение войны

krfg, kreuzförmig крестовидный, крестообразный

krfl., kurfürstlich *ист.* курфюрстский

Krftf., Kraftfahrer водитель *(автомобиля)*, шофёр

Krfw, Kraftwagen автомобиль

KRG., Kontrollratsgesetz *ист.* постановление Контрольного Совета

Krgs, Kriegs- *в сложн.* военный, военного времени, военного назначения

Krgsbesch., Kriegsbeschädigter инвалид войны

Krgsfl., Kriegsgefangenenlager лагерь военнопленных

Krgsgef., Kriegsgefangener военнопленный

Krgs.Lax., Kriegslazarett военный госпиталь

Krgsw, Kriegswirtschaft экономика военного времени

Krh., Krhs, Krankenhaus больница

Kri., Kriminalistik криминалистика

KrimGegfr., Kriminologische Gegenwartsfragen «Современные вопросы криминологии» *(издаётся в Штутгарте)*

Krimi, Kriminalfilm детектив(ный фильм)

Krimi, Kriminalroman детектив(ный роман)

KrimJ, Kriminologisches Journal «Криминологический журнал» *(издаётся в Мюнхене)*

Kripo, Kriminalpolizei уголовная [криминальная] полиция

krist., kristallin, kristallisiert кристаллический, кристаллизованный
Kri.Sta., Kriegsstammrolle список рядового состава военного времени
kristsch, kristallinisch кристаллический
krk, krank болен
Krktrg, Krankenträger санитар-носильщик
K.R.L., Konstruktionrichtslinie *тех.* конструктивная расчётная линия
Kr Nw, Krankennachweis список больных
KRO, Kreis-Resident-Officer *ист.* районный уполномоченный *(англо-американских)* оккупационных властей
KrP, Kriminalprozeß уголовный процесс
Krs, KrS, Kreis район, крайс *(единица административного деления Германии)*
Kr SSt, Krankensammelstelle эвакуационный пункт *(для больных и раненых)*
Krst, Kreisstadt районный центр
krt, kartoniert в картонном переплёте *(о книге)*
Kr.Tm., Kirchturm *топ.* колокольня
KrV, Kreisverband районный союз
KrV, Kriegsverluste военные потери
KrW, Kreditanstalt für Wiederaufbau кредитное учреждение [банк] по восстановлению *(восточных земель Германии; после объединения Германии)*
Krw, Kraftwagen автомобиль
Krz, Kreuzer крейсер
krzf, krzfg, kreuzförmig крестовидный, крестообразный
KS, Kassenscheck кассовый чек
KS, Kennlinienschreiber *тех.* характериограф
KS, Kernspeicher *вчт.* память [ЗУ] на (магнитных) сердечниках, магнитное (оперативное) ЗУ, МОЗУ
KS, Kettenschlepper цепной *(скребковый)* конвейер
KS, Kontrollstreifen *воен., погран.* контрольно-следовая полоса, КСП
KS, Koorinatenschalter *тлв.* координатный соединитель
KS, kosmische Strahlung космическое излучение
KS, Kranschiene подкрановый рельс
KS, Kühlstärke *тех.* степень охлаждения
KS, Kunstseide искусственный шёлк
KS, Kunststoff пластмасса, пластик, синтетический [полимерный] материал

KS, Kurzunterbrechungs-Schalter выключатель для автоматического повторного включения, выключатель для АПВ
KS, Küstenschnellboot торпедный катер береговой обороны
KS, Küstenschutz береговая охрана; береговая оборона
K.S., Körperschulung физическая культура
Ks, Kettenschlepper гусеничный тягач
Ks, Kleinspannung *эл.* малое напряжение
Ks., Kaiser император; кайзер *(в Германии)*
Ks., Kaserne казарма
Ks., Kettenschlepper гусеничный тягач
Ks., Kippschalter *тех.* ключ; перекидной переключатель
Ks., Kippschalter 1. перекидной выключатель, тумблер; 2. *тлф.* опросно-вызывной ключ
Ks., Konsul консул
Ks., Kunstseide искусственный шёлк
k.S., auf kurze Sicht *банк.* краткосрочный
KSB, Klein, Schanzlin & Becker фирма «Кляйн, Шанцлин унд Беккер» *(ФРГ)*
KSchG, Kinderschutzgesetz закон о защите детей
KSchG, Kündigungsschutzgesetz закон о гарантиях от незаконного увольнения
Kschr., Kündigungsschreiben 1. заявление о расторжении договора 2. заявление об увольнении
Kschr., Kurzschrift стенография
KSCV, Kösener Senioren-Konvent-Verband Кёзенская федерация студенческих корпораций
KSE, Kanalsteuereinheit 1. *вчт.* устройство [блок] управления каналом 2. *свз.* селекторный канал
KSE, Kleine Sowjetenzyklopädie Малая советская энциклопедия
K-Seide, Kunstseide искусственный шёлк
KSFl, Küstenschutzflottille флотилия береговой обороны
KSH, Kernkraftwerk Schleswig-Holstein атомная электростанция в Шлезвиг-Гольштейне
KSH, Kombinat Seeverkehr und Hafenwirtschaft комбинат морского транспорта и портового хозяйства
KSHL, Kaltstarthochleistungsbatterie аккумулятор с улучшенной разрядной ха-

рактеристикой низкотемпературного пуска
Kslt, Kaiserslautern г. Кайзерслаутерн
KSM, Klöckner-Spanmühle стружечная мельница фирмы «Клекнер»
KSP, Kegelschmelzpunkt *тех.* точка *или* температура плавления конуса Зегера
Ksp, Kraftsonderpost спешная почта *(доставляемая нарочным на автомобиле)*
k.Sp., keine Spur никаких следов
KSR, Katodenstrahlröhre электронно-лучевая трубка, ЭЛТ
KSR, Kriegsschadenrente пенсия за ущерб, причинённый войной
KSS, Küstenschutzschiff корабль береговой охраны
Kssl, Kassel г. Кассель
KSt, Kartenstanzer *вчт.* карточный перфоратор
KSt., Körperschaftssteuer налог на *(торгово-промышленные)* корпорации
K-St, Kanalsteuerung *вчт.* управление каналом
KStA, Kreisstaatsanwalt районный прокурор, райпрокурор
KStA, Kreisstaatsanwaltschaft районная прокуратура, райпрокуратура
Kstb., Kohlenstaub угольная пыль
KStDV, Verordnung zur Durchführung des Körperschaftsteuergesetzes положение о порядке проведения закона о налоге на корпорации
Kstfl., Küstenflug полёт вдоль побережья
Kstfrg, Kohlenstaubfeuerung пылеугольная топка
KStG, Körperschaftssteuergesetz закон о налоге на корпорации
K.St.N., Kriegsstärke-Nachweisung штат военного времени
Kstz, Konstanz г. Констанц
KSV, Kraftsportverein союз тяжёлой атлетики
KSV, Küstensicherungs-Verband сторожевое соединение береговой обороны
K.S.Z., Kathoden-Schließungs-Zuckung *биол.* сокращение мышцы при катодном замыкании
KSZE, Konferenz über Sicherheit und Zusammenarbeit in Europa Совещание по безопасности и сотрудничеству в Европе, СБСЕ

KT, Kabeltechnik кабельная техника
KT, Kabeltelegramm каблограмма
KT, Kältetechnik холодильная техника
KT, Kerntechnik ядерная техника
KT, Kommataste *вчт.* клавиша для задания положения запятой
KT, Kompaßtochter *навиг.* репитер гирокомпаса
KT, Kriminaltechnik криминалистическая техника
K-T, Kondensations-Turbosatz конденсационный турбоагрегат
Kt, Kaisertum империя
Kt., Kanton кантон *(в Швейцарии)*
Kt., Karat карат *(единица массы дрогоценных камней, равная 200 мг)*
Kt., Karte карта; карточка; *(почтовая)* открытка; билет
Kt., Kartei картотека
kt., kantonal кантональный
kt., kartoniert переплётённый в папку
kt., kraftfahrtechnisch автомобильный; автотранспортный
K.T.A., Kerntechnikausschuß комитет по ядерной технике
K.T.A., Kraftfahrzeugtechnische Anstalt автотранспортное предприятие
K.T.A., Kriegstechnische Abteilung des Eidgenössischen Militärdepartements Техническое управление швейцарского военного департамента
KTB, Kreistransportbüro *ж.-д.* районное транспортное бюро *(при райсовете бывш. ГДР)*
KTI, Kriminaltechnisches Institut der Deutschen Volkspolizei Институт криминалистической техники немецкой народной полиции *(в бывш. ГДР)*
KtK, Kommission für den Ausbau des technischen Kommunikationssystem Комиссия по развитию технической системы коммуникации
KTL, Kuratorium für Technik in der Landwirtschaft Управление механизации сельского хозяйства
Kt.-Nr., Karteinummer номер по картотеке
Kto., Konto *бухг.* счёт
Kto.-Ausz., Kontoauszug выписка из счёта
KTR, Kostenträger эк. объект [носитель] затрат
Ktr, Kontroll- *в слож.* контрольный

Ktr, Ktr., Kontrolle контроль
Ktrr, Kontrolleur контролёр
KU, Kanalumsetzer *свз.* преобразователь канала
KU, Konzessionsunternehmung концессионное предприятие
KU, Kunstfaser *текст.* искусственное волокно
KU, Kurzunterbrechung эл. автоматическое повторное включение, АПВ
KU, Umschaltkontakt переключающий контакт
KÜ, Kesselüberwachung котлонадзор
Kü., Küche кухня
Kü., Küste морской берег; побережье; взморье
KUA, Kernenergieumwandlungsanlage устройство [установка] для превращения ядерной энергии; ядерный реактор
K.u.A., Kampf und Aufklärung бой и разведка
KUA-Lüftung, Kernenergieumwandlungsanlage-Lüftung аэрация [вентиляция] установки для преобразования ядерной энергии; вентиляция [обдув] ядерной установки
kub $, Kubanischer Peso кубинское песо *(денежная единица)*
KüBef, Küstenbefehlshaber командующий береговой обороной *(в бывшей германской армии)*
K.u.F., Kosten und Fracht *ком.* стоимость и фрахт
Kühlw, Kühlwasser охлаждающая вода
KUJ, Kriegs-Unterseebootsjäger корабль - охотник за подводными лодками
KUK, Konstruktionsunterkante *ж.-д.* нижний уровень конструкции *(фермы моста)*
k.u.k., kaiserlich und königlich императорский и королевский
Kurf., Kurfürst *ист.* курфюрст
kurfl., kurfürstlich *ист.* курфюрстский
Kurp., Kurpackung дозированная упаковка лекарства, рассчитанная на полный курс лечения
Kurzbez., Kurzbezeichnung условное (буквенное) обозначение
KuT, Konkurs- und Treuhandwesen *юр. ком.* положение о конкурсах и ответственном хранении имущества *(несостоятельного должника)*

KUVG, Kranken- und Unfallversicherungsgesetz закон о страховании по болезни и несчастному случаю, закон о страховании на случай болезней и аварий
Kuvi, Kurvenvisier *воен.* секторный прицел
KV, Kabelverzweiger кабельный распределительный шкаф
KV, Kanalverstärker *свз.* канальный усилитель
KV, Kartellverband *(der Katholischen Deutschen Studentenvereine)* Корпоративное объединение *(немецких католических студенческих союзов)*
KV, Kartellverband объединение в форме картеля, картель
KV, Kassenvorschrift *ж.-д.* инструкция по кассовым операциям
KV, kaufmännische Verwaltung торговая администрация
KV, Kaufvertrag договор купли-продажи
KV, kleine Fahrt voraus *мор.* самый малый ход вперёд
KV, «Kommando verworfen» *вчт.* «команда отклонена»; «команда игнорируется»
KV, Konkursverfahren конкурсное производство *(по делам несостоятельного должника; по делам о банкротстве)*
KV, Konkursverwalter управляющий конкурсом *(по делам несостоятельного должника)*
KV, Krankenversicherung страхование на случай болезни
KV, Kriegsverbrecher военный преступник
KV, Künstlerverband союз художников, союз работников искусства
KV, Kurzverfahren ускоренный метод; экспресс-метод
K.V., Kassenärztliche Vereinigung Объединение врачей больничных (страховых) касс
Kv, Konkursverfahren процесс по делу о банкротстве
kV, Kilovolt *физ.* киловольт, *кВ*
k.v., kriegsverwendungsfähig к службе в военное время пригоден
KVA, Kraftstoffverbrauchsanzeige экономметр - указатель мгновенного расхода топлива

KVA, Krankenversicherung der Arbeiter страхование рабочих на случай болезни

kVA, Kilovoltampere *физ.* киловольтампер, *кВА*

KVAB, Krankenversicherungsanstalt Berlin Западноберлинское управление социального страхования на случай болезни

kval, Kilogrammäquivalent килограммэквивалент

kVAr, Blindkilovoltampere квар, кВАр

kV/cm, Kilovolt per Zentimeter *(столько-то)* киловольт на сантиметр, *кВ/см*

KVD, Kassenärztliche Vereinigung Deutschlands Объединение врачей больничных (страховых) касс Германии

KVD, Kurzhub-Viertakt-Dieselmotor короткоходный четырёхтактный дизельный двигатель

KVdR, Krankenversicherung der Rentner страхование на случай болезни лиц, получающих социальное пособие

KVG, Kapitalverkehr-Steuergesetz закон о налоге на оборотный капитал

KVG, Krankenversicherungsgesetz закон о страховании на случай болезни

KVI, kusstoffverarbeitende Industrie промышленность по обработке искусственных материалов

K.V.K., Kriegsverdienstkreuz крест «За военные заслуги»

KVLC, Gesetz über die Krankenversicherung der Landwirte закон о страховании фермеров на случай болезни

KVO, Kraftverkehrsordnung правила движения автомобильного транспорта

KVP, Kasernierte Volkspolizei полиция на казарменном положении *(в бывш. ГДР)*

KVSG, Gesetz über die Krankenversicherung der Studenten закон о страховании студентов на случай болезни

Kvst, Kraftverkehrstelle DB *ж.-д.* контора Государственных железных дорог ФРГ по автомобильным перевозкам

KW, Kampfwagen танк; бронемашина

KW, Kohlenwasserstoff углеводород

KW, Konsumware потребительский товар

KW, Kraftwagen автомобиль

KW, Kraftwerk электростанция

KW, Kreditanstalt für Wiederaufbau Банк реконструкции *(в Германии)*

KW, Kurbelwelle коленчатый вал

KW, Kurbelwinkel угол поворота коленчатого вала

KW, Kurzwellen *радио* короткие волны

Kw, Kraftwagen автомобиль

Kw., Kesselkraftwagen автоцистерна

kW, Kilowatt киловатт, *кВт*

k.W., kaltes Wasser холодная вода

k.W., kommende(r) Woche на следующей неделе

KWA, Kältemaschinen-Wärmepumpen-Anlage установка, включающая холодильную машину и тепловой насос

KWA, Kreditanstalt für Wiederaufbau Банк реконструкции *(в Германии)*

KWA, Küstenwarnanlage береговая станция наблюдения и оповещения

KW.Ah., Kraftwagenanhänger автомобильный прицеп, автоприцеп

KWD, Kraftwagendienst *ж.-д. австр.* автомобильное хозяйство *(железной дороги)*

KwE, KWE, Kurzwellenempfänger коротковолновый приёмник

Kwf, Kraftwagenführer водитель автомобиля, шофёр

KWG, Kaiser Wilhelm-Gesellschaft Общество императора Вильгельма *(теперь* **Max-Planck-Gesellschaft**, MPG)

KWG, Kolping Wandernde Gesellen Кольпингский (католический) союз странствующих подмастерьев

KWG, Kommunalwahlgesetz закон о муниципальных выборах

KWG, Kreditwesengesetz закон о кредитных операциях

KWG, Kreditwesengesetz закон о кредитных учреждениях

KWG, Kreditwesengesetz; Gesetz über das Kreditwesen закон о кредитных операциях

KWH, Kolonialwarenhandel торговля колониальными товарами, торговля бакалейными товарами

kWh, Kilowattstunde киловатт-час, *кВтч*

KWI, Kaiser Wilhelm-Institut Институт императора Вильгельма *(теперь* **MPI**)

KWIC, Key word in contecxt *англ.* система автоматического реферирования КВИК фирмы ИБМ (США)

KWIE, Kaiser Wilhelm-Institut für Eisenforschung Düsseldorf Дюссельдорфский институт императора Вильгельма по исследованию чёрных металлов

KWIG, Kaiser Wilhelm-Institut für Strömungsforschung, Göttingen Гёттингенский институт императора Вильгельма по исследованию аэрогидродинамики

KWIM, Kaiser Wilhelm-Institut für Metallforschung, Stuttgart Штутгартский институт императора Вильгельма по исследованию металлов

KWIT, key word in tite *англ.* система автоматического реферирования ЛВИТ фирмы «Локхид» (США)

KWJ, Kilowatt-Jahr *(столько-то)* киловатт в год, *кВт/г.*

Kw.K., Kampfwagenkanone орудие, установленное на танке, танковое орудие

Kw.K., Kraftwagenkolonne колонна автомобильного транспорта, автоколонна

KWL, Konstruktionswasserlinie *мор.* конструктивная [расчётная] ватерлиния *(судна)*

KWS, Kaltwassersatz водоохладительный агрегат; водоохладитель

KWS, Kurzwellensender коротковолновый передатчик

kWSt, Kilowattstunde киловаттчас, *кВт ч*

KW-Stoff, Kohlenwasserstoff *хим.* углеводород

KWT, Kuwait Кувейт *(индекс государственной принадлежности автомобиля)*

KWU, Kommunalwirtichaftsunternehmen предприятие коммунального хозяйства

KWU, Kraftwerkunion «Крафтверкунион» *(отделение в составе фирмы «Сименс»)*

kx, auf kegeligen Kreuzhülsen *текст.* на конических крестовых шпулях

KZ, Kennzeichen 1. признак 2. условное обозначение; (условный) код 3. идентификатор; метка

KZ, Kennziffer 1. показатель; 2. характеристика *(логарифма)*

KZ, Kennziffer der Flüchtigkeit показатель испаряемости жидкости

KZ, Kerbschlagzähigkeit ударная вязкость *(образца с надрезом)*

KZ, Kernzahl число зародышей *(в металлографии)*

KZ, Kinderzuschlag надбавка на ребёнка *(к заработной плате или к пенсии)*

KZ, Kompaßzahl азимут

KZ, Konzentrationslager концентрационный лагерь

KZ, Koordinationszahl координаоинное число

KZ, Kurszettel курсовая таблица, курсовой бюллетень, биржевой бюллетень

KZ, Z-Köperbindung *текст.* саржевое правое переплетение

KZ, Z-Köperbindung *текст.* саржевое правое переплетение

K.Z., Kurszettel курсовая таблица, курсовой бюллетень, биржевой бюллетень

Kz, Kaschmierziegenhaar *текст.* шерсть кашмирской козы

Kz, Kruzzeichen сокращённое обозначение

Kz, Kurz- *в сложн.* коротко-

Kz., Kennzahl индекс; показатель; параметр

Kz., Kennziffer 1. показатель; индекс; 2. код

Kz., Kerze *физ.* свеча, св *(единица силы света)*

Kz., Kranz венок; венец

Kz., Kreuz крест

Kz., Kürzung сокращение; уменьшение

kz., kurz кратко, вкратце

KZB, Kennzeichen Bearbeitung признак обработки

KZD, Kurzhub-Zweitakt-Dieselmotor *авто* короткоходный двухтактный дизель

k.z.D., kommandiert zur Dienstleistung командирован по служебным делам

Kzf., Kurzform краткая форма, сокращённое изложение

kzh., kurzerhand на скорую руку; не долго думая; сразу

KZL, Kennzeichen Liste *вчт.* признак списка

Kzl., Kanzel кафедра

Kzl., Kanzlei канцелярия

Kzl., Kanzler канцлер

Kz Laf., Kreuzlafette лафет с крестовидным основанием

Kzlär

Kzlär, Kzler, Konzentrationär *(бывший)* заключённый концентрационного лагеря

KZU, Kennzeichen für Umschlüsselung *вчт.* признак перекодирования

KZW, Kurzwellen *радио* короткие волны

KZW, Kurzwellen- *в сложн.* коротковолновый

L

L, обозначение единицы в двоичной системе счисления; двоичная единица

L, стойкий против щелочной хрупкости *(в маркировке стали)*

L, *усл. обозн.* уголковый профиль, уголок

L, Fernleitung 1. линия электропередачи 2. линия дальней связи, линия международной связи

L, fünfzig пятьдесят *(римская цифра)*

L, Getriebesynchronisierung обозначение синхронизированной коробки передач

L, Koeffizient der Selbstinduktion *эл.* коэффициент самоиндукции; самоиндукция; индуктивность

L, Kurzhauben-Pritschenwagen, *m* бортовой автомобиль с кабиной, надвинутой на двигатель *(обозначение в составе марки автомобиля «Мерседес-Бенц», вводимое перед номером модели)*

L, Ladeprozess *ж.-д.* грузовой процесс

L, Ladezustand *ж.-д.* состояние грузового вагона *(гружёный или порожний)*

L, Lambert ламберт, Лб

L, Länge длина

L, Langwellen *радио* длинные волны; диапазон длинных волн; ДВ

L, Lateralflexion поперечный изгиб кости *(вид травмы при ДТП)*

L, Läufer *шахм.* слон

L, Lautsprecher *радио* громкоговоритель, динамик

L, Lebensdauer срок службы

L, Leerwagenzugbildung *ж.-д.* назначение плана формирования поездов из порожних вагонов

L, Leinwandbindung *текст.* полотняное переплетение

L, Lempira лемпира *(денежная единица Гондураса)*

L, Lichtbildflugzeug самолёт, оборудованный для аэрофотосъёмки

L, Lichtbogenschweißung mit Schweißelektroden дуговая сварка электродами; дуговая сварка металлическими электродами

L, Lichtmenge *физ.* количество света, световая энергия

L, Lieferung выпуск *(книги, брошюры)*

L, Litze *эл.* литца, многопроволочный гибкий провод

L, Lochen 1. перфорация; пробивка; 2. вывод (данных) на перфорацию

L, Logik 1. логика 2. логическая схема; логическая структура 3. логические схемы *(как элементы конструкции)*

L, Loschmidtsche Zahl *физ.* число Лошмидта

L, Lösung раствор

L, Luft- *в сложн.* воздушный

L, Luftmenge количество воздуха

L, Luxemburg Люксембург *(индекс государственной принадлежности автомобиля)*

L, LZ, Luxuszug курьерский поезд

L, Luxuszug поезд-люкс
L., Ladelänge *ж.-д.* длина пола вагона, на которой можно разместить груз
L., Lage положение
L., Länge длина
L., Länge 1. длина 2. географическая долгота
L., Last груз; нагрузка
L., Latein латынь, латинский язык
L., Lederleim мездровый клей
L., Leistung 1. мощность 2. производительность
L., Licht свет, освещение
L., Lieferant поставщик
L., Lieferung поставка
L., Linne по Линнею *(при латинских ботанических обозначениях)*
L., Lira, Lire лира *(денежная единица Италии)*
L., Liste список, перечень; ведомость; реестр
L., Loch дыра, отверстие
L., Rundholz круглый лесоматериал лиственных пород
l, Ladungsfähigkeit грузовместимость, грузоподъёмность
l, lehmig *геол.* суглинистый
l, Leu лея *(денежная единица Румынии)*
l, linksdrehend *физ.* левовращающий
l, Liter литр
l, löslich растворимый
l., lang *(столько-то метров и т. п.)* длины
l., lateinisch латинский; по-латыни
l., laut согласно, в соответствии
l., leicht лёгкий; легко
l., lies! читай
l., links слева; налево; влево; на левой стороне
l., löslich *хим.* растворимый
LA, Landesamt ландесамт *(орган государственной власти в землях Германии)*
LA, Lärche лиственница
LA, Lastenausgleichsgesetz закон о налоговых льготах для переселенцев и пострадавших от войны
LA, Lehramt Ведомство просвещения *(Австрия)*
LA, Lehramt должность учителя; профессура
LA, Leichtathletik лёгкая атлетика

LA, Leitungsabgleich *свз.* согласование линий
LA, Linksaußen левый крайний нападающий *(футбол)*
La, Lamawolle *текст.* шерсть ламы
La, Lampe лампа
La, Lanthan *хим.* лантан
«La», Locher aus перфоратор выключен
La, Übersicht der vorübergehend eingerichteten Langsamfahrstellen und sonstiger Besonderheiten *ж.-д.* Перечень мест с временными ограничениями скорости движения поездов и другими особенностями
Lä, Längstwellen *радио* очень длинные [мериаметровые] волны
l.A., laut Akten по документам, согласно документу
l.A., laut Angaben согласно данным, по данным, по сведениям
l.A., laut Angebot согласно предложению
l.A., laut Auftrag по поручению; по заказу
l.A., laut Aussagen согласно показаниям
LAA, Landesarbeitsamt биржа труда *(в землях Германии)*
LAA, Lehramtsanwärter кандидат на должность школьного учителя
LAA, Luftaufbereitungsaggregat агрегат для очистки [обработки] воздуха
Lab., Labor, Laboratorium лаборатория
lab., labil неустойчивый, лабильный
L.-Abg., LAbg., Landtagsabgeordnete(r) депутат ландтага
LAE, Länderausschu:s für Eisenbahnangelegenheiten *ж.-д.* Комитет земель ФРГ по делам железных дорог, не относящихся к государственным *(создан в 1951 г.)*
LAEB, Länderausschuss für Eisenbahnen und Bergbahnen *ж.-д.* Комитет земель ФРГ по вопросам железных дорог, не относящихся к государственным, и горных дорог *(ранее - LAE)*
LAFTA, Latin American Free Trade Association *англ.* Латиноамериканская ассоциация свободной торговли
LAG, Landesarbeitsgericht суд земли по трудовым спорам *(административной единицы Германии, Австрии)*
LAG, Lastenausgleichgesetz закон о налоговых льготах для переселенцев и по-

страдавших от войны; закон о возмещении ущерба, причинённого войной

Lag., Lager склад

Lag., Lagerung складирование

LAGER, layout generating routine *англ.* стандартная программа ЛАГЕР для автоматической компоновки электрических схем *(США)*

Landw., Landwirtschaft сельское хозяйство

landw., landwirtschaftlich сельскохозяйственный

LaOZ, Labor-Oktanzahl лабораторное октановое число

Laprü, Prüfung der Radsatzgleitlager auf Warmelauf *ж.-д.* проверка нагрева букс у движущегося подвижного состава

LARG, livermore atomic research computer *англ.* вычислительная машина ЛАРК фирмы «Спери рэнд» *(США)*

LAT, leichter Artillerieträger лёгкая плавучая батарея

lat., lateinisch латинский; по латыни

lat., lateinische Sprache латинский язык

L-1A-Test, метод испытания L-1A эксплуатационных свойств масел для тяжёлых условий работы *(содержащих около 7% присадок)* на одноцилиндровом четырёхтактном дизельном двигателе Катерпиллер

Lauenb., Lauenburg г. Лауэнбург

LaVO, Landesverordnung правовые акты [постановления, распоряжения] органов управления земли

Laz., Lazarett госпиталь

LB, Landesbibliothek краеведческая библиотека

LB, Landesdienst Bayern *наименование баварского отделения телеграфного агентства* dpa

LB, Landwirtschaftsbank Сельскохозяйственный банк

LB, Linearbeschleuniger линейный ускоритель *(элементарных частиц)*

LB, Lochband перфолента

Lb., Lehrbuch учебник

Lb., Libelle *ав.* вертолёт

Lb., Lichtbild фотография, снимок

Lb., Luftbild аэрофотоснимок

l.B., laut Bericht согласно отчёту

lb, libra фунт *(английский)*

lb., Libra испанский фунт, португальский фунт, латиноамериканский фунт *(460 г)*

l.b., leicht bekloppt *разг. ирон.* слегка тронутый, с придурью

LBA, Lehrerbildungsanstalt педагогический институт

Lbck, Lübeck г. Любек

LBE, Lochbandeingabe ввод (данных) с перфоленты

LBE, Lochbandeinlesen считывание (данных) с перфоленты; ввод (данных) с перфоленты

LBF, Lichtbogenfestigkeit дугостойкость, сопротивляемость действию электрической дуги

LBG, Landesbeamtengesetz закон о чиновниках *(в землях ФРГ)*

LBH, (Volkseigene Betriebe für) Land-, Bau- und Holzbearbeitungsmaschinen Народные предприятия по производству сельскохозяйственных машин, строительных механизмов и деревообрабатывающих станков *(бывш. ГДР)*

LBH, Länge, Breite, Höhe длина, ширина, высота *(габаритные размеры)*

LBKZ, Lochbandkennzeichen условное обозначение перфоленты; метка перфоленты [на перфоленте]

LBL, Lochbandleser устройство считывания с перфоленты; устройство ввода с перфоленты

LBl, Literaturblatt *наименование периодического издания по вопросам художественной литературы*

L-Blau 1, индантреновый синий *(пищевой синий краситель N1)*

LBS, Lochbandstation устройство ввода-вывода на перфоленту

LbSpg, Lichtbogenspannung напряжение электрической дуги

LBSt, LBST, Lochbandstanzer ленточный перфоратор

LC, Landsmannschaft-Konvent конвент (студенческих) землячеств

L.C., L/C, letter of credit *англ.* аккредитив

LCD, Liquid crystal display *англ., вчт.* жидкокристаллический дисплей, ЖКД

Lcht, Leucht- *в сложн.* осветительный, световой; светящийся

Lcht.Bk., Leuchtbake *навиг.* освещаемый знак
Lcht.Tm., Leuchtturm *навиг.* (световой) маяк
Lcht.Tn., Leuchttonne *навиг.* освещаемый буй
LCL, Less than Container Load *англ.* партия товара, не полностью заполняющая контейнер
LCP, liquid cristall polymere жидкокристаллические полимеры
LD, Leerlaufdüse *авто* жиклёр холостого хода
LD, Letaldosis смертельная доза, летальная доза
LD, Linz-Donavitz(verfahren) *мет.* ЛД-процесс
LD, Lotsendampfer паровое лоцманское судно
l.D., lichter Durchmesser *тех.* диаметр в свету, внутренний диаметр
ld., ledig холостой, не состоящий в браке; незамужняя
ld., leuchtend яркий; блестящий; светящийся
ld., luftdicht воздухонепроницаемый, герметичный
Ldbez., Landbezirk 1. округ *(единица административного деления Германии)* 2. сельский округ; сельский район
Ldg, Landung 1. десант, высадка: 2. *ав.* приземление, посадка
Ldgem., Landgemeinde сельская община
LDGO, Dienst- und Geschäftsordnung für die Militärgerichte der Luftwaffe военно-юридическое наставление для судебных органов военно-воздушных сил *(в бывшей германской армии)*
Ldgs, Landungs- *в сложн.* 1. десантный 2. *ав.* посадочный
Ldkp, Landkraftpost автомобильная междугородная почта
Ldkr., Landkreis крайс; район; округ *(единица административного деления бывш. ГДР)*
Ldkw, Landkraftwagen автомобиль повышенной проходимости, вездеход
LDO, Landesdienststrafordnung дисциплинарный устав *(для служащих учреждений немецких земель)*
LDPD, Liberal-Demokratische Partei Deutschlands Либерально-демократическая партия Германии, ЛДПГ *(в бывш. ГДР)*
LDPE, Polyätylen niedriger Dichte облегчённый полиэтилен
Ldr, Ldr., Linksdrall 1. *маш.* левая винтовая линия; 2. левая свивка *(каната)*; левая скрутка *(кабеля)*
Ldr., Länder земли *(земля - единица административного деления ФРГ, Австрии)*
Ldr., Leder кожа, кожаный переплёт *(книги)*
ldr., linksdrehend вращающийся в левую сторону
Ldrb, Lederband кожаный переплёт *(книги)*
Ldrr, Lederrücken кожаный корешок *(книги)*
LDS, Längsdrehschwingungen продольно-крутильные колебания
Ldsch., Landschaft 1. местность, область, провинция; край 2. ландшафт, пейзаж
Ldst., Ladestelle *ж.-д. австр.* грузовой пункт
Ldst., Landsturm ландштурм, ополчение
L-1D-Test, метод испытания L-1D эксплуатационных свойств масел серии 2 на одноцилиндровом четырёхтактном дизельном двигателе *(с наддувом)* Катерпиллер EX 7630
L.Dv., Luftwaffendienstvorschrift устав военно-воздушных сил *(в бывшей германской армии)*
Ldw., Landwehr ландвер *(ополчение в фашистской Германии)*
Ldw., Landwirt фермер; агроном
Ldw., Landwirtschaft сельское хозяйство
Ldw., Landwirtschafts- *в сложн.* сельскохозяйственный
ldw., landwirtschaftlich сельскохозяйственный
LE, Ladungseinheit единица заряда
LE, Lieferbedingungen der Elektrotechnischen Industrie (стандартные) условия поставки, принятые в электротехнической промышленности
«Le», Locher ein перфоратор включён
l.E., letzten Endes в конце концов
le., Leicht-, leicht- *в сложн.* легко-
LED, Light Emitting Diodes *(engl.)*; lichtemittierende Diode *элн.* светодиод, светоизлучающий диод, СИД

led., ledig холостой, не состоящий в браке; незамужняя
LEER, Leerwagen *ж.-д.* порожний грузовой вагон
LEFA, Lebensmittelfachausstellung специализированная выставка продовольственных товаров
Lefa, Lederfaserwerkstoff искусственная кожа, пластический кожзаменитель
le.FF., leichtes Funkfeuer передвижной радиомаяк
LEFM, linear-elastische Bruchmechanik линейно-упругая механика разрушения
LEG, Landeseisenbahngesetz *ж.-д.* земельный закон о железных дорогах *(ФРГ)*
Leg, Legierung сплав
leg., legal легальный, законный
leg., legiert легированный
Legg., Legierungen сплавы
LEGK, Kondensations-Luftentfenchtungsgerät конденсационный осушитель
Leg.-R., Legationsrat советник миссии
LEGS, Sorptions-Luftentfeuchtungsgerät сорбционный осушитель
Leica, Leitz-Camera лейка *(фотоаппарат)*
Leig, leichter Güterzug ускоренный грузовой поезд для перевозки мелких партий грузов
LEIVO, Leitungsvorschriften für den Wagenladungsverkehr *ж.-д.* инструкция по выбору маршрутов пропуска гружёных вагонов с повагонными отправками грузов на основе единой сетевой разметки
LEP, Landesentwicklungsplan план развития земли *(ФРГ)*
LEP, Landesentwicklungsprogramm программа развития земли *(ФРГ)*
LEP, Large Elektron Positron Collider *(engl.);* Elektronen-Positronen-Synchrotron электронно-позитронный синхротрон
lepeth, Lead-polyethylen «лепет», свинецполиэтилен
LES-DB, Lastenheft für elektronische Einrichtungen auf Schienenfahrzeugen der DB *ж.-д.* Технические требования к электронным устройствам на подвижном составе Государственных железных дорог ФРГ

L-1E-Test, метод испытания L-1E эксплуатационных свойств масел для тяжёлых условий работы *(содержащих около 7% присадок)* на одноцилиндровом четырёхтактном дизельном двигателе Катерпиллер EX-7500
Leu, Leuzin лейцин *(аминокислота)*
Leuchtm., Leuchtmittel осветительное средство, пиротехническое средство
le.V., Leichtverwundeter легкораненый
LEW, (Kombinat VEB) Lokomotivbau-Elektrotechnische Werke «Hans Beimler» Henmingsdorf *ж.-д.* комбинат «Электротехнические и локомотивостроительные предприятия» им. X. Баймлера, Хеннингсдорф *(в бывш. ГДР)*
Lex., Lexikon лексикон, (энциклопедический) словарь; энциклопедия
lex., lexikalisch лексический, словарный
LEZ, Lupus-Erythematodes-Zelle *мед.* клетка красной волчанки
LF, langsame Fahrt *мор.* малый ход
LF, Langsamfahrstelle *ж.-д.* участок пути с ограничением допускаемой скорости движения
Lf, feste Vorschaltinduktivität *эл., усл. обозн.* постоянная последовательно включённая индуктивность
Lf, Liz., Lizenz лицензия
L.f., Leuchtfeuer маячный (сигнальный) огонь
LFA, Landesfinanzamt налогово-финансовое управление земли
LfB, Landesbevollmächtiger für Bahnaufsicht *ж.-д.* земельный уполномоченный по надзору за работой железных дорог *(ФРГ)*
Lfb., Laufbahn взлётно-посадочная полоса
Lfb., Laufbahn траектория; орбита; трасса
LFD, langfristige Datenhaltung *вчт.* долгосрочное хранение данных
LFd, Luftfeind воздушный противник
lfd., laufend 1. текущий 2. порядковый *(о номере)*
lfd.H., laufenden Monats текущего месяца
lfd.J, laufenden Jahres текущего года
lfd m., lfd. M., laufendes Meter погонный метр
lfd.Nr., laufende Nummer порядковый номер

LFF, Landefunkfeuer *ав.* посадочный радиомаяк

LFF, leichtes Funkfeuer передвижной радиомаяк

LFG, Luftfahrtforschung Gatow Гатовский научно-исследовательский аэронавигационный институт *(кафедра баллистики военно-воздушной технической академии)*

Lfg, Lfrg, Lieferung 1. поставка, доставляемый товар 2. выпуск *(книги, брошюры)*

Lfgn, Lieferungen 1. поставки, доставляемые товары 2. выпуски *(книг, брошюр)*

L.F.K., leichtes Feldkabel лёгкий полевой кабель

LFKO, Kanzleiordnung für die Landesfinanzämter правила делопроизводства для налогово-финансовых органов земель ФРГ

Lflg., Landflieger лётчик сухопутной авиации

LFM, Landesfinanzministerium министерство финансов *(в землях ФРГ)*

LFM, Luftfahrtforschungsanstalt München Мюнхенский научно-исследовательский аэронавигационный институт

lfm, laufendes Meter погонный метр

L-Folie, *авто* плёнка для линейной поляризации света

L-förmiger Bremsraum, *авто* L-образная камера сгорания

L-Forming-Verfahren, процесс Л-форминг, процесс риформинга с платиновым катализатором гидрированного бензина

lfr, Luxemburgischer Franc люксембургский франк *(денежная единица)*

Lfs, Längsfeder mit Stabilisator *авто* продольная рессора со стабилизатором

Lft, Luft- *в сложн.* воздушный; авиационный

Lft, Luftfahrt- *в сложн.* аэронавигационный

Lft., Lieferant поставщик

L-1F-Test, метод испытания L-1F эксплуатационных свойств масел серии 3 на одноцилиндровом четырёхтактном дизельном двигателе Катерпиллер EX-7999

LftF, Luftfahrtfeuer аэронавигационный маяк

lftr., lufttrocken воздушносухой

Lftsp., Luftspäher *воен.* наблюдатель за воздухом

Lftsp., Luftsperre воздушное заграждение

LFW, Luftfahrtforschungsanstalt Wien Венский научно-исследовательский аэронавигационный институт

LfW, Liga für die Weltregierung Лига за создание мирового федерального правительства

Lfw., Luftfahrtwesen аэронавигация

LFZG, Lohnfortzahlungsgesetz закон о продолжении выплаты заработной платы *(во время болезни)*

LG, Landesgesetz закон *(соответствующей)* земли ФРГ

LG, Landgericht суд земли *(Австрия)*, суд второй инстанции, земельный суд *(ФРГ)*

LG, Lebendgewicht живой вес *(скота)*

LG, Lieferungsgenehmigung разрешение на поставку

L.G., Luftgau *воен.* военно-воздушный округ *(в бывшей германской армии)*

Lg, Ladegut *ж.-д.* груз

Lg, Lagermetall подшипниковый металл, подшипниковый сплав

Lg, Länge 1. длина 2. географическая долгота

Lg., Legierung *мет.* легирование; сплав, лигатура

Lg., Leuchtgeschoß осветительный снаряд

Lg., Liegenschaft недвижимое имущество, недвижимость

Lg., Ligroin лигроин

Lg., Literaturgeschichte библиогр. история литературы

Lg., Lösung раствор

Lg., Luftwaffengerät военно-авиационная аппаратура

lg, Logarithmus (десятичный) логарифм

lg., lang 1. длинный 2. долгий, продолжительный

lg., ledig холостой, не состоящий в браке, незамужняя

lg., liegender Motor двигатель с горизонтальным расположением цилиндров

lgd, liegend лежащий, расположенный

L.G.E., Leitungsanpassungsgerät *эл.* линейное согласующее устройство

Lge, Güterwagenleerzug aus offenen Wagen der Regelbauart *ж.-д.* маршрут из порожних платформ *или* полувагонов

L.GebO, Landesgebührenordnung положение о порядке уплаты земельного налога

L-Gelb 1, настоящий жёлтый *(пищевой жёлтый краситель N1)*

Lgg, LGG, Legierungen *мет.* сплавы

LGK, Luftgaukommando *воен.* командование воздушного округа *(в бывшей германской армии)*

L.G.(L.), Lilienthal-Gesellschaft für Luftfahrtforschung Лилиенталевское научно-исследовательское аэронавигационное общество

LgN, Luftfahrtgerätnorm технические нормы на авиационные приборы

Lgn., Lösungen растворы

L.G.P.A., Luftgau-Postamt почтовое управление воздушного округа *(в бывшей германской армии)*

LGPräs., Landesgerichtspräsident председатель земельного суда

L-1G-Test, метод испытания L-1G эксплуатационных свойств масел серии 3 на одноцилиндровом четырёхтактном дизельном двигателе Катерпиллер EX-7999

LGW, Luftfahrtgerätewerke заводы по изготовлению аэронавигационного оборудования

Lgw, Lackgewebe лакоткань

LH, landwirtschaftliche Hochschule высшее сельскохозяйственное учебное заведение [училище]

l.H., lichte Höhe высота в свету

L-Handschweißung, Lichtbogen-Handschweißung ручная дуговая сварка

Lhfn, Ludwigshafen г. Людвигсхафен

LHM, leitender Heeresmeteorologe главный военный метеоролог *(в бывшей германской армии)*

LHP, Linearer Hochgeschwindigkeits-Prüfstand *ж.-д.* линейный скоростной испытательный стенд

Lhr., Lehrer учитель, преподаватель

Lhs., Leihhaus ломбард

Lhz., Luftheizung воздушное отопление; воздушный обогрев

L.I., leitender Ingenieur главный инженер; ведущий инженер; *мор.* старший механик

Li, Lithium *хим.* литий

Li., Licht источник света, освещение

Li., Lieferung поставка; доставка

Li., Linie 1.линия; черта 2. направление 3. *тлв.* строка изображения

Li., Liste список, перечень; ведомость; реестр

Li., Lithographie литография

Li., Lizenz лицензия, разрешение

li., links слева; налево; влево; на левой стороне

LIB, Leaded-Isooctane-Benzene *авто* этилированная смесь изооктана с бензолом

Libor, London Interbank Offered Rate *англ.* лондонская межбанковская ставка *(базис для кредитования, курс предложения кредита)*

Lic.jur., licentiatus juris *лат.* доктор юридических наук, д.ю.н., д-р ю.н.

LIFE, London International Futures Exchange *англ.* Лондонская биржа срочных сделок

LIM, Linearer Induktionsmotor *эл.* линейный индукционный двигатель

lim, Limes *мат.* лимит

lim, Lim., limited *(engl.)*; mit beschränkter Haftung» с ограниченной ответственностью *(о компании)*

LIM-Karte, *ж.-д.* схема европейских железных дорог к Указателю международных сообщений по перевозкам грузов повагонными отправками

LIM-Konferenz, Europäische Güterzug-Fahrplankonferenz *ж.-д.* Европейская конференция по графикам движения грузовых поездов *(созывается с 1924 г.)*

LIN, liquid-nitrogen жидкий азот

Lin, Lineal линейка

Lin, Linie линия

lin., linear линейный

Lineak, Linearakzelerator линейный ускоритель *(элементарных частиц)*

LINGO, Linear Network Analysis by General Operations *англ.* язык программирова-

ния ЛИНГО для анализа линейных цепей *(США)*
linkgs, linksgängig левый, левозаходный *(о резьбе)*
Liq., **Liqn**, Liquidation ликвидация
Liquis, Liquidationsanteilscheine ликвидационные акции
LISP, list processing; list programming *англ.* язык программирования ЛИСП, ориентированный на обработку списков и списковых структур
Lit, Italienische Lira итальянская лира *(денежная единица)*
Lit., Litauen Литва
Lit., Litera *полигр.* литера
Lit., Literatur литература
Lit., Literatur- *в сложн.* литературный
Lit.Bl., Literaturblatt *наименование периодического издания по вопросам художественной литературы*
lith., lithographiert *полигр.* изготовлено литографским способом
Liz., Lizenz лицензия, разрешение
liz., lizenziert лицензированный, предоставленный по лицензии
Lj, Lichtjahr световой год *(единица астрономического измерения)*
l.J., laufenden Jahres текущего года
LJR, Landes-Jugend-Ring Объединение *(немецких)* молодёжных организаций
LJV, Landesjustizverwaltung высший орган земли, осуществляющий надзор за органами юстиции
LK, Kurzhaubenkipper *усл. обозн.* автомобиль-самосвал с кабиной, надвинутой на двигатель *(обозначение в составе марки автомобиля «Мерседес-Бенц», вводимое перед номером модели)*
LK, Länderkammer Палата земель *(в бывш. ГДР)*
LK, Landwirtschaftskammer Сельскохозяйственная палата
LK, Lochkarte перфокарта
LK1, Lochkartenlocher карточный перфоратор
LK, Luftkühlung воздушное охлаждение
LK, Lymphknoten лимфатический узел
L-K, Kürschners Deutscher Literaturkalender Немецкий литературный календарь Кюршнера

LKA, Landeskriminalamt Управление уголовной полиции земли
LKA, Lochkartenausgabe вывод (данных) на перфокарты
LKB, Lagerkostenabrechnungsbogen *ж.-д.* ведомость калькуляции складских издержек
LKE, Lochkarteneingabe ввод (данных) с перфокарт
LKF, Leichtes Kampfflugzeug лёгкий самолёт-бомбардировщик
LKF, Luftkissenfahrzeug судно на воздушной подушке
LKK, Landkrankenkasse больничная *(страховая)* касса
L.K.K., Luftkreiskommando командование воздушного района *(в бывшей германской армии)*
LKL, Leerlauf-Kurzschlu:s-Leerlauf эл. холостой ход-короткое замыкание-холостой ход
LKL, Lochkartenleser устройство считывания (данных с) перфоркарт
LKl, Lochkartenlocher карточный перфоратор
LKM, Lochkartenmaschine 1. машина [устройство] для обработка перфокарт 2. счётно-перфорационная машина
LKO, (Haager) Landkriegsordnung (Гаагская) конвенция о правилах ведения сухопутной войны
LKO, Leipziger Kommissions- und Großbuchhandel Лейпцигская комиссионная и оптовая книготорговля
LKP, Lochkartenprüfer устройство проверки перфокарт, контрольник для перфокарт
LKR, Leichtkraftrad лёгкий мотоцикл
LKS; **LKSt**, Lochkartenstanzer карточный перфоратор
lks, links слева; налево; влево; на левой стороне
Lkt., Landkarte географическая карта
Lkt., Lektor 1. лектор 2. преподаватель вуза 3. издательский редактор
LKV, Lochkartenverfahren метод обработки данных с использованием перфокарт
Lkw, **LKW**, Lastkraftwagen грузовой автомобиль, грузовик
LKZ, Luftkurszeiger *ав.* указатель курса

LL, Landesliga национальная лига
LL, linker Läufer левый полузащитник *(футбол)*
LL, Linsenlafette плоско-выпуклый [чечевицеобразный] лафет *(самолётной пушки)*
LL, Lücke löschen стереть интервал
LL, Luftfeder-Pritschenwagen бортовой автомобиль с пневмоподвеской
LL, selbstspurende Nachlaufachse самоустанавливающаяся задняя ось двухосной тележки
LL., Luftlande- *в сложн.* воздушно-десантный
L-L, Kleines österreichisches Literaturlexikon Малая австрийская литературная энциклопедия
Ll, Druckluftbremsleitung *ж.-д.* воздушная тормозная магистраль
ll., l.l., leicht löslich легкорастворимый
l.l., lange Leitung *разг.* медлительность соображения
L-Lampe, Leuchtstofflampe люминесцентная лампа
L.L.D., legum doctor доктор права *(в Англии)*
LL-K, kleine Linsenlafette малый плоско-выпуклый [чечевицеобразный] лафет *(самолётной пушки)*
l.l.l., l.l.L., lausig lange Leitung *разг.* исключительная медлительность соображения
LL.M., Magister Legum *англ.* магистр права *(в Англии)*
LL-Sohle, *ж.-д.* композиционная тормозная накладка с особо низким коэффициентом трения
L.L.T., Luftlandetruppen воздушно-десантные войска
LM, Landwirtschaftsministerium министерство сельского хозяйства
LM, Lastme:smotor электродвигатель устройства для измерения нагрузки
LM, Leipziger Messe Лейпцигская ярмарка
L.M., Luftmine *ав.* торпеда
Lm, LM, Leichtmetall лёгкий металл, лёгкий сплав
l.M., laufenden Monats текущего месяца
lm, Lumen люмен, лм *(единица измерения светового потока)*

l.m., Länge in Metern длина в метрах, погонный метраж
LMB, (Volkseigene Betriebe für) Leichtmaschinenbau Народные предприятия лёгкого машиностроения *(в бывш. ГДР)*
LmBG, Lebensmittel- und Bedarfsgegenständegesetz закон об ответственности за продажу населению недоброкачественных продуктов и предметов первой необходимости
LMG, Lebensmittelgesetz закон об ответственности за продажу населению недоброкачественных продуктов
l.M.G., leichtes Maschinengewehr ручной пулемёт
lm-h, lmh., Lumenstunde люмен-час, лм ч
LMK,, Lang-, Mittel-, Kurzwellen(bereich) диапазон длинных, средних, коротких волн
LMKU, Lang, - Mittel, - Kurz - und Ultrakurzwellen(bereich) диапазон длинных, средних, коротких и ультракоротких волн
LMP, Leichtmetallprodukte изделия из лёгких металлов
lm-s, lms, Lumensekunde люмен-секунда, лм.с
LMS = Leveling-Verfaren, *(Lowry, Maynard, Stegemerten)* метод Лаури, Мэйнерда и Штегемертена для оценки работоспособности
LMTh Bf, Leipzig-Magdeburger-Thüringer Bahnhof *ж.-д.* станция Лейпциг-Магдебургер-Тюрингер *(бывш. ГДР)*
LN, Landwirtschaftliche Nutzfläche полезная площадь в сельском хозяйстве
LN, Leeds and Northrup *англ.* фирма «Лидс энд Нортрап», выпускающая оборудование для обработки данных *(США)*
LN, Luftnachrichten авиационная служба связи
Ln, Leinen холст, полотно
Ln, Leinen- *в сложн.* холщовый, полотняный
ln., natürlicher Logarithmus натуральный логарифм
LNA-Rohr, leichtes Normalabflußrohr лёгкая стандартная сточная труба
Lnbd, Leinenband холщовый [тканевый] переплёт *(книги)*

Ln.Tr., Luftnachrichtentruppen войска связи военно-воздушных сил
l.o., links oben слева наверху
Lo-Anlage, Lok-Überwachungs-Anlage *ж.-д.* устройство контроля машинистом локомотива действия переездной сигнализации
L. O/C, letter of credit *англ.* аккредитив
LODIs, Likdisposition *ж.-д.* эвристическая динамическая модель минимизации одиночного пробега локомотивов
log, (dekadischer) Logarithmus (десятичный) логарифм
Lok, Lokomotive паровоз, локомотив
Lokst., Lokomotivstelle *ж.-д. австр.* пункт технического обслуживания локомотивов
Lok.Sti-b., Lokal- und Straßenbahn пригородный трамвай
lo/lo, Lift on/lift off *англ.* погрузка и разгрузка причальными кранами
LONA, Lokomotivnormenausschuß комитет технических норм и стандартов паровозостроительной промышленности
LORAN, Long Range Navigation *англ.* система дальней авианавигации
Lo S, Lochschablone дыропробивной шаблон
Lösefl, Löseflüssigkeit растворитель, растворяющая жидкость
Lösem., Lösemittel *хим.* растворитель
Lösungsm, Lösungsmittel растворитель
Lotfe, Lotfernrohr оптический прицел для бомбометания
Lothr., Lothringen Лотарингия
LOTIS, logic timing and sequencing *англ.* язык программирования ЛОТИС для проектирования логических схем ВМ
LOWA, (Volkseigene Betriebe für) Lokomotiv- und Waggonbau Народные предприятия транспортного машиностроения *(в бывш. ГДР)*
LP, Frontlenker-Pritschenwagen бортовой автомобиль с кабиной над двигателем *(обозначение в составе марки автомобиля «Мерседес-Бенц»)*
LP, Ladeprogramm *вчт.* программа загрузки, (программа-)загрузчик
LP, Landespolizei 1. сельская полиция 2. полиция земель *(ФРГ)*

LP, Langspielplatte долгоиграющая пластинка
LP, Leistungsprüfung 1. проверка (по) мощности; 2. эксплуатационные испытания
LP, Libanesisches Pfund ливанский фунт *(денежная единица)*
LP, Linearprogrammierung линейное программирование
LP, Luftpark авиапарк
LP, Luftpost воздушная почта, авиапочта
LP, Lumbalpunktion *мед.* люмбальная пункция
L.P., Luftwaffenpersonalamt управление кадров военно-воздушных сил *(бывшей германской армии)*
LPA, Leitpostamt главный почтамт
LPAK, Leichtpanzerabwehrkanone лёгкое противотанковое орудие
LPD, Luftfahrtpressedienst Служба печати по вопросам воздушного транспорта
LPG, Landwirtschaftliche Produktionsgenossenschaft сельскохозяйственный производственный кооператив *(в бывш. ГДР)*
LPG, Listenprogrammgenerator генератор программ печати таблиц
LPK, Frontlenker-Kipper автомобиль-самосвал с кабиной над двигателем
LP-Stoffe, luftporenbildende Stoffe порообразующие материалы
LPSW, Laden PSW макрокоманда загрузки слова состояния программы
LR, Lokalredakteur редактор отдела информации с мест *(в журнале, газете)*
L.R., Lloyd's Register *мор.* регистр английского Ллойда
lR, Landesregierung правительство земли
lR, Leibrente пожизненная рента
lR, Leuchtröhre люминесцентная лампа
l.R., laufende Rechnung текущий счёт
l.R., laut Rechnung согласно счёту, по счёту
LRA, Landratsamt ведомство ландрата; окружное управление
Lrgf, Lokrangierführer *ж.-д.* машинист-составитель *(телеуправляемого маневрового локомотива)*
L-Rot 1, хромотроп FB, азорубин S *(пищевой красный краситель N1)*
LS, Lastschalter 1. силовой выключатель, выключатель нагрузки 2. переключа-

тель *(ответвлений трансформатора)* под нагрузкой
LS, Lautsprecher громкоговоритель; динамик
LS, Leichtstahl-Konstruktion *стр.* лёгкая стальная конструкция; облегчённая стальная конструкция
LS, Leistungsschalter силовой выключатель
LS, Leitsatz лозунг; тезис
LS, Leitungsschutzsicherungen плавкие предохранители для защиты электропроводки
LS, Leitungssucher *тлф.* искатель вызовов, линейный искатель
LS, Lesesaal читальный зал
LS, Lieferschein *ком.* накладная
LS, Lochstreifen перфолента
LS, Luftschutz противовоздушная оборона
LS, Luftschutzraum бомбоубежище
L.S., Lastensegler грузовой планёр
L.S., Luftwarn- und Spähdienst служба противовоздушной обороны
Ls, Luftspeicher воздушный резервуар
l.S., auf lange Sicht долгосрочный *(о счёте, векселе)*
l.S., linke Seite левая сторона
LSA, Lochstreifenausgabe вывод (данных) на перфоленту
Lsb, Ludwigsburg г. Людвигсбург
Lsch, Landschaft 1. местность, область, провинция; край 2. ландшафт, пейзаж
Lsch.Ger., Lauschgerät прибор для подслушивания
L-Schnellverschraubung, угловое быстроразъёмное резьбовое соединение шлангов
L-Schwarz 1, бриллиантовый чёрный BN *(пищевой чёрный краситель)*
LSD, Liberaler Studentenbund Deutschlands Союз немецких студентов-либералов
LSE, Langschienentransporteinheit *ж.-д.* секция для погрузки, выгрузки и перевозки рельсовых путей
LSG, Landessozialgericht суд земли по делам социального обеспечения
LSG, Landschaftsschutzgebiet зона охраны заповедников и природных памятников
Lsg., Lösung раствор
Lshfn, Ludwigshafen г. Людвигсхафен

LSI, large scale integration *англ., элн.* высокая степень интеграции *(об интегральных схемах)*
LSK, Lochstreifenkarte ленточная перфокарта
LSK, Luftstreitkräfte военно-воздушные силы
LSL, Lochstreifenleser устройство считывания с перфоленты; устройство ввода (данных с перфоленты)
LSl, Lochstreifenlocher ленточный перфоратор
LSO, Leitsätze für die Preisermittlung auf Selbstkostenbasis bei Leistungen für öffentliche Aufträge основные положения для исчисления цен на базе себестоимости при выполнении государственных заказов
LSP, Leitsätze für die Preisermittlung auf Grund von Selbstkosten основные положения для исчисления цен на базе себестоимости
Lsp., Lautsprecher громкоговоритель; динамик
Lsp., Luftsport авиаспорт, воздушный спорт
Lsp., Lustspiel *театр.* комедия
L.S.Pol., Luftschutzpolizei полиция противовоздушной обороны
L.S.R., Luftschutzraum бомбоубежище
LSSt, Loschstreifenstanzer ленточный перфоратор
Lst., Ladestelle место погрузки [погрузок]
Lstd, Leitstand пост управления
Lstr., Landstraße шоссе
Lst W, Längstwellen *radio* очень длинные [мириаметровые] волны
LT, Landtag ландтаг, парламент земли
LT, Leistungstransformator силовой трансформатор
LT, Lufttorpedo воздушная мина-торпеда
LT, Lufttransport воздушный транспорт, авиатранспорт
Lt, Lautsprecher громкоговоритель; динамик
Lt, Leistungstonne *ж.-д.* тонна-брутто *(пропускаемая по участку)*
Lt., Leutnant лейтенант
Lt., Lot *уст.* лот *(мера веса, равная 16,797 г)*
lt., laut согласно, в соответствии

LTA, lüftungstechnische Anlage вентиляционная установка; кондиционер
LTAA, lüftungstechnisch angekoppelten Außenbauwerksteile части единой вентиляционной системы
LTAB, lüftungstechnische Anlagenbaubetrieb предприятие [завод] по производству вентиляционных установок
LTAG, Lichttechnische Arbeitsgemeinschaft Светотехническая секция *(международная организация)*
LTA-Projektant, lüftungstechnische Anlage-Projektant проектировщик вентиляционных установок [устройств; агрегатов]; проектировщик кондиционеров
LTA-Symbole, lüftungstechnische Anlage-Symbole условные обозначения в схемах вентиляционных установок
L-38-Test, метод испытания L-38 масел серии 3 для оценки их противокоррозионных и противоокислительных свойств в условиях высоких температур на одноцилиндровом бензиновом двигателе CLR *(Labeco)*
L-43-Test, метод испытания L-43 масел серии 3 для оценки их склонности к образованию низкотемпературных осадков на одноцилиндровом четырёхтактном дизельном бензиновом двигателе CLR *(Labeco)*
L-1-Test, метод испытания L-1 эксплуатационных свойств масел для тяжёлых условий работы на одноцилиндровом четырёхтактном дизельном
L-3-Test, метод испытания L-3 эксплуатационных свойств масел для тяжёлых условий работы на одноцилиндровом четырёхтактном дизельном двигателе Катерпиллер
L-2-Test, отборочный метод испытания на двигателе Лаусона *(для испытания смазочных масел)*
LTG, Lichttechnische Gesellschaft Светотехническое общество
LTG, Luftturbinengerät воздушная турбина; турбовоздушная аппаратура
Ltg., Leitung 1. линия; цепь 2. провод; (электро)проводка; 3. трубопровод
Ltht.F., Leuchtfeuer *навиг.* маячный огонь
l.tn., lange Tonne длинная тонна, английская тонна *(1016 кг)*

LT/R, Regelleistungstransformator регулируемый силовой трансформатор
Ltr, Liter литр, *л*
Ltr/Std, Liter je Stunde *(столько-то)* литров в час, *л/ч*
Lt.z.S., Leutnant zur See лейтенант флота
LÜ, Lok-Übergabestelle *ж.-д.* контрольный пункт депо *(пункта технического обслуживания локомотивов)*
Lu, Ludwigshafen г. Людвигсхафен
Lu, Lutetium *хим.* лютеций
l.u., links unten слева внизу
Lüa, Länge über alles габаритная длина
Lü-Anordnung, *ж.-д.* указание о порядке пропуска негабаритного груза
LUF, Luxemburgischer Franc люксембургский франк
LUFTAG, Luftverkehrs-Aktiengesellschaft Акционерное общество воздушных сообщений *(теперь* **Deutsche Luft-Hansa, DLH**)
LuftVG, Luftverkehrsgesetz закон о правилах воздушных перевозок
LuftVO, Luftverkehrs-Ordnung положение о воздушных перевозках
LuftVZO, Luftverkehrs-Zulassungs-Ordnung положение о допуске к воздушным перевозкам
LUG, Literatur-Urheber-Gesetz закон об авторских правах на литературное произведение
Lu G, Luftwaffengerät табельный прибор военно-воздушных сил
LUL, Lichtraumumgrenzungslinie *ж.-д.* очертание габарита приближения строений
Lü P, Länge über Puffer длина (автомобиля) вместе с буфером
LUPOSTA, Luftpostausstellung Авиапочтовая выставка
L.u.S.Mun., Leucht- und Signalmunition осветительные и сигнальные боеприпасы
luth., lutherisch *рел.* лютеранский
Luvo, Luftvorwärmer *тех.* воздухоподогреватель
LuW, Literatur und Wissenschaften Международная федерация деятелей искусств, литературы и науки
LV, Landesverband союз; корпорация; объединение *(каких-л. организаций)*

LV, Landesverfassung конституция земли
LV, Lebensversicherung страхование жизни
LV, Leihverkehrsordnung für die Deutsche Bibliotheken правила абонементного пользования для немецких библиотек
LV, linker Verteidiger левый защитник *(футбол)*
LV, Luftvorwärmer воздухоподогреватель
L.V., Luftverteidigung противовоздушная оборона
Lv, verstellbare Induktivität эл. регулируемая индуктивность *(условное обозначение)*
l.v., leichtverwundet легкораненый
LVA, Landesversicherungsanstalt управление социального страхования
LVA, Landesversuchsanstalt экспериментальный институт
LVAB, Landesversicherungsanstalt Berlin западноберлинское управление социального страхования
LVG, Landesverwaltung-Gericht суд при управлениях земель
LVG., L.V.G., Luftverkehrsgesetz закон о воздушных *(грузовых и пассажирских)* перевозках
LVK, Lichtverteilungskurve кривая распределения света
LVL, Schweizerischer Landesverband für Leibesübungen Швейцарский национальный союз физической культуры
LVO, Lieferverordnung постановление о поставках
LVO, Verordnung über Lieferungen und Leistungen an die bewaffneten Organe постановление о поставках товаров и услуг вооружённым силам *(бывш. ГДР)*
L.V.O., Luftverkehrsordnung правила воздушных сообщений *(в Швейцарии)*
LVT, Leichtverbrennungstriebwagen ж.-д. автомотриса
LW, Langwellen *радио* длинные волны
LW, Leitungswähler эл. линейный искатель, линейный соединитель
LW, Leitungswiderstand *биол.* сопротивление электрическому току; эл. сопротивление линии
LW, Leitwerk блок управления; управляющее устройство; устройство управления, УУ

LW, Luftwaffe военно-воздушные силы, ВВС
Lw, Landwirtschaft сельское хозяйство
Lw., Leinwand, Leinen холщовый переплёт *(книги)*
Lw., Lieferwagen автомобиль для развозки товаров; развозочный автомобиль
Lw., Liegewagen спальный вагон
Lw., Luftwaffe военно-воздушные силы
l.W, lichte Weite *тех.* ширина в свету
l.W., laufende Woche текущая неделя; на текущей неделе
l.w.,Lw., lichte Weite *тех.* внутренний диаметр, диаметр в свету; ширина в свету
LWA, Landwirtschaftsamt управление сельского хозяйства
Lwd., Luftwiderstand сопротивление воздуха; аэродинамическое сопротивление
Lwdbd, Leinwandband холщовый переплёт *(книги)*
LWE, Langwellenempfänger длинноволновый приёмник
Lwk, Leitwerk аппарат управления
LWL, Lichtwellenleiter эл. световод
LWM, Landeswirtschaftsministerium Земельное министерство экономики
LWRB, Landwirtschaftliche Rentenbank *(Frankfurt)* Аграрный (сельскохозяйственный) рентный банк *(Франкфурт)*
LWRentb., Landwirtschaftliche Rentenbank *(Frankfurt)* Аграрный (сельскохозяйственный) рентный банк *(Франкфурт)*
LWS, Langwellensender длинноволновый передатчик
LWS, Lendenwirbelsäule поясничный отдел позвоночника *(зона возможного травмирования при ДТП)*
LWÜ, luftgekühlter Wärmeüberträger теплообменник с воздушным охлаждением
LWV, Landwirtschaftsversorgungsamt управление сельскохозяйственного снабжения
LWV, Leerwagenverteilung ж.-д. регулирование парка порожних вагонов
LX, Telegramm auf Schmuckblatt поздравительная телеграмма на художественно оформленном бланке
lx, Lux люкс, лк *(единица измерения освещённости)*

lx.fr., Luxemburgischer Franc люксембургский франк *(денежная единица)*
L-Xylose, древесный сахар, L-ксилоза
Lys, Lysin лизин *(аминокислота)*
LZ, Leerzeichen *вчт.* 1. знак [символ] пропуска *или* пробела 2. пропуск; пробел
LZ, Leistungszeit время работы; эффективное рабочее время
LZ, Leistungsziffer коэффициент мощности
LZ, Leiterzahl число проводников; число жил *(в кабеле)*
LZ, Leitzahl *физ.* коэффициент проводимости
LZ, Lesezimmer читальный зал
LZ, Lesezirkel читательский кружок
LZ, Luftungszentrale *ж.-д.* вентиляционная установка
LZ, Luxuszug курьерский поезд, поезд-люкс
Lz, Lokomotive einzeln fahrend *ж.-д.* одиночно следующий локомотив

Lz., Lazarett лазарет
Lz., Lehrzeit время обучения
Lz., Lizenz лицензия
LZB, Landeszentralbank центральный банк земли
LZB, Linienzugbeeinflussung локомотивная сигнализация
Lzg, Leipzig г. Лейпциг
LZK, Laufzeitkette *эл.* линия [цепь] задержки
LZL, Lohnzahlungsliste ведомость на выплату заработной платы
LZM, Luftzeugmeister начальник склада авиационного имущества
Lz.-N., Lizenznehmer лицензиат *(обладатель лицензии)*
L-Zylinderkopf, *авто* L-образная головка цилиндра *(при нижнем расположении клапанов)*
l-Zylinderkopf, *авто* головка цилиндра с верхним расположением клапанов

M

M, elektromotorischer Antrieb электропривод
M, Gegeninduktivität *эл.* коэффициент взаимоиндукции; взаимоиндукция
M, Magnet магнит
M, Major майор
M, Majorität большинство
M, Majoritäts- *в сложн.* мажоритарный
M, Malta Мальта *(индекс государственной принадлежности автомобиля)*
M, Marine военно-морские силы, военно-морской флот
M, Marine- *в сложн.* военно-морской
M, Mark марка *(денежная единица)*
M, Masse *физ.* масса

M, Mstb., Maßstab масштаб
M, Maxwell *англ., физ.* максвелл, *Мкс (единица измерения магнитного потока)*
M, Mega- *в сложн.* мега-, *М (в миллион раз большая величина)*
M, Meile миля
M, Me:sfühler 1. чувствительный элемент датчика 2. измерительный преобразователь, датчик
M, Me:swerk измерительный механизм *(прибора)*
M, Methode метод
M, Methyl *хим.* метил, метиловый спирт
M, Mikrophon микрофон
M, Militär- *в сложн.* военный

M

M, Mille тысяча *(римская цифра)*
M, Minensucher *мор.* тральщик
M, Minister министр
M, Ministerium министерство
M, Mitte центр, середина
M, Mittelsorte средний сорт
M, Mittelwellen *радио* средние волны
M, Modell модель, образец
M, MG, Molekulargewicht молекулярный вес
M, Munition боеприпасы
M., Magister магистр
M., Markt рынок
M., Maß мера; размер
M., Masse масса
M., Meereshöhe *геогр.* уровень моря
M., Meridian *геогр., астр.* меридиан
M., Mitglied 1. член *(какой-л. организации)* 2. член, депутат *(парламента)*
M., Monat (календарный) месяц
M., Monats- *в сложн.* ежемесячный
M., Monitor *вчт., тлв.* монитор
M., Montag понедельник
M., Museum музей
M., Musik музыка
M., Muskel мышца, мускул
M., Muster рисунок, узор; образец
M., Mutter мать
m, magnetisch магнитный
m, Masse *физ.* масса
m, Massendurchsatz весовой [массовый] расход
m, Mehrwert *эк.* прибавочная стоимость
m, Meile миля
m, Meter метр, *м*
m, Milli- милли-, *м (десятичная приставка к единицам измерения)*
m, Milli†ngström *физ.* миллиангстрём, *мǍ*
m, Minute минута
m, molar молярный
m., manuell ручной; вручную
m., M., Maskulinum *грам.* мужской род
m., mehr больше, более
m., merke отметь, заметь, возьми на заметку
m., Mikro- микро-, *мк (десятичная приставка к единицам измерения)*
m., mit с
MA, Marineartillerie артиллерия береговой обороны

MA, Markenartikel изделие с маркировкой товарного знака; фирменный товар
MA, Marokko Марокко *(индекс государственной принадлежности автомобиля)*
MA, Medizinakademie медицинская академия
MA, Meldeamt 1. бюро прописки *(при полиции)*, 2. переговорно-справочная (междугородная) телефонная станция 3. *воен.* явочный пункт, призывной участок
MA, Meßwertaufnahme регистрация измеренных величин
MA, Mitarbeiter сотрудник
MA, Mittelalter средневековье
MA, Münchener Allgemeine газета «Мюнхенер альгемайне»
MA, Musikakademie консерватория
M.A., Miniaturausgabe миниатюрное издание
Ma, Manilahanf манильская пенька
Ma, Masurium *хим.* мазурий *(прежнее название технеция)*
Ma, Munitionsanstalt завод боеприпасов
Ma., Magnet магнит
Ma., Mansarde мансарда
Ma., Mantel *тех.* кожух; корпус; оболочка
Ma., Maschine машина
Ma., Mathematik математика
Ma., Mundart диалект; наречие
Ma.-%, Massenprozent весовой процент, процент по массе
mA, Mikroampere микроампер, *мкА*
mA, Milliampere *физ.* миллиампер, *мА*
mA, Milliampere миллиампер, *мА*
m.A., mangels Annahme *банк.* ввиду непринятия, за отсутствием акцепта
ma., mittelalterlich средневековый
M.A.A., Marineartillerieabteilung дивизион артиллерии береговой обороны
MABEGE, Materialbeschaffungs-Genossenschaft Deutscher Ärzte und Zahnärzte Кооперативное объединение немецких врачей и дантистов по закупке медицинских материалов
MAbn, Marine-Abnahme-Inspektion военно-морская приёмочная инспекция
M.Abw.St., Meldeabwurfstelle *ав.* пункт сбрасывания донесений

MAD, Michigan algorithm decoder *англ.* язык программирования МАД Мичиганского университета *(США)*

Ma.F., Mastfernrohr *радио* выдвижная перископическая труба-антенна

MAG, Mittleres Achsgewicht *ж.-д.* средняя осевая нагрузка

Mag., Magazin иллюстрированный журнал

Mag., Magazin 1. склад; 2. магазин; накопитель; 3. кассета

Mag., Magister магистр

MAGIC, machine for automatic graphics interface to a computer *англ.* аппаратура сопряжения графических устройство с вычислительной машиной МАГИК Национального бюро стандартов *(США)*

MAGIC, Michigan automatic general integrated computation *англ.* язык программирования МАГИК Мичиганского университета *(США)*

magn., magnetisch магнитный

Mag.-R., Magistratsrat 1. городской муниципальный совет; 2. муниципальный советник

Maj., Majorität большинство

Maj., Majoritäts- *в сложн.* мажоритарный

Maj W, Majoritätswahlen выборы по мажоритарной системе

MAK, maximale zulässige Konzentration gesundheitsgefährdender Stoffe максимально допустимая концентрация вредных для здоровья веществ; ПДК *(предельно допустимая концентрация)*

MAk, Marineakademie военно-морская академия

Mak., Makedonien Македония

Mak., Makulatur макулатура

MAL, Marineartillerieleichter самоходная баржа артиллерии береговой обороны

mal., mittelalterlich средневековый

MAM, Management-Akademie München Мюнхенская академия менеджмента

MAN, M.A.N. Maschinenfabrik Augsburg-Nürnberg Объединённые машиностроительные заводы Аугсбурга и Нюрнберга

Man., Manöver манёвр

m.A.n., meiner Ansicht nach по моему мнению, на мой взгляд

ma.N., magnetischer Nord магнитный север

man., manuell вручную, ручной

MAND, Multiplikand множимое

MANIAC, mechanical and numerical integrator and computer *англ.* вычислительная машина [ВМ] МАНИАК Калифорнийсокго университета *(США)*

MANS, Marineartillerienachrichtenschule школа связи артиллерии береговой обороны *(в бывшей германской армии)*

MAR, modifizierte Achsregelung модифицированный регулятор тормозных и тяговых сил

Mar., Marine военно-морской флот

Mar., Marokko Марокко

MarA, Marineamt морское ведомство

Marg., Marginalien заметки на полях книги

Mark., Marketing маркетинг

Mark., Markierung маркировка, обозначение; разметка

Mar W, Kriegsmarinewerft военная верфь

MaS, Marschsicherung походное охранение

MASt, Marine-Ausrüstungsstelle военно-морская база оборудования и вооружения кораблей

mat., materiell материальный

math., mathematisch математический

MAtt, Marineattache военно-морской атташе

M-Ausstattung, нестандартное оборудование и принадлежности, поставляемые по заказу покупателя

m.a.W., mit anderen Worten другими словами, иначе говоря

Max, Maxwell максвелл, Мкс *(единица измерения магнитного потока)*

max., maximal максимальный, наивысший; максимально

max., Maximum максимум, предел

max RD, maximale Rundungsdifferenz максимальная величина округления *(допустимая)*

MAZ, magnetische Aufzeichnung магнитная запись

m.a.Z., mit allem Zubehör со всеми принадлежностями

MB, Breitenmetazentrum поперечный метацентр *(судна)*

MB, Magnetbahn *ж.-д.* дорога на магнитной подушке [на магнитном подвесе]

MB, Magnetband *вчт.* магнитная лента, МЛ; память [ЗУ] на магнитной ленте

MB, maschinelles Berichtswesen *тех.* автоматическое регистрирование, автоматическая регистрация

MB, Me:sbrücke (электро)измерительный мост

MB, Ministerialbekanntmachung (циркулярное) распоряжение министерства; циркулярное письмо министерства

MB, Münchener Block Мюнхенский блок избирателей *(организация в ФРГ)*

Mb, Megabar мегабар, *Мбар (единица атмосферного давления)*

Mb., Meeresboden морское дно

Mb., Meeresbucht (морской) залив

m.B., mit Beiwagen *авто.* с прицепом; с (прицепной) коляской

mb, Mikrobar микробар, *мкбар (единица атмосферного давления)*

mb, Mikrobell микробел, *мкБ*

mb, Millibar *уст.* миллибар, *мбар (единица атмосферного давления)*

MBA, Magnetbandausgabebereich зона вывода на магнитную ленту

MBA, Marinebauamt строительное управление военно-морских сил *(в бывшем германском флоте)*

MBE, Magnetbandeingabe ввод (данных) с магнитной ленты

Mber., Monatsbericht ежемесячный отчёт

M Berg Kdo, Marine-Bergungskommando военно-морская спасательная команда

MBG, Magnetbandgerät 1. блок МЛ; магнитофон; блок записи на магнитную ленту 2. лентопротяжное устройство 3. память [ЗУ] на мганитной ленте

m.b.H., mit beschränkter Haftung с ограниченной ответственностью *(о компании, о товариществе)* ,ОО

MBI, Ministerialblatt der DDR *ист.* «Вестник распоряжений Совета министров ГДР»

MBK, mechanisch angetriebene Normalfilmkinokamera für Bildschuß *ав.* кинопулемёт

MBK, Mission der Frauen- und Mädchen-Bibel-Kreise Объединение женских кружков чтения библии

M.B.K., Merck-Boehringer-Knoll химико-фармацевтический концерн Мерк-Бёрингер-Кнолль

Mbl, Meßtischblatt *геод.* мензульный планшет

mbl., möbliert меблированный

MBP, Magnetbahn-Prinzipfahrzeug *ж.-д.* модельный экипаж дороги на магнитном подвесе

MBP, Mathematischer Beratungs-und Programmierungsdienst служба математического обеспечения и программирования

Mbr, Mindestbremshundertstel *ж.-д.* минимальное процентное отношение тормозной массы поезда к его общей массе

MBS, Magnetband(speicher)steuergerät *вчт.* контроллер магнитной ленты [МЛ]; устройство управления магнитной лентой

MBSD, Marinebergungs- und Seedienstkommando военно-морская спасательная команда

MBSp, Magnetbandspeicher *вчт.* память [ЗУ] на магнитной ленте

MBST, Magnetbandsteuerung 1. управление магнитной лентой [МЛ]; управление от магнитной ленты 2. устройство управления магнитной лентой

Mbull., Monatsbulletin ежемесячный бюллетень

MC, Mahlzeiten-Coupon талоны *(для туристов)* на получение питания

MC, Marianische Kongregation «Конгрегация св. девы Марии» *(католическая иезуитская организация)*

MC, Maschinencode *вчт.* машинный код

MC, Microcomputer микропроцессор; микрокомпьютер, микро-ЭВМ

MC, Mittelcontainer *ж.-д.* среднетоннажный контейнер

MC, Monako Монако *(индекс государственной принадлежности автомобиля)*

mC, Mikrocurie микрокюри, *мкКи*

mC, **MC**, Millicurie *физ.* милликюри, *мКи*

Mchn, München г. Мюнхен

Mchron., Monatschronik ежемесячная хроника

MCP, master control program, Hauptsteuerprogramm *вчт.* главная управляющая программа

MCR, master control routine *англ., вчт.* главная управляющая программа

mctr, Meterzentner (метрический) центнер, *ц (100 кг)*

MCU, числовое программное управление [ЧПУ] на базе микро-ЭВМ

MCU, Machine Control Unit *англ.* блок управления станка с цифровым управлением

MD, Militärdienst военная служба

MD, Mitteldecker самолёт со средним расположением крыльев

MD, mitteldick средней толщины

MD, Mitteldruckstufe *тех.* ступень среднего давления

MD, mittlere Dicke средняя толщина

MD, Monatsdurchschnitt месячная средняя, среднемесячный уровень

MD, Multiplikand-Divisorregister; Multiplikand-Divisor-Register *вчт.* регистр множимого-делителя

Md, Mitglied член *(какой-л. организации)* 2. член, депутат *(парламента)*

Md, Modeler модулятор

Md, Motordrehmoment вращающий момент *(на валу)* двигателя

Md., Milliarde(n) миллиард(ы)

Md., MD, Mitteldruck *тех.* среднее давление

m.D., meines Dafürhaltens по моему мнению

md., mitteldeutsch *лингв.* средненемецкий

m/d, month(s) after date *англ.* месяц(ы) с даты

M.d.A, Mitglied des Abgeordnetenhauses, Berlin член городского собрания депутатов Западного Берлина

mdal., mundartlich *лингв.* диалектный

MdB, M.d.B., Mitglied des Bundestag(e)s депутат бундестага

m.d.B., mit der Bitte с просьбой

MdBB, Mitglied der Bremischen Bürgerschaft член [депутат] Бременского городского парламента

MD-Drehgestell, Minden-Deutz-Drehgestell *ж.-д.* тележка типа «Минден-Дойтц»

M.-D-E., Mögel-Dellinger-Effekt создание радиопомех по методу Мёгель-Деллингера

MdE, Minderung der Erwerbsfähigkeit уменьшение [снижение, понижение] трудоспособности, частичная потеря трудоспособности

m.d.E., mit dem Ersuchen с просьбой, с ходатайством

MdEP, Mitglied des Europäischen Parlaments член Европейского парламента

MDF, Mitteldruckflasche промежуточный охладитель; промежуточный сосуд двухступенчатой холодильной машины

MdF, Ministerium der Finanzen министерство финансов

m.d.F.b., mit der Führung beauftragt уполномоченный на ведение дел

m.d.F.d.G.b., mit der Führung des Geschäftes / der Geschäfte beauftragt уполномоченный соблюдать интересы фирмы

MDFSp, Magnetdünnschichtfilmspeicher *вчт.* память [ЗУ] на тонких мганитных плёнках

Mdg, Mündung *топ.* устье реки

MdH, Maßtab der Höhe масштаб высоты *(на чертеже продольного профиля трассы)*

MdHB, Mitglied der Hamburger Bürgerschaft член [депутат] гамбургского городского парламента

M.d.I., Ministerium des Innern Министерство внутренних дел

MdJ, Ministerium der Justiz Министерство юстиции

MDK, Mitteldruck-Kompressor *маш.* компрессор среднего давления

MdK, M.d.K, Mitglied des Kreistags член крейстага, депутат крейстага *(народного представительства района в бывш. ГДР)*

MdL, Maßtab der Länge масштаб расстояний *(на чертеже продольного профиля трассы)*

M.d.L., Mitglied des Landtags депутат ландтага

mdl, mündlich устный, словесный

m.d.L.b., mit der Leitung beauftragt уполномоченный на ведение дел

M.d.l.W., Methode der Kritischen Wege метод критического пути

m.d.M., Mitte des Monats середина месяца

MDR, Monatsschrift für deutsches Recht «Ежемесячник немецкого права» *(наименование периодического издания)*

M.d.R., Mitglied des Reichstags *ист.* депутат рейхстага

m.d.R., mit dem Range в звании, в чине, в ранге

MDS, Maschinen-Datenbearbeitungssystem персональный компьютер для обработки данных о работе машины [устройства, станка]

M.d.S., Mitglied des Senats 1. сенатор, член сената 2. член судебной палаты [судейской коллегии] 3. член учёного совета *(при университете)*

MDSp, Magnetdrahtspeicher *вчт.* память [ЗУ] на магнитной проволоке

mdst., mindest наименьший, минимальный

mdst., mindestens по крайней мере

MDT, Mitteldruckturbine *тех.* турбина среднего давления

M. D. u. H., Meine Damen und Herren! Дамы и господа!

MdV, M.d.V., Mitglied der Volkskammer депутат Народной палаты *(в бывш. ГДР)*

m.d.W.b., mit der Wahrung der Geschäfte beauftragt уполномоченный соблюдать интересы фирмы

ME, Mache-Einheit единица Махе *(единица концентрации эманации радия)*

ME, Magnetband-Eingabeelement устройство ввода с магнитной ленты

ME, Masse(n)einheit единица массы

ME, Maßeinheit единица измерения

ME, Mäuseeinheit *биол.* мышиная единица

ME, Mengeneinheit количественная единица измерения

ME, Ministerialentschließung заключение [решение] министерства

ME, Ministerialerlaß министерский указ, распоряжение министерства; приказ по министерству; ведомственное распоряжение

ME, Spanisches Marokko Испанское Марокко *(индекс государственной принадлежности автомобиля)*

Me, Meister мастер; маэстро

Me, Messing латунь

Me, Metallelektrode металлический электрод

Me., Messerschmitt «мессершмит» *(тип самолёта)*

mE, maritime afrikanische Tropikluft *метео* морские африканские тропические воздушные массы

m.E., meines Erachtens по моему мнению

me, mechanische Betätigung (сцепление) с механическим приводом

MEA, Meßwerterfassungsanlage устройство для (сбора, учёта и) регистрации данных [результатов] измерений

Mebu, Maschinengewehreisenbetonunterstand железобетонная пулемётная площадка

MEC, Modelleisenbahnklub клуб юных железнодорожников, клуб любителей макетов [моделей] железной дороги

Mech., Mechanik механика

Mech., Mechaniker механик

Mech., Mechanismus механизм

mech., mechanisch механический

mech., mechanisiert механизированный

MECHANIK, Volkseigene Betriebe der feinmechanischen Industrie Народные предприятия точного машиностроения *(в бывш. ГДР)*

Meckl., Mecklenburg *г.* Мекленбург

med., medio *лат.* медио, середина месяца

MEDA, Messedienst für die Agrar- und Ernährungswirtschaft Общество по обслуживанию сельскохозяйственных и продовольственных ярмарок

MEDAT DB, System Medizinische Datenverarbeitung bei der Deutschen Bundesbahn *ж.-д.* система обработки медицинских данных с использованием ЭВМ на Государственных железных дорогах ФРГ

Med.-R., Medizinalrat медицинальрат *(врач при городских, районных и окружных органах государственного управления)*

MEFO, Metallforschungsgesellschaft Научно-исследовательское общество металловедения

MEG, Motorfahrzeuggesetz закон о порядке пользования моторными лодками *(Швейцария)*

m.e.G., mit eigenem Geschäftsbereich с собственной сферой деятельности, с собственным кругом деятельности

MEGA, Marx-Engels-Gesamtausgabe полное собрание сочинений Маркса и Энгельса

Megacal, Megakalorie *физ.* мегакалория, *Мкал*

Mehrz., Mehrzahl 1. *грам.* множественное число 2. большинство; бульшая часть

Mei, Meierei *топ.* мыза, ферма

Mein, Meiningen г. Мейнинген

Meld., Meldung сообщение; заявление

MELF, Ministerium für Ernährung, Landwirtschaft und Forsten министерство продовольствия, сельского и лесного хозяйства

MEO, Militäreisenbahnordnung *ист.* положение о военном управлении железными дорогами

MER, Mitteleuropäisches Reisebüro Центрально-европейское бюро путешествий

Mer., Meridian меридиан

MES, magnetische Eigenschaft магнитное свойство

MES, Messung измерение

M.E.S., Magneteigenschutz *мор.* размагничивающая установка *(противоминной защиты)*

MESA, mobile Zugfunkanlage *ж.-д.* локомотивная радиостанция поездной радиосвязи

MES- Anlage, magnetelektrische Sicherungsanlage магнитоэлектрическая защитная установка

MESSZ, doppelte mitteleuropäische Sommerzeit двойное среднеевропейское летнее время

MESZ, mitteleuropäische Sommerzeit среднеевропейское летнее время

Met., Metall металл

Met., Meteor метеор

Met., Meteorologie метеорология

met., metall., metallisch металлический

met., meteorologisch метеорологический

metall., metallurgisch металлургический

Meth, Methode метод

MeV, Megaelektronenvolt *физ.* мегаэлектрон-вольт, *МэВ*

MEWA, (Volkseigene Betriebe der) Metallwarenindustrie Народные предприятия метизной промышленности *(в бывш. ГДР)*

MEX, Mexiko Мексика *(индекс государственной принадлежности автомобиля)*

mex $, Mexikanischer Peso мексиканское песо *(денежная единица)*

mex., mexikanisch мексиканский

MEZ, mitteleuropäische Zeit среднеевропейское время

MF, Marktforschung изучение рынка

MF, Maschinenfabrik машиностроительный завод

MF, Maschinenfehler-Unterbrechung, Maschinenfehlerunterbrechung *вчт.* прерывание по сбою машины, прерывание по машинной ошибке

MF, Metazenterhöhe über Verdrängungsschwerpunkt *мор.* метацентрическая высота над центром величины

MF, Mittelfrequenz *физ.*, *эл.* средняя частота

MF, Münzfernsprecher телефон-автомат, таксофон

mF, Mikrofarad *физ.* микрофарада, *мкФ*

mF, Mikrofarad микрофарада, *мкФ*

MfA, Ministerium für Arbeit Министерство труда *(в бывш. ГДР)*

MfAA, Ministerium für Auswärtige Angelegenheiten Министерство иностранных дел

MFE, Methode der finiten Elemente *мат.* метод конечных элементов

MfE, Ministerium für Eisenbahnwesen Министерство путей сообщения *(в бывш. ГДР)*

MfF, Ministerium für Finanzen Министерство финансов *(в бывш. ГДР)*

MfG, Ministerium für Gesundheitswesen Министерство здравоохранения *(в бывш. ГДР)*

mfg, m.f.G., MfG, mit freundlichen Grüßen с уважением *(концовка делового письма)*

MfHV, Ministerium für Handel und Versorgung Министерство торговли и снабжения *(в бывш. ГДР)*

MfiA, Ministerium für innere Angelegenheiten Министерство внутренних дел, МВД

MfJ, Ministerium für Justiz Министерство юстиции *(в бывш. ГДР)*
MFK, Motorfischkutter моторный рыболовный катер
MfK, Ministerium für Kultur Министерство культуры *(в бывш. ГДР)*
MFKE, Mehrfunktionskarteneinheit многофункциональная перфорационная машина; (перфо)карточное устройство многоцелевого назначения
MFL, Motorfischlogger моторный рыболовный логгер
MfL, Ministerium für Leichtindustrie Министерство лёгкой промышленности *(в бывш. ГДР)*
Mfl, Marktflecken *топ.* село, населённый пункт
M.-Flak, Flugabwehrmaschinenkanone зенитное автоматическое орудие
m.fl.k.u.w.W, mit fließend kaltem und warmem Wasser с водопроводной [проточной] холодной и горячей водой
MfLMI, Ministerium für Lebensmittelindustrie Министерство промышленности продовольственных товаров *(в бывш. ГДР)*
MfLuF, Ministerium für Land- und Forstwirtschaft Министерство сельского и лесного хозяйства *(в бывш. ГДР)*
MfM, Ministerium für Maschinenbau Министерство машиностроения *(в бывш. ГДР)*
m.Fm.W., mittlerer Flammenwerfer средний огнемёт
MfPF, Ministerium für Post und Fernmeldewesen Министерство почты и телеграфа *(в бывш. ГДР)*
Mfr, Mittelfranken Средняя Франкония
M Fr Sch, Motorfrachtschiff грузовой теплоход
MFS, Marinefunkstelle военно-морская радиостанция
MfS, Ministerium für Staatssicherheit Министерство государственной безопасности
MfSI, Ministerium für Schwerindustrie Министерство тяжёлой промышленности *(в бывш. ГДР)*
MFSp, Magnetfilmspeicher *вчт.* память [ЗУ] на магнитной ленте

MFT, Meldungsfortschaltungstaste *ж.-д.* кнопка вызова сообщения на индикатор *(на пульте контроля работы ПОНАБ)*
M.F.T., Militärfunktelegraphie военная радиотелеграфия
MfV, Ministerium für Volksbildung Министерство народного просвещения *(в бывш. ГДР)*
m.f.W., mit folgenden Worten следующими словами
MG, Meßgerät измерительный прибор; измерительный инструмент
MG., Maschinengewehr пулемёт
MG., Molekulargewicht *физ.* молекулярный вес
MG., Monopolgesetz закон о монополиях
M.G., metazentrische Größe метацентрическая высота *(судна)*
M.G., Molekulargewicht *физ.* молекулярный вес
M.-G., Motorgenerator *эл.* двигатель-генератор, мотор-генератор
M/G, Maß/Gewicht размер/вес, размер/масса *(альтернативная основа для расчёта пароходством фрахта)*
Mg, Magnesium *хим.* магний
m.G., mit Goldschnitt с золотым обрезом *(книга)*
mg, Milligramm миллиграмм, *мг*
mgA, mittlerer geometrischer Abstand среднегеометрическое расстояние
mgal, Milligal миллигал *(единица измерения ускорения)*
Mgb, Magdeburg г. Магдебург
Mgbh, Mönchengladbach г. Мёнхен-Гладбах
MGD, Magnetogasdynamik магнитогазодинамика
MGG, «Die Musik in Geschichte und Gegenwart» *наименование многотомного коллективного труда по истории музыки*
MGG, Metallguß-Gesellschaft Общество металлического литья
MGH, Monumenta Germanial Historica *наименование многотомного коллективного труда по истории германского средневековья*
MGK, Maschinengewehr-Kompanie пулемётная рота

M.G.-T., Maschinengewehrturm пулемётная турель, пулемётная башня

Mgtt, Markgrafschaft *ист.* маркграфство

MGV, Männergesangverein мужской певческий союз

MGV, Me:sgrenzventil *ж.-д.* измерительный вентиль *(в погрузочно-выгрузочных устройствах цистерн или экипировочных устройств)*

MGVB, Mitteilungen des Vereins für Geschichte Berlins *наименование периодического издания по вопросам истории Берлина*

M.G.Z., mittlere Greenwichzeit среднее время по Гринвичу, среднее гринвичское время

МН, Metall-Halogenid металлогалогенид

МН, Metallurgiehandel управление оптовой торговли в металлургической промышленности

МН, Mikrophon микрофон

МН, Mohs-Härte *тех.* твёрдость по Моосу

Mh, Monatsheft месячный номер журнала

m H, Millihenry *физ.* миллигенри, *мГн*

MHD, Magnetohydrodynamik магнитгидродинамика

MHD, Meteorologischer und Hydrologischer Dienst гидрометеорологическая служба, гидрометслужба

Mhd., Mittelhochdeutsch(e) средневерхненемецкий язык

mhd., mittelhochdeutsch средневерхненемецкий

m.H.H., Meine Herren! господа!, милостивые государи!

M.H.J., Marine-Hitlerjugend *ист.* Союз гитлеровской молодёжи военно-морского флота

M.H.Q., mittlere Hochwassermenge *гидр.* средний расход паводка

m.Hr., Mein Herr милостивый государь!

MhS, Monatsschrift für Höhere Schulen *наименование периодического издания по вопросам среднего образования*

MHW, mittleres Hochwasser *гидр.* 1. средний паводок; 2. средний уровень высоких вод *(за определённый период)*

MHWSt., Mittelhochwasserstand *гидр.* средний горизонт высоких вод *(за определённый период)*

MHz, Megahertz *физ.* мегагерц, *МГц*

Mi, Milchzug поезд для перевозки молока

Mi., Mikrofon микрофон

Mi., Mischfeuer *навиг.* комбинированные огни

Mi., Mischung смесь

Mi., Mitte середина; центр

Mi., Mittel среднее (число), средняя величина

Mi., Mittwoch среда

MIAM, Ministerium für Innendeutschen Handel, Außenhandel und Materialversorgung Министерство внутренней и внешней торговли и снабжения материалами *(ГДР)*

MIB, Meiringen-Innertkirchen-Bahn *ж.-д.* железная дорога Майринген-Иннерткирхен

Miba, MIBA, Miniaturbahn учебная железная дорога

MID, Mitteilungs- und Informationsdienst für Flüchtlinge *(Bonn) ист.* Служба информации для беженцев *(в Бонне)*

mid, Motor-Informations-Dienst Служба информации по вопросам автомобильной промышленности

MIDAC, Michigan Digital Automatic Computer *англ.* вычислительная машина [ВМ] МИДАК Мичиганского университета

Mifrifi, Mittelfristige Finanzplanung среднесрочное финансовое планирование

MIG, MIG- Schweißen, Metall-Inertgas-Schweißen сварка плавящимся электродом в среде инертного газа, газоэлектрическая сварка

mil, militärisch военный

MIL-Approval *(Zulassungsschreiben der US-Army),* разрешение на применение моторного масла *(взамен предписанного автозаводом),* выданное командованием армии США

Mill., Million миллион, *млн*

MilT, Militärtarif für Eisenbahnen железнодорожный тариф для военных перевозок

Min., Mineraloge минералог

Min., Mineralogie минералогия

Min., Miniatur миниатюра

Min., Miniatur- *в сложн.* миниатюрный

Min., Minimum минимум

Min.

Min., Ministerial- *в сложн.* министерский; *(какого-то)* министерства
Min., Minute минута
min, mindestens минимум, по крайней мере
min, minimum минимум
min, Minute минута
min., minimal минимальный, наименьший; минимально
Min.Anw., Ministerialanweisung инструкция министерства
Min.Bl., Ministerialblatt официальное периодическое издание, публикующее правительственные постановления
Min.Bl. ELF, Ministerialblatt des Bundesministeriums für Ernährung, Landwirtschaft und Forsten *наименование периодического официального издания министерства продовольствия, сельского и лесного хозяйства ФРГ*
Min.Bl.Fin., Ministerialblatt des Bundesministeriums der Finanzen *наименование периодического официального издания министерства финансов ФРГ*
Mind., Minden (Westfalen) г. Минден *(в Вестфалии)*
Min.Dir., Ministerialdirektor министериаль-директор, директор департамента министерства
Mineis., Eisenbahnministerium министерство железных дорог
m.Inh., mit Inhalt с содержимым, с вложением *(письмо)*
Min Präs, Ministerpräsident премьер-министр
Min.R., Ministerialrat министериальрат, министерский советник *(чин в Австрии и ФРГ)*
MinRatG, Gesetz über den Ministerrat der DDR *ист.* Закон о Совете Министров ГДР
Mio, Million(en) миллион(ы), *млн*
MIÖG, Mitteilungen des Instituts für österreichische Geschichtsforschung *наименование австрийского периодического издания по вопросам истории*
MIP, Marine insurance policy *англ.* полис морского страхования
MIR, modifizierte Individualregelung модифицированная система автономного регулирования *(тормозных сил на колесе)*

Mirag, Mitteldeutsche Rundfunkaktiengesellschaft Среднегерманское радиовещательное акционерное общество
MIS, Management-Information-System, Management-Informationssystem административная информационная система; информационно-управляющая система
MIS, Markt-Informations-System *(der ÖDD im Güterverkehr) ж.-д.* система информации о транспортных рынках *(объёмы грузовых перевозок на Австрийских федеральных железных дорогах)*
Mi.-Sch., Mittelschule средняя школа
MiT, Massachusetts institute of technology Массачусетский институт технологии *(США)*
Mita, Schweizerischer Verband der Mineralwasser- und Tafelgetränke-Industrie Швейцарское объединение промышленности минеральных вод и (безалкогольных) напитков
Mitropa, Mitteleuropäische Schlaf- und Speisewagen-Aktiengesellschaft Центрально-европейское общество вагонов-ресторанов и спальных вагонов прямого сообщения *(в бывш. ГДР)*
Mits, Mitsubishi коробка передач фирмы «Мицубиси»
Mitt.d.Schles.Ges., Mitteilungen der Schlesischen Gesellschaft für Volkskunde *наименование периодического издания Силезского этнографического общества*
Mitteldt.Bll., Mitteldeutsche Blätter für Volkskunde *наименование периодического издания по этнографии Средней Германии*
MIVA, Missionverkehrs-Arbeitsgemeinschaft («Fliegende Pater») «Летающие патеры» *(католическая религиозная организация, действующая на международных авиалиниях — ФРГ)*
MJAG, Mühlen-Industrie-Aktiengesellschaft Акционерное общество мукомольной промышленности
MJD, Musikalische Jugend Deutschlands Немецкая музыкальная молодёжь *(организация)*
MJOe, Musikalische Jugend Österreichs Австрийская музыкальная молодёжь *(организация)*

MK, magnetische Kupplung электромагнитная муфта
MK, Magnetisierungskennlinie кривая намагничивания
MK, Magnetkarte магнитная карта
MK, Magnetkontencomputer BM для обработки магнитных счетов
MK, Marinekabel судовой кабель
MK, Maschinenkanone автоматическое (зенитное) орудие
MK, Metazenterhöhe über Oberkante Kiel метацентрическая высота над верхней кромкой киля *(судна)*
MK, Minutenkontakt *эл.* минутный контакт
MK, Mischkristall *(кристаллический)* твёрдый раствор
MK, Motor-Kleinfahrzeuge *ж.-д.* мотовозы, дрезины, краны, автомобили
M.K., Marschkolonne маршевая колонна
Mk., Mark марка *(денежная единица)*
Mk., Markierung маркировка; обозначение; метка
mk., mikroskopisch микроскопический
M.K.A., Marine-Küstenartillerie морская береговая артиллерия
MKF-Motor, kombiniert aufgeladener, ladeluftgekühlter Motor двигатель с комбинированным наддувом и охлаждением наддувочного воздуха
Mkfs, Muskelfaser *анат.* мышечное волокно
m-kg, mkg, Meterkilogramm килограммометр, килограмм-сила-метр, *кгм, кгс м*
Mkgr, Markgrafschaft *ист.* маркграфство
MKK, Magnetkontenkarte магнитная карта-счёт
MKK, Marinekabel mit Kunststoffmantel судовой кабель с пластмассовой оболочкой
M.kl.W., Mittelkleinwasser *гидр.* средний меженный горизонт [уровень] воды
MKP, Marine-Küstenpolizei военно-морская береговая полиция
mkp, Meterkilopond *физ.* килограмм-силаметр, *кгс м*
M.Kpf., Meldekopf *воен.* головной пост связи
MKQ, Methode der Kleinsten Quadrate *мат.* метод наименьших квадратов
MKR, magnetische Kernresonanz ядерный магнитный резонанс, ЯМР

MKR, Meinicke-Klärung-Reaktion туберкулёзная реакция Мейнике на очищение от мути
mkr, mikroskopisch микроскопический
MKrA, Mitteilungen des Wiener Kriegsarchivs *наименование австрийского периодического издания по военно-историческим вопросам*
M Kr Ak, Marine Kriegsakademie военно-морская академия
MKS, Marine-Kriegsschule военно-морское училище
MKS, Massekernspule *эл.* катушка с сердечником из прессованного порошка
MKS, Meter-Kilogramm-Sekunden-System метр-килограмм(сила)-секунда *(система единиц), МКГСС*
MKS(p), Magnetkartenspeicher *вчт.* ЗУ [память] на магнитных картах
Mkt, Markt рынок
Mkt, Markt- *в сложн.* рыночный, торговый
MKW, Maschinenkühlwagen вагон-рефрижератор с машинным охлаждением; изотермический вагон с машинным охлаждением
MKZ, maximal zulässige Konzentration *физ., хим.* максимально допустимая концентрация
ML, Längenmetazentrum продольный метацентр *(судна)*
ML, Markierungsleser *вчт.* устройство считывания маркеров *или* меток
ML, Maschinenwaffenlehrgerät учебные приборы для стрельбы из автоматического оружия
ML, Me:sleitung измерительная линия
ML, Minenleger *мор.* минный заградитель
ML, Mittelläufer средний полузащитник *(футбол)*
ML, Motorleichter мотолихтер; самоходная баржа
ML, Motor-Lokomotiven *ж.-д.* локомотивы с двигателями внутреннего сгорания
ML, Motorluftstrahltriebwerk воздушнореактивный двигатель
ml, Milliliter миллилитр, *мл*
mlat., mittellateinisch *(написанный)* на средневековой латыни
MLaz, Marinelazarett военно-морской госпиталь

Mlhn, Mülhausen г. Мюльхаузен

Mll., Mademoiselle *фр.* мадемуазель, госпожа, сударыня *(обращение к незамужней женщине)*

MLR, Marine-Lehrregiment морской учебный полк

MLW, Marine-Lehrwerkstatt военно-морская учебная мастерская

MM, Monatsmiete месячная аренда; месячная арендная плата

MM, Mustermesse ярмарка [выставка] образцов

M.M., Mälzels Metronom *муз.* метроном Мельцеля

mM, Millimikron миллимикрон, *ммк*

mM, Millimol миллиграмм-молекула

mM., mangels Material *бирж.* за отсутствием предложения

m.M., meiner Meinung по-моему, по моему мнению, на мой взгляд

mm, Millimeter миллиметр, *мм*

Mmax, Mache-Zahl-Maximum *физ.* максимум числа Махе

mmF, Mikromikrofarad микромикрофарада, пикофарада, *пФ*

mmfd, Mikromikrofarad микромикрофарада, пикофарада, *пФ*

mm Hg, Millimeter Quecksilbersäule *физ.* (столько-то) миллиметров ртутного столба

MMK, magnetomotorische Kraft магнитодвижущая сила, мдс

m.M.n, meiner Meinung nach по-моему, по моему мнению, на мой взгляд

mmol, Millimol миллиграмм-молекула, *мг-мол.*

mm QS, Millimeter Quecksilbersäule *физ.* (столько-то) миллиметров ртутного столба

MMS, Marine-Meldestelle морской наблюдательный пост

MMS, Mensch-Maschine-System система «человек-машина»; человеко-машинная система

Mmstr., Motorenmeister старший моторист

mmW, Millimeterwellen *радио* миллиметровые волны

Mn, Mangan *хим.* марганец

m.N., mangels Nachfrage за отсутствием спроса

Mn Bz, Manganbronze марганцовистая бронза

Mngr., Manager менеджер

MNO, Marine-Nachrichtenoffizier военно-морской офицер связи

M.N.Q., mittlere Niederwassermenge *гидр.* средний минимальный расход воды *(за данный период)*

MNS, Marine-Nachrichtenstelle морской пункт связи

MnSt, Manganstahl марганцевая сталь

MNV, Ministerium für Nationale Verteidigung Министерство национальной обороны *(бывш. ГДР)*

M.N.W., Mittelniedrigwasserstand *гидр.* средний меженный уровень воды *(за данный период)*

MO, Marktordnung система регулирования спроса и предложения

MO, , **MW**, Megohm *физ.* мегом, *МОм*

MO, Meßobjekt объект измерения

MO, Militärorganisation военная организация

M.O., money order *англ.* денежный перевод

Mo, Molybdän *хим.* молибден

Mo, Motor двигатель; мотор; электродвигатель

Mo., Montag понедельник

MOB., Mobilisation мобилизация

MOB., Mobilisations- *в сложн.* мобилизационный

MOBIDIC, Mobile Digital Computer *англ.* вычислительная машина [ВМ] МОБИДИК фирмы «Сильвания» *(США)*

MOBL, marco oriented business language *англ.* язык программирования МОБЛ фирмы «Норт Америкэн авиэйшн» *(США)*, ориентированный на решение коммерческих задач

Mod, Modell модель

Mod., Modell модель; макет

Mod., Modifikation модификация, видоизменение

Mod., Modulation *муз., радио* модуляция

mod., modern современный, новейший

mod., modisch модный

MODAC, Mountain System digital automatic computer *англ.* вычислительная машина [ВМ] МОДАК фирмы «Маунтин систем» *(США)*

MODAG, Motorenfabrik Darmstadt Aktiengesellschaft Акционерное общество дармштадтских моторостроительных заводов
Modem, Modulator-Demodulator модулятор-демодулятор, модем
MOEL, mittel- und osteuropäische Länder страны Центральной и Восточной Европы
MOFA, Modernisierter Fahrausweisverkauf *ж.-д.* Модернизированная система продажи билетов пассажирам *(Государственные железные дороги ФРГ)*
Mofa, Motorfahrad мопед, мотовелосипед
MOFA-DS, Datenstation des «Modernisierten Fahrausweisverkaufs» *ж.-д.* терминал «Модернизированной системы продажи билетов» *(Государственные железные дороги ФРГ)*
MOHess GV, Mitteilungen des Oberhessischen Geschichtsvereins *наименование периодического издания по истории Верхнего Гессена*
MÖIG, Mitteilungen des Österreichischen Instituts für Geschichtsforschung *наименование австрийского периодического издания по вопросам истории*
Mol, Molekül молекула
Mol-%, Molprozent молярный процент
Mol., Motorlafette самоходный лафет
mol, molekular молекулярный
Mol. G., Mol. Gew., Molekulargewicht молекулярный вес
Mon., Monaco Монако
Mon., Monarch монарх
Mon., Monarchie монархия
Mon., Monat месяц
Mon., Monitor *вчт., тлв.* монитор
Mon., Monolog монолог
Mon., Monopol монополия
Mon., Monument монумент, памятник
Mon.G., Monopolgesetz закон о монополиях
Moped, Motor und Pedal мопед, мотовелосипед
MOPS, maschinenorientierte Programmiersprache машинно-ориентированный язык программирования
MOR, Multiplikator 1. множитель 2. множительное устройство, устройство [блок] умножения

Mora, Motorrad мотоцикл
morg., morgen завтра
morg., morgens утром, по утрам
Moro, Motorroller мотороллер
MOS, management operating system, Zeigungs-Operaionssystem операционная система для административных информационных систем
Mosl., mosleminisch мусульманский
mot, motorrisiert моторизованный; с двигателем; механизированный
moto., Monatstonnen тонн в месяц, *т/мес.*
Mova, Monovinylazetylen *хим.* моновинилацетилен
MOZ, mittlere Ortszeit среднее местное время
MOZ, Motoroktanzahl *авто* октановое число *(топлива)* по моторному способу
MP, «в собственные руки» *(ставится в телеграммах перед адресом)*
MP, Magnetplatte *вчт.* магнитный диск, МД
MP, Maschinenpistole пистолет-пулемёт
MP, Metallpapier, metallisiertes Papier металлизированная бумага *(для статических конденсаторов)*
MP, Militärpolizei военная полиция
MP, Ministerpräsident премьер-министр
MP, Mischpolimerisat *хим.* сополимер
MP, Multiplizieren, Multiplikation умножение
Mp, Megapond *физ.* тонна-сила, *тс*
Mp, Mittelpunkt 1. центр; 2. средняя точка
mP, maritime Polarluft *метео* морские полярные воздушные массы
m.P., mit Protest *банк.* при наличии протеста, опротестованный
mp, Millipond *физ.* миллиграмм-сила, *мгс*
m.p., ... months after payment *англ.* ... месяцев с даты платежа
MPA, Marinepersonalamt управление кадров военно-морского флота
MPA, Materialprüfungsamt управление испытания материалов; Управление по испытанию материалов *(ФРГ)*
MPA, Modulares Führerraum-Anzeigegerät *ж.-д.* модульный прибор- индикатор информации в кабине машиниста
m PA, maritimarktische Polarluft *метео* морские арктические полярные воздушные массы

m.Pak., mittlere Panzerabwehrkanone среднее противотанковое орудие
MPG., Max-Planck-Gesellschaft zur Förderung der Wissenschaften Общество содействия развитию науки имени Макса Планка
Mph., Morphologie морфология
mph, Milliphot миллифот, *мф (единица силы освещённости)*
MPHS, Marinepeilhauptstelle военно-морская пеленгаторная станция
MPI, Max-Planck-Institut институт Макса Планка *(ФРГ)*
MPi, Maschinenpistole пистолет-пулемёт
MPK, Ministerpräsidentenkonferenz конференция премьер-министра
MPN, Modell-und Programmiernachweis *(der Land-Forst-und Nahrungsgüterwirtschaft)* (центральный) бюллетень по моделированию и программированию *(Министерства сельского, лесного хозяйства и продовольственных товаров)*
m.pp., manu propria *лат.* в собственные руки
MPPL, multi-purpose programming language *англ.* универсальный язык программирования МППЛ фирмы ИБМ *(США)*
MPS, Mathematical Programming System, Programmiersystem für mathematische Anwendungen система программирования, ориентированная на решение математических задач
MPS, Mikroprogrammspeicher *вчт.* память микропрограмм; микропрограммное ЗУ; микропрограммник
MPS(p), Magnetplattenspeicher *вчт.* память [ЗУ] на магнитных дисках
mPT, rückkehrende gemäßigt maritime Polarluft *метео* возвращающиеся умеренно-морские полярные воздушные массы
MPU, microprocessor unit микропроцессор
MPV, Motorplattformwagen *ж.-д.* моторная платформа путеукладчика
MPX, Multiplexkanal *вчт.* мультиплексный канал
MR, Militärregierung военная администрация *(на территории оккупированной Германии)*
MR, Miltenberger Ring Мильтенбергское объединение *(наименование студенческой корпорации в ФРГ)*
MR, Ministerialrat министериальрат, министерский советник *(чин в Австрии и ФРГ)*
MR, Moderedakteur редактор отдела мод *(в журнале, газете)*
MR, Multiplikatorregister *вчт.* регистр множителя
M.R., Maschinenraum *тех.* машинный зал; машинное отделение; цех
M.R., m.r., mate's receipt *англ.* извещение о погрузке
m./R., meine Rechnung *банк.* мой счёт
mr, Milliröntgen *физ.* миллирентген, *мР*
mrad, Mrd, Millirad *физ.* миллирад, *млрд*
MRG, Militärregierungsgesetz *ист.* постановление оккупационных властей
MRGes, Gesetz über den Ministerrat der DDR *ист.* Закон о Совете Министров ГДР
MRK, Europäische Konvention zum Schutz der Menschenrechte und Grundfreiheiten Европейская конвенция о защите прав и основных свобод человека
MRM, Multiresonatormagnetron *эл.* многорезонаторный магнетрон
Mrs., Mörser мортира
MRV, Membranregelventil мембранный дроссельный вентиль
MS, Magnetbandsteuergerät *вчт.* 1. устройство управления магнитной лентой 2. контроллер МЛ
MS, Magnetstreifen *вчт.* магнитная лента, МЛ
MS, Maschinensprache 1. машинный язык; язык ВМ; машинное представление информации; машинный код 2. система команд ВМ
MS, Megasiemens *физ.* мегасименс, *МСим*
MS, Me:ssender генератор стандартных сигналов, ГСС; измерительный генератор
MS, Mikrosekunde микросекунда, *мкс*
MS, Mischsäure *хим.* нитрующая смесь, меланж; вольфрамовая кислота с присадками
MS, Mittelschiffsebene диаметральная плоскость судна
MS, Motorschiff теплоход

MS, Motorschutzschalter защитный автомат электродвигателя
M.S., multiple Sklerose *мед.* рассеянный склероз
M/S, merchant ship *англ.* торговое судно
Ms, Me:sgerät измерительный прибор
Ms, Messing латунь
Ms, Motorsegler моторно-парусное судно
Ms., Manuskript 1. *(авторская)* рукопись 2. *полигр.* оригинал *(для набора)*
mS, Mikrosiemens *физ.* микросименс, мксим
ms, Millisekunde миллисекунда, *мсек, мс*
m.s., man sehe смотри, см.
m/s, Meter je Sekunde *(столько-то)* метров в секунду, *м/сек, м/с*
m/s, month(s) after sight *англ.* месяц(ы) после предъявления
msb, Millistilb миллистильб, *мсб (единица яркости)*
MSC, Motorsportklub клуб мотоспорта
m.s.c., mandatum sine clausula *(lat.)*; mit uneingeschränkter Vollmacht с неограниченными полномочиями, неограниченные полномочия
Msch., Mannschaft команда; экипаж; бригада; обслуживающий персонал
Msch., Maschinist машинист; механик
Msch., Mittelschiff *архит.* срединный неф
MSchG, Mieterschutzgesetz закон об охране прав квартиросъёмщиков
MSchG, Mutterschutzgesetz закон об охране материнства *(и детства)*
MSchl, Motorschlepper моторный буксир, дизельное буксирное судно
Mschr., Maschinenschrift машинопись; текст, отпечатанный на пишущей машинке
Mschr., Monatsschrift ежемесячное издание
MschrKrim, Monatsschrift für Kriminologie und Strafrechtsreform «Ежемесячник криминологии и реформы уголовного права» *(изд. в Кельне и Берлине)*
MSE, Meerschweinchen-Einheit *биол.* единица для морской свинки
msec, Millisekunde миллисекунда, *мсек, мс*
m/sec, Meter je Sekunde *(столько-то)* метров в секунду, *м/сек, м/с*
MSG, Motorsportgemeinschaft мотоспортивное общество

M.S.Ger., Minensuchgerät миноискатель
Mskr., Manuskript 1. *(авторская)* рукопись 2. *полигр.* оригинал *(для набора)*
Msp., Märchenspiel *театр.* феерия
MSR-Anlage, Messen-Steuern-Regeln-Anlage контрольно-измерительная установка; контрольно-измерительный прибор
MSR-Anlagenbau, Messen-Steuern-Regeln-Anlagenbau контрольно-измерительное приборостроение; промышленность по производству контрольно-измерительной аппаратуры
MSR-Ausrüstung, Messen-Steuern-Regeln-Ausrüstung контрольно-измерительное оборудование
MSR-Technik, Messen-Steuern-Regeln-Technik контрольно-измерительная техника
Mssg, Messung измерение
Mssger, Messgerät измерительный прибор; измерительное устройство
M.S.St., Meldesammelstelle *воен.* пункт сбора донесений
M. S. St., Meldesammelstelle пункт сбора сообщений; пункт сбора информации
MST, monolithic systems technology *англ.*, *элн.* техника построения систем на монолитных (интегральных) схемах [ИС]; техника монолитных ИС
MSt, Mittelstürmer центр нападения *(футбол)*
MStb., Maßstab мера, масштаб
MStG, Militärstrafgesetz закон о военно-уголовной ответственности *(в Швейцарии)*
MStGB, Militärstrafgesetzbuch военно-уголовный кодекс
MStGO, Militärstrafgerichtsordnung военно-процессуальный кодекс
MStGO, Militär-Strafgerichts-Ordnung положение о военных трибуналах
MsTh, Mesothorium *хим.* мезоторий
Mstr, Münster *(Westfalen)* г. Мюнстер *(в Вестфалии)*
MT, Magnetton магнитная звукозапись
MT, Magnettrommel магнитный барабан
MT, Mahltrockunungsanlage помольно-сушильная установка, сухоразмольная установка

MT, Material-Teuerungs-Zuschlag прибавочный коэффициент на вздорожание материалов
MT, Me:staste кнопка измерительной цепи
MT, Tanger Танжер *(индекс государственной принадлежности автомобиля)*
M.T., Meter-Tonne-Sekunden-System метр-тонна-секунда, *МТС (система единиц)*
M/T, Mail transfer *англ.* почтовый перевод
Mt., Motor двигатель; мотор; электродвигатель
Mt., motorisiert моторизованный
mT, maritime Tropikluft *метео* морские тропические воздушные массы
m.T., mit Talon (облигация) с талоном
mt, Metertonne метрическая тонна *(1000 кг), тм*
MTA, Motion Time Analysis анализ затрат времени на движения
MTAC, Mathematical Tables and other Aids Computation *англ.* «Математические таблицы и другие средства вычислений» *(название журнала) (США)*
MTBF, maximal time between faults *англ., вчт.* максимальное время между (двумя) отказами; максимальное время безотказной работы
MTBF, meantime between failures *англ., вчт.* среднее время между (двумя) отказами; среднее время безотказной работы *(см. тж.* **TF)**
M.Tb.R., Meinicke-Tuberkulose-Reaktion туберкулёзная реакция Мейнике
Mt Bt, Motorboot моторная лодка; моторная шлюпка
MTF-Motor, turboaufgeladener ladeluftgekühlter Motor двигатель с турбонаддувом и охлаждением наддувочного воздуха
MTG, Magnettongerät магнитофон
MTG, Märkblätter für das Verhalten bei Storungen während des Transports gefährlicher Güter *ж.-д.* Памятки о действиях при происшествиях во время перевозки опасных грузов
Mthm., Mathematik математика
MTH-Verfahren, Mittel-Temperatur-Hydrierung *(zur Benzingewinnung)* *хим.* гидрирование при средней температуре *(для получения бензина)*
mtl, monatlich ежемесячно, каждый месяц

MTM, Methods Time Measurement измерение времени в функции применяемых методов работы *(понятие, используемое при микронормировании времени)*
MTM-BSD, MTM-Büro-Sachbearbeiter-Daten микронормативы времени в сфере конторского делопроизводства
MTM-MEK, MTM für Einzel- und Kleinserienfertigung микронормирование в единичном и мелкосерийном производстве
MTM-SD, MTM-Standard-Daten стандартные микронормативы времени
MTM-UAS, MTM-Uiverselles Analysier-System универсальный системный анализ при микронормировании
mTP, gemäßigt maritime Tropikluft *метео* умеренно морские тропические воздушные массы
M.T.R., Meinecke-Trübung-Reaktion туберкулёзная реакция Мейнике на помутнение
Mtr., Matrose матрос
Mtr., Mieter квартиросъёмщик; арендатор; наниматель
mtr, Meter метр
mtr., metrisch метрический
MTS, Maschinen-Traktoren-Station машинно-тракторная станция
MTS, Motion Time Survey *англ.* хронометраж движений
Mts, Monats- *в сложн.* месячный, ежемесячный
Mts.-Abo., Monatsabonnement месячный абонемент, месячная подписка
Mts Geh., Monatsgehalt месячный оклад, месячное жалованье
MTSp, Magnettrommelspeicher *вчт.* память [ЗУ] на магнитном барабане
Mtt., Messerschmitt-Werke авиационные заводы Мессершмита
MTTR, mean time to repair-mittlere Reparaturzeit bei vielen Einheiten *ж.-д.* среднее время устранения неисправности
MTV, Männerturnverein мужской гимнастический союз
Mtv., Mietvorauszahlung внесение арендной платы авансом
MTW, Marschtriebwerk маршевый двигатель

MTZ, Motortechnische Zeitschrift *наименование периодического издания по моторостроению*

MU, Materialuntersuchung исследование материалов

MU, Monduntergang заход луны

MU, Montanunion Европейское объединение угля и стали

MÜ, Maschinen:bersetzung машинный перевод

Mu, Mutter гайка

Mü, München г. Мюнхен

MUBA, Schweizerische Mustermesse in Basel Базельская выставка образцов *(изделий швейцарской промышленности и продуктов сельского хозяйства)*

MUF, maximale Übertragungsfrequenz максимальная применимая частота, МПЧ

MUK, Morduntersuchungskommission комиссия по расследованию убийств

mul, mit dem Uhrzeigerlauf, mit dem Uhrzeiger laufend (направленный) по часовой стрелке

MULTICS, multiplexed information and computing service *англ.* операционная система МУЛЬТИКС фирмы «Дженерал электрик» *(США)*

Muna, Munitionsanstalt завод боеприпасов

M- u. R-, Melde- und Rauch- *в сложн.* сигнальные и дымовые *(патроны)*

MUS, Messstellenumschalter *эл.* переключатель мест [точек] измерения

MUW, Ministerium für Umweltschutz und Wasserwirtschaft Министерство охраны окружающей среды и водного хозяйства *(в бывш. ГДР)*

MuW, Markenschutz und Wettbewerb *наименование периодического издания по вопросам охраны фабричных торговых знаков, клейм и рекламы*

MV, magnetischer Verstärker магнитный усилитель

MV, Maschinenverstärker электромашинный усилитель

MV, Megavolt *физ.* мегавольт, *МВ*

MV, Mietvorauszahlung уплата арендной платы авансом

MV, M.V., Misch(ungs)verhältnis состав смеси, соотношение компонентов смеси

MV, Mitarbeiterverzeichnis список сотрудников *(учреждения)*

MV, Mitgliederversammlung собрание членов *(какого-л. общества);* общее собрание *(членов какой-л. организации)*

mV, Millivolt *физ.* милливольт, *мВ*

m.V., mit Verpflegung с питанием

m.V., mit Verspätung с опозданием

m.V., mit Vertrag с договором

m.V., mit Vertretung с представительством

m.V., mit Verzögerung 1. с промедлением, с задержкой 2. замедленного действия *(взрыватель, бомба)*

m.V., mündliche Vereinbarung устная договорённость

mv, MV, Multivibrator *радио* мультивибратор

MVA, Megavoltampere *физ.* мегавольтампер, *МВА*

mval, Milligrammäquivalent миллиграмм-эквивалент

MVAr, Mvar *δèç.*, Blindmegavoltampere мегавар, *МВАр*

MVE, Magnetbahnversuchsanlage Emsland *ж.-д.* опытная дорога на магнитной подвеске в г. Эмсленд *(ФРГ)*

MV Hamb G, Mitteilungen des Vereins für Hamburgische Geschichte *наименование периодического издания по истории Гамбурга*

MVI, metallverarbeitende Industrie металлообрабатывающая промышленность

MVK, Magnetbahn-Versuchsanlage Kassel *ж.-д.* Кассельский опытный участок дороги на магнитном подвесе

MVLübG, Mitteilungen des Vereins für Lübeckische Geschichte *наименование периодического издания по истории Любека*

m.Vn., männlicher Vorname мужское имя

MVV, Münchener Verkehrs- und Tarifverbund *ж.-д.* Объединение предприятий пассажирского общественного транспорта г. Мюнхена

MW, Maschinenwort *вчт.* машинное слово

MW, Megawatt *физ.* мегаватт, *МВт*

MW, M.W., Mittelwasserstand *гидр.* средний уровень [горизонт] воды

MW, Mittelwellen *радио* средние волны

MW, Motorenwerk(e) моторостроительный завод, моторостроительные заводы

M.W., mechanische Werkstätten механические мастерские

Mw, Mißweisung ошибка показания *(компаса, прибора)*

Mw., Massenwaren товары широкого потребления; предметы широкого потребления

Mw., Mittelwort *грам.* причастие

Mw., Mittwoch среда *(день недели)*

Mw., Motorwagen автомобиль

Mw., Müllwagen мусоровоз

mW, Milliwatt *физ.* милливатт, *мВт*

m.W., meines Wissens насколько мне известно, насколько я знаю

mw, Mittelwelle *радио* средняя волна, волна среднего диапазона

MWa, Marinewaffe морское вооружение

MWaN, Marinewaffennorm нормы морского вооружения

m.W.d.G.b., mit Wahrung der Geschälte beauftragt уполномоченный соблюдать интересы фирмы

MWG, Massenwirkungsgesetz *хим.* закон действующих масс

MWM, Motoren-Werke Mannheim Мангеймские моторостроительные заводы

MWS, Messwertsender 1. телеметрический передачик; передатчик данных телеизмерений 2. *навиг.* измерительный передатчик

MWT, Ministerium für Wirtschaft und Technik министерство экономики и техники

MWV, Mietwohnungsvorschriften правила съёма квартиры

MWWK, mißweisender Windkurs *навиг.* магнитный курс

mx, Multiplex многократный телеграфный аппарат, мультиплекс

MZ, Maschinenzeit машинное время

MZ, Mehrzweck- *в сложн.* многоцелевой; многофункциональный; универсальный

MZ, Mittelmeerzone Средиземноморская зона

MZ, Moskauer Zeit московское время

MZ, Motor-Zweigwerk вспомогательные моторемонтные мастерские

Mz., Mehrzahl *грам.* множественное число

m.Z., **M.Z.**, mangels Zahlung из-за неуплаты

MZA, Meteorologische Zentralanstalt Швейцарский центральный метеорологический институт

m.z.d., **MZD**, maximal zulässige Dosis максимально допустимая доза

MZF, Mehrzweck-Kehrvorrichtung mit Schwellenfachverdichter *ж.-д.* дозировщик-уплотнитель балласта в шпальных ящиках *(машина на железнодорожном ходу)*

MZ- Fahrzeugprogramm, Mehrzweck-Fahrzeugprogramm *ж.-д.* программа создания комплекса единиц специального подвижного состава многоцелевого назначения

MZG, Mehrzweck-Grundfahrzeug *ж.-д.* тяжёлая путевая дрезина многоцелевого назначения

Mzg., Münzgeld монета

MZK, maximal zulässige Konzentration предельно допустимая концентрация, ПДК

MZM, maximal zulässige Menge максимально допустимое количество

Mz.-Pr., Münzprägung чеканка монет

MZS, Mehrzweck-Schraubeneinrichtung *ж.-д.* многоцелевая путевая машина-шурупо-гайковёрт

Mz-S, Mz-Schraubmaschine *ж.-д.* многоцелевая путевая машина-шурупо-гайковёрт

MZV, Magnetzwischenverstärker магнитный промежуточный усилитель

N

N, der Nachmittagsuhr *(во столько-то часов)* пополудни
N, des Nachmittags *(во столько-то часов)* пополудни
N, Großdyn *физ.* 100000 дин, большая дина, бол.дн
N, Leistung 1. мощность; работа 2. производительность
N, Nabenstrecke *ж.-д. австр.* участок железной дороги второстепенного значения
N, Nachläufer *ж.-д.* второй из двух отцепов, скатывающихся с сортировочной горки
N, Nachnahme наложенным платежом
N, Nahgüterzug грузовой поезд местного сообщения
N, Nationaleinkommen национальный доход
N, Navigation навигация
N, Neper непер, *Нп (единица измерения)*
N, Neudruck *полигр.* стереотипное издание
N, Newton ньютон, *Н (единица силы в системе СИ)*
N, Nimbostratus *метео* слоисто-дождевые облака, слоистое дождевое облако
N, N., Nominativ именительный падеж, номинатив
N, Nord(en) север, норд
N, Norm норма; стандарт; образец
N, Norwegen Норвегия *(индекс государственной принадлежности автомобиля)*
N, Nostrokonto *банк.* счёт-ностро
N, Not- *в сложн.* аварийный, запасный
N., Nachmittag послеобеденное время; вторая половина дня; вечер
N., Nachschub *воен.* подвоз, снабжение; пополнение
N., Neutrum *грам.* средний род
N., November ноябрь
n, Brechungszahl *физ.* показатель [коэффициент] преломления
n, Nano- *в сложн.* нано- *(одна стомиллионная часть)*

n, Nn, Neutron нейтрон
n, N, normal нормальный
n., nachmittags *(во столько-то часов)* пополудни
n., namens по имени; по фамилии
n., net register *англ.* чистая регистровая вместимость
n., netto 1. нетто, чистый вес, вес без упаковки; масса без упаковки 2. без скидки, без вычета
n., neutral нейтральный; *хим.* средний
n., Neutrum *грам.* средний род
n., nördlich 1. северный 2. к северу, на север; севернее
n., normal нормальный, обычный; стандартный
n., nur только, лишь
NA, Nachabstimmung *эл., радио* подстройка
NA, Namensaktie именная акция
NA, Nebenanschluß 1. *тлф.* добавочный [параллельно включённый] аппарат 2. *эл.* параллельное присоединение
NA, Neuauflage новое издание
NA, Neuausgabe новое издание
NA, Neues Archiv für Ältere Deutsche Geschichtskunde *наименование периодического издания по вопросам истории Германии*
NA, Nicaragua Никарагуа *(индекс государственной принадлежности автомобиля)*
NA, Notausgang запасный выход
N.A., Nachrichtenabteilung *воен.* батальон связи
N.A., Nachrichtenaufklärung разведка средствами связи
N.A., numerische Apertur *физ., опт.* числовая апертура
N. A., Nebenanschluss подключение дополнительного устройства
N/A, no account *англ.* нет текущего счёта
N/A, no advice *англ.* нет извещения, авизо не поступало
Na, Nadir *астр.* надир

Na

Na, Natrium *хим.* натрий
Na, Nebelanlage дымообразующая установка
n.A., nach Abzug за вычетом
n.A., nach Auftrag по поручению; по заказу
n.A., neue Auflage новое издание
n.A., neue Ausgabe новое издание
n.A., neuer Art нового типа, нового вида
n.a., nebenamtlich по совместительству
n.a., nicht annehmbar неприемлемый, недопускаемый
n.a., not above *англ.* не выше
n.a., numerische Apertur *физ., опт.* числовая апертура
n/a, no acceptance *англ., банк.* неакцептование
n.a.a., nicht anderweitig angeführt иного не указано
n.a.a., not always afloat *англ.* не всегда на плаву
n.Abg., nach Angaben по данным, по сведениям
Nabi, Nationalbibliographie отечественная библиография
Nachdr., Nachdruck *полигр.* перепечатка
Nachf., Nachfahr(e) потомок
Nachf., Nachfolger наследник; преемник; последователь
Nachf., Nachforschung 1. расследование; дознание; расспросы; наведение справок; 2. розыск
nachm., nachmittags *(во столько-то часов)* пополудни, во второй половине дня
Nachr., Nachricht известие; сообщение; уведомление, извещение
Nachr., Nachrichten известия; сообщения; информация; данные, сведения
nachst., nachstehend нижеследующий; далее, ниже
Nachtr., Nachtrag добавление, дополнение; приложение
Nachw., Nachweis доказательство
Nachw., Nachwort послесловие
Nachw., Nachwuchs 1. смена; подрастающее поколение; молодёжь 2. потомство; молодняк
NADIS, Nachrichtendienstliches Informationssystem справочно-информационная система

NAG, Nationale Arbeitnehmergemeinschaft Национальное швейцарское общество наёмных рабочих
NAG, Nationale Automobilgesellschaft Национальное общество автомобильных заводов
NAGEMA, (Volkseigene Betriebe des Maschinenbaus für) Nahrungs- und Genußmittel, Kälte- und Chemische Industrie Народные предприятия по производству оборудования для пищевой, холодильной и химической промышленности *(бывш.ГДР)*
Nagra, Fachnormenausschuß für das Graphische Gewerbe *(im Deutschen Normenausschuß)* Комитет норм и стандартов полиграфической промышленности *(в составе Германского комитета промышленных норм и стандартов)*
NAHZUP, EDV-Projekt zum Ermitteln optimaler Nahgüterzugbildungen und Nahgüterzugtrassen *ж.-д.* проект разработки с использованием ЭВМ оптимального плана формирования местных грузовых поездов и графика их движения
NAMUR, Normenarbeitsgemeinschaft für Me:s- und Regelungstechnik (Объединённый) комитет по технике измерений
NAND, NO-AND, NICHT-UND *вчт.* логическая функция [операция, схема] «НЕ-И»
NAREC, Naval Research Electronic Computer *англ.* вычислительная машина [ВМ] НАРЕК Научно-исследовательской лаборатории Военно-морского флота *(США)*
NAT, Normenausschuß Terminologie Комитет норм и стандартов в области терминологии
nat., national национальный; общегосударственный; внутригосударственный
nat., naturalistisch натуралистический
nat., natürlich естественный; природный; настоящий, натуральный
Natf(g)., Naturforschung изучение природы
nat.Gr., (in) natürlicher Größe в натуральную величину

NATM, new Austrian tunneling method *англ.* новоавстрийский метод проходки тоннелей

Nat.-Sch., Naturschutz охрана природы

naturw., natw., naturwissenschaftlich естественно-научный

Nat.-Vers., Nationalversammlung национальное собрание *(парламент)*

Natw., Naturwissenschaft естествознание

natw., naturwissenschaftlich естественнонаучный

n.Aufl., neue Auflage новое издание

n.Ausg., neue Ausgabe новое издание

NAV, Nennausschaltvermögen *эл.* номинальная отключающая способность

Nav., Navigation навигация; штурманское дело; судовождение

Nav S, Navigationsschule штурманское училище

Naweba, Dienstvorschrift über Namen und Wegweiser auf Bahnhöfen *ж.-д.* Служебная инструкция об оформлении и размещении наименований станций и указателей маршрутов прохода пассажиров *(Государственные железные дороги ФРГ)*

Nazi, Nationalsozialist национал-социалист, нацист

NB, Nachbremse *ж.-д.* дополнительный замедлитель *(парковой позиции, размещается за главным замедлителем)*

NB, Nationalbibliothek Австрийская национальная библиотека

NB, Nitrobenzol нитробензол

NB, notabene! *лат.* нотабене, заметь, обрати внимание

N.B., Nahbeobachtung *воен.* ближнее наблюдение

Nb, Niobium *хим.* ниобий

Nb., Nebel- *в сложн.* дымовой; *воен.* химический

nb., neben у, при

n.b., notabene! *лат.* нотабене, заметь, обрати внимание

NbA, Neubauamt управление капитального строительства

Nbay, Niederbayern Нижняя Бавария

NBF, Niederfrequenzbandfilter *эл.* полосовой фильтр низких частот

nbfl., nebenberuflich по совместительству, внештатно

NBG, Niedersächsisches Beamtengesetz закон о чиновниках земли Нижняя Саксония

Nbg, Nürnberg г. Нюрнберг

Nb.Hgr., Nebelhandgranate дымовая ручная граната, ДРГ

NBI, Nachrichtenblatt информационный бюллетень; информационный журнал

Nb.K., Nebelkerze дымовая свеча

NBR, Acrylnitril-Butadien-Kautschuk акрилнитрилбутадиеновый каучук

n.Br., nördlicher Breite *геогр. (столько-то градусов)* северной широты

NBS, National Bureau of Standards *англ.* Национальное бюро стандартов *(США)*

NBS, Neubaustrecke *ж.-д.* новостроящийся участок железной дороги *(или участок, строительство которого планируется)*

NbSt., Nebenstelle 1. отделение, филиал 2. подстанция 3. параллельный телефон

Nby, Niederbayern Нижняя Бавария

nC, Nanocurie *физ.* нано-кюри, нКи

NCC, National Computing Centre *англ.* Национальный вычислительный центр *(Великобритания)*

Nchf., Nachfolger наследник; преемник; последователь

n.Chr.(G.), nach Christus, nach Christi Geburt *(в такой-то год)* от рождества Христова

NCIC, National Crime-Information Center Национальный центр регистрации уголовных преступлений

Nck, Neckar р. Неккар

NCM, Nomenklature Commune des Marchandises, Gemeinschaftliches Güterverzeichnis *ж.-д.* Единая номенклатура грузов МСЖД

NCR, National Cash Register *англ.* фирма «Нэшнл кэш реджистер», выпускающая оборудование для обработки данных *(США)*

n.c.v., N.C.V., no commercial value *англ.* коммерческой ценности не имеет

NCWGött, Nachrichten von der Gesellschaft der Wissenschaften, Göttingen *наименование периодического издания гёттингенского научного общества*

ND, Genehmigung für Nebenkosten und Dienstleistung *торг.* согласие на опла-

ту накладных расходов и оказанных услуг
ND, Nachrichtendienst служба информации; информационное агентство
ND, Nebenkosten und Dienstleistungen *грам.* дополнительные расходы и услуги
ND, Nenndruck *тех.* номинальное давление
ND, Neues Deutschland газета «Нойес Дойчланд» *(центральный орган ЦК СЕПГ бывш. ГДР)*
ND, Niederdruck *тех.* низкое давление
ND, Niederdruckstufe *тех.* ступень низкого давления
ND, normative Nutzungsdauer *ж.-д.* нормативный срок службы
ND, Nummerdrucker цифровое печатающее устройство
ND, Nutzungsdauer срок пользования; срок службы, долговечность; продолжительность эксплуатации
Nd, Neodym *хим.* неодим
Nd, Niederdruck *тех.* низкое давление
Nd., Nieder- *в сложн.* нижний
Nd., Niederschlag 1. *хим.* осадок, конденсат 2. *метео* осадки
nd., niederdeutsch 1. *лингв.* нижненемецкий *(о диалектах)* 2. северо-немецкий
NdA, Nach der Arbeit *наименование австрийского периодического издания по садоводству и домоводству*
ND(-HSR), Neudeutschland(-Hochschulring) католическая студенческая лига «Новая Германия»
NDI, Normenausschuß der Deutschen Industrie Комитет промышленных норм и стандартов германской промышленности *(теперь* **Deutscher Normenausschu:s, DNA)**
NDK, Niederdruckkompressor компрессор низкого давления
NDL, Neue Deutsche Literatur *наименование периодического издания по вопросам литературы и критики (бывш. ГДР)*
Ndl., Niederlage 1. склад, база 2. филиал 3. оптовый магазин
Ndl., Niederlande Нидерланды, Голландия
Ndl., Niederlassung 1. филиал, отделение 2. селение, посёлок
NDPD, Nationaldemokratische Partei Deutschlands Национально-демократическая партия Германии, НДПГ *(бывш. ГДР)*
NDR, Norddeutscher Rundfunk Северогерманское радио
Ndr., Nachdruck *полигр.* перепечатка; стереотипное издание; переиздание
Ndrh, Niederrhein Нижний Рейн
Ndr. v, Nachdruck verboten перепечатка запрещается; перепечатка запрещена
NdS, Niedersachsen Нижняя Саксония *(земля в ФРГ)*
Nds., Niederschrift запись; протокол
NDStP, National-Deutsche Staatspartei Национальная немецкая государственная партия
NDT, Niederdruckturbine турбина низкого давления
Nd-Wss, Niedrigwasser *гидр.* низкий уровень воды
NDZ, nicht druckbares Zeichen непечатаемый знак
NE, Die Neue Erziehung *наименование периодического издания по вопросам педагогики*
NE, Nachrichteneinheit единица информации, ЕИ
NE, Nationaleinkommen национальный доход
NE, Nichteisenmetall цветной металл
Ne, Naheilgüterzug, Nah-Eilgüterzug ускоренный грузовой поезд местного сообщения
Ne, Neon *хим.* неон
Ne, Nutzeffekt 1. коэффициент полезного действия, кпд; 2. эффективность; 3. экономический эффект; экономическая эффективность
n.E., nach Eingang по получении *(письма)*
NEAT, National Cash Register electronic autocoding technique *англ.* система программирования НЕАТ фирмы «Нешнл кэш реджистер»*(США)*
Neb., Nebel туман
Neb.-K., Nebenkosten побочные [дополнительные] затраты, побочные [дополнительные] издержки
NEC, Nippon Electric Co. *англ.* фирма «Ниппон электрик», выпускающая оборудование для обработки данных *(Япония)*
neg., negativ отрицательный, негативный

Negatron, negatives Elektron отрицательный электрон

Nek, Naheilgüterzug-KLV *ж.-д.* ускоренный местный грузовой поезд системы комбинированных перевозок

NELIAC, Naval Electronics Laboratory international algebraic compiler *англ.* язык программирования НЕЛИАК Лбаоратории электроники Военно-морского флота *(США)*

NEM, Nichteisenmetall цветной металл

NE-Metalle, Nichteisenmetalle цветные металлы

nEöH, nichtöffentliche Eisenbahmen öffentlicher Häfen *ж.-д.* портовые железные дороги *(не общего пользования, обслуживающие порты общего пользования)*

NES, Nachterkennungssignal *мор., ав.* ночной опознавательный сигнал

NESKA, Niederrheinische Schiffahrtskontor-Aktiengesellschaft Компания судоходства по Нижнему Рейну

NET-Modell, Netzwerke des inneren Energietransportes модель сеток передачи [переноса] внутренней энергии

NET-Modelltechnik, Netzwerk-Modelltechnik техника моделирования сеток передачи внутренней энергии

Neudr., Neudruck *полигр.* стереотипное издание

Neuf., Neufassung новая редакция *(напр., закона)*

neulat., neulateinische Sprache новолатинский язык

Neum., Neumarkt.. г. Неймаркт

NEV, Nenneinschaltvermögen номинальная включающая способность

NEWAG, Niederösterreichische Elektrizitätswerke A.G. Акционерное общество электростанций Нижней Австрии

NF, Nationale Front des Demokratischen Deutschland Национальный фронт демократической Германии *(бывш. ГДР)*

NF, Neufundland Ньюфаундленд *(индекс государственной принадлежности автомобиля)*

NF, Niederfrequenz низкая частота

NF, Normalformatziegel кирпич стандартного размера

N.F., neue Folge новая серия

Nf, Nahbedienungsfreigabe *ж.-д.* передача на местное управление *(стрелок и сигналов)*

Nf., Nachfolger наследник; преемник; последователь

nF, Nanofarad *физ.* нано-фарада, *нФ*

n.F., neue Fassung новая редакция *(напр., закона)*

n.F., neue Folge новая серия

nf, Neufundland ньюфаундленд *(порода собак)*

nf., nachfolgend следующий, последующий

nf., niederfrequent низкочастотный

n.f., nicht fertig не готово

n.f., nur für только для

NFA, Nachtfahrtanzeiger *мор.* ночной указатель хода

NFA-Schranke, *ж.-д.* шлагбаум, конструкция которого рассчитана на три вида обслуживания [управления] — местное, дистанционное и по вызову дежурного по переезду участником дорожного движения

n.f.D., nur für den Dienstgebrauch только для служебного пользования, только ДСП, ДСП

Nff, Nachfolger наследники: преемники; последователи

Nfg., Neufassung новое издание; новая редакция

N.F.I., Naturfreunde Internationale международное общество «Друзья природы»

NFJ, Naturfreundejugend Saarland Саарский молодежный союз «Друзья природы»

NFl, Nachtflug ночной полёт

N.f.L., Nachrichten für Luftfahrer *наименование периодического издания по лётному делу*

Nfl, Ntbenfluß приток *(реки)*

nfl., nichtfliegend *ав., метео.* нелётный *(о погоде)*

N-Fluwa, Nachtflugwache *воен.* ночной пост воздушного наблюдения, оповещения и связи

nfo, non free out *англ.* выгрузка оплачивается получателем товара

nfr, nicht freigemacht *ком.* не очищен от сборов *или* таможенных пошлин

NFS, nautischer Funksprechdienst служба радионавигации

NFS, Nebenfernstrecke *ж.-д.* второстепенная железнодорожная линия, обслуживающая дальние сообщения
NFS, Nebenfernstrecken *ж.-д.* местные участки
N.f.S., Nachrichten für Seefahrer *навиг.* извещения мореплавателям
NF-Trafo, Niederfrequenztransformator трансформатор низкой частоты
NFV, Niederfrequenzverstärker усилитель низкой частоты
NFV, Norddeutscher Fußballverband Северогерманский футбольный союз
Nfz, schweres Nebenfahrzeug *ж.-д.* единица тяжёлого вспомогательного подвижного состава *(напр., тяжёлая путевая машина)*
NG, Nationalgalerie национальная галерея
NG, Nebengleis *ж.-д.* станционный путь *(кроме приёмоотправочных и главных)*
NG, Normalgenerator *эл.* генератор эталонной частоты
Ng, Nahgüterzug грузовой поезд местного сообщения
NGA, Normenleitung mit Gummiader *эл.* стандартный провод с резиновой жилой
N.-Geb., Nachgebühr доплата; дополнительный *(почтовый или телеграфный)* сбор
N-Gerät, Nachrichtengerät прибор связи
NGL, Netzgruppenleitung *тлф.* соединительная линия районированной сети
NGL, Neue Gesellschaft für Literatur Новое литературное общество *(Берлин)*
Ngl, Nitroglyzerin нитроглицерин
NgPS, Nennleistung in Pferdestärken номинальная мощность в лошадиных силах
n.Gr., (in) natürlicher Größe в натуральную величину
Ngs, Nahgüterzug-Stuckgut *ж.-д.* местный поезд, обеспечивающий перевозки мелких отправок
NH, Normalhöhenpunkt опорная топографическая точка для немецких карт *(находящаяся в 38 км восточнее Берлина на дороге Герцфельде-Мюнхеберг)*
N.H., Nachrichtenhelferin *воен.* связистка-помощница *(сотрудница вспомогательных отрядов в частях связи)*

Nh, Naturharz природная смола
nhd., neuhochdeutsche Sprache нововерхненемецкий язык
NHG, naturhistorische Gesellschaft общество по изучению естественной истории
NHG, Navigationshorchgerät *мор.* гидроакустический навигационный локатор
NHG, Neue Helvetische Gesellschaft Новое швейцарское (научное) общество
Nhz, Niederdruckdampfheizung паровое отопление низкого давления
Ni, Nickel *хим.* никель
Ni, Nikki топливная аппаратура фирмы «Никки»
NIA, Nachrichten für Außenhandel наименование периодического издания по внешней торговле
NiCrSt, Nickelchromstahl хромо-никелевая сталь
Niederdt.Zs., Niederdeutsche Zeitschrift für Volkskunde наименование периодического издания по этнографии нижненемецких областей
niederl., niederländisch нидерландский; голландский
NIMEXE, Nomenklatur für die Import- und Exportstatistiken der Europäischen Gemeinschaften номенклатура товаров для экспортно-импортной статистики (ЕЭС)
Nirosta, nichtrostender Stahl нержавеющая сталь
NiSt, Nickelstahl никелевая сталь
Niv, nicht verarbeitet не обработано
Niv., Niveau уровень
Niv., Nivellement, Nivellierung нивелировка, нивелирование
NJ, Neue Justiz «Новая юстиция» *(изд. в бывш. ГДР)*
NJ, Neues Jahrbuch für Wissenschaft und Jugenderziehung наименование ежегодного издания по научно-педагогическим вопросам
NJ, Zeitschrift Neue Justiz наименование периодического издания по юридическим вопросам
n.J., nächsten Jahres следующего года
NJB, Neue Jugendbewegung Новое молодёжное движение *(организация в ФРГ)*

NJCC, National Joint Computers Committee *англ.* Объединённый национальный комитет по вычислительной технике *(США)*

NJKA, Neues Jahrbuch für das Klassische Altertum *наименование ежегодного издания по вопросам древней истории*

NJW, Neue Juristische Wochenschrift «Новый юридический еженедельник» — *наименование еженедельного издания по юридическим вопросам (изд. Мюнхен, Берлин)*

NK, Nationalkomitee Национальный комитет

NK, Naturkautschuk натуральный каучук

NK, Neue Kerze, Candela свеча, международная свеча, кандела *(единица измерения силы света)*

NK, Niederspannungskabel кабель низкого напряжения

n.k., neue Konstruktion новая конструкция

NKFD, Nationalkomitee Freies Deutschland Национальный комитет «Свободная Германия» *(во время Второй мировой войны)*

NKH, Nichtkarbonathärte некарбонатная жёсткость *(воды)*

Nkm, Nutzkilometer километр полезного пробега, полезный километр

nkr, norwegische Krone норвежская крона *(денежная единица)*

NKV, Niedersächsischer Kohlenverkauf Нижнесаксонское общество по сбыту угля

NL, Niederlande Нидерланды *(индекс государственной принадлежности автомобиля)*

NL, Niederlassung 1. филиал, отделение 2. селение, посёлок

NL, Niederlausitz Нидерлаузиц, , Нижняя Лужица *(область в бывш. ГДР)*

Nl, Nebenlager 1. вспомогательный подшипник; вспомогательная опора 2. вспомогательный склад

n.l., nicht löslich нерастворимый

N-Lager, Nachschublager склад снабжения

N-Lampe, Nitralampe лампа накаливания «Нитра» *(с азотным наполнением)*

nlat., neulateinisch новолатинский

N-ldg, Notlandung *ав.* вынужденная посадка

NLG, Niederländischer Gulden нидерландский гульден

n-Lösung, Normallösung *хим.* нормальный раствор

NLP, neuro-linguistische Programmierung нейро-лингвистическое программирование

NLP, Niedersächsische Landespartei Нижнесаксонская партия

NLSA, netzwerkfähige Leittechnik in Schaltanlage *эл.* светотехника в распределительных устройствах

NM, Nachtmeßgerät измерительные приборы для ночной навигации

NM, Nennmaß номинальный размер

Nm3, Normalkubikmeter нормальный кубический метр, *Нкуб.м (кубический метр газа при 0 град. Цельсия и 760 мм ртутного столба)*

Nm, Nummer metrisch *текст.* метрический номер пряжи

n.M., nach Muster по образцу

n.M., nächsten Monats следующего месяца

nm, Nanometer нанометр, *нм (10-9 метра)*

nm., nachmittags *(во столько-то часов)* пополудни

NMBS, Nationale Maatschappij der Belgische Spoorwegen *ж.-д.* Национальное общество бельгийских железных дорог *(более употребительно SNCB, возможно и SNCB/NMBS)*

n. Mng, nach Meinung по мнению *(такого-то)*

Nm PS, mittlere Nennleistung in Pferdestärken средняя номинальная мощность в лошадиных силах

nmtl., namentlich именной, поимённый

NMV, motorabhängiger, lastschaltbarer Nebenantrieb *авто* механизм отбора мощности, переключаемый под нагрузкой и только при работающем двигателе

n.m.W., nach meinem Willen согласно моему желанию, по моему желанию

NN, Nachnahme наложенный платеж

NN, N.N., Normalnull[punkt] 1. *мор.* нуль глубин; 2. абсолютный нуль географической карты

N/N, nicht notieren не публиковать в биржевой котировке, не котировать

Nn

Nn, Neutron *физ.* нейтрон
n.n., netto netto свободно от уплаты; нетто за нетто
NNO, Nordnordost северо-северо-восток
nnö., nordnordöstlich северо-северо-восточный
N.N.Q., niedrigste Niederwassermenge *гидр.* минимальный *(по результатам наблюдений)* расход воды
NNW, Nordnordwest северо-северо-запад
N.N.W., niedrigster Niederwasserstand *гидр.* самый низкий горизонт воды
nnw., nordnordwestlih северо-северо-западный
NO, Navigationsoffizier *мор.* старший штурман
NO, Nordost(en) северо-восток
N/O, no order *англ.* заказа не поступило
NÖ, Niederösterreich Нижняя Австрия
no., netto 1. нетто, чистый вес, вес без упаковки; масса без упаковки 2. без скидки, без вычета
no., niederösterreichisch нижнеавстрийский
nö.,Nö., nordöstlich северо-восточный; северо-восточно
NOG, Gesetz «Notopfer Berlin» закон об отчислениях с почтовых операций на восстановление Западного Берлина
NOK, Nationales Olympisches Komitee Национальный олимпийский комитет *(отдельно в бывш. ГДР и ФРГ)*
NOK, Nordostschweizerische Kraftwerke электростанции Северо-восточной Швейцарии
Nom., Nominativ именительный падеж, номинатив
Nonp., Nonpareille *полигр.* нонпарель
NO-OP, no operate *англ., вчт.* 1. холостая [пустая фиктивная] команда 2. команда пропуска
NÖP, Neue Ökonomische Politik *ист.* новая экономическая политика, нэп
NOR, NO-OR, NICHT-ODER логическая операция «НЕ-ИЛИ»
nor, normal нормальный
NORC, Naval Ordnance Research Computer *англ.* вычислительная машина [ВМ] НОРК Научно-исследовательской артиллерийской лаборатории Военно-морского флота *(США)*

nordd., norddeutsch северогерманский, северо-немецкий
NORDEG/Wgl, Internationaler Eisenbahngütertarif für Wagenladungen zwischen Bahnhöfen der dänischen, schwedischen, norwegischen und finnischen Bahnen einerseits und der Deutschen Bundesbahn und der Deutschen Reichsbahn anderseits *ж.-д.* Международный грузовой тариф для перевозки повагонных отправок между железными дорогами Дании, Швеции, Норвегии и Финляндии с одной стороны и железными дорогами Германии с другой
nördl.Br., nördlicher Breite *геогр. (столько-то градусов)* северной широты
Norw.P., Norwegisches Patent норвежский патент
NÖS, NÖSPL, Neues ökonomisches System der Planung und Leitung der Volkswirtschaft новая экономическая система планирования и управления народным хозяйством
NÖT, neue Österreichische Tunnelbauweise новоавстрийский способ сооружения тоннелей
Not, Notabene нотабене, заметка, примечание
Not, Notar нотариус
Not, Not., Notariat нотариальная контора; нотариат
Not., Notariats- , notariats- *в сложн.* нотариальный
n.o.T., nach oberem Totpunkt *тех.* после верхней мёртвой точки
Notbr., Notbremse экстренный тормоз
Not.-Geb., Notariatsgebühren нотариальные сборы
Notgeb., Notgebiet район бедствия
Notl., Notlage бедственное положение; нужда; затруднительное положение
Notl., Notlandung вынужденная посадка
NotV, Notverordnung чрезвычайное распоряжение; чрезвычайный закон
Nov., Novelle *библиогр.* новелла
Nov., November ноябрь
NOW, Niederschachtofenwerk низкошахтная печь
NOWEA, Nordwestdeutsche Ausstellungsgesellschaft Северо-западногерманское общество устройства *(про-*

мышленных и сельскохозяйственных) выставок
NO zu N, Nordost zu Nord *мор.* норд-ост-норд
NO zu O, Nordost zu Ost *мор.* норд-ост-ост
NP, Namenpapier именная бумага
NP, Netzplan сетевой график
NP, Neue Partei Новая партия *(политическая организация в ФРГ)*
NP, Neupreis новая цена
NP, New Process *авто* раздаточная коробка типа «Нью-процесс»
NP, Njassaland Ньясаленд *(индекс государственной принадлежности автомобиля)*
NP, Nordpol Северный полюс
NP, Normalprofil *тех.* нормальный [стандартный] профиль
NP, Nullpunkt 1. нулевая точка; нуль; начало координат; начало отсчёта; нулевая отметка *(шкалы)* 2. нуль градусов, точка замерзания
N.P., Normalpackung обычная [стандартная] упаковка
N.P., Nullpunkt 1. нуль градусной шкалы 2. *физ.* абсолютный нуль
Np, Neper непер, *Нп (единица измерения)*
Np, Neptunium *хим.* нептуний
n/p, non-payment *англ.* неуплата, неплатёж
NPD, Nationaldemokratische Partei Deutschlands Национал-демократическая партия Германии, НДП
NPD, Nationale Partei Deutschlands Национальная партия Германии
N.P.D., Nachrichten- und Pressedienst агентство печати и информации, служба печати и информации
NPL, new programming language *англ.* язык программирования НПЛ фирмы ИБМ *(США)*
n.Pr., nach Probe согласно пробе; по образцу *(пункт договора, контракта)*
n.Pr., nach Prüfung согласно испытанию
n.Pr., neuer Preis новая цена
NPSW, neues Programmstatuswort новое слово состояния программы
NPT, Netzplantechnik сетевое планирование и управление, СПУ
N.Q., Niederwassermenge *гидр.* минимальный расход воды *(за данный период времени)*

NR, Nachbarrecht соседское право, правовые нормы, регулирующие отношения соседей — собственников недвижимости
NR, Nationale Rechte Национальные правые *(партия ФРГ)*
NR, Nationalrat национальрат, национальный советник *(чин в Швейцарии)*
NR, Nord-Rhodesien Северная Родезия *(индекс государственной принадлежности автомобиля)*
N.R., Nachrichtenregiment полк связи
Nr., Nummer номер
n.R, N.R., neue Reihe новый ряд; новая серия
NRh, Niederrhein Нижний Рейн
Nrh Wf, Nordrhein-Westfalen Северный Рейн-Вестфалия *(земля в ФРГ)*
NRK, neue Reisezugkonzept *ж.-д.* Новая схема обращения пассажирских поездов *(Швейцария)*
n. R.m., nach Rücksprache mit поговорив [переговорив, посоветовавшись] с *(кем-либо)*
Nrn., Nummern номера
Nrnstr, Neumünster г. Неймюнстер
NRP, Nationale Reichspartei Национальная имперская партия
NRT, Nettoregistertonne *мор.* нетто-регистровая тонна, *нрт*
NRW, Nordrhein-Westfalen Северный Рейн-Вестфалия *(земля в ФРГ)*
NRZ, non-return-to-zero *англ.* (метод записи) без возвращения к нулю
NS, Die Neue Schule наименование периодического издания по школьно-педагогическим вопросам
NS, Nachrichtenstelle пункт связи
NS, Nachschrift приписка, постскриптум
NS, Nederlandse Spoorwegen *ж.-д.* Нидерландские железные дороги
NS, Nichtantriebsseite эл. сторона, противоположная приводу
NS, Niederspannung эл. низкое напряжение
NS, Normalschliff *хим.* нормальный шлиф *(для лабораторной стеклянной посуды)*
NS, Notsender аварийный передатчик
NS, Nukleinsäure нуклеиновая кислота
NS, Nummernschalter *тлф.* 1. номеронабиратель 2. номерник, номерной коммутатор

NS, Unterschenkel нижняя часть бедра *(зона возможного травмирования при ДТП)*
NS., Nationalsozialismus национал-социализм, нацизм
N.S., Nachrichtenschule училище связи
Ns, Nebenschlu:s *эл.* ответвление; шунт
Ns, Nimbostratus *метео* слоисто-дождевые облака
n.S., nach Sicht *банк.* *(к оплате)* по предъявлении
n.S., neue Serie новая серия
n.S., normale Sicherheit нормальная надёжность, нормальная безопасность
ns, Nanosekunde наносекунд, *нс*
NSA, Nachschubamt *воен.* управление снабжения
NSa, Niedersachsen Нижняя Саксония *(земля в ФРГ)*
NSB, Neusiedlerseebahn *ж.-д.* Железная дорога Нойзидлер-Зее
NsB, Nachweis schwebender Beträge *банк.* неоплаченные суммы, подлежащие доказательству
NSDAP, Nationalsozialistische Deutsche Arbeiterpartei «Национал-социалистская рабочая партия Германии» *(наименование гитлеровской нацистской партии)*
NSdg, Nacnahmesendung почтовое отправление *(бандероль, посылка)* наложенным платежом
NSG, Naturschutzgebiet *(большой)* заповедник, заповедная [природоохранная] зона
NSHS, Niederspannungs-Hauptschaltanlage *эл.* главное распределительное устройство низкого напряжения
NSL, Niederspannungsleitung *эл.* линия низкого напряжения, низковольтная линия
N-S-Schließzylinder, цилиндр трёхпозиционного *(запираемого с секретом и без секрета)* замка
NSt, Nebenstelle 1. отделение, филиал 2. подстанция 3. параллельный телефон
Nst, Neustadt г. Нейштадт
n.St., neuen Stils по новому стилю
Nst-Anl, Nebenstellenanlage учрежденская АТС

NSU, Neckarsulm, Vereinigte Fahrzeugwerke-Aktiengesellschaft Неккарсульмское акционерное общество объединённых заводов транспортного машиностроения
NT, Nachrichtentechnik техника связи; связь
NT, Neuer Taiwan-Dollar новый тайваньский доллар *(денежная единица)*
NT, neue Technologie(n) новая технология, новые технологии
NT, Normaltakt нормальный [рабочий] такт
NT, Normaltarif обычный тариф
NT, Normaltemperatur нормальная температура
NT, Normteil стандартная деталь
N.T., Neues Testament Новый завет, евангелие
Nt, Nahschnellverkehrs-Triebwagen *ж.-д.* моторный вагон для скоростного местного сообщения
Nt, Niton *хим.* нитон, радон
NTF, Nachrichtentechnische Fachberichte Отраслевые отчёты по технике связи *(название издания)*
Ntf., Naturforscher натуралист, естествоиспытатель
Ntfg, Naturforschung изучение природы
NTG, Nachrichtentechnische Gesellschaft Научно-техническое общество электросвязи *(ФРГ)*
NTK, negativer Temperaturkoeffizient отрицательный температурный коэффициент
Ntkm, Nettotonnenkilometer *ж.-д.* тоннокилометр нетто
NTL, Neue Tokaido-Linie *ж.-д.* Линия Новая Токайдо
Nto, Nahschnellverkehrs-Schienenomnibus *ж.-д.* автовагон для скоростного местного сообщения
nto, netto 1. нетто, чистый вес, вес без упаковки; масса без упаковки 2. без скидки, без вычета
N.Tr., Nachrichtentruppen войска связи
Ntw, Naturwissenschaft естествознание
NTZ, Nachrichtentechnische Zeitschrift *наименование немецкого журнала по технике связи*
Ntzl, Nutzlast *тех.* полезная нагрузка; полезный груз

NU, Naturumlauf естественная циркуляция
NU, Nebenuhr вторичные электрочасы
NU, Niederdeutsche Union Нижнегерманский союз *(партия ФРГ)*
NÜ, Nachübertrager выходной трансформатор
n.u.T., nach unterem Totpunkt *мех.* после нижней мёртвой точки, после н.м.т.
n.u.Z., nach unserer Zeitrechnung нашей эры
NV, Nachrichtenverarbeitung обработка информации
NV, Nachrichtenvorschrift инструкция по связи
NV, Nationalversammlung национальное собрание *(парламент)*
NV, Netzverteilerschrank *эл.* шкаф сетевого распределительного устройства
NV, Niederfrequenzverstärker усилитель низкой частоты, УНЧ
NV, Notverordnung внепарламентское чрезвычайное постановление; декрет
n.V., nach Vereinbarung по согласованию; по договорённости
n.V., nach Vorschrift по предписанию; согласно положению, по инструкции; по уставу
nv, n.v., nicht vorhanden в наличии не имеется, не имеется в наличии; отсутствует
n.v., nicht veröffentlicht не опубликован
n.v., nicht vorgesehen не предусмотрено
n.v., no value *(engl.); ohne Wert* не имеющий ценности
NVA, Nachrichtenmittelversuchsanstalt экспериментальный институт средств связи
NVA, Nationale Volksarmee Национальная народная армия *(в бывш. ГДР)*
NVG, Notarversicherungsgesetz закон о страховании нотариусов
NVK, Nachrichtenmittelversuchskommando *воен.* научно-исследовательская комиссия [группа] технических средств связи
Nvkn., Nervenknoten *анат.* нервный узел
NVO, Neuererverordnung постановление о новаторах и рационализаторах *(в бывш. ГДР)*
NVP, Niedersächsische Volkspartei Нижнесаксонская народная партия

NVW, Nachrichtenverbindungswesen служба связи, связь
NW, Nachwort послесловие
NW, Nebenwerkstätte подсобная мастерская; вспомогательный цех
NW, Nennweite номинальный внутренний диаметр; условный проход *(напр., трубы)*
NW, Netzwerk 1. сеть; сетка 2. сетевой график,
NW, Niedrigwasser низкая вода, межень
NW, Nockenwelle *авто* распределительный [кулачковый] вал
NW, Nordrhein-Westfalen Нордрейн-Вестфален, Северный Рейн-Вестфалия *(земля в ФРГ)*
NW, Nordwest(en) северо-запад
Nw, Nettowasser условный диаметр судна
Nw., NW, Nachwahl(en) дополнительные выборы
Nw., NW, Nachwort послесловие
Nw., Nachwuchs 1. смена; подрастающее поколение; молодёжь 2. потомство; молодняк
nw., nordwestlich северо-западный; северо-западнее
NWDR, Nordwestdeutscher Rundfunk *(Köln und Hamburg)* радиовещательное объединение Северо-Западной Германии *(в Кёльне и Гамбурге)*
nwdt, nordwestdeutsch северо-западногерманский
NWE, nationale Währungseinheit национальная денежная единица; национальная валюта
NWiss, Naturwissenschaft естествознание
nwsl., nachweislich доказуемый
N.W.Sp., Niederwasserspiegel *гидр.* низкий горизонт воды
n.wt., net weight *англ.* вес нетто, масса нетто
NW zu N, Nordwest zu Nord *мор.* норд-вест-тень-норд
NW zu W, Nordwest zu West *мор.* норд-вест-тень-вест
nx, Nox нокс *(единица светотехники)*
NYD, Drillingsleitung трёхпроводная линия
NYH, New York - Hamburger Gummiwarenkompanie Нью-Йоркско-Гамбургская компания резиновых изделий

NYZ, Zwillingsleitung 1. двухпроводная линия; 2. двухжильный провод
NZ, Nachrichtenzentrale центральная станция связи
NZ, Natronzahl *хим.* натронное число
NZ, **N.Z.**, Neuseeland Новая Зеландия
NZ, Neutralisationszahl *хим.* кислотное число; число нейтрализации
NZ, Normalzeit нормальное время
NZ, Norm(al)zahl предпочтительное число; стандартное число
Nz, Nitrozellulose нитроцеллюлоза
n.Z., nach der Zeitrechnung по летосчислению
n.Z., nach Zeichnung по чертежу, согласно чертежу
NZfA, Neue Zeitschrift für Arbeitsrecht *наименование периодического издания по трудовому законодательству*, «Новый журнал трудового права»
N.Zg., Nachrichtenzug взвод связи
Nzg, Netzgerät прибор с питанием от сети; приёмник с питанием от сети, сетевой приёмник
Nzhl., Nachzahlung дополнительная оплата, дополнительный платёж; доплата, приплата; последующий взнос; плата задним числом
nzl, neuzeitlich новый, современный
n.zul., nicht zulässig недопустимый
N zu O, Nord zu Ost *мор.* норд-ост
N zu W, Nord zu West *мор.* норд-вест
n.Zw., nach Zeitenwende нашей эры
NZWehrr, Neue Zeitschrift für Wehrrecht «Новый журнал военного права»
NZZ, Neue Züricher Zeitung газета «Нойе цюрихер цайтунг» *(Швейцария)*

O

O, Kombinierter Flachwagen/Offener Wagen in Regelbauart mit 2 Achsen, umklappbaren Borden und Rungen *ж.-д.* комбинированный универсальный полувагон-платформа, двухосный, с откидными бортами и стойками
O, Ober- *в сложн.* 1. главный, старший, обер- 2. верховный 3. верхний, верхне-
O, Oberfläche поверхность
O, Oberschule старшие классы средней школы; средняя школа, полная средняя школа *(со сроком обучения в ФРГ 12—13 лет)*
O, Oberst полковник
O, Omnibus автобус
O, Ort место; местность; населённый пункт
O, Orts- *в сложн.* местный
O, Ost(en) восток
O., Offerte *ком.* оферта, предложение
O., Offizier офицер
O., Order ордер
O., Ordnung порядок; распорядок; правила; устав; положение
O., Ozean океан
Ö, Örsted, Oersted эрстед, *Эр (единица измерения напряжённости магнитного поля)*
o, O, Oszillator осциллятор; вибратор
o., oben наверху, вверху
o., oberhalb 1. выше, вверху, сверху 2. поверх, над
o., oder или, либо
o., offen 1. открытый, раскрытый 2. свободный; вакантный 2. открытый, доступный; публичный
o., ohne без, кроме
o., ordentlich упорядоченный; в надлежащем порядке

ö., öffentlich 1. общественный; социальный 2. публичный 3. государственный; официальный

OA, obligatorische Ausgaben обязательные расходы

OA, Offiziersanwärter кандидат на офицерскую должность

OA, Ortsamt *тлф.* городская [местная] станция

O.A., Oberamt главное управление

O.A., ohne Auftrag без поручения, без заказа; *воен.* без сформулированной задачи

ÖA, Öffentlichkeitsarbeit связи *(фирмы, государственной организации)* с общественностью, «паблик рилейшенз»

O/a, o. a., on account *англ.* в счёт *(причитающейся суммы)*

o.A., obligatorische Ausgaben обязательные расходы

o.A., ohne Adresse без (указания) адреса

o.A., ohne Angaben без указания сведений [данных]

o.A., ohne Anhang без приложения

o.A., ohne Anlage(n) без приложения

o.A., ohne Auftrag без поручения; без заказа

o.a., oben angeführt вышеприведенный, вышеуказанный

o.a., oben angegeben указанный ранее, вышеуказанный

o.a., oder andere или другие; прочие

o.ä., oder ähnliches или подобное

o.Abb., ohne Abbildungen без рисунков, без иллюстраций

OAE, Organisation für afrikanische Einheit Организация африканского единства, ОАЕ

ÖAF, Österreichische Autofabriken объединение австрийских автозаводов

OAG, Oberstes Arbeits-Gericht Верховный суд по рассмотрению трудовых споров

oaH, amerikanischer Härtegrad американский градус жёсткости *(воды)*

ÖAI, Österreichisches Archäologisches Institut Австрийский институт археологии

OARAC, office of air research automatic computer *англ.* вычислительная машина [ВМ] ОАРАК фирмы «Дженерал электрик» *(США)*

OAS, Organisation der Amerikanischen Staaten Организация американских государств, ОАГ

O.-Ausg., Originalausgabe оригинальное издание

OB, Oberbürgermeister обер-бургомистр

OB, Ortsbatterie *тлф.* местная батарея, МБ

Ob., Ober- *в сложн.* 1. главный, старший, обер- 2. верховный 3. верхний, верхне-

Ob., OB., Oberbefehlshaber главнокомандующий

oBé, Beaumégrad градус Бомэ, *(столько-то)* градусов Боме

o.B., ohne Beanstandung(en) без претензий

o.B., ohne Befehl без приказа

o.B., ohne Befund *мед.* без проверки состояния *(здоровья)*, без данных об осмотре; без диагноза, без заключения врача

o.B., ohne Bericht без уведомления *(надпись на векселе)*

öB, örtlicher Bediensteter *ж.-д.* работник, постоянно занятый выполнением работ в линейном подразделении железной дороги *(в отличие от работника с разъездным характером работы)*

OBA, Oberbergamt главное горное управление

ObArbG, Ob.Arb.G, Oberstes Arbeits-Gericht Верховный суд по рассмотрению трудовых споров

OBB, Oberste Baubehörde Главное строительное ведомство

ÖBB, Österreichische Bundesbahnen железные дороги Австрийской республики

Obbay, Oberbayern Верхняя Бавария

OB-Betrieb, Ortsbatterie-Betrieb *рад.* работа на местной батарее

ObbFA, Oberbayerische Forschungsanstalt *(in Oberammergau)* Верхнебаварский научно-исследовательский институт *(в Обераммергау)*

ÖBB-Fernverkehr, *ж.-д.* дальние сообщения Австрийских федеральных железных дорог *(перевозки на расстояния свыше 60 км)*

Ob.Bfh., Oberbefehlshaber главнокомандующий

ÖBB-Nahverkehr, *ж.-д.* местные сообщения Австрийских федеральных желез-

ных дорог *(перевозки на расстояния до 60 км)*
obd., oberdeutsch *лингв.* верхненемецкий, южно-немецкий, южнонемецкий
Ob.d.H., Oberbefehlshaber des Heeres главнокомандующий сухопутными силами *(бывшей германской армии)*
Ob.d.L., Oberbefehlshaber der Luftwaffe главнокомандующий военно-воздушными силами *(бившей германской армии)*
Ob.d.M., Oberbefehlshaber der Marine главнокомандующий военно-морскими силами *(гитлеровской Германии)*
Ob Dtld, Oberdeutschland Верхняя Германия, Южная Германия
Oberdt.Zs., Oberdeutsche Zeitschrift für Volkskunde *наименование периодического издания по этнографии Верхней Германии, наименование периодического издания по этнографии Южной Германии*
Oberhess, Oberhessen Верхний Гессен
Oberk., Oberkante верхний край, верхняя грань, поверхность; кромка
Oberpf., Oberpfalz Верхний Пфальц
Obertr, Oberfranken Верхняя Франкония
OBew, Oberbewertung высшая оценка
OBG, Oberstes Bundesgericht Верховный суд *(в бывш. ГДР)*
OBG, Ordnungsbehördengesetz закон о задачах и полномочиях органов по охране общественного порядка
ObG, Oberstes Gericht верховный суд
obh., oberhalb выше, вверху, сверху; поверх, над
Obhn, Oberhausen г. Оберхаузен
Ob.-Ing., Oberingenieur старший инженер
Obinsp, Oberbauinspektor *ж.-д.* инспектор по верхнему строению пути *(дирекции железных дорог)*
ÖBJR, Österreichischer Bundesjugendring Объединение австрийских молодёжных организаций
ObK, Oberkommando *воен.* главное командование
Obk, Osnabrück г. Оснабрюк
OBL, Oberbetriebsleitung главная дирекция предприятия
OBL, optischer Belegleser оптическое устройство считывания данных с документов

ObL, Oberste Bauleitung главное строительное управление
Ob.-L., Oberlehrer старший преподаватель
obl., obligatorisch обязательный
Oblt., Ob.Lt., Oberleutnant обер-лейтенант, старший лейтенант
OBM, Oberbürgermeister обер-бургомистр
Obm., Obmann старшина; ответственный уполномоченный
OBMB, Ostdeutscher Bauern- und Mittelstandsbund Союз восточногерманских крестьян и представителей среднего сословия
OBR, Oberbaurat обербаурат, старший советник строительной службы *(чин)*
ÖBRD, Österreichischer Bergrettungsdienst Австрийская служба спасения в горах
ObRegR, Ob.-Reg.-R., Oberregierungsrat главный правительственный советник, обер-регирунгсрат
Obri-NE, Oberbau-Richtlinien für NE-Bahnen *ж.-д.* Правила строительства и содержания верхнего строения пути железных дорог, не относящихся к государственным *(ФРГ)*
ObS, Oberschule старшие классы средней школы; обскур средняя школа, полная средняя школа *(со сроком обучения в ФРГ 12—13 лет)*
Obs., obsolet устаревший, вышедший из употребления
obs., observieren наблюдать, следить *(за кем-л., за чем-л.)*
obs., obskur 1.тёмный; неизвестный; 2. тёмный, невежественный 3. подозрительный, сомнительный
Obsek, Obersekunda выпускной класс *(средней школы)*
Obst., Oberst полковник
Obstlt., Oberstleutnant подполковник
Obus, Oberleitungsomnibus троллейбус
Oby, Oberbayern Верхняя Бавария
OC, Operationskode; Operationscode код операции
O.C., open Charter *англ.* открытый чартер
o/c, overcharge *англ.* завышенная цена, завышенный расход
OCR, optical character reader *англ.* оптическое устройство считывания знаков; устройство оптического считывания знаков

OCR, optical character recognition *англ.* оптическое опознавание знаков

OCR-A, стандартный шрифт типа А для оптического распознавания знаков *(ФРГ)*

OCR-B, стандартный шрифт типа В для оптического распознавания знаков *(ФРГ)*

OCTRA, Office de chemin de fer transgabonais *фр., ж.-д.* Управление Трансгабонской железной дороги *(государственная компания, создана в 1972 году)*

ÖCV, Cartellverband (Kartellverband) der Katholischen Österreichischen Studentenverbindungen Корпоративное объединение австрийских католических студенческих союзов

OD, Oberflächendosis поверхностная доза *(лучей)*

O.D., optisches Drehungsvermögen *физ.* оптическая вращательная способность

o.D., ohne Datum без (указания) даты

od., oder или, либо

o.d., on deck *англ.* на палубе

öd, öldicht маслонепроницаемый

O.d.B., Offizier des Beurlaubtenstandes офицер запаса

o.D.b., ohne Dividendenbogen без дивидендного купона

o.D.b., ohne Dividendenbogen (акция) без листа с дивидендными купонами

OdF, Opfer des Faschismus жертвы фашизма

ODGW, Ortsdienstgruppenwähler *тлф.* групповой искатель местной связи

odH, deutscher Härtegrad немецкий градус жёсткости *(воды)*

ODo, Oberdonau Верхний Дунай

ODS, oxide dispersion strengthening упрочение диспергированием оксидной субстанции

OE, Oxford-Einheit *биол.* (оксфордская) единица пенициллина

O.E., ohne Erfolg безуспешно, безрезультатно, без результата, без успеха

Oe, Æ, Örsted эрстед, Э *(единица измерения напряжённости магнитного поля)*

o.e., obenerwähnt вышеупомянутый

OEA, Organisation Europäischer Aluminium-Schmelzhütten Организация европейских металлургических заводов по производству алюминия

OeBB, Österreichische Bundesbahnen железные дороги Австрийской республики

OECD, Organisation for Economic Cooperation and Development Организация экономического сотрудничества и развития, ОЭСР

OEEC, Organization for European Economic Cooperation организация европейского экономического сотрудничества *(до 1961 г.)*

OEG, Oberrheinische Eisenbahngesellschaft *ж.-д.* Верхнерейнская железная дорога *(в районе Маннгейма)*

OEG, Opferentschädigungsgesetz закон о возмещении вреда потерпевшим

oeH, englischer Härtegrad английский градус жёсткости *(воды)*

OEI, Oki Electric Industry *англ.* фирма «Оки электрик индастри», выпускающая оборудование для обработки данных *(Япония)*

Oelm., Ölmühle маслобойка

OeLP, österreichischer Luftfahrtpressedienst Австрийская служба печати по вопросам авиации

O.E.R., Organisation Européenne de Radiodiffusion *фр.* Европейская организация радиовещания

ÖEWAG, Österreichische Elektrizitätswerke Aktiengesellschaft Австрийское акционерное общество электростанций

OEZ, osteuropäische Zeit восточноевропейское (поясное) время

OF, Öltransformator mit Ölumlaufkühlung масляный трансформатор с принудительным охлаждением циркулирующего по трубам масла

O.F., Oberförsterei главное лесничество

Of, O.F., Oberförster главный [старший] лесничий

o.F., ohne Fehler без ошибок

o.F., ohne Fortsetzung без продолжения

OFA, Öltransformator mit Luftölkühler масляный трансформатор с воздушным обдувом циркулирующего по трубам масла

ÖFB, Österreichischer Fußballbund Австрийский футбольный союз

Ofbh, Offenbach г. Оффенбах
off., offz., offiziell официальный
öff., öfftl., öffentlich 1. общественный; социальный 2. публичный 3. государственный; официальный
Offb., Offenburg г. Оффенбург
Offz, Offizier офицер
OFH, Oberster Finanzhof Главное налогово-финансовое управление, Главная налоговая инспекция
OfJ, Oberschule für Jungen старшие классы средней школы для мальчиков
OFK, Oberfinanzkasse главная касса налоговой инспекции
OFK, Ortsfernkabel местный кабель дальней связи
O.F.K., Oberfeldkommandantur главная полевая комендатура *(прифронтового района)*
OFL, off-line *англ.* 1. автономный; независимый 2. *(работающий)* в режиме «оф-лайн»
Oflag, Offizierslager офицерский лагерь
O-Flak, ortsfeste Flugzeugabwehrkanone стационарное зенитное орудие
OFLW, Ortsfernleitungswähler универсальный линейный искатель для местной и междугородной связи
Ofö, Oberförsterei главное лесничество
Ofr, Oberfranken Верхняя Франкония
OFU, Ofenbau-Union-Gesellschaft Объединённое общество строительства доменных печей
Ofu, Oberfunker старший радист
Ofw., Oberfeldwebel обер-фельдфебель
OG, Oberstes Gericht Верховный суд *(в бывш. ГДР)*
OG, Ortsgruppe местная группа
O-G, Oerlikon-Güterzugbremse *ж.-д.* тормоз системы Орликон для грузовых поездов
oG, ohne Gepäckbeförderung без перевозки багажа
o.G., ohne Garantie без гарантии
o.G., ohne Gewähr без гарантии
o.g., obengenannt вышеназванный
ÖGB, österreichischer Gewerkschaftsbund Объединение австрийских профсоюзов
OGH br Z, Oberster Gerichtshof für die britische Zone *ист.* Высшая судебная палата британской зоны оккупации

O-GP, Oerlikon-Güterzug-Personenzug-Bremse *ж.-д.* тормоз системы Орликон для грузовых и пассажирских поездов
OGSt, Entscheidungen des Obersten Gerichts in Strafsachen «Собрание решений Верховного суда по уголовным делам» *(в бывш. ГДР)*
OGV, Obergerichtsvollzieher судебный исполнитель кассационного суда
OGZ, Entscheidungen des Obersten Gerichts in Zivil, Familien- und Arbeitsrechtssachen «Собрание решений Верховного суда по гражданским, семейным и трудовым делам» *(в бывш. ГДР)*
OHC, overhead camshaft; mit obenliegender Nockenwelle *англ.*, *авто* верхнеклапанный *(с верхним расположением распределительного [кулачкового] вала)*
OHess, Oberhessen Верхний Гессен
OHG, offene Handelsgesellschaft открытое торговое товарищество *(с неограниченной ответственностью для каждого из участников)*
oHV, OHV, ordentliche Hauptversammlung очередное *(ежегодное)* общее собрание *(акционеров)*
OHZ, Hygroxylzahl гидроксильное число
Ö-I, ÖI, Österreich-Institut Австрийский национальный институт
ÖIAV, österreichischer Ingenieur- und Architektenverein Союз австрийских инженеров и архитекторов
OIC, Organisation Internationale du Commerce *фр.* Международная организация торговли
OIN, Organisation Internationale de la Normalisation *фр.* Международная организация технических норм и стандартов
OIR, Organisation Internationale de Radiodiffusion Международная организация радиовещания
OIT, Organisation Internationale du Travail *фр.* Международная организация труда, МОТ *(ООН)*
o.J., ohne Jahr без указания года *(издания)*
ÖJHW, Österreichisches Jugendherbergswerk Австрийское объединение молодёжных туристских баз
ÖJRK, Österreichisches Jugendrotkreuz Австрийское молодёжное общество Красного Креста

o.J.u.O., ohne Jahr und Ort без указания года и места *(издания)*
ÖJV, Österreichisches Jungvolk Австрийская молодёжь *(организация)*
OK, Oberkante верхняя кромка
OK, Ortskabel 1. кабель городской [местной] связи 2. абонентский кабель
OK, Ortskrankenkasse местная больничная *(страховая)* касса
OK, Oxidkeramik минералокерамика
О.К., Oberkante верхний край, верхняя грань, поверхность; кромка
О.К., О/К, ohne Kosten *банк.* не подлежащий протесту *(о векселе)*
o.K., ohne Kommentar без комментариев
o.K., ohne Konkurrenz без конкуренции
o.K., ohne Korrektur без правки
o.K., ohne Kosten *банк.* не подлежащий протесту *(о векселе)*
o.k., О.К., okey *англ.* окей, все в порядке, хорошо
ök., ökologisch экологический
ök., ökonomisch экономический
OKA, Oberösterreichische Kraftwerke A.G. Акционерное общество электростанций Верхней Австрии
ÖKB, Österreichischer Komponistenbund Австрийский союз композиторов
OKD, Oberkreisdirektor начальник окружного управления
OKD, Osnabrücker Kupfer- und Drahtwerke Оснабрюкские заводы по обработке меди и волочению проволоки
OKH, Oberkommando des Heeres главное командование сухопутных войск *(бывшей германской армии)*
ÖKISTA, Österreichisches Komitee für Internationalen Studienaustausch Австрийский комитет по международному обмену научной информацией
OKK, Oberkante Kiel верхняя кромка киля *(судна)*
OKK, Oberkriegskommissariat Высший военный комиссариат *(Швейцария)*
OKK, Ortskrankenkasse местная больничная *(страховая)* касса
OKL, Oberkommando der Luftwaffe главное командование военно-воздушных сил *(бывшей германской армии)*
Okl., Ortsklasse разряд, к которому отнесён населённый пункт; зонально-территориальный тарифный разряд
OKM, Oberkommando der Kriegsmarine главное командование военно-морских сил *(гитлеровской Германии)*
Ökombi, Österreichische Gesellschaft für den kombinierten Verkehr Австрийская ассоциация смешанных перевозок
OKR, Oberkirchenrat 1. Совет по делам лютеранской церкви 2. оберкирхенрат, старший советник по делам лютеранской церкви *(должность и чин)*
Okt., Oktober октябрь
ÖKV, Kartellverband (nichtfarbentragender) Katholischer Studentenvereinigungen in Österreich Корпоративное объединение австрийских католических студенческих союзов *(не носящих цветные эмблемы)*
OKW, Oberkommando der Wehrmacht главное командование вооружённых сил *(гитлеровской Германии)*
OL, Oberlausitz район Оберлаузиц
Ol, Ortsverbindungsleitung *тлф.* межстанционная соединительная линия
Ol., Oleum растительное масло, минеральное масло
ö.L., östlicher Länge *геогр.* *(столько-то градусов)* восточной долготы, в.д.
Oldb, Oldenburg Ольденбург
OLG, Oberlandesgericht высший кассационный суд *(в Австрии и ФРГ)*
OLG, Oberlandesgericht Суд земли *(административной единицы Германии, Австрии)*; суд второй инстанции
OLGPräs, Oberlandesgerichtspräsident председатель высшего кассационного суда *(в Австрии и ФРГ)*
OLGR, Oberlandesgerichtsrat советник высшего кассационного суда *(в Австрии и ФРГ)*
OLK, Oberste Luftsportkommission Высшая авиаспортивная комиссия
Olma, Ostschweizerische Land- und Milchwirtschaftliche Ausstellung Восточношвейцарская сельскохозяйственная и молочная выставка
ÖLP, österreichischer Luftfahrtpressedienst Австрийская служба печати по вопросам авиации

OLR, Oberlandwirtschaftsrat высший сельскохозяйственный совет
OLSch, Orderlagerschein товарораспорядительный складской документ
OLU, Ortsleitungsübertrager трансформатор местной (телефонной) сети
öLW, öffentliche Luftwarnung воздушная тревога
OM, Objektmodul *вчт.* объектный (программный) модуль
OM, Ostmark восточная марка *(неофициальное наименование денежной единицы бывш. ГДР)*
ÖM, Ösenmutter, Ösenrundmutter *(круглая)* рым-гайка, *(круглая)* гайка с ушком
Om, Oberschule für Mädchen старшие классы средней школы для девочек
ÖMG, Österreichische Mathematische Gesellschaft Австрийское математическое общество
OMK, Oberste Motorradsportkommission Высшая комиссия по мотоциклетному спорту
om R, organisch moderierter und gekühlter Reaktor *яд. физ.* реактор с органическим теплоносителем и замедлителем
oMV, ordentliche Mitgliederversammlung очередное общее собрание *(членов какой-л. организации)*
ÖMZ, Österreichische Militärische Zeitschrift Австрийский военный журнал
ON, Ortsnetz 1. местная электросеть; 2. городская [местная] телефонная сеть
ÖN, öffentliche Kommunikationsnetze отделение сетей связи общего пользования *(в составе фирмы «Сименс»)*
On., ON, Ortsname название населённого пункта [места, местности]
Öna, ÖNA, Österreichischer Normenausschuß Австрийский комитет по стандартизации, Австрийский комитет стандартов
ÖNB, Österreichische Nationalbank Австрийский национальный банк
Önig, Österreichischer Normenausschuß für Industrie und Gewerbe Австрийский комитет промышленных и ремесленных стандартов
ONL, on-line *англ.* 1. неавтономный, зависимый; связанный 2. *(работающий)* под непосредственным управлением *(от ВМ)*, в режиме «он-лайн» 3. *(работающий)* в реальном (масштабе) времени
ONO, Ostnordost восток-северо-восток, ост-норд-ост
onö, ostnordöstlich восточно-северо-восточный
ÖNORM, Österreichische Norm австрийский стандарт
o.Nr., ohne Nummer без номера
ONS, Oberste Nationale Sportkommission für den Automobilsport in Deutschland Высшая национальная комиссия по автомобильному спорту
OÖ, Oberösterreich Верхняя Австрия
Oö, oberösterreichisch верхнеавстрийский
o.O., ohne Obligo *банк.* без оборота на меня *(о векселе)*; без обязательства, без поручительства; без облиго
o.O., ohne Ortsangabe без указания места *(издания)*
o.O.u.J., ohne Ort und Jahr без указания места и года *(издания)*
OP, Operation 1. операция, действие 2. работа; режим 3. *вчт.* команда
OP, Originalpackung оригинальная [фирменная, заводская] упаковка
OP, Ortungspunkt ориентир
O.P., Offenmarktpolitik политика открытого рынка
Op., Oper *муз.* опера
Op., Operand *вчт.* операнд
Op., Operator оператор
o.P., ohne Protest *банк.* без протеста, неопротестованный *(о векселе)*
o.P., ordentlicher Professor ординарный [штатный] профессор
OpAdr, Operandenadresse *вчт.* адрес операнда
OPAm, Oberpostamtmann управляющий почтовой конторой
OPAST, operative ökonomische Prozessablaufsteuerung-und-regelung оперативное управление и регулирование экономических процессов
ÖPB, Österreichischer Pfadfinderbund Союз австрийских бойскаутов
OPBR, Oberpostbaurat старший советник почтово-строительной службы *(чин)*
OPD, Oberpostdirektion главная почтовая дирекция

ÖPD, Österreichischer Pressedienst агентство печати Эстеррейхишер прессединст *(Австрия)*
OPDir, Oberpostdirektor обер-постдиректор, обер-директор службы связи *(чин)*
OPEC, Organization of the Petroleum Exporting Countries *англ.* организация стран-экспортёров нефти, ОПЕК
Opf, Oberpfalz Верхний Пфальц
opH, französischer Härtegrad французский градус жёсткости *(воды)*
OPI, Oberpostinspektor старший инспектор почтовой службы [службы связи] *(чин)*
ÖPI, Österreichisches Petroleuminstitut Австрийский институт нефти
OPK, Oberpostkasse главная почтовая касса
OPM, Oborpostmeister обер-почтмейстер, старший почтмейстер *(чин)*
ÖPN, öffentlicher Personennahverkehr *ж.-д.* местный пассажирский транспорт общего пользования [общественный транспорт]
opp., Opera *(мн.ч. от Opus)* *муз.* опусы
OPR, Oberpostrat обер-пострат, старший советник службы связи *(чин)*
OpR, Operationsregister *вчт.* регистр кода операции
OPRIBA, Ostdeutsche Privatbank Восточногерманский частный банк
OPS, Oberpostsekretär почтовый обер-секретарь *(чин)*
Op/s, Operation/s число операций в секунду
OP Sch, Oberpostschaffner почтовый обер-экспедитор *(чин)*
Opsi, Elektrooptische Sicherung vor Haltesignalen *ж.-д* электрооптическая система сигнализации
OpT, Operationstaste клавиша *(знака)* операций; операционная клавиша
opt., optimal оптимальный
opt., optimistisch оптимистический
opt., optisch оптический
OPV, Ostschweizerischer Presseverband Союз прессы Восточной Швейцарии
OpW, Operationswähler *вчт.* дешифратор *(кода)* операций
ÖPZ, Österreichisches Produktivitätszentrum Австрийское бюро по вопросам производительности *(Организации европейского экономического сотрудничества)*
OQu, Oberquartiermeister главный квартирмейстер
OR, Olympischer Rekord олимпийский рекорд
OR, Operations Research, Operationsforschung исследование операций
OR, schweizerisches Obligationenrecht швейцарское право для держателей облигаций
o.R., ohne Rabatt без скидки
o.R., ohne Recht без права
o.r., owner's risk *англ.* собственного риска, на собственный риск
ORACLE, Oak Ridge automatic computer and logic engine *англ.* вычислительная машина [ВМ] ОРАКЛ фирмы Окриджской национальной лаборатории *(США)*
Ord., Ordnung порядок; распорядок; правила; устав; положение
ord., ordinär обычный, ординарный
ord., Ordnung *биол.* отряд
OR des VÖV, Oberbau-Richtlinien des Verbands Öffentlicher Verkehrsbetriebe *ж.-д.* *(ФРГ)* Правила строительства и содержания верхнего строения пути союза предприятий общественного транспорта
ORDVAC, ordnace variable automatic computer *англ.* вычислительная машина [ВМ] ОРДВАК Иллинойского университета *(США)*
O Reg R, Oberregierungsrat обер-регирунгсрат, старший советник государственно-административной службы *(чин)*
ÖRF, Österreichischer Rundfunk Австрийское радио
Org., Organisation организация
org, organisch органический
Org'n, Organisationen организации
ORh, Oberrhein Верхний Рейн
Ori, Orion *астр.* Орион
Ori., Original оригинал, подлинник
Orpo, Ordnungspolizei полиция охраны общественного порядка, полиция ООП
ORR, Oberregierungsrat обер-регирунгсрат, старший советник государственно-административной службы *(чин)*

ORSA, Operations Research Society of America *англ.* Американское общество по исследованию операций *(США)*
orth., orthodox *рел.* 1. ортодоксальный 2. православный
örtl., örtlich местный, локальный
Ortskl., Ortsklasse разряд, к которому отнесён населенный пункт; зонально-территориальный тарифный разряд
ORZ, Organisations-und Rechenzentrum организационно-вычислительный центр
OS, Oberschenkel бедро *(зона возможного травмирования при ДТП)*
OS, Oberschule старшие классы средней школы; средняя школа, полная средняя школа *(со сроком обучения в ФРГ 12—13 лет)*
OS, Oberspannung высшее напряжение *(трансформатора)*
OS, ohne Schaffner без кондуктора
OS, Öltransformator mit Selbstkühlung масляный трансформатор с естественным охлаждением
OS, Olympiasieger чемпион олимпийских игр
OS, Olympische Spiele Олимпийские игры
OS, Operationssystem операционная система
OS, Ortungssender радиомаяк
Os, Osmium *хим.* осмий
öS, österreichischer Schilling австрийский шиллинг *(денежная единица)*
o/s, out of stock *англ.* отсутствующий на складе
Osch., Ortschaft населённый пункт
OSD, Oberstudiendirektor обер-штудиендиректор *(чин директоров средних школ)*
OS/ES, Operationssystem/Einheitssystem операционная система единой системы вычислительных машин, операционная система ЕС ЭВМ
OSK, Oberste Sportkommission Главная спортивная комиссия
o.S.n.K., oder Sorten nach Kurs или иностранная валюта по курсу
OSO, Ostsüdost 1. восток-юго-восток 2. ост-зюд-ост *(ветер)*
OSShD, Organisation für die Zusammenarbeit der Eisenbahnverwaltungen sozialistischer Länder *ист.* Организация сотрудничества дирекций железных дорог социалистических стран
ÖSSW, Österreichische Siemens- und Schuckert-Werke Австрийские электротехнические заводы Сименс-Шуккерта
OST, Operationssteuerung управление операциями; управление выполнением операций
OStA, Oberstaatsanwalt верховный [главный] прокурор
OStD, Oberstudiendirektor обер-штудиендиректор *(чин директоров средних школ)*
ostd., ostdeutsch восточногерманский, восточно-немецкий
österr., österreichisch австрийский
östl., östlich 1. восточный 2. к востоку, восточнее, на восток
OStR, Obersteuerrat обер-штейеррат *(чин),* старший советник налогово-финансовой службы
OStR, Oberstudienrat обер-штудиенрат *(чин),* заместитель директора полной средней школы
OStS, Obersteuersekretär обер-секретарь [старший секретарь] налогово-финансовой службы *(чин)*
Öst ZBl, österreichisches Zentralblatt газета «Эстеррейхишес центральблат» *(Австрия)*
Öst.Zs.f.V., Österreichische Zeitschrift für Volkskunde *наименование австрийского периодического издания по этнографии*
ÖSV, Österreichischer Skiverband Австрийский союз лыжного спорта
O.T., oberer Totpunkt *тех.* верхняя мёртвая точка
o/t, on truck *англ.* на грузовом автомобиле
OTC, Organization for Trade Cooperation Организация торгового сотрудничества
ÖTF, Österreichische Zeitschrift für Telegraphen-, Telephon-, Funk- und Fernsehtechnik *наименование австрийского периодического издания по телеграфной, телефонной, радио- и телевизионной технике*
ÖTJV, Österreichischer Tonjägerverband Австрийский союз любителей звукозаписи

OTL, Alte Tokaido-Linie *ж.-д.* Линия Старая Токайдо
Otln, Ortsteilnehmer *тлф.* городской [местный] абонент
o/t o.r., on truck or railway *англ.* автомобилем *или* железной дорогой
OTR, operativ-taktische Rakete оперативно-тактическая ракета
ÖTV, Gewerkschaft Öffentliche Dienste, Transport und Verkehr профсоюз работников предприятий общественного обслуживания, транспорта и связи
o.U., ohne Umsatz без оборота *(в курсовых бюллетенях)*
ÖUM, Österreich-Ungarische Monarchie *ист.* Австро-Венгерская монархия
o.u.O., ohne unser Obligo *банк.* без оборота на нас *(о векселе)*
OV, Ortsverband местный союз
ÖV, Österreichische Volksstimme газета «Эстеррейхише фольксштимме» *(центральный орган Коммунистической партии Австрии)*
ÖV, Zeitschrift «Öffentliche Verwaltung» *наименование периодического издания по вопросам общественного самоуправления*
o.V., ohne Verfasser без указания автора
o.V., ohne Verlag без указания издательства
o.V., ohne Verpflegung без питания; *воен.* без довольствия
o.V., ohne Verzögerung 1. без промедления, без задержки 2. *воен.* мгновенного действия *(взрыватель, бомба)*
o.V., ohne Verzug без промедления, немедленно
o.V., ohne Vorgang без происшествий
OVA, Oberversicherungsamt главное управление *(социального)* страхования
OvD, Offizier vom Dienst дежурный офицер
OvD, Offizier vom Ortsdienst офицер - дежурный по гарнизону
ÖVE, Österreichischer Verbund für Elektrotechnik Австрийский электротехнический союз
ÖVE, Österreichische Vorschriften für die Elektrotechnik австрийские электротехнические нормы [стандарты]
OVG, Oberverwaltungsgericht Высший административный суд

OVN, Organisation der Vereinten Nationen Организация Объединённых Наций, ООН
ÖVP, Österreichische Volkspartei Австрийская народная партия, АНН
OVSt, Ortsvermittlungsstelle местная телефонная станция
ÖVSV, Österreichischer Versuchssenderverband Австрийский союз радиолюбителей
OVwG, Oberverwaltungsgericht Высший административный суд
OW, Oberwasser *гидр.* верхний бьеф
OW, O.W., Oberwasserstand *гидр.* уровень верхнего бьефа
OW, Ortswerkstatt местная мастерская
O.W., obere Winkelgruppe *воен., арт.* углы возвышения, превышающие угол наибольшей дальности
o/W., O.W., (Muster) ohne Wert (образец) не имеющий торговой ценности
o.w, o.W., ohne Wert не имеющий ценности
O-Wagen, offener Wagen *ж.-д.* полувагон
ÖWB, Österreichisches Wörterbuch Австрийский словарь
ÖWE, Öl-in-Wasser-Emulsion эмульсия типа «нефть в воде»
ÖW-Emulsion, Öl-in-Wasser-Emulsion эмульсия типа «нефть в воде»
OWG, OWiG, Gesetz über Ordnungswidrigkeiten закон об административных правонарушениях
ÖWK, Öl-Wasser-Kontakt нефтеводяной контакт, НВК
ÖWKM, Öl-Wasser-Kontakt-Messung определение водонефтяного контакта
O.W.Sp., Oberwasserspiegel *гидр.* уровень верхнего бьефа
Ox, oxydischer Typ тип электродов с кислым покрытием *(в маркировке)*
oxdd., oxydierend окисляющийся
Oxf., Oxford Оксфорд
Oxh., Oxhoft бочка *(ёмкостью около 240 литров, мера жидкостей)*
oxyd., oxydiert окисленный, оксидированный
OZ, Ohne Zensur *наименование австрийского периодического издания по общественно-политическим вопросам*
OZ, Oktanzahl *хим.* октановое число

OZ, Ordnungszahl 1. *грам.* имя числительное порядковое 2. *хим.* число, определяющее место элементов в периодической системе
OZ, Ordnungszahl порядковый номер
OZ, Ortszeit местное время
OZ, Ortszuschlag местная надбавка *(к заработной плате)*
Oz., Ozeans- *в сложн.* океанский
oz, ounce *англ.* унция *(мера веса = 28,35 г)*
OZD, OPAST-Zentraldatei *вчт.* основной файл для оперативного управления и регулирования экономических процессов
ÖZE, Österreichische Zeitschrift für Elektrizitätswirtschaft наименование австрийского периодического издания по вопросам энергетики
OZG, obere Zündgrenze взрывоопасный предел концентрации
ÖZÖR, Österreichische Zeitung für öffentliches Recht «Эстеррейхише цайтунг фюр оффентлихес рехт» *(австрийская газета по вопросам общественного права)*
Ö.Zs., Österreichische Zeitschrift für Volkskunde наименование австрийского периодического издания по этнографии
O.Zs.f.V., Oberdeutsche Zeitschrift für Volkskunde наименование периодического издания по этнографии Верхней Германии, наименование периодического издания по этнографии Южной Германии
O zu N, Ost zu Nord *мор.* ост-тень-норд, ост-норд
O zu S, Ost zu Süd *мор.* ост-тень-зюйд, ост-зюйд
o. Zw., ohne Zweifel без сомнения, несомненно
o. Zw., ohne Zwischenfall/ Zwischenfälle без инцидентов, без происшествий

P

P, для обработки материалов, дающих длинную стружку *(обозначение одной из основных групп твёрдых сплавов)*
P, Druck je Flächeneinheit *тех.* давление на единицу площади
P, magnetischer Leitwert *усл. обозн.* магнитная проницаемость
P, magnetischer Widerstand *усл. обозн.* магнитное сопротивление
P, Paarung *машиностр.* кинематическая пара; пара сопряжённый (зубчатых) колёс, зубчатая пара
P, Paarung *ген., биол.* скрещивание; конъюгация
P, Panama *текст.* переплетение панама, рогожка
P, Panzer- *в сложн.* бронированный; танковый
P, Papier *бирж.* курс продавцов, предложение *(в курсовых бюллетенях)*
P, Parkplatz место стоянки *(автотранспорта)*
P, Patent патент
P, Pegel 1. *хим., физ.* уровень; 2. *гидр.,* *стр.* водомерная рейка; футшток
P, Peil пеленг
P, Peil- *в сложн.* пеленгаторный, пеленговый

P, Personenzug пассажирский поезд
P, Phosphor *хим.* Фосфор
P, Pinguin пингин *(денежная единица Ирландии)*
P, Plusleiter положительный проводник
P, pneumatischer Antrieb пневмопривод
P, Poise пуаз, *пз (единица вязкости)*
P, Pol полюс
P, Polarisation поляризация
P, Pond понд, грамм-сила, *гс*
P, Portugal Португалия *(индекс государственной принадлежности автомобиля)*
P, Potentiometer потенциометр
P, Produktion производство; продукция
P, Programm программа
P, Proton протон
P, Pyrometer пирометр
P., Paar пара
P., Packung упаковка; тара
P., Papier *бирж.* курс продавцов, предложение *(в курсовых бюллетенях)*
P., Pastor пастор *(протестантский священник)*
P., Pater патер *(католический священник)*
P., Personal персонал, личный состав; штат
P., Portugal Португалия
P., Proton *физ.* протон
P., Vietnam-Piaster вьетнамский пиастр *(денежная единица)*
p, Druck je Flächeneinheit *тех.* давление на единицу площади
p, para- в *сложн.* пара-
p, Peso песо *(денежная единица в ряде стран Южной Америки)*
p, Pico- в *сложн.* пико- *(одна миллиардная часть)*
p, polygam полигамный
p, Pond грамм-сила, *гс*
p, preßschweißbar пригодный для сварки давлением *(в обозначении стали)*
p, Punkt *полигр.* пункт
PA, Ausgangsverstärker für Befehlsausführung *англ.* выходной усилитель для выполнения команд
PA, Packabteilung упаковочный цех
PA, Packautomat упаковочная машина; упаковочный автомат
PA, Panama Панама *(индекс государственной принадлежности автомобиля)*

PA, Parlamentarischer Ausschuß парламентский комитет
PA, Patentamt патентное ведомство
PA, Patentanmeldung заявка на патент, патентная заявка
PA, Patentanwalt патентный поверенный
PA, Personalabteilung отдел кадров
PA, Personalakten личное дело *(папка с документами)*
PA, Plattformanhänger *ж.-д.* прицеп-тяжеловоз платформенного типа
PA, Polizeianruf телефон полиции
PA, Polyacetylen полиацетилен
PA, Polyamid полиамид
PA, Polyamid-Produkte полиамиды
PA, Postamt почтамт
PA, Postanschrift почтовый адрес
PA, Postscheckamt управление почтовых чековых операций
PA, Programmausnahme *вчт.* аварийное прекращение выполнения программы; «выброс» программы
P/A, power of attorney *англ.* доверенность
Pa, Pendelachse *авто* качающаяся ось
Pa, Protaktinium *хим.* протактиний
p.A., per Adresse по *(такому-то)* адресу
pa, prima *бирж.* обозначение первого сорта
pa., prima первоклассный, первосортный, высшего качества
p.a., particular average частная авария
p.a., per annum *лат.* в год
p.a., per aval в качестве поручителя *(надпись на векселе)*
p.a., pro anno *лат.* в год, за год
PAB, Allgemeine Bedingungen für Privatgleisanschlüsse *ж.-д.* Общие условия для частных подъездных путей, примыкающих к железным дорогам *(ФРГ)*
PAB, Paraaminobenzoesäure парааминобензойная кислота, ПАБК
p.adr., per Adresse по *(такому-то)* адресу
PAF, Polyamidfaser полиамидное волокно
PAG, Polizeiaufgabengesetz закон о задачах и полномочиях полиции
Pag, Papier, getränkt пропитанная бумага
PAGE, precision analog computing equipment *англ.* аналоговая вычислительная машина [АВМ] ПЕЙС фирмы «Электроник ассошиэйтс» *(США)*

PAK.

PAK, Pressedienst der Arbeiterkammer für Wien служба печати и информации Рабочей палаты г. Вены
Pak, Panzerabwehrkanone противотанковое орудие
PAKS, Polyamidkunstseide полиамидный искусственный шёлк
Pal., Paläntologie палеонтология
Pal., Palast дворец
Pal., Palästine Палестина
Pal., Palette 1. палитра 2. *тех.* поддон 3. *тех.* палета, спекательная тележка
PAM, Pulsamplitudenmodulation эл., *радио* амплитудно-импульсная модуляция, АИМ
PAm, Postamtmann заведующий почтовым отделением
p-Aminobenzoesäure, парааминобензойная кислота
p-Aminoenzoesäure, витамин Вх
PAN, Polyakryl(o)nitrilfaser полиакрилнитриловое волокно
Pan, PAN, Polyakrylnitril полиакрилнитрил
Pan., Panama Панама
PAN-Faser, Polyakryl(o)nitrilfaser полиакрилнитриловое волокно
PAnw, Postanweisung денежный перевод по почте, почтовый денежный перевод
pa-Öl, сырое масло, не содержащее примесей и воды и дающее при щелочной рафинации не более 6-7% потерь
Pappbd, Pappband картонный переплёт *(книги)*
PAR, Präzisions-Anflug-Radargerät точная радиолокационная станция захода на посадку
Par., Paraffin парафин
Par., Paragraph параграф
Par., parallel параллельный
Par., Parallele параллель, параллельная линия
Par., Parole пароль
PArb, Postarbeiter почтовый работник
Parl., Parlament парламент
Parsec, Parallaxensekunde *астр.* парсек, *пс* (3,26 световых года)
Part., Parterre, Erdgeschoß первый этаж
part., parterre на первом этаже
part., partial, partiell частичный
PartG, Parteigesetz закон о партиях

PAS, Paraaminosalizylsäure парааминосалициловая кислота, ПАСК
PAS, Polyamidkunstseide полиамидный искусственный шёлк
PAS, Polyamidseide полиамидный шёлк
PASCAL, Philips automatic sequence calculator *англ.* вычислительная машина [ВМ] ПАСКАЛЬ фирмы «Филипс» *(США)*
PAS-Reaktion, *мед.* РАS-реакция, ШИК-реакция
Pass., Passagier пассажир
Pass., Passiv *грам.* пассив, страдательный залог
PAT, Peilanzeigetochter *навиг.* репитер пеленгаторного указателя
Pat., Patent патент
Pat., Patient *мед.* пациент
PatAnm, Patentanmeldung заявка на патент
PatG., Patentgesetz патентный закон
P.-Ausw., Personalausweis удостоверение личности
PAVE, programmed analysis for value engineering *англ.* система сетевого планирования опытно-конструкторских разработок ПЕЙВ *(США)*
PAW, Privatausbesserungswerk *ж.-д.* частное предприятие по ремонту подвижного состава
PAW, private Ausbesserungswerke частные ремонтные *(паровозо-вагонные)* заводы
payt., payment *англ.* платёж, уплата
PB, Pädagogische Blätter *наименование периодического издания по педагогическим вопросам*
PB, Panzerbataillon танковый батальон
PB, Personenbahnhof *ж.-д.* пассажирская станция
PB, Politbüro политбюро
PB, Programmbibliothek *вчт.* библиотека программ
PB, Prsessebüro пресс-бюро
Pb, Plumbum, Blei свинец
p.b., peso bruto вес брутто; масса брутто
Pbd, Pappband картонный переплёт *(книги)*
PBefG (=PBG), Personenbeförderungsgesetz закон о пассажирских перевозках *(ФРГ)*

Pbf, Personenbahnhof пассажирская станция; пассажирский вокзал
PBG, Deutsches Polizeibeamtengesetz закон о полицейских служащих
PBG, Preisbildungsgesetz закон о ценообразовании
PBK, Pressedienst der Bundeskammer der Gewerblichen Wirtschaft служба печати и информации Федеральной ремесленной палаты *(Австрия)*
PBM, Pulsbreitenmodulation *эл. радио* широтно-импульсная модуляция, ШИМ
P.B.T., Panzerbeobachtungsturm *воен.* бронированная наблюдательная башня
Pbz., Publizistik *библиогр.* публицистика
PC, Panzerzylinder бронированный цилиндр
PC, PCM, Pulscodemodulation *эл., радио* кодово-импульсная модуляция, КИМ
P.C., P/C, petty cash *англ.* мелкие суммы
pc, PC, Parallaxensekunde, Parsek *астр.*, параллакс-секунда, парсек *(3,26 световых года)*
pc, per cassa *англ.* уплата наличными
p.c., pro centum *англ.* процент
p/c, prices current *англ.* существующие цены, курсы дня
p.cap., per capita на душу населения
PCB, Printed Circuit Board *англ., вчт.* печатная плата
PCC, programme-controlled computer, programmgesteuerte Rechenmaschine ВМ с программным управлением
PCP, primary control programme, primäres Steuerprogramm первичная управляющая программа
PC-Steuerung, primary console-Steuerung инженерный пульт управления
pct., Prozent процент
PD, Paralleldrucker *вчт.* устройство параллельной печати; построчно-печатающее устройство, принтер параллельного действия
PD, Patentdokumentation патентная документация
PD, Peildiopter *радио* диоптр пеленгатора
PD, Potentialdifferenz разность потенциалов
PD, Pressedienst пресс-служба
PD, Privatdruck частное издание
P.D., Port Dues портовые сборы
P.D., Potentialdifferenz *эл.* разность потенциалов
Pd, Palladium *хим.* палладий
Pd, Pappdose картонная коробка
Pd., Pädagoge педагог
P.d., Preis des/der цена, стоимость *(чего-либо)*
P.d., P.D., Privatdozent внештатный преподаватель высшего учебного заведения, приват-доцент
pd., paid *англ.* уплачено
PDA, Pressedienst der deutschen Arbeitgeberverbände пресс-служба немецкого союза предпринимателей
PdA, Partei der Arbeitslosen Партия безработных
PdA, Schweizerische Partei der Arbeit Швейцарская партия труда
Pdb, Paderborn г. Падерборн
PdF, Partei der Frauen Женская *(политическая)* партия
PdgD, Partei der Guten Deutschen Партия истинных немцев *(организация)*
PDM, Pulsdauermodulation *эл., радио* широтноимпульсная модуляция, ШИМ
Pdm, Potsdam г. Потсдам
PdN, Pressedienst der Nation *(Bern)* Швейцарское национальное информационное агентство *(в Берне)*
PD-Regler, Proportional-Differential-Regler пропорциональный регулятор с воздействием по производной
PE, Paßeinheit *тех.* единица допуска
PE, Peltier-Effekt эффект Пельтье
PE, periphere Einheit *вчт.* внешнее устройство; периферийное устройство
PE, Peru Перу *(индекс государственной принадлежности автомобиля)*
PE, PET, Polyäthylen полиэтилен
PE, Preßeffekt эффект давления
PE, Produktentwicklung разработка *(нового)* продукта
PE, Pumpe mit Eigenantrieb *авто* насос со встроенным приводом
P.E., Peilempfänger пеленгаторный приёмник
Pe, Peclét-Zahl число Пекле; коэффициент Пекле
Pe, Peridium перидий
p.e., probable error *англ.* вероятная ошибка средних статистических величин

PEA, Pachteinigungsamt *юр.* арбитраж по вопросам аренды; третейский суд по вопросам аренды

PEA, Proze:seingabe-und-Ausgabeeinrichtung *вчт.* устройство ввода и вывода данных о состоянии процесса; устройство ввода/вывода управляющей вычислительной машины [УВМ]

PEEK, Polyetheretherketten линейные полимеры на основе полиэфира

PEF, Polyesterfaser полиэфирное волокно

PeG, Peilgerät пеленгатор

Peg, Pegasus *астр.* Пегас

Pege, Peilgerät пеленгатор

PEI, Polyetherimid полифироимид

Peilge, Peilgerät пеленгатор

Pen., Penizillin пенициллин

PENNSTAC, Pennsylvania state automatic computer *англ.* вычислительная машина [ВМ] ПЕНСТАК Пенсильванского университета *(США)*

Pens., Pension 1. пенсия 2. пансион

P-Enzym, фосфорилаза

PER, programmgesteuerte elektronische Rechernanlage ЭВМ с программным управлением

Per, Perseus *астр.* Персей

Per., Periode период

Per., Peripherie 1. периферия 2. периферийное [внешнее] оборудование

Perf., Perfekt *грам.* перфект

Perf., Perforator перфоратор

perf., perfekt совершенный, превосходный, отличный; законченный

perf., perforiert (от)перфорированный

Perg., Pergament пергамент

PERM, Programmgesteuerte Elektronische Rechenanlage München ЭВМ ПЕРМ Мюнхенской высшей технической школы *(ФРГ)*

PERM, programmgesteuerte elektronische Rechenmaschine ЭВМ с программным управлением

pers., persische Sprache персидский язык

Pers.-Bed., Personalbedarf потребность в рабочей силе

PERT, Programm evaluation and review technique *англ.* система сетевого планирования ПЕРТ

PET, Polyäthylen полиэтилен

PETR, Polyätylentetraphenol полиэтилентетрафенол

PF, Phenol-Formaldehyd фенолформальдегид

PF, porto franco *англ.* порто-франко, порт беспошлинного ввоза и вывоза

PF, Pulsfolgefrequenz 1. эл. частота повторения [следования] импульсов; 2. частота световых вспышек

PF., Postfach почтовый ящик, п/я; абонементный ящик, а/я

P.F., Personenfähre пассажирский паром

Pf, Pfalz Пфальц

Pf, Pfand залог, заклад

Pf, Pfarrer пастор, священник

Pf, Pfennig пфенниг *(немецкая монета)*

Pf, Pferd лошадь

Pf., Pfund (немецкий) фунт *(500 г)*

Pf., Postfach почтовый ящик, п/я; абонементный ящик, а/я

pF, Picofarad, Pikofarad *физ.* пикофарада, пФ

PFB, Peilrahmenfernbedienung дистанционное управление рамкой радиопеленгатора

Pfd, Pfund (немецкий) фунт (= *500 г)*

Pfd.St., Pfund Sterling фунт стерлингов *(денежная единица)*

P-Ferment, фосфорилаза

Pff., Pfadfinder бойскаут

Pfjgd, Pfarrjugend Пасторская молодёжь *(клерикальная организация в ФРГ)*

Pfl., Pflanze растение

Pfl.-Sch., Pflanzenschutz защита растений

Pfl.-Vers., Pflichtversicherung обязательное страхование

PFM, Pulsfrequenzmodulation частотно-импульсная модуляция, ЧИМ

PfP, Die Partnerschaft für den Frieden Партнёрство ради мира, ПРМ *(программа НАТО)*

Pfr., Pfarrer пастор, священник

PFS, Pfeilfunkstelle радиопеленгаторная станция

PFZ, Post- und Fernmeldetechnisches Zentralamt Центральное техническое управление почты и телеграфа

PfZ, Prüfeinrichtung für Zielgeräte испытательное [контрольное] устройство для прицельных приборов

Pfzh, Pforzheim г. Пфорцгейм

PG, Gesetz über das Postwesen закон о почтовых операциях
PG, Pangermanismus пангерманизм
PG, Patentgesetz закон о патентах, патентный закон
PG, Pensionsgesetz закон о пенсиях
PG, Produktionsgenossenschaft производственный кооператив
PG, Programmgenerator *вчт.* 1. программа-генератор 2. генератор программ
Pg., Parteigenosse der Nationalsozialisten член нацистской партии
pg., paginiert *полигр.* с постраничной нумерацией
PGeb, Postgebühr почтовый сбор
PGEC, professional group on electronic computers *англ.* группа «профессионалов» по ЭВМ Института инженеров по электротехнике и радиоэлектронике *(США)*
P-Gehalt, Phosphorgehalt содержание фосфора
P-Grenze, *машиностр.* предел пропорциональности
PG SKA, Projektgruppe des Kriminalistischen Instituts im Bundeskriminalamt Проектная группа Института криминалистики Федерального управления уголовной (криминальной) полиции
Pgt, Postgut почтовый груз
Pgtk, Postgutkarte накладная на отправленный по почте груз
PG-Verschraubung, резьбовое соединение бронированных шлангов
PH, Posthalter содержатель почты *(в населённых пунктах, где нет почтового отделения)*
P.H., pädagogische Hochschule высшее педагогическое училище, педагогический институт
Ph, Papphülse картонная гильза, картонная оболочка
Ph, Photozelle фотоэлемент
Ph., Philosophie философия
Ph., Phosphor фосфор
pH, Wasserstoffionenkonzentration показатель концентрации ионов водорода
ph, Phot фот, *ф (единица силы освещённости)*
P-Härtung, отверждение жиров путём полиморфных превращений глицеридов

Phas, Phasenschieber *эл.* фазокомпенсатор
Ph Bz, PHBz, Phosphorbronze фосфористая бронза
Phe, Phoenix *астр.* Феникс
p.h.G., persönlich haftender Gesellschafter компаньон, отвечающий своим имуществом
Phi, Philips заводы радиоаппаратуры Филипс
Phi., Philosophie философия
phil, Philippinischer Peso филиппинское песо *(денежная единица)*
phil.P., Philippinischer Peso филиппинское песо *(денежная единица)*
Ph Jb, Philosophisches Jahrbuch *наименование ежегодного издания по вопросам философии*
PHK, Pension- und Hilfskasse *(für das Personal der Schweizerischer Bundesbahn)* ссудно-пенсионная касса *(работников швейцарских федеральных железных дорог)*
PhSEV, Photosekundärelektronenvervielfacher фотоэлектронный умножитель, ФЗУ
PHST, Posthilfsstelle вспомогательное почтовое учреждение
PHW, Portalhubwagen *ж.-д.* портальное транспортное средство с подъёмным устройством
phys., physikalisch физический
PI, pädagogisches Institut институт педагогики; кафедра педагогики
Pi, Pionier- сапёрный
PICA, program interruption control area, Programmunterbrechungs-Steuerbereich *вчт.* таблица управления программными прерываниями; область памяти для управления программными прерываниями
PICC, Provisional International Computation Center *англ.* Временный международный вычислительный центр *(Италия)*
PID-Regler, Proportional-Integral-Differential-Regler пропорционально-интегрально-дифференциальный регулятор, ПИД-регулятор
Pio, Pionierwesen военно-инженерное дело, сапёрное дело

PI-Regler, Proportional-Integralregler пропорционально-интегральный *(изодромный)* регулятор, ПИ-регулятор

Piw, Personenzug im Wendezugbetrieb *ж.-д.* пассажирский челночный поезд

PJK, Partei der Jungen Kriegsgeneration Партия молодого поколения военных лет *(организация в ФРГ)*

PK, Pendelkontakt *эл.* маятниковый контакт

PK, Pensionskasse пенсионная касса

PK, Pferdekraft лошадиная сила, *л.с. (единица мощности),*

PK, Postkarte (почтовая) открытка

PK, Postscheckkonto чековый текущий счёт при почтовом отделении

PK, Preiskontrolle контроль над ценами

PK, Privatkonzession частное предприятие

PK, Produktivkräfte производительные силы

P.K., Panzerkopf бронебойная головка *(снаряда)*

Pk., Paket пакет; посылка

PKB, Planungs- und Konstruktionsbüro, Projektierungs- und Konstruktionsbüro проектно-конструкторское бюро

PKD, polykristallisches Diamant поликристаллический алмаз

PKG, Phonokardiogramm *мед.* фонокардиограмма

pkg., package(s) *англ.* места *(при транспортировке)*

PKK, Parlamentarische Kontrollkommission парламентская контрольная комиссия

PKM, Projektierungs-, Konstruktions- und Montagebüro проектно-конструкторское и монтажное бюро

Pkm, Personenkilometer *(столько-то)* пассажиро-километров

P-Kontur, Ponton-Kontur контур передка (автомобиля) в виде усечённого клина

PKP, Pressedienst der Kommunistischen Partei Österreichs служба печати и информации Коммунистической партии Австрии

PKrG, Pachtkreditgesetz закон о предоставлении кредитов на аренду земельных участков

Pkt, Paket пакет; посылка

Pkt., Punkt 1. точка 2. пункт 3. *спорт.* очко 4. точно в *(такое-то время)*

PKV, Privatkrankenversicherung частное страхование на случай болезни

P.K.V., Postkreuzungsvorschriften Правила перехода *(линий электропередачи)* через линии связи почтового ведомства

Pkw, PKW, Personenkraftwagen легковой автомобиль

Pkwf, Postkraftwagenführer водитель почтового автомобиля

PKZ, Pressekorrespondenz информационная служба «Прессе-корреспонденц» *(Австрия)*

PL, Polen Польша *(индекс государственной принадлежности автомобиля)*

PL, politischer Leiter политический руководитель

PL, Prüflampe контрольная лампа; контрольный ламповый индикатор

PL.., Personalleiter начальник отдела кадров

PL.., Preisliste прейскурант, прайс-лист

PL/1; PL-1, programming language 1 *англ.* универсальный язык программирования PL/1 фирмы ИБМ *(США)*

P/L, partial loss *страх.* частичный убыток

Pl, Philippinen Филиппины *(индекс государственной принадлежности автомобиля)*

Pl, Postinspektor почтовый инспектор

Pl., Plakat плакат; афиша

Pl., Plan 1. план 2. план, чертёж; горизонтальная проекция

Pl., Planung планирование; проектирование

Pl., Plastik 1. пластика 2. *мед.* пластика, пластическая операция

Pl., Plateau плато, плоскогорье

Pl., Platte 1. блюдо *(напр., для жаркого)*; поднос 2. пластинка *(граммофонная, фото и др.)* 3. *тех.* пластина, лист; (кухонная) плита 4. *геогр.* плато

Pl., Platz место; площадь; площадка

Pl., Plenum пленум

Pl., Plural *грам.* множественное число

Pl., Preisliste прейскурант

pl., planmäsig по плану; согласно плану

pl., plastisch пластичный, пластический

pl., pluralisch 1. плюральный, множественный; 2. *грам.* во множественном числе, множественного числа

PLANNET, Planning Network *англ.* сетевое планирование и управление, СПУ *(см. тж. NPT)*
Plan UU, Plan für die Unterwegsuntersuchung der Güterzüge *ж.-д.* план технического обслуживания вагонов в грузовых поездах
Pla-Sta, Planung und Statistik планирование и статистика
pID, planmässige Durcharbeitung *ж.-д.* плановый *(средний)* ремонт *(пути)*
PLG, Postleitgebiet район почтового отделения
Plg, Peilung пеленг
Plkm., Platzkilometer *ж.-д.* местокилометр
PLM, Pulslängenmodulation *эл., радио* широтно-импульсная модуляция, ШИМ
plm., planmäßig плановый
Plst, Pleuelstange *тех.* шатун
PLU-Aufzug, комбинированный грузовой и грузопассажирский лифт
Plv., Pulver 1. порошок 2. порох
PM, Peilmelder *радио* пеленгаторный указатель
PM, Permanentmagnet постоянный магнит
PM, Phasenmodulation *эл.* фазовая модуляция
PM, Postmeister начальник почтового отделения; почтмейстер
PM, Produktionsmittel *pl* средства производства *(мн.ч.)*
PM, Pulsmodulation импульсная модуляция
PM, Pulvermetallurgie порошковая металлургия
Pm, Prämie премия
Pm, Produktionsmittel *pl* средства производства *(мн.ч.)*
Pm, Promethium *хим.* прометий
p.M., pro Minute *(столько-то оборотов и т. п.)* в минуту, , об./мин
pm, Permanentmagnet постоянный магнит
pm, promesse *ком.* промесса
pm., premium *(страховая)* премия
p.m., post mortem *лат.* посмертно
p.m., pro memoria *лат.* на память
p.m., pro mille *лат.* промилле, тысячная доля, на тысячу
Pma, prima первоклассный, первосортный, высшего качества, высшего сорта

Pmg, Personenzug mit Gepäckwagen пассажирский поезд с багажным вагоном
PMMA, Polumethylmethakrylat полиметилметакрилат
P-M-Umsteller, Plaine-Montague-Umsteller *ж.-д.* переключатель тормозного режима с равнинного на горный
PN, Pegelnul нуль водомерной рейки *или* мареографа
PN, private Kommunikationsnetze отделение частных сетей связи *(в составе фирмы «Сименс»)*
P/N, promissory note *англ.* соло-вексель
Pn., Päckchen посылка
Pn., PN, Personenname имя *(человека)*
pn., pneumatisch пневматический
Pneu, Pneumatik пневматика
Pneu, Pneumotorax *мед.* пневмоторакс
PNS, peripheres Nervensystem *мед.* периферическая нервная система
PNZ, Neuseeland-Pfund новозеландский фунт *(денежная единица)*
PO, Parteiorganisation партийная организация, парторганизация
PO, politische Organisation политическая организация
PO, Polyolefin полиолефин
PO, Postordnung правила почтовых отправлений
P.O., Postal Order *англ.* почтовый перевод
Po, Polonium *хим.* полоний
Po, Postzug почтовый поезд
p.o.d., P.o.D., P.O.D., pay on delivery *англ.* подлежащий оплате по поставке
POL, problem-oriented language *англ.* проблемно-ориентированный язык программирования
POL, procedure-oriented language *англ.* процедурно-ориентированный язык программирования
Pol, Polymerisation полимеризация
Pol, Posion, positiver Ion положительный ион
Pol., Polarisation *тех.* поляризация
Pol., Polemik полемика; спор
Pol., Police *(страховой)* полис
Pol., Politik политика
Pol., Polizei полиция; полицейский *(в сл.сл.)*
pol., polarisieren *физ.* поляризировать
pol., polemisieren полемизировать; спорить

pol., polieren полировать; шлифовать
pol., politisch политический
pol., polizeilich полицейский
Pol.-B., Polizeibeamter полицейский чиновник
Pol.-Beh., Polizeibehörden полицейские власти; полицейское управление
Pol.-Dion, Pol.-Dir., Polizeidirektion полицейское управление
Pol G, Polizeigesetz распоряжение полицейских властей
pol. Gef., politischer Gefangener политзаключённый
poln., polnisch польский
poln., polnische Sprache польский язык
PolSt, Polizeiliche Kriminalstatistik der Bundesrepublik Deutschland «Полицейская уголовная [криминальная] статистика» *(изд. в Висбадене)*
PolVO, Polizeiverordnung распоряжение полиции, полицейское распоряжение
POLYGRAPH, Volkseigene Betriebe für polygraphische Maschinen Народные предприятия полиграфического машиностроения *(бывш. ГДР)*
POO, post-office order *англ.* почтовый *(денежный)* перевод
POP, Polypropylen- *в сложн.* полипропиленовый
pop., populär популярный
P.O.R., payable on receipt *англ.* подлежащий оплате по получении
Port., Portemonnaie кошелёк; портмоне
Port., Portier портье; швейцар; привратник
Port., Portiere портьера; занавес
Port., Portion порция; доза
Port., Portugal Португалия
port., portugiesische Sprache португальский язык
portugies., portugiesisch португальский
POS, problemorientierte Systemunterlagen *вчт.* проблемно-ориентированное программное обеспечение
Pos., Posaune *муз.* тромбон
Pos., Position 1. позиция 2. статья *(бюджета)*
Pos., Positiv 1. *фото* позитив 2. *грам.* положительная степень
Postf., Postfach почтовый ящик, п/я; абонементный ящик, а/я
PostG, Postgesetz закон о почте

POT, Polyäthylen- *в сложн.* полиэтиленовый
Pot, Potentiometer потенциометр
Pot, Potenzial потенциал
PoWi, Politik- und Wirtschaftspressedienst агентство политической и экономической информации
Po-Zahl, Polenske-Zahl *хим.* число Поленске
PP, geplante Pufferzeit *сет. пл.* плановый резерв времени
PP, Panzerplatte броневая плита
PP, Papier- *в сложн.* бумажный
PP, Polypropylen полипропилен
PP., Philippinischer Peso филиппинское песо *(денежная единица)*
P.P., Privatpackung собственная упаковка *(в противоположность фабричной или оригинальной)*
P.P., Proportionalitätstäfelchen *мат.* таблицы пропорциональных частей
Pp., Pappe картон, папка
Pp., Papst папа (римский)
Pp., Postpaket (почтовая) посылка
pP, parasitischer Pilz паразитный гриб
pp., p.p., per procura *лат.* по доверенности
p.p., post paid *англ.* почтовые сборы оплачены
PPA, Parteifreier Pressedienst Austria ППА, агентство печати ППА *(Австрия)*
ppa, per procura *лат.* по доверенности
Ppb(d), Pappband картонный переплёт *(книги)*
ppd, prepaid *англ.* оплаченный вперёд
PPI, Plan Position Indicator, Panoramaanzeigegerät *радио* индикатор кругового обзора, ИКО
PPM, Pulsphasenmodulation время-импульсная модуляция, ВИМ; фазово-импульсная модуляция, ФИМ *(см. тж. PTM)*
PPP, 3P, dreifache Papierbespinnung трёхслойная бумажная оплётка *(кабеля)*
PPP, Parlamentarisch-Politischer Pressedienst «Парламентариш-политишер прессединст» *(пресс-бюллетень СДПГ-ФРГ)*
PPS, Produktionsplanung und -steuerung планирование и управление производством

PPSpr, problemorientierte Programmiersprache проблемно-ориентированный язык программирования
ppt, prompt 1. точно, аккуратно, в срок 2. немедленно, тотчас же
ppt., prompt *вчт.* промпт
PPU, pertipheral prozessing unit *англ., вчт.* периферийный процессор
PPZ, Postprozessorzeit *вчт.* время работы пост-процессора
PQ, Planquadrat квадрат на карте [плане]
P+R, Parken und Reisen *ж.-д.* вид обслуживания пассажиров с предоставлением им места для парковки автомобилей на специальном привокзальном пункте на период поездки по железной дороге
PR, Parlamentarischer Rat парламентский совет
PR, Pegelregler регулятор уровня
PR, Postrat пострат, советник службы связи *(чин)*
PR, Preisrecht правовые нормы, регулирующие вопросы цен
PR, Prozeßrechner управляющая вычислительная машина, управляющая ВМ, УВМ
PR, public relations, Public Relations *англ.* связи *(фирмы)* с общественностью
PR, Reifentragfähigkeit грузоподъёмность шины
P+R, pfrk + ride система «парк-райд» *(пересадки с личного автомобиля на городской общественный транспорт)*
Pr, Pracht пышность; роскошь
Pr, Praktik практика; опыт
Pr, Prämie премия; вознаграждение; страховая премия *(взнос при личном страховании)*
Pr, Prämisse предпосылка; предположение
Pr, Präsens *грам.* настоящее время, презенс
Pr, Praseodym *хим.* празеодим
Pr, Präsident 1. президент *(глава государства, центрального учреждения)* 2. председатель
Pr, Preis 1. цена 2. премия, приз
Pr, Preisrecht правовые нормы, регулирующие установление цен
Pr, Prinzip принцип
Pr, Priorität приоритет
Pr, Prisma призма

Pr, Probe 1. проба; образец 2. проверка, испытание
Pr, Problem 1. проблема 2. задача
Pr, Professor профессор
Pr, Profi профессионал
Pr, Profil профиль; (поперечный) разрез, поперечное сечение
Pr, Profit прибыль; выгода
Pr, Programmierung программирование
Pr, Progreß прогресс
Pr, Projekt проект
Pr, Prokura общая [генеральная] торговая доверенность
Pr, Prolongation продление, отсрочка, пролонгация *(напр., договора, векселя)*
Pr, Pronomen *грам.* местоимение
Pr, Proportion пропорция; соотношение
Pr, Prospekt 1. проспект *(прейскурант, рекламное объявление и т.п.)* 2. проспект *(улица)*
Pr, Protokoll протокол; акт
Pr, Provinz провинция
Pr, Prozent процент
Pr, Prozeß 1. процесс; ход событий; развитие *(чего-л.)* 2. (судебный) процесс; судебное разбирательство
Pr, Prüfdienst *ж.-д.* работа поездных ревизоров [контролёров]
Pr, Prüfung испытание; проверка; контроль; опробование
Pr, Zungenprüfer *ж.-д.* устройство контроля положения остряка и его запирания *(в системе механической централизации)*
Pr., Prädikat *грам.* сказуемое
pR, Pakistanische Rupie пакистанская рупия *(денежная единица)*
pr, praktisch практический; практичный
pr, präparieren приготавливать, подготавливать; *анат.* препарировать
pr, präsent присутствующий; имеющийся в распоряжении [в наличии, под рукой]
pr, präzis(e) 1. точный 2. точный, прецизионный, тонкий *(напр., инструмент)*
pr, primär первичный
pr, prinzipiell принципиальный
pr, privat частный; личный; приватный
pr, privatisieren приватизировать
pr, prominent видный, значительный; авторитетный;

pr, provisorisch временный
pr, provisorisch на время, временно
PRA, Peilrahmenantrieb привод вращающего устройства рамки радиопеленгатора
Pr.-A., Prachtausgabe роскошное издание; подарочное издание *(книги)*
Pr.-A., Preisabbau снижение цены
Pr.-A., Preisangabe указание цены
Pr.-A., Pr.A., Prioritätsaktie привилегированная акция
Pr.-A., Prüfungsausschuß экзаменационная комиссия; проверочная комиссия
Pr.-Abb., Preisabbau снижение цены
pr.Adr., per Adresse по *(такому-то)* адресу
Pr.-Ang., Preisangabe указание цены
Pr.-Ang., Privatangestellte *m, f* служащий [служащая] частной фирмы
Pr AO, Preisanordnung постановление о ценах
Präp., Präparat 1. *хим., мед.* препарат; 2. учебное наглядное пособие, экспонат
Präp., Präposition *грам.* предлог
Pr.-Arb., Prüfungsarbeit экзаменационная работа
Präs., Präsens *грам.* настоящее время, презенс
Präs., Präsentation 1. презентация, представление 2. предъявление *(напр., векселя)*
Präs., Präsident 1. президент *(глава государства, центрального учреждения)* 2. председатель *(напр., правления)*
Präs., Präsidium президиум
Präs St, Präsidialstelle президиум
Pr.-Ausz., Preisauszeichnung обозначение цены, снабжение (товара) ценниками
PRB, Programmaufrufblock *вчт.* блок вызова программ
PRBRH, Präsident des Bundesrechnungshofes председатель Федеральной расчётной палаты
Preag, Preußische Elektrizitätsaktiengesellschaft Прусское электроэнергетическое акционерное общество
P-Regelung, Proportionalregelung пропорциональное регулирование
P-Regler, Proportionalregler пропорциональный регулятор, П-регулятор

Premag, Preßluftwerkzeug- und Maschinenbauaktiengesellschaft, Berlin Акционерное общество заводов пневматического оборудования и машиностроения в Западном Берлине
Pr.-Erh., Preiserhöhung повышение цен(ы)
Pr.-Erm., Preisermäßigung снижение цен(ы), понижение цен(ы)
Prf, Prüfung испытание; проверка; контроль; опробование
Prf., Prüfer контролёр; ревизор; испытатель
PrG, Pressegesetz закон о печати [прессе]
Prg., Progression *мат.* прогрессия
PRISM, programm reliability information system for management *англ.* административная информационная система ПРИЗМ *(США)*
Priv., Privatisierung приватизация
Priv., Privileg привилегия; льгота
Priv.-Doz., Privatdozent внештатный преподаватель высшего учебного заведения, приват-доцент
Pr.-Nr., Probenummer *тех.* номер пробы; номер образца
Pr.-Nr., Prüfnummer *тех.* номер контрольного испытания
Pro, Prolin пролин *(аминокислота)*
pro CAD-L, Laitstand-Software-Entwicklungssystem *вчт.* система разработки программного обеспечения для пульта управления
PROD, Produkt 1. произведение 2. *вчт.* умножение; операция умножения 3. *вчт.* знак [символ] (операции) умножения
Prod., Produkt 1. продукт; 2. *мат.* произведение
Prod., Produktion 1. производство 2. продукция
PRODAC, programmed digital automatic control *англ.* управляющая вычислительная машина [УВМ] ПРОДАК фирмы «Вестингаус» *(США)*
Prod.-Kap., Produktionskapazität производственная мощность; производительность
Prod.-St., Produktionssteigerung 1. расширение производства 2. рост производства
Prof., Professional профессионал
Prof., Professor профессор

Prof., Profil профиль; (поперечный) разрез, поперечное сечение
Prof., Profit прибыль; выгода
Prog., **Progr.**, Programm программа
Progn., Prognose(n) прогноз(ы)
Proj., Projekt проект
Proj., Projektion проекция
Proj., Projektions- *в сложн.* проекционный
Projekt RV, Projekt der Resultatsverantwortung bei der DB *ж.-д.* Проект реорганизации управления на Государственных железных дорогах ФРГ с обеспечением ответственности органов управления за конечные результаты производственной деятельности
Prok., Prokura общая [генеральная] торговая доверенность; прокура
Prok., Prokurist доверенное лицо *(в торговом предприятии)*
Prok., Prokurist прокурист
Prol., Proletariat пролетариат
Prol., Prolog пролог
Prol., Prolongation продление, отсрочка, пролонгация *(напр., договора, векселя)*
Pron., Pronomen *грам.* местоимение
Prot., Protein протеин, белок
Prot., Protektion протекция, покровительство
Prot., Protest протест
Prot., Protokoll протокол; акт
Prov., Proviant продовольствие, провиант
Prov., Provinz провинция
Prov., Provision комиссионное вознаграждение
Prov., Provisions- *в сложн.* комиссионный
Prov., Provisorium врименная мера
Prov., Provokation провокация
prov., provinziell провинциальный
prov., provisorisch временный
Prov S, Provinz Sachsen *ист.* провинция Саксония
Proz, Prozent процент
proz, prozentig процентный
prp, Präposition *грам.* предлог
pr.Qu.-F, preußischer Quadratfuß прусский квадратный фут *[кв.фт.] (9,849 кв. дм)*
pr.Qu.-R, preußische Quadratrute прусская мера площади *(14,183 м2)*
pr.Qu.-Z., preußischer Quadratzoll прусский квадратный дюйм *[кв.дм.] (6,84 см2)*

Pr RV, Preiserechnungsvorschrift предписание о калькуляции цен
Pr St, Prägestanze *тех.* чеканочный [калибровочный] штамп
Prüf., Prüfungsantrag ходатайство о проведении экспертизы
PrüfO., Prüfungsordnung 1. порядок проверки 2. порядок проведения экзаменов
Prüf. Spg, Prüfspannung испытательное напряжение
Pr V, Privatversicherung личное страхование
PrVO, Preisverordnung постановление о ценах
Pr W, Profilwalze *мет.* валок сортового прокатного стана
PrZ, Prandtl-Zahl число Прандтля
PS, Patentschrift описание изобретения к патенту
PS, Peilscheibe диск [лимб] (радио)пеленгатора
PS, Penicillin-Sulfonamid-Kombinationen пенициллино-сульфонамидные сочетания
PS, Pferdestärke лошадиная сила, *л.с. (единица мощности)*
PS, Plattenspeicher *вчт.* память [ЗУ] на (магнитных) дисках; дисковая память
PS, Plebiszit плебисцит
PS, Polystirol полистирол
PS, Postsachen вещи, пересылаемые по почте
PS, Postsekretär почтовый секретарь *(чин)*
PS, Postskript(um) приписка *(к письму)*, постскриптум
PS, Prämiensparen выигрышный вклад в сберегательной кассе
PS, Programmiersystem *вчт.* система программирования
PS2, Programmierungs-Sprache-2 *вчт.* язык программирования PS/2
PS, Punktsieger *спорт.* победитель по очкам
P/S, Perioden je Sekunde *(столько-то)* периодов в секунду, *пер/с*
Ps., Psalm псалом
Ps., Pseudonym псевдоним
ps, Parallaxensekunde, Parsek *астр.* параллакс-секунда, парсек *(3,26 световых года)*
PSA, Postsparkassenamt управление почтовыми сберегательными кассами

PSab, abgebremste Pferdestärke тормозная лошадиная сила, лошадиная сила, измеренная на тормозе *(единица мощности)*
PSch, Postschaffner почтовый экспедитор
PSch, Postscheck почтовый *(денежный)* чек
PSchA, Postscheckamt управление чековых операций по текущим счетам при почтовых отделениях
PSe, PS ef, effektive Pferdestärke полезная мощность в лошадиных силах
PSEV, Photo-Sekundär-Elektronen-Vervielfacher, Photosekundärelektronenvervielfacher фотоэлектронный умножитель
PSF, Postschließfach абонементный сейф для ценных почтовых писем
PSh, Pferdestärke je Stunde *(столько-то)* лошадиных сил в час, *л.с.ч*
p.sh., preferred shares *англ.* привилегированная акция
PSi, indizierte Pferdestärke индикаторная лошадиная сила, индикаторная мощность
P-Sohle, *обувн.* заменитель подошвенной кожи на базе поливинилхлорида
Pspr, Programmiersprache *вчт.* язык программирования
PSR, Psychologische Rüstung *воен.* психологическое оружие
PSR, Südrhodesisches Pfund южнородезийский фунт *(денежная единица)*
PSst, Pferdestärke je Stunde *(столько-то)* лошадиных сил в час, *л.с.ч*
PST, Programmsteuerung программное управление
PSt, Poststelle почтовая контора
P.-St., Poststempel почтовый штемпель; дата почтового штемпеля
PStG, Personenstandsgesetz закон о гражданском состоянии
PSW, Programmstatuswort *вчт.* слово состояния программы
PT, Piaster пиастр *(денежная единица)*
PT, Plasma-Technik AG акционерное общество «Плазма-техник» *(ФРГ)*
PT, Prüftaste испытательная [контрольная] кнопка, клавиша контроля
P.T., Prüftafel 1. поверочная [контрольная] таблица 2. контрольная панель

Pt, Platin *хим.* платина
Pt., Punkt 1. точка 2. пункт 3. *спорт.* очко
pt, payment *англ.* платёж, уплата
pt, Pinte пинта *(англ. 0,568 л; амер. 0,473 л)*
pt., Schweizer Pressetelegraph Швейцарское телеграфное агентство
PTA, Physikalisch-Technische Anstalt zu Braunschweig Брауншвейгский (научно-исследовательский) физико-технический институт
pta, Peseta песета *(денежная единица Испании)*
PTar, Personentarif пассажирский тариф
PTB, Physikalisch-Technische Bundesanstalt федеральное физико-техническое ведомство *(ФРГ)*
PTB, Physikalisch-Technische Bundesanstalt zu Braunschweig Брауншвейгский федеральный (научно-исследовательский) физико-технический институт
PTB, Polytetrabutylen политетрабутилен
PTC, positiver Temperaturkoeffizient положительный температурный коэффициент
PTE, Portugiesischer Escudo эскудо *(денежная единица Португалии)*
PTFE, Polytetraftorähylen политетрафторэтилен; тефлон
P/T-Frontkontur, Ponton-Trapezoid-Frontkontur продольное сечение капотной части автомобиля в виде усечённого клина *или* трапецоида
PTL, Propeller-Turbinen-Luftstrahltriebwerk турбовинтовой двигатель, ПВД
PTM, pulse time modulation *англ.* фазово-импульсная модуляция, ФИМ; время-импульсная модуляция, ВИМ
PTR, Physikalisch-Technische Reichsanstalt Государственный (научно-исследовательский) физико-технический институт
Ptr., Porträt портрет
PTTR, Post, Telegraph, Telephon, Radio почта, телеграф, телефон, радио
PU, Paketumschalter пакетный переключатель
PU, programmierter Unterricht *вчт.* программированное обучение
PU, programmierte Unterweisung *вчт.* программированное обучение

PU, Programmunterbrecher *вчт.* прерыватель программы
PU, Programmunterbrechung *вчт.* 1. прерывание программы 2. программное прерывание
P.U., Planübergang пересечение дорог на одном уровне, одноуровневое пересечение дорог
Pu, Plutonium *хим.* плутоний
pU, programmierte Unterweisung *вчт.* программированное обучение
p.u., per ultimo *лат.* в конце месяца
Publ., Publikation, Publikationen публикация, публикации
Publ., Publikum публика
Publ., Publizistik публицистика
PUF, Polyurethanfaser полиуретановое волокно
PUR, Polyurethan полиуретан
PUT, programmierbarer Unijunctionstransistor однопереходный транзистор с управляемым порогом
PV, Papiervorschub 1. подача [протяжка] бумаги *или* бумажной ленты 2. механизм (для) подачи бумаги *или* бумажной ленты; лентопротяжный механизм
PV, Parteivorsitzender председатель партии
PV, Parteivorstand правление партии
PV, Personenverkehr пассажирские перевозки, пассажирское сообщение [движение]
PV, Polizeiverordnung распоряжение полиции
PV, Polizeiverwaltung полицейское управление
PV, Porenvolumen *тех.* объём пор
PV, Postverwalter заведующий почтовым отделением
PV, Produktionsverhältnisse *эк.* производственные отношения
PV, Prüfvorschriften правила испытаний
pv., pulverisiert распылённый
PVA, Polyvinylalkohol поливиниловый спирт
PVA, PVAc, PVAz, Polyvinylazetat поливинилацетат
PVB, Polyvinylbuturat поливинилбутират
PVC, Polyvinylchlorid поливинилхлорид, ПВХ
PVC-Belag, Polyvinylchloridbelag 1. покрытие поливинилхлоридом; поливинилхлоридное покрытие 2. поливинилхлоридный пол; поливинилхлоридное половое покрытие
PVC-Faser, Polyvinylchloridfaser поливинилхлоридное волокно
PVC HE, твёрдый поливинилхлорид эмульсионной полимеризации
PVC-Mantel, Polyvinylchlorid-Mantel кабельная поливинилхлоридная оболочка
pv-Diagramm, *pv*-диаграмма
PVD-Verfahren, *микроэл.* метод термовакуумного осаждения из паровой фазы
PVD-Verfahren, технология нанесения покрытий физико-химическим осаждением из газовой фазы
P-Verfahren, Paal-Verfahren zur Fetthärtung процесс гидрирования жиров по методу Пааля, процесс гидрогенизации жиров по методу Пааля
P/V-Flag, *микроэл.* признак [флаг] переполнения
PVG, Patentverwertungsgesellschaft Общество по реализации патентов
PVG, Postverkehrsgesetz закон о почтовых сообщениях *(Швейцария)*
PVP, Polyvinylpropionat поливинилпропионат
PVP, Polyvinylpyrrolidon *мед.* искусственная кровяная плазма
PVtV-Produkt, *микроэл.* произведение мощность — задержка, работа переключения *(параметр логических элементов)*
PVÜ, Pariser Verbandsübereinkunft zum Schutz des gewerblichen Eigentums Парижская международная конвенция об охране прав на промышленную собственность
PW, Papierwährung бумажная валюта
PW, Personenwagen легковой автомобиль
PW, Pressedienst Wien Венская служба печати
PW, Produktionsweise способ производства
PW, Programmwechsel смена программ(ы); переключение программ
pW, Pikowatt пиковатт, *пВт*
Pwg, Güterzuggepäckwagen *ж.-д.* багажный вагон *(курсирующий в составе грузовых поездов)*
PWkm, Personenwagenkilometer пассажиро-вагоно-километр

PWM, Transistor-Pulswechselrichter mit analoger Stromregelung *элн.* транзисторный импульсный инвертор с аналоговым регулированием тока
PWM, Transistor-Pulswechselrichter mit analoger Stromregelung транзисторный импульсный инвертор с аналоговым регулированием тока
PWR, Pulswechselrichter *элн.* импульсный инвертор
PWT, Plan Wissenschaft und Technik план развития науки и техники
PY, Paraguay Парагвай *(индекс государственной принадлежности автомобиля)*
Py, Pyrometer пирометр
PZ, Pädagogisches Zentralblatt *наименование периодического издания по педагогическим вопросам*
PZ, Peclet-Zahl критерий Пекле
PZ, Portlandzement портландцемент

PZ., Panzer- 1. *в сложн.* броне- 2. танковый
PZ., Prüfziffer контрольная цифра; контрольные цифры
PZA, Postzeitungsamt отдел экспедиции газет и журналов при почтовом ведомстве; отдел доставки подписных изданий
P-Zement, Portlandzement портландцемент
pzg, prozentisch процентный
Pz.KW., Panzerkraftwagen бронемашина, БРМ; бронетранспортёр, БТР
PZO, Postzollordnung почтовые правила таможенных операций, правила таможенных операций для почтовых учреждений
PZT-Keramik, *микроэл.* керамика на основе цирконата-титаната свинца, ЦТС-керамика
PZU, Postzustellungsurkunde квитанция о получении почтового отправления
P-Zug, Personenzug пассажирский поезд

Q

Q, пригодный для холодной высадки *(в маркировке стали)*
Q, Guatemala-Quetzal гватемальский кетсаль *(денежная единица)*
Q, Gütezeichen Q, Gütezeichen Qualität знак высшего качества *(в бывш. ГДР)*
Q, Qualität качество
Q, Quantität количество
Q, Quartal квартал
Q, Quarz *мин.* кварц
Q, Querkraft *физ.* поперечнодействующая сила
Q, Querschnitt поперечный разрез, поперечное сечение; профиль
Q, Quotient частное

Q, Quotientenme:sinstrument логометр
Q., Quelle источник
q, (метрический) центнер, *ц*
q, Quernaht горизонтальный шов *(в сварке)*
q, Quintal квинтал *(мера веса в Латинской Америке=45-69 кг)*
q, waagerechtes Schweißen an senkrechter Wand сварка горизонтальных швов на вертикальной поверхности
Q-Ausgangs-Zustand, *микроэл.* состояние прямого выхода *(триггера)*
Q-bus, *микроэл.* системная магистраль Q-bus
QCD, прибор с квантовыми связями

qcm, Quadratzentimeter квадратный сантиметр, *кв.см*
QCP, Quad Ceramic Package *микроэл.* керамический *(плоский)* корпус с четырёхсторонним расположением планарных выводов
qdm, Quadratdezimeter квадратный дециметр, *кв.дм*
QDS, Querdrehschwingungen поперечно-крутильные колебания
QED, quick editor *англ., вчт.* программа-редактор **KED** фирмы «Рэнд» *(США)*
QF, Qualitätsfaktor показатель качества
Qf, Querfeder поперечная рессора
Q-Fieber, *мед.* австралийская болезнь; балканский грипп; квинслендская лихорадка; ку-лихорадка
QFP, Quantum Flux Parametron *микроэл.* параметрон с квантовым магнитным потоком
QG, Qualitätsgruppe категория качества
QIP, Quad-In-line-Package *микроэл. (плоский)* корпус с четырёхрядным расположением выводов
Q-Klüft, Querklüft *геол.* поперечная трещина
qkm, Quadratkilometer квадратный километр, *кв.км*
QM, Quantenmechanik *физ.* квантовая механика
QM, Quanten-Mikroelektronik квантовая микроэлектроника
QM, Quermodulation *физ.* перекрёстная модуляция
Q.M., Quadratmeile квадратная миля
qm, Quadratmeter квадратный метр, *кв.м*
qmm, Quadratmillimeter квадратный миллиметр, *кв.мм*
QO, Quarzoszillator кварцевый генератор; кварцевый осциллятор
Q-Profil, Querprofil *метал.* поперечный профиль
QPSG, Quell-Perlit-Sand-Gemisch *геол.* ВПП, вспученный перлитовый песок
QS, Quantenstatistik квантовая статистика
QS, Quecksilbersäule *физ.* ртутный столб, *рт. ст.*
QSAMOS, Quadrupled Self-Aligned MOS *англ.* технология получения МОП-структур с четырёхкратным самосовмещением
Qsch., Querschiff *архит.* поперечный неф

Q-Schalter, лазерный затвор, модулятор добротности *(оптического резонатора лазера)*
QSR, quasistellare Radioquelle квазизвёздный объект, квазизвезда, квазар
Q-Stahl, Quadratstahl *метал.* квадратная сталь, квадрат
Q-switch, *англ.* лазерный затвор, модулятор добротности *(оптического резонатора лазера)*
QT, Quarztiegel *микроэл.* кварцевый тигель
qt, Quart кварта *(мера объёма для жидких и сыпучих тел)*
QTAM, Queued Telecommunication Access Method *eng.*; Warteschlangen-Fernübertragungsverfahren телекоммуникационный метод доступа с очередями
Q-Träger, Querträger *метал.* поперечина; траверса
Qu, Quartal квартал *(три месяца)*
Qu, Quarz *мин.* кварц
Qu, Quelle источник
Qu., Quartier 1. квартира 2. квартал *(городской)*
Qu., Quartiermeisters- *в сложн.* квартирмейстерский
Qu., Quelle источник
Qu., Querschnitt поперечное сечение, поперечный разрез; профиль
qu., quasi *в сложн.* квази-, псевдо-
qu., quästioniert спорный, сомнительный; рассматриваемый
Qual., Qualifikation квалификация
Qual., Qualität качество
qual, qualitativ качественный
qual., qualit., qualitativ качественный; качественно
Quant., Quantität количество
quant, quantitativ количественный
quant., quantit., quantitativ количественный; количественно
Qu Fa G, Quellen und Forschungen zur Alten Geschichte und Geographie *наименование периодического издания по вопросам древней истории и географии*
QUIL-Gehäuse, *микроэл. (плоский)* корпус с четырёхрядным расположением выводов, четырёхрядный корпус
QUOT, Quotient частное
QuP, Quellenprogramm *вчт.* исходная программа, программа на входном языке

QV

QV, Quellverkehr *ж.-д.* вывоз; транспортные потоки, зарождающиеся в определённом районе и следующие за его пределы

QWL, Quantum-Well-Laser лазер на квантовых ямах

QW-MODFET, Quanten-Well-MODFET *микроэл.* модуляционно-легированный полевой транзистор с квантовыми ямами

QWW, Quantum-Well-Wellenleiter *микроэл.* квантово-размерный волновод

QZG, Quell-Ziel-Gruppe *ж.-д.* группа транспортных связей, обусловленных определённой транспортной потребностью

R

R, успокоенный, полуспокойный *(в маркировке стали)*
R, elektrischer Widerstand электрическое сопротивление
R, Gaskonstante *физ.* газовая постоянная
R, Laufrad *тех.* рабочее колесо
R, Luftkraftresultierende равнодействующая аэродинамических сил
R, Rabatt скидка *(с цены)*
R, Radius радиус
R, Rakete ракета
R, Raketen- *в сложн.* ракетный
R, Rarität «редкая» *(в каталогах почтовых марок и монет)*
R, Rasterdruck *полигр.* растровая печать; мозаичная печать; трафаретная печать
R, Raumboot катерный тральщик
R, Reaumur *(столько-то)* градусов по Реомюру
R, Rechenwerk 1. арифметическое устройство; АУ *(ВМ)* 2. счётчик 3. вычислительное устройство; процессор
R, Rechnung вычисление; исчисление; расчёт; счёт
R, rechter Winkel, Rechter *мат.* прямой угол
R, Refrigerant холодильный агент; хладагент
R, Regiment полк
R, Regiments- полковой

R, Reibungskraft сила трения
R, Reinigung von Reisezugwagen *ж.-д.* очистка пассажирских вагонов
R, Reiseflugzeug *(рейсовый)* пассажирский самолёт
R, Rs, Relais реле
R, Religion религия
R, Rest *хим.* остаток
R, Retroflexion изгиб кости назад *(вид травмы при ДТП)*
R, Rohrgewinde трубная резьба
R, Röntgen рентген, Р *(единица рентгеновского или гамма-излучения)*
R, Rücklicht задний фонарь *(автомобиля)*
R, Rückmeldung 1. квитирование 2. ответный сигнал; сигнал обратной связи 3. обратная связь
R, Rückstand остаток *(на сите)*
R, Rückwärtsgang *авто* передача заднего хода;.*разг.* задний ход
R, Ruderkraft *ав.* тяговая мощь винта
R, Ruine *топ.* развалины
R, Rumänien Румыния *(индекс государственной принадлежности автомобиля)*
R, Rupie рупия *(денежная единица)*
R, Rüstsatz комплект вооружения
R, Wagen mit Speiseabteil *ж.-д.* вагон с купе-буфетом

R-%, Raumprozent объёмный процент
R., Radio радио
R., Radius радиус
R., Rad., Radix *лат., мат.* корень
R., Raum 1. помещение; комната 2. пространство; место 3. объём; ёмкость
R., Referat доклад; реферат
R., Reichweite дальность действия, радиус действия
R., Rente рента, доход; пенсия *(по социальному страхованию)*
R., Reserve резерв, запас
R., Resistenz сопротивление
R., Richtung направление
r, Bedarfsreinigung *ж.-д.* текущая внутренняя уборка *(пассажирского вагона)*
r, Radius радиус
r, Ruhekontakt размыкающий контакт, контакт покоя
r., rechts справа
r., richtig 1. правильный, верный 2. правильно, верно; как следует
r., rot красный
r., rund круглый
r., russisch русский
RA, Argentinien Аргентина *(индекс государственной принадлежности автомобиля)*
RA, Rampenanfang *ж.-д.* точка, с которой начинается отвод возвышения наружного рельса в кривой
RA, Rechenanlage вычислительная машина; ВМ; ЭВМ; компьютер; вычислительная система
RA, Rechenautomat автоматическая ВМ; автоматическое вычислительное устройство
RA, Rechtsanwalt адвокат, а-т, адв.
RA, Rechtsaußen правый крайний нападающий *(футбол)*
RA, Regierungsamtmann регирунгсамтман *(государственный чиновник среднего ранга)*
RA, Reichsanzeiger наименование бывш. официального периодического издания по вопросам германского имперского законодательства
RA, Resultatausgabe *вчт.* вывод результата [результаты]
RA, Richtantenne направленная антенна

RA, Runderlässe für Außenwirtschaft циркуляры по вопросам экономики и внешней торговли
RA, Signale für den Rangierdienst *ж.-д.* маневровые сигналы
R.A., Restauftrieb запас плавучести
R.A., Richtungsanlage пеленгаторная станция
R.A., Ruderausschlag отклонение руля
Ra, Radium *хим.* радий
Ra, Ramie рами *(лубяное волокно)*
r.A., reiner Alkohol чистый спирт
r.A., rückwärtiges Armeegebiet район армейского тыла
ra, Ruhe-Abeitskontakt *эл.* размыкающий рабочий контакт, нормальнозамкнутый рабочий контакт
ra., Ra, radioaktiv радиоактивный
RAAV, Reichsanstalt für Angestelltenversicherung государственное управление страхования служащих
RAB, Rabatt *торг.* скидка
RAB, Reichsautobahn государственная автострада
Rab, Rabatt *торг.* скидка
Rab., Reihenabwurfgerät прибор для серийного бомбометания
RABl, Reichsarbeitsblatt наименование бывш. периодического издания по вопросам имперского трудового законодательства
RACE, random access computer equipment *англ., вчт* ЗУ большой ёмкости с произвольной выборкой РЕЙС фирмы «Рейдио корпорейшн оф Америка» *(США)*
RAD, Reichsarbeitsdienst трудовая повинность *(в гитлеровской Германии)*
Rad., Radar радар, радиолокатор
Rad., Radierung 1. гравюра, офорт; 2. стирание, подчистка *(написанного)*
Rad., Radikale *m, f* радикал; экстремист
Rad., Radikalismus радикализм
Rad., Radikalist радикал; экстремист
Rad., Radius *мат.* радиус *(знак r)*
Rad., Radix *мат.* корень
rad, Radiant *мат.* радиан, *рад (единица измерения углов)*
rad., radial радиальный; лучевой
rad., radikal радикальный
Ra Em, Radium-Emanation *хим.* эманация радия

R Ae O, Reichs-Ärzte-Ordnung *юр., ист.*. государственное уложение для врачей

RAFE, Rangierauftrag-Fertigmeldung *ж.-д.* извещение о выполнении задания на производство маневровой работы *(железные дороги ФРГ)*

raff., raffiniert рафинированный, очищенный

RAG, Reichsarbeitsgericht суд по трудовым конфликтам

r.Ag., rückwärtiges Armeegebiet район армейского тыла

RAGO, Rechtsanwaltsgebührenordnung положение о порядке вознаграждения адвокатов, положение о гонораре адвокатов

RA-HA, Schweizerische Ausstellung für Rationelles Haushalten Швейцарская выставка рационального домоводства

Rak., Rakete ракета

RAL, Richtlinie für die Anlage von Landstrassen *ж.-д.* Правила строительства для сооружений земельных дорог *(ФРГ)*

RAL, Richtlinien für den Ausbau der Landstraßen правила строительства шоссейных дорог

RAM, random-access memory *англ., вчт.* память с произвольной выборкой

RAM, Restseitenband-Amplitudenmodulation амплитудная модуляция с частично подавленной боковой полосой

RAMAC, random access method of accounting and control *англ.* вычислительная машина [ВМ] РАМАК фирмы ИБМ *(США)*

RAMPS, resource allocation and multiproject scheduling *англ.* система планирования и управления крупными разработками *(США)*

R Amtm., Regierungsamtmann регирунгсамтман *(государственный чиновник среднего ранга)*

Randb., Randbem., Randbemerkung примечание [заметка] на полях;

R Angehk, Reichsangehörigkeit *ист.* германское подданство

R.-Anw., Ranw., Rechtsanwalt адвокат

RAO., Rechtsanwaltsordnung положение об адвокатуре

RAO., Reichsabgabenordnung *ист.* имперское распоряжение о взимании налогов *(1919 г.)*

RAST, Rangierablaufstufe *ж.-д.* операции, выполняемые членами маневровой *(составительской и локомотивной)* бригады при производстве маневровой работы

Rat., Ratifikation ратификация

Rat., Rationalisierung рационализация

Rat., Rationierung рационирование, установление нормы выдачи; карточная система *(в торговле)*

Rat.-Urk., Ratifikationsurkunde ратификационная грамота

Ravag, Radioverkehrsaktiengesellschaft Акционерное общество радиовещания *(Австрия)*

RAW, Rationalisierungsausschuß der Deutschen Wirtschaft Комитет рационализации германского народного хозяйства

RAW, Reichsbahnausbeserungswerke государственные ремонтные паровозо-вагонные заводы

RAW, Reichsbahnausbesserungwerk железнодорожные ремонтные мастерские *(бывш. ГДР)*

RAYDAC, Raytheon digital automatic computer *англ.* вычислительная машина [ВМ] РЕЙДАК фирмы «Рейтеон» *(США)*

RB, Botsuana Ботсвана *(индекс государственной принадлежности автомобиля)*

RB, Rechenschaftsbericht отчётный доклад, отчёт

RB, Rechtsberatung юридическая консультация

RB, Regierungsbezirk административный округ *(в Баварии)*

RB, Richtungsgleisbremse *ж.-д.* парковая *(третья)* тормозная позиция

RB, Vitznau-Rigi-Bahn *ж.-д.* железная дорога Витцнау-Риги

RB-, Rangierbahnhof *ж.-д.* сортировочная станция

Rb, Rechtsberater юрисконсульт, юрконсульт

Rb, Rechtsbeschwerde *юр.* жалоба

Rb, Rubidium *хим.* рубидий

Rb., RBk, Reichsbank *ист.* имперский банк, рейхсбанк *(государственный банк Германии до 1945 г.)*
Rb., Reihenbild *ав.* маршрутная фотосъёмка
Rba, Reichsbahnamt Управление эксплуатации государственных железных дорог *(бывш. ГДР)*
RBBl, Reichsbesoldungsblatt тарифный справочник для военнослужащих
Rbd, Reichsbahndirektion дирекция железной дороги
Rbd-AW, Direktion der Ausbesserungswerke *ж.-д.* Дирекция предприятий по ремонту подвижного состава железных дорог *(бывш. ГДР)*
RBE, relative biologische Effektivität относительная биологическая эффективность *(излучения)*
RBerG, Rechtsberatungsgesetz закон о порядке предоставления юридических консультаций
Rbf, RBf, Rangierbahnhof *ж.-д.* сортировочная станция
RBI, Regierungsbauinspektor правительственный инспектор по строительству
RBK, Reichsverband der Körperbehinderten Союз инвалидов
Rbl, Rubel рубль
Rbl., Regierungsblatt правительственный [официальный] орган; газета, издаваемая правительством
RBM, Rohbaumaß *стр.* предварительный конструктивный размер
R-Boot, Räumboot спасательная лодка
RBP, Republikanische Bürgerpartei республиканская бюргерская партия
RBS, Rohrbruchsicherung *нефт., газ.* аварийная блокировка линии
RBSN, reaktionsgebundenes Siliziumnitrid химически связанный нитрид кремния
RBU, Railway Bearing Unit *ж.-д.* роликовый подшипник для подвижного состава
RBÜ, Revidierte Berner Übereinkunft zum Schutze von Werken der Literatur und Kunst пересмотренная Бернская конвенция об охране авторских прав на произведения литературы и искусства
RBV, Rheinischer Braunkohlen-Brikett-Verkauf-Gesellschaft Рейнское общество по сбыту брикетов бурого угля
RBW, relative biologische Wirksamkeit относительная биологическая эффективность *(излучения)*
RBZ, Reifen, Batterien, Zubehör *авто* шины, аккумуляторы, автомобильные принадлежности
Rbz, Regierungsbezirk административный округ *(в Баварии)*
rbz., rückbezüglich *грам.* возвратный
RC, China Китай *(индекс государственной принадлежности автомобиля)*
RC, resistance-capacitance *англ., эл.* резистивно-ёмкостный
RCA, Radio Corporation of America *англ.* фирма «Рейдио корпорейшн оф Америка», выпускающая оборудование для обработки данных *(США)*
RCDS, Ring Christlich-Demokratischer Studenten Объединение студентов - христианских демократов
RCH, Chile Чили *(индекс государственной принадлежности автомобиля)*
RD, Dominikanische Republik Доминиканская республика *(индекс государственной принадлежности автомобиля)*
RD, Rechtsdienst «Правовая служба» *(информационный юридический пресс-бюллетень; ФРГ)*
RD, Rundungsdifferenz величина округления
Rd, Rundgewinde круглая резьба
Rd., Rand край; кромка
Rd., Runde 1. круг 2. патруль, дозор; обход
rd, rund округлённо, круглым счётом *(столько-то)*
rd, Rutherford-Einheit *уст. физ.* резерфорд, Рд *(единица активности)*
rd., rund приблизительно, около
RDAF, Ring der Akademischen Freischaren Объединение студенческих свободных групп *(студенческая корпорация в ФРГ)*
Rd.Arb., Recht der Arbeit «Трудовое право» *(журнал)*
RDDL, Reichsbund Deutscher Diplomlandwirte Союз немецких агрономов с высшим образованием
Rd.-Erl., RdErl., Runderlaß распоряжение министерства; циркуляр

Rdf.

Rdf., Radfahrer велосипедист
Rdf., **Rdfk**, Rundfunk радио; радиовещание
Rdfr., **Rd.-Fr.**, Rundfrage опрос, анкета
RDH, Redaktionsgemeinschaft der deutschen Heimatzeitungen Объединение редакций местных немецких газет
RDir., Regierungsdirektor регирунгсдиректор *(старший государственный чиновник)*
RdK, Reichsbund der Kriegsbeschädigten Союз инвалидов войны
RDL, Reichsbund Deutscher Diplomlandwirte Союз немецких агрономов с высшим образованием
RDL, Reichsverband der Deutschen Luftfahrtindustrie Союз германской авиационной промышленности
Rdl, Rangierdienstleiter *ж.-д.* руководитель маневровой работы на станции, маневровый диспетчер
RDM, Ring Deutscher Makler *(für Immobilien, Hypotheken und Finanzierungen)* Объединение немецких маклеров *(по недвижимости, ипотекам и финансированию)*
RDM, Rohrdurchmesser диаметр трубы
Rdr., Rechtsdrall 1. *маш.* правая винтовая линия; 2. правая свивка *(каната)*; левая скрутка *(кабеля)*
RDS, Ring Deutscher Siedler Объединение немецких поселенцев *(союз рабочих жилищно-строительных кооперативов Рурской области)*
Rdsch., Rundschau обозрение
Rdschrb., **RdSchr**, Rundschreiben циркулярное письмо, циркуляр
RDStO, Reichsdienststrafordnung *ист.* дисциплинарный устав *(для служащих центральных государственных учреждений)*
RDT, Reichsbund Deutscher Technik Объединённое немецкое техническое общество
RDV, Reichsverband Deutscher Volks- und Betriebswirte Объединение немецких экономистов и инженеров по организации производства
RdV, Rundverfügung циркулярное распоряжение, циркуляр
RE, Ratteneinheit *биол.* крысиная единица

RE, Rechnungseingang счётный вход *(триггера)*
RE, Rechnungseinheit расчётная единица; условная расчётная единица *(Европейского платёжного союза)*
RE, Referentenentwurf проект закона, разработанный в аппарате министерства
RE, Regierungsentwurf правительственный проект, проект правительства
RE, Regionaleilzug *ж.-д.* региональный скорый поезд
RE, Reineinkommen чистый доход
RE, Restgeldeinheit *ж.-д.* узел выдачи сдачи *(билетопечатающего или билетного автомата)*
RE, Richteinheit *ж.-д.* струя вагонопотока, соответствующая определённому коду сетевой разметки
RE, Roheisen *(доменный)* чугун
RE, Rohreinbau *геол., нефт.* спуск обсадной колонны
RE, Rückerstattung возврат *(денег)*; возмещение, отдача; реституция
RE, Rundeisen *мет.* круглая сталь; пруток
Re, Regler регулятор
Re, Re., Reynolds-Zahl, Reynoldssche Zahl *физ.* число Рейнольдса
Re, Rhenium *хим.* рений
Re., Regel правило
Re., Regler *тех.* регулятор
Re., Rimesse *банк.* переводной вексель, римесса
REA, Rauchgasentschwefelungsanlage *тех.* установка для удаления серы [десульфурации] дымовых газов
REA, Regeln für elektrische Anlasser und Steuergeräte Нормы для электрических пускорегулировочных аппаратов
REA, Richtempfangsantenne *радио* антенна для направленного приёма
REALCOM, real-time communication *англ.* управляющая вычислительная машина [ВМ] РЕАЛКОМ фирмы «Рейдио корпорейшн оф Америка» *(США)*
REB, Regeln fur Maschinen und Transformatoren auf Bahnfahrzeugen Нормы для тяговых машин и трансформаторов
ReB, Ring Ehemaliger Bergschüler Союз бывших воспитанников горных училищ
rec., receipt *англ.* квитанция

recd., received *англ.* полученный

rechtsg., rechtsgängig левый, левозаходный *(о резьбе)*

Red., Redakteur редактор

Red., Redaktion редакция

Red., Reduktion 1. *хим.* восстановление 2. редукция, редуцирование; сокращение; понижение; уменьшение 3. *мат.* приведение

red., reduziert 1. *хим.* восстановленный 2. редуцированный 3. *мат.* приведенный

Redox-system, Reduktions-Oxydations-System окислительно-восстановительная система

Reexp., Reexport реэкспорт

Ref., Referat доклад; реферат

Ref., Referent докладчик; референт

Ref., Referenz 1. отзыв, рекомендация 2. ссылка; справка

Refa, REFA, Reichsausschuß für Arbeitszeitermittlung имперский комитет по рационализации труда *(до 1945);* Государственный комитет рационализации труда *(ФРГ)*

Refa, REFA, Verband für Arbeitsstudien REFA e.V. объединение по рационализации труда *(ФРГ)*

REFE, Rechenfeld *вчт.* рабочее поле, рабочая зона *(памяти)*

refl., reflektierend отражённый

reform., reformiert *рел.* реформаторский

REFÜ, Rechnungsführung учёт; ведение учёта; отчётность

REG, Regular *геол., нефт.* нормальное проходное отверстие *(бурильного замка)*

REG, Rückerstattungsgesetz закон о реституции

Reg., Regierung правительство

Reg., Regime режим

Reg., Regiment *воен.* полк

Reg., Region регион; район; область

reg., regelbar регулируемый

reg., regelmäßig регулярный, правильный; регулярно

reg., regenerieren регенерировать, восстанавливать

reg., registrieren регистрировать; записывать

reg., regulieren регулировать

Reg.-Bez., Regierungsbezirk административный округ *(в Баварии)*

Reg.-Bl., Regierungsblatt правительственный [официальный] орган; газета, издаваемая правительством

Regl., Reglementierung регламентация

Reg.-M., Registermark *мор.* регистровая отметка

Reg P, Reg.-Präs, Regierungspräsident регирунгспрезидент, начальник окружного управления *(руководитель местной администрации в отдельных районах ФРГ)*

Reg.-Rat, RegR, Regierungsrat регирунгсрат, правительственный советник *(старший государственный чиновник в ФРГ)*

Regs., registered tonnage *англ., мор.* регистровый тоннаж

Regstr, Registratur регистратура; регистрация

Regt, Regiment полк

Reg.-To., Registertonne *мор.* регистровая тонна

REH, Regeln für elektrische Hochspannungsgeräte Нормы для высоковольтных аппаратов

REI, Rat der Europäischen Industrie Совет европейской промышленности

Reimp., Reimport реимпорт

R-Eingang, *выч.* R-вход, вход *(сигнала)* сброса

Reisek., Reisekosten путевые расходы; командировочные расходы

REJhilfeG, Referentenentwurf eines Jugendhilfegesetzes проект закона о помощи несовершеннолетним, разработанный в аппарате министерств

Rekrist., Rektristallisation рекристаллизация

Rel., Relais реле

Rel., Relation *мат.* отношение, соотношение

Rel., Religion религия

rel., relativ относительно; относительный

rel., relevant важный; существенный; актуальный; *мат., лингв.* релевантный

REM, Rasterelektronmikroskop растровый электронный микроскоп

REM, Regeln für die Bewertung und Prüfung von elektrischen Maschinen Нормы для

оценки и испытания электрических машин
Rem, Remscheid г. Ремшайд
Ren., Renaissance ренессанс; *ист.* Ренессанс, эпоха Возрождения
Ren., Renovierung обновление; восстановление; ремонт
Renfbkz, Rentenbankzinsen проценты рентного банка
Rentb., Rentenhank рентный банк
Rep., Reparation репарация; возмещение
Rep., Reparatur ремонт; восстановление
Rep., Repertorium справочник, указатель
Rep., Reportage репортаж
Rep., Republik республика
repbed., reparaturbedürftig требующий ремонта; подлежащий ремонту; подлежит ремонту
Repn, Repartition распределение; подсчёт доли участия *(в доходах или расходах)*
Repr., Repräsentation репрезентация, представление
Repr., Reprise *муз.* реприза; повторение
Repr., Reprivatisierung реприватизация
Repr., Reproduktion репродукция
RES, Regeln für elektrische Schaltgeräte Нормы для электрических коммутационных аппаратов
R.E.S., Retikulo-Endotheliales-System *биол.* ретикуло-эндотелиальная система
Res., Reserve резерв; запас
Res., Residenz резиденция
Res., Resistenz сопротивление
Res., Resolution резолюция
Res., Resonanz резонанс
Res., Resultat результат
res., reservieren резервировать; бронировать
res., residieren пребывать; иметь резиденцию; иметь постоянное место жительства
resp., respektive или; то есть; соответственно
Res-Red, Ressorts-Redakteur ведомственный редактор
Rest., Restaurant ресторан
restl., restlich оставшийся; остаточный
restl., restlos полный; полностью; без остатка
RET, Regeln für elektrische Transformatoren Нормы для дуговых сварочных машин постоянного тока

Rev., Revanche реванш
Rev., Revier 1. участок, округ 2. горный участок, участок шахты 3. полицейский участок, отделение *(полиции)* 4. *воен.* казарменное помещение 5. *воен.* санитарная часть, амбулатория
Rev., Revision ревизия; проверка, контроль
Rev., Revolution революция
rev., reversibel 1. обратимый; 2. реверсивный
rev., reversibel реверсивный
rev., revidieren пересматривать; ревизовать
Revi., Reflexvisier *тех.* зеркальный визир
REW, Regeln für Wandler Нормы для измерительных трансформаторов
REW, Rheinische Elektrizitätswerke Рейнские электростанции
Rewe, Rheinisch-Westfälische Einkaufsgenossenschaft der Lebensmittelhändler Рейнско-вестфальское товарищество торговцев по закупке продовольственных товаров
REWI, Revisions- und Wirtschaftsverband der Konsumgenossenschaften Ревизионный и хозяйственный союз потребительских кооперативов
REZ, Regeln für elektrische Zähler Нормы для электросчётчиков
Rez., Rezension рецензия
Rez., Rezept рецепт; медицинский рецепт
rez., **rezipr.**, reziprok *мат.* обратный
Rezt, Rezensent рецензент
RF, Rechnerfamilie семейство вычислительных машин, семейство ЭВМ
RF, Russische Föderation Российская Федерация, РФ
R.F., Reichsformeln государственная фармакопея
Rf, rüttelfeste Batterie вибростойкий аккумулятор
Rf., Radfahrer велосипедист
Rf., Riff *мор.* риф
Rf., Rundfahrt экскурсия; турне
Rf., **R.F.**, Rundfunk радио; радиовещание
rF, relative Feuchte относительная влажность
rf A, rechnungsführendes Amt главная бухгалтерия
RFE, Radio Free Europe Радио Свободная Европа

RFE, rechnergesteuerte Fahrausweiserstellung *ж.-д.* печатание билетов с использованием автоматов, управляемых ЭВМ

RfE, Reifungs-Einheit *биол.* единица созревания, единица вызревания

RfesD, Rundfunkstörungsdienst служба борьбы с радиопомехами

RFF, Richtfunkfeuer направленный радиомаяк

RFFSA, Rede Ferroviaria Federal S.A.; die Brasilianischen Staatsbahnen *ж.-д.* Государственные железные дороги Бразилии

Rfn., Rufnummer *тлф.* вызываемый номер, номер вызова

RFT, Rundfunktechnik техника радиовещания; радиотехника

RFZ, Runfunk- und Fernsehtechnisches Zentralamt Управление по радиовещанию и телевидению

Rfz, Raketenfahrzeug ракетный летательный аппарат, РЛА

Rfz, Rfz., Rufzeichen *свз.* позывные; позывной сигнал; сигнал вызова; код вызова

RG, Radargerät радиолокационная станция

RG, Rationalisierungsgemeinschaft Общество рационализации промышленности

RG, Räumgerät *мор.* минный трал

RG, Raumladegitter катодная сетка

RG, Reaktionsgeschwindigkeit *хим.* скорость (протекания) реакции

RG, Reichsgericht имперский верховный суд

Rg, Radargerät радиолокационная установка, радиолокатор, радар

Rg, Rittergut *топ.* дворянское поместье

Rg, Rotguß медное литьё

Rg., Rechnung счёт

Rgb, Rückgebäude постройка, находящаяся позади здания; дворовый флигель

Rgbg, Regensburg г. Регенсбург

RGBl, Reichsgesetzblatt *наименование бывш. официального периодического издания по вопросам германского имперского законодательства*

Rgbz, Regierungsbezirk административный округ *(в Баварии)*

RGE, Rauchgasentschwefelung удаление серы из дымовых газов; десульфурация дымовых газов

Rg-fahrt, Rangierfahrt *ж.-д.* маневровое передвижение, маневровый полурейс

RGH, Rationalisierungsgemeinschaft des Handels Общество рационализации торгового дела

Rgl, Rangierleiter *ж.-д.* составитель поездов

rglm, regelmäßig регулярный, правильный; регулярно

RGO, Revolutionäre Gewerkschaftsopposition *ист.* Революционная профсоюзная оппозиция

Rg.P., Ringpulver кольцевидный порох

RGR, Rauchgasreinigung очистка дымовых газов

Rgsb, Regensburg г. Регенсбург

RgT, Rangiertafel *ж.-д.* таблица соответствия сетевой разметки специализации путей сортировочного парка

Rgt., Regiment полк

RGW, Rat für Gegenseitige Wirtschaftshilfe *ист.* Совет Экономической Взаимопомощи, СЭВ

RH, Hilfsrelais вспомогательное реле

RH, Hochspannungsteil *эл.* сторона высокого напряжения

RH, Rückenfallschirm mit Höhenauslöser спинной парашют с автоматом

Rh, Rhodium *хим.* родий

Rh., Rheinmetall-Werke машиностроительные заводы «Рейнметалл»

r.H., rückwärtiges Heeresgebiet *воен.* глубокий тыл

RHB(eton), Reaktionsharzbeton полимербетон

Rh-Bo, Rheinmetall-Borsig объединённые машиностроительные заводы «Рейнметалл-Борзиг»

Rhid, Rheinland Рейнская область, Рейнланд

Rhidpf, Rheinland-Pfalz Рейнланд-Пфальц *(земля в ФРГ)*

Rh.Jb., Rheinisches Jahrbuch für Volkskunde *наименование ежегодного издания по этнографии Рейнской области*

Rhn, Recklinghausen г. Реклингхаузен

RHO, Reichshaushaltsordnung *ист.* положение о государственном бюджете

Rhpf., Rheinpfalz Рейн-Пфальц *(округ земли Рейнланд-Пфальц в ФРГ)*
RhZ, Rhodanzahl *хим.* родановое число
RI, Indonesien Индонезия *(индекс государственной принадлежности автомобиля)*
RI, Regierungsinspektor правительственный инспектор
Ri, Richardson-Zahl число Ричардсона
Ri, Richtlinie директива, руководящая линия; предписание
Ri, Richtlinien директивы; руководящие указания
r.i., reinsurance *англ.* перестрахование
Ri A, Richtungsanlage пеленгаторная станция
RIAS, Rundfunk im Amerikanischen Sektor Berlins *ист.* радиостанция в американском секторе Берлина, РИАС
RiBS, Richtlinien für die Bauausführung, Aufstellung und Verwendung des Bremsprobesignals für Reisezüge *ж.-д.* Правила конструктивного исполнения, установки и применения сигнала опробования тормозов в пассажирских поездах
Ri DKB, Richtlinie für den Einbau und Betrieb der FEW-Dreikraftbremse *ж.-д.* Правила монтажа и эксплуатации трёхсиловых вагонных замедлителей системы **FEW**
RIG, Richtergesetz закон о судьях
Rim., Rimesse *банк.* переводный вексель, римесса
RiPolSt, Richtlinien für die Führung der Polizeilichen Kriminalstatistik директивы к ведению полицейской уголовной статистики
RiStBV, Richtlinien für das Strafverfahren und das Bußgeldverfahren директивы к уголовному судопроизводству и порядку наложения денежных штрафов
RIV, Reiunigen, Isolieren, Versenken очистка, изоляция, укладка
Ri Vbf, Richtlinien für die bauliche Ausbildung von Verschiebebahnhofen *ж.-д.* Правила проектирования и строительства сортировочных станций
Rivo, Rippenrohrvorwärmer ребристый трубчатый подогреватель; ребристый экономайнер

RiWG, Richterwahlgesetz закон о выборах судей
Rj, Rj., Rechnungsjahr бюджетный год; финансовый год; отчётный год
RK, Randlochkarte *вчт., уст.* (перфо)карта с краевой перфорацией
RK, Reflexionskoeffizient *физ.* коэффициент отражения
RK, Reichskanzler *ист.* рейхсканцлер
RK, Rotes Kreuz Общество Красного Креста
RK, Rückkopplung обратная связь
RK, Ruderabgleichkasten *ав.* коробка компенсатора руля поворота
RK, Ruhestromkontakt контакт тока покоя
Rk., Rakete ракета
Rk., Raketen- *в сложн.* ракетный
Rk., Reisekosten путевые расходы; командировочные расходы
rk, r.-k., römisch-katholisch *рел.* римско-католический
RKA, Reichskriegsanwaltschaft имперская военная прокуратура
R-Karte, *выч.* контрольная карта *(средних)* размахов
RKB, Rad- und Kraftfahrerbund Союз велосипедистов и мотоциклистов
Rkb, Reichskursbuch официальный указатель железнодорожных сообщений
RKDB, Ring Katholischer Deutscher Burschenschaften Объединение немецких католических студенческих корпораций
Rk Fzg, Raketenflugzeug самолёт-снаряд
RKG, Reichskriegsgericht *ист.* имперский верховный военный суд
RKL, Reinheitsklasse класс чистоты
RKL, Rufkontrollampe контрольная лампа вызова
RKM, Reichskriegsministerium *ист.* имперское военное министерство
Rkm, Reißkilometer длина нити искусственного волокна в километрах, при которой происходит обрыв нити
rkr., rechtskräftig имеющий законную силу; в законном порядке
RKS, Rückspulen *(обратная)* перемотка *(ленты)*
RKSE, Rückspulen/Entladen *(обратная)* перемотка /снятие ленты

RKT, Reichskraftwagentarif государственный автотранспортный тариф, общегерманский тариф на грузовые автомобильные перевозки
Rkt, Rakete ракета
Rkt, Raketen- *в сложн.* ракетный
RKTL, Reichskuratorium für Technik in der Landwirtschaft Управление механизации сельского хозяйства
RKV, Rahmenkollektivvertrag типовой коллективный договор
RKV, Reichskostenverordnung правила определения издержек при государственных подрядах и поставках
R.K.V., Radiatoren- und Kessel - Fabrikantenvereinigung Объединение (швейцарских) фабрикантов нагревательных приборов и котлов
RKW, Rationalisierungskuratorium der Deutschen Wirtschaft Управление рационализации германского народного хозяйства
RKW, Reichsbahnkraftwerk электростанция государственной железной дороги
RL, Libanon Ливан *(индекс государственной принадлежности автомобиля)*
RL, Rechnungslegung отчёт; отчётность
RL, rechter Läufer правый полузащитник *(футбол)*
RL, Reichsluft- *в сложн.* государственный [имперский] воздушный
RL, Richtlinien zum Jugendgerichtsgesetz директивы к закону о судах по делам несовершеннолетних
Rl, Iran-Rial иранский риал *(денежная единица)*
Rl, Rheinland Рейнская область, Рейнланд
RLF, Rangierlokführer *ж.-д.* машинист маневрового локомотива
Rlhz, Recklinghausen г. Реклингхаузен
RLR, Regierungslandwirtschaftsrat аграрный советник государственно-административной службы *(чин)*
RLT, Raumlufttechnik космическая техника
RM, Madagaskar Мадагаскар *(индекс государственной принадлежности автомобиля)*
RM, Raketenmotor ракетный двигатель

RM, Regelmaschine регулировочная машина
RM, Regulärmine *мор.* неконтактная регулируемая мина
RM, Reichsmark рейхсмарка *(денежная единица Германии до 1948 г.)*
RM, Reichsminister *ист.* имперский министр
RM, Remanenzmagnetisierung остаточная намагниченность
RM, Restseitenbandmodulation модуляция с частично подавленной боковой полосой
RM, Richtmaß 1. эталон; 2. шаблон, лекало; 3. номинальный размер; стандартный размер; модульный размер
RM, Rollenmeißel шарошечное долото
RM, Rudermaschine *мор.* рулевая машина
Rm, Rückmelden обратное уведомление
Rm., Rückenmark *анат.* спинной мозг
R.m., Rücksprache mit совещание с ... ; консультация с ...; переговоры ...
rm, Raummeter кубический метр *(дров или неплотно сложенной древесины)*
RMD, Österreichischer Kanal- und Schiffahrtsverein Rhein-Main-Donau Австрийское общество судоходства по каналам и рекам на трассе Рейн-Майн-Дунай
RMG., Rechtsmittelgesetz *юр.* право на обжалование
R.M.G., Reichsmilitärgericht *ист.* имперский верховный военный суд *(по делам военнослужащих)*
RMK, Reihenmeßkammer маршрутный аэрофотограммометрический прибор
rm o R, Raummeter ohne Rinde кубический метр дров без коры, кубический метр неплотно сложенной древесины без коры
RMP, reservoirmechanisches Programm программа гидродинамических исследований
R-M-Z, Reichert-Meißel-Zahl число Рейхерта-Мейселя
Rn, Radon *хим.* радон
Rn, Randnummer *ж.-д.* краевой код *(в системе классификации опасных грузов)*
RNbA, Reichsbahnenbauamt управление капитального строительства государственных железных дорог

RNR, Rollennachräumer шарошечный долото-расширитель
RNP-Verfahren, РНП, метод регулируемо-направленного приёма
R.-Nr., Rechnungsnummer номер квитанции
R.-Nr., Registriernummer регистрационный номер, рег. N
RNS, Reisen nach Sondervorschrift *ж.-д.* поездки по особым правилам
RNS, Ribonukleinsäure рибонуклеиновая кислота. РНК
RnS, «Reise nach Sondervorschrift» правила обслуживания высокопоставленных иностранных представителей на железных дорогах ФРГ
Rnss., Renaissance ренессанс; *ист.* Ренессанс, эпоха Возрождения
RO, Rechenoperation вычислительная операция; арифметическая операция; арифметическое действие
RO, Rechtsordnung правопорядок
RO, Rumänien Румыния *(индекс государственной принадлежности автомобиля)*
RÖ, Rapsöl рапсовое масло
Ro, Rochester топливная аппаратура фирмы «Рочестер»
Ro., Rohstoff сырьё
Ro., Rohstoff- *в сложн.* сырьевой
Rö, Röhre (электронная) лампа
r.o., rechts oben справа наверху
ROeEE, Raab-Oedenburger-Ebenfurter Bahn *ж.-д.* Железная дорога Рааб-Ойденбург-Эбенфурт
Rohr-in-Rohr-WÜ, Rohr-in-Rohr-Wärmeüberrager теплообменник типа «труба в трубе»
ROI, Return on Investment *англ., эк.* индекс отдачи *(соотношение между прибылью и вложенным капиталом)*
Roliko, Rollenkondensator *эл.* намотанный бумажный конденсатор
rom., romanisch романский
rom., romantisch романтический; романтичный
röm.- kath., römisch-katholisch *рел.* римско-католический
Rororo, RORORO, Rowohlt-Rotations-Romane Ровольтское массовое издание романов

RÖS; RÖs, Restölsättigung остаточная нефтенасыщенность; ОНН
Rot, Rotor ротор
ROU, Uruquay Уругвай *(индекс государственной принадлежности автомобиля)*
ROV, Vereinigung der Reserveoffiziere Объединение офицеров запаса
RoW, Rohrbiegewerkzeug станок для сгибания труб
RP, Regierungspräsident начальник окружного управления; регирунгспрезидент *(высший государственный чиновник)*
RP, Regierungspräsidium окружное управление
RP, Reichspost имперская почта; государственная почта
RP, Reisepaß заграничный паспорт, загранпаспорт
RP, reponse payee *англ. почт.* ответ оплачен
RP, Richtpunkt *ж.-д.* опорный пункт
R.P., Radio Paris Парижское радио, Радио Париж
R.P., Röhrenpulver трубчатый порох
Rp, Indonesische Rupiah индонезийская рупия *(денежная единица)*
Rp., Rappen швейцарский раппен, швейцарский сантим *(денежная единица)*
RPD, Reichspostdirektion дирекция имперского почтового ведомства
RPE, Rollenprofilerweiterer шарошечный долото-расширитель
RPF, Forschungsanstalt der Deutschen Reichspost Исследовательский институт имперского почтового ведомства
Rpf., Reichspfennig рейхспфенниг *(немецкая монета до 1948 г.)*
RPflG, Rechtspflegergesetz закон о служащих суда *(не имеющих прав судьи)*
Rp.Fz., Raupenfahrzeug транспортное средство на гусеничном ходу
RPG, report program generator *(àíãë.);* Reportprogrammgenerator *вчт.* 1. генератор программ документирования; генератор программ печати таблиц 2. язык программирования **RPG** *(США)*
RPGT, Richtpunkt-Gütertarif-Bahnhof *ж.-д.* грузовая тарифная станция, являющаяся опорным пунктом в системе кодирования маршрутов пропуска гру-

зовых вагонов на основе сетевой разметки
RPJ, Ring Politischer Jugend Союз политической молодёжи *(организация в ФРГ)*
RPL, Rheinland-Pfalz Рейнланд-Пфальц *(земля в ФРГ)*
Rprn, Reproduktion *полигр.* репродукция
RPS, Rollprüfstand *ж.-д.* катковый испытательный стенд
RPZ, Reichspostzentralamt главное управление имперского почтового ведомства
RQW, Riß-Quetsch-Wunde рвано-ушибленная рана *(вид травмы при ДТП)*
RR, doppelte Runddrahtbewehrung двойная броня из круглой проволоки
RR, Regierungsrat регирунгсрат, , правительственный советник *(старший государственный чиновник в ФРГ)*
RR, Resultatregister *вчт.* регистр результата
RR, Ringraum затрубное пространство
RR, Ringrichter судья на ринге; рефери *(бокс, борьба)*
RR, Riva-Rocci-Angabe des Blutdruckwertes beim Menschen данные о давлении крови у человека по методу Рива Роччи
RR, Rücksendungsrecht *ком.* право обратной отсылки
RR., sehr große Rarität «очень редкая» *(в каталогах почтовых марок и монет)*
Rr., Richter судья
rr, Ruhe-Ruhekontakt *эл.* двойной размыкающий контакт
RRG, Rentenreformgesetz закон о пенсионной реформе
R.Rg., Reichsregierung *ист.* имперское правительство
R.R.H., Ringrichtungshörer *тех.* всенаправленный звукоулавливатель, звукоулавливатель кругового действия
R.R.H., Ringtrichterrichtungshörer акустический пеленгатор кольцевого типа
R-2R-Netzwerk, *микроэл.* резисторная [лестничная] матрица типа R-2R, матрица лестничного типа, кодоуправляемый делитель [КУД] типа R-2R
RRR, äußerste Rarität «исключительно редкая» *(в каталогах почтовых марок и монет)*
RRS, Rufrelaissatz комплект вызывных реле

RS, Radschlepper 1.колёсный тягач, колёсный трактор; 2. колёсный буксир
RS, Raketenschnellboot ракетный катер
RS, Raketenstart старт [пуск] ракеты
RS, Raketenstufe ступень ракеты, ракетная ступень
RS, Rechtsschutz правовая [юридическая] защита
RS, Reitersicherung *эл.* перемыкающий предохранитель
RS, Relaisstelle *эл.* релейная установка
RS, Resonanzrelais *эл.* резонансное реле
RS, Revolutionäre Sozialisten *ист.* Революционные социалисты *(австрийская партия)*
RS, Rohrschuh *геол., нефт.* башмак колонны
RS, Rufschalter вызывной ключ
RS, Rümänischen Staatsbahnen железные дороги Румынии
RS-232, обозначение стандартного протокола обмена по информационным каналам
Rs, Raupenschwenkbagger поворотный экскаватор на гусеничном ходу
Rs, Reizstoff *хим.* раздражающее вещество
Rs, Relai реле
Rs, RS, Rundschreiben циркуляр, циркулярное письмо
Rs., Reise поездка, путешествие
Rs., Reserve резерв, запас
Rs., Rückseite обратная сторона, оборотная сторона; изнанка
r.S., rechte Seite правая сторона; лицевая сторона
rs., rosa(farben) розовый
R.S.A., Richtungssenderanlage *рад.* радиопередатчик с антенной направленного действия
RsA, Rundstrahlantenne ненаправленная антенна
RSB, Reichsschleppbetrieb государственное предприятие по буксировке пароходов
Rsb., Reisebüro бюро путешествий; туристско-экскурсионное бюро
RS-Boot, Raketenschnellboot гусеничный тягач; гусеничный трактор
Rsch, Rückschein расписка в получении; квитанция
Rschr, Reinschrift чистовой экземпляр; набело переписанная рукопись

RSE, Richtlinien für bauliche Schallschutzanlagen an Eisenbahnstrecken *ж.-д.* Правила строительства устройств защиты от шума на железнодорожных участках

RSF/FSU, Radikal-Soziale Freiheitspartei/ Freie Soziale Union Радикальная социальная партия свободы и Свободный социальный союз *(политический блок в ФРГ)*

RSFSR, Russische Sozialistische Föderative Sowjetrepublik *ист.* Российская Советская Федеративная Социалистическая Республика, РСФСР

RSG, Repetitionssto:sgenerator импульсный генератор повторного действия, генератор с периодической отсечкой импульсной волны

Rsl., Reiseleiter руководитель туристической группы

RSM, Republik San-Marino республика Сан-Марино *(индекс государственной принадлежности автомобиля)*

RSN, Ruf- und Signalmaschine генератор вызывного тока

RSO, Radio-Symphonie-Orchester симфонический оркестр радио

Rsp, Randomspeicher *вчт.* память [ЗУ] с произвольной выборкой; память [ЗУ] с прямым *или* непосредственным доступом

Rspr., Rechtsprechung судебная практика, судопроизводство

Rspr., Richterspruch решение суда, приговор

Rspr., Rücksprache совещание; консультация; переговоры

RST, Raumstation орбитальная станция

Rst, Rechenstanzer счётно-перфорационное устройство

Rst, Rostock г. Росток

RStGB, Reichs-Strafgesetzbuch Германский уголовный кодекс *(до 1945 г.)*

R.St.V.O., Reichsstraßenverkehrsordnung правила движения по дорогам Германии

RS-VA, Rad/Schiene-Versuchsanlage Rheine-Freren *ж.-д.* опытная установка для исследования процессов в системе «колесо/рельс» в Райне-Фререн *(ФРГ)*

R/S-VD, Rad/Schiene-Versuchs- und Demonstrationsfahrzeug *ж.-д.* испытательный и демонстрационный подвижной состав для исследования системы «колесо/рельс» при высоких скоростях движения» *(ФРГ)*

R-Syst., Regelungssystem система (автоматического) регулирования

RT, Radiotechnik радиотехника

RT, Radiotelegraphie радиотелеграфия

RT, Radiotelephonie радиотелефония

RT, Raumtiefe *мор.* глубина трюма

RT, Regeltransformator регулируемый трансформатор

RT, Regelungstechnik *наименование периодического издания по налоговым и финансовым вопросам*

RT, Registertonne *мор.* регистровая тонна

RT, Reichstag *ист.* рейхстаг

RT, Rohrtour *геол., нефт.* колонна обсадных труб

RT, Rückstelltaste кнопка возврата; кнопка установки в исходное состояние; кнопка сброса

R.T., Raumtemperatur комнатная температура

R.-T., Raumteil *ав.* грузовой отсек

Rt, Tägliche Reinigung *ж.-д.* ежесуточная внутренняя уборка пассажирского вагона без использования моющих средств

Rt., RT, Raumteil *тех.* объёмная часть

rt, rot красный *(используется для маркировки проводников в схемах)*

RTA, Reichstagakten *наименование периодического издания, публиковавшего отчёты о деятельности бывшего германского рейхстага*

RTD, Rakeltiefdruck *полигр.* ракельная глубокая печать

RTI, Rundfunktechnisches Institut Радиотехнический институт

Rtlng, Reutlingen г. Рейтлинген

Rtn, Rentner 1. пенсионер 2. рантье

Rtr., Rücktritt 1. отказ *(от договора)*, расторжение *(договора)* 2. уход *(с должности)*; отставка *(правительства, министра и т.п.)*

RTS, Reparatur-Technische Station ремонтно-техническая станция

RTSt, Raketentriebstoff ракетное топливо

Rtt, Rabatt *торг.* скидка
Rttw, Rottweil г. Ротвейль
RTV, Rahmentarifvertrag типовое тарифное соглашение
Rtw, Raketentriebwerk ракетный двигатель
RTZ, Rhein-Transport-Zentrale Центральное управление перевозок по Рейну
RU, Burundi Бурунди *(индекс государственной принадлежности автомобиля)*
RU, Relaisunterbrecher *эл.* пульс-реле
RU, Richtungsumsetzung перемена направления *(в системе высокочастотной связи)*
RU, Rohrübergang *нефт.* трубный переводник
RU, Röntgenuntersuchung *мед.* рентгенологическое исследование
RÜ, Rue, Rufübertragung *тлф.* передача вызова
Ru, Ruthenium *хим.*. рутений
r.u., rechts unten справа внизу
Rückv., Rückversicherung перестрахование, перестраховка
Rückz., Rückzahlung 1. возврат *(денег)* 2. погашение *(напр., облигаций)*; выкуп *(облигаций)*
Rüfa, Rückenfallschirm наспинный парашют
Rufnr, Rufnummer *тлф.* вызываемый номер, номер вызова
Rufz, Rufzeichen *свз.* позывные; позывной сигнал; сигнал вызова; код вызова
RUO, Reisezugwagen-Betriebsuntersuchung *ж.-д.* плановая ревизия пассажирского вагона
Rusgerät, Rettungs- und Sicherheitsgerät спасательные и защитные приборы
russ., russisch русский
russ., russische Sprache русский язык
Rüstg, Rüstung вооружение, оснащение
RÜW, Richtlinien für die Beurteilung der Übersichtlichkeit von unbeschränkten Wegeübergängen *ж.-д.* Инструкция по оценке условий видимости на переездах, не оборудованных шлагбаумами
RV, Projekt «Weiterentwicklung der Resultatsverantwortung bei der DB» *ж.-д.* проект реорганизации системы управления на Государственных железных дорогах ФРГ с повышением ответственности за конечные результаты производственной деятельности
RV, rechter Verteidiger правый защитник *(футбол)*
RV, Regelventil регулировочный клапан; регулировочный вентиль
RV, Reichsverfassung *ист.* Веймарская конституция
RV, Rentenversicherung пенсионное страхование
RV, Rückschlagventil *тех.* возвратный [обратный] клапан
R.V., Reichsverfassung *ист.* Веймарская конституция
R.V., Richtverbindung направленная радиосвязь; радиорелейная связь
RVA, Reichsversicherungsanstalt государственное управление (социального) страхования
RVG, Regionalverkehrsgesellschaft *ж.-д.* региональное транспортное предприятие
RVG, Reichsversorgungsgesetz закон о государственном обеспечении лиц, пострадавших от войны, и сирот военнослужащих
Rvgl., Rechtsvergleichung сравнительное правоведение
Rvj., Rechnungsvierteljahr отчётный квартал
RVM, Röhrenvoltmeter ламповый вольтметр
RVO, Reichsversicherungsordnung *ист.* правила государственного страхования
R.V.O., Reichsvereinigung der Ortskrankenkassen государственное объединение местных больничных *(страховых)* касс
RVP, Rheinische Volkspartei Рейнская народная партия
RVS, Rollfuhrversicherungsschein страховое свидетельство на перевозимый сухопутно груз
Rvsb, Ravensburg г. Равенсбург
RW, Rechenwerk 1. арифметическое устройство, АУ *(ВМ)* 2. счётчик 3. вычислительное устройство; процессор
RW, Reisezugwagen *ж.-д.* пассажирский вагон
RW, Richtungswähler *ж.-д.* переключатель направления

RW, Richtungsweiche *эл.* разделительный фильтр
R/W, Read-write *вчт.* считывание-запись
r.w., rechtweisend *навиг.* правильный, истинный *(курс)*
RWA, Ruanda Руанда *(индекс государственной принадлежности автомобиля)*
R.W.A., Reichsstelle für Wirtschaftsausbau *ист.* имперское управление хозяйственного строительства
R-Wagen, Rungenwagen *ж.-д.* вагон-платформа со стойками
RWB, Raketenwasserbombe ракетная глубинная бомба
RWD, Radialwellendichtringe манжетные уплотнения для вращающихся валов
RWE, Rheinisch-Westfälische Elektrizitätswerke Рейнско-вестфальские электростанции
RWehr, Reichswehr *ист.* рейхсвер *(германские вооружённые силы 1919 - 1935 гг.)*
rw. K., rechtweisender Kurs *мор., ав.* истинный курс
RWTH, Rheinisch-Westfalische technische Hochschule Рейнско-вестфальская высшая техническая школа
RZ, Ratenzahlung уплата в рассрочку
RZ, Rauchzylinder *ав.* цилиндр с дымообразующим веществом
RZ, Rechenzentrum вычислительный центр, ВЦ; компьютерный центр
RZ, Regelgüterzug *ж.-д.* грузовой поезд постоянного [регулярного] обращения
RZ, Rohrzentralisator *нефт.* центратор трубы
RZ, Rückenfallschirm mit Zwangsauslösung спинной парашют автоматического действия
RZ, Rückzahlung возврат *(денег)*; погашение *(напр., облигаций)*
Rz, Reisezug *ж.-д.* пассажирский поезд
Rz, Richtzahl *ж.-д.* код станции в системе кодирования маршрутов пропуска грузовых вагонов
Rz., Rohrzerspringer разрыв снаряда в канале ствола орудия
r.z., rückzahlbar подлежащий уплате *или* возврату
RZA, Reichsbahnzentralamt Управление железных дорог *(бывш. ГДР)*
RZBl, Reichszollblatt *наименование периодического издания по таможенному делу*
RZDR, Rechenzentrum der Deutschen Reichsbahn *ж.-д.* Главный вычислительный центр железных дорог *(бывш. ГДР)*
RZG, Rentenzulagegesetz закон о надбавке к (государственным) пенсиям
RZK, Rhein-Zentral-Kommission Центральная комиссия по судоходству на Рейне
RZS, Rückzahlungsschein расходный ордер с распиской в получении денег по *(сберегательному)* вкладу
Rzs., Rezension рецензия
RZ-System, rekuperatives Zirkulationssystem *тех.* рекуперационная система циркуляции
Rzt., Rezensent рецензент
Rzt., Rezept рецепт
RZÜ, Rechnergestützte Zugüberwachung *ж.-д.* управление движением поездов с помощью ЭВМ
RZV, Reisezugwagenvorschrift *ж.-д.* Инструкция по использованию пассажирских вагонов

S

S, Anhängerkupplung *усл. обозн.* буксирный прибор серийного исполнения
S, Entropie *физ.* энтропия
S, magnetischer Widerstand магнитное сопротивление
S, österreichischer Schilling австрийский шиллинг *(денежная единица)*
S, SAE обозначение международных стандартов
S, Saldo, Saldobetrag *бухг.* сальдо
S, Schalter 1. выключатель; переключатель 2. коммутационный апппарат
S, Schilling шиллинг
S, Schlepper 1. трактор, тягач; 2. буксир
S, Schnellbahn скоростная железная дорога; электрическая железная дорога, электричка
S, Schraube винт
S, Schulflugzeug учебный самолёт
S, Schweden Швеция *(индекс государственной принадлежности автомобиля)*
S, Schwefel *хим.* сера
S, Sechsphasenstrom шестифазный ток
S, Seelenlänge *воен.* длина ствола
S, Selbstkühlung естественное охлаждение
S, Sender передатчик; передающее устройство; радиопередатчик
S, Sendung 1. *радио., тлв.* передача 2. посылка; перевод *(денежный)*
S, Serie серия
S, Sicherung *эл.* предохранитель
S, Sickenleiter полый провод; полый проводник
S, Siemens сименс, *См (единица электропроводимости)*
S, Signal сигнал
S, Sommerfreibord *мор.* летний надводный борт
S, Sonderreinigung *ж.-д.* специальная внутренняя уборка *(пассажирского вагона)*
S, Sortierung сортировка
S, Spiralnebel *астр.* спиралевидная туманность
S, Springer *шахм.* конь

S, Standard стандарт
S, Steig(e)leitung нагнетательный трубопровод
S, Steilheit крутизна
S, stereo стерео, объёмный
S, Steuerwagen прицепной вагон с кабиной управления, вагон управления
S, Stopplicht сигнал торможения, стоп-сигнал *(автомобиля)*
S, Strahlungsdichte *физ.* плотность излучения
S, Stratus *метео* слоистые облака, слоистое облоко
S, Streuinduktivität *физ.* индуктивность рассеяния
S, Stuttgart Штутгарт *(индекс государственной принадлежности автомобиля)*
S, Süd; Süden юг
S, symmetrisch симметричный
S, Synchronisierimpuls *тлв.* синхроимпульс, синхронизирующий импульс
S., Sache вещь, предмет
S., Sachsen Саксония
S., Säure *хим.* кислота
S., Schlacht- *в сложн.* 1. боевой 2. *ав.* штурмовой
S., Schnellboot торпедный катер
S., Seine... Его... *(при титуловании)*
S., Seite 1. страница 2. сторона; бок
S., Serie серия
S., Silber серебро
S., Sohn сын
S., Sommer лето
S., Summe; Summa сумма
s, elektrische Sicherheit электробезопасность
s, Englischer Schilling английский шиллинг *(денежная единица)*
s, sandig песчанистый
s, Schlupf скольжение, проскальзывание; буксование
s, sektorförmiger Leiter провод секторного сечения; секторная жила кабеля
s, Sekunde секунда, *с, сек*

S

s, Selbstkosten себестоимость
s, symmetrisch симметричный
s., sieh(e) смотри(те)
s., Spaltbreite *тех.* величина зазора, зазор
s., symmetrisch симметричный, симметрический
SA, Saarland Саар *(индекс принадлежности автомобиля)*
SA, Sachverständigenausschu:s Комитет экспертов *(Международной электротехнической комиссии)*
SA, Sammelautrag сводный заказ; сводное (платёжное) поручение
SA, Sammler аккумулятор
SA, Samstag *ж.-д.* субботний день в расписании движения поездов
SA, Seekriegsanleitung наставление по ведению морских операций
SA, Selbstanschlu:stechnik автоматическая телефония
SA, Senderantenne передающая антенна
SA, Sonderausgabe специальное издание, специальный выпуск
SA, Sonnenaufgang восход солнца
SA, Sozialistische Aktion Социалистическое действие *(партия)*
SA, Sturmabteilungen (нацистские) штурмовые отряды
S.A., Sanitätsabteilung санитарный отряд; медико-санитарный батальон
S.A., Selbstanlasser автоматический пускатель; автоматический стартёр
S.A., Societe Anonyme *англ.* акционерное общество
S.A., Sonnenaufgang восход солнца
Sa, SA, Reinheitsstufe степень чистоты поверхности
Sa, Samarium *хим.* самарий
Sa, Sa., Sammler аккумулятор
Sa, Sandgehalt содержание песка
Sa, Sarkom *мед.* саркома
Sa., Sachsen Саксония
Sa., Samstag; Sonnabend суббота
Sa., Summa сумма, итог
s.a., siehe auch смотри также
SABA, Schwarzwälder Apparatebauanstalt Шварцвальдские заводы (радио)аппаратуры
s.Abb., siehe Abbildung смотри рисунок, см. рис.

Sach B, Sachb, Sachbearbeiter ответственный исполнитель; делопроизводитель
sachk., sachkundig сведущий, компетентный
Sachv., Sachverhalt обстоятельства дела; положение вещей
Sachv., Sachverständiger эксперт
SAE, Sammlung arbeitsrechtlicher Entscheidungen Собрание правовых решений по трудовым вопросам
SAE, Sonderausfuhrerklärung особая экспортная декларация
SAEG, Statistisches Amt der Europäischen Gemeinschaft Статистическое управление ЕС
SAF, Schweizerische Arbeitsgemeinschaft für Ferien und Freizeit Швейцарское общество по организации коллективного проведения каникул и досугов
SAF, Süddeutsche-Apparate-Fabrik Южно-Германский электроаппаратный завод
Saff., Saffianlederband переплёт из сафьяновой кожи
SAFFA, Schweizerische Ausstellung für Frauenarbeit Швейцарская выставка женских работ по рукоделию
SAG, Schweizer Alpenklub Швейцарский клуб альпинистов
SAG, Staatliche Aktiengesellschaft Государственное акционерное общество *(бывш. ГДР)*
SAH, Hauptschalter главный [силовой] выключатель
SAJ, Sozialistische Arbeiterjugend Социалистическая рабочая молодёжь *(организация в ФРГ)*
SAJV, Schweizerische Arbeitsgemeinschaft der Jugendverbände Координационный комитет швейцарских молодёжных организаций
SAKS, Schweizer Arbeitsgemeinschaft Katholischer Studenten Координационный комитет швейцарских католических студенческих организаций
SALE, simple algebraic language for engineers *англ.* язык программирования СЕЙЛ фирмы ИБМ *(США)*, ориентированный на решение алгебраических задач
SALT, Strategie Arms Limitation Talks, Gespräche über Eindämmung des strategischen Rüstens переговоры об ограни-

чении стратегических вооружений, САЛТ, ОСВ

SAM, Siemens Apparate- und Maschinenwerke приборо- и машиностроительные заводы Сименса

S.A.M., Silizium-Alliminium-Mangan кремний-алюминий-марганец

SA-Mann, штурмовик *(член штурмовых отрядов в фашистской Германии)*

Sammelbez., Sammelbezeichnung собирательное название

S.A.M.V., Schweizerischer Arbeitermusikverband Швейцарский рабочий музыкальный союз

SANAR, (Volkseigene Betriebe für) Sanitäre Einrichtungen und Armaturen Народные предприятия по производству санитарно-технического оборудования *(бывш. ГДР)*

Sanh, Sattelanhänger седельный прицеп

Sanka, Sanitätskraftwagen санитарный автомобиль

San.-R., Sanitätsrat советник санитарной службы

sanskr., sanskritisch санскритский

SAP, Satellitenprogramm 1. вспомогательная программа 2. программа (для) периферийной ВМ

SAP, SHARE assembly program *англ.* компонующая программа САП Объединения программистов **SHARE** *(США)*

SAP, Sozialistische Arbeiterpartei (Hessen) Социалистическая рабочая партия земли Гессен

SAP, Stell- und Anzeigepult *ж.-д.* пульт управления *(на посту КАЦ)*

SAP, Südafrikanisches Pfund южноафриканский фунт *(денежная единица)*

SAPCONS, Self adaptive program control system *англ.* самонастривающаяся адаптивная система программного управления

S.-Arb., Sicherungsarbeit предохранительные работы

S.A.S., Schweizerischer Arbeitgeberverband für das Schneidegewerbe Союз швейцарских владельцев пошивочных предприятий

SASV, Schweizerischer Akademischer Sportverband Швейцарский студенческий спортивный союз

sat., saturiert сатурированный; насыщенный

SATA-Log, акустический каротаж по затуханию

SATIRE, semiautomatic technical information retrieval *англ.* полуавтоматическая система поиска технической информации фирмы «Систем дивелопмент» *(США)*

SATUS, Schweizerischer Arbeiterturn- und Sportverein Швейцарский рабочий спортивно-гимнастический союз

SAU, Südafrikanische Union Южно-Африканский Союз *(индекс государственной принадлежности автомобиля)*

SAV, Satellitenvermittler *свз.* вспомогательный коммутатор; периферийный коммутатор

SAV, Sonderabfallverbrennungsanlage установка для сжигания опасных отходов

S.A.V., Schweizerischer Seidenstoff-Ausrüster-Verband Союз швейцарских поставщиков оборудования для шёлкоткацкой промышленности

SAW, spannungsabhängiger Widerstand *эл.* варистор

S.A.Z., Süddeutsche Apothekerzeitung «Зюддойче апотекерцайтунг» *(газета для фармацевтов — ФРГ)*

SaZgm, Sattelzugmaschine, Sattelschlepper седельный тягач; седельный трактор

SB, Scheibenbefeuchter вращающийся дисковой увлажнитель

SB, Schwarzburgbund Шварцбургская студенческая корпорация

SB, Seidenbaumwolldraht провод с хлопчатобумажной и шёлковой изоляцией

SB, Selbstbedienung самообслуживание

SB, Servicebüro сервисный пункт; бюро обслуживания

SB, Signalbuch *ж.-д.* инструкция по сигнализации

SB, Sonderbereitschaftsgruppe *ж.-д.* парк отстоя и подготовки вагонов *(для включения в поезда особого назначения; элемент пассажирской технической станции)*

SB, Sonderbericht специальный отчёт, специальное сообщение

SB, Staatsbibliothek государственная библиотека

SB, Stahlbeton железобетон
S.B., Sonderbezeichnung особое [специальное] обозначение, специальная маркировка
Sb., Sitzungsbericht отчёт о заседании, протокол заседания
s.B., südlicher Breite *геогр.* *(столько-то градусов)* южной широты
s.B., s.Br., südlicher Breite южной широты, ю.ш.
sb, saisonbereinigt очищенный от сезонных колебаний
sb, Stilb *физ.* стильб, сб *(единица поверхностной яркости)*
SBA, Straßenbauamt управление дорожного строительства
S.B.A., Sitzungsberichte der Berliner Akademie *наименование периодического издания Берлинской академии наук*
S-Bahn, Schnellbahn скоростная железная дорога; электрическая железная дорога, электричка
S-Bahn, Schnellstadtbahn городская железная дорога
S-Bahn, Stadtbahn городская *(внеуличная)* железная дорога
s.b.Art., siehe besonderen Artikel смотри особую [специальную] статью
SBB, Schweizerische Bundesbahn федеральные железные дороги Швейцарии
Sbb., Sitzungsberichte *pl.* отчёты о заседаниях, протоколы заседаний
Sbb Ak Mü, Sitzungsberichte der Bayerischen Akademie der Wissenschaften zu München *наименование периодического издания Мюнхенской академии наук*
Sbd., Sammelband сборник *(книга)*
Sbd., Sonnabend суббота
SBE, Schienenbelade- und Entladegerät *ж.-д.* устройство для погрузки и выгрузки рельсов
SBE, Sonderberichterstatter специальный корреспондент; спецкор
Sbe, Splitterbetonbombe *воен.* осколочно-бетонная бомба, бетонобойно-осколочная бомба
S-Betrieb, Selbststellbetrieb *ж.-д.* работа станции в режиме автоматической установки маршрутов приёма [отправления, проследования] поездов

SBF, Schlagbiegefestigkeit *физ.* сопротивление ударному усилию на изгиб; ударная вязкость *(при испытании на ударный изгиб)*
s.b.f., sauf bonne fin *лат.* при соблюдении обычных условий
SBG, Schwerbeschädigtengesetz закон о помощи лицам, получившим тяжкие телесные повреждения
SB-Gehäuse, Scheibenbefeuchter-Gehäuse кожух вращающегося дискового увлажнителя; корпус вращающегося дискового увлажнителя
SBJ, Schweizerischer Bund für Jugendherbergen Союз швейцарских молодёжных туристских баз
SBK, Schlußbilanzkonto *бухг.* счёт заключительного баланса
SBK, Schweizerisches Beleuchtungs-Komittee Швейцарский комитет по освещению; Швейцарский национальный комитет Международной комиссии по освещению
SBK, Seidenbaumwollkabel für trockene Räume auf Putz кабель с шёлковой и хлопчатобумажной изоляцией для сухих помещений и прокладки поверх штукатурки
SBK, Styrol-Butadien-Kautschuk бутадиенстирольный каучук
SBL, Sonderblatt специальный выпуск; специальный бюллетень
SB-Laden, Selbstbedienungsladen магазин самообслуживания
SBM, Seidenbaumwollkabel mit Bleimantel für trockene Räume auf Putz кабель с шёлковой и хлопчатобумажной изоляцией и свинцовой оболочкой для сухих помещений и прокладки поверх штукатурки
SBN, Schweizerischer Bund für Naturschutz Швейцарское общество охраны природы
S.Bo., schweres Bombenflugzeug *воен.* тяжёлый бомбардировщик
S-Bohrer, бур с долотом в виде буквы «S»
S-Boot, Schnellboot катер
Sbp., Sublimationspunkt *физ.* точка сублимации, температура возгонки
Sbr, Saarbrücken г. Саарбрюккен

s.Br., südlicher Breite *геогр. (столько-то градусов) южной широты*
SBS, seitliche Bohrlochsondierung боковое каротажное зондирование, БКЗ
sbst., selbständig самостоятельный; отдельный
SBV, Säurebindungsvermögen, Alkalität *хим.* алкализация
SBV, Schweizer Bankenvereinigung Швейцарский банковский союз
SBV, Schweizerischer Berufsdirigentenverband Союз швейцарских профессиональных дирижёров и хормейстеров
SbV, Spannbackenvorrichtung *тех.* приспособление для зажимного кулачка патрона
SBZ, Sowjetische Besatzungszone *ист.* советская зона оккупации, советская оккупационная зона *(до образования бывш. ГДР)*
SBZ, Sozialistische Bildungszentrale Социалистический дом культуры *(в Австрии)*
Sbz, Selbstbedienungszapfsäule *ж.-д.* топливораздаточная колонка с самообслуживанием *(пункта экипировки тепловозов)*
Sbz., Substanz *хим.* вещество, субстанция; *биол.* вещество, ткань
SC, Schlittschuhklub клуб конькобежного спорта
SC, Seniorenkonvent сеньорен-конвент; совет старейшин *(в парламенте)*
SC, Sportklub спортивный клуб
SC, Sprengzylinder взрывной баллон, цилиндр с взрывчатым веществом
SC., Security Council, Sicherheitsrat der Vereinten Nationen Совет Безопасности, СБ *(ООН)*
Sc, Skandium *хим.* скандий
SCAS, Syndikat der Chemigraphischen- und Galvanoplastischen Anstalten der Schweiz синдикат швейцарских предприятий по производству фотогравюрных и гальванопластических работ
SCAT, SHARE compiler, assembler and translator *англ.* система автоматического программирования СКАТ Объединения программистов SHARE *(США)*
Sch, Schachtel 1. коробка 2. эл. коробка *(распределительная, монтажная)*

Sch, Schalter выключатель; переключатель; коммутатор
Sch, Scheck чек
Sch, Schicht 1. слой, пласт; 2. *(рабочая)* смена
Sch, Schornstein дымовая труба; дымоход
Sch., Scheck чек
Sch., Scheck- *в сложн.* чековый
Sch., Scheinergrad градус Шейнера *(единица фотографической чувствительности)*
Schado, Schaltdose эл. контактная коробка
SchbhG, Schwerbehindertengesetz закон о лицах, страдающих тяжким физическим *или* психическим недугом
Schbw., Schießbaumwolle пироксилин
Sch.D., Schulterdecker самолёт со свободнонесущим крылом
SchDr, Schnelldrucker скоростной принтер; скоростное [быстродействующее] печатающее устройство
Sch E, Schweißeisen сварочное железо, сварочная сталь
ScheckG, Scheckgesetz закон о чековом обороте
SchFG, Schulfinanzierungsgesetz закон о школьном финансировании
SchG, Schiedsgericht третейский суд; арбитраж
SchG, Schöffengericht *ист.* суд шеффенов
Sch/h, Schaltungen pro Stunde эл. число включений в час, частота включений
SchiffsReg, Schiffsregister судовой регистр
Sch K., Schaltkasten 1. *авто, маш.* коробка скоростей; 2. эл. распределительная коробка
Sch K., Schiedskommission арбитражная комиссия
SchKO, Schiedskommissionsordnung положение об арбитражных комиссиях
Sch L, Schaumburg-Lippe Шаумбург-Липпе
Schl., Schleswig Шлезвиг
Schl., Schleuse шлюз
Schl., Schleusen- *в сложн.* шлюзовой, шлюзованный
Schlavo, Schlangenvorwärmer змеевиковый экономайзер; петлевой [змеевиковый] подогреватель
Schl H, Schleswig-Holstein Шлезвиг-Гольштейн *(земля в ФРГ)*

Schm., Schiedsmann 1. *юр.* мировой посредник 2. *спорт.* судья
Schm., Schmied кузнец
Schm., Schmiede кузница; кузнечный цех
Schm., Schmierung *тех.* смазка
Schm., Schmuggel контрабанда
Schm., Schmuggler контрабандист
SchmG, Schiedsmannsgesetz закон о мировых посредниках
Schmp, Schmelzpunkt точка плавления
Sch OG, Schulorganisationsgesetz закон о школьных организациях
Schp., Schwerpunkt центр тяжести
Sch.Pl., Schallplatte грампластинка, пластинка
Sch.Pl., Schießplatz стрельбище; полигон
SchR, Schaufelradbagger роторный экскаватор
Schr, Schraube винт
Schr., Schreiben письмо; *(официальное)* отношение
schr., schräg косой; наклонный
schr., schriftlich письменный; письменно
Schrb., Schreib- *в сложн.* 1. письменный 2. пишущий, самопишущий
Sch RG, Schuldenregelungsgesetz закон о порядке урегулирования долговых обязательств
Sch Rs, Schaufelrad-Raupen-Schwenkbagger роторный поворотный экскаватор на гусеничном ходу
Schr.V., Schriftverkehr *канц.* переписка
SchT, Schutztransformator регулировочный трансформатор с передвижным сердечником
Sch.Tf., Schußtafel таблица стрельбы
SCHUFA, Schutzgemeinschaft für Allgemeine Kreditsicherung Гарантийное общество страхования кредитов
Schuko, Schutzkontakt защитный [заземляющий] контакт
Schupo, Schutzpolizei 1. общеполицейские части 2. служба охраны порядка 3. *ист.* полиция *(в Германии до 1945 г.)*
Schupo, Schutzpolizist (постовой) полицейский
Sch W, Scheinwerfer прожектор
Schw., Schweden Швеция
Schw., Schwefel *хим.* сера
Schw., Schweiz Швейцария
Schw., Schwerin *(in Mecklenburg)* г. Шверин *(в Мекленбурге)*
Schw., Schwester сестра
Schw., Schwimmen плавание
Schw., Schwimmer пловец
Schw., Schwingung колебание; вибрация
schw., schwach слабый *(напр., раствор)*
schw., schwarz чёрный
schw., schwedisch шведский
schw., schwedische Sprache шведский язык
schw., schweißen *тех.* сваривать, производить сварку
schw., schweizerisch швейцарский
schw., schweizerische Sprache швейцарский (немецкий) язык
schw., schwer тяжёлый, трудный
schw., schwingend колеблющийся; вибрирующий
schw., schwül душный; знойный
Schw.Arch., Schweizerisches Archiv für Volkskunde наименование швейцарского периодического издания по этнографии
schwb, schwäbisch швабский
Schw. Dock, Schwimmdock плавучий док
SchwG, Schwurgericht суд присяжных
Schwg, Schwingung колебание; вибрация
Schwp., Schwerpunkt *физ.* центр тяжести
Schw. Vkde, Schweizer Volkskunde наименование швейцарского периодического издания по этнографии
Sch.-Z., Schutzzoll протекционистская [оградительная] пошлина
SCOPT, Subcommittee on programming terminology *англ.* Подкомитет по терминологии в области программирования СКОПТ Ассоциации по вычислительной технике *(США)*
SCS, Stop-Control-System противоблокировочное устройство тормозной системы
SCSV, Schweizerische Christliche Studentenvereinigung Федерация швейцарских студентов-христиан
S-Cu, Stratokumulus *лат., метео* слоисто-кучевые облака
SD, Schiebedach раздвижная крыша *(напр., вагона, автомобиля)*
SD, Schnelldrucker быстродействующее печатающее устройство; скоростной принтер

SD, Schulterdecker самолёт со свободнонесущим крылом
SD, Sicherheitsdienst *ист.* служба безопасности, СД *(в фашисткой Германии)*
SD, Sicherheitsdienst der SS *ист.* эсэсовская служба безопасности *(в фашисткой Германии)*
SD, Sonderdienst особая служба, служба специального назначения; спецслужба
SD, Sprengdickewand взрывоустойчивая [бомбостойкая] стена
SD, Swasiland Свазиленд *(индекс государственной принадлежности автомобиля)*
S.D., Sight Draft *англ., банк.* тратта по предъявлению
Sd., Sonder- *в сложн.* особый, специальный
sd., seitdem с тех пор
s.d., siehe dies! смотри это!
s.d., siehe dort! смотри там!
SDA, Schweizerische Depeschenagentur *(Bern)* Швейцарское телеграфное агентство *(в Берне)*
SDAJ, Sozialistische Deutsche Arbeiterjugend Социалистическая немецкая рабочая молодёжь
Sd.-Ausf., Sonderausführung специальное исполнение, специальная конструкция; специальное изготовление
Sd.-Ausg., Sonderausgabe специальное издание, отдельный выпуск
Sd.-Ausst., Sonderausstattung специальное оборудование; специальная оснастка
SdB, Sonderbericht сообщение от специального корреспондента
SdB, Sonderbezeichnung особое [специальное] обозначение, специальная маркировка
Sdbd, Sonderband специальный том
S.D.B.L., sight draft, bill of lading attached *англ., банк.* тратта по предъявлению с приложенным коносаментом
SDev Erkl, Sammel-Devisenerklärung сводная валютная декларация
Sdg, Sendung 1. *радио., тлв.* передача 2. посылка; перевод *(денежный)*
sdl, südlich южнее
SDM, Schnelldruckermeldung 1. выдача сообщений на быстродействующее печатающее устройство 2. сообщение на печати; печатное сообщение

Sdp., Siedepunkt точка [температура] кипения
SDR, Süddeutscher Rundfunk Южно-германское радио
Sdr, Sonder- *в сложн.* специальный, особый
SDS, Sozialistischer Deutscher Studentenbund Немецкий социалистический студенческий союз
SDW, Sonderdrahtwiderstand *эл.* резистор из специального провода
s.d.W., siehe dieses Wort смотри это слово
SE, elektrische Schweißung электросварка
SE, Schaltelement элемент схемы
SE, Schweißeisen сварочное железо
SE, Schweißeisen сварочное железо, сварочная сталь
SE, Sekundärelektron вторичный электрон
SE, Sekundäremission вторичная эмиссия
SE, Selbsterregung *эл.* самовозбуждение
SE, Semiconductor-Technik отделение полупроводниковой техники *(в составе фирмы «Сименс»)*
SE, Sender-Empfänger приёмопередатчик, приёмо-передающее устройство
SE, Siemens-Einheit единица Сименса, См *(единица электропроводимости)*
SE, Spannungseinheit единица напряжения
SE, Superelite *с.-х.* суперэлита *(качество посевного зерна)*
SE, Symmetrie-Ebene диаметральная плоскость *(судна)*
S/E, Sender-Empfänger приёмо-передатчик; приёмо-передающее устройство
S/E, stock exchange *англ.* фондовая биржа
Se, Selen *хим.* селен
Se, Sender передатчик, передающее устройство; радиопередатчик
Se., Seine... Его... *(при титуловании)*
SEA, Gemeinschaftsausschu:s Sichere Elektrizitätsanwendung Комиссия по безопасному применению электроэнергии
SEAC, National Bureau of Standards' eastern automatik computer *англ.* вычислительная машина [ВМ] СЕАК Национального бюро стандартов США
SEATO, Südostasienpaktorganisation Организация договора стран Юго-Восточной Азии, СЕАТО
sec, Sekunde секунда, *сек., с.*

sec., Sekante *мат.* секанс
Sec leg, secundum legem *(lat.)*; dem Gesetz gemäß согласно закону, по закону, в соответствии с законом
SED, Sender-Empfänger-Umformer передатчик-приёмник-декодер, преобразователь для приёмопередатчика
SED, Sozialistische Einheitspartei Deutschlands Социалистическая единая партия Германии, СЕПГ *(в бывш. ГДР)*
SEE, Sende-Empfang-Einrichtung приёмопередающее устройство
SeeAufgG, Seeaufgabengesetz n закон о задачах на море
Seeh., Seehafen морской порт
S.E.E.O., salvo errore et omissione; Irrtum und Auslassung vorbehalten отсутствие ошибок и пропусков не гарантируется
SEF, Sekundäremissionsfaktor вторичная эмиссия
SEG, Saatgut-Erzeuger-Gemeinschaft Общество семеноводов *(Шлезвиг Гольштейна)*
SEG, Scheinwerfereinstellgerät *авто* реглоскоп *(прибор для проверки установки фар)*
SEG, Süddeutsche Eisenbahngesellschaft Южно-германское общество железных дорог
SEGWA, System der elektronisch gesteuerten und geregelten Warenbewegung электронная система управления и распределения товаров
SEK, Schwedische Krone шведская крона
sek, Sek., Sekunde секунда, *сек*
sek., sekd., sekund., sekundär вторичный
Sekmkg, Sekunden-Meter-Kilogramm-System метр-килограмм-секунда *(система единиц),* м-кг-сек
Sekr., Sekretär секретарь
SEL, Standart Elektrik Lorenz фирма «Стандарт электрик Лоренц»
SEL, Summeneinflußlinie *физ.* суммарная линия влияний
sel., selig покойный *(об умершем)*
selbstv., selbstverständlich само собой разумеющийся, естественный; само собой разумеется
SELMIS, Sicheres 2v3-Microrechnersystem mit Software-Vergleicher защищённая система из двух или трёх микро-ЭВМ схемы 2v3 с программным компаратором
SEM, Schweizerischer Engrosmöbelfabrikantenverband Союз швейцарских предприятий массового производства мебели
Se.M., Seine Majestät Его Величество
Sem., Semester семестр
Sem., Seminar семинар
Sen., Senat сенат
Sen., Senator сенатор
sen., senior старший
Send., Sender передатчик, передающее устройство; радиопередатчик
senkr, senkrecht вертикальный; вертикально
Sen Präs, Senatpräsident 1. председатель судебной палаты 2. президент сената, председатель сената
SENS, Sensor датчик *(обозначение клавиши бортового компьютера)*
sens., sensationell сенсационный
sens., sensibel чувствительный
S-Entsicherung, Sondersicherung-Entsicherung система рассекречивания кодового замка
sep., separat отдельный, сепаратный; особый; специальный
Sept., September сентябрь
SER, Schweizer Eisenbahn-Revue *ж.-д.* Швейцарское железнодорожное обозрение
Ser.-Nr., Seriennummer серийный номер
Serv., Service обслуживание; услуги; сервис
Serv., Serviette салфетка
SES, Standardliste für Eisen und Stahl перечень стандартов на железо и сталь
SEU, Sende-Empfangs-Umschalter переключатель «передача-приём»
SEV, Schweizerischer Eisenbahnerverband Швейцарский (профессиональный) союз железнодорожников
SEV, Schweizerischer Elektrotechnischer Verein Союз швейцарских электротехников
SEV, Sekundärelektronenvervielfacher фотоэлектронный умножитель, ФЭУ
SEW, Sozialistische Einheitspartei West Berlin Социалистическая Единая партия Западного Берлина

SEW, Süddeutsche Elektromotorenwerke фирма «Зюйддойче электромоторверке» *(ФРГ)*
Sex, Sextant *астр.* секстан(т), угломер
SF, Eisenbahn-Sicherungs- und Fernmeldewesen *ж.-д.* автоматика, телемеханика и связь *(на железнодорожном транспорте, как отрасль хозяйства)*
SF, Finnland Финляндия *(индекс государственной принадлежности автомобиля)*
SF, Saugfähigkeit 1. поглощающая [впитывающая] способность; всасываемость
SF, Schließfach абонементный сейф для ценных бумаг
SF, Seitenflosse *ав.* вертикальное оперение, киль
SF, Seitenleitwerkflosse *тех.* стабилизатор горизонтального направления
SF, Selbstfinanzierung самофинансирование
SF, Signalfrequenz *эл., радио* частота сигнала
SF, Sportfischer рыболов-спортсмен
SF, Startfeld стартовая площадка; ракетодром; космодром
SF, Stoßfrequenz частота импульсов
S.F., Sicherheitsfaktor 1. коэффициент надёжности; коэффициент безопасности 2. запас прочности
SFB, Senderfernbesprechung переговоры средствами дальней радиосвязи
SFB, Sender «Freies Berlin» западноберлинская радиостанция «Свободный Берлин»
SFB, Sozialer Frauenbund Социальный женский союз
S.F.K., schweres Feldkabel тяжёлый полевой кабель
Sfl., Schwimmerflugzeug гидросамолёт; самолёт-амфибия
Sfl., Segelflieger лётчик-планерист
Sfl., Selbstfahrlafette самоходный лафет
S.fl., Surinam-Florin суринамский флорин *(денежная единица)*
Sflg, Segelflug планирующий полёт, полёт планёра
Sflg., Seeflieger морской лётчик, лётчик морской авиации
Sfl S, Segelflugschule школа планеризма

S.F.M., Schweizerischer Facharbeitsnachweis für Musik Швейцарский диплом музыканта-профессионала
SFMGV, Schweizerischer Fahrrad- und Motorradgewerbeverband Швейцарский (профессиональный) союз работников предприятий по ремонту велосипедов и мотоциклов
SFO, Seefrachtordnuung правила морской перевозки грузов
SFP, Soziale Freiheitspartei Социальная партия свободы
sfr, Schweizer Franc швейцарский франк *(денежная единица)*
SFS, Schnellfahrstrecke *(z.B. Kassel-Wilhelmshöhe-Fulda)* скоростной участок трассы *(напр., Кассель-Вильгельмсхёе-Фульда)*
SFV, Sammlung fahrplantechnischen Verfügungen *ж.-д.* сборник указаний о разработке графика движения поездов
Sfz, Sonderfahrzeug *ж.-д.* единица специального подвижного состава
SG, Segelflug планирующий полёт; полёт планера
SG, Sichtgerät устройство визуального отображения; индикатор; дисплей
SG, Sportgemeinschaft спортивное общество
SG, Startgeschwindigkeit стартовая скорость
S.G., Sichtgeräte оптические приборы, визирные устройства
S.G., spezifisches Gewicht удельный вес, удельная масса
Sg, Schnellgüterzug скорый товарный поезд
Sg., Sachgebiet отрасль, область, сфера
Sg., Singular *грам.* единственное число
Sg., Spannung *эл.* напряжение
S.g., Sehr geherte(r) Уважаемая(ый) ... *(обращение при письме)*
sg, Sg, Schirmgitter экранирующая сетка *(электронной лампы)*
s.g., sogenannt так называемый, т.н.
SGA, Schweizerische Gesellschaft für Automatik Швейцарское общество автоматики
SGB, Sozialgesetzbuch Кодекс социальных законов

SGE, Sammelgesprächseinrichtung устройство для двусторонней групповой телефонной связи
S-Gerät, Sonargerät *мор.* сонар, ультразвуковой гидролокатор
SGG, Sozialgerichtsgesetz закон о социальных судах
SGJ, Schweizer Gutteimplerjungmannschaft Швейцарский молодёжный союз тамплиеров
SGJ, Schweizerische Gewerkschaftsjugend Швейцарская профсоюзная молодёжь *(организация)*
Sgk, Schnellgüterzug-KLV *ж.-д.* скорый грузовой контейнерный *или* контрейлерный поезд
SGKV, Studiengesellschaft für den kombinierten Verkehr *ж.-д.* Общество по исследованиям в области комбинированных перевозок *(ФРГ)*
SGM, Schweizer Graphische Mitteilungen *наименование швейцарского периодического издания по вопросам полиграфии*
SGP, Singapur Сингапур *(индекс государственной принадлежности автомобиля)*
SG-Schweißen, Schutzgasschweißen сварка в среде защитного газа, газоэлектрическая сварка
SGT, Schwarzgußtemper ковкий неотбелённый чугун
Sgt., Sergeant сержант, с-т
SGV, Sauerländischer Gebirgsverein Зауэрландский союз горного туризма
S.G.V., Schweizer Golflehrerverband Союз швейцарских инструкторов по игре в гольф
SGW, Schnellamtsgruppenwähler групповой искатель пригородной телефонной станции
SgZ, Schnellgüterzug скорый товарный поезд
SH, Schleswig-Holstein Шлезвиг-Гольштейн *(земля в ФРГ)*
SH, Starthilfe 1. пусковая установка, ПУ 2. стартовый ракетный ускоритель
SH, Superheterodyne *радио* супергетеродин
S.H., Starthilfe *ав.* взлётное вспомогательное устройство

Sh., Schilling шиллинг *(денежная единица Австрии)*
sh, Englischer Schilling английский шиллинг *(денежная единица)*
s.h., siehe hinten! смотри сзади
SHA, Sieb-Hydrozyklon-Anlage *нефт.* ситогидроциклонная установка, СГУ
SHA, Soforthilfeabgabe пожертвование на оказание срочной помощи
SHARE, Society to Help Avoid Redundant Effort *англ.* Координационное объединение программистов, работающих с оборудованием фирмы ИБМ *(США)*
SHD, Seehydrographischer Dienst морская гидрографическая служба
SHG, Soforthilfegesetz закон об оказании срочной помощи
SHS, Schweizerischer Heimatschutz швейцарская милиция
SHS, Soforthitfe-Sonderabgabe особое пожертвование на оказание срочной помощи
SHSG, Seehandelsschiffahrtsgesetz закон о морском торговом судоходстве
SHSK, Schweizerische Hautschädenkommission Швейцарская комиссия по борьбе с накожными заболеваниями у рогатого скота
SHV, Schweizer Hotelier(e)verein Союз швейцарских владельцев гостиниц
SHV, Selbsthilfeverband общество взаимопомощи
SHVP, Schleswig-Holsteinische Volkspartei Народная партия земли Шлезвиг-Гольштейн
SHW, Schleswig-Holsteinische Wählervereinigung Объединение избирателей земли Шлезвиг-Гольштейн
SHW, Sommerhochwasser летний паводок
SHZ, Sulfathüttenzement сульфатно-шлаковый цемент
SI, Selbstinduktivität *эл.* самоиндукция
SI, Sozialistische Internationale *ист.* Социалистический Интернационал
SI, Standard International международный стандарт, СИ
SI, Standisolator *эл.* изолятор для установки на земле
Si, Sicherung *эл.* предохранитель
Si, Silizium *хим.* кремний
Si., Siedlung *топ.* посёлок

si, in Stahlrohren *элт., усл. обозн. (проводка)* в стальных трубках

SIA, Schweizerischer Ingenieur- und Architektenverein Союз швейцарских инженеров и архитекторов

SIA, Service-Intervallanzeige система слежения за периодичностью технического обслуживания

SIAM, Society for Industrial and Applied Mathematics *англ.* Общество по использованию прикладной математики в промышленности

SIB, Sowjetisches Informationsbüro Советское информационное бюро, Совинформбюро

Sib., Sibirien Сибирь

sich., sicherlich наверно; определённо

sich., sichern 1. обеспечивать, гарантировать 2. предохранять, защищать

Sichromal, Sicromal, Legierung aus Silizium, Chrom und Aluminium сихромаль *(сплав кремния, хрома и алюминия)*

Sichtv., Sichtvermerk виза

Sichtw., Sichtwechsel *ком.* вексель на предъявителя

Sichtw., Sichtweite кругозор; дальность видимости

Sichtw., Sichtwerbung визуальная реклама *(напр., афиши, плакаты, световая реклама)*

sid, SID, Sport(presse)informationsdienst Агентство спортивной печати и информации

SIDOK, Sicherheitstechnische Dokumentation документация по технике безопасности

Siebb., Siebenbürgen Трансильвания

SIELOMAT, Siemens-Lastverteilungs-Optimierungsautomat *эл.* автомат фирмы «Сименс» для оптимального распределения нагрузок

SIF, Standard-Interface *вчт.* стандартный интерфейс

Sifa, Sicherheitsfahrschaltung *ж.-д.* автостоп; прибор *или* устройство безопасности

SIFdaro, Standard-Interface Datenerfassung, Datenaufbereitung, Rationalisierung, Organisation *вчт.* стандартный интерфейс системы сбора и предварительной обработки

SIF ESER, Standard Interface Einheitssystem elektronischer Rechner стандартный интерфейс ЕС ЭВМ

SIG, Schweizerische Industrie-Gesellschaft *ж.-д.* Швейцарское промышленное общество *(фирма-поставщик путевых машин)*

Sign., Signal сигнал

Sign., Signatur 1. *мед.* сигнатура; ярлык 2. библиотечный шифр; номер по библиотечному каталогу 3. топографический символ

sign., signatum *лат.* подписано

sign., signiert 1. подписано 2. парафировано

SIGPLAN, Special Interest Group on Programming Language *англ.* Специальная группа по языкам программирования Ассоциации по вычислительной технике *(США)*

Sig VB, Vorschrift für die Bedienung von Signalanlagen *ж.-д.* Инструкция по обслуживанию сигнальных устройств и устройств централизации

Sig VU, Vorschriften für die Unterhaltung der Signalanlagen *ж.-д.* Инструкции по содержанию и ремонту сигнальных устройств

SIK, Selbstinduktionskoeffizient *эл.* коэффициент самоиндукции

Silumin, siliziumhaltige Aluminiumgußlegierung силумин *(сплав алюминия с кремнием)*

SIMA, Schweizerische Immobilienanlagefonds Швейцарский инвестиционный фонд недвижимого имущества

Sima, Silizium + Magnesium кремний + магний *(нижний слой земной коры)*

SIMG, Sammelbände der Internationalen Musikgesellschaft сборники Международного музыкального общества

SIMKK, Simulationsmodell «Kleiner Knoten» *ж.-д.* имитационная модель «Малый узел» *(бывш. ГДР)*

SIMULA, simulation language *англ.* язык программирования СИМУЛА вычислительного центра в Осло, ориентированный на решение задач моделирования

S.-In., Schwefelinhalt *хим.* содержание серы

sin., Sinus *мат.* синус.

sinf., sinfonisch симфонический
Sing., Singular *грам.* единственное число, ед.ч.
Sipo, Sicherheitspolizei полиция общественной безопасности
Sipo, Sicherheitspolizist полицейский общественной безопасности
SIPROS, simultaneous processing operation system *англ., вчт.* операционная система СИПРОС фирмы «Контрол дейта» *(США)*
Sir., Sirene сирена; гудок
Sir., Sirup сироп
SIS, Schengener Informationssystem Шенгенская информационная система
SISIC, silicium-infiltriertes Siliziumcarbid инфильтрованный карбид кремния с кремниевой пропиткой
SITC, Standard International Trade Classification *англ.* Международная стандартная торговая классификация, МСТК
Sitz.-Pr., Sitzungsprotokoll протокол заседания
SiW, Sickenwalze *маш.* роликовая листогибочная машина; зиг-машина
SJCC, Spring Joint Computer Conference *англ.* ежегодная Весенняя *(бывшая Восточная)* объединённая конференция по вычислительной технике *(США)*
SJH, Schweizerischer Bund für Jugendherbergen Швейцарская федерация молодёжных туристских баз
SJ-Perforator, Swing-Jet-Perforator перфоратор с шарнирно-подвешенным стволом
SJW, Soziales Jugendwerk Общественный труд молодёжи *(организация в ФРГ)*
SJZ, Süddeutsche Juristenzeitung «Зюддойче юристенцайтунг» *(газета для юристов — ФРГ)*
SK, Sachkommission экспертная комиссия
SK, Sammelkontakt *тлф.* контакт коммутаторный линий; эл. сборный контакт
SK, Schaltkasten 1. коробка скоростей 2. эл. распределительная коробка; распределительный шкаф, распределительная стойка
SK, Schaltkontakt эл. коммутационный контакт
SK, Scheibenkondensator дисковый конденсатор
SK, Schnellkampfflugzeug скоростной бомбардировщик
SK, Sechskant шестигранник
SK, Segerkegel зегеркегель *(единица измерения высоких температур в печах)*
SK, Segerkegel конус Зегера, пироскоп
SK, Sekundärgruppen - Koder устройство кодирования вторичных групп
SK, Selbstkosten себестоимость
SK, Sender kurz передатчик работает на короткой волне
SK, Sicherheitskoeffizient коэффициент надёжности; коэффициент безопасности
SK, Sportklub спортивный клуб, спортклуб
SK, Startkomplex стартовый комплекс *(космодрома)*
SK, Streckenklasse *ж.-д.* класс участка по допускаемым нагрузкам
SK, synthetischer Kautschuk синтетический каучук
Sk, Schaltkontakt эл. коммутационный контакт
Sk, Skale шкала
Sk., Skizze эскиз, набросок; схема
Sk., Skonto *ком.* сконто, скидка *(напр., при уплате наличными)*
sk., sachkundig сведущий, компетентный
SKA, Sorptionskälteanlage сорбционная холодильная установка
SKAL, Schweizerische Katholische Abstinentenliga Швейцарская католическая лига трезвости
skand., scandinawisch скандинавский, относящийся к Скандинавии
SKAO, Verband Schweizerischer Konzessionierter Automobilgesellschaften und Unternehmer Союз швейцарских автомобильных фирм и предпринимателей, осуществляющих почтово-пассажирские перевозки
SKB, Steinkohlenbergwerk каменноугольная шахта
SKB-Brücke, S - G. Schaper, K - Krupp, B - Deutsche Bundesbahn *ж.-д.* сборно-разборное металлическое пролётное строение *(конструкция проф. Г. Шапера, производство фирмы Крупп, пользователь — Государственные железные дороги ФРГ)*

SKE, Steinkohleneinheit единица условного топлива, условная единица потребления каменного угля на единицу мощности

SKE, Steinkohleneinheit условное топливо

SKF, Schwedische Kugellager-Fabrik Шведский завод шарикоподшипников, СКФ

Skfz, Sattelkraftfahrzeug седельный автомобиль; седельный тягач

SKG, Schweizerische Kriminalistische Gesellschaft Швейцарское общество криминалистики

SKGV, Schweizerischer Katholischer Gesellenverein Швейцарский католический союз подмастерьев

S.K.H., Seine Königliche Hoheit Его Королевское Высочество

S.K.I.V., Schweizerischer Kulturingenieureverein Союз швейцарских инженеров-мелиораторов

SKJV, Schweizerischer Katholischer Jungmannschaftsverband Швейцарский католический союз молодёжи

SKK(D), Sowjetische Kontrollkommission *(in Deutschland) ист.* Советская контрольная комиссия в Германии

SKL, Schlusskontrollampe контрольная лампа отбоя *(связи)*

SKL, Seekriegsleitung главное командование морскими военными операциями *(в бывшем германском флоте)*

Skl, Schwerkleinwagen *ж.-д.* тяжёлая дрезина *или* путевая машина

SKr, Schwedische Krone шведская крона *(денежная единица)*

Skt, Skalenteil, Skalenteilung деление шкалы *(напр., измерительного прибора)*

SKTSV, Schweizerischer Katholischer Turn- und Sportverband Швейцарский католический спортивно-гимнастический союз

SKV, Schweizerischer Kaninchenzuchtverband Союз швейцарских кролиководов

SKV, Schweizerischer Kaufmännischer Verein Союз швейцарских коммерсантов

SKV, Studentische Krankenversorgung Студенческая медицинская помощь *(организация в ФРГ)*

S.K.V., Schweizer Keglervereinigung Швейцарский союз игры в кегли

SKW, Schwerlastkraftwagen грузовой автомобиль большой грузоподъёмности, большегрузный автомобиль

SKW, Steuern keine Wirkung индикаторный режим работы системы управления

SKW, Süddeutsche Kalkstickstoffwerke Южногерманские цианатид-кальциевые заводы

S.K.W., Schwere Kohlenwasserstoffe *хим.* тяжёлые углеводороды

Skw, Skalenwert цена деления шкалы *(напр., измерительного прибора)*

SKWS, Schraubenkaltwassersatz винтовой водоохладительный агрегат, винтовой водоохладитель

SKZ, Satzkennzeichen код индентификации записи, идентификатор записи

SL, Schiebelokomotive *ж.-д.* локомотив-толкач

SL, Schleifringläufer *эл.* ротор с контактными кольцами

SL, Schnellverkehrsleitung цепь [линия] срочной связи

SL, Schriftleiter редактор

SL, Schutzleitung защитный провод; защитное соединение

SL, Seitenleitwerk *ав.* вертикальное хвостовое оперение

SL, Sender lang передатчик работает на длинной волне

SL, Sudetendeutsche Landmannschaft Землячество судетских немцев

S.L., Seitenlafette бортовой лафет

S.L., Sockellafette лафет-тумба

SLA, Schweizerische Landwirtschaftsausstellung Швейцарская сельскохозяйственная выставка

SLANG, systems language *англ.* язык программирования СЛЭНГ фирмы ИБМ *(США)*

SLB, Start-und Landebahn *ав.* взлётно-посадочная полоса

SLFV, Schweizerischer Landfrauenverband Швейцарский союз сельских женщин

Slg, Sammlung собрание, коллекция

Slgen, Sammlungen собрания, коллекции

SLIP, symetric list processor *англ.* язык программирования СЛИП, ориентированный на обработку списков *(США)*

SLK, Standluftkühler напольный воздухоохладитель

SLL, Schweizerischer Landesverband für Leibesübungen Швейцарский национальный союз физической культуры
sll., sehr leicht löslich *хим.* очень легко растворимый
Slng, Solingen г. Золинген
SLRG, Schweizerische Lebensrettungsgesellschaft Швейцарское спасательное общество
SLT, solid logic technology *англ.* технология изготовления логических схем на твёрдом теле СЛТ фирмы ИБМ *(США)*
SLV, Schweizerischer Landwirtschaftlicher Verein Швейцарский сельскохозяйственный союз
Slv., Selektivität селективность, избирательность
SLW, Sammelleitungswähler *тлф.* линейный искатель для абонента, имеющего несколько линий; искатель линий коммутаторных установок
SM, Sammelmagazin склад разного имущества
SM, Satzmarke *вчт.* метка записи; маркер записи
SM, Schiebemuffe скользящая муфта
SM, Schreibmaschine пишущая машин(к)а
SM, Servomotor серводвигатель
SM, Startmasse стартовый вес, стартовая масса *(ракеты)*
SM, Supermodulation перемодуляция
SM-, Siemens-Martin- *мет.* мартеновский
S.M., Seine Majestät Его Величество
Sm, Samarium *хим..* самарий
Sm, Saum кайма, кромка *(ткани); тех.* кромка, кант, край
sm, Seemeile морская миля *(1852,3 м)*
SMA(D), Sowjetische Militäradministration (in Deutschland) *ист.* Советская военная администрация в Германии, СВАГ
SMALGOL, small-computer algorithmic language *англ.* язык программирования для миникомпьютеров СМАЛГОл *(США)*
SMC, Styrol-Methylstyrol-Copolymer *хим.* сополимеры стирола и метилстирола
SMD, Schiffsmeldedienst *(портовая)* служба извещения о приходе судов
SMD, standart-module-design *англ.* блочно-модульная конструкция

SMD, surface mounted device *англ.* схема поверхностной сборки
SME, shape-memory-effect *англ.* эффект самовоспроизведения структуры сплава *(структурная память сплава)*
SMES, superleitender magnetischer Energiespeicher *эл.* сверхпроводящий индуктивный накопитель энергии
s.M.G., schweres Maschinengewehr тяжёлый *(станковый)* пулемёт
Sm/h, Seemeilen je Stunde *(столько-то)* морских миль в час
SMI, Schiffsmaschineninspektion судовая механическая инспекция
SML, Schiebermittellinie *маш.* средняя линия золотника
Smmg, Sammlung собрание, коллекция
SM-O, **SM-Ofen**, Siemens-Martin-Ofen мартеновская печь
SM-P, Siemens-Martin-Prozeß мартеновский процесс
Smp., Schmelzpunkt точка плавления
SMPV, Schweizerischer Musikpädagogischer Verband Швейцарский музыкально-педагогический союз
SMR, Schweizerischer Motorradrennsportklub Швейцарский мотоциклетно-гоночный клуб
S.M.S., Seines Majestäts Schiff германский военный корабль *(в кайзеровском флоте)*
sm/st, Seemeilen je Stunde *(столько-то)* морских миль в час
SM-Stahl, Siemens-Martin-Stahl мартеновская сталь
SMV, Sowjetische Militärverwaltung in Deutschland *ист.* Советская военная администрация в Германии, СВАГ
S.M.W., Sommermittelwasserstand *гидр.* средний летний уровень воды
SN, Synchronisierzeichen синхронизирующий знак, синхронизирующий символ *(при передаче данных)*
SNB, Sowjetisches Nachrichtenbüro *ист.* Советское информационное бюро, Совинформбюро
S.N.D., Seenotdienst, Seenotrettungsdienst морская аварийно-спасательная служба
Sn-FAZ, Sammel-Fernanrufzeichen междугородный вызов коммутатора с

несколькими соединительными линиями
SNG, Schweizerische Naturforschende Gesellschaft Швейцарское общество изучения природы
SNO, Siemens-Nixdorf-Osteuropa фирма «Сименс-Никсдорф-Остойропа»
SNr, S. Nr., Sammelnummer 1. сборный номер 2. общий вызывной номер телефонного коммутатора
S.-Nr., Seriennummer номер серии
S.-Nr., Stoffnummer цифровое обозначение стандарта *(на сталь)*
S/N-Ratio, Signal-zu-Rauschen-Ratio соотношение сигнал/помеха
SNV, Schweizerische Normenvereinigung Швейцарский комитет технических норм и стандартов
SNV, Studiengesellschaft Nahverkehr *ж.-д.* Общество по исследованию проблем местного транспорта *(Гамбург, ФРГ)*
SO, Schienenoberkante верхняя грань головки рельса
SO, Schleifenoszillograf светолучевой [шлейфовый] осциллограф
SO, Seestraßenordnung правила предупреждения столкновения судов в море
SO, Signalordnung *ж.-д.* правила сигнализации
SO, Sonn- und Feiertag *ж.-д.* воскресный и/или праздничный день *(в связи с особым расписанием движения поездов для таких дней)*
SO, Südost(en) юго-восток
S.O., Sichtgeräte оптические приборы, визирные устройства
S.O., spezifisches Gewicht удельный вес, удельная масса
So, Solex топливная аппаратура фирмы «Солекс»
So., Sonntag воскресенье
so, südöstlich юго-восточнее
s.o., siehe oben смотри выше
So.Bz., Sonderbronze специальная бронза
sof., sofort сейчас, тотчас
SOFF, Schweizerische Gesellschaft für Familienforschung Швейцарское общество генеалогических изысканий
SOG, Gesetz über die öffentliche Sicherheit und Ordnung Закон о безопасности и охране общественного порядка
SOG, Schweizerische Genossenschaft für Gemüsebau Швейцарское кооперативное товарищество по овощеводству
SOG, Schweizerische Geologische Gesellschaft Швейцарское геологическое общество
S.O.G., Schweizerische Gesellschaft für Ornithologie, Geflügel-, Kaninchen- und Taubenzucht Швейцарское общество орнитологии, птицеводства, кролиководства и голубеводства
sog., sogenannt так называемый
sogl., sogleich сейчас, тотчас
SOK, Schienenoberkante *ж.-д. австр.* уровень верха головок рельсов
SOL, simulation-oriented language *англ.* язык программирования, ориентированный на решение задач моделирования
SOL, system-oriented language *англ.* системно-ориентированный язык программирования
SOLOMON, simultaneous operation linked ordinal modular network *англ.* вычислительная машина [ВМ] СОЛОМОН фирмы «Вестингаус» *(США)*
sonst., sonstige(s) прочее
SOP, Sortierprogramm программа сортировки
SOPS, sachgebietsorientiertes Programmiersystem проблемно-ориентированная система программирования
SOR-Modell, stimulus-Organismus-Response модель поведения человека под воздействием стимулов
SOS, международный радиосигнал бедствия
SOS, SHARE operating system *англ.* операционная система Объединения программистов **SHARE** *(США)*
sow.erl., soweit erledigt в общем и целом исполнено
sowj., sowjetisch советский
soz., sozialistisch социалистический
Soz.-H., Sozialhilfe социальная помощь
SO zu O, Südost zu Ost *мор.* зюйд-ост-тень-ост
SO zu S, Südost zu Süd *мор.* зюйд-ост-тень-зюйд
Soz.V., Soz-Vers., Sozialversicherung социальное страхование

SP, Britisches Somaliland Британское Сомали *(индекс государственной принадлежности автомобиля)*
SP, Schiffspeilung *мор.* курсовой угол судна
SP, Schwerpunkt центр тяжести
SP, SEGWA-Protokoll протокол электронной системы управления и распределения товаров
SP, Sozialdemokratische Partei Социал-демократическая партия
SP, Speiser питатель
SP, Südpol Южный полюс
SP, Südpol 1. Южный полюс *(Земли)*, 2. южный полюс *(магнита)*
S.P., Saudi-Piaster пиастр Саудовской Аравии *(денежная единица)*
Sp, Seitenpeilung *мор.* бортовой пеленг; относительный пеленг
Sp, SP, Siedepunkt точка [температура] кипения
Sp, Spalte *мат.* столбец *(матрицы)*
Sp, Span стружка
Sp, Spannung эл. напряжение
Sp, Speicer коробка передач фирмы «Шпайцер»
Sp, Speicher 1. *вчт.* запоминающее устройство, ЗУ, память 2. аккумулятор
Sp, Speisewasser питьевая вода
Sp, Spiel игра
Sp, Spindel *тех.* шпиндель, ходовой винт
Sp, Sp., Spule катушка; бобина; шпулька
Sp, Spurweite ширина колеи
Sp., Spalte *полигр.* столбец, колонка; гранка
Sp., Spanien Испания
Sp., Spannung эл. напряжение
Sp., Spedition экспедиция; отправка груза
Sp., Sport спорт
Sp., Spur след; отпечаток
sp, in Stahlrohr unter Putz элт., усл. обозн. *(проводка)* в стальных трубках под штукатуркой
sp, spanisch испанский; по-испански
sp, spät поздний; поздно
sp, speziell специальный; особый; особенно; в особенности
sp, spezifisch специфический
SPAC, spatial computer *англ.* бортовая вычислительная машина [ВМ] СПАК

фирмы «Белл» *(США)* для космических аппаратов
s.Pak., schwere Panzerabwehrkanone тяжёлое противотанковое орудие
Spark., Sparkasse сберегательная касса
Spark., Sparkonto сберегательный счёт
SPB, Schweizerischer Pfadfinderbund Союз швейцарских бойскаутов
SpB, Sp.-B., Spielbank игорный дом, казино
SPC, статистический метод управления качеством
SPD, Sozialdemokratische Partei Deutschlands Социал-демократическая партия Германии, СДПГ
Spd., Spritzdose доза инъекции
Spdn, Spedition экспедиция; отправка груза
Sp(e)dtr, Spediteur экспедитор; отправитель груза
spek., spekulieren спекулировать
spez.G, spez.Gew., spezifisches Gewicht удельный вес, удельная масса
spez. W., spezifische Wärme удельная теплоёмкость; удельная теплота
SPFV, Schienenpersonenfernverkehr *ж.-д.* железнодорожные перевозки пассажиров на дальние расстояния *(свыше 50 км)*
Sp.G., spezifisches Gewicht удельный вес, удельная масса
Spg, Spannung эл. напряжение
sph., sphärisch сферический
SPHD, Super High Performance Diesel Oil моторное масло для сверхнагруженных дизельных двигателей
SpHw, Springhochwasser *гидр.* полная вода сизигийного прилива
spi, in Stahlpanzerrohren элт., усл. обозн. *(проводка)* в стальных трубках
Spielb., Spielbank казино
spifg, spiralförmig спиралеобразный
SPIO, Spitzenorganisation der Deutschen Filmwirtschaft Руководящая организация германской кинопромышленности
Spir., Spirale спираль
Spir., Spiritus спирт
SPK, Staatliche Plankommission Государственная плановая комиссия *(бывш. ГДР)*

Sp K, Spezifikationskauf торговая сделка с последующим уточнением товарной характеристики
Spk, Sparkasse сберегательная касса, сберкасса
Spl., Simplex 1. *мат.* симплекс 2. *лингв.* простое [корневое] слово 3. *свз.* симплексный режим
splf., splfg, spiralförmig спиралеобразный, спиралевидный
SpM, Sperrmagnet блокирующий (электро)магнит
SPNV, Schienen-Personen-Nahverkehr *ж.-д.* городские и пригородные железнодорожные пассажирские перевозки
SpNw, Springniedrigwasser *гидр.* малая вода сизигийного прилива
SPÖ, Sozialistische Partei Österreichs Социалистическая партия Австрии, СПА
Spowa, Sport- und Wanderbedarf Объединение предприятий, производящих спортивный и туристский инвентарь
Sp.-Pl., Spielplan *театр.* репертуар, программа
Sp.-Pl., Sportplatz спортивная площадка
SpR, Sportredakteur редактор отдела спорта *(в журнале, газете)*
Spr., Sperr- *в сложн.* заградительный
Spr., Sprache язык; речь
spr., sprechen говорить, разговаривать
spr., springen прыгать
spr., spritzen опрыскивать; впрыскивать; разбрызгивать; обливать; шприцевать
Sprd., Sperrdruck *полигр.* в разрядку
Spritzm., Spritzmasse литьевая (пласт)масса, шприцмасса
Sprldg., Sprengladung подрывной заряд
SPS, frei programierbare Steuerung гибко программируемая АСУ
SPS, Schubpferdestärke *тех.* тяговая мощность *(в лошадиных силах)*
SPS, Sozialdemokratische Partei der Schweiz Социал-демократическая партия Швейцарии
SPS, Sozialdemokratische Partei Saarlands Социал-демократическая партия Саара
SPS, speicherprogrammierte Steuerung *вчт.* программное управление от ЗУ
Sps, Sepsis *мед.* сепсис
Sp.-Sch., Sportschule спортивная школа

Sp.-St., Sperrstunde время действия полицейского запрета
Sp.-St., Sportstudent студент института физкультуры и спорта
SpSte, Speicherstelle *вчт.* 1. разряд памяти 2. ячейка памяти; запоминающая ячейка
SPSW, steuerndes Programmstatuswort, steuerndes PSW *вчт.* слово состояния управляющей программы
SpT, Spannungsteiler делитель напряжения
SpT, Spartransformator *эл.* автотрансформатор
SpT, Sperrtaste 1. кнопка с блокировкой; клавиша с блокировкой 2. кнопка (раз)блокировки; клавиша (раз)блокировки
Sp.V., Spannpatronenvorrichtung *тех.* зажимное приспособление
sp.V, spez.vol., spez.V., spezifisches Volumen удельный объём
Spvgg, Spielvereinigung спортивное объединение, спортивный кружок
SPW, Schützenpanzerwagen бронетранспортёр
SpW, Speicherwähler коммутатор [переключатель] (блоков) памяти
Spw., Spannweite 1. *стр.* пролёт; ширина пролёта 2. межосевое [межцентровое] расстояние 3. амплитуда; размах 4. *ав.* размах, длина *(крыла)*
Spw., Spurweite *ж.-д.* ширина колеи
sp. W, spezifische Wärme удельная теплоёмкость; удельная теплота
SpZ, Speicherzelle *вчт.* ячейка памяти; запоминающая ячейка
SQK, statistische Qualitätskontrolle статистический контроль качества
SR, Satellitenrechner *вчт.* периферийная ВМ; вспомогательная ВМ
SR, Schiedsrichter арбитр; третейский судья; мировой судья
SR, Schweizerischer Rundspruchdienst Швейцарская служба радиоинформации
SR, Schwenkrahmen откидная [поворотная] рама; откидное [поворотное] шасси *(для крепления плат или модулей)*
SR, Schwundregelung *эл., радио* автоматическая регулировка усиления, АРУ
SR, Seereederei морское пароходство

SR

SR, Senderelais реле передатчика
SR, Service-reduziert с уменьшенным объёмом технического обслуживания
SR, Sicherheitsrat Совет Безопасности, СБ
SR, Sicherheitsrechner предохранительное вычислительное устройство
SR, Sonderrabatt специальная [особая] скидка
SR, Sperrelais *эл.* блокирующее реле, блок-реле
SR, Startrakete стартовый ракетный двигатель
SR, Steuerrelais реле управления; командное реле
SR, Süd-Rhodesien Южная Родезия *(индекс государственной принадлежности автомобиля)*
S.R., Senkungsreaktion *мед.* реакция оседания эритроцитов, РОЭ
S/R, Signal-Rausch-Verhältnis (со)отношение сигнал/шум
Sr, Strontium *хим.* стронций
Sr., Seiner... Его... *(при титуловании)*
s. R., siehe Rückseite смотри на обороте
SRA, Ausnahmebestimmungen zu den Schweizerischen Regeln für elektrische Maschinen *(einschlie:slich Transformatoren)* Исключения к Швейцарским нормам для электрических машин *(включая трансформаторы)*
SRB, Schweizerischer Radfahrerbund Союз швейцарских велосипедистов
Srbl, Sowjetrubel советский рубль
SRBSN, nachgesintertes RBSN химически связанный нитрид кремния, подвергнутый последующему спеканию
SREM, Schweizerische Regeln für elektrische Maschinen *(einschlie:slich Transformatoren)* Швейцарские нормы для электрических машин *(включая трансформаторы)*
SRFK, SRK, Staatliches Rundfunkkomitee Государственный комитет радиовещания *(бывш. ГДР)*
SRG, Schweizerische Radio- und Fernsehgesellschaft Швейцарское общество радиовещания и телевидения
SRM, Schreibmaschinenmeldung 1. выдача сообщений через пишущую машин(к)у 2. сообщение на печать

SRV, Sozial-Republikanische Vereinigung Социально-республиканское объединение *(партия ФРГ)*
SS, Sammelschienen *вчт.* сборные шины
SS, Schleppscheibe буксируемая мишень
SS, Schnellarbeitsstahl быстрорежущая сталь
SS, Schutzstaffeln эсэсовские части, СС, охранные отряды
SS, Schweißstahl сварочная сталь
SS, S/S, Segelschiff парусное судно
SS, Sommersemester летний семестр
SS, Sprengstoff взрывчатое вещество
SS, Startstellung стартовая позиция *(ракеты)*
SS, Steuerschalter 1. управляющий выключатель 2. контроллер
SS, Stromschutz защита тока, токовая защита
SS, synthetischer Schmierstoff синтетическое смазочное вещество
S.S., Schraubenschiff винтовой пароход
S/S, special settlement *англ.* специальное соглашение
Ss., Scharfschütze снайпер
s.S, siehe Seite... смотри *(такую-то)* страницу, см. стр.
Ssch, Startschub стартовая тяга *(ракеты)*
Ssch., Seitenschiff *архит.* боковой неф
S Sch SO, Seeschiffahrtsstraßenordnung правила о морских судоходных путях
SSD, Staatssicherheitsdienst Служба государственной безопасности *(бывш. ГДР)*
SSE, Supersuperelite *с.-х.* суперсуперэлита *(качество посевного зерна)*
SSEC, selective sequence electronic calculator *англ.* вычислительная машина [ВМ] ССЕК фирмы ИМБ *(США)*
SSF, Start-Stop-Fernschreiber *тлг.* старт-стопный аппарат
SSG, Sauerstoffschutzgerät кислородный (дыхательный) аппарат
SSG, Schleppseilgerät *мор.* петлевой электромагнитный трал
SSHKV, saugschlitzgesteuerter Hubkolbenverdichter поршневой компрессор с регулируемым всасывающим патрубком
SSIC, gesintertes Siliziumcarbid спечённый кабид кремния

S.Sich., Seitensicherung *воен.* фланговое [боковое] охранение
S-Sicherung, Sondersicherstellung система запирания *(кодового замка)* с секретом
S/skr., Subskription (предварительная) подписка *(напр., на газету)*
SSM, Signalsendemodler модулятор сигналов передатчика
SSN, gesintertes Siliziumnitrid спечённый нитрид кремния
SSO, Seestraßenordnung правила предупреждения столкновения судов в море
SSO, Südsüdost юго-юго-восток
Sspr, Symbolsprache символический язык *(программирования)*
SSR, Scheinsignalrakete ложная сигнальная ракета
SSR, Sozialistische Sowjetrepublik Советская Социалистическая Республика *(в обозначениях союзных и автономных республик, входивших в бывш. Советский Союз)*
SSS, Segelschulschiff учебное парусное судно
SST, Schwer- und Spezialtransport *ж.-д.* перевозки крупногабаритных, тяжеловесных и специальных грузов
SST, Seehafen-Speditions-Tarife экспедиторские тарифы, принятые в морских портах
Sstr., Startstrecke стартовый участок *(полёта ракеты)*
SSV, Schweizerischer Skiverband Швейцарский союз лыжного спорта
SSVO, Schienenschallschutzverordnung *ж.-д.* Положение о мерах по защите от шума на железнодорожном транспорте
SSW, Siemens-Schuckert-Werke электротехнические заводы Сименс-Шуккерта
SSW, Südschleswiger Wählerverband Объединение *(датского национального меньшинства)* избирателей Южного Шлезвига
SSW, Südsüdwest юго-юго-запад
S-System, Startsystem стартовый комплекс *(космодрома)*
ST, Schnelltransport(er) *мор.* быстроходный транспорт

ST, Stadtrat 1. муниципальный советник *(чин)* 2. городской совет; муниципалитет
ST, Stapler *ж.-д.* штабелёр
St, Stahl сталь
St, Startimpuls *вчт.* пусковой [стартовый] импульс; импульс (за)пуска
St, Station станция
St, Sternmotor *эл.* звездообразный двигатель
St, Steuer(n) налог(и)
St, Stokes стокс, Ст *(единица измерения кинематической вязкости)*
St, Stöpsel штепсель
St, Stunde час, ч
St., Sankt- *в сложн.* святой; Санкт-.
St., Staat государство
St., Stadion стадион
St., Stadium стадия; период; ступень; фаза
St., Stadt город
St., Stahl сталь
St., Stamm *биол.* тип
St., Standard стандарт
St., Stärke 1. сила; интенсивность 2. толщина 3. прочность; крепость
St., Stat стат *(единица эманации радия)*
St., Steckerstift *эл.* контактный штифт, штырь штепсельного разъёма
St., Stein камень; кирпич
St., Stelle 1. место; пункт 2. *вчт.* позиция; *вчт., мат.* разряд
St., Stil стиль
St., Stimme голос
St., Stimmung настроение
St., Stock 1. этаж 2. запас товаров на складе; наличное имущество 3. ценные бумаги 4. акционерный капитал 5. *маш.* шток; стержень
St., Stopper стоппер *(футбол)*
St., Stück *(столько-то)* штук
St., Student студент
St., Stütze опора ; *стр.* стойка; колонна, столб
St., Stützenisolator *эл.* опорный изолятор
st, Stecker штекер; штепсель; штекерный разъём
st, steif жёсткий
st., stat., stationär стационарный
st., stehender Motor двигатель с вертикальным расположением цилиндров

STA, Startimpuls *вчт.* пусковой [стартовый импульс]; импульс (за)пуска
STA, Status состояние; положение
StA, Staatsangehörigkeit гражданство; подданство
StA, Staatsanleihe государственный заём
StA, Staatsanwalt прокурор
StA, Staatsanwaltschaft прокуратура
StA, Stammaktie акция первого выпуска, основная акция
StA, Steuerabzug *(vom Arbeitslohn)* удержание налога *(с заработной платы)*
StA., Staatsarchiv государственный архив; госархив
Sta., Standesamt бюро записи актов гражданского состояния, загс, ЗАГС
StAÄ G, Staatsanwaltschaftsänderungsgesetz закон об изменении и дополнении положения о прокуратуре
STABB, Statistisches Amt für die Britische Besatzungszone *ист.* Статистическое управление британской оккупационной зоны *(в Германии)*
Stabia, Stabsbildabteilung *воен.* фотографическое отделение штаба
Stada, Standesgemeinschaft Deutscher Apotheker Союз немецких фармацевтов
STAGMA, Staatliche Gesellschaft zur Wahrung Musikalischer Aufführungsrechte Государственное общество охраны авторских прав композиторов
Staku, Stahl-Kupfer сталемедь
Stalag, Stammlager стационарный лагерь *(для военнопленных)*
«Stalpeth», Stahl-Aluminium-Polyäthylen «стальпет» *(сталь-алюминий-полиэтилен)*
Stalu, Stahl-Aluminium сталеалюминий
Stamag, Stahlindustrie und Maschinenbau, Aktiengesellschaft Акционерное общество сталелитейной и машиностроительной промышленности
St Ang, Staatsangehörigkeit подданство; гражданство
St.Ang., statistische Angaben статистические данные
StAnpG, Steueranpassungsgesetz закон об упорядочении налогообложения
Stapa, Stahlpanzer стальной панцирь, стальная броня

St Arch, Staatsarchiv государственный архив
START, das elektronische Reservierungs- und Informationssystem für das Reisebüro *ж.-д.* электронная система резервирования мест в пассажирских поездах и информационная система для бюро путешествий
STASAN, Stationäre Simultation von Anlagen стационарное моделирование установок
St Ass, Steuerassistent помощник налогово-финансового инспектора
stat., statisch статический
St Aufl, Stereotypauflage *полигр.* стереотипное издание
StÄV, Steueränderungsverordnung постановление об изменении налогообложения
STAVEWI, Statistisches Amt der Vereinigten Wirtschaftsgebiete *ист.* Статистическое управление объединённой *(англо-американо-французской оккупационной)* хозяйственной зоны *(в Германии)*
StB, Steuerbeamte налоговый чиновник
StB, Steuerberater консультант по налогам; налоговый консультант
StB, Steuerbilanz баланс предприятия, составленный для определения суммы налогового обложения
Stb, Steuerbord *мор.* правый борт
Stb., Stammbaum 1. генеалогия, родословная, родословное дерево 2. технологическая схема 3. *хим.* дерево производных
Stb., Steuerbord *мор.* правый борт
Stb., Stimmbänder *анат.* голосовые связки
StBG, Stadtbezirksgericht районный суд, райсуд
Stckpr., Stückpreis цена за штуку
Stckz., Stückzahl количество штук; число экземпляров
StD, Stadtdirektor бургомистр
Std., Stde, Stunde *(столько-то километров и т. п.)* в час
stdi., stündlich в час, за час
Stdn, Stunden *(столько-то)* часов
Stdr., Stahldrahttau стальной трос, стальной буксирный канат

StDV, Standortdienstvorschrift устав гарнизонной службы

STE, Steuereinheitsende завершение работы устройства управления

Ste, Steuereinheit блок управления; управляющее устройство; устройство управления, УУ

Steag, Steinkohlen-Elektrizität-Aktiengesellschaft Акционерное общество электростанций на угольном топливе

STEG, Staatliche Erfassungsgesellschaft für öffentliches Gut Государственная организация по продаже излишков военного имущества

StEG, «k.k. priv. Österreichische Staatseisenbahngesellschaft *ж.-д. ист.* Частное Общество Австрийских Государственных железных дорог *(создано в 1855 г.)*

Stellv., Stellvertretender... замещающий, заместитель *(того-то)*

Stellv., Stellvertreter заместитель

SteM, StM, Stellenmaschine ВМ с поразрядной организацией обработки данных; ВМ с переменной длиной слова

Sten B., Stenographischer Bericht des Deutschen Bundestags стенографический отчёт о заседаниях бундестага

Steno, Stenographie стенография

Ster., Stereotypauflage стереотипное издание

St.-Erm., Steuerermäßigung налоговая льгота

Steuer. Kp., Steuerkompa:s *мор.* путевой компас

STEWEAG, Steirische Wasserkraft- und Elektrizitätsaktiengesellschaft Гидроэнергетическое и электротехническое акционерное общество Штирии

St.-Ex., Staatsexamen государственный экзамен, госэкзамен

StF, Gesteinsfaser минеральное волокно

stf., steuerfrei освобождённый от налогов, не подлежащий налоговому обложению

StFB, staatlicher Forstwirtschaftsbetrieb государственное лесное хозяйство, лесхоз *(бывш. ГДР)*

St.f.B., Staatssekretariat für Berufsausbildung Статс-секретариат по делам профессионального обучения *(бывш. ГДР)*

St.f.H., Staatssekretariat für Hochschulwesen Статс-секретариат по делам высшей школы *(бывш. ГДР)*

St.f.S., Staatssekretariat für Schiffahrt Статс-секретариат водного транспорта *(бывш. ГДР)*

STG, Schiffsbautechnische Gesellschaft Немецкое судостроительное техническое общество

STG, Stückgutwagen *ж.-д.* грузовой вагон для перевозки мелких отправок *(ФРГ)*

StG, Stahlguß стальное литьё, стальная отливка

StG, Stuergenerator *эл.* управляющий генератор; *радио* задающий генератор

Stg, Stahlguß стальное литьё

Stg, Steuergerät управляющее устройство; устройство управления, УУ; прибор управления; контроллер

Stg., Sonntag воскресенье

Stg., Steigung 1. подъём; наклон; уклон; скат 2. *тех.* шаг *(винта)*; ход *(спирали)*

Stg., Steuerung 1. управление 2. система управления

StGB, Strafgesetzbuch уголовный кодекс, УК

St.GB, Staatsgerichtshof 1. государственный суд земли 2. *ист.* Конституционный суд Веймарской республики *(Германии 1919-1933 гг.)*

Stgm, Stadtgemeinde городская община

Stgt, Stuttgart г. Штутгарт

StHG, Staatshaftungsgesetz закон об ответственности государства за причинённый ущерб *(со стороны государственного органа или государственного служащего)*

STHV, Vorschrift für den Stückgut-Hausverkehr *ж.-д.* инструкция по перевозке мелких отправок «от двери к двери»

Sti, Steuerinspektor налогово-финансовый инспектор

Sti., Stipendiat стипендиат

St.I.G., Ständiger Internationaler Gerichtshof Постоянный международный суд *(в Гааге)*

St. Jb., Statistisches Jahrbuch статистический ежегодник *(наименование еже-*

St. Jb.

годного справочно-статистического издания)
St.K., Staffelkeil *ав.* строй эскадрильи клином
Stk, Stammkarte паспорт *(станка, машины)*
Stk., Steinkohle каменный уголь
St.K.G., Sturzkampfgeschwader соединение пикирующих бомбардировщиков
StKl, Steuerklasse разряд налогового обложения
Stkr., Stadtkreis город-район, город окружного подчинения
St. K. Reg., Studienkommission für die Regelung gro:ser Netzverbände Комиссия по изучению регулирования мощных электросетей *(Швейцарского электротехнического союза)*
StL, Stammleitung *тлф.* основная [физическая] цепь
StLB/DB, Standardleistungsbuch der Deutschen Bundesbahn *ж.-д.* Стандартный каталог *(строительных)* работ Государственных железных дорог ФРГ
STLV, Schweizerischer Turnlehrerverein Союз швейцарских преподавателей гимнастики
StM,, Staatsminister государственный министр *(в отдельных землях ФРГ)*
Stm,, Steuermann *мор.* штурман; шкипер; рулевой
St.-N., Stock-Note сток-нот *(спецификация на отдельные партии лесоматериалов, предлагаемые экспортёром к продаже)*
St.O., Standort 1. *воен.* место расположения, дислокация 2. местоположение; место стоянки *(автомобилей)*
STP, Steuerprogramm *вчт.* управляющая [ведущая] программа; программа управления
StP, Standardprogramm *вчт.* стандартная программа
Stp.,, Steuerpult пульт управления; панель управления
Stp.,, Stützpunkt 1. точка опоры, опорная точка 2. *воен.* опорный пункт; военная база
StPO, Strafprozeßordnung Уголовно-процессуальный кодекс, УПК

Stpp, Stoppreis *ком.* замороженная цена, «стоп-цена»
St Pr, Stammprioritätsaktie привилегированная акция первого выпуска
StR, Staatsrecht государственное право
StR, Steuerrat штойеррат, советник налогово-финансовой службы *(чин)*
StR, Steuerrecht Германское налоговое право
Str., Strafe штраф; наказание
Str., Strahl 1. луч 2. струя, поток
Str., Straße 1. улица 2. шоссе 3. *мет.* группа клетей *(прокатного стана)*; прокатный стан
Str., Straßenbahn трамвай
Str., Strauch куст
Str., Strecke 1. расстояние; пространство; дистанция 2. участок (железной) дороги 3. *горн.* штрек 4. *мат.* отрезок
Str., Streifen полоса; лента
Str., Streit спор; ссора
Str., Strich черта, линия; штрих; дефис, тире
Str., Strom 1. поток, течение 2. (электрический) ток
Str., Struktur структура
str, Steradiant стерадиан, *стер (единица измерения углов)*
Stra, Stralsund г. Штральзунд
Strab, Straba, Straßenbahn трамвай
StRÄndG, Strafrechtsänderungsgesetz закон об изменении Уголовного кодекса, закон о внесении изменений в УК
StRG, Stratrechtsreformgesetz закон о реформе уголовного права
STRIP, string processing *англ.* язык программирования СТНИП Группы структурной лингвистики *(Швеция)*
Str K, Strafkammer палата по уголовным делам
Str-km, Streckenkilometer километр эксплуатационной длины *(транспортной магистрали)*
Str.-Kr., Straßenkreuzung перекрёсток
strph., strophisch строфический
StRV, Saint-Raphaels-Verein zum Schutze katholischer deutscher Auswanderer Сан-Рафаэльский союз защиты прав немецких эмигрантов-католиков
St S, Startstelle *ав.* взлётная площадка

St Sch, Schnittstanze *тех.* режущий штамп; вырубной штамп
StSchH, Ständiger Schiedshof постоянный арбитраж, постоянный третейский суд
StSi, Siliziumstahl кремнистая сталь
StSt, Stauchstanze *маш.* высадочный штамп
Stt, Statut статут, положение
STTK, Die Ständige Tarifkomission der Deutschen Eisenbahnen *ж.-д.* Постоянная тарифная комиссия германских железных дорог
Stud.-Ass., Studienassessor штатный преподаватель высшего учебного заведения
Stud.-R., Studienrat штудиенрат *(чин школьного учителя)*
Stud.Ref., Studienreferendar кандидат на должность штатного преподавателя высшего учебного заведения
StUe, Stromsto:sübertragung эл. импульсная передача; передача токовых посылок
Stuka, Sturzkampfflugzeug пикирующий бомбардировщик
Stupo, Stummpolizei, Polizei der Westsektoren von Berlin штуммовская полиция в Западном Берлине *(по имени полицай-президента Штумма)*
StUs, Stromsto:sumsetzer эл. преобразователь импульсов тока
Stuto, Tonnen je Stunde *(столько-то)* тонн в час, *т/ч*
STUVA, Studiengesellschaft für unterirdische Verkehrsanlagen *ж.-д.* Общество по исследованиям в области строительства подземных транспортных сооружений *(в Дюссельдорфе)*
Stuvi, Sturzvisier *ав.* визир для пикирования
STV, Schweizerischer Studentenverein Союз швейцарских студентов
STV, Stromversorgung 1. сетевое питание; питание от сети 2. блок питания
S.T.V., Schweizerischer Tonkünstlerverein Союз швейцарских деятелей музыки
4-STV, Vierstufenventil четырёхступенчатый клапан
StV, Staatsvertrag государственный договор
StV, Stadtverkehr городское сообщение [движение]; городской транспорт
StV, Stadtverwaltung городское управление

StV, Stellverteter (постоянный) заместитель
StV., Straßenverkehr уличное движение
St.V., Stoppuhr секундомер
Stv., Stadtverkehr городское сообщение [движение]; городской транспорт; уличное движение
StVÄG, Strafverfahrensänderungsgesetz закон об изменении уголовного судопроизводства
StVG, Staatliches Vertragsgericht государственный арбитраж, госарбитраж, ГА
StVG, Straßenverkehrsgesetz закон о правилах дорожного движения, закон о ПДД
StVK, Stützen-Vollkernisolator *эл.* опорный стержневой изолятор
StVO, Straßenverkehrsordnung правила дорожного движения, ПДД
StVollstrO, Strafvollstreckungsordnung положение об исполнении наказания
StVollzG, Strafvollzugsgesetz закон об исполнении наказания
StVRG, (Erstes) Gesetz zur Reform des Strafverfahrensrechts первый закон о реформе уголовно-процессуального права
StVUnf, Straßenverkehrsunfall дорожно-транспортное происшествие, ДТП
STW, Steuerwerk *элн.,вчт.* блок управления; контроллер
St W, statistisches Warenverzeichnis статистический перечень товаров
St W, «Steuer und Wirtschaft» *наименование периодического издания по вопросам налогового обложения и экономики*
Stw., Staatswissenschaften общественно-политические науки
Stww, Stellwerkswärter *ж.-д.* дежурный по посту централизации *(стрелок и сигналов)*
Stz, Sturz- *ав. в сложн.* пикирующий
StZBl.Bln., Steuer- und Zollblatt für Berlin (West) *наименование официального периодического издания по вопросам налогового обложения и таможенных пошлин в Западном Берлине*
Stzbomb., Sturzbomber пикирующий бомбардировщик
St.Zt., Steigzeit продолжительность подъёма; *ав.* скороподъёмность

SU, Sonnenuntergang заход солнца
SU, Sowjetunion Советский Союз *(индекс государственной принадлежности автомобиля)*
SU, Urheberschein авторское свидетельство *(СССР)*
Su, Summer зуммер
s.u., siehe unten смотри ниже
S u A, Sachsen und Anhalt Саксония-Ангальт
SUB, Schützenübungsstand стрелковый учебный стенд
subl., sublimiert полученный путём возгонки
Sublp., Sublimationspunkt *физ.* точка сублимации, температура возгонки
Subskr.Pr., Subskriptionspreis подписная цена, цена подписки
Subst., Substantiv *грам.* имя существительное
Subst., Substanz вещество
südd., süddeutsch южногерманский, южнонемецкий
Südena, Süddeutsche Nachrichtenagentur Южногерманское информационное агентство
südl., südlich южнее
S.u.E., Sende- und Empfangsgerät приёмная и передающая радиоаппаратура
SUF, Schützenübungsstand für Flugzeugführer стрелковый учебный стенд для командиров самолётов
S.u.H., Siemens und Halske электротехнические заводы Сименса и Гальске
SÜ Lindau, Sonderübereinkommen für den Eisenbahngrenzübergang Lindau *ж.-д.* Особое соглашение по железнодорожному пограничному переходу Линдау
SUMAX, die momentan in der Bremse befindliche Anzahl Achsen des Ablaufs *ж.-д.* число осей отцепа, находящихся одновременно в пределах вагонного замедлителя
SUOV, Schweizerischer Unteroffizier-Verband Союз швейцарских унтерофицеров
Super, Superhet, Superheterodynempfänger *радио* супергетеродинный приёмник, супергетеродин
SUVA, Schweizerische Unfallversicherungsanstalt Швейцарское общество страхования от несчастных случаев

SÜZ, Steuer- und Überwachungs-Zentrale *ж.-д.* помещение дежурного по станции на посту МРЦ
SV, Sachverhalt обстоятельства дела, положение вещей
SV, scheinbare Viskosität кажущаяся вязкость
SV, Schwimmverein общество плавания
SV, Selbstverwaltung самоуправление
SV, Sendeverstärker передающий усилитель
SV, Sicherheitsventil предохранительный клапан
SV, Silbenverständlichkeit разборчивость слогов *(при автоматическом распознавании речи)*
SV, Skiverband союз лыжного спорта
SV, Sonderhausener Verband Зондерхаузенская федерация студенческих корпораций
SV, Sondervermögen отдельное имущество *(напр., одного компаньона)*
SV, Sonderverwahrung специальное хранение, отдельное хранение *(ценных бумаг или другого имущества клиента)*
SV, Sozialversicherung социальное страхование
SV, spezifisches Verkehrsanfkommen *ж.-д.* удельный объём перевозок; удельные размеры движения
SV, spezifisches Volumen *физ.* удельный объём
SV, Spielvereinigung спортивное объединение; спортивный кружок
SV, Sportverein спортивный союз, спортивное объединение
SV, Strafvollzug исполнение наказания
SV, Supervisor *вчт.* (программа-) супервизор
sV, sicherungstechnische Vorschrift инструкция по технике безопасности
s.v., siehe vorn смотри впереди
SVA, Sozialversicherungsanstalt управление социального страхования
SVA, Straßenverkehrsamt управление регулирования уличного движения
sva., soviel als... столько же, сколько...
SVB, Sammel-/Verteilerbereich *ж.-д.* зона зарождения и погашения грузопотоков, зона местной работы
SVB, Schweizerische Volksbibliothek Швейцарская народная библиотека

SVB, Sozialistischer Volksbund Социалистический народный союз *(организация в ФРГ)*
SVB, Sozialversicherung Bezirksverwaltung окружное управление социального страхования *(бывш. ГДР)*
SV - Bahn, Stadt- und Vorortbahn *ж.-д.* городская и пригородная железная дорога
SVBK, Schweizerische Vereinigung Bildender Künstler Объединение швейцарских деятелей изобразительных искусств
SVBÜ, Sammlung von Verfügungen über Bahnübergänge *ж.-д.* Сборник указаний о железнодорожных переездах
SVC, Supervisorruf-Unterbrechung *вчт.* прерывание по обращению к (программе)супервизору
SVD, Schweizerische Vereinigung fur Dokumentation Швейцарское общество по документации
SVD, Straßenverkehrsdienststelle отдел регулирования уличного движения
SVEA, Schweizerischer Verband Evangelischer Arbeiter und Angestellter Объединение швейцарских евангелических профсоюзов рабочих и служащих
SVerst., Sachverständige *m, f* эксперт
SVFS, Schweizerische Vereinigung Freisinniger Studentenschaften Объединение швейцарского свободомыслящего студенчества
S.V.G.H., Schweizerischer Verein der Gewerbe- und Hauswirtschaftslehrerinnen Союз швейцарских преподавательниц прикладных ремёсел и домоводства
SVGVO, Verordnung über die Aufgaben und Arbeitsweise des Staatlichen Vertragsgerichts постановление о Государственном арбитраже *(в бывш. ГДР)*
SVI, Studentenverband Deutscher Ingenieurschulen Союз немецких студентов высших технических училищ
SVK, Sozialversicherung Kreisgeschäftsstelle районный отдел социального страхования *(бывш. ГДР)*
SVK, Staatliche Vorratskommission Государственная комиссия по запасам полезных ископаемых, ГКЗ
SVK, Streckenvortriebkombine *горн.* проходческий комбайн
SVKS, Schweizerischer Verband Katholischer Studentinnen Католический союз швейцарских студенток
SVKT, Schweizerischer Verband Katholischer Turnerinnen Католический союз швейцарских гимнасток
S.V.O.M., Schweizer Verband der Optikermeister Союз швейцарских мастеров-оптиков
SVR, Sauer-Voith-Retarder гидрозамедлитель системы «Зауер и Войт» *(для прицепов)*
SVS, Speditionsversicherungsschein страховое свидетельство на перевозимый груз
S.V.S.E., Schweizerische Vereinigung Sporttreibender Eisenbahner Спортивный союз швейцарских железнодорожников
SVTM, Schweizerischer Verband der Tapeziermeister-Dekorateure und des Möbel-Detailhandels Союз швейцарских обойщиков-декораторов и торговцев мебелью в розницу
SVV, Schweizerischer Vaterländischer Verband Швейцарский отечественный союз
svw., soviel wie... столько же, сколько...
SVwG, Selbstverwaltungsgesetz закон о самоуправлении
SVZ, Sozialversicherung Zentralverwaltung Главное управление социального страхования *(бывш. ГДР)*
SVZ, Spätverkehrszeit *ж.-д.* пригородное движение в период после вечернего «пика» перевозок
S.V.Z., Schweizerische Verkehrszentrale Швейцарское центральное туристское бюро
SW, Schichtwiderstand 1. эл. тонкоплёночный непроволочный резистор 2. сопротивления слоя
SW, Schrittschaltwerk шаговый коммутатор
SW, Sollwerteinstellung установка заданного значения
SW, Suchwähler *тлф.* искатель

SW, Südwerke Южно-германские заводы *(ФРГ; бывшие автомобильные заводы Круппа)*
SW, Südwest(en) юго-запад
Sw, Schraubenwelle гребной вал
s.W., **SW**, spezifische Wärme удельная теплоёмкость; удельная теплота
sw, schwarz чёрный *(в маркировке проводников, проводов в схемах)*
sw, software *англ.* программное обеспечение; математическое обеспечение
sw., schwach слабый
sw., **SW**, schwarz-weiß чёрно-белый
sw., südwestlich юго-западнее
SWA, Südwestafrika Юго-западная Африка
SWAC, National Bureau of Standards Western Automatic Computer *англ.* вычислительная машина [BM] СВАК Национального бюро стандартов США
S-Wagen, Schienenwagen *(железнодорожный)* вагон
SWB, Schweizerischer Werkbund Союз швейцарских ремесленников
SWEDOF, Südwestdeutsche Odontologische Fortbildung Институт повышения квалификации зубных врачей в Юго-Западной Германии
SWEG, Südwestdeutsche Eisenbahnen AG *ж.-д.* Югозападнонемецкие железные дроги *(земля Баден-Вюртемберг)*
SweizZfStr., Schweizerische Zeitschrift für Strafrecht. Bern «Швейцарский журнал уголовного права» *(изд. в Берне)*
S-Welle, *геол.* вторичная волна, поперечная волна
SWF, Südwestdeutscher Rundfunk, Südwestfunk Радиовещательное объединение Юго-Западной Германии
SWFD, Selbstwählferndienst служба автоматической междугородной телефонной связи
SWFV, Selbstwählfernverkehr междугородная автоматическая телефонная связь
swi., sehr wenig löslich *хим.* очень слабо растворимый
Swk., **S.-Wk.**, Sammelwerk сборник *(книга)*
Swkw, Schwimmkraftwagen автомобиль-амфибия
SWL, Schwellenleger шпалоукладчик

SWO, **S.W.O.**, Seewasserstraßenordnung правила (организации) морского судоходства; правила предупреждения столкновения судов на море
s.w.o., siehe weiter oben смотри далее вверху
SWR, Siedewasserreaktor кипящий реактор
s.w.u., siehe weiter unten смотри дальше внизу
SWV, Schweizerischer Wasserwirtschaftsverband Швейцарское объединение водного хозяйства
S.W.V., Schweizerischer Wirtschaftsverband für den Viehverkehr Швейцарский союз по перевозкам скота
SW zu S, Südwest zu Süd *мор.* зюйд-вест-тень-зюйд
SW zu W, Südwest zu West *мор.* зюйд-вест-тень-вест
sx, Simplex 1. *мат.* симплекс 2. *лингв.* простое [корневое] слово 3. *свз.* симплексный режим
SY, synchronisiertes Getriebe *авто* синхронизированная коробка передач
Sy, **Sym(b).**, Symbol символ; знак
Sy, Synchronisierung синхронизация
sy., synthetisch синтетический
SYM, Synchronmotor синхронный двигатель
sym., summetrisch симметричный
SYMAP, Symbolsprache zur maschinellen Programmierung проблемно-ориентированный язык программирования СИМАП
SYN, Synchronisierung синхронизация
Syn., Synonym *лингв.* синоним
Syn., Synoptik синоптика
Syn., Synoptiker синоптик
syn., **synth.**, synthetisch синтетический
SYP, Systemprogramm системная программа; программа из системного программного обеспечения
SYR, Syrien Сирия *(индекс государственной принадлежности автомобиля)*
Syr, Syrisches Pfund сирийский фунт *(денежная единица)*
syst., **system.**, systematisch систематический
Sy-Sy, synchron-synchron *эл.* синхронно-синхронный
SZ, Säurezahl *хим.* кислотное число

T

SZ, Schauzeichen оптический [визуальный] сигнал; световой сгинал
SZ, Schlafzimmer спальня
SZ, Sommerzeit летнее время
SZ, Süddeutsche Zeitung газета «Зюддойче цайтунг»
Sz., Seitenzahl число страниц
Sz., Sitzzahl количество сидячих мест
Sz., Szene сцена *(в пьесе)*
s.Z., seinerzeit в своё время
sz, Salzgehalt *геол.* содержание соли
SZA, Sollzinsabkommen соглашение о дебетовых процентах по кредиту
SZB, Signalisieren-Zentralisieren-Blockieren *ж.-д.* сигнализация, централизация, блокировка, СЦБ
Szbg, Salzburg г. Зальцбург
SZGD, Schulzahnärztlicher Gesundheitsdienst зубоврачебное обслуживание в школах

SZH, Schweizerische Zentrale für Handelsförderungen Швейцарское центральное управление развития торговли
SZR, Sonderziehungsrechte специальные права заимствования СДП *(расчётные денежные единицы, используемые в рамках Международного валютного фонда)*
SZS, Staatliche Zentralverwaltung für Statistik государственное статистическое управление *(бывш. ГДР)*
Szt, Salzton *геол.* соленосная глина
S zu O, Süd zu Ost *мор.* зюйд-тень-ост
S zu W, Süd zu West *мор.* зюйд-тень-вест
SZV, Schweizerische Zentrale für Verkehrsförderungen Швейцарское центральное управление развития путей сообщения

T

T, absolute Temperatur абсолютная температура
T, Drehkraft момент кручения, скручивающее усилие, момент вращения, вращающий момент
T, Periodendauer *тех.* продолжительность периода, период; цикл
T, Tabelle таблица
T, Tagesbefehl *воен.* *(очередной)* приказ по части *или* соединению
T, Tageslicht дневной свет
T, Takt *тех.* 1. такт, ритм 2. ход; цикл
T, Tangentialkraft *физ.* тангенциальная [касательная] сила
T, Tanker, Tankschiff танкер

T, Tara тара, упаковка; вес упаковочного материала
T, Tauchtiefe *мор.* глубина погружения; проектная осадка *(судна)*
T, Teich *топ.* пруд
T, Teil 1. часть; доля 2. *юр.* сторона
T, Telefon телефон
T, Telegraf телеграф
T, Temperatur температура
T, Tera- тера- *(десятичная приставка к единицам измерения)*
T, Thailand Таиланд *(индекс государственной принадлежности автомобиля)*
T, Thermoswagen *ж.-д.* вагон-термос

T

T, Thomasstahl томасовская сталь *(маркировка)*
T, Tiefdruck *мeтeo* низкое давление
T, Tiefgang *мор.* осадка
T, Tief, Tiefdruckgebiet *мeтeo* область низкого давления
T, Tonband магнитофонная лента
T, Tonbandgerät магнитофон
T, Tonikum *мед.* тонизирующее средство; тоник
T, Torpedo- *в сложн.* торпедный
T, Torpedoboot (эскадренный) миноносец
T, Torpedoflugzeug самолёт-торпедоносец
T, Torr *физ.* торр *(единица давления = 1 мм рт.ст.)*
T, Tourenzahl *тех.* число оборотов, частота вращения
T, Träger *вчт.* носитель (данных)
T, Tragfähigkeit подъёмная сила, грузоподъёмность; допустимая нагрузка
T, Trägheit инерция; инерционность
T, Tragmast промежуточная опора
T, Transformator трансформатор
T, Transistor транзистор
T, Transport *бухг.* репорт *(перенос итога на следующую страницу)*
T, Triebwagen *ж.-д.* моторный вагон, автомотриса
T, Truppe воинская часть
T, Truppen войска
T, Truppen- *в сложн.* войсковой; воинский
T, Turm *шахм.* ладья
T, Typenprüfung типовое испытание
4T, Viertakt- *в сложн.* четырёхтактный *(двигатель)*
T°, Wärmegrad der absoluten Skala градус абсолютной температурной шкалы
T., Tag день; сутки
T., Tarif тариф
T., Tasse чашка; чаша
T., Tausend тысяча
T., Technik техника
T., Teil 1. часть, доля; 2. *юр.* сторона
T., Termin срок; дата
T., Testament завещание
T., Text текст
T., Tochter дочь
T., Tür дверь
T., Turbine турбина
T., Typ тип

t, *ж.-д.* вспомогательный код признака вагона «наличие специального оборудования для людских перевозок»
t, gewöhnliche Temperatur обычная температура
t, tonig *геол.* глинистый
t, T, Triebwagen моторный вагон; автомотриса
t., Teilung деление *(шкалы)*
t., tief *(столько-то метров и т. п.)* глубиной
t., Tonne тонна
TA, Tastatur клавиатура
TA, Technische Abteilung технический отдел
TA, Technische Akademie Техническая академия
TA, Technische Anleitung/Anweisung техническая инструкция
TA, Technischer Ausschu:s технический комитет
TA, Teilamt *тлф.* подстанция
TA, Telegrafenamt телеграф; телеграфное ведомство
TA, Tierarzt ветеринарный врач, ветеринар
TA, Tonabnehmer звукосниматель, адаптер
T.A., Taschenausgabe издание карманного формата
T.A., Telegraphenamt телеграфная станция
T.A., Tiefenapparat гидростат
Ta, Tantal *хим.* тантал
Ta., Tafel таблица
Ta., Tara тара, упаковка; вес упаковочного материала
ta, testantibus actis *(lat.)*; wie die Prozeßakten beweisen как видно из дела; что следует из дела
TÄA, Triäthanolamin ТЭА, триэтаноламин
Tab, Tabellieren табулирование, табуляция
Tab, Tabulator табулятор
Tab., Tabelle таблица
TABSOL, tabular systems oriented language *англ.* язык программирования ТАБСОЛ фирмы «Дженерал электрик» *(США)*
Tabu, Taschenbuch записная книжка; книжка карманного формата; покет-бук
TAC, translator-assembler-compiler *англ.* система программирования ТАК фирмы «Филко» *(США)*

Tacho, Tachometer 1. спидометр 2. тахометр
Taf., Tafel таблица
TAG, Textil-Ausrüstungs-Gesellschaft Общество по оборудованию текстильных предприятий
TÄG, Triäthylenglykol ТЭГ, триэтиленгликоль
TAGDAT, Tagesdaten ежедневно обновляемые данные
TÄH, Tierärztliche Hochschule Ветеринарный институт *(Австрия)*
T.A.L., Technische Akademie der Luftwaffe Техническая академия военно-воздушных сил *(бывшей германской армии)*
TAN, technisch begründete Arbeitsnormen технически обоснованные нормы выработки *(бывш. ГДР)*
tang, Tangens *мат.* тангенс
Tans., Tansania Танзания
Tar., Tarif тариф
TASO, taktil-akustische Schirmorientierung аудио-тактильная ориентация у экрана компьютера *(для слепых)*
TASS, Telegraphenagentur der UdSSR *бывш.* Телеграфное агентство Советского Союза, ТАСС
Tast., Tastatur клавиатура
TAT, thematischer Apperzeptionstest *психол.* испытание на тематическую апперцепцию
tat., tatarisch татарский
tato, Tato, Tagestonne(n) тонн в сутки
tats., tatsächlich фактический, действительный; фактически, на самом деле, действительно
TAZ, Trichterauslaufzeit условная вязкость промывочной жидкости
TB, Talbremse *ж.-д.* пучковая (вторая) тормозная позиция
TB, technischer Bericht технический отчёт
TB, technisches Büro техническое бюро
TB, Telegraphenbatterie телеграфная батарея
TB, Tiefgang am Bug осадка (судна) носом
TB, Tiefladebreite *ж.-д.* ширина колодца транспортёра колодцевого типа; ширина погрузочной площадки площадочного транспортёра
TB, Tonband магнитная лента
TB, Tonbandgerät магнитофон

TB, Touristenbund туристское общество, туристский союз
TB, Tuberkelbazillus туберкулёзная бацилла
TB., Tarifbestimmung положение о тарифах
T.B., Turnerbund гимнастический союз
Tb, Terbium *хим.* тербий
Tb, Tuberkulose туберкулёз
Tb., Tabelle таблица
Tb., Taschenbuch записная книжка; книжка карманного формата; покет-бук
Tb., Tatbestand *юр.* 1. состав преступления 2. фактические обстоятельства дела
TBA, Telegrafenbauamt телеграфно-строительное управление
TBAO, Transportbilanzanordnung *ж.-д.* Положение о порядке определения потребности народного хозяйства в перевозках и разработке транспортных балансов
TbB, Tuberkelbazillus *мед.* палочка Коха
TBBI, technische Berzirksbergbauinspektion техническая окружная рудничная инспекция
Tbc, Tuberkulose туберкулёз
T - Bf, Terminalbahnhof *ж.-д.* станция, оснащённая оконечными устройствами автоматизированной системы управления *(Швейцария)*
TBG, Telegrafenbaugerät телеграфно-строительный инструмент
TBI, Technische Bergbauinspektion горнотехническая инспекция
Tb I, Tebethion *мед.* тебетион *(противотуберкулёзное средство)*
TBL, Tonbasislinie линия глин *(на каротажной диаграмме)*
Tbl., Tabelle таблица
Tbl., Tablette *мед.* таблетка
Tbl., Tabulator *тех.* табулятор
Tbl., Titelblatt *полигр.* титул, титульный лист
Tbng, Tübingen г. Тюбинген
TBZ, Tiefbohrzement тампонажный цемент
TBZ, Torpedobootzerstörer контрминоносец
TC, Tankcontainer *ж.-д.* контейнер-цистерна
TC, Technezium *хим.* технеций
TC, technisches Komitee технический комитет

TC, Tennisklub теннисный клуб
Tc, kritische Temperatur критическая температура *(по абсолютной шкале)*
TCOT, Tension control optimisation theory принцип конструирования радиальных шин с оптимизацией распределения внутренних напряжений
T.C.S., Touring-Klub der Schweiz Швейцарский клуб (автомобильного) туризма
Tct, Tinktur тинктура, раствор; настойка
TD, Tachometerdynamo эл. тахогенератор, таходинамо
TD, Technischer Dienst техническая служба
TD, Technischer Direktor технический директор; главный инженер *(предприятия)*
TD, Tiefdecker ав. низкокрылый моноплан
TD, Transportdienst наименование периодического издания по вопросам перевозки грузов
TD, Triebdrehgestell ж.-д. ведущая (моторная) тележка
TD, Tunneldiode элн. туннельный диод
Td, Titer Denier текст. титр денье *(весовой номер нити)*
Td., **Tdr**, Tender 1. тендер; объявление открытого конкурса 2. посыльное судно
Td.,, Trend тенденция
t.d., truppendiensttauglich годен для службы в войсках
TDA, Temperaturdämpfungsausgleich тех. температурная компенсация
TDM, Tausend Deutsche Mark тысяча немецких марок
t.d.u., truppendienstuntauglich для службы в войсках негоден
TE, Internationale Konferenz für die Technische Einheit in Eisenbahnwesen Международная конференция по железнодорожным техническим стандартам
TE, Tecnische Entwicklung технический центр
TE, Trägerfrequenzerzeuger эл. генератор несущей частоты
T.E., Tageseinfluß метео влияние дневных условий
T.E., Taubeneinheit биол. голубиная единица
T.E., Teileinheit составляющая единица

T.E., Tornisterempfänger ранцевый радиоприёмник
Te, Schienentransporteinheit ж.-д. сцеп для перевозки рельсовых путей *(длиной 120 м)*
Te, Tellur хим. теллур
Te, Tratte банк. тратта, переводный вексель
TEA, Triäthanolamin ТЭА, триэтаноламин
techn., technisch технический
Teel., Teelöffel чайная ложка
TEG, Triäthylenglykol ТЭГ, триэтиленгликоль
TeG, handelsüblicher weißer Temperguß торговый белый ковкий чугун
Teilh., Teilhaber пайщик; компаньон; участник
Teiln., Teilnehmer участник
Teilz., Teilzahlung уплата в рассрочку; частичный платёж
T.E.K., Truppenentgiftungskompanie дегазационная рота
TEKADE, Süddeutsche Telefonapparate-, Kabel- und Drahtwerke-Aktiengesellschaft Акционерное общество южногерманских заводов по производству телефонной аппаратуры, кабеля и проволоки
Tel., Telefon телефон
Tel., Telefon- в сложн. телефонный
Tel., Telegraf телеграф
Tel., Telegramm телеграмма
tel., **telef.**, telefonisch телефонный
tel., **telegr.**, telegrafisch телеграфный
Tela, Versicherungsaktiengesellschaft für Technische Anlagen Акционерное общество страхования технических сооружений
Tel.-Adr., Telegrammadresse телеграфный адрес
Telbr, Telegrammbrief письмо-телеграмма
TELEG, Telegraf телеграф
TELEG, Telegrafiewesen телеграфия
Telex; **TELEX**, teleprinter-exchange англ. служба абонентской телетайпной связи, телекс, ТЕЛЕКС
TEM, мода низшего порядка *(параметр распределения интенсивности лазерного излучения)*
TEM, Transmissionselektronenmikroskop просвечивающий электронный микроскоп

Temp., Temperament темперамент
Temp., Temperatur температура
temp., temporär временный
Tend., Tendenz тенденция
TENO, Technische Nothilfe «Техническая помощь»
Terr., Territorium территория
Terr., Terrorist террорист
tert., tertiär *геол.* третичный
TES, Turboelektroschiff турбоэлектроход
tetr., tetragonal тетрагональный, четырёхугольный
TET-System, Tandem-Echo-Transfer-System тандемная система передачи эхосигнала
TEU, Twenty feet Equivalent Unit-Behältergrundeinheit *ж.-д.* условная единица учёта парка крупнотоннажных контейнеров — 20-футовый контейнер
TEV, thermostatisches Expansionsventil терморегулирующий вентиль
TEWA, Volkseigene Betriebe Technischer Eisenwaren Народные предприятия технических метизов *(бывш. ГДР)*
Tex., Texas Техас *(штат в США)*
TEXTIMA, Volkseigene Betriebe für Maschinen der Textil- und Bekleidungsindustrie Народные предприятия машиностроения для текстильной и швейной промышленности *(бывш. ГДР)*
TF, Mittelwert für den Zeitraum zwischen zwei aufeinanderfolgenden Fehlern im System *вчт.* среднее время между (двумя) отказами; среднее время безотказной работы *(см. тж.* **MTBF***)*
TF, Technische Forderungen *ж.-д.* технические требования
TF, Technischer Fehler техническая неисправность; неисправность аппаратуры; неисправность оборудования; аппаратурный сбой [отказ]
TF, Tragfläche несущая поверхность
TF, Transformator трансформатор
TF, Trockentransformator mit Fremdlüftung сухой трансформатор с внешним обдувом
T.F., Tidenfall *гидр.* амплитуда прилива
T.F., Truppenführung вождение войск; управление войсками
Tf, Torsionsfeder 1. *авто* торсионная рессора; 2. *маш.* пружина кручения

Tf, TF, Trägerfrequenz несущая частота
Tf, Triebfahrzeugführer *ж.-д.* машинист локомотива
Tf., Telefon телефон
Tf., Telefon- *в сложн.* телефонный
tf, torfig торфяной
TFA, Trommelfaserabscheider *текст.* барабанный волокноотделитель *(сепаратор; отстойник)*
TFA-Gehäuse, Trommelfaserabscheider-Gehäuse *текст.* кожух [корпус] для барабанного волокноотделителя
Tfd, Tiefdecker *ав.* низкокрылый моноплан
TFF, technisches Freifördern продувка скважины для выноса жидкости *(в начальный период освоения скважины)*
TFF, Trägerfrequenzfernsprecher аппарат высокочастотной телефонной связи
TFF, Trägerfrequenzfernsprechverkehr высокочастотная телефония
TFG, TRANSFRACHT Deutsche Transportgesellschaft mbH *ж.-д.* фирма Трансфрахт *(дочернее предприятие Государственных железных дорог ФРГ)*
TF-Gleisstromkreis, *ж.-д.* рельсовая цепь тональной частоты
TFh, TFH, Trägerfrequenzübertragung auf Hochspannungsleitungen *эл.* высокочастотная передача по линии высокого напряжения, высокочастотная связь по линиям электропередачи
Tfk, «Telefunken» сокращённое название фирмы «Телефункен»
Tfl, Tafel 1. таблица 2. *геол.* плита
TFL-Technik, Through Flow Line-Technik *нефт.* техника применения инструментов, транспортируемых потоком жидкости *(при эксплуатации морских скважин)*
TFNW, Französisch-Niederländischer Wagenladungstarif *ж.-д.* франко-нидерландский железнодорожный тариф на перевозки грузов повагонными отправками
tfr, Tunesischer Franc тунисский франк *(денежная единица)*
TFT, Trägerfrequenztelefonie высокочастотная телефония
T.F.T., Telegraphen- und Fernsprechtechnik телеграфная и телефонная техника

Tfv, Tarifverzeichnis *ж.-д.* Указатель тарифов
Tfz, Triebfahrzeug *ж.-д.* единица самодвижущегося подвижного состава
TG, Tachogenerator; Tachometergenerator эл. тахогенератор, тахединамо
TG, Tagebaulokomotive für Gleichrichterbetrieb электровоз с выпрямителем для открытых горных работ
TG, Tagegeld суточные *(деньги)*
TG, Tennisgemeinschaft теннисное общество
TG, Togo Того *(индекс государственной принадлежности автомобиля)*
TG, Tongenerator; Tonfrequenzgenerator генератор тональной [звуковой] частоты
TG, Transportsgemeinschaft *ж.-д.* транспортное объединение
TG, Trennungsgeld командировочные *(деньги)*
TG, Turngemeinschaft гимнастическое общество
Tg, Telegraf телеграф
Tg, Telegrafen- *в сложн.* телеграфный
Tg, Tiefgang осадка *(судна)*
Tg., Tag 1. день 2. съезд
Tg., Tagung съезд; конференция; сессия
tg., Tangens *мат.* тангенс
TGA, technische Gebäudeausrüstung техническое обеспечение [оснащение; оборудование] зданий
TGA, technisch gewerbliches Ausbildungszentrum Технический центр профессионального обучения
TGB, Text- und Graphiksystem für Blinde тексто-графическая система для слепых
Tgb, Tagebeau *горн.* открытая разработка
Tgb, Tagebuch 1. дневник 2. журнал
TG-Bremse, Thyssen-Gummigleisbremse *ж.-д.* замедлитель с резиновыми тормозными балками фирмы Тиссен *(ФРГ)*
tg d, Tangens Delta тангенс угла (диэлектрических) потерь
Tgh, Tiefgang hinten осадка (судна) кормой
TGL, Technische Normen, Gütevorschriften, Lieferbedingungen технические стандарты, нормативы качества и условия поставки товаров *(бывш. ГДР)*

tgl, täglich ежедневный; повседневный
Tgm, Tiefgang mittschiffs средняя осадка *(судна)*
TGV, Train a Grande Vitesse *ж.-д.* «скоростной поезд» *(моторно-вагонный поезд национального общества французских железных дорог)*
Tgv, Tiefgang vorn осадка носом
TH, Technische Hochschule высшее техническое учебное заведение, ВТУЗ
TH, Tiefgang am Heck осадка (судна) кормой
Th, Theater театр
Th, Thema тема
Th, Theorie теория
Th, Therapie терапия
Th, Thermometer термометр
Th, Thorium *хим.* торий
Th, Thüringen Тюрингия
th, therm., thermisch термический
t/24h, Tonne pro Tag *(столько-то)* тонн в сутки
THA, Technische Hochschule, Aachen Аахенское высшее техническое училище
TH Darm, Technische Hochschule, Darmstadt Дармштадтское высшее техническое училище
TH Dres, Technische Hochschule, Dresden Дрезденское высшее техническое училище
THG, Technische Hochschule, Göttingen Гёттингенское высшее техническое училище
TH Hann, Technische Hochschule, Hannover Ганноверское высшее техническое училище
THK, Technische Hochschule, Karlsruhe Высшее техническое училище в Карлсруэ
THL, Technische Hochschule, Leipzig Лейпцигское высшее техническое училище
TH Mü, Technische Hochschule, München Мюнхенское высшее техническое училище
T'hof, Tempelhof Темпельгоф *(район Берлина)*
Thr, Threonin треонин *(аминокислота)*
Thrfg, Thronfolger наследник престола, престолонаследник

THS, THSt, Technische Hochschule, Stuttgart Штуттгартское высшее техническое училище
Th.-St., Thomasstahl томасовская сталь
Thür., Thüringen Тюрингия
THW, Technisches Hilfswerk «Техническая помощь» *(организация в ФРГ)*
TI, Texas Instruments *англ.* фирма «Тексас инструмэнтс», выпускающая оборудование для обработки данных *(США)*
Ti, Titan *хим.* титан
Ti., Tisch стол
Ti., Tit., Titel 1. титул, заголовок 2. титул, звание
Ti.B., Titelbild *полигр.* фронтиспис
TIC, internationaler Fahrscheintarif международный тариф на *(туристские)* проездные билеты
Tilg., Tilgung погашение *(кредита);* уплата *(долга)*
TIR AU BUT, Treinage tir au but-Laufzielbremsung *ж.-д.* система прицельного торможения отцепов
Tit-Prof., Titularprofessor титулярный профессор *(не имеющий кафедры, но носящий звание профессора)*
Tit.Verz., Titelverzeichnis оглавление
TK, technische Konnferenz техническая конференция
TK, technische Konstruktion техническая конструкция
TK, Temperaturkoeffizient температурный коэффициент
TK, topographische Karte топографическая карта
TKB, Technische Kurzbeschreibung техническое краткое описание
Tk-Dg, Transportketten-Durchgangsgüterzug *ж.-д.* сквозной грузовой поезд, включённый в транспортную цепь
Tkm, tausend Kilometer *(столько-то)* тысяч километров, *тыс.км*
tkm, t/km, Tonnenkilometer *(столько-то)* тонно-километров, *т/км*
TKN, Tarifkomission des allgemeinen Güternahverkehrs *ж.-д.* Тарифная комиссия по перевозкам грузов на короткие расстояния транспортом общего пользования *(ФРГ)*
Tk-Netz, Transportkettengrundnetz *ж.-д.* сеть грузовых поездов постоянного обращения с согласованными расписаниями, обслуживающая «транспортные цепи» ФРГ
TKO, technische Kontrollorganisation организация технического контроля
TKO, technischer Knockout *спорт.* технический нокаут
Tkst., Tankstelle бензозаправочный пункт; (бензо)заправочная станция; бензоколонка
TL, Tarif für Ladeleistungen *ж.-д.* тариф на производство работ по погрузке, выгрузке, перегрузке грузов *(бывш. ГДР)*
TL, teach-and-learn-Steuerung АСУ с обучением и самообучением *(робота)*
TL, technische Leitung техническое управление
TL, Technische Lieferbedingungen, technische Lieferbedingungen технические условия поставки
TL, Traglast 1. грузоподъёмность 3. ручной багаж
TL, Tube Luminescent *англ.* люминесцентная лампа *(обозначение фирмы «Филипс»)*
TL, Turbinen-Luftstrahltriebwerk турбореактивный двигатель, ТРД
TL, Turbolader турбонагненатель
TL, Turbolokomotive газотурбовоз
TL, Turbo-Luft- *в сложн., тех.* турбовоздушный
Tl, Thallium *хим.* таллий
Tl., Teil 1. часть; доля 2. *юр.* сторона
Tl., Titel 1. титул, заголовок 2. титул, звание
t. l., teilweise löslich частично растворимый
TLE, Technologisches Labor des Eisenbahntransports Технологическая лаборатория железнодорожного транспорта
Tle., Teile 1. части; доли 2. *юр.* стороны
TLF, Tanklöschfahrzeug пожарная автоцистерна
Tln, Teilnehmer абонент; пользователь
TLR, technische Luftrüstung авиатехническое оснащение
TLSE, Tarif für sonstige Leistungen der Eisenbahn *ж.-д.* Тариф на прочие услуги железных дорог *(в бывш. ГДР)*
TM, Technische Messungen технические измерения

TM

TM, Technisches Museum Австрийский национальный технический музей
TM, Turbomotor турбодвигатель
TM, Typographische Monatsblätter *наименование швейцарского периодического издания по вопросам полиграфии*
Tm, Thulium *хим.* тулий
tm, Tonnenmeter *(столько-то)* тонно-метров, *тм*
Tmax, maximaler Tiefgang наибольшая осадка *(судна)*
TMB, Tunnelbohrmaschine роторный *(горнопроходческий)* комбайн
T/min, Touren pro Minute *(столько-то)* оборотов в минуту, *об./мин*
TMM, Tiefenmanometermessung *геол.* замер глубинным манометром
TN, Netztafel номограмма, диаграмма
TN, Tagesnorm дневная норма
TN, Technische Nothilfe «Техническая помощь» *(организация в ФРГ)*
TN, Telefonnummer номер телефона
TN, Tunesien Тунис *(индекс государственной принадлежности автомобиля)*
Tn, Thoron *хим.* торон, эманация тория
Tn., Tonne 1. бочка 2. *мор.* буй
tn., Tonne тонна, *т*
TNA, Trinitroanilin *хим.* тринитроанилии
TND, Tiroler Nachrichtendienst Тирольское информационное агентство
TNM, Tetranitromethan *хим.* тетранитрометан
T.-Nr., Telefonnummer номер телефона
TNT, Trinitrotoluol *хим.* тротил, тринитротолуол
TO, Tagesordnung повестка дня
TO, technische Oberschule среднее техническое учебное заведение
TO, technischer Offizier офицер технической службы
TO, Teiritorialorganisation территориальная организация
TO, Telegrafenordnung телеграфные правила
To, Eispunkt; Eisschmelzpunkt *усл. обозн.* точка таяния льда
To, TO, Tarifordnung тарифное руководство; тарифные правила
To, Tonaufnahme звукозапись
To, Torf торф
to, Tonne тонна, *т*

TOA, Tarifordnung für Angestellte des öffentlichen Dienstes тарифные правила для служащих государственных учреждений
TOG, Transportordnung für gefährliche Güter положение о транспортировке опасных грузов
TÖK, technisch-ökonomische Kennziffer технико-экономический показатель
TOM, technisch-organisatorische Maßnahmen организационно-технические мероприятия
Tonk., Tonkunst музыка, музыкальное искусство
Tonn., Tonnage тоннаж; водоизмещение *(судна в тоннах)*
top., topographisch топографический
Totp., Totpunkt мёртвая точка
TOUROPA, Europäisches Reisebüro Европейское бюро путешествий
to WFG, territorialorientierte Werkfahrgemeinschaft *ж.-д.* территориальное транспортное объединение *(в бывш. ГДР)*
TP, Tagungsprogramm программа конференции [сессии, съезда]
TP, Telefunken-Werke заводы радиоаппаратуры «Телефункен»
TP, Triangulationspunkt *геод.* триангуляционный пункт; тригонометрический пункт
TP, trigonometrischer Punkt тригонометрический пункт
Tp, TP, Tiefpaß фильтр нижних частот
Tp., Temperatur температура
Tp., Tempo темп
Tp., Tiefpunkt низшая точка
Tp., Transport *бухг.* репорт *(перенос итога на следующую страницу)*
Tpbt, Torpedoboot *(эскадренный)* миноносец
TPE, thermoplastische Elastomere термопластичные эластомеры
TPers, Tausend Personen *(столько-то)* тысяч человек
TPJ, Tarif Polen-Jugoslawien *ж.-д.* Польско-Югославский железнодорожный грузовой тариф
tpm, tps, Transmutation pro Minute *физ.* число распадов в минуту
TPN, Tiefenprobenahme *геол.* отбор глубинных проб

TPN, Triphosphorpyridin *хим.* трифосфорпиридин
TPU, thermoplastisches Urethan термопластичный уретан
TQ, Tageslichtquotient коэффициент естественного освещения
TR, Antriebsräder ведущие колёса
TR, Technische Richtlinien технические нормативы [правила, условия]
TR, Temperaturregler терморегулятор
TR, Titelrolle *театр.* заглавная роль
TR, Trägerrakete ракета-носитель
TR, Transformator трансформатор
TR, Treuhandschaftsrat административный совет, опекунский совет
TR, Turborakete турборакета
TR, Türkei Турция *(индекс государственной принадлежности автомобиля)*
T.R., Registertonnen *мор.* *(столько-то)* регистровых тонн
T.R., Triebradsatz *ж.-д.* ведущая колёсная пара
Tr, Trainer 1. тренер 2. учебно-тренировочный самолёт
Tr, Transformator трансформатор
Tr, Tripelpunkt тройная точка
Tr., Trab рысь *(лошади)*
Tr., Tradition традиция
Tr., Tragödie трагедия
Tr., Traktor трактор
Tr., Transistor транзистор
Tr., Transport 1. транспорт 2. *бухг.* репорт *(перенос итога на следующую страницу)*
Tr., Trapez трапеция
Tr., Tratte *банк.* тратта, переводный вексель
Tr., Trauer траур
Tr., Trend тенденция, *(главное)* направление развития; тренд
Tr., Trommel барабан
Tr., Tropfen *(столько-то)* капель
Tr., Truppe(n) воинская часть; войска
Tr A, Treppenlichtautomat автоматический выключатель лестничного освещения
TRACE, time-shared routines for analysis, classification and evaluation *англ.* специальное программное обеспечение ТРЭЙС фирмы «Систем девелопмент» *(США)*
trad., traditionell традиционный

TRADIC, transistor digital computer *англ.* вычислительная машина [ВМ] ТРАДИК *(США)*
Trafo, Transformator трансформатор
TRANSA, Abfertigungsspedition TRANSA *ж.-д.* транспортно-экспедиторская фирма *(с участием Государственных железных дорог ФРГ)*
TRANSAC, transistor automatic computer *англ.* вычислительная машина [ВМ] ТРАНЗАК фирмы «Филко» *(США)*
Transp., Transport 1. транспорт 2. *бухг.* репорт *(перенос итога на следующую страницу)*
Trapo, Transportpolizei транспортная [железнодорожная] полиция
TRbF, Technische Richtlinien für brennbare Flussigkeiten *ж.-д.* Технические правила обращения с горючими жидкостями *(ФРГ)*
TR BOS, Technische Richtlinien für Vielkanal-Sprechfunk-Geräte der Behörden und Organisationen mit Sicherheitsaufgaben технические условия на многоканальные телефоны для органов власти и организаций, наделённых функциями безопасности
TRD, Technische Regeln für Dampfkessel технические правила для паровых котлов
TRF, Technische Richtlinien für Flüssiggasanlagen технические правила для установок жидкого газа
Tr.-G., Transitgut транзитный груз; транзитный товар
Tr.-Geb., Transitgebühr(en) транзитная пошлина, транзитный сбор
Trgf., Tragfähigkeit подъёмная сила, грузоподъёмность; допустимая нагрузка
Trgschr., Tragschrauber вертолёт
Trgw., Tragwerk *стр..* несущая конструкция; *ав.* несущие поверхности
TRICE, transistorized real-time incremental computer engine *англ.* цифровой дифференциальный анализатор ТРАИС фирмы «Паккард белл компьютер» *(США)*
Tripofilm, Triphotographischer Film плёнка с тремя эмульсионными слоями
trk, türkische Sprache турецкий язык

Tr.Lsch., Truppenluftschutz зенитное [противовоздушное] охранение войск

Trp, Tropfpunkt точка [температура] каплепадения

TRS, Technische Richtlinie Straße технические условия на автодороги

TrSH, Träger der Sozialhilfe организация социального обеспечения; организация, распоряжающаяся фондами социальной помощи

TRT, technische Rohrtour *геол., нефт.* техническая обсадная колонна

TRTF, Technische Richtlinie für festverbundene Tanks und Aufsetztanks технические условия на сменные и несъёмные автоцистерны

TRU, Tonfrequenz-Ruf-Umsetzer *тлф.* сигнальный комплект тонального набора

TrV, Trennsteckverteiler штепсельный коммутатор; кроссировочное поле со штепсельными разъёмами

TRW, Thompson Ramo Wooldridge *англ.* фирма «Томпсон рамо вулдридж», выпускающая оборудование для обработки данных *(США)*

TRW, «Transport Route Wagon» *ж.-д.* фирма по контрейлерным перевозкам, Бельгия

Try, Tryptophan триптофан *(аминокислота)*

TS, Tagebaulokomotive für Stromrichterbetrieb электровоз с вентильным преобразователем для открытых горных пород

TS, Talseite низовая грань (гидротехнического) сооружения

TS, Tankschiff танкер

TS, Tankstelle бензозаправочный пункт; (бензо)заправочная станция; бензоколонка

TS, Taucherstation водолазная станция

TS, Tauchspulrelais реле с втяжным сердечником

TS, technische Sicherung *ж.-д.* технические средства обеспечения безопасности *(на переезде)*

TS, Teilnehmerschaltung схема абонентской установки

TS, Tonsender передатчик звукового сопровождения

TS, Transportschiff транспортное судно

TS, Trennschalter *эл.* разъединитель

TS, Trennschutzschalter разъединитель для обеспечения безопаснсоти работ при ремонте оборудования

TS, Trockentransformator mit Selbstlüftung сухой трансформатор с естественным охлаждением

TS, Turbinenschiff турбоход

T.S., Tankschiff танкер, нефтеналивное судно

T/S, Time-System International фирма «Тайм-систем-интернейшнэл» *(ФРГ)*

Ts., Taunus Таунус *(горы на р. Рейне)*

TSB, Technische Sicherheit im Bergbau Правила техники безопасности в горной промышленности

TSB-Einrichtung, Thyssen-Spurkranz-Beidrückeinrichtung *ж.-д.* устройство осаживания вагонов конструкции фирмы Тиссен с захватом за гребни бандажей вагонов

TSC, Transfracht-Service-Center сервисный центр «Трансфрахт» *(дочернее предприятие государственных железных дорог ФРГ)*

tsch, tschechisch чешский

tsch, tschechische Sprache чешский язык

Tschft, Turnerschaft гимнастическое общество

T-Schnellverschraubung, tube connector-Schnellverschraubung Т-образное быстроразъёмное резьбовое соединение шлангов

Tsd, Tausend тысяча

TSG, Turn- und Sportgemeinschaft гимнастическо-спортивное общество

TSLE, Tarif für sonstige Leistungen der Eisenbahn *ж.-д.* Тариф на прочие услуги железной дороги *(в бывш. ГДР)*

TSLI-Abkommen, *ж.-д.* «ТСЛИ-Соглашение», Соглашение между Турцией, Сирией, Ливаном и Ираком об особых условиях их участия в Соглашениях о международных грузовых и пассажирских железнодорожных перевозках **CIM** и **CIV**

TSP, Treibspiegelgeschoß снаряд с вышибным дном

Tsp., Trauerspiel *театр.* трагедия

TSQ, Thyristorquelle *эл.* тиристорный источник питания

TSR, Technische Sicherheitsregeln Правила техники безопасности
TsT, Tausend Stück *(столько-то)* тысяч штук
Tst, Telegraphenstelle телеграфная станция
Tst, Thomasstahl томасовская сталь
T-Stoff, Tränenstoff слезоточивое вещество
TSV, Technische Sicherheitsvorschriften Правила техники безопасности
TSV, technische Sicherheitsvorschriften правила техники безопасности
TSV, Turn- und Sportverein гимнастическо-спортивный союз
TS-Zug, Triebwagenschnellzug *ж.-д. австр.* скорый мотор-вагонный поезд
TT, technische Teile технические детали
TT, Tischtennis настольный теннис
TT, Transistortechnik транзисторная техника
TT, Trenntaste размыкающая [разъединяющая] кнопка; размыкающая клавиша
TT, Trinidad und Tobago Тринидад и Тобаго *(индекс государственной принадлежности автомобиля)*
Tt, Tausend Tonnen *(столько-то)* тысяч тонн, тыс.т
TT-Anlage, Tieftemperaturanlage низкотемпературная установка
TTC, Tischtennisklub клуб настольного тенниса
Tteff., Tausend Tonnen effektiv *(столько-то)* эффективных тысяч тонн
TTH, thyreotropisches Hormon *физиол.* (синтетический) тиреотропный гормон, тиреоидин
TTH-Verfahren, Tief-Temperatur-Hydrierung низкотемпературная гидрогенизация
TTL, Transistor-Transistor-Logik элн. транзисторно-транзисторная логика, ТТЛ-логика, ТТЛ
TTS, Teletype-Setzmaschine телетайп *(наборная машина)*
TTS, Tieftemperaturseparation *геол., нефт.* низкотемпературная сепарация, НТС
TTS, Transport+Tarif Service AG *ж.-д. швейц.* фирма по обслуживанию в области перевозок и тарифов
TTT, Tieftemperaturteer низкотемпературная смола

TTV, Tischtennisverein спортивное общество настольного тенниса
TTZ, Tieftemperaturzerlegung *геол., нефт.* низкотемпературное разделение
TU, Tagebaulokomotive für Umformerbetrieb электровоз с машинным преобразователем для открытых горных работ
TU, Technische Universität технический университет; технический институт
TU, Technische Universität, Berlin West западноберлинский технический университет
TU, Technische Unterlagen техническая документация
TU, Test-Unit*(англ.);* Kontrollblock; Kontrolleinheit блок *(тестового)* контроля; устройство *(тестового)* контроля
TÜ, technische Überwachung технический надзор, технадзор
Tu, коробка передач фирмы «Тумер» *(в маркировке)*
Tu, Thullium *хим.* тулий
Tu., Turbine турбина
TÜA, Technisches Überwachungsamt Ведомство технического надзора
T.-Ums., Tagesumsatz *эк.* ежедневный оборот
TUP, Transfracht-Umschlagplatz перевалочная контейнерная площадка предприятия «Трансфрахт»
Turb., Turbine турбина
Turb., Turbulenz турбулентность
TuS, Tuspo, Turn- und Sportverein гимнастическо-спортивный союз
TUSMA, «Telefoniere und Studenten machen alles» *наименование западноберлинского студенческого бюро труда*
TÜV, Technischer Überwachungsverein Союз работников технического надзора
TV, Tarifvertrag тарифное соглашение, соглашение о *(провозных)* тарифах
TV, technische Verwaltung техническое управление
TV, technische Vorschrift техническая инструкция
TV, Television телевидение
TV, Terminverlegung перенесение срока
TV, Testamentsvollstrecker исполнитель завещания; душеприказчик

TV, Trockenspinnverfahren сухой способ прядения
TV, Turbinenverdichter турбокомпрессор
TV, Turnverein гимнастический союз
TVA, Tarif- und Verkehrsanzeiger *ж.-д.* тарифно-маршрутный указатель
TVA, Torpedoversuchsanstalt экспериментальный торпедный институт
TVCS, three vortex combustion system *англ.* трёхпоточная система сжигания *(топлива)*
TVG, Tarifvertragsgesetz закон о тарифных соглашениях, закон о порядке заключения коллективных договоров о тарифных ставках
TVG, Technische Vorschriften für den Bau von Güterwagen *ж.-д.* технические правила постройки грузовых вагонов *(ФРГ, введены в 1978 г.)*
TV-Halle, Turbinenverdichterhalle ТКЦ, турбокомпрессорный цех
TVN, schweizerischer Touristenverein «Die Naturfreunde» швейцарский (молодёжный) туристский союз «Друзья природы»
TVO, Tarifvertragsordnung правила применения соглашения о *(провозных)* тарифах
TVO, Tiefbohrverordnung технические правила бурения *(глубокого)*
TVR, Technische Vorschriften für den Bau von Privatreisezugwagen *ж.-д.* Технические правила постройки пассажирских вагонов частного владения *(ФРГ)*
TVS, TV-Sender телевизионный передатчик
T.v.S., Ton vor Sieb *тех.* звук до фильтра
TVZ, Tagesverkehrszeit *ж.-д.* дневной период организации движения на транспорте
TW, Tagebaulokomotive für Widerstandsfahrt электровоз с реостатным пуском для открытых горных работ
TW, Teilnehmerwähltelegrafie абонентная телеграфная связь
TW, Terawatt тераватт, *ТВт*
TW, Thyssen-Wuppertal *ж.-д.* фирма «Тиссен-Вупперталь», ФРГ
TW, Torwart *спорт.* вратарь

Tw, TW, Triebwerk 1. привод, приводной механизм; 2. двигатель; силовая установка; 3. ходовая часть *(автомобиля)*
Tw., Tageswert стоимость на текущий день
Tw., Tagewerk ежедневная [повседневная] работа; работа за день
Tw., Transportwagen вагонетка
tw., teilweise частичный; частично, отчасти, частью
TWB, Temperaturwechselbeständigkeit термическая стойкость, термостойкость
T.Wb., Taschenwörterbuch карманный словарь
TWE, Tarif für Wagenladungstransporte der Eisenbahn *ж.-д.* Тариф на перевозки грузов повагонными отправками железнодорожным транспортом *(в бывш. ГДР)*
TWh, Terawattstunde *эл.* тераватт-час, *ТВтч*
TWK, technisch-wirtschaftliche Kennziffer технико-экономические показатели
TWL, Technische Wagenleitung *ж.-д.* Техническое вагонное управление ФРГ
T.W.Sp., tiefster Wasserspiegel *гидр.* самый низкий уровень воды
TWV, Technisch-wissenschaftliches Vortragswesen der Bergschule Bochum *наименование печатных трудов Бохумского горного училища*
TWV, Technisch-Wissenschaftliche Vereinigung Научно-техническое объединение
TYDAC, typical digital automatic computer *англ.* вычислительная машина [ВМ] ТАЙДАК *(США)*
Tyr, Tyrosin тирозин *(аминокислота)*
TZ, Tarazuschlagsatz надбавка на вес [массу] тары
TZ, technisches Zeichnen черчение
TZ, Technisches Zentralblatt *наименование периодического издания по вопросам техники*
TZ, technisches Zentrum технический центр
TZ, Tierzucht животноводство
TZ, Tourenzahl число оборотов, частота вращения
TZ, Transportzentrale центральное транспортное управление

TZA, Telegrafenzeugamt склад телеграфного имущества
TZB, Technische Zentralbibliothek Центральная техническая библиотека *(Ганновер)*
TZF, Technische Zentralstelle der Deutschen Forstwirtschaft Центральное техническое управление германского лесного хозяйства
TZG, Telefonie-Zusalz-Gerät добавочная телефонная аппаратура
T.-Zul., Teuerungszulage надбавка к заработной плате в связи с ростом цен

U

U, innere Energie *физ.* внутренняя энергия
U, Sonderwagen, der nicht unter die Gattungen F, H, L, S oder Z fällt, und Behälterwagen für staubförmige Güter *ж.-д.* специализированный вагон; вагон для перевозки пылевидных грузов
U, Spannung напряжение
U, Uhr часы
U, Ultra- *в сложн.* ультра-
U, U., Umdrehung(en) оборот(ы)
U, Umdrehungen *(столько-то)* оборотов
U, U., Umfang периметр
U, Umschalter переключатель; коммутатор
U, unabhängige Motorzapfwelle независимый вал отбора мощности *(на тракторе)*
U, Universität университет
U, Unterbrecherrelais реле размыкания
U, Untergrundbahn метро, метрополитен
U, U., Unterricht преподавание, обучение
U, Unterseeboot подводная лодка
U, Uran *хим.* уран
U, Uraufführung *театр.* премьера
U, wagentechnische Untersuchung *ж.-д.* техническое обслуживание вагонов
U., Unterkunft приют; убежище; пристанище

U., Unteroffizier унтер-офицер
U., Untersuchung исследование, изучение, изыскание; осмотр, освидетельствование; обследование
U., Urlaub отпуск
U., Urteil *юр.* приговор
Ü., Übertrager транслятор
u, Umfangsrichtung *мат.* направление касательной
u., und и
u., Undichtigkeitsgrad *физ.* степень проницаемости
UA, unsichtbare Ausfuhren невидимый [неучитываемый] экспорт, серый экспорт
UA, Unterausschu:s подкомитет
UA, Uraufführung *театр.* премьера
U.A., unter Anweisung *ком.* при уведомлении, при авизовании
U.A., unter Anzeige при извещении
Ua, Anodenspannung напряжение на аноде, анодное напряжение
Üa, Übergabezug *ж.-д.* передаточный поезд
u.A., unter Anweisung при уведомлении, с вручением уведомления; при авизовании; при извещении, при вручении извещения
u.a., und andere и другие, и прочие

u.a., und anderes и другое, и прочее
u.a., unter anderem в том числе; между прочим
u.a., unter anderen среди прочих
u.ä., und ähnliche и подобные
u.ä., und ähnliches и тому подобное, и т.п.
U.Abt., Unterabteilung *геол.* подотдел
ÜAL, Übergabeanruflampe вызывная лампа передачи
u.a.m., und andere mehr и прочие
u.a.m., und anderes mehr и прочее
u.ä.m., und ähnliche mehr и тому подобные
u.ä.m., und ähnliches mehr и тому подобное, и т.п.
UAP, Unabhängige Arbeiterpartei Независимая рабочая партия
u.a.ü., und alles übrige и всё прочее
u.a.ü., und alle übrigen и все прочие
UAW, Automobil-Gewerkschaft, USA профсоюз автомобилистов США
u.A.w.g., um Antwort wird gebeten просьба ответить
u.A.z.n., um Abschied zu nehmen с прощальным визитом
UB, Umschlagbetrieb *мор.* предприятие, занимающееся погрузочно-разгрузочными работами
UB, Universitätsbibliothek университетская библиотека
UB, Unterbau 1. *стр.* фундамент; основание 2. нижнее строение *(моста, железнодорожного пути)* 3. каркас *(шины, покрышки)*
UB, Unterhaltungsbestand *ж.-д.* общее число единиц подвижного состава, приписанных для ремонта к определённому предприятию по ремонту подвижного состава
UB, Urkundenbuch *наименование периодического издания по вопросам историографии*
Ü.B., Übergangsbogen переходная кривая *(железнодорожного пути)*
Üb, Übereineinkommen соглашение, договор
Üb, Übergabezug передаточный поезд
Üb, Übersetzung 1. перевод *(на другой язык)* 2. *тех.* передача; передаточное отношение, передаточное число
Üb, Übersicht 1. обзор, обозрение 2. вид, перспектива 3. сводная таблица

Üb, Überweisung перевод, перечисление *(денег)*
Üb, Übung 1. упражнение, тренировка 2. *воен.* учение, занятия
u.B., unser Bild наша фотография
u.b., unten beginnend начиная снизу
üb., überall везде, (по)всюду
U-Bd-Flgz, Unterseebootsbordflugzeug самолёт, запускаемый с подводной лодки
Ubf, Umschagbahnhof грузоперевалочная станция
Ubf, Unterwegsbahnhof *ж.-д.* попутная станция; промежуточная станция
übh., überhaupt вообще, в общем
übh., überholt устаревший *(о норме, договоре, понятии)*
übl., üblich обычный, обыкновенный; общепринятый; обычно, обыкновенно
U-Boot, Unterseeboot подводная лодка
übpl., überplanmäßig сверхплановый
Ubr., Unterbrechung *эл.* размыкание, прерывание
Ubr.F., unterbrochenes Feuer *навиг.* проблесковый огонь
Üb.Spr.K., Übungssprengkörper учебная подрывная шашка
ub-Stahl, unberuhigter Stahl кипящая сталь
Übtr, Übertrag *бухг.* перенос *(записи, итога)*
übz., überzählig (из)лишний, сверхкомплектный; добавочный
UCIFA, Union Zentralschweizerischer Cigarrenfabrikanten Союз фабрикантов сигар Центральной Швейцарии
UCPTE, Union pour la Coordination de la Production et du Transport de l'Elektricité *(fr.);* Vereinigung zur Koordinierung von Erzeugung und Transport von Elektrizität Объединение по координации производства и передачи электроэнергии
UD, Ultradezimeterwellen *радио* ультракороткие дециметровые волны
UD, Umbauverfahren Donnelli *ж.-д.* технология производства капитального ремонта верхнего строения пути на основе применения комплекса путевых машин «Доннелли»
UD, Umschmelzdruckguß литьё переплавленного металла под давлением

ÜD, Übersetzerdienst бюро переводчиков
Ud, Durchschlagsspannung напряжение пробоя
u.d.ä., und dem ähnliche и тому подобные
u.d.ä., und dem ähnliches и тому подобное
UDC, Universal Decimal Classification *англ.* универсальная десятичная классификация, УДК
UDEC, unitized digital electronic calculator *англ.* вычислительная машина [ВМ] УДЕК фирмы «Барроуз» *(США)*
u.desgl.*(m.)*, und desgleichen *(mehr)* и тому подобное
u.d.f., und die folgenden и нижеследующие
u.dgl.*(m.)*, und dergleichen *(mehr)* и (тому) подобные
u.d.L., unter der Leitung под руководством *(такого-то)*
u.d.M., unter dem Meeresspiegel *геогр.* ниже уровня моря
u.d.M., unter dem Mikroskop под микроскопом
ü.d.M., über dem Meeresspiegel *геогр.* над уровнем моря
UDP, Unabhängige Deutsche Partei Независимая немецкая партия
UDR, Unterdrücken *вчт.* блокировка; подавление *(напр., нулей в старших разрядах)*
UDR-A, Unterdrücken-Ausgabe *вчт.* блокировка вывода
UDRP, Unabhängige Deutsche Reichspartei *ист.* Независимая немецкая имперская партия
UdSSR, Union der Sozialistischen Sowjetrepubliken *бывш.* Союз Советских Социалистических Республик, СССР
UDT, Unterdecktonnen *мор.* подпалубный тоннаж
u.d.T., u.d.Tl., unter dem Titel под названием, под заглавием
Üe, Übertragung передача *(данных)*
u.E., unseres Erachtens по нашему мнению, по нашему усмотрению
u.e.a., und einige andere и некоторые другие
U.E.F., Union Europäischer Föderalisten, Europaunion Европейский союз федералистов

Ü.Einr.; ÜEinr., Überwachungseinrichtung *тех.* контрольное устройство, устройство контроля
UEIs, Unterelsaß Нижний Эльзас
U.E.R., Union Européenne de Radiodiffusion *(fr.)*; Europäischer Rundfunkverein Европейский союз радиовещания
UF, Umkehrfolge *вчт.* последовательность реверса *(напр., ленты)*
U.F., Unterfamilie *биол.* подгруппа, подсемейство
ÜF, Überlagerungsfrequenz эл. комбинационная частота, частота биений
ÜF, Überweisungsfernamt оконечная междугородная станция
u.f., und ferner и далее; и в последующем
u.f., und folgende *(Seite)* и следующая *(страница)*
ÜFB, Übertragungsfrequenzbereich диапазон частот передачи
u.ff., und folgende *(Seiten)* и следующие *(страницы)*
Uffz., Unteroffizier унтер-офицер
UFK, ungelenkter Flugkörper неуправляемая ракета
UFO, unbekanntes Flugobjekt неопознанный летающий объект
UFP, Unabhängige Frauenpartei Независимая женская партия
Ufr., Unterfranken Нижняя Франкония
UFS, Unterwasserfernsehen подводное телевидение
ÜFuSSt, Überseefunksendestelle радиостанция для трансокеанской радиосвязи
Ufw, Umformerwerk эл. преобразовательная подстанция; двигатель-генераторная подстанция
Ufw., Unfallwagen скорая помощь, машина [автомобиль] скорой помощи
UG, Umstellungsgesetz закон о перемещении (государственных) служащих
UG, Untergescho:s полуподвальный этаж
UG, Untersuchungsgefängnis следственная тюрьма
Ug, Gitterspannung напряжение на сетке, сеточное напряжение
Ug., Uganda Уганда
u.-g., ungerade-gerade *физ., мат.* нечётно-чётный
U. Gatt., Untergattung *биол.* 1. подрод; 2. подвид

ugd, ungedämpft незатухающий; незаглушённый

ugf., ungefähr приблизительно, примерно, около

Ug/M, Umdrehungen je Minute *(столько-то)* оборотов в минуту, *об./мин*

UGO, Unabhängige Gewerkschaftsopposition in West-Berlin независимая профсоюзная оппозиция в Западном Берлине

U-Gruppe, Übergabegruppe *ж.-д.* вспомогательный передаточный парк или группа путей *(для отстоя и формирования в поезда неисправных вагонов, направляемых в ремонт*

UGS, Untergrundgasspeicher подземное газохранилище, ПХГ, подземное хранилище газа

u.G.z.w., um Glück zu wünschen с пожеланием счастья

UHA, Untersuchungshaftanstalt следственный изолятор, сизо, СИЗО; изолятор временного содержания, ИВС; камера предварительного заключения, КПЗ

UHF, Ultrahochfrequenz *эл.* сверхвысокая частота, СВЧ

UHV, Ultrahochvakuum сверхвысокий вакуум

UIA, Internationale Anwaltsvereinigung) Международный союз адвокатов

UiD, Union in Deutschland *наименование периодического архивного издания Христианско-демократического союза*

UIE, Union Internationale pour l'Etude de l'Electrothermie *(fr.)*; Internationale Elektrowärme-Union Международная ассоциация по электротермии

U.I.P.P.A., Union Internationale de Physique Pure et Appoliquée *фр.* Международный союз теоретической и прикладной физики

U.I.T., Union Internationale des Télécommunications *(fr.)*; Internationaler Fernmeldeverein Международный союз электросвязи, МСЭ

U-Jäger, Unterseebootjäger противолодочный корабль

UK, Subkanal *связ.* подканал

UK, Ultrakurz- *в сложн.* ультракороткий

UK, Umbauverfahren Karlsruhe *ж.-д.* технология производства капитального ремонта верхнего строения пути на основе применения комплекса путевых машин «Карлсруэ»

UK, Unterkante нижняя кромка

UK, Umrechnungskurs курс пересчёта *(валют)*

Uk, Klemmenspannung напряжение на зажимах

Ük, Überwachungskontakt *эл.* контрольный контакт

uk, UK, unabkömmlich освобождённый от военной службы по броне

UKE, Ultrakurzwellenempfänger ультракоротковолновый приёмник

U.Kl., Unterklasse *биол.* подкласс

Üko, Überfallkommando дежурный полицейский отряд, оперативная группа, группа быстрого реагирования

UKV, Umzugskostenverordnung положение о выплате подъёмных

UKW, Ultrakurzwellen- *в сложн.* ультракоротковолновый

UKWE, Ultrakurzwellenempfänger ультракоротковолновый приёмник

U(L), Spannungs-Längencharakteristik характеристика напряжение-длина *(дуги)*

ÜL, Überwachungslampe контрольная лампа; контрольный ламповый индикатор

Öl., Überweisungsleitung *тлф.* справочная линия

ul., unlöslich нерастворимый

ULA, Union der Leitenden Angestellten Объединение (союзов) администраторов *(торговых и промышленных предприятий)*

U.L.F., Unsere Liebe Frau 1. *св.* дева Мария, богородица 2. *шутл., ирон.* дорогая наша супруга

U.L.K., Unteroffizierlehrkurs курс обучения унтер-офицеров

UM, Umbauverfahren Matisa *ж.-д.* технология производства капитального ремонта верхнего строения пути на основе комплекса путевых машин фирмы «Матиза»

UM, Unterrichtsministerium Министерство просвещения *(Австрия)*

UM, Untersuchungen und Mitteilungen материалы следствий *(отдел газеты)*
Um, Unfallmeldedienst аварийная служба
u.M., unter dem Meeresspiegel *геогр.* ниже уровня моря
ü.M., über dem Meeresspiegel *геогр.* над уровнем моря
Umb., Umbuchung бухгалтерская запись, проводка по книгам
Umdr/M, Umdrehungen je Minute *(столько-то)* оборотов в минуту, *об./мин*
Umf E-Nr, Umfang der Einzelnummer объём отдельного номера *(периодического издания)*
Umf(g)., Umfang 1. объём 2. периметр 3. окружность
Umf wö, Umfang durchschnittlich wöchentlich объём в среднем за неделю
Umg., Umgang обход; объезд
Umg., Umgebung окружение; среда
UMI, Universal-Me:sinstrument универсальный измерительный прибор
U/min, Umdrehungen je Minute *(столько-то)* оборотов в минуту, *об./мин*
Uml, Umladung перегрузка
Uml., Umlauf 1. циркуляция; 2. вращение; 3. оборот
Uml., Umlaut *лингв.* умлаут
uml.u.R., umlaufend unter Rückerbittung *канц.* после ознакомления возвратить
u.M n., unserer Meinung nach на наш взгляд
Ums., Umsatz *эк.* оборот
ums., umsichtig осмотрительный, осторожный
ums., umsonst напрасно, тщетно
U-Musik, Unterhaltungsmusik лёгкая музыка
u.M.v., unter Mitarbeit von при участии, при посредстве, при содействии *(кого-л.)*
u.M.v., unter Mitwirkung von при участии, при посредстве, при содействии *(кого-л.)*
Umw., Umwandlung 1. превращение; преобразование, 2. *эк.* конверсия
Umw., Umweg окольная дорога; обход; объезд
UmwStg, Umweltschutzgesetz закон об охране окружающей среды
UMZ-Relais, unabhängiges Maximalstrom-Zeitrelais *эл.* реле максимального тока с независимой выдержкой времени

UN, Überseenachrichten *наименование периодического издания по международной экономике и внешней торговле*
UN, Unterwasser *гидр.* нижний бьеф
u.N., unter Naturschutz находится под охраной *(о заповеднике)*
unb., unbekannt неизвестный
unbew., unbeweglich неподвижный
unbew., unbewußt бессознательный; инстинктивный; непроизвольный
unbr., unbrauchbar непригодный
unbr., unbrennbar негорючий
UNCOL, universal computer oriented language *англ.* универсальный машинно-ориентированный язык программирования УНКОЛ *(США)*
UNESCO, Organisation der Vereinten Nationen für Erziehung, Wissenschaft und Kultur Организация Объединённых Наций по вопросам просвещения, науки и культуры, ЮНЕСКО
unf., unfähig неспособный
unf., unfertig неготовый; незавершённый
unf., unförmig бесформенный
unfl., unflektiert *грам.* несклоняемый; неспрягаемый
ung., ungefähr приблизительно, примерно, около
ung. , ungar., ungarisch венгерский
ung. , ungar., ungarische Sprache венгерский язык
ungel., ungelöst *хим.* нерастворимый
unges., ungesättigt *хим.* ненасыщенный, непредельный
ung(e)z., ungezähnt (почтовая марка) без зубчиковой перфорации
ungf., ungefähr приблизительно, примерно, около
unh., unhandlich неудобный в обращении
unh., unheilbar неизлечимый
unh., unhöflich невежливый
Uni., Universität университет
Uni., Universitäts- *в сложн.* университетский
UNIFET, Unipolarer FET униполярный [полевой] транзистор
UNIPEDE, Union Internationale des Producteurs et Distributeurs d'Energie Electrique *(fr.)*; Internationale Vereinigung der Erzeuger und Verteiler von Elektroenergie

Международный союз по производству и распределению электроэнергии
UNIPOL, universal problemoriented language *англ.* универсальный проблемно-ориентированный язык программирования УНИПОЛ *(США)*
UNIPOL, universal procedureoriented language *англ.* универсальный процедурно-ориентированный язык программирования УНИПОЛ *(США)*
UNIVAC, Universal Automatic Computer *англ.* фирма «ЮНИВАК», выпускающая оборудование для обработки данных *(США)*
unk., unkündbar не подлежащий востребованию, несрочный *(заём)*
unl., unlängst недавно; на днях
unl., unlimitiert неограниченный, нелимитированный
unl., unlogisch нелогичный
unl., unlösbar 1. нерастворимый 2. неразъёмный
unl., unlöslich нерастворимый
UNO, United Nations Organisation Организация Объединённых Наций, ООН
unpg., unpaginiert *полигр.* без постраничной нумерации
unr., unreal нереальный
unr., unrecht неправый, несправедливый
unr., unredlich нечестный; недобросовестный
unr., unregelmäßig нерегулярный; неправильный
unr., unrein загрязнённый; с примесями
unr., unrentabel нерентабельный, неэкономичный
unr., unrichtig неправильный, неверный
unr., unruhig неспокойный, беспокойный
uns., unsymmetrisch несимметричный
UNSCC, United Nations Standards Coordinating Committee *(engl.)*; Normenkoordinierungsausschu:s der Vereinten Nationen Координационный комитет по стандартам Организации Объединённых Наций
unt., unten внизу
unt., unter нижний 2. младший *(о классе)*, 3. низший
unt., unter под *(предлог)*
unt., unterhalb ниже; внизу; под

untgb., untergebener подчинённый, подведомственный
unv., unverändert неизменный, постоянный
unv., unvollständig неполный *(напр., о сведениях);* несовершенный
unw., unwesentlich несущественный, незначительный
unw., unwirklich нереальный
unw., unwirksam неэффективный; безрезультатный; недействующий
unz., unzahlbar неисчислимый
unz., unzufrieden недовольный
unzers., unzersetzlich неразложимый, неразлагаемый
unzug., unzugänglich недоступный
unzul., unzulänglich недостаточный
unzul., unzulässig недопустимый
UO, ohne Unterbrechung без прерывания
UO, Unteroffizier унтер-офицер
U.O., Unterordnung *биол.* подотряд
U.O., Unterordnung подчинение
Ü.ö., Überstromkanal öffnet *авто* момент открытия перепускного канала
u. ö., und öfter и чаще
UP, Umbauverfahren Plasser *ж.-д.* технология производства капитального ремонта верхнего строения пути на основе применения комплекса путевых машин фирмы «Пляссер»
UP, unabhängige Pufferzeit *сет. пл.* независимый резерв времени
UP, Unterprogramm подпрограмма
UP, Unterpulver... под слоем флюса *(о дуговой сварке)*
u. P., unter Putz под слоем штукатурки, под штукатуркой
up, unter Putz *элт., усл. обозн. (проводка)* под штукатуркой *(скрытая проводка)*
UpM, U. p. M, Umdrehungen pro Minute *(столько-то)* оборотов в минуту, об./мин
Upo, Umlaufpotentiometer *эл.* многооборотный потенциометр
UPP, unveränderlicher Planpreis неизменная плановая цена
UPU, Union Postale Universelle *(fr.)*; Weltpostverein Всемирный почтовый союз
UR, Ultrarot *физ.* инфракрасные лучи, инфракрасное излучение

UR, ultrarot *физ.* инфракрасный
UR, Unfallrente пенсия по инвалидности
UR, Urheberrecht авторское право
UR, Urkunderegister регистрационная книга *(журнал);* учётная книга *(документов);* реестр
ÜR, Übersee-Rundschau *наименование периодического издания по вопросам внешней торговли*
Ur, Uhr часы
u.R., unter Rückerbittung при условии возврата, подлежит возврату *(гриф документа)*
Urdox, Urandioxid окисел урана; диоксид урана
Urh., Urheber автор
UrhG, Urheberrechtsgesetz закон об авторском праве *(и смежных правах)*
Urk., Urkunde документ; акт; грамота
Urk St, Urkundensteuer гербовый сбор
UrlO, Urlaubsordnung положение об отпусках
URS, Universelles Regelungs-und Steuerungssystem универсальная система регулирования и управления
Ur S, Urschablone *тех.* эталонный шаблон
Ursamat, Universelles System von Geräten und Einrichtungen für die Automatisierung technologischer Prozesse универсальная система приборов и устройств для автоматизации технологических процессов
URSI, Union Radio Scientifique Internationale *(fr.);* Internationale funkwissenschaftliche Vereinigung Международный научный радиотехнический союз
US, Ultraschall ультразвук
US, United States (of Amerika) Соединённые Штаты (Америки) *(индекс государственной принадлежности автомобиля)*
US, Unterspannung минимальное напряжение; низшее напряжение *(трансформатора)*
US, Untersystem подсистема
Us, US, Umsetzer эл. преобразователь
Ü.s., Überstromkanal schließt *авто* момент закрытия перепускного канала
USA, automatische Scharfabsitzung автоматическая подстройка
USASCII, United States of America Standard Code of Information Interchange *(engl.);* Amerikanischer Normkode für Nachrichtenaustausch американский стандартный код для обмена информацией
U-Schätze, unverzinsliche Schatzanweisungen беспроцентные казначейские векселя
USE, Union des Syndicats de l'Electricité *(fr.);* Vereinigung französischer elektrotechnischer Verbände Объединение электротехнических синдикатов *(Франция)*
u.s.f., und so fort и так далее
USIA, United States Information Agency *англ.* американское информационное агентство «Юнайтед Стэйтс информейшен» *(США)*
ÜSL, Übergabeschlu:slampe ламповый сигнализатор окончания передачи
U.S.P., US-amerikanisches Patent американский патент *(США)*
u.sp., und später и позднее
USPD, Unabhängige Sozialdemokratische Partei Deutschlands *ист.* Независимая социал-демократическая партия Германии
U.S.S., Union der Seifenfabrikanten der Schweiz Союз швейцарских фабрикантов мыла
US-Schweißen, Unterschienenschweißen дуговая сварка лежачим электродом
USt, Umsatzsteuer налог с оборота
U.St., Unterstamm *биол.* подтип
Ust, Stehspannung предельное импульсное напряжение, выдерживаемое изоляцией
Ust, Umladestelle *ж.-д.* пункт сортировки мелких отправок
UStDB, Durchführungsbestimmungen zum Umsatzsteuergesetz инструкции о порядке исполнения закона о налоге с оборота
UStG, Umsatzsteuergesetz закон о налоге с оборота
USV, unterbrechungsfreie Stromversorgung бесперебойное энергоснабжение; бесперебойное питание от сети
USW, Ultraschallwellen ультразвуковые волны
usw., und so weiter и так далее

US-Wagen, *ж.-д.* вагон из состава путеукладочного поезда «Стандарт»
US-Zug, *ж.-д.* путеукладочный поезд «Стандарт»
UT, Unterlagerungstelegrafie подтональная телеграфия
UT, Unterwassertelegrafie подводная звуковая связь, подводная сигнализация
U.T., unterer Totpunkt *тех.* нижняя мёртвая точка, н. м. т.
u.T., unter der Theke *разг.* из-под прилавка, из-под полы
u.T., unterer Totpunkt *тех.* нижняя мёртвая точка
u.T., unter Tage *горн.* под землей *(в шахте);* подземный
ü.T., über Tage *горн.* на поверхности; наземный
u. t., usual terms *англ.* обычные условия
UTA, Union Schweizerischer Tabakindustrieller Союз швейцарских табачных фабрикантов
UTA, Untertageausrüstung *горн.* подземное оборудование
UTD, Untertage-Deponie подземная свалка
UTi, Untertitel подзаголовок
UTS, unified transfer system *англ.* вычислительная машина [ВМ] УТС для автоматического перевода с русского языка на английский *(США)*
UTV, Untertagvergasung подземная газификация
Üü, Übertragung mit Ortsleitungsübertrager передача с трансформатором в местной *(телефонной)* сети
u.U., unterirdischer Unterstand подземное убежище
u.U., unter Umständen при известных условиях; смотря по обстоятельствам
u.-u., ungerade-ungerade *физ., мат.* нечётно-нечётный
u.u.R., urschriftlich unter Rückerbittung подлинник возвратить
u.ü.V., unter üblichem Vorbehalt с обычной оговоркой, при соблюдении обычных условий
UV, Ultraviolett ультрафиолетовая область спектра, ультрафиолет
UV, ultraviolett *физ.* ультрафиолетовый
UV, unabhängige Variable независимая переменная

UV, Unfallversicherung страхование от несчастных случаев
UV, Unitas-Verband der Wissenschaftlichen Katholischen Studentenvereine Католическое объединение студенческих научных организаций
UV, Universitätsverlag, Berlin издательство Берлинского университета
UV, Univibrator *эл.* одностабильный вибратор; моновибратор
u.V., unter Vorbehalt с оговоркой, с условием
uv., unverkäuflich непродажный; непродаваемый; неходовой
uv., unversehrt невредимый, целый
uv., unversichert незастрахованный
UVA, unbemanntes Verstärkeramt усилительная подстанция без обслуживающего персонала
u.v.a.(m.), und viele andere *(mehr)* и многие другие
u.v.a.(m.), und vieles andere *(mehr)* и многое другое
U.v.D., Unteroffizier vom Dienst дежурный унтер-офицер
UVE, Ultravioletteinheit единица ультрафиолетового излучения
Uviol, ultraviolettes Licht ультрафиолетовый свет
UVNG, Unfallversicherungs-Neuregelungsgesetz новый закон о регулировании страхования от несчастных случаев
UVollzO, Untersuchungshaftvollzugsordnung положение об отбывании предварительного ареста
UVPG, Umweltverträglichkeitsprüfung проверка экологической совместимости
uvsf., unverseifbar *хим.* неомыляемый
ÜVT, Übersicht *(f)* über die Verwendbarkeit der Triebfahrzeuge *ж.-д.* Обзор применимости локомотивов *(издаваемый дирекцией железных дорог документ об условиях и возможности пропуска и эксплуатации локомотивов различных серий на подведомственных ей участках)*
UVV, Unfallverhütungsvorschrift инструкция по технике безопасности
UVV, U.V.V., Unfallversicherungsvorschriften правила страхования от несчастных случаев

UVW-Regel, Rechte-Hand-Regel *эл.* правило правой руки
UW, Umspannwerk трансформаторная подстанция
UW, Unterwasser *гидр.* нижний бьеф
UW, Unterwasserstand *гидр.* уровень нижнего бьефа
UW, Unterwerk *эл.* подстанция
u.W., unseres Wissens насколько нам известно
u.W., untere Winkelgruppe *воен. (арт.)* углы возвышения меньше, чем угол наибольшей дальности
Üwa, Überwachung наблюдение, контроль
UWG, Gesetz gegen unlauteren Wetbewerb закон о борьбе с недобросовестной конкуренцией; закон о недобросовестной конкуренции; закон о недопущении недобросовестной конкуренции
UWG, Umbaugerätesatz für Weichen und Gleise *ж.-д.* агрегат для смены стрелочных переводов, рельсов и шпал *(ФРГ)*
UWS, Umweltschutz охрана окружающей среды
UZ, Uhrzeit время по часам
UZ, Ultrazentrifuge ультрацентрифуга
U.Z., Uhrzünder взрыватель с часовым механизмом
ÜZ, Übermittlungszentrale трансляционная станция
u.Z., unserer Zeit; unsere Zeitrechnung нашей эры
u.z., und zwar а именно
UZ-Ausrüstung, подземное цементировочное оборудование
u. Zchg, unsere Zeichnung наш чертёж
UZG, Untere Zündgrenze нижний предел взрывоопасной концентрации
UZg., Ursprungszeugnis свидетельство о происхождении *(товара)*
u.zw., und zwar а именно

V

V, Diesel-Elektrofahrzeug *усл.обозн.* тепловоз *(в маркировке)*
V, Leistungsverlust *тех.* потеря мощности
V, magnetische Spannung магнитодвижущая сила, мдс
V, Vakuum вакуум
V, Vanadium *хим.* ванадий
V, Variante вариант
V, Vatikan Ватикан *(индекс государственной принадлежности автомобиля)*
V, Verband 1. союз; объединение; общество 2. *воен.* соединение
V, Verbindung соединение; связь; сообщение
V, Verdrängung *мор.* водоизмещение
V, Verdunstung *физ.* испарение
V, «Vergeltungswaffe» «оружие возмездия» *(принятое в 1944-45 гг. в гитлеровской Германии наименование самолётов-снарядов)*
V, vergütet *мет.* улучшенный *(напр., о стали)*
V, Verordnung постановление, распоряжение, предписание
V, Versicherung страхование
V, Versuch опыт, эксперимент; проба; испытание
V, Verteidigung оборона, защита
V, Verteidigungs- *в сложн.* оборонительный, защитный
V, Verteilerbereich *ж.-д.* зона распределения *(местных грузо- или вагонопотоков)*
V, Viehzug поезд для перевозки скота
V, V-Motor **V**-образный двигатель
V, Vollweg-Symmetrie двухполупериодная симметрия

V

V, Volt вольт, *В (единица силы электрического тока)*
V, Voltmeter вольтметр
V, Volumen объём
V, Vorhaltepunkt *воен.* точка упреждения
V, Vorläufer *ж.-д.* предыдущий отцеп
V, vorne переднее расположение двигателя
V, Vorposten *воен.* форпост, сторожевое охранение
V, Vorpostenboot сторожевой корабль
V, Vorzeichenwerk устройство обработки знаков
V., Vefügung постановление; распоряжение; директива
V., Vene *анат.* вена
V., Veränderung изменение
V., Verfassung конституция; основной закон
V., Verkauf продажа, сбыт
V., Verkehr движение *(уличное, дорожное)*; транспорт; перевозки
V., Verlag издательство
V., Verordnung постановление; распоряжение
V., Vers стих
V., Versicherung страхование
V., Vertrag договор; контракт
V., Vertreter представитель
V., Verwaltung администрация, правление; управление *(орган)*
V., Vorkommnis происшествие; случай
V., Vorschrift предписание; положение *(о чем-л.)*; инструкция
v, Beiwagen zum Triebwagen mit Verbrennungsmotoren *ж.-д.* прицепной вагон дизельной мотор-вагонной секции
v, Geschwindigkeit *тех.* скорость
v, spezifisches Volumen *физ.* удельный объём
v, variables Kapital *эк.* переменный капитал
v., von, vom 1. от; из 2. о, об
VA, Valuta валюта
VA, Verkaufsabteilung отдел продаж, отдел сбыта
VA, Verkehrsamt отдел коммерческой эксплуатации *(дирекции железной дороги)*
VA, Verlagsanstalt издательство
VA, Vermessungsamt управление топографо-геодезической съёмки

VA, Vermögensabgabe *(разовый)* налог на имущество
VA, Versicherungsamt управление *(социального)* страхования
VA, Versicherungsanstalt страховое общество
VA, Versicherungsanstalt управление *(социального)* страхования
VA, Versuchsanstalt экспериментальная лаборатория
VA, Vizeadmiral *мор.* вице-адмирал
VA, Voltampere *физ.* вольт-ампер, *ВА*
VA, Vorausströmung *авто* опережение выпуска; предварение выпуска
VA, vorläufige Arbeitsnorm врйменная норма выработки
VA, Vorzugsaktie привилегированная акция
V.A., Versuchsanstalt экспериментальный институт
Va, Verdichtungsanfang начало сжатия
Va, Vorratsanzeiger указатель запаса; указатель [индикатор] уровня *(напр., горючего)*
v.A., von Amts wegen по службе
va., veraltet устаревший
va., vollautomatisch полностью автоматический, полностью автоматизированный
v.a., vor allem прежде всего
VAB, Vereinigung der Beamten des höheren Dienstes der Deutschen Bundesbahn *ж.-д.* Союз работников Государственных железных дорог ФРГ, относящихся к командному составу
VAB, Versicherungsanstalt Berlin западно-берлинское управление социального страхования
VAbt, Versuchsabteilung экспериментальный отдел
V.A.C.C., Vereinigung Alter Herren des Coburger Konvents Объединение почётных старых корпорантов — участников Кобургского конвента
v.A.d.F., vor dem Ablauf der Frist до истечения срока
VAF, Vorschriften über die Sicherheit von Apparaten für Elektroschall, Elektrobild, Nachrichten- und Fernmeldetechnik Правила безопасности для аппаратуры электроакустики, телевидения и электросвязи

VAG, Versicherungsaufsichtsgesetz закон о контроле страховой деятельности

VAG, Versicherungs-Aufsichts-Gesetz закон о надзоре за социальным страхованием; закон об инспекции социального страхования

V.a.G., Verein auf Gegenseitigkeit объединение на условиях соблюдения обоюдных интересов

VAK, Vereinigung Kommunaler Arbeitgeberverbände Объединение коммунальных союзов работодателей

Vak., Vakuum вакуум

VAK-Diagramm, verschobenes Anisotropiepunktkurvendiagramm *геол.* палетка кривых со смещённой точкой анизотропии *(интерпретация ВЭЗ)*

VAL., Verpflegungsanordnungen der Luftwaffe положение о продовольственном снабжении военно-воздушных сил *(в бывшей германской армии)*

V.A.L., Vereinigung Alter Landsmannschaften Объединение старых студенческих землячеств

Val., Valuta валюта

V.A.L.T., Vereinigung Alter Landsmannschaften und Turnerschaften Объединение старых студенческих землячеств и гимнастических обществ

VAM, Verzeichnis der zulässigen Achs- und Meterlasten *ж.-д.* Перечень участков железных дорог с указанием допускаемых на каждом из них осевой и погонной нагрузок

VAnw, Verwaltungsanweisung указание администрации, административное указание [распоряжение]

VAP, verschobener Anisotropiepunkt *геол.* смещённая точка анизотропии, А-точка *(на кривых ВЭЗ)*

Var., Variable *мат.* переменная величина

Var., Variante вариант

Var., Varietät *биол.* разновидность

var., variabel переменный; непостоянный

var., variieren варьировать; изменять; варьироваться, видоизменяться

VAS, Verbindungsanrufsucher *тлф.* искатель линейных вызовов

VAS, Versicherungsanstalt Sachsen Саксонское управление социального страхования

VAsec, Volt-Ampere-Sekunde *физ.* вольт-ампер-секунда, *ВА сек*

V.A.T., Vereinigung Alter Turnerschaften Объединение старых студенческих гимнастических обществ

v.aut., volautomatisch полностью автоматизированный

VAV, Verwaltungsamt für Verkehr главное транспортно-эксплуатационное управление

VAVÖ, Verband Alpiner Vereine Österreichs Федерация австрийских альпинистских союзов

VAW, Vereinigte Aluminium-Werke Объединённые алюминиевые заводы

v.A.w., von Amts wegen по службе, в служебном порядке

VB, Versuchsbericht отчёт о проведённом испытании

VB, Verwaltungsbezirk административный округ

VB, Vollzugsbestimmungen условия выполнения

VB, Vorbremse *ж.-д.* предварительный замедлитель *(парковой позиции, размещается перед главным замедлителем)*

VB, vorgeschobener Beobachter *воен.* передовой наблюдатель

VB., Volksbibliothek народная [публичная] библиотека

V.B., Verwaltungsbezirk административный округ

Vb, Verband 1. союз, объединение 2. *воен.* соединение

Vb., Verb *грам.* глагол

Vb., Verbindung соединение; связь; сообщение

Vb., Verbrauch потребление, расход

Vb., Verbund соединение; связь; объединение

Vb., Vereinbarung соглашение; договорённость

vB, Venezuela-Bolivar венесуэльский боливар *(денежная единица)*

vb., verbessert улучшенный; усовершенствованный

vb., verbindlich обязывающий; обязательный

V-Bahn, Verbindungsbahn *ж.-д.* соединительная железнодорожная линия

VbBV, Verband der beratenden Betriebs- und Volkswirte Союз консультантов по организации и экономике производства

Vbd., Verband 1. союз; объединение 2. *воен.* соединение

Vbef., Vollstreckungsbefehl исполнительный лист

VBF, Versandbahnhof *ж.-д.* станция отправления

VbF, Verordnung über brennbare Flussigkeiten *ж.-д.* Правила обращения с горючими жидкостями *(ФРГ)*

Vbf, Verschiebebahnhof *ж.-д.* сортировочная станция

VBG, Vermögensbildungsgesetz закон о приобретении имущества *(наёмным работником)*

VBG, Vorschriftenwerk der Berufsgenossenschaften сборник инструкций профессиональных объединений

VBK, Verband Berliner Konsumgenossenschaften Союз берлинских потребительских кооперативов *(бывш. ГДР)*

VBL, Vorläufige Bundesstelle für Luftfahrtgeräte und Flugunfalluntersuchung Временное федеральное управление по аэронавигационной аппаратуре и расследованию авиационных аварий

VBl, Verordnungsblatt бюллетень приказов и постановлений

vbl, variabel переменный, непостоянный

VBLA, Verband der Bekleidungs-, Leder- und Ausrüstungsarbeiter der Schweiz Союз швейцарских рабочих швейной, кожевенной и галантерейно-фурнитурной промышленности

VBMI, Verein der Bayerischen Metallverarbeitenden Industrie Объединение баварской металлообрабатывающей промышленности

vBP, vereidigter Buchprüfer дипломированный бухгалтер-ревизор; дипломированный аудитор; присяжный бухгалтер-контролёр *(проверяющий правильность ведения книг)*

Vbr, Verbandsbruder член студенческой корпорации

Vbr, Verbrauch потребление

Vbr, Verbraucher потребитель

Vbr, Verbrechen преступление

Vbr, Verbrecher преступник

Vbr.-St., Verbrauchssteuer акциз, налог на отдельные предметы потребления

VBV, Verwaltungen, Banken, Versicherungen профсоюз служащих административных, банковских и страховых учреждений *(бывш. ГДР)*

VBZ, Die Verkehrsbetriebe Zürich *ж.-д.* Цюрихские транспортные предприятия *(объединение)*

VBZ, Verkehrsbetriebe der Stadt Zürich транспортные предприятия города Цюриха

v.C., vor Christus до рождества Христова

vc, kritisches Volumen *физ.* критический объём, предельный объём

v.Chr., vor Christus до рождества Христова

v.Chr.G., vor Christi Geburt до рождества Христова

VCI, Verband der Chemischen Industrie Объединение химической промышленности

VCR, Videocassettenrecorder видеомагнитофон

VD, Verdampferrohr *тех.* трубка испарителя

VD, vertrauliche Dienstsache для служебного пользования, ДСП; конфиденциально

VD, Vierfarbendruck четырёхкрасочная печать

vd., verdichtet сжатый *(о воздухе)*

vd., verdient заслуженный

vd., verdünnt разбавленный, разжиженный, разведённый

vd., verschieden разный, различный

VDA, Verband der Automobilindustrie Объединение германской автомобильной промышленности

VDA, Verband Deutscher Arbeitgeber Союз немецких работодателей; Союз немецких предпринимателей

VDA, Volksbund für das Deutschtum im Ausland Народный союз связи с немцами, живущими за границей

VdA, Verband der Automobilindustrie Объединение германской автомобильной промышленности

VdAR, Vorsitzender des Aufsichtsrats председатель наблюдательного совета

VDAV, Verband Deutscher Amateur-Photographen-Verein Объединение союзов немецких фотолюбителей

VDB, Verband der vereidigten Buchprüfer Союз дипломированных бухгалтеров-ревизоров

VDB, Verband Deutscher Biologen Союз немецких биологов

VDB, Verein Deutscher Bibliothekare Союз немецких библиотекарей

VDB, Verein Deutscher Bücherrevisoren Союз немецких бухгалтеров-ревизоров

VDB, Vereinigung Deutscher Buchbindereien Объединение немецких переплётных предприятий

VDB, Volksverband der Bücherfreunde Народный союз друзей книги

VDBF, Verband der Briefumschlag- und Papierausstattungs-Fabriken Объединение предприятий, вырабатывающих конверты и писчую бумагу

VDC, Verein deitscher Chemiker Союз немецких химиков

VDDI, Verein Deutscher Diplom-Ingenieure Союз немецких дипломированных инженеров

VDE, Verband Deutscher Eisenwaren-Händler Объединение немецких торговцев металлическими изделиями

VDE, Verband Deutscher Elektrotechniker Общество немецких электриков

VDE, Vorschriftenwerk Deutscher Elektrotechniker (технические) правила Общества немецких электриков; технические правила и нормы Союза немецких электротехников

v.d.E., vor dem Essen перед едой

VDEF, Verband Deutscher Eisenbahnfachschulen *ж.-д.* Объединение железнодорожных профессионально-технических школ ФРГ

VDEH, Verband Deutscher Eisenhüttenleute Общество немецких металлургов

VDEh, Verein Deutscher Eisenhüttenleute Союз немецких металлургов

VDEI, Verband Deutscher Eisenbahn-Ingenieure Общество немецких железнодорожных инженеров

VDEW, Verein Deutscher Eisenbahnverwaltungen Союз дирекций железных дорог ФРГ

VDEW, Vereinigung Deutscher Elektrizitätswerke Объединение германских электростанций

VDF, Verband Deutscher Flieger Союз немецких летчиков

VdF, Verband der Faustkämpfer союз боксёров

VDG, Verein Deutscher Gießereifachleute Общество немецких специалистов литейного дела

VDG, Vereinigung Deutscher Gewässerschutz Немецкое общество охраны водоёмов

VdgB, Vereinigung der Gegenseitigen Bauernhilfe Объединение крестьянской взаимопомощи *(бывш. ГДР)*

VDH, Volldruckhöhe *тех.* высота полного давления

VdH, Verband der Handelsauskunfteien Союз кредитных бюро *(дающих справки о кредитоспособности банковской клиентуры — ФРГ)*

VdH, Verband der Heimkehrer-, Kriegsgefangenen- und Vermißten-Angehörigen Союз членов семей репатриантов, военнопленных и пропавших без вести

v.d.H., vor der Höhe... *ав.* до достижения *(такой-то)* высоты

VDI, Verein Deutscher Ingenieure Общество немецких инженеров

VDJ, Vereinigung Demokratischer Juristen Ассоциация юристов-демократов

VDK, Verband Deutscher Konsumgenossenschaften Союз немецких потребительских кооперативов *(бывш. ГДР)*

VdK, Verband der Kriegsbeschädigten, Kriegshinterbliebenen und Sozialrentner Союз инвалидов, членов семей погибших и лиц, получающих социальное пособие

VDKF, Verband Deutscher Kur- und Fremdenverkehrsfachleute Объединение немецких специалистов по обслуживанию курортов и туристских маршрутов

VDL, Verband Deutscher Diplomlandwirte Союз немецких агрономов с высшим образованием

VDL, Verband Deutscher Lehrer Союз немецких учителей

VdL, Vereinigung Deutscher Landsmannschaften Союз немецких землячеств
VdL, Vierdrahtleitung четырёхпроводная линия
VDLM, Verein Deutscher Luftfrachtmakler Союз немецких авиационных брокеров
VDM, Varian Data Machines *англ.* фирма «Виэриэн дейта мэшинз», выпускающая оборудование для обработки данных *(США)*
VDM, Vereinigte Deutsche Metallwerke Объединение германских металлообрабатывающих заводов *(во Франкфурте-на-Майне и Геддергейме — ФРГ)*
V.D.M., Vereinigung für Dental-Materialkunde Объединение по изысканию новых зубоврачебных материалов
VdM, Verband deutscher Musikschulen Союз немецких музыкальных школ
VDMA, Verein Deutscher Maschinenbauanstalten Объединение немецких машиностроительных предприятий
VdN, Verfolgte(r) des Naziregimes лицо, преследовавшееся при нацизме
VDNE, Verband Deutscher Nichtbundeseigener Eisenbahnen Объединение не правительственных железных дорог
VDP, Verband der Deutschen Presse Союз немецких журналистов
VdP, Verband deutscher Papierfabriken Союз немецких фабрик по производству бумаги
VDPG, Verband Deutscher Physikalischer Gesellschaften Союз немецких обществ физиков
VDR, Voltage dependent Resistor *(engl.)*; spannungsabhängiger Widerstand *эл.* варистор
VDRG, Verband Deutscher Rundfunk- und Fernseh-Fachgroßhändler Союз немецких оптовых торговцев радио- и телевизионным оборудованием
VDRZ, Verband Deutscher Rechenzentren Объединение немецких вычислительных центров
VDS, Verband Deutscher Soldaten Союз немецких солдат
VDS, Verband Deutscher Sportpresse Союз немецкой спортивной прессы
VDS, Verband Deutscher Studentenschaften Объединение немецких студенческих обществ
VDS, Verein Deutscher Schaufensterdekorateure Союз немецких декораторов рекламных витрин
VDS, Vereinigung Demokratischer Studenten Österreichs Объединение австрийских студентов-демократов
VDS, Vereinigung Deutscher Softwarehersteller Объединение немецких изготовителей программного обеспечения
VdS, Verband der Deutschen Sperrholz-Industrie Объединение германской фанерной промышленности
VDSB, Verein Deutsch-Schweizer Bienenfreunde Немецко-швейцарский союз пчеловодов
VdSch, Verzeichnis des bundesbahneigenes Schutzzeuges, der bundesbahneigenen Dienstkleidung und der Abzeichen *ж.-д.* Перечень принадлежащих Государственным железным дорогам ФРГ защитных средств, служебной одежды и знаков различия
VDSF, Verband Deutscher Sportfischer Союз немецких рыболовов-спортсменов
VDSI, Verein Deitscher Sicherheitsingenieure Объединение немецких инженеров техники безопасности
VDT, Verband Deutscher Tapetenfabrikanten Союз немецких фабрикантов обоев
VDT, Verband Deutscher Techniker Союз немецких техников
VdTÜV, Vereinigung der Technischen Überwachungsvereine Объединение инспекций котлонадзора
VDÜ, Verband Deutscher Übersetzer literarischer und wissenschaftlicher Werke Союз немецких переводчиков художественной и научной литературы
VdU, Verband der Unabhängigen Союз независимых *(партия Австрии)*
VdU, Verband deutscher Unternehmerinnen Союз немецких предпринимательниц
VDV, Verband Deutscher Diplomvolkswirte Союз немецких экономистов с высшим образованием
VdV, Verein Deutscher Volksbibliothekare Союз немецких библиотекарей народных библиотек

VDW, Verein Deutscher Werkzeugmaschinenfabriken Объединение германских станкостроительных заводов
VDW, Verein Deutscher Wissenschaftler Союз немецких учёных
VDZ, Verband Deutscher Zeitschriftenverleger Объединение немецких издателей журналов
VDZB, Verhand der Deutschen Zahnärztlichen Berufsvertretungen Объединение профессиональных представительств немецких зубных врачей
VDZV, Verein Deutscher Zeitungsverleger Союз немецких издателей газет
VE, Verarbeitungseinheit вычислительное устройство; процессор
VE, Verkehrseinheit *ж.-д.* приведенный тонно-километр
VE, Verrechnungseinheit расчётная единица; (условная) расчётная единица *(Европейского, платёжного союза)*
VE, Voegtlin-Einheit *хим.* единица Фёгтлина
VE, Volkseigentum (обще)народная собственность
VE, Voreinströmung *авто* опережение впуска; предварение впуска
VE, Vorerbe *юр.* предварительный наследник
VE, Vorschrift für Erdbauwerke *ж.-д.* Инструкция по земляным сооружениям
Ve, Verdichtungsende конец сжатия
Ve, Verstärker *тех.* усилитель
v.E., vom Einstellbereich от предела измерения *(напр. погрешность 0,5% v.Е.)*
V.E.A., Schweizerische Vereinigung von Fabriken Elektrothermischer Apparate Объединение швейцарских предприятий, производящих электротермическое оборудование
VEAB, Volkseigener Erfassungs- und Aufkaufbetrieb *(für landwirtschaftliche Erzeugnisse)* Народное предприятие по заготовке и закупке сельскохозяйственной продукции *(бывш. ГДР)*
VE-Anlage, Vollentsalzungsanlage установка для полного обессоливания воды
VEB, volkseigener Betrieb народное предприятие *(бывш. ГДР)*
VEB, Vorschrift für das Entwerfen von Bahnanlagen *ж.-д.* Инструкция по проектированию объектов железнодорожного транспорта
VEBA, Vereinigte Elektrizitäts- und Bergwerks-Aktiengesellschaft Акционерное общество объединённых электроэнергетических и горнорудных предприятий
VEBEG, Verwertungsgesellschaft für Besatzungsgüter *ист.* общество по оценке имущества, эксплуатируемого оккупационными властями
Vedag, Verband Deutschschweizerischer Ärztegesellschaften Федерация немецко-швейцарских врачебных обществ
VEDE, Verkehrliche Empfangsdatenerfassung *ж.-д.* сбор данных о повагонных отправках для целей централизованных расчётов за перевозки и ведения счетов *(подсистема ITS)*
VEDES, Vereinigung Deutscher Spielwarenhändler Объединение немецких торговцев игрушками
VEG, Bundesverband des Elektro-Großhandels Федеральный союз оптовой торговли электротоварами
VEG, volkseigenes Gut народное имение *(бывш. ГДР)*
VEH, volkseigener Handel народное торговое предприятие *(бывш. ГДР)*
VEI, Vorschrift für Eisenbahnbrücken und sonstige Ingenieurbauwerke *ж.-д.* Инструкция по железнодорожным мостам и прочим инженерным сооружениям
VELA, Vereinigung der Leitenden Angestellten Союз администраторов *(торговых и промышленных предприятий)*
Veledes, Verband der Lebensmittel-Detaillisten der Schweiz Союз швейцарских торговцев розничными продовольственными товарами
VELKD, Vereinigte Evangelisch-Lutherische Kirche Deutschlands объединённая евангелическо-лютеранская церковь Германии
VEM, Volkseigene Betriebe des Elektro-Maschinenbaus Народные электромашиностроительные предприятия *(бывш. ГДР)*
VEÖ, Verband des Elektrizitätswerke Österreichs Австрийское объединение электростанций

VEP, Verkaufseinzelpreis продажная розничная цена
Verb, Verbindung связь; соединение
verb., verbessert улучшенный; усовершенствованный
Verbaost, Verband der Beamten und Angestellten aus den Ostgebieten und dem Sudetenland Союз чиновников и служащих — эмигрантов из восточных областей и Судетской области
VERBER, Verkehrsplanerische Berechnungen *ж.-д.* «Расчёты по транспортному планированию» *(пакет машинных программ, ЦНИИ транспорта бывш. ГДР)*
Verbr-Geb, Verbreitungsgebiet район распространения
verd., verdächtigen подозревать
verd., verdient заслуженный
verd., verdorben испорченный
verd., verdünnt разбавленный, разжиженный, разведённый
Verd.Z., Verdunstungszahl *физ.* число испарения
Verf., Verfahren 1. *тех.* метод, способ *(обработки)*; процесс 2. *юр.* дело, процесс
Verf., Verfasser составитель; автор
Verf., Verfassung конституция, основной закон
VerfG, Verfassungsgericht конституционный суд
Verf(g)., Verfügung распоряжение, постановление
VERG, Verband des Elektro- und Rundfunk-Großhandels Объединение оптовой торговли электро- и радиотоварами
Verg, Vergaser *авто* карбюратор
verg., vergangen прошедший, прошлый
verg., vergebens напрасно, тщетно
verg., vergoldet позолоченный
Verg.KW., Vergiftungskraftwagen химическая боевая автомашина
VerglO, Vergleichsordnung конкурсный устав; положение о конкурсах *(по делам несостоятельных должников и банкротов)*
Verg. Mot, Vergasermotor карбюраторный двигатель
vergr., vergriffen распродано, разошлось *(об издании книги)*
vergr., vergrößert увеличенный

Verh., Verhandlung 1. переговоры 2. *юр.* слушание дела
Verh., Verhandlungen переговоры
Verh., Verhinderung предотвращение; препятствие; задержка
Verh., Verhör допрос
verh., verhaftet арестованный
verh., verheiratet женат(ый); замужняя, замужем
verh., verhören допрашивать
Verk., Verkehr 1. движение *(уличное, дорожное)*; транспорт; перевозки; 2. *радио* связь; 3. *тлф.* обмен; связь
verk., verkauft продано
verk., verkürzt сокращённый; укороченный
Verkh, Verkehrshalt *ж.-д.* остановка поезда для выполнения коммерческих операций
Verl, Verlust потеря; потери; убыток, урон; убыль
Verl., Verlag издательство
Verl., Verleger издатель
Verl A, Verlagsanstalt издательство
Verlbh, Verlagsbuchhandlung книжный магазин издательства
Verl.Ges., Verlagsgesellschaft издательское общество
Verlh, Verlagshandlung книжный магазин издательства
Verm., Vermächtnis завещание
Verm., Vermerk заметка, отметка
Verm., Verminderung уменьшение; сокращение
Verm., Vermischung смешивание, перемешивание
Verm., Vermögen имущество; состояние
Verm., Vermutung предположение
verm., vermählt женат(ый); замужняя, замужем
verm., vermißt пропавший без вести
Verm A, Vermessungsamt управление топографо-геодезической съёмки
VermBewG, Vermögensbewertungsgesetz закон об оценке имущества
VermBG, Vermögensbildungsgesetz закон о приобретении имущества *(наёмным работником)*
vern., vernachlässigen пренебрегать
vern., vernehmen допрашивать
vern., verneinen отрицать

vern., vernichten уничтожать; ликвидировать

vern., vernünftig разумный; благоразумный

verp., verpachten сдавать в аренду *или* внаём

verp., verpacken упаковывать

verpf., verpfänden закладывать, отдавать в залог

Verpfl.-K., Verpflegungskosten расходы на питание

Verp.-K., Verpackungskosten расходы по упаковке

Verr.-Sch., Verrechnungsscheck расчётный чек, жирочек

Vers, Versuch опыт, эксперимент; проба; испытание

Vers., Versagen *тех.* отказ; выход из строя; сбой

Vers., Versammlung собрание

Vers., Versand отправка; рассылка; отгрузка

Vers., Versicherung страхование

Vers.Abt., Versuchsabteilung экспериментальный отдел

Vers.-Ag., Versicherungsagentur страховое агентство

Vers.Best., Versorgungsbestimmungen правила по продовольственному обеспечению

versch., verschenken дарить

versch., verschieden разный, различный

versch., verschuldet имеющий задолженность

Verschl., Verschleiß износ

VersG, Versicherungsgesetz закон о страховании

VersG, Versorgungsgesetz закон о продовольственном обеспечении

VersG, Verssorgungsgeld деньги на продовольственное обеспечение

Versivo, Versicherungsvorschrift инструкция по страхованию *(грузов)*

Verst., Verstärker *тех.* усилитель

verst., verstorben умерший, покойный

Versta G, Vorschriften für die verkehrsstatistischen Arbeiten der Abfertigungsstellen des Güterverkehrs *ж.-д.* Инструкция по ведению в товарных конторах статистической отчётности о перевозках грузов

VersU, Versäumnisurteil *юр.* заочное решение суда

vert., vertikal вертикально

verw., verwandeln превращать; преобразовывать

verw., verwandt родственный

verw., verwenden применять, использовать, употреблять

verw., verwerten использовать; реализовать; утилизировать

verw., verwitwet овдовевший, вдовец; овдовевшая, вдова

verw., verwundet раненый

Verw.-Ang., Verwaltungsangestellte *m, f* служащий (-ая) учреждения

Verwbez, Verwaltungsbezirk административный округ

Verz., Verzeichnis список; перечень; указатель; реестр; опись

Verz., Verzierung украшение, отделка; *архит.* декорация; орнамент

Verz., Verzinsung уплата [начисление] процентов

VES, Vereinigte Eisenbahnsignalwerke Объединённые заводы по производству приборов железнодорожной сигнализации

VES, Vorschrift für den Dienst auf elektrisch betriebenen Strecken *ж.-д.* Инструкция о службе на участках с электротягой

VESKOF, Vereinigung Schweizerischer Kontrollfirmen für Sämereien und Samen-Importeure Объединение швейцарских фирм, контролирующих торговлю семенами и импорт семенных материалов

VESTA, Vereinigte Stahlbetriebe Объединённые сталелитейные предприятия

VESTRA, Verband Schweizerischer Unternehmungen für Straßenbeläge Союз швейцарских предприятий по изготовлению дорожных покрытий

VEW, Vereinigte Elektrizitätswerke, Westfalen Объединённые вестфальские электростанции

VEW, volkseigene Wirtschaft народное хозяйство, нархоз *(бывш. ГДР)*

VEZ, Voreinflugzeichen *ав.* дальний радиомаркер

VF, Vaterländische Front Отечественный фронт *(австрийская организация)*

VF, Verkaufsförderung стимулирование сбыта
VF, Verteilfernamt *связ.* транзитная станция; узловая станция
VF, Vorwärtsfahrt *мор.* передний ход
Vf, Verfahren 1. *тех.* метод, способ *(обработки)*; процесс 2. *юр.* дело, процесс
Vf, Verfügung распоряжение, постановление
Vf, Vulkanfiber вулканизованная фибра
Vf., Verfasser автор; составитель
Vf., Verfügung распоряжение, постановление; директива
v.F., vom Fa:s из бочки, бочковое *(о пиве)*
v.f., verfüllt ликвидированный *(напр. о горной разработке, скважине и т.п.)*
VFA, Vereinigung Freischaffender Architekten Deutschlands Союз свободных архитекторов Германии
VfB, Verein für Ballspiele (спортивный) союз игры в мяч
VfB, Verein für Bewegungsspiele (спортивный) союз подвижных игр
VFE, Verband der Führungskräfte der Eisen- und Stahlerzeugung und -verarbeitung Союз руководящих работников предприятий чёрной металлургии
VFF, Verband der Film- und Fernsehschaffenden der DDR Союз творческих работников кино и телевидения *бывш.* ГДР
VFF, Vereinigung «Ferien und Freizeit für Jugendliche» «Каникулы и досуг молодёжи» *(организация в ФРГ)*
VfG, Versuchsanstalt für Getreideverwertung Экспериментальный институт по переработке зернопродуктов
VFI, Vereinigung von Fahrrad- und Teile-Fabrikanten und Importeure der Schweiz Объединение швейцарских фабрикантов и импортёров велосипедов и запасных частей
vf.J., verflossenen Jahres истекшего года
VFK, Verband Schweizerischer Firmen für Elektrische Freileitungs- und Kabelanlagen Объединение швейцарских фирм по строительству воздушных и подземных линий электропередач
VFL, Verband der Fabriken Isolierter Leiter Объединение *(швейцарских)* предприятий по изготовлению изолированных (электро)проводов
VfL, Verein für Leichtathletik Союз лёгкой атлетики
VfL, Vorrichtungsformlehre *тех.* приспособление для формовочного шаблона
VFM, Verband der Fahrrad- und Motorrad-Industrie Объединение промышленников по производству велосипедов и мотоциклов
VFOP, Matrizenoperationsprogramm *вчт.* программа (выполнения) операций над матрицами
VfR, Verein für Rasenspiele союз (спортивных) игр на открытом воздухе
VFS, Verkehrsfliegerschule училище гражданской авиации
V.f.S., Verein für Sozialpolitik Социально-политический союз *(научно-экономическое общество в ФРГ)*
VfT, Verkaufsvereinigung für Teererzeugnisse Объединение по сбыту продуктов каменноугольных смол
VfV, Verwaltung für Verkehr транспортно-эксплуатационное управление
VG, Verbundglas многослойное безопасное стекло
VG, Vergangenheit und Gegenwart наименование периодического издания по историческим и общественно-политическим вопроса
VG, Verlagsgesetz, Gesetz über das Verlagsrecht закон об издательском праве
VG, Vertragsgericht арбитраж
VG, Vertragsgesetz *ист.* закон о договорной системе в народном хозяйстве
VG, Verwaltungsgericht административный суд
VG, Vormundschaftsgericht опекунский суд, суд по делам опеки
Vg, Vereinigung союз; объединение; корпорация
Vg, Verlag издательство
Vg, Vorgang процесс; явление
Vg, Vorwählgetriebe *маш.* передача с предварительным выбором скоростей
vg., vergangen прошедший, прошлый; истекший; минувший
vg., vorig прежний, прошлый
vg., vorrangig преимущественный; преимущественно, главным образом

VGAD, Verstärkter Grenzaufsichtsdienst усиленная пограничная стража

VGB, Verband der Graphischen Betriebe Союз предприятий полиграфической промышленности

VGBN, Verband der Graphischen Betriebe Norddeutschlands Союз предприятий полиграфической промышленности Северной Германии

V.G.C.V., Verband der Gewerkschaften des Christlichen Verkehrs- und Staatspersonal Федерация *(швейцарских)* христианских профсоюзов работников транспорта и государственных учреждений

VGF, Vereinigte Glanzstoff-Fabriken Объединённые предприятия по производству искусственного шёлка

Vgg., Vereinigung союз; объединение; корпорация

VGH, Verwaltungsgerichtshof административный суд

vgl., vergleiche сравни

vgl.o., vergleiche oben сравни выше

vgm., vorgemeldet предупреждение сделано

VGP, Vereinbarung über Gemeinschaftspatente Соглашение о патентах (Европейского) Сообщества

VGP, Vereinigung von Grossisten für den Photohandel Объединение оптовых торговцев фототоварами

v.Gr., von Greenwich от Гринвича

Vgsch., Vorgeschichte 1. доисторические времена 2. предыстория; предшествующие обстоятельства

v.g.u., vorgelesen, genehmigt, unterschrieben *канц.* прочитано, одобрено и подписано

VGW, Valutagegenwert валютный эквивалент

VGW, Verband der Deutschen Gas- und Wasserwerke Объединение немецких промышленных обществ газо- и водоснабжения

VH, Vickershärte *тех.* твёрдость по Виккерсу

Vh, Hauptverteiler *тлф.* главный щит переключений

vH, v.H., vom Hundert процент, %

VHB, Verkauf Hessischer Braunkohlengesellschaft Общество по сбыту гессенских бурых углей

Vhdlg., Verhandlung 1. переговоры 2. *юр.* слушание дела

VHKV, saugventilgesteuerter Hubkolbenverdichter поршневой компрессор с регулируемым всасывающим клапаном

VHS, Verkehrshaus der Schweiz *ж.-д.* Музей транспорта и связи Швейцарии *(г. Люцерн, открыт в 1959 г.)*

VHS, Volkshochschule народный университет *(бывш. ГДР)*

Vhw., Verhältniswahl пропорциональные выборы

Vhw., Verhältniswort *грам.* предлог

VI, Viskositätsindex *тех.* индекс [показатель] вязкости

V.I., Verlagsinstitut Издательский институт

Vi., Vignette *полигр.* виньетка

VIAG, Vereinigte Industrieunternehmen-Aktiengesellschaft Акционерное общество объединённых промышленных предприятий

VIF, Schweizerischer Verband von Importeuren der Fisch- und Fischprodukten-Branche Союз швейцарских импортёров рыбы и рыбопродуктов

VIF, Viskosefaser вискозное волокно

VIK, Vereinigung Industrieller Kraftwirtschaft Эссенское объединение энергетических предприятий

VIS, Volkswirtschaftliches Informationssystem информационная система для народного хозяйства; информационная система по народнохозяйственным вопросам

vis., visuell визуальный

Vit., Vitamin витамин

ViZ, Verkauf im Zug *ж.-д.* продажа билетов в поезде

VJ, Vierteljahresschrift für Jugendkunde *наименование периодического издания по педагогическим вопросам*

Vj., Vjhr, Vierteljahr четверть года, квартал

v.J., vorigen Jahres прошлого года

vj, vierteljährlich поквартально

Vjh., Vierteljahrsheft квартальное издание

VJHOe, Vereinigung Jüdischer Hochschüler in Österreich Объединение еврейских студентов Австрии

Vjhr.-Abo., Vierteljahresabonnement квартальный абонемент; квартальная подписка *(на периодическое издание)*
VJS, Vierteljahresschrift der Astronomischen Gesellschaft *наименование периодического издания по астрономии*
Vjs, Vierteljahresschrift квартальное издание
VJSS, Verband Jüdischer Studenten in der Schweiz Союз еврейских студентов Швейцарии
VK, Verbrennungskammer *тех.* камера сгорания
VK, Vergasekraftstoff топливо для бензиновых ДВС, бензин
VK, Versicherungskasse страховая касса
VK, Vizekonsul вице-консул
VK, Volkskorrespondenz письма трудящихся *(отдел газеты)*
VK, Vollkernisolator *эл.* стержневой изолятор
VK, Vorkammer предкамера; форкамера *(двигателя)*
VK, Vorkante, Vorderkante *тех.* передняя кромка
VK, Vorkühler предварительный охладитель; промежуточный холодильник
Vk, Verteilerkasten *эл.* распределительная коробка
Vk., Verkauf продажа; сбыт
Vk., Verkehr движение *(уличное, дорожное)*; транспорт; перевозки
Vk., Volkskunst народное искусство, народное творчество
vk., vakant вакантный, свободный, незанятый
vk., verkürzt сокращённый; укороченный
VKA, Verbrennungskraftanlage силовая установка с двигателем внутреннего сгорания
VKA, Vizekonsul вице-консул
VKA, Volkskontrollausschuß Комитет народного контроля, КНК *(в бывш. ГДР, СССР)*
VKB, Vollkern-Bahnisolator *эл.* стержневой изолятор для контактных сетей
VKBl., Verkehrsblatt *наименование периодического издания по вопросам железнодорожного транспорта*
VkBl, Verkehrsblatt *ж.-д.* Транспортный Коммерческий вестник *(официальный*

орган министерства транспорта ФРГ)
VKD, Verband Kommunaler Unternehmen *(der Orts- und Kreisstufe)* Объединение коммунальных предприятий *(местного и районного значения)*
Vkde, Volkskunde народоведение, этнография
VKeO, Verkehrsordnung правила движения
VKJO, Verband Katholischer Jugendorganisationen Объединение католических молодёжных организаций
VKL, Verkaufsleiter руководитель отдела сбыта
VKL, Vollkern-Langstabisolator *эл.* длинностержневой изолятор
Vkm, Vergaserkraftstoffmotor карбюраторный двигатель
V-Kontur, клиновидный контур передка автомобиля
VKPD, Vereinigte Kommunistische Partei Deutschlands *ист.* Объединённая коммунистическая партия Германии
VKR, Vorkühlrekuperator рекуператор для предварительного охлаждения
VKS, Verein Katholischer Siedler Союз переселенцев-католиков
VKS, Vorkühlstrecke линия [участок] предварительного охлаждения
VKW, Vereinigte Kesselwerke котлостроительная фирма «Ферайнигте кессельверке»
VL, Verkaufsleiter руководитель отдела сбыта
VL, Verlagsleiter директор издательства
VL, Verlängerungsleitung *тлф.* удлинитель, искусственная линия
VL, Verzögerungsleitung *связ.* линия задержки, ЛЗ
VL, vorderes Lot *мор.* передний перпендикуляр; носовой перпендикуляр
VL, Vorspannlokomotive *ж.-д.* головной локомотив при двойной тяге
Vl, Vater links левая ниппельная резьба
Vl., Verlust потеря; потери; убыток, урон; убыль
Vl., Versuchsleiter руководитель экспериментальной работы
vl., verlängert продлённый
VLB, Verkehrsunfallbereitschaft дежурный отряд скорой технической помощи на транспорте

VLB, Verzeichnis Lieferbarer Bücher список имеющихся в наличии книг

VLE, Verzeichnis lieferbarer elektronischer Medien список имеющихся в наличии электронных книг *(на дисках, в виде баз данных и т.п.)*

V.L.E., Verband von Lieferanten der Elektrizitätsbranche Союз (швейцарских) поставщиков электроматериалов

Vlg, Verlag издательство

vlg., verlängert продлённый

vlg., vorläufig временно

vlg., vorläufig 1. предварительный, первоначальный; 2. временный

VLGN, Verband der Landwirtsgenossenschaften der Nordwestschweiz Союз сельскохозяйственных кооперативов Северо-западной Швейцарии

vll., vielleicht может быть, возможно

v.l.n.r., von links nach rechts слева направо

VLR, Vorschrift für die Festlegung und Änderung der Leitungswege und für das Richtpunktverfahren *ж.-д.* Инструкция по установлению и изменению маршрутов пропуска вагонов и применению единой сетевой разметки

VLZ, Verzeichnis lieferbarer Zeitschriften список имеющихся в наличии журналов

VM, Verbrennungsmittelwagen *ж.-д.* средний вагон дизельной мотор-вагонной секции

VM, Voltmeter вольтметр

VM., Verbrennungsmotor двигатель внутреннего сгорания, ДВС

Vm, Vermittlung *свз.* соединение, включение; передача

Vm., Vermerk заметка; отметка

Vm., Vermittler коммутатор

Vm., Vormann *банк.* предыдущий акцептант чека

Vm., Vormittag дополуденное время, первая половина дня

v.M., vergangenen [vorigen] Monats прошлого месяца

vm., vermißt *воен., юр.* пропавший без вести

vm., vormittags *(во столько-то часов)* утра

V-Mann, Vertrauensmann доверенное лицо; агент; уполномоченный

VME, *вчт.* тип 16-разрядной шины *(используемой в компьютерных сетях)*

Vmed., Volksmedizin народная медицина

VMEW, Verein Mitteleuropäischer Eisenbahnverwaltungen Союз дирекций центральноевропейских железных дорог

vmo, viermotorig четырёхмоторный

VMPA, Verband der Materialprüfungsämter Объединение *(управлений, фирм, лабораторий)* по испытанию материалов

VMS, Verordnung über die Pflichten, die Rechte und die Verantwortung der Mitarbeiter der Staatsorgane постановление о правах и обязанностях сотрудников государственных органов *(в бывш. ГДР)*

VMT, Versandmonat *ж.-д.* месяц отправления *(груза)*

VMZ, Verkehrsmedizinisches Zentrum *ж.-д.* Центр транспортной медицины *бывш. ГДР*

VN, Verbundnetz объединённая энергосеть; объединённая электросеть

VN, Vereinte Nationen Объединённые Нации, ООН

VN, Versicherungsnehmer страхователь

VN, Vietnam Вьетнам *(индекс государственной принадлежности автомобиля)*

Vn., Vorname имя; первое имя

vn, vernickelt никелированный

VO, Verfahrensordnung процессуальный порядок; порядок процессуального заседания

VO, Verkehrsordnung правила движения

VO, vernehmender Offizier офицер, допрашивающий пленных

VO, Verordnung постановление; административное распоряжение; предписание; приказ; распоряжение; *мед.* назначение *(лекарства, режима)*

VO, Volksopposition Народная оппозиция *(фракция депутатов-коммунистов в австрийском парламенте)*

VO, Vorort студенческий союз, к которому принадлежит председатель студенческой корпорации; лидерствующий союз в студенческой корпорации

v.o., von oben сверху

VOB, Verdingungsordnung für Bauleistungen положение о подрядно-строительных работах; правила выполнения подрядно-строительных работ; порядок получения подряда на строительные работы

VÖB, Bundesverband öffentlicher Banken Deutschlands Федеральный союз государственных банков Германии

VoB, Verband Oberer Bergbeamten Союз руководящих служащих горнорудной промышленности

VOBl, Verordnungsblatt «Бюллетень постановлений и распоряжений»

VoE, Verband Oberer Angestellten der Eisen- und Stahlindustrie Союз руководящих служащих предприятий чёрной металлургии

VOEST, Vereinigte Österreichische Eisen- und Stahlwerke Объединённые австрийские предприятия чёрной металлургии

VÖF, Verband Österreichischer Fernfrächter Австрийская ассоциация транспортных предприятий, осуществляющих магистральные перевозки

V-öff., Veröffentlichung 1. выпуск в свет, опубликование 2. публикация

V.O.F.G., Verband Ostschweizerischer Fleckviehzucht-Genossenschaften Союз восточно-швейцарских кооперативов по разведению крупного рогатого скота

VÖGK, Vereinigung österreichischer Genossenschaftsklubs Объединение австрийских (молодёжных) кооперативных клубов

VOI, Verwaltungsoberinspektor главный инспектор управления

Vok., Vokabel (отдельное) слово; вокабула

Vok., Vokabular *австр.* словник; краткий словарь, вокабулярий

VOL, Vereinigte Ostdeutsche Landsmannschaften Объединённые восточнонемецкие землячества

Vol-%, Volum(en)prozent *физ.* объёмный процент

vol., Volumen объём

vol., Volumen том

VOLG, Verband der Ostschweizerischen Landwirtschaftsgenossenschaften Союз сельскохозяйственных кооперативов Восточной Швейцарии

vollaut., vollautomatisch полностью автоматизированный

VOP, Vorortspräsident председатель лидерствующего союза в студенческой корпорации

VOPS, Verfahrensorientiertes Prgrammiersystem процедурно-ориентированная система программирования

vorm., vormals прежде

vorm., vormittags *(во столько-то часов)* утра

Vors., Vorsitzender председатель, председательствующий

Vorschß, Vorschußbuch *бухг.* книга выдачи авансов

VOS., Vereinigung der Opfer des Stalinismus Объединение жертв сталинизма

VÖT, Verband des Österreichischer Transportgewerbes Австрийская ассоциация коммерческих перевозок

v.o.T., vor oberem Totpunkt *тех.* перед верхней мёртвой точкой, до в. м. т.

VÖV, Verband Öffentlicher Verkehrsbetriebe Союз предприятий общественного транспорта

Vowo, Volkswohnungsbau *(München)* Общество народного жилищного строительства *(в Мюнхене)*

V.Ö.Z., Verein Österreichischer Zahnärzte Союз австрийских зубных врачей

VP, Verarbeitungsprogramm *вчт.* обрабатывающая программа, программа обработки

VP, Verkaufspreis *ком.* продажная цена; отпускная цена

VP, Versuchsprofil *ж.-д.* опытный профиль поверхности катания бандажа [обода] колеса

VP, Vizepräsident вице-президент

VP, Volkspolizei народная полиция, фольксполицай *(в бывш. ГДР)*

VPB, Volkspolizei-Bereitschaft дежурный [оперативный] отряд народной полиции *(бывш. ГДР)*

vpf., verpfändet *ком.* заложено, находится в закладе

Vpfl., Verpflegung продовольственное снабжение; *воен.* довольствие

Vpfl., Verpflichtung обязанность; *страх.* обязательство

VPI, Der Verband der Privatgüterwagen-Interessanten *ж.-д.* Союз владельцев частных грузовых вагонов *(ФРГ)*
VPI, Verein der Photoindustrie und deren Vertretungen in der Schweiz Объединение фотопромышленности и её представительств в Швейцарии
VPKA, Volkspolizei-Kreisamt районное управление народной полиции *(в бывш ГДР)*
V.Pl., Verbandplatz *воен.* перевязочный пункт
VPO, Vereinigung Politischer Ostflüchtlinge *ист.* Объединение политических эмигрантов из Восточной Германии
VPöA, Verordnung über Preisbildung bei öffentlichen Aufträgen положение о ценах при официальных [государственных] заказах
VPOD, Verband des Personals öffentlicher Dienste Союз работников предприятий общественного обслуживания *(Швейцария)*
Vpr, VPräs, Vizepräsident вице-президент
Vpr TF, Vizepräsident für Transportvorbereitung und Fahrzeuge *ж.-д.* вице-президент дирекции железных дорог, ответственный за подготовку перевозок и подвижной состав *(ГДР)*
VPS, Verkehrsbetriebe Peine-Salzgitter GmbH *ж.-д.* Транспортные предприятия фирмы Пайне-Зальцгиттер *(ФРГ)*
VR, Ventilrelais *эл.* релейный вентиль *(выпрямитель)*
VR, verantwortlicher Redakteur ответственный редактор *(журнала, газеты)*
VR, Verbrennungsregler регулятор горения; регулятор топочного процесса
VR, Verdampferreaktor *яд.физ.* кипящий реактор
VR, Verhältnisregler регулятор соотношения регулируемых параметров
VR, Verkaufsrecht право продажи
VR, Verlagsrecht издательское право
VR, Verwaltungsrat совет по планированию производства и контролю за выпуском продукции *(на предприятии)*
VR, Völkerrecht международное *(публичное)* право
VR, Volksrepublik народная республика

Vr, reduziertes Volumen *хим.* уменьшенный объём
Vr, Vater rechts правая ниппельная резьба
Vr, Verstärker усилитель
Vr, Vorderräder передние колёса
vr, reduziertes Volumen *физ., хим.* уменьшенный объём, уменьшенное содержание
VRA, Vertrauliche Runderlässe für Außenwirtschaft конфиденциальные циркуляры по вопросам экономики и внешней торговли
VrA, Verstärkeramt *тлф.* усилительная подстанция
vrb., verbessert улучшенный, усовершенствованный
VRG, Wärmerückgewinnung регенерация тепла
Vrg, Vergangenheit прошлое
Vrg, Vergaser *авто* карбюратор
vrgr., vergriffen распродано, разошлось *(об издании книги)*
VrKD, Verband Reisender Kaufleute Deutschlands Союз немецких коммивояжёров
vrl.J., verflossenen Jahres истекшего года
Vrm, Vermarktung подготовка товара *(сельскохозяйственной продукции)* к продаже
Vrm, Vermerk заметка; отметка
vrm., vermißt *воен., юр.* пропавший без вести
Vrn, Verein объединение, союз, общество; корпорация
v.r.n.l., von rechts nach links справа налево
VRR, Rhein-Ruhr-Verkehrsverband *ж.-д.* объединение предприятий общественного транспорта района Рейн-Рур *(ФРГ)*
VRS, Verkehrsrechts-Sammlung *ж.-д.* сборник документов транспортного права
vrt, vertikal вертикальный
Vrtr, Vertreter представитель
Vrtrg, Vertretung представительство
VRV, Vor-Rückwärts-Verhältnis отношение фронт-тыл *(в диаграмме направленности)*; коэффициент защитного действия антенны
Vrw, Verwundeter *воен., юр* раненый
Vrw., Verwandter родственник

v.R.w., von Rechts wegen в силу закона; по закону; в соответствии с законом; в рамках закона
Vrwdg, Verwendung применение, использование; употребление
Vrz.A., Vorzugsaktie привилегированная акция
Vrzs, Verzeichnis список, перечень; реестр; указатель; опись
VS, Verband deutscher Schriftsteller Союз немецких писателей
VS, Verdichterstation компрессорная станция, КС
VS, Verschlußsache секретный документ; закрытый документ; документ для внутреннего [служебного] пользования
VS, Versicherungsschein (страховой) полис, страховое свидетельство
VS, Verstellschraube *ав.* воздушный винт изменяемого шага, ВИШ; *мор.* гребной винт регулируемого шага, ВРШ; *маш.* ходовой винт
VS, Volkssolidarität Народная солидарность *(организация в бывш. ГДР)*
VS, Vollkernstützenisolator *эл.* опорный стержневой изолятор
VS, Vollschrankenanlage *ж.-д.* переездное ограждение со шлагбаумами, полностью перекрывающими проезжую часть шоссейной дороги
vS, Steuerwagen zum Triebwagen mit Verbrennungsmotoren *ж.-д.* вагон с кабиной управления из состава дизельной мотор-вагонной секции
VSA, Vereinigung Schweizerischer Angestelltenverbände Объединение швейцарских (профессиональных) союзов *(торговых, конторских и технических)* служащих
VSA, Voith-Schneider-Antrieb, Voith-Schneider-Propeller крыльчатый движитель Фойта-Шнейдера
V.S.A., Verband Schweizerischer Abwasserfachleute Союз швейцарских специалистов по вопросам очистки сточных вод
Vs/A, Voltsekunde je Ampere вольт-секунда/ампер, *В.сек/А*
VS-Anlage, Verkehrsschaltung-Anlage средства гибкого регулирования движения *(работающие в изменяемом режиме)*
VSB, Vereinigung der Sozialversicherungsärzte, Berlin Объединение врачей западноберлинских органов социального страхования
VSB, Vorschrift für den Schaltdienst im Bahnstromnetz *ж.-д.* Инструкция по обслуживанию сети железнодорожного энергоснабжения
V.S.B., Verband Schweizerischer Beschlägefabrikanten Союз швейцарских фабрикантов кардолент
V.S.B.H., Verband Schweizerischer Baumaterialhändler Союз швейцарских торговцев строительными материалами
VSBM, Verband Schweizerischer Buchbindermeister Союз швейцарских специалистов переплётного дела
V.Sch.M., Verband Schweizerischer Müller Союз швейцарских мукомолов
Vschr., Vorschrift 1. предписание; инструкция; положение 2. *воен.* устав
v.S.d., von Seiten des... со стороны *(такого-то)*
VSE, Verband Schweizerischer Elektrizitätswerke Объединение швейцарских электростанций; Союз швейцарских предприятий энергоснабжения
V.S.E.I., Verband Schweizerischer Elektro-Installationsfirmen Объединение швейцарских электромонтажных предприятий
VSF, Vereinigung Schweizerischer Futtermittelfabrikanten Союз швейцарских фабрикантов комбикормов
VSFF, Verband Schweizerischer Fleischwarenfabrikanten Союз швейцарских фабрикантов мясопродуктов
VSG, Verband Schweizer Graphiker Союз швейцарских графиков
VSG, Verband Schweizerischer Gärtnermeister Союз швейцарских специалистов-садоводов
VSG, Verband Schweizerischer Gesellschaftswagenbesitzer Союз швейцарских владельцев *(туристских)* автобусов
VSG, Verbundsicherheitsglas комбинированное безопасное стекло

VSG, Verkehrssicherstellungsgesetz *ж.-д.* закон о транспортном обеспечении *(ФРГ, 1965)*

V.S.G., Verein Schweizerischer Gymnasiallehrer Союз швейцарских преподавателей классических гимназий

VSGR, Verband der Schweizerischen Goldleisten- und Rahmenfabrikanten Союз швейцарских фабрикантов золототиснённых изделий и багетов

VSHB, Verband Schweizerischer Büromöbelhändler Союз швейцарских торговцев конторской мебелью

VSHF, Verband Schweizerischer Holzbearbeitungsmaschinen-Fabrikanten Союз швейцарских фабрикантов деревообрабатывающих станков

V.S.I., Verband von Fachhändler-Vereinigungen des sanitären Installations-, Gasleitungs-, Wasserleitungs-Bedarfs Объединение специализированных фирм, продающих санитарную, газовую и водопроводную арматуру

VSJE, Vereinigung Schweizerischer Juwelen- und Edelmetallbranchen Объединение швейцарских ювелирных, золотых и серебряных дел мастеров

VSK, Verband Schweizerischer Konsumvereine Союз швейцарских потребительских обществ

vsl., versehentlich ошибочный; по ошибке; по недосмотру

VSP, Verein der Schweizer Presse Объединение швейцарской прессы

VSRT, Verband Schweizerischer Radio- und Televisionsfachgeschäfte Швейцарский союз радио- и телевизионных предприятий

VSS, Verband der Schweizerischen Studentenschaften Союз швейцарских студенческих организаций

VSS, Vereinigung Schweizerischer Straßenfachmänner Союз швейцарских специалистов дорожно-строительного дела

VSS, Vorschrift für den Schranken- und Streckenwärterdienst *ж.-д.* Инструкция переездному сторожу и путевому обходчику

VSSS, Verband Schweizerischer Schappespinnereien Союз швейцарских шелкопрядильных фабрик

VSSTÖ, Verband Sozialistischer Studenten Österreichs Союз студентов-социалистов Австрии

VSSZ, Vereinigung Schweizerischer Schulzahnärzte Ассоциация швейцарских школьных зубных врачей

V.S.T., Vereinigung Schweizerischer Tiefbauunternehmer Объединение швейцарских предпринимателей по строительству подземных сооружений

VSt, VSt., Verbindungsstelle *тех.* место соединения *(напр., проводов)*

VSt, VSt., Vergnügungssteuer налог на доходы со зрелищных и увеселительных предприятий

VSt, VSt., Verkaufsstelle магазин; торговая точка

VSt, VSt., Vermittlungsstelle центральный коммутатор *(сети телефонной связи);* центральная телефонная станция

VSt, VSt., Vermögenssteuer поимущественный налог; налог с имущества; налог на имущество

VSt, VSt., Verwaltungsstelle административное учреждение

VSt, VSt., Vorsteuer предварительный налог на доход

VSt, Vorstopfen *геол., нефт.* нижняя *(цементировочная)* пробка

V.St., Vereinigte Staaten Соединённые Штаты (Америки)

Vst, Vst., Vermögenssteuer поимущественный налог; налог с имущества; налог на имущество

Vst, Vst., Versicherungssteuer страховой налог

Vst, Vst., Verwaltungsstelle административное учреждение

Vst, Vst., Vorstand 1. правление; 2. президиум; 3. председатель

Vst, Vst., Vorsteher начальник; управляющий

Vst., Verstärker *тех.* усилитель

vst., verständlich понятный; ясный

vst., verstärkt усиленный; утолщённый

vst., versteigert проданный с аукциона

vst., vollständig полный, совершенный

Vst/DB, Vorstand der Deutschen Bundesbahn *ж.-д.* Правление Государственных железных дорог ФРГ

VStFB, Verwaltung Staatlicher Forstwirtschaftsbetriebe Управление государственных предприятий лесного хозяйства *(бывш. ГДР)*

VStG, Vermögenssteuergesetz закон о налоге на имущество, закон о поимущественном налоге

VStW, Vereinigte Stahlwerke, «Stahlverein» Объединение сталелитейных предприятий, «Штальферайн»

VStW, Vermittlungsstelle mit Wählbetrieb автоматическая телефонная станция, АТС

v.St.w., von Staats wegen государственной властью

VSV, Verordnung über die Sozialpflichtversicherung положение [постановление] об обязательном социальном страховании

VSV, Versehrtensportverein спортивный союз инвалидов

V.S.V., Verband Schweizerischer Viehhändler Союз швейцарских скотопромышленников

VSVT, Verband Schweizerischer Vermessungstechniker Союз швейцарских техников-геодезистов

VSVVS, Vereinigung Schweizerischer Versuchsbund -Vermittlungsstellen für Saatkartoffeln Объединение швейцарских опытных станций по выращиванию и реализации семенного картофеля

VSWG, Vierteljahrschrift für Sozial- und Wirtschaftsgeschichte *наименование периодического издания по социально-экономическим вопросам*

VSY, vollsynchronisiertes Getriebe полностью синхронизированная коробка передач

VT, Verbrennungstriebwagen моторный вагон с двигателем внутреннего сгорания; автомотриса

VT, Versandtag *ж.-д.* дата отправления *(груза)*

VT, Verschlei:steil быстроизнашивающаяся деталь

VT, Vierertelegrafie телеграфирование по фантомной цепи

VT, Volumenteil *физ., хим.* объёмная часть

V.T., Vorschaltturbine предвключённая турбина

vT, v.T., vom Tausend на тысячу, с тысячи; промилле, одна тысячная, ‰

vt., vertagt отсроченный, перенесённый *(на другой срок)*

vt., vertraulich конфиденциальный, секретный

vt., volkstümlich народный

V.t.B., Verein Technischer Beamter der Schweizerbahnen Союз технического персонала швейцарских железных дорог

VTC, Viskositäts-Temperatur-Koeffizient ВТК, вязкостно-температурный коэффициент

VTL, Vorläufige Technische Lieferbedingungen предварительные технические условия поставки

VtL, Vertriebsleiter заведующий отделом сбыта товаров

Vtr, Vertreter представитель

Vttg, Vertretung представительство

Vtz, Vorortszug пригородный поезд

VU, Vaterländische Union Отечественный союз

VU, Verfassungsurkunde конституция *(текст)*

VU, Versäumnisurteil *юр.* заочное решение суда,

VU, Versicherungsunternehmen страховая компания

VÜ, Vereinsübereinkommen соглашение *(между какими-л. обществами)*

v.u., von unten снизу

v.u.Ä., vor unserer Ära до нашей эры, д.н.э.

VuB, *ж.-д.* Перечень запрещений и ограничений *(приложение к инструкции по производству таможенных операций)*

VÜG, Vereinsübereinkommen über den Eisenbahngüterverkehr соглашение о железнодорожных грузовых перевозках

v.u.n.o., von unten nach oben снизу вверх

VÜP, Vereinsübereinkommen über den Eisenbahnpersonen- und Gepäckverkehr соглашение о железнодорожных пассажирских сообщениях и перевозках багажа

VÜP, Vorschrift für die Überwachung und Prüfung der Kunstbauten *ж.-д.* Инструкция по контролю состояния и ревизии искусственных сооружений *(Государственные железные дороги ФРГ)*

VÜR, Vorschrift für die Überwachung des Rangieraufwands *ж.-д.* Инструкция по надзору за расходами на маневровую работу

v.u.T., vor unterem Totpunkt *тех.* перед нижней мёртвой точкой, до н. м. т.

v.u.Z., von unserer Zeit [Zeitrechnung] нашей эры, по нашему летосчислению

VV, Verbesserungsvorschlag рационализаторское предложение

VV, Verkehrsverbund *ж.-д.* Объединение предприятий общественного транспорта *(ФРГ)*

VV, Verkehrsverein общество содействия развитию туризма

VV, Versailler Vertrag *ист.* Версальский мирный договор

VV, Videoverstärker усилитель видеочастоты, видеоусилитель

Vv, Verwaltungsvorschrift административное распоряжение [предписание]

V.v., Vergleichsverfahren сравнительный метод

VVB, Verwaltung Volkseigener Betriebe Управление народных предприятий *(бывш. ГДР)*

V.V.D.St., Verband der Vereine Deutscher Studenten Объединение немецких студенческих союзов

VVEAB, Verwaltung Volkseigener Erfassungs- und Aufkaufbetriebe für Landwirtschaftliche Erzeugnisse Управление народных предприятий по заготовке и закупке сельскохозяйственной продукции *(бывш. ГДР)*

VVG, Gesetz über den Versicherungsvertrag закон о договорах на (социальное) страхование

VVG, Vereinigung Volkseigener Güter объединение народных имений *(в бывш. ГДР)*

VVG, Versicherungsvertragsgesetz закон о договорных гарантиях

VVG, Verwaltung Volkseigener Güter Управление народных имений *(бывш. ГДР)*

VVG, Volkswagen-Vertriebsgesellschaft Общество по реализации автомобилей марки «Фольксваген»

V.V.M.T.S., Vereinigung Volkseigener Maschinen- und Traktorenstationen Объединение народных машинно-тракторных станций *(бывш. ГДР)*

VVN, Vereinigung der Verfolgten des Naziregimes Объединение лиц, преследовавшихся при нацизме

VVS, Verwaltung des Volkseigenen Seeschiffsbaus Управление народного морского судостроения *(бывш. ГДР)*

VVV, Verwaltung des Volkseigener Verlage Управление народных издательств *(бывш. ГДР)*

VVW, Verwaltung Volkseigener Werften Управление народных верфей *(бывш. ГДР)*

VW, Volkswagen «Фольксваген» *(автомобильные заводы и марка автомобиля)*

VW, Volkswirtschaft народное хозяйство, экономика

VW, Vorwähler *тлф.* предыскатель; искатель вызовов

VW, Vorwiderstand *эл.* добавочное сопротивление; балластное сопротивление

Vw., Verwaltung администрация; управление *(орган)*; правление

Vw., Verweis ссылка *(напр., на какой-л. источник)*, отсылка *(напр., о словаре)*

Vw., Verwendung применение, использование; употребление

Vw., Verwertung использование; реализация; утилизация

Vw., Volkswirt экономист

Vw., Vorwerk *топ.* хутор; фольварк

Vw., Vorwort предисловие

VwA, Verband der Weiblichen Angestellten Deutschlands Союз служащих женщин

Vw.Ang., Verwaltungsangestellte *m, f* служащий [служащая] учреждения

VWD, Vereinigte Wirtschaftsdienste служба экономической информации агентства ДПА, пресс-бюро агентства ДПА

Vwerk, Volkswerk *библиогр.* произведение народного творчества

VWG, Vereinigtes Wirtschaftsgebiet Объединённая экономическая область *(территория ФРГ за исключением районов Рейнланд-Пфальца, Южного Бадена, Южного Вюртемберг-Гогенцоллерна и Ландау)*

VWGO, Verwaltungsgerichtsordnung положение об административных судах

VWJ, Vereinigung der Wirtschaftsjuristen Объединение юристов-экономистов

VWL, Volkswirtschattslehre политическая экономия, политэкономия; социальная экономическая теория

VwO, Verwertungsordnung правила использования; порядок реализации

v.w.o., verhandelt wie oben поступать, как указано выше

VwP, Vierteljahresschrift für Wissenschaftliche Pädagogik *наименование периодического издания по педагогическим вопросам*

VWR, Verwaltung der Wirtschaftsbetriebe der Regierung der DDR Управление государственных предприятий *бывш.* ГДР

VWS, Preußische Versuchsanstalt für Wasserbau und Schiffsbau, Berlin Прусский экспериментальный институт гидротехники и кораблестроения в Берлине

VWS, Verein Westdeutscher Sportpresse Объединение западногерманской спортивной прессы

VwVfG, Verwaltungsverfahrensgesetz закон о порядке рассмотрения административных нарушений [правонарушений]

VwVG, Verwaltungs-Vollstreckungsgesetz закон об исполнении административных решений

Vwz., Verwendungszweck *тех.* цель применения

VwZG, Verwaltungszustellungsgesetz закон о порядке предоставления документов административными органами

VZ, Verseifungszahl *хим.* число омыления

VZ, Verzugszinsen пеня(и) за просрочку в выполнении обязательства

VZ, Vorauszahlung задаток, оплата вперёд; авансовая выплата

V.Z., Verzugszeit *банк.* льготное время *(при просрочке платежа)*

Vz., Verzeichnis список; перечень; указатель; реестр; опись

Vz., Vorzeichen *мат.* знак *(плюс или минус)*

Vz., Vorzug преимущество, достоинство

v.Z., vor der Zeitrechnung до начала летосчисления

vz, verzinkt оцинкованный

vz., vorzüglich преимущественно, прежде всего, главным образом

VZA DR, Verkehrszweigaktiv Deutsche Reichsbahn *ж.-д.* Отраслевой актив железных дорог *бывш.* ГДР

VZB, Vorschrift für den Zugleitbetrieb *ж.-д.* Инструкция об упрощённом способе организации движения поездов

VZI, Verband der Zigarettenpapier verarbeitenden Industrie Объединение промышленных предприятий по обработке папиросной бумаги

VZR, Verkehrszentralregister центральный реестр дорожных происшествий

VZS, Vereinigter Zivilsenat Объединённая верховная коллегия суда по гражданским делам *(бывш. ГДР)*

v.Zw., vor Zeit(en)wende до нашей эры

VZZ, Verzögerungszähler счётчик на линиях задержки

W

W, Anhängerkupplung auf Wunsch нестандартный буксирный прибор *(устанавливаемый на автомобиле по заказу покупателя)*

W, leichter vierachsiger Durchgangswagen bis zu 32 t Eigenmasse *ж.-д.* лгкий четырёхосный пассажирский вагон со сквозным проходом с массой тары до 32 т

W, Stellwerkswärter *ж.-д.* дежурный по посту централизации

W, Waffe 1. оружие 2. род войск

W, Wähler *тлф.* искатель

W, Währung валюта

W, Wärmemenge количество тепла

W, Waschanlage *ж.-д.* вагономоечная установка

W, Wasserstand *гидр.* уровень [горизонт] воды

W, Wasserstand уровень воды

W, Wasserstandanzeiger указатель уровня воды

W, Watt ватт, Вт *(единица электрической и механической мощности)*

W, Wechsel вексель

W, Wechsel- *в сложн.* вексельный

W, Wechselstrom переменный ток

W, Wehrmacht вооружённые силы; вермахт

W, Weiche *ж.-д.* стрелка, стрелочный перевод,

W, Wei:s белый *(для обозначения окраски света)*

W, Weite ширина *(размер)*

W, Welle *тех.* 1. вал 2. волна

W, Wendehalt *ж.-д.* остановка маневрового состава для перемены направления движения

W, Werfer 1. *воен.* метательное оружие; метательная [пусковая] установка, ПУ 2. спортсмен-метатель, метатель 3. турман *(порода голубей)*

W, Werkstück *тех.* заготовка, обрабатываемая деталь

W, Wert 1. значение; величина; 2. параметр; 3. показатель; 4. валентность; 5. ценность; цена, стоимость

W, Westinghouse-Bremse *ж.-д.* тормоз Вестингауза

W, West, Westen запад

W, Widerstand 1. сопротивление 2. эл. резистор *(элемент электрической цепи)*

W, Wien Вена *(индекс государственной принадлежности автомобиля)*

W, *ñâç.* Winkelmast угловая опора

W, Winker семафор

W, Winterfreibord *мор.* зимний надводный борт

W, Wippenwagen *ж.-д.* специальный контрейлерный вагон с балансирной опускающейся частью пола

W, Woche неделя

W, Wochenblatt еженедельник

W, Wolfram *хим.* вольфрам

W, Wolle шерсть

W., Wahl выбор

W., Wand стена, стенка

W., Wärme тепло, теплота

W., Wasser вода

W., Weizen пшеница

W., Werbung *ком.* реклама

W., Wissen знание; познания

W., Wissenschaft наука

W., Wort слово

W., Wunde рана

W., Würde звание; сан

w, Windungszahl эл. число витков

w., warm тёплый

w., weiblich *грам.* женский род

w., weich мягкий

w., weiß белый

w., weiter дальше, далее

w., wenden смотри на обороте

w., wesentlich существенный; значительный; важный

w., westlich западнее

w., wirklich действительно, в самом деле

w., wirklich действительный, настоящий; истинный; реальный; фактический

w., wöchentlich еженедельный

w., wörtlich дословно, буквально; слово в слово; дословный, буквальный

WA, Wärmeaustauscher теплообменник
WA, Wasserabgabe водоотдача
WA, Wasserabscheider водоотделитель
WA, Wasseraufnahmevermögen влагоёмкость; гигроскопичность
WA, **W.A.**, Wasserkraftanlage гидросиловая установка; гидроэлектростанция; ГЭС
WA, Weichenanfang *ж.-д.* начало стрелочного перевода
WA, Werbeabteilung отдел рекламы, рекламный отдел
WA, Wertangabe 1. стоимостный показатель 2. указание стоимости [цены]
WA, Wetteramt служба погоды; управление метеорологической службы
WA, Wirtschaftrabkommen экономическое соглашение
WA, Wirtschaftsausschuß экономическая комиссия, комитет по экономическим вопросам
WA, Wochenausgabe еженедельник
W.A., Weimarer Ausgabe *(Luthers Werke)* веймарское издание *(трудов Лютера)*
Wa, Wagner коробка передач фирмы «Вагнер»
Wa., Waage весы
Wa., Waffe(n) оружие
Wa., Wagen 1. автомобиль 2. вагон 3. тележка
Wa., Waggon вагон
Wa., Wand стена, стенка
Wa., Ware(n) товар(ы)
Wa., Wasser вода
wa, warmausgehärtet подвергнутый термическому старению
WaA, Waffenamt управление вооружений *(в бывшей германской армии)*
WAB, Warenausgangsbuch книга отпуска товаров, журнал отпуска товаров *(оптовым организациям)*
WABB, Der Wissenschaftliche Ausschu:s für Bau- und Betriebstechnik der Deutschen Bundesbahn *ж.-д.* Научный комитет по строительной и эксплуатационной технике Государственных железных дорог ФРГ
WAbk., Warschauer Abkommen *ист.* Варшавский договор
WAbk., Wirtschaftsabkommen экономическое соглашение
Wabo, Wasserbombe глубинная бомба

WAD, Wiener Artikeldienst служба печати «Винер артикельдинст» *(Австрия)*
waf, wasser-und aschefrei горючая масса *(топлива)*
WaffDA, Dienstanweisung für den Waffengebrauch наставление по использованию оружия
WaffG, Waffengesetz закон об оружии; закон о продаже, ношении и хранении оружия
WAG, Gambia Гамбия *(индекс государственной принадлежности автомобиля)*
Wag, Wartegeld штраф за простой
Wahlb., Wahlberechtigte(r) избиратель
Wahlb., Wahlbezirk избирательный округ
Währ G, Währungsgesetz закон о валютных операциях
WAL, Sierra Leone Сьерра-Леоне *(индекс государственной принадлежности автомобиля)*
WAMS, Wagen-Antrage- und Meldesystem *ж.-д.* информационная система организации грузовых перевозок *(Австрия)*
WAMS, Welt am Sonntag *наименование периодического издания по общественно-политическим вопросам*
WAN, Nigeria Нигерия *(индекс государственной принадлежности автомобиля)*
WANA, Waggonnormenausschuß комитет технических норм вагоностроительной промышленности
WAnz, Wellenanzeiger волномер, радиоволномер
Wanz, Wellenanzeiger эл. индикатор волн
WaR, Wassermannsche Reaktion *мед.* реакция Вассермана
WAS, waschaktive Substanz моющее вещество
WASAG, Westfälisch-Anhaltinische Sprengstoff-Aktiengesellschaft Вестфальско-Ангальтское акционерное общество производства взрывчатых веществ
WAST, Wehrmachtauskunftsstelle für Kriegsverluste управление учёта военных потерь *(в бывшей германской армии)*
WAV, Wirtschaftliche Aufbauvereinigung «Хозяйственное восстановление» *(баварская политическая партия)*

Wavo, Wasservorwärmer водоподогреватель; экономайзер
WAZ, Wagenaufenthaltszeit *ж.-д.* простой вагона
WAZ, Wagenausgangszugnachweis *ж.-д.* натурный лист поезда по отправлению *(при переписи вагонов при обследовании вагонопотоков)*
WB, Wartburg-Bund Вартбургская федерация студенческих корпораций
WB, Wasserbombe глубинная бомба
WB, Wechselbehälter *ж.-д.* сменный кузов
WB, Werkbericht отчёт о деятельности завода
WB, Werkbund Союз (ремесленных) предприятий *(Швейцария)*
WB, Wingolf-Bund Вингольфская федерация студенческих корпораций
WB, Wohnbezirk жилой район
W.B., Wasserballast водный балласт *(судна)*
Wb, Weber вебер, Вб *(единица магнитного потока)*
Wb., Weiterbildung повышение квалификации; переподготовка *(кадров)*
Wb., Wohnbezirk район [участок] жилых домов
Wb., Wortbildung *лингв.* словообразование
Wb.,WB, Wörterbuch словарь
Wbd, Wiesbaden г. Висбаден
WBDJ, Weltbund der Demokratischen Jugend Всемирная федерация демократической молодёжи, ВФДМ
Wber., Wochenbericht еженедельный отчёт
W-Betrieb, Wählbetrieb *тлф.* автоматическая связь
WBewG, Wohnraumbewirtschaftungsgesetz закон о распределении жилой площади *(ФРГ)*
W.Bez., Wehrbezirk *воен.* район комплектования, призывной участок
Wbf, Wertbrief ценное письмо, письмо с объявленной ценностью
WBG, Wohnungsbaugesetz закон о жилищном строительстве
W.B.G., Wettbewerbgesetz закон о запрещении недобросовестной конкуренции; закон о конкуренции
WBK, Wehrbezirkskommando *воен.* управление района комплектования

WBK, Wohnungsbaukombinat домостроительный комбинат
WBKdo, Wehrbezirkskommando *воен.* управление района комплектования
Wbl.,W.-Bl., Wochenblatt *библиогр.* еженедельник
WBM-BG, Weichen-Belegtmelder-Baugruppe *ж.-д.* блок контроля занятости стрелки
Wbn, Wiesbaden г. Висбаден
WBO, Wertpapier-Bereinigungsgesetz закон об урегулировании расчётов по ценным бумагам
WBS, Warenbegleitschein товаросопроводительный документ, накладная
WBS, Wetterbeobachtungsschiff судно метеорологической службы
Wbs., Wirbelsäule *анат.* позвоночный столб
WBS-BG, Weichen-Belegtmelder-Stromversorgungs-Baugruppe *ж.-д.* блок питания датчика контроля занятости стрелки
Wbt, WBt, Walfangboot китобойное судно
WBV, Wärmebeharrungsvermögen тепловая инерция
WBz, Walzbronze прокатная бронза
WC, Wasserklosett ватерклозет
WC, Wolframcarbid карбид вольфрама
WCA, Weinheimer Korpsstudentische Arbeitsgemeinschaft Вейнгеймерское объединение студенческих корпораций
Wchst, Wechselfeuer *навиг.* переменный огонь
WD, Westdeutschland Западная Германия
WD, Wetterdienst метеорологическая служба
wd, wasserdicht *элт.*, *усл. обозн. (проводка)* водонепроницаемый
wd., wasserdicht водонепроницаемый
wd., westdeutsch западногерманский
WDB, Wehrdienstbeschädigung телесное повреждение, полученное на военной службе
Wdg., Werdegang становление
Wdg., Wiedergutmachung возмещение, компенсация; репарация
Wdg., Windung оборот *(вокруг чего-л.)*; виток
Wdh., Wdhlg, Wiederholung повторение

WdKl., Widerklage встречный иск; встречная жалоба
WDO, Wehrdisziplinarordnung дисциплинарный устав бундесвера
WDR, Westdeutscher Rundfunk Западногерманское радио
Wdstk, Widerstandskopplung *радио* связь сопротивлением, реостатная связь, резистивная связь
WdU, Wahlpartei der Unabhängigen Избирательный блок «независимых» *(Австрия)*
WE, Wageneinheit *ж.-д.* единица вагонного парка, вагон
WE, Währungseinheit \ денежная единица
WE, Wärmeeinheit *физ.* тепловая единица, единица (количества) тепла, колория
WE, Wartungseinheit im Motorwartungszähler des Drehzahlmessers единица отсчёта периодичности технического обслуживания двигателя по счётчику оборотов в тахометре
WE, Weichenende *ж.-д.* конец стрелочного перевода
WE, Werkstoffvermittlung посредничество в приобретении материалов
WE, Werteinheit *эк.* эквивалентная единица
WE, Willenserklärung волеизъявление
WE, Witterungseinfluß влияние погоды, атмосферное влияние
WE, Wohlgemut-Einheit *хим.* единица Вольгемута
WE, Wohnungseinheit жилая единица; условная квартира; квартира
W.E., Wehrersatz комплектование войск
We, Weichenerneuerungen *ж.-д.* смена стрелочных переводов с укладкой новых
WEB, Wareneingangs-Bescheinigung документ, подтверждающий прибытие товара в страну назначения
WEB, wechselweise ein- und zweigleisiger Betrieb *ж.-д.* чередование одно- или двухпутного движения на участке *(в период производства работ по ремонту пути)*
Web., Weber топливная аппаратура фирмы «Вебер»
Wedag, Westfalia-Dinnendahl-Grippel-Aktiengesellschaft металлургические заводы акционерного общества Вестфалия-Динендаль-Гриппель
Wefo, Werkstofforschung исследование материалов
WEG, Wohnungseigentumsgesetz закон о праве собственности на жилые помещения
Weick, Wanne-Eickel г. Ванне-Эйкель
weil., weiland *уст.* бывший *(перед званием или должностью соответствующего лица)*
Weim, Weimar г. Веймар
WeimRVerf, Weimarer Reichsverfassung *ист.* Веймарская конституция Германии
WELF, Westdeutscher Fußball- und Leichtathletikverband Западногерманский футбольный и легкоатлетический союз
WEMA, Wirtschaftsverband Eisen-, Maschinen- und Apparatebau Экономическое объединение предприятии металлических конструкций, машиностроения и приборостроения
WERKIN, (Volkseigene Betriebe für) Werkzeuge und Instrumente Народные станкостроительные и инструментальные предприятия *(бывш. ГДР)*
WErs, Wehrersatzwesen порядок комплектования вооружённых сил
WESSZ, doppelte westeuropäische Sommerzeit двойное западноевропейское летнее время
Westa, Wetterkundestaffel метеорологическая эскадрилья
westd., westdeutsch западногерманский
WeSZ, westeuropäische Sommerzeit западноевропейское летнее время
WEU, westeuropäische Union Западноевропейский союз
WEW, Wiener Elektrizitätswerke электростанции г. Вены
Wewa, Wetterwarte метеорологическая станция
WEWAG, Westdeutsche Werkzeugmaschinen-Aktiengesellschaft Западногерманское акционерное общество станкостроения
WEZ, westeuropäische Zeit западноевропейское время *(по Гринвичу)*
Wezu, Witterungseinflüsse und Zeitunterschied влияние погоды и разница во времени

WF, Wagenfähre автомобильный паром
WF, Werk für Fernmeldewesen завод аппаратуры связи
Wf, Werkführer *воен.* мастер
Wf, Westfalen Вестфалия
Wf., Wagenfürer водитель автомобиля, шофёр
Wf., Wasserfall водопад
Wf., Westfalen Вестфалия
wf., wasserfrei безводный, обезвоженный
w.f., wasserführend водоносный
Wff., Waffen 1. оружие 2. рода войск
Wfl., Wohnfläche жилая площадь
WFR, Wanderfeldröhre лампа бегущей волны, ЛБВ
WFR, Weltfriedensrat Всемирный Совет Мира, ВСМ
WFV, Weltfrontkämpferverband Всемирная федерация ветеранов войны
WFV, Westdeutscher Fußballverband Западногерманский футбольный союз
WFW, Weltföderation der Wissenschafter Всемирная федерация научных работников
WFZ, Wirtschafts- und Finanzzeitung «Виртшафтс унд финанццайтунг» *(газета по хозяйственно-финансовым вопросам в ФРГ)*
WG, Währungsgesetz закон о валютных операциях
WG, Wassergehalt содержание воды; влагосодержание; влажность
WG, Wechselgesetz закон о вексельном обращении, закон о векселях и вексельном обращении *(операциях)*
WG, Wechselstromgenerator *эл.* генератор переменного тока
WG, Wehrgesetz закон об организации вооружённых сил и прохождении военной службы *(в бывшей германской армии)*
WG, Widerstandsgeber датчик сопротивления, резистивный датчик
WG, Wissenschaftliche Gesellschaft Научное общество
WG, Wohngeld дотация на аренду жилья
WG, Wohngemeinschaft жилищное товарищество, жилтоварищество; кондоминиум
W-G, Güterzug-Westinghouse-Bremse *ж.-д.* тормоз Вестингауза для грузовых поездов

Wg., Waage весы
Wg., Wagen 1. автомобиль 2. вагон 3. тележка
Wg., Waggon вагон
Wg., Weg(e)- *в сложн.* дорожный, путевой
wg., wassergeschützt водозащищённый
wg., wegen ради; из-за; вследствие
wg., westgermanisch западногерманский
WGA, Wirtschaftsvereinigung Groß- und Außenhandel Экономическое объединение оптовой и внешней торговли
WGB, Weltgewerkschaftsbund Всемирная федерация профсоюзов, ВФП
W.G.L., Wissenschaftliche Gesellschaft für Luftfahrt Научно-исследовательское авиационное общество
WGO, Weltgesundheitsorganisation Всемирная организация здравоохранения *(при ООН)*
W-GP, Güterzug-Personenzug-Westinghouse-Bremse *ж.-д.* тормоз Вестингауза для грузовых и пассажирских поездов
WGR, Wiedergaberegister *вчт.* регистр считывания; регистр воспроизведения *(магнитной ленты)*
WGR, Wiedergeben rückwärts *вчт.* считывание в обратном направлении; воспроизведение *(магнитной ленты)* в обратном направлении
WGS, Wagengrenzstelle *ж.-д.* пункт учёта передачи вагонов на пограничной станции
WGT, Weißgußtemper ковкий отбелённый чугун
WGV, Wiedergeben vorwärts *вчт.* считывание в прямом направлении; воспроизведение *(магнитной ленты)* в прямом направлении
WGVO, Wiedergutmachungsverordnung постановление о возмещении; постановление о компенсациях
WGZ, Wohnungsgeldzuschuß квартирные деньги, надбавка к окладу на оплату квартиры
WH, Wehrmacht - Heer вооружённые силы — сухопутные войска *(бывшей германской армии)*
WH, Wiederherstellung восстановление
WH, Wiederholen повторение; воспроизведение; итерация

WH, Wirtschaftshochschule экономический институт, высшее экономическое училище

WH, Württemberg-Hohenzollern Вюртемберг-Гогенцоллерн *(историческая область Германии)*

Wh, Wattstunde *эл.* ватт-час, *Втч*

Wh, Wirtshaus трактир, гостиница

Wh, Wohnhaus жилой дом

wh., wiederholt повторный

Whg, Whg., Wohnung квартира, жилище

Whg, Wohnungs- *в сложн.* квартирный, жилищный

Whrv, Warmwasser- und Abgas-Zusatzheizung *ж.-д.* система водяного отопления моторных вагонов с частичной утилизацией тепла выхлопных газов дизельной установки

Whv, Wilhelmshaven *г.* Вильгельмсхафен

WHW, Winterhochwasser зимний паводок

Whz, Warmwasserheizung *ж.-д.* система водяного отопления вагонов пассажирского типа

Wi., Widerstand *эл.* 1. сопротивление 2. резистор *(элемент электрической цепи)*

Wi., Wissenschaft наука

Wi., Witwe вдова

WIA, Zeitschrift «Weg ins Ausland» *наименование периодического издания по вопросам внешней торговли*

WIB, Werk- und Industriebahnen *ж.-д.* заводские и промышленные железные дороги

WID, Wirtschaftsinformationsdienst *(Düsseldorf)* Служба экономической информации *(в Дюссельдорфе)*

wie Vwg, Übersetzung im Rückwärtsgeng wie Vorwärtsgang назначение для передачи заднего хода таких же передаточных отношений, как для переднего

WIFO, Wirtschaftliche Forschungsgesellschaft Общество экономических исследований

W.I.G., Verband Schweizerischer Weinimporteure en Gros Союз швейцарских оптовых импортёров вина

Wig, Witwengeld пособие вдове служащего [чиновника]

WIGOP, Wirtschaftsgenossenschaft der Presse Экономическое газетно-журнальное объединение

Wigru, Wirtschaftsgruppe экономическая группа, хозяйственная группа

WIG-Schweißen, сварка вольфрамовым электродом в среде инертного газа

WIG-Schweißen, Wolfram-Inertgas-Schweißen сварка вольфрамовым электродом в среде инертного газа

WIK, Zeitschrift für Wirtschaft, Kriminalität und Sicherheit «Цайтшрифт фюр виртшафт, криминалитет унд зихерхайт», Журнал по экономике, преступности и безопасности

Wik, Wiederinkraftsetzung *страх.* восстановление

WIKAS, Wagen-Informations-Kontroll- und Abrechnungssystem *ж.-д.* автоматизированная система слежения за движением грузовых вагонов и централизованных расчётов за пользование вагонами *(Швейцария)*

WIKORR, Wirtschaftskorrespondenz агентство экономической информации ВИКОРР *(Австрия)*

WINORA, Wirtschaftsvereinigung Nordwestdeutscher Ärzte Экономическое объединение врачей Северо-западной Германии

WiR, Wirtschaftsrat экономический совет

WiR, Wirtschaftsrecht *юр.* хозяйственное право

Wista, Wirtschaft und Statistik *наименование периодического издания по экономике и статистике*

WiStrG, Wirtschaftsstrafgesetz закон об ответственности за хозяйственные преступления

Wi VV, Wirtschaftsverband Versicherungsvermittlung Экономический союз страховых маклеров

WIW, Werkgemeinschaft für Wohnraumgestaltung комбинат по внутренней отделке жилых помещений

Wj., Wirtschaftsjahr хозяйственный год

WJCC, Western Joint Computer Conference *англ.* ежегодная Западная объединённая конференция по вычислительной технике *(США)*

WjD, Wirtschaftsjahresdurchschnitt *эк.* средняя годовая

WK, Wasserkapazität водоёмкость; влагоёмкость

WK, Wasserkraft гидроэнергия
WK, Wasserkrafts- *в сложн.* гидросиловой; гидроэнергетический
WK, Weltkrieg мировая война
WK, Werbungskosten рекламные расходы, расходы на рекламу
WK, Wetterkarte синоптическая карта, карта погоды
WK, Wirbelkammer вихревая камера
Wk, Werk завод; фабрика
Wk, Wirkung 1. (воз)действие, влияние 2. (по)следствие; результат; эффект
WKA, Wasserkraftanlage гидроэлектростанция, ГЭС; гидросиловая установка
WKdo, Wehrkreiskommando управление военного округа, штаб военного округа
WKF, Weltbund der Katholischen Frauenjugend Всемирный католический союз женской молодёжи
Wkr, Wahlkreis избирательный округ
Wkr., Wasserkraft гидроэнергия
Wkt, Wahrscheinlichkeit вероятность
WKV, Waren-Kredit-Verkehr Общество (банковского) кредитования товарооборота
W.K.V., Wasserstra:senkreuzungsvorschriften Правила перехода *(сильноточных линий)* через водные пути
Wkv., Winkerverbindung связь по семафору
WKW, Wasserkraftwerk гидроэлектростанция, ГЭС
WkW, Wirkkilowatt *(столько-то)* киловатт активной мощности, ҆кВт акт. мощн.
Wkzg, Werkzeug инструмент
WL, Walzenlafette *воен.* цилиндрический лафет
WL, Wechsesprechanlage *ж.-д.* установка дуплексной связи
WL, Wehrmacht - Luftwaffe вооружённые силы - военно-воздушные силы *(бывшей германской армии)*
WL, Wellenlänge длина волны
W.L., Wasserlinie ватерлиния
w.L., westlicher Länge *(столько-то градусов)* западной долготы, з.д.
wl., wasserlöslich водорастворимый
w.l., wenig löslich *хим.* слаборастворимый
WLB, Wiener Lokalbahnen *ж.-д.* Венские локальные железные дороги

WLK, Wirtschaftszweig-Lohngruppenkataloge тарифная сетка *(для рабочих и служащих торгово-промышленных предприятий)*
wlösl., wasserlöslich водорастворимый
WLS, Werkluftschuß противовоздушная защита промышленных предприятий
WLT, Wire-Line-Technik тросовая подъёмная техника, канатная подъёмная техника
Wltg, Wasserleitung водопровод
WM, Wächtermelder эл. контрольный прибор - сигнализатор
WM, Waschmaschine *ж.-д.* моечная машина
WM, Wattmeter ваттметр
WM, Wechselstrommotor (электро)двигатель переменного тока
WM, Weichenmittelpunkt *ж.-д.* центр стрелочного перевода
WM, Weißmetall баббит *(сплав)*
WM, Weltmeister чемпион мира
WM, Weltmeisterschaft *спорт.* первенство мира
WM, Werkmeister мастер
WM, Werkzeugmaschine *(металлообрабатывающий)* станок
WM, Westmark западная марка *(неофициальное наименование денежной единицы ФРГ)*
WM, Wirtschaftsminister министр экономики
WM; Wma, Wortmarke *вчт.* метка слова; маркер слова
WM, Wortmaschine ВМ с пословной организацией
W.M., Wegemarke путевой знак
W.M., Winkelmesser угломер; гониометр; транспортир
W.-M., Wankel-Motor двигатель Ванкеля
Wm, Wagenmeister *ж.-д.* вагонный мастер
Wm, Wassermühle *топ.* водяная мельница
Wm, Weltmeister чемпион мира
Wm, Werkmeister мастер на заводе
Wm, Widerstandsmoment *физ.* момент сопротивления
WMA, Wehrmeldeamt *воен.* призывной пункт
W-Mast, А-образная мачта с раскладкой ног в бок

WMH, Westermanns Monatshefte наименование периодического издания по вопросам литературы

Wm San V, Wehrmacht-Sanitätsvorschrift *воен.* наставление по военно-санитарному делу *(в бывшей германской армии)*

Wm Verw V, Wehrmacht-Verwaltungsvorschrift административный устав вооружённых сил *(в бывшей германской армии)*

WMW, (Volkseigene Betriebe für) Werkzeugmaschinen und Werkzeuge Народные станкостроительные и инструментальные предприятия *(бывш. ГДР)*

W.M.W., Winter-Mittelwasserstand *гидр.* средний зимний уровень воды

W.N., Werknorm заводская нормаль

w.n., wie nachstehend как указано ниже; как следует далее

WNA, Wirbelnaßabscheider вихревой промывной [мокрый] отделитель [сепаратор; отбойник]

W.Nr., Werknummer заводский номер

WNW, Westnordwest вест-норд-вест; запад-северо-запад

WO, Wahlordnung положение о выборах

WO, Weltorganisation международная организация

WO, wissenschaftliche Oberschule гимназия *(название, принятое в Гамбурге)*

WO, Wobbel(frequenz)generator генератор качающейся частоты

WO., (Allgemeine Deutsche) Wechselordnung (Общегерманский) вексельный устав

W.O., wachthabender Offizier *воен.* караульный офицер, вахтенный офицер

W/Ö, Wasser-in-Öl-Emulsion *хим.* эмульсия типа «вода в масле»

Wo, WO, Wechselordnung вексельный устав

Wo, Wolfram *хим.* вольфрам

Wo., Woche неделя

Wo., Wohnung квартира, жилище

Wo., Wolle шерсть

w.o., wie oben как указано выше

wö., wöchentlich еженедельный; еженедельно

w.o. a., wie oben angegeben как указано выше

WOBS, Wasserstandobservation наблюдение за уровнем воды

WÖE, Wasser-in-Öl-Emulsion эмульсия типа «вода в нефти»

WÖ-Emulsion, эмульсия типа «вода в нефти»

WoGG, Wohngeldgesetz закон о дотации на аренду жилья

WÖK, Wasser-Öl-Kontakt водонефтяной контакт, ВНК

WÖ-Karte, карта водонефтяного контакта

WOM, Weltorganisation für Meteorologie Всемирная метеорологическая организация

WORM, write once - read many times *англ.* система однократной записи и многократного воспроизведения *(на компакт-дисках)*

WÖZ, Wasser-Öl-Zone водонефтяная зона, ВНЗ

WP, Wagenprüfung *ж.-д.* технический и коммерческий осмотр грузового вагона перед уборкой с погрузочно-выгрузочного *или* подъездного пути

WP, Wahlperiode *юр.* легислатура, срок полномочий законодательных органов

WP, Warenprobe товарный образец, ТО

WP, Warenproduktion *эк.* товарная продукция

WP, Warenprüfung контроль качества товаров

WP, Wärmepumpe тепловой насос

WP, W.P., Werkstoffprüfung испытание материалов

W-P, Personenzug-Westinghouse-Bremse *ж.-д.* тормоз Вестингауза для пассажирских поездов

W.P., Werkstoffprüfung испытание материалов

Wp, Wendepol *эл.* добавочный полюс

Wp., WP, Wertpapier *эк.* ценная бумага

Wp., WP, Wirtschaftsprüfer бухгалтер-ревизор; экономист-ревизор; аудитор

WPA, Wählerfernamt междугородная автоматическая телефонная станция, междугородная АТС

WP-Anlage, Wärmepumpenanlage теплонасосная установка

WP-Betrieb, Wärmepumpenbetrieb работа теплового насоса

WPC, World Power Conference, Weltkraftkonferenz Всемирная энергетическая конференция

WPG, Warnpeilgerät оповещающая пеленгаторная аппаратура, сигнальная пеленгаторная аппаратура

WP-Heizzentrale, Wärmepumpen-Heizzentrale централь для тепловых насосов; центральный пост управления для тепловых насосов

WpHG, Wertpapierhandelsgesetz закон о торговле ценными бумагами

WPI, Wirtschaftlicher Presse- und Informationsdienst агентство экономической информации ВПИ *(Австрия)*

WPI, Wissenschaftlich-Photographisches Institut Институт научной фотографии

Wpkt, Wertpaket ценная посылка, посылка с объявленной ценностью

Wpl, Wimpel вымпел

Wpl., Wohnplatz место жительства

WpM, Worte pro Minute слов в минуту *(размерность значения скорости передачи информации)*

W.-Pr., Warenprobe товарный образец, ТО

W.-Pr., Warenprüfung контроль качества товаров

WPS, Wechselplattenspeicher *вчт.* память [ЗУ] на сменных (магнитных) дисках

WPS, W.P.S., Wellenpferdestärke *мор.* мощность на валу *(гребного винта)* в лошадиных силах

WPSt, Wertpapiersteuer налог на ценные бумаги

WPV, Weltpostverein Всемирный почтовый союз

WPW, Weitstreckenpersonenwagen *ж.-д.* пассажирский вагон для дальних сообщений

WP-Zentrale, Wärmepumpen-Zentrale теплоцентраль, использующая тепловые насосы

WQ, Weichenauswechslung *ж.-д.* смена стрелочного перевода

WR, Wahlrecht избирательное право

WR, Währungsreform денежная реформа

WR, Wasserstandregler регулятор уровня воды

WR, Weltrekord *спорт.* мировой рекорд

WR, Wirtschaftsredakteur редактор экономического отдела *(в журнале, газете)*

WR, Wirtschafts- und Sozialrat der Vereinten Nationen Экономический и Социальный совет Организации Объединённых Наций

WR, Wissenschaftsrat научный совет

WR, Zeitschrift «Wirtschaft und Recht» *наименование периодического издания по экономическим и юридическим вопросам*

Wr, Wagenrücklauf *орг.* возврат каретки *(в исходное положение)*

Wr, Wechselrichter *эл.* инвертор

Wr., Wiener - *в сложн.* венский

WRD, Wasserrettungsdienst Общество спасения на водах, ОСВОД

WRE, Wärmerückgewinnungseinrichtung устройство для регенерации тепла, аппарат повторного использования тепла

W.R.K., Wochen-Renn-Kalender *наименование периодического издания по ипподромным состязаниям*

Wrkg., Wirkung 1. (воз)действие, влияние 2. (по)следствие; результат; эффект

WR-Kohle, Wasserreinigungskohle *(активированный)* уголь для очистки воды

WS, Wassersäule *физ.* водяной столб, *в.ст.*

WS, Wegübergangssicherungsanlage *ж.-д.* ограждающее устройство на переезде

WS, Werkschutz заводская охрана

WS, Wiedergabespalt зазор головки воспроизведения

WS, Wintersemester зимний семестр

W&S, Wirtschaftsschutz und Sicherheitstechnik Защита экономики и техника безопасности *(журнал)* - «Виртшафтсшутц унд зихерхайтстехник»

W.S., Wasserseite напорная грань (гидротехнического) сооружения

Ws, Wassergasschweißen сварка водяным газом

Ws, Wattsekunde *эл.* ватт-секунда, *Вт/с*

Ws, Wstr., Wechselstrom *эл.* переменный ток

Ws., Wasser вода

Ws., Wertsache(n) ценности, ценные вещи; драгоценности

Ws., Wochenschrift еженедельник

WSA, Wasserstraßenamt управление водных путей сообщения

WSC, Weinheimer Senioren-Konvent *ист.* Вайнхаймерский конвент студенческих корпораций
WSC, World Security Council, Weltsicherheitsrat Совет Безопасности *(ООН)*
WSchP, Wasserschutzpolizei речная полиция
Wschr., Wochenschrift еженедельник
WSD, Wagentechnischer Sonderdienst *ж.-д.* вид технического обслуживания грузовых вагонов на Государственных железных дорогах ФРГ
WSdg, Wertsendung ценное (почтовое) отправление
Wsec, Wattsekunde *эл.* ватт-секунда, *Вт/сек*
WSG, Wärmeschutzglas теплозащитное стекло
Wsg, Waisengeld пособие для сирот, пособие на сирот
w.S.g.u., wenden Sie gefälligst um прошу перевернуть (страницу), смотри на обороте
WSI, Wirtschaftsvereinigung der Schweißtechnischen Industrie Экономическое объединение металлосварочной промышленности
WSO, Wirbelschichtofen *тех.* печь для обжига в псевдоожиженном [кипящем] слое
W.Sp., Wasserspiegel *гидр.* уровень [горизонт, зеркало] воды
W.Sp., Wassersport водный спорт
Wss, Widerstandsschweißen контактная сварка
Wss., Wasser вода
wss, wäßrig *хим.* водный (*о растворе*)
Wst., Werkstatt мастерская; цех
Wst., WSt, Werkzeugstahl инструментальная сталь
Wst., Widerstand 1. сопротивление 2. *эл.* резистор (*элемент электрической цепи*)
wstd., westdetsch западногерманский
WStG, Wehrstrafgesetz закон о воинских преступлениях
WStr., W. Str., Wasserstraße водный путь; *геогр.* пролив
Wst. Wst, Werkzeugstahl инструментальная сталь
WSU, Wagentechnische Sonderuntersuchung *ж.-д.* специальное техническое обслуживание грузового вагона

WSV, Wintersportverein союз зимнего спорта
WSW, Wärmeschutzwissenschaftliche Mitteilungen *наименование периодического научного издания по теплоизоляции*
WSW, Westsüdwest вест-зюйд-вест, западо-юго-запад
WSW, Wiener Schwachstrom-Werke Венские заводы слаботочной промышленности
WT, W.T., Wachturm наблюдательная [сторожевая] башня
WT, Wassertechnik гидротехника
WT, Wassertiefe *мор.* глубина воды
WT, W.T., Wasserturm водонапорная башня
WT, Wechselstromtelegraphie тональное телеграфирование
WT, Werkzeugträger *маш.* инструментальный суппорт
WT, Widerruftaste *ж.-д.* кнопка искусственной разделки маршрута (*на пульте электромеханической централизации*)
WTA, Wissenschaftlich-Technische Abteilung Научно-технический отдел
WTB, Warenterminbörse товарная фьючерсная биржа; срочная товарная биржа
WTB, Wolfsches Telegraphenbüro телеграфное бюро Вольфа
WTC, Wäscherei, Technik, Chemie *наименование периодического издания по технике и химии прачечного дела*
WTG, wissenschaftlich-technische Gesellschaft научно-техническое общество
wtgl., werktäglich рабочий, будничный
wtgs., werktags по рабочим дням, в будни
wtl., wertlos 1. обесцененный 2. не имеющий цены, не имеющий стоимости
wtl., wörtlich 1. дословно, буквально; слово в слово 2. на словах; устно
wtl., wörtlich 1. дословный, буквальный, точный 2. *юр.* словесный
W.-Tr., Wassertransport водный транспорт
W.T.S., waffentechnische Schule оружейно-техническое училище
WttB, Württemberg-Baden Вюртемберг-Баден (*земля в ФРГ*)
Wttbg, Württemberg г. Вюртемберг
Wttgs, Witterungs- *в сложн.* атмосферный, метеорологический

WTZ, Wiedergabetaktzähler *вчт.* счётчик тактов считывания
WTZ, Wissenschaftlich-Technisches Zentrum научно-технический центр
WTZ., wissenschaftlich-technische Zusammenarbeit научно-техническое сотрудничество
WU, Wagentechnische Untersuchung *ж.-д.* полное техническое обслуживание грузового вагона
WÜ, Wärmeüberträger теплообменник
w.ü., wie üblich по обыкновению
W.u.G., Waffen und Gerät *воен.* оружие и приборы
Wumag, Waggon- und Maschinenbaugesellschaft Общество вагоностроительных и машиностроительных заводов
WÜ-Plan, Wagenübergangsplan *ж.-д.* план-график работы с вагонопотоком, следующим с переработкой *(железные дороги бывш. ГДР)*
WÜPOSTA, Württembergische Postwertzeichen-Ausstellung Вюртембергская филателистическая выставка
W.u.S., Wirtschaft und Statistik *наименование периодического издания по экономике и статистике*
WUST, Warenumsatzsteuer налог с (торгового) оборота
WUT, Wagenladungsumschlagtarif *ж.-д.* тариф на переработку грузов, перевозимых повагонными отправками *(бывш. ГДР)*
WÜ-Tafel, Wegübergangstafel *ж.-д.* сигнальный предупредительный щит перед переездом
Wuwa, «Wunderwaffe» «чудо-оружие» *(наименование для новых видов оружия, которыми во Второй мировой войне предполагалось нанести удар антигитлеровской коалиции)*
WV, Warenverzeichnis перечень товаров
WV, Wärmeverbrauch расход тепла
WV; wv, Wasserverlust водоотдача
WV, Wasserversorgung водоснабжение
WV, Wehrkreisverwaltung управление военного округа
WV, Wiedervorlage вторичное внесение на рассмотрение; повторное представление материалов [предъявление документа]
WV, Wirtschaftsverband экономический союз, экономическое объединение *(каких-л. организаций)*
WV, Wirtschaftsvereinigung экономическое объединение *(каких-л. организаций)*
WV, Wörterverzeichnis 1. указатель, индекс 2. список слов; словник
Wv., Wiederverwendung повторное применение, вторичное употребление
wv.,w.v., wieder vorzulegen вторично внести на рассмотрение; вторично представить *(материалы, документы)*
w.v., wie vorstehend как указано выше
W.V.A., Wirtschaftsverband Asbest Экономическое объединение предприятий асбестовой промышленности
Wvb., Wirtschaftsverband экономический союз, экономическое объединение *(каких-л. организаций)*
w.Vn., weiblicher Vorname женское имя
WVV, Wirtschaftsverband Versicherungsvermittlung Экономическое объединение страховых агентов
Wvz. AHStat., Warenverzeichnis für die Außenhandelsstatistik список товаров, учитываемый внешнеторговой статистикой
WW, Warmwasser горячая вода
WW, Werkzeugwechsel смена инструмента
Ww, Wendewähler реверсивный переключатель
Ww., Warmwasser горячая вода
Ww., WW, Wasserwerk 1. водопроводная станция; 2. насосная станция
Ww., Wegweiser 1. проводник; 2. путеводитель, указатель 3. указатель дороги; дорожный знак
Ww., Witwe вдова
Ww., Witwer вдовец
w.W., warmes Wasser горячая вода
Wwe, Witwe вдова
WWG, österreichische Werbewissenschaftliche Gesellschaft Австрийское научно-исследовательское общество рекламного дела
WWI, Wirtschaftswissenschaftliches Institut der Gewerkschaften Научно-экономический институт немецких профсоюзов
WwR, Witwenrente пенсия, выплачиваемая вдовам застрахованных лиц; пенсия вдове умершего

WWU, *(Europäische)* Wirtschafts- und Währungsunion *(Европейский)* экономический и валютный союз; ЭВС

Wwv., Ww-Vers., Warmwasserversorgung горячее водоснабжение

WWW, World-Wide Web *англ.* Всемирная паутина *(другое обозначение W3; глобальная сеть серверов; распределённая гетерогенная информационная мультимедиа-система коллективного пользования, иногда в значении Интернет)*

WZ, Warenzeichen товарный знак

WZ, Wasserzeichen водяной знак *(на бумаге)*

W:Z, Wasser-Zement-Verhältnis водоцементное отношение, В:Ц

WZ, Weltzeit время по Гринвичскому меридиану, измеряемое от полуночи; всемирное [мировое] время

WZ, Winterzeit зимнее время

WZ, Wohnzimmer 1. жилая комната; 2. общая комната *(в квартире)*

W.Z., Wetterzug *воен.* метеорологический взвод

W/Z, WZ WZF, Wasser-Zement-Faktor *стр.* водоцементное отношение

Wz, Wz., WZ, Warenzeichen товарный знак

Wz, Wz., Wasserzeichen водяной знак *(на бумаге)*

Wz.,WZ, Warnzeichen предупредительный сигнал; 2. предупреждающий знак *(напр., дорожный)*

Wz., Warnzentrale *воен.* центральный пост оповещения

Wz., Wohnzimmer жилая комната; 2. общая комната *(в квартире)*

WZB, Wissenschaftszentrum Berlin Берлинский научный центр

Wzb, Würzburg г. Вюрцбург

w.z.b.w., was zu beweisen war что и требовалось доказать

W.Z.F., Wasserzementfaktor *стр.* водоцементный фактор

WZG, Warenzeichengesetz закон о товарных знаках; закон о клеймении товаров

Wzg, Wzg., Werkzeug инструмент

WzL, Werkzeuglehre *тех.* шаблон для установки инструмента

Wzl, Wert zum Inkasso *банк.* валюта на инкассо *(надпись на векселе)*

WZM, Werkzeugmaschine станок

WZO, Weinzollordnung положение о таможенных пошлинах на ввоз и вывоз вина

W zu N, West zu Nord *мор.* вест-тень-норд

W zu S, West zu Süd *мор.* вест-тень-зюйд

X

X, 1. ось абсцисс; ось X 2. абсцисса; координата X

X, Blindwiderstand *эл.* реактивное сопротивление; реактанс

X, induktiver Blindwiderstand *эл.* индуктивное реактивное сопротивление, индуктивный реактанс

X, Xenon *хим.* ксенон

Xc, kapazitiver Blindwiderstand *эл.* ёмкостное реактивное сопротивление, ёмкостный реактанс

XDS, Xerox Data Systems *англ.* фирма «Ксерокс дейта системс», выпускающая оборудование для обработки данных (США)

X.E., X-Einheit *x*-единица *(единица измерения длины волны рентгеновских лучей)*

Xeroc., Xerokopie ксерокопия

XETRA, Exchange Electronic Trading System *анг.* система электронных валютных торгов

X-Strahlen, Röntgenstrahlen рентгеновские лучи

XTRAN, experimental translator *англ.* язык программирования ИКСТРАН фирмы ИБМ

Y

Y, 1. ось ординат; ось у 2. ордината; координата у
Y, Bundeswehr бундесвер *(индекс государственной принадлежности автомобиля)*
Y, Japanischer Yen японская иена *(денежная единица)*
Y, Scheinleitwert эл. кажущаяся проводимость, адмиттанс
Y, y, Stern звезда *эл.,ж.-з. (условное обозначение способа включения при трёхфазном токе)*
Y, Yttrium *хим.* иттрий
y, Durchbiegung *тех.* прогиб
Y.A.R., York-Antwerpen-Regeln Йоркско-Антверпенские правила морского страхования
Y-Aufhängung, *ж.-д., австр.* рессорная цепная подвеска контактного провода
Yb, Ytterbium *хим.* иттербий

YC, Yachtklub *спорт.* яхт-клуб
YD, Stern-Dreieck *эл.* звезда-треугольник *(схема соединения)*
yd., yard ярд *(0,9144 м)*
YE, Jemen Йемен *(индекс государственной принадлежности автомобиля)*
Y-Kraft, *ж.-д.* рамная сила *или* сила поперечного воздействия подвижного состава на путь
YTA, Association des Transports, Groupement du transport public routier *фр.* Югославское объединение автотранспорта для перевозок по дорогам общего пользования
YU, Jugoslawien Югославия *(индекс государственной принадлежности автомобиля)*
Yu, Yucca волокно растения юкка
YV, Venezuela Венесуэла *(индекс государственной принадлежности автомобиля)*

Z

Z, 1. ось Z 2. координата Z
Z, Atomnummer атомное число
Z, Kesselwagen mit Behältern aus Metall für flüssige oder gasförmige Güter *ж.-д. усл.обозн.* вагон-цистерна с котлом из металла для перевозки жидких *или* газообразных грузов
Z, relative Viskosität *физ.* относительная вязкость
Z, Zähler 1. *тех.* счётчик 2. *мат.* числитель
Z, Z., Zeichen знак; символ
Z, Zeile *мат.* строка *(матрицы)*

Z, Zeitschrift журнал; периодическое издание
Z, Zeitung газета
Z, Zellulose целлюлоза
Z, Zement цемент
Z, Zenit *австр.* зенит
Z, Zentralblatt центральная газета
Z, Zentrale 1. центральная электростанция 2. центральная телефонная станция 3. центр; центральное правление, центральный пункт 4. *воен.* центральный пост; база

Z

Z, Zentralisator центратор
Z, Zentralregister *вчт.* центральный [основной] регистр
Z, Zentrifuge *тех.* центрифуга
Z, Zentrum центр
Z, Zerstörer эскадренный миноносец
Z, ziehbar пригодный для вытяжки *(маркировка стали)*
Z, Zoll(amt) таможня
Z, Z., Zone зона
Z, Zug поезд
Z, Zugschraube *ав.* тянущий винт
Z, Zünd- *в сложн.* зажигательный; подрывной; запальный
Z, Zünder *воен.* запал; взрыватель; снарядная трубка
Z4, ZUSE-4 вторая немецкая ВМ «Цюзе-4» с программным управлением от перфоленты, выполненная на реле *(1945-1949 г.)*
Z3, ZUSE-3 первая немецкая ВМ «Цюзе-3» с программным управлением от перфоленты, выполненная на реле *(1941 г)*
Z, Zuverlässigkeit надёжность
Z, Zweiphasenstrom двухфазный ток
Z, zyklenfeste Batterie аккумулятор, стойкий к периодической перезарядке
Z., Zahl 1. число, количество 2. цифра
Z., Zeichen знак; символ
Z., Zeile строка
Z., Zeit время
Z., Zettel 1. листок бумаги, бумажка; карточка *(напр., картотечная)* 2. записка 3. этикетка, наклейка, ярлык *(напр., на бутылке)*
Z., Zeuge свидетель
Z., Ziffer цифра
Z., Zimmer комната; номер *(в гостинице)*
Z., Zoll дюйм
Z., Zucker сахар
Z., Zusammensetzung 1. состав; структура 2. *лингв.* сложное слово
z, Z, Z, Impedanz, Scheinwiderstand эл. кажущееся сопротивление, импеданс
ZA, Südafrikanische Union Южно-Африканский Союз *(индекс государственной принадлежности автомобиля)*
ZA, Zahlungsabkommen платёжное соглашение
ZA, Zahlungsauftrag платёжное поручение
ZA, Zentralamt 1. центральное управление, ЦУ 2. центральная (телефонная) станция
ZA, Zentralarchiv центральный архив, ЦА
ZA, Zentralausschuß центральный комитет
ZA, Zinsabkommen соглашение о процентах по кредиту
ZA, Zollamt таможня
Za, Zündapparat *воен.* подрывной механизм
z.A., zur Ansicht для просмотра, для ознакомления
za, zirka около, приблизительно
za, Zwillingsarbeitskontakt эл. двойной замыкающий контакт
ZAB, Zementaufbohren разбуривание цементного стакана
ZAbfo, Zollabfertigungsordnung порядок очистки от таможенных пошлин
ZABhf, Zollamt am Bahnhof (при)вокзальная таможня, отделение таможни на железнодорожной станции
Zaf, Zugabfertiger *ж.-д.* дежурный по отправлению поездов
ZAG, Zeitansagegerät аппарат службы времени *(по телефону)*
ZAG, Zugauskunftgerät *ж.-д.* поездная справочная установка
Zah, Zugauflösebehelf *ж.-д.* пособие по расформированию поездов
ZAK, Gruppe «Zentrale Ausfuhrkontrolle» Центральная группа контроля над экспортом
ZAK, Zentrale Abrechnungsstelle für Güterkraftverkehr *ж.-д.* центр расчётов за перевозки грузов автотранспортом *(Государственных железных дорог ФРГ, г. Нюрнберг)*
ZAk DR, Zeitschrift der Akademie für Deutsches Recht *наименование периодического издания Академии германского права*
ZAM, Zweiseitenband-Amplitudenmodulation двухполосная амплитудная модуляция
ZAMM, Zeitschrift für Angewandte Mathematik und Mechanik *наименование периодического издания по вопросам прикладной математики и механики*
ZAnw, Zahlungsanweisung платёжное поручение

z.Anw., zur Anwendung для применения [использования, употребления]
ZaöRV, Zeitschrift für ausländisches öffentliches Recht und Völkerrecht «Журнал иностранного публичного и международного права»
ZaP, Zeitschrift für Angewandte Psychologie *наименование периодического издания по вопросам психологии*
ZASK, Zentraler Armeesportklub Центральный армейский спортивный клуб *(бывш. ГДР)*
Z Ass, Zollassistent таможенный ассистент *(чин)*
ZASt, zentrale Auskunftsstelle центральное справочное бюро
ZASt, Zollaufsichtsstelle таможенный пункт досмотра *(багажа)*
Z-Aufkl., Zielaufklärung *воен.* разведка цели
ZAV, Zentralstelle für Arbeitsvermittlung Центральное управление по трудоустройству
ZAV, Zollabfertigungsvorschriften инструкции по таможенной «очистке»
ZAV, Zollamtvorsteher управляющий таможней
ZAW, Zentralausschuß der Werbewirtschaft Центральное управление по делам торговой рекламы
ZB, Zentralbatterie *тлф.* центральная батарея, ЦБ
ZB, Zentralblatt центральная газета
ZB, Zentralbüro центральное бюро, центральная контора
ZB, Zentralbüro für Mineralöl Центральное бюро нефтепродуктов
ZB, Zimmer mit Bad комната [номер] с ванной
ZB, Zwischenbericht промежуточный отчёт
z.B., zum Beispiel например, напр., к примеру
ZBE, zwischenbetriebliche Einheiten *эк.* межпроизводственные единицы
ZBF, Zugbahnfunk *ж.-д.* поездная радиосвязь
Zbh, Zugbildungsbehelf *ж.-д.* пособие по формированию поездов
ZBIE, Zentralbüro für Internationale Eisenbahntransporte Центральное бюро международных железнодорожных перевозок

ZBlH, Zentralblatt für Handelsrecht *наименование периодического издания по торговому праву*
ZblJugR, Zentralblatt für Jugendrecht und Jugendwohlfahrt «Центральный вестник попечения несовершеннолетних» *(изд. в Кёльне)*
ZBR, Zentralbankrat центральный банковский совет
ZBR, Zentrale Beschaffungsstelle центральный заготовительный пункт
ZBS, Zerlegelistenblattschreiber *ж.-д.* устройство выдачи на печать сортировочных листков
z.b.V., zur besonderen Verfügung для особых поручений; для особых распоряжений
z.b.V., zur besonderen Verwendung для особого применения
ZBW, Zentralstelle für Betriebswirtschaft im Werkstättendienst Центральное управление экономических исследований и рационализации железнодорожного дела
Zchg, Zchng, Zeichnung чертёж; эскиз; рисунок
ZCS, Zellencontainerschiff контейнерное судно ячеистой конструкции, контейнерное судно с вертикальной системой погрузки, судно типа «Ли-Ли»
ZD, Zweiphasen-Druckverfahren *текст.* двухфазный метод печати *(кубовыми красителями)*
Zd, Zeitdrucker хронирующее печатающее устройство; отметчик времени
Zd., Zünd- *в сложн.* зажигательный, подрывной, запальный
Zd., Zünder запал; взрыватель; снарядная трубка
zD, zylindrischer Durchgangsdorn цилиндрическая оправка
z.D., zur Disposition в распоряжение *(такого-то)*
ZdA, Zentralverband der Angestellten центральное объединение *(торговых, конторских и технических)* служащих
z.d.A., zu den Akten *канц.* *(подшить)* к делу; производством прекратить, делопроизводством прекратить
ZdB, Zentralverband deutscher Berufsunteroffiziere центральное объединение

кадровых унтер-офицеров *(в бывшей германской армии)*
ZDG, Zivildienstgesetz закон о гражданской обороне, закон о ГО
ZDH, Zentralverband des Deutschen Handwerks Центральное объединение (союзов) немецких ремесленников
Zdh., Zündhölzer спички
ZDK, Zentralverband des Kraftfahrzeughandels und Gewerbes in Deutschland Центральное объединение торговли горючим, автомобильными частями и принадлежностями
ZdL, Zweidrahtleitung *свз.* двухпроводная линия
ZDMO, Zeitschrift der Deutschen Morgenländischen Gesellschaft *наименование периодического издания по религиям Востока*
ZDPhil, Zeitschrift für Deutsche Philologie *наименование периодического издания по вопросам немецкой филологии*
ZE, Zahlungseinstellung приостановление [прекращение] платежей
ZE, Zeiteinheit единица времени
ZE, Zentraleinheit *вчт.* центральный блок; центральный процессор, ЦП
z.E., zu Ehren в честь *(такого-то)*
z.E., zum Exempel например, напр.
ZEB, zeitweise eingleisiger Betrieb *ж.-д.* временно однопутное движение поездов на двухпутном участке с оснащением оставшегося пути двусторонней блокировкой
z. ebn. E., zu ebener Frde на уровне земли
ZEF, Zeinfaser *текст.* волокно из белка маиса
ZEFAD, Schweizerische Zentralstelle für Freiwilligen Arbeitsdienst Швейцарское центральное управление добровольной трудовой повинности
Zehn, Zeichen 1. знак; символ; условное обозначение 2. знак числа 3. знаковый разряд
ZEI, intermittierende Zentraleinspritzung система периодического впрыскивания одной форсункой под дроссельную заслонку
ZEK, kontinuierliche Zentraleinspritzung система непрерываного впрыскивания бензина одной форсункой под дроссельную заслонку
ZEK, Zentrales Entwicklungs- und Konstruktionsbüro центральное опытно-конструкторское бюро [ОКБ]
ZEK, Zentralexekutivkomitee Центральный исполнительный комитет
Zen, Zenit топливная аппаратура фирмы «Зенит»
zentr., zentriert центрированный
zentr., zentrifugal центробежный
zentr., zentripetal центростремительный
Zer, Zerspanbarkeit обрабатываемость резанием
ZERL, Zerlegeliste *ж.-д.* сортировочный листок *(ФРГ)*
Zerl., Zerleger *млв.* развёртывающее устройство
Zers., Zersetzung 1. разложение; разбиение; расчленение 2. *хим.* разложение; распад; диссоциация
ZEVIS, Zentrales Verkehrs-Informations-System централизованная система извещения водителей о ситуации на дорогах
ZEVIS, Zentrales Verkehrsinformationssystem Центральная информационная система дорожной полиции
ZF, Zahnradfabrik Friedrichshafen коробка передач фирмы «Цанрадфабрик Фридрихсхафен»
ZF, Zeitfahren часовая гонка *(велоспорт)*
ZF, Zentrale Frachtberechnung *ж.-д.* централизованные платежи за перевозку грузов *(ФРГ)*
ZF, Zwischenfrequenz *эл., радио* промежуточная частота, ПЧ
Zf., Zinsfuß *банк.* процентная ставка
Zf., Zufahrt 1. подъезд *(к зданию)* 2. подъездная дорога; *ж.-д.* подъездной путь
Zf., Zusammenfassung обобщение, выводы, резюме
Z.f., Zeitschrift für... журнал *(такого-то содержания)*
z.F., zu Fuß пешком
ZFA, Zentralfachausschuß Центральное отраслевое правление *(союза ремесленников художественной росписи кустарных изделий)*
Z-Faktor, коэффициент отклонения от закона идеального газа, фактор сверхсжимаемости

ZFD, Zollfahndungsdienst таможенная противоконтрабандная служба, таможенная служба по борьбе с контрабандой

Zfe, Zugfertigsteller *ж.-д.* работник станции, готовящий поезд к отправлению

ZFF, zyklisches Freifördern циклическая продувка

Z.f.F., Zentrale für Funkberatung Консультационный центр по радиотехнике

ZfG, Zentrale für Gasverwendung Институт исследования (промышленного) применения газа

ZFHD, Schweizerischer Ziviler Frauenhilfsdienst гражданская женская вспомогательная служба швейцарской армии

ZFIV, Zentrales Forschungsinstitut des Verkerswesens Центральный научно-исследовательский институт транспорта, ЦНИИ транспорта *(ГДР)*

ZfK, Zeitschrift für Kinderforschung *наименование периодического издания по вопросам воспитания детей*

Z.-Fl., Zielflug *воен.* корректировочно-разведывательный полёт

ZFM, Zeitschrift für Flugtechnik und Motorschiffahrt *наименование периодического издания по авиационной технике и судовым теплоходным устройствам*

zfr., zinsfrei беспроцентный

zfr., zollfrei беспошлинный, не облагаемый пошлиной

ZFS, Zusatzbestimmungen zur FV und zum Signalbuch *ж.-д.* Дополнительные указания к Инструкциям по движению поездов и по сигнализации *(издаются дирекциями Государственных железных дорог ФРГ)*

ZfS, Zentralstelle für Standardisierung Центральное управление стандартизации

ZFSt, Zollfahndungsstelle пункт таможенной службы по борьбе с контрабандой

ZfürO, Zeitschrift für Organisation *наименование периодического издания по вопросам рациональной организации предприятий*

ZFV, Deutsche Zentrale für Fremdenverkehr Центральное (справочно-информационное) бюро для иностранных туристов

ZFW, Zeitschrift für Flugwissenschaften *наименование периодического научного издания по авиации*

ZfW, Abteilung für Zugforderung und Werkstatten *ж.-д.* Отдел тяги и деповского хозяйства *(Генеральной дирекции швейцарских федеральных железных дорог)*

ZG, Zollgesetz таможенный устав; таможенный кодекс, ТК, таможенные правила

Z.G., Zollgewicht таможенный вес; вес, подлежащий таможенному обложению

Zg, Zug 1. поезд 2. *тех.* тяга 3. *воен.* взвод

Zg., Ziegelei *топ.* кирпичный завод

ZGB, Schweizerisches Zivilgesetzbuch Швейцарский гражданский кодекс законов

ZGB, Zivilgesetzbuch Гражданский кодекс, ГК

ZGEU, Zeitschrift für Geschichte der Erziehung und des Unterrichts *наименование периодического издания по вопросам воспитания и обучения*

Zgf. Ltg., Zugförderungsleitung *ж.-д. австр.* диспетчерское подразделение по эксплуатации локомотивов

Zgfst., Zugförderungsstelle *ж.-д. австр.* отдел эксплуатации локомотивов

Zgkw., Zugkraftwagen тягач

zgl., zugleich одновременно

Zgm, Zugmaschine буксир; трактор, тягач

ZGORh, Zeitschrift für die Geschichte des Oberrheins *наименование периодического издания по вопросам истории Верхнего Рейна*

z.g.R., zur gefälligen Rücksprache прошу переговорить

Z-Gradköper, *текст.* левая саржа

z.gr.T., zum großen Teil большей частью

ZGS, Zentrale Genehmigungsstelle Центральное бюро по выдаче разрешений на экспортно-импортные операции

zgs., zusammengesetzt сложный, составной; *тех. тж.* комбинированный

zgw., Zugewanderte вновь прибывшие *(поселенцы)*

ZH., Zentralheizung центральное отопление

z.H., zu Händen в руки *(такого-то),* лично *(такому-то)*

z.H., zur Hälfte наполовину
Z-Halle, Zubringer-Halle *ж.-д.* цех по ремонту (тепловозного) оборудования *(предприятия по ремонту подвижного состава)*
Zhldf, Zehlendorf Целендорф *(пригород Берлина)*
zhlr., zahlreich многочисленный
ZHVNSa, Zeitschrift des Historischen Vereins für Niedersachsen *наименование периодического издания по истории Нижней Саксонии*
ZI, Zählimpuls импульс счёта, счётный импульс
ZI, Zeiß - Ikon оптико-механические заводы Цейсс-Икон
ZI, Zentralinstitut Центральный институт
ZI, Zollinhaltserklärung таможенная декларация, ТД
ZI, Zollinspektor таможенный инспектор
Zi, Zisterne цистерна
Zi., Ziff., Ziffer цифра
Zi., Zimmer комната; номер *(в гостинице)*
ZIG, Zählimpulsgeber датчик счётных импульсов
Zig., Zigarette сигарета; папироса
ZIID, Zentralinstitut für Information und Dokumentation Центральный институт информации и документации *(ГДР)*
Zi. m. fl. w. u. k.W., Zimmer mit fließendem warmem und kaltem Wasser комната [номер] с водопроводом горячей и холодной воды
Zinko, Zinkhochätzung, Zinkographie рельефное травление на цинке
Zins A, Anweisung für die Berechnung, Erhebung und Verbuchung von Zinsen указание о порядке начисления, взимания и проводки по книгам причитающихся процентов
ZIPC, Zentralinstitut für Physikalische Chemie Центральный институт физической химии
Zi.-Temp., Zimmertemperatur комнатная температура
ZivK, Zivilkammer палата по гражданским делам *(земельного суда)*
ZK, Zeitkontrolle хронометраж
ZK, Zentralkomitee центральный комитет, ЦК
ZK, Zollkontrolle таможенный досмотр

ZK, Zwischenkühler промежуточный охладитель *(котла)*; промежуточный холодильник, ресивер *(турбокомпрессора)*
Zk, Zahlkarte платёжный бланк
Zk, Zinken зубец
Zk, Zollkasse таможенная касса
Zk, Zündkerze запальная свеча
z.K., zur Kenntnis к сведению
zk., zurück назад
ZKA, Zentralkatalog für Auslandsliteratur центральный каталог иностранной литературы
Zk DR, Zentralkasse der DR *ж.-д.* Центральная расчётная касса железных дорог *бывш.* ГДР
z.K.g, zur Kenntnis genommen *канц.* принято к сведению
ZKi G, Zeitschrift für Kirchengeschichte *наименование периодического издания по истории церкви*
ZK(I)SK, Zentrale Kommission für Staatliche Kontrolle Центральная комиссия государственного контроля *(бывш. ГДР)*
Z.K.K., Zündschnurknallkörper *мор.* шнур прибора для подрыва акустических мин
ZKR, Zentralkommission für die Rheinschiffahrt Центральная комиссия по судоходству на Рейне
z.Kts, zur Kenntnis *канц.* к сведению
Zkw, Zugkraftwagen тягач
ZL, Zementlog контроль качества цементирования
ZL, Zentrallabor(atorium) центральная лаборатория
ZL, Ziffernlampe лампа цифровой индикации, ламповый цифровой индикатор
ZL, Zwischenlandung *ав.* промежуточная посадка
Zl, Zloty польский злотый *(денежная единица)*
Zl, Zusatzliste дополнительный список
Zl., Zahl 1. число, количество 2. цифра
Zl., Zeile строка
Zl., Ziel цель
z.l., ziemlich löslich довольно хорошо растворимый
Zlbf, Zugleitbahnhof *ж.-д.* станция, управляющая движением поездов на участ-

ке при упрощённом способе эксплуатации
ZLDI, Zentralstelle für Luft- und Raumfahrtdokumentation und information информационный центр по авиации и космонавтике
ZlDr, Zeilendrucker построчно-печатающее устройство, устройство построчной печати
ZLF, Zentrallaboratorium für Fernmeldetechnik центральная лаборатория связи
z.l.l., ziemlich leicht löslich довольно легко растворимый
Zlr, Zähler счётчик; счётное устройство
ZM, Zahnärztliche Mitteilungen *наименование периодического издания по одонтологии*
ZM, Zeitmarke (от)метка времени
ZM, Zementmörtel *стр.* цементный раствор
ZM, Zustandsmodifizierer модификатор состояния
Zm, Zugmaschine буксир; трактор, тягач
Zm, Zwillingsräder *авто* сдвоенные колёса
Zm., Zeitmesser хронометр
Zm., ZM., Zeitmessung хронометраж
ZMA, automatische Zugnummernmeldeanlage *ж.-д.* автоматическое устройство оптической индикации номера поезда
zmo, zweimotorig двухмоторный
ZMPD, Zrzeszenie Miedzynarodowych Przewoznikow Drogowych Polsce Польская ассоциация международных автоперевозок
ZMR, Zeitschrift für Miet- und Raumrecht *наименование периодического, издания по арендно-жилищному праву*
ZMS, Zweimassenschwungrad *тех.* двухмассовый маховик *(гасящий крутильные колебания)*
ZN, Zweigniederlassung филиал, отделение
Zn, Ziegenhaar козья шерсть
Zn, Zink *хим.* цинк
Zn., Zunahme прирост; увеличение
Zn., Zuname фамилия
Z.N.S., Zentrales Nervensystem центральная нервная система, ЦНС
ZOB, Zentraler Omnibusbahnhof Центральный автовокзал

ZollG, Zollgesetz таможенный устав, таможенные правила
ZÖR, Zeitschrift für öffentliches Recht «Цайтшрифт фюр оффентлихес рехт», «Журнал публичного права»
ZP, Zentrumspartei партия центра
ZP, Zielpunkt 1. пункт назначения, конечный пункт; 2. *воен.* точка прицела
ZP, Zugprüfung *ж.-д.* упрощённый осмотр вагонов поезда перед его отправлением со станции
ZP, Zusatzpatent дополнительный патент
Zp, Zersetzungspunkt точка *или* температура разложения
z.P., zur Person... по поводу *(такого-то)* лица
ZpB, Zugbildungsplan für Personenzüge *ж.-д.* план формирования пассажирских поездов
z.Pf., zu Pferde верхом на лошади
ZPKK, Zentrale Parteikontrollkommission der Sozialistischen Einheitspartei Deutschlands Центральная комиссия партийного контроля Социалистической единой партии Германии, ЦКК СЕПГ *(бывш. ГДР)*
ZPktK, Zollpaketkarte таможенная декларация на посылку [бандероль]
ZPO, Zivilprozeßordnung Гражданский процессуальный кодекс, Гражданско-процессуальный кодекс, ГПК
ZpP, Zeitschrift für Pädagogische Psychologie *наименование периодического издания по педагогическим вопросам*
ZR, Zivilrecht гражданское право
ZR, Zollrat таможенный советник *(чин)*
ZR, Zollrecht таможенное право
Z.R., Zahnärztliche Rundschau *наименование периодического издания по одонтологии*
Zr., Zirkonium *хим.* цирконий
z.R., zu Recht с полным основанием
zr, Zwillingsruhekontakt эл. двойной размыкающий контакт
zr., zahlreich многочисленный
ZRA, Zeiss-Rechenautomat вычислительное устройство ZRA фирмы «Цейсс» *(ГДР)*
ZRA, Ziffern-Rechenautomat цифровая вычислительная машина, ЦВМ; цифровое вычислительное устройство

ZRD, Zeitreihendatei файл хронологических данных, файл (в) хронологической последовательности
ZRF, zweilagiges Raumfachwerk двухрядная пространственная ферма
ZRP, Zeitschrift für Rechtspolitik «Цайтшрифт фюр рехтсполитик», «Журнал правовой политики»
ZRS, Zivilrechtssache гражданско-правовое дело, гражданское дело
ZS, Zentralsekretariat центральный секретариат
ZS, Zivilschutz гражданская оборона
ZS, Zollsekretär таможенный секретарь (чин)
ZS, Zugsammelschiene *ж.-д.* электрическая магистраль поезда
Zs, Zeitschrift журнал; периодическое издание
Zs, Zugschaffner *ж.-д.* кондуктор, проводник
Zs, «Zusatzsignale für Hauptsignale» *ж.-д.* группа сигналов «дополнительные сигналы к главным сигналам»
Zs., Zusage согласие
Zs., Zusatz 1. дополнение; добавление; 2. приписка *(к письму)*, постскриптум
z.S., zur Sache по поводу *(такого-то вопроса)*
z.S., ... zur See ... флота *(в обозначениях военно-морских званий)*
zs., zusammen 1. вместе; совместно 2. в итоге
ZSAF, Zentrale Spülungsaufbereitungsfabrik глинозавод
ZSB, Zwischenspeicherbereich *вчт.* буферная область памяти; область памяти (для) промежуточных результатов
ZSEG, Gesetz über die Entschädigung von Zeugen und Sachverständigen закон о возмещении ущерба свидетелям и экспертам
z/sek, Zoll je Sekunde *(столько-то)* дюймов в секунду, *д./с*
Zs.f., Zeitschrift für... журнал *(такого-то содержания)*
ZSF DR, Zentralstelle Sicherungs- und Fernmeldewesen der Deutschen Reichsbahn *ж.-д.* Центр автоматики, телемеханики и связи железных дорог *бывш.* ГДР

zsgsf., zusammengestellt составлен, составленный
ZSK, Zentraler Sportklub Центральный спортивный клуб, ЦСК
ZSLWV, Zentralstelle der Leerwagenverteilung *ж.-д.* центр регулирования парка порожних вагонов *(Швейцария)*
ZSR, Zustandsregister *вчт.* регистр состояния
Zss, Zeitschriften *pl.* журналы; периодические издания
Zst., Zustand состояние
ZStW, Zeitschrift für die gesamte Strafrechtswissenschaft «Журнал общей уголовно-правовой науки» *(Берлин)*
ZSW, Zeitschaltwerk выключатель с часовым механизмом
ZSW, Zeitschaltwerk *тех.* счётчик времени; часовое устройство; таймер
ZSW, Zellstoffwatte целлюлозная вата, алигнин
z.s.Z., zu seiner Zeit в своё время
ZT, Ziffernferntaste *вчт.* клавиша дистанционного набора цифр
ZT, Zolltarif таможенный тариф
ZT, Zündtransformator трансформатор (цепи) зажигания
ZT, Zusatztransformator вольтодобавочный [бустерный] трансформатор
ZT, Zyklustakt циклический такт; такт циклического процесса
Zt, Zeit время
Zt., Zitat цитата
z.T., zum Teil частично
ZTE, Zentraleinheit *вчт.* центральный блок; центральный процессор, ЦП
ZTG, Zolltarifgesetz таможенно-тарифные правила, закон о таможенном тарифе
Ztg, Zeitung газета
ZTL, Zentrale Transportleitung der Deutschen Bundesbahn Центральное управление федеральных железных дорог *(ФРГ)*
ztl., zeitlich временный
Ztm., Zeitmaß 1. мера времени; 2. *муз.* темп; такт 3. стихотворный размер
Ztr, Zentner (немецкий) центнер *(50 кг)*
Ztschr., Zeitschrift журнал; периодическое издание
Z-TSt, Zentral-Telegraphenstelle центральная телеграфная станция

Ztt, zentrale Triebfahrzeug-Tagebuchführung *ж.-д.* пункт централизованного диспетчерского руководства работой локомотивного парка по графику движения поездов и графикам оборота
Ztw., Zeitwort *грам.* глагол
ztw., zeitweise время от времени; порой; изредка
ZU, Zustellungsurkunde акт о доставке
ZU, Zwangumlauf принудительная циркуляция
Z.Ü, Zwischenübertrager 1. разделительный [изолирующий] трансформатор 2. промежуточный трансформатор
Zü, Zuglaufüberwachung *ж.-д.* особый контроль за следованием определённого поезда
Zü, Zugüberwachung диспетчерское управление движением поездов
zU, zur Untersuchung для исследования; для расследования
z.U., zur Unterschrift на подпись
z.u., zeitlich untauglich временно непригоден
Zub, Zugbegleiter *ж.-д.* член поездной бригады
Zub., Zubehör 1. принадлежности; 2. вспомогательные материалы; 3. арматура; 4. оснастка
ZubV, Zugbegleitdienst-Vorschrift *ж.-д.* инструкция поездной бригады
ZuckSt, Zuckersteuer налог на сахар
Zug, Zugriffszeit *вчт.* время обращения; время доступа
Zugg., Zuggattung *ж.-д.* категория поезда
zul. Abw., zulässige Abweichung допустимое отклонение
ZUrk, Zustellungsurkunde акт о доставке
Zus., Zusammensetzung состав; структура
Zush., Zusammenhang связь
Z.u.V., Zubehör und Vorrat принадлежности и запас
zuw., zuweilen иногда, по временам
zuz., zuzüglich *канц.* включительно; с прибавлением
ZV, Zahlungsverkehr 1. платёжный оборот 2. система расчётов
ZV, Zeitungs-Verlag *наименование периодического издания союза западногерманских издателей газет*

ZV, Zentralverband центральный союз; объединение *(каких-л. организаций)*
ZV, Zentralverriegelung централизованная блокировка замков автомобиля
ZV, Zentralverwaltung центральное [главное] управление
ZV, Zivilverteidigung гражданская оборона
ZV, Zollvertrag таможенное соглашение
ZV, Zollvorschrift *ж.-д.* инструкция по производству таможенных операций
ZV, Zündverzug *авто.* запаздывание зажигания; задержка воспламенения
ZV, Zuordnungsvorschriften *ж.-д.* инструкция по включению грузовых вагонов из одних поездов в другие *(из расформировываемых в формируемые, бывш. ГДР)*
ZV, Zwangsverfahren *юр.* принудительный порядок
ZV, Zwangsversteigerung принудительная продажа *(имущества)* с аукциона [с торгов]
ZV, Zwangsvollstreckung принудительное исполнение *(судебного решения)*
ZV, Zweckverband *ком.* объединение целевого назначения
z.V., zur Verfügung в распоряжение *(такого-то)*
z.v., zu verkaufen продаётся, продаются; имеется в продаже *(в объявлениях, рекламе)*
z.v., zu vernichten *канц.* уничтожить
ZVBF, Zentralverschiebebahnhof *ж.-д. австр.* центральная сортировочная станция
ZvD, Zentralverband Vertriebener Deutscher Центральный союз немецких перемещённых лиц
ZVEI, Zentralverband der Elektrotechnischen Industrie Объединение предприятий электротехнической промышленности *(ФРГ)*
ZVF, Zentralverband der Fliegergeschädigten, Evakuierten und Währungsgeschädigten Центральный союз пострадавших от воздушных налётов, денежной реформы и эвакуированных
ZVG, Zentrales staatliches Vertragsgericht центральный государственный арбитраж *(в бывш. ГДР)*

ZVG, Zwangsversteigerungsgesetz закон о принудительной продаже имущества с аукциона [с торгов]

ZVK, Zentrale Vorratskommission ЦКЗ, центральная комиссия по запасам

ZVL, Zentrale Verkaufsleitung der Deutschen Bundesbahn *ж.-д.* Центральное управление сбыта *(транспортных услуг)* Государственных железных дорог ФРГ *(г. Майнц)*

ZVO(BI), Zentralverordnungsblatt *наименование периодического официального издания, публикующего правительственные распоряжения*, «Центральный бюллетень постановлений правительства»

ZVR, Zentrale Verkehrseinnahmen- und Reklamationsstelle *ж.-д.* Центральное бюро по доходам и рекламациям *(Австрийские федеральные железные дороги)*

ZVSM, Zentralverband Schweizerischer Möbeltransporteure Центральный союз швейцарских фирм по перевозке мебели

ZW, Zählwerk *тех.* счётчик, счётный механизм счётчика

ZW, Zahnärztliche Welt *наименование периодического издания по одонтологии*

ZW, Zellwolle вискозное штапельное волокно

ZW, Zentralstelle für den Werkstattendienst der DB *ж.-д.* Центральное управление по ремонту подвижного состава Государственных железных дорог ФРГ *(г. Майнц)*

ZW, Zweiweggleichrichter *эл.* двухполупериодный выпрямитель

Z.W., Zahlenwert числовое [численное] значение

Zw, Zellwolle *текст.* штапельное волокно; целлюлозная шерсть *(общее понятие для волокон, изготовленных на основе целлюлозы и ее отходов)*

Zw., Zahlwort *грам.* имя числительное

Zw., Zeitwort *грам.* глагол

Zw., Zollwert таможенная стоимость *(товара)*

Zw., Zuwachs прирост

Zw., Zwang 1. необходимость, обязательность; неизбежность 2. принуждение; насилие

Zw., Zweck цель

Zw., Zwillinge близнецы

zw., zwecks с целью

ZWA, Azetat-Zellwolle *текст.* ацетатное штапельное волокно

ZWA, Zollwertanmeldung таможенная декларация о стоимости товара

Z-Wagen, Kesselwagen, Tankwagen вагон-цистерна

Zw.-Betr, Zweigbetrieb филиал *(предприятия)*

ZWD, Zentraler Wagendienst *ж.-д.* Центральная служба по использованию вагонного парка *(Швейцария)*

ZWD, Zwischendatei *вчт.* промежуточный [временный] файл

z.W.d.G., zur Wiederherstellung der Gesundheit (отпуск) для восстановления здоровья

zw.d.L., zwischen den Loten *мат.* между перпендикулярами

ZwG, Zwischengetriebe *тех.* промежуточная передача

Zwgn., **Zwg.-Ndlg.**, Zweigniederlassung филиал; отделение

Zwgst., **Zwg.-St.**, Zweigstelle филиал; отделение

Zwi., Zwickau г. Цвикау

Zwisig, Zwischensignal *ж.-д.* маршрутный сигнал

z.w.l., ziemlich wenig loslich *хим.* относительно слабо растворимый

ZWP, zerstörungsfreie Werkstoffprüfung дефектоскопия *(неразрушающая)*

ZwPA, Zweigpostamt филиал почтамта

ZwSp, Zwischenspeicher *вчт.* буферная [промежуточная] память; буферное [промежуточное] ЗУ

Zw.-St., Zweigstelle отделение, филиал

Zw.-St., Zwischenstecker *эл.* промежуточный штепсель

Zw.-St., Zwischenstock *стр., арх.* антресоль; мезонин; полуэтаж

ZWT, Triazetat-Zellwolle *текст.* триацетатное штапельное волокно

ZwTi, Zwischentitel *полигр.* шмуцтитул

ZwV, Zwangsvollstreckung принудительное исполнение *(судебного решения)*

ZwV, Zweckverband *ком.* объединение целевого назначения z.Wv., zur Wiederverwendung для повторного использования, для вторичного применения

z.Wv., zur Wiedervorlage для вторичного внесения на рассмотрение; для повторного представления материалов

z.w.V., zur weiteren Veranlassung *канц.* для дальнейшего распоряжения

z.w.V., zur weiteren Verwendung для дальнейшего использования [применения]

Zw.-W., Zweigwerk отраслевое предприятие

Zw.-W., Zw.-Wtg., Zwischenwertung предварительная оценка;

zx, auf zylindrischen Kreuzspulenhülsen *текст.* на цилиндрических патронах крестовых шпуль

Zyl., Zylinder цилиндр

zyl., zylindrisch цилиндрический

ZZ, Zonenzeit *геогр.* поясное время

ZZ, Zündzeitpukt *авто.* момент воспламенения

Z.Z., Zeitzünder 1. *воен.* дистанционный взрыватель; механическая дистанционная трубка; 2. *горн.* электродетонатор замедленного действия

Z.Z., Zugzünder *воен.* взрыватель натяжного действия

Zz, Zinszahlung уплата процентов

Zz, zweieiige Zwillinge *мед.* двуяйцевая двойня; двуяйцевые близнецы

Zz, Zylinderzahl *тех.* число цилиндров

Zz., Zeilen *полигр.* строчки; ряды

Zz., Zinszahl процентное число

z.Z., zur Zeit в настоящее время, в н.вр.

zzgl., zuzüglich *канц.* включительно; с прибавлением

Zzlg., Zinszahlung уплата процентов

ZZP, Zeitschrift für Deutschen Zivilprozeß *наименование периодического издания по гражданскому праву*

ZZ-Schaltung, Zickzackschaltung эл. соединение зигзагом

z.Zt., zur Zeit в настоящее время, в н.вр.

ZZZ, Zeitzonenzähler *тлф.* зональный счётчик продолжительности разговора

ПРАВИЛА НАПИСАНИЯ СОКРАЩЕНИЙ И АББРЕВИАТУР В НЕМЕЦКОМ ЯЗЫКЕ
(в соответствии с новыми правилами правописания)

1. Точка ставится после определённых сокращений. *Например:*
   Bd. — *Band*
   Bde. — *Bände*
   Dr. — *Doktor*
   f. — *folgende (Seite)*
   ff. — *folgende (Seiten)*
   Jg. — *Jahrgang*
   Jh. — *Jahrhundert*
   Jh.s — *des Jahrhunderts*
   lfd. Nr. — *laufende Nummer*
   Masch.-Schr. — *Maschinenschreiben*
   Mio. — *Million(en)*
   Mrd. — *Milliarde(n)*
   Ms. — *Manuskript*
   Pf. — *Pfennig*
   Rechnungs-Nr. — *Rechnungsnummer*
   Reg.-Rat — *Regierungsrat*
   Tel. — *Telefon*
   Tsd. — *Tausend*
   u. A. w. g. — *um Antwort wird gebeten*
   v. — *von*
   z. B. — *zum Beispiel*
   Ztr. — *Zentner*

2. Точка не ставится после (в) инициальных аббревиатурах(ах) и сложносокращенных слов(ах). *Например:*
   BGB — *Bürgerliches Gesetzbuch*
   TÜV — *Technischer Überwachungsverein*
   также в следующих аббревиатурах и производных от них (и некоторых других):
   des PKW(s)
   die EKG(s)
   KFZ-Papiere
   FKKler
   U-Bahn

3. Точка не ставится после названий химических элементов, международных метрических единиц, единиц массы, других единиц измерения, а также после большинства названий валют. Точка не ставится также при указании сторон света. *Например:*
   A — *Ampere*
   DM — *Deutsche Mark*
   g — *Gramm*
   Hz — *Hertz*
   m — *Meter*
   N — *Nord*
   NO — *Nordost*
   Na — *Natrium*
   s — *Sekunde*
   SSW — *Südsüdwest*

4. Точка не ставится в сложносокращенных словах, представляющих собой технические термины, названия фирменной продукции, профессионализмы, жаргонизмы, условные обозначения и т.п., это в первую очередь относится к «длинным» сложносокращенным словам. *Например:*
   BStMdI — *Bayerisches Staatsministerium des Innern*
   LArbA — *Landesarbeitsamt*
   LadschlG — *Ladenschlussgesetz*
   RücklVO — *Rücklagenverordnung*

5. Двойственное написание аббревиатур и сокращений. В отдельных случаях допускается двойственное написание аббревиатур, с точкой и без точки. *Например:*
   AA или *Ausw. Amt* — *Auswärtiges Amt*
   AG или *A. G.* — *Atomgewicht*
   Co или Co. — *Compagnie, Kompanie*
   G.m.b.H. или GmbH — *Gesellschaft mit beschränkter Haftung*
   M.d.B. или MdB — *Mitglied des Bundestages*

6. Если предложение заканчивается аббревиатурой, которая пишется без точки, то после аббревиатуры ставится точка (без пробела). *Например:*
   Diese Bestimmung finden Sie im BGB.

7. Если предложение заканчивается аббревиатурой, которая оканчивается на точку, то после аббревиатуры в конце предложения вторая точка (знак окончания предложения) не ставится. Если предложение воскли-

цательное или вопросительное, то после аббревиатуры, стоящей в конце предложения и заканчивающейся на точку, ставится соответствующий знак окончания предложения без пробела. *Например:*
Sein Vater ist Regierungsrat a. D.
Ist sein Vater Regierungsrat a. D.?

8. Склонение аббревиатур и сложносокращенных слов. Аббревиатуры, которые произносятся как полные слова, на письме, как правило, не снабжаются падежными окончаниями. *Например:*
d.J. — dieses Jahres
d.M. — dieses Monats
im Ndl. — im Niederländischen
des Jh. или *Jh.s — des Jahrhunderts*

Во избежании разночтений в отдельных случаях допускается написание падежного окончания непосредственно сразу после аббревиатуры (без пробела или двоеточия). *Например:*
die Bde. — die Bände

Как правило, падежное окончание ставится после аббревиатур или сокращений, обозначающих (включающих) имена или наименования. *Например:*
B.s Reden — Bismarcks Reden

В отдельных случаях множественное число в аббревиатурах или сокращениях показывают удвоением согласных. *Например:*
Jgg. — Jahrgänge
ff. S. — folgende Seiten

Инициальные аббревиатуры, произносимые по буквам (как написаны), обычно не имеют падежного окончания, хотя его написание и допускается. *Например:*
des Pkw также *des Pkws* или *des PKW(s)*
des EKG также *des EKGs* или *des EKG(s)*

Множественное число аббревиатур (сокращений) женского рода рекомендуется указывать, чтобы избежать разночтений из-за совпадения артикля die. *Например:*
die Lkws
die GmbHs

9. Дефис при написании аббревиатур или сокращений используется в следующих случаях.

9.1. При написании отдельных букв вместе со словами. *Например:*
A -Dur
b-Moll
b-Strahlen
i-Punkt
n-Eck
S-Kurve
s-Laut
s-förmig
T-Shirt
T-Träger
x-beliebig
x-beinig
x-mal
y-Achse
Dativ-e
Zungenspitzen-r
Fugen-s

9.2. При написании сложных слов, состоящих из аббревиатуры и инициальных слов(а). *Например:*
dpa-Meldung
D-Zug
Kfz-Schlosser
km-Bereich
UNO-Sicherheitsrat
VIP-Lounge
Fußball-WM
Lungen-Tbc
H2O-gesättigt
DGB-eigen
Na-haltig
UV-bestrahlt
Abt.-Leiter
Inf.-Büro

9.3. В отдельных случаях сокращения, состоящие из двух или нескольких аб-

бревиатур (сокращений), пишутся через дефис. *Например:*
Abt.-Ltr. — *Abteilungsleiter*
Dipl.-Ing. — *Diplomingenieur*
Tgb.-Nr. — *Tagebuchnummer*
Telegr.-Adr. — *Telegrammadresse*

9.4. Без дефиса пишутся сокращенные формы слов и сокращения в следующих случаях. *Например:*
Busfahrt
Akkubehälter

9.5. Дефис только тогда пишется перед суффиксами, когда они связаны с единичными (отдельными) буквами. *Например:*
der x-te
zum x-ten Mal
die n-te Potenz

но

ÖVPler
der 68er
ein 32stel
100%ig,
25fach,
das 25fache

9.6. Дефис пишется в сложносоставных словах, включающих сокращение из одной или нескольких букв. *Например:*
A-Dur-Tonleiter
D-Zug-Wagen
S-Kurven-reich

но

kurvenreich
Vitamin-B-haltig

но

vitaminhaltig
K.-o.-Schlag
UV-Strahlen-gefährdet

но

aber strahlengefährdet
Dipl.-Ing.-Ök.
8-Z-Motor

400-m-Lauf
2-kg-Büchse
3-Z-Wohnung
1/2-kg-Packung

10. Всегда через точку и пробел пишется в географических названиях и именах сокращение St. (Sankt). *Например:*
Sankt Georgen — St. Georgen
Sankt Petersburg — St. Petersburg

11. Двойственное написание с большой или маленькой буквы. *Например:*
S-förmig
s-förmig
но
T-förmig

12. С большой буквы пишутся сокращения сложных имен собственных, причем все части сокращения с большой буквы, кроме артиклей, предлогов и союзов. *Например:*
J. W. v. Goethe — Johann Wolfgang von Goethe
F. a. M. — Frankfurt am Main
SPD — Sozialdemokratische Partei Deutschlands
DGB — Deutscher Gewerkschaftsbund
EU — Europäische Union
SBB — Schweizerische Bundesbahnen

13. Через косую черту (слэш) пишутся аббревиатуры:

13.1. В тех случаях, когда косая черта заменяет «и», «или», «соответственно», «подобный (тому)», «такого рода», «такой»; «равным образом» *(und, oder, bzw., dergleichen)*. *Например:*
die Koalition CDU/FDP
die SPÖ/ÖVP-Koalition

13.2. Единицы измерения, в которых косая черта заменяет: je, pro (в, на). *Например:*
km/h
Einwohner/km².

ВНИМАНИЕ!

ИЗДАТЕЛЬСТВО «ЭТС» ПРЕДЛАГАЕТ СЛЕДУЮЩИЕ ВИДЫ СВОЕЙ ПРОДУКЦИИ:

СЛОВАРИ НА CD-ROM: общелексические, политехнические, медицинские, математические, по экономике и финансам, банковскому делу, вычислительной технике и программированию, аэрокосмическим исследованиям, патентному делу и многим другим областям бизнеса и науки. Языки, с которых и на которые вы можете переводить с помощью этих словарей: русский, английский, испанский, немецкий, французский, финский, шведский.

СИСТЕМЫ МАШИННОГО ПЕРЕВОДА НА CD-ROM с управляющей программой, раскладчиком клавиатуры со шрифтами + словарные базы данных по основным европейским языкам.

ОФИС ПЕРЕВОДЧИКА: словари и системы машинного перевода на CD-ROM по любой тематике.

МУЛЬТИМЕДИЙНЫЕ КНИГИ НА CD-ROM: *В.И.Даль* «Пословицы русского народа», *В.И.Даль* «Толковый словарь живого великорусского языка»; «*Толковый словарь русского языка*» / Под ред. проф. Д.Н.Ушакова (на базе 4-томного словаря русского языка, словарь озвучен); *А.Соболев* «Умные мысли. Цитаты на все случаи жизни» и т.д.

НОВИНКА! Большой англо-русский русско-английский политехнический словарь на CD-ROM. 1298612 поисковых терминов. Словарь озвучен.

КНИГИ: свыше 50 наименований словарей, справочных и учебных пособий, словари новых терминов, «Словарь нового написания немецких слов», «Немецко-русский и русско-немецкий словарь по бизнесу, торговле и финансам», «Переписка с официальными лицами и учреждениями. Образцы писем», «Соглашение между Федеративной Республикой Германия и Российской Федерацией об избежании двойного налогообложения в отношении налогов на доходы и имущество» и т.д.

*Полный список продукции издательства «ЭТС» можно
найти на страницах Интернет по адресу — http://www.ets.ru.*

*В разделе download (http://www.ets.ru/dnld-r.htm) можно бесплатно скопировать
последние версии программ и др. полезные материалы,
а также приобрести словарные базы данных
с доставкой по Интернет в реальном времени;*

В издательстве работает отдел «Книга — почтой»:
103062 Москва, Подсосенский пер., 13, издательство «ЭТС».

Тел/факс: (095) 917 21 60.
Телефоны: 242 87 52, 400 66 34

Наши издания заказать и по электронной почте — ets@ets.ru,

***В Москве книги и CD-ROMы издательства «ЭТС»
продаются во всех центральных книжных магазинах.***

НОВИНКИ ИЗДАТЕЛЬСТВА 1999 ГОДА!
ПОСТУПИЛИ В ПРОДАЖУ:

НОВЫЕ СОКРАЩЕНИЯ В РУССКОМ ЯЗЫКЕ: 1996 — 1999. Ок. 10 000 сокращений / Под ред. И.В.Фаградянца — М.: ЭТС. — 1999. — 160 с.

Авторский коллектив: Е.Г. Коваленко, А.В. Кисилёв, С.В. Курбатов, С.К. Личак, А.Н.Малиновский, И.В. Фаградянц, А.М. Шаталин

Настоящее издание содержит около 10 000 новых сокращений и состоит из двух частей. Первая часть включает сокращения, не вошедшие в «Новый словарь сокращений русского языка» (ок. 32 000 сокращений, 1995), а также появившиеся в русском языке в период 1996 — 1999 гг. Во второй части приводятся сокращённые и полные названия федеральных органов исполнительной власти и органов при Правительстве Российской Федерации по состоянию на 01.04.1999 г. и правила их написания.
Словарь рассчитан на самые широкие круги пользователей.

АНГЛО-РУССКИЙ СЛОВАРЬ ПО НАДЁЖНОСТИ И КОНТРОЛЮ КАЧЕСТВА.
Е.Г. Коваленко. — 2-е изд., перераб. и доп. — М.: ЭТС. — 1999. — 488 с.

Второе, переработанное и дополненное издание словаря содержит более 36 000 терминов по теории надёжности, статистическим методам контроля качества, практике обеспечения надежности и качества промышленных изделий, различным аспектам эксплуатации и ремонта техники, научной организации производства, сетевому планированию, технической диагностике, теории планирования эксперимента, методам оптимального программирования, теории массового обслуживания, теории управления запасами, а также некоторым разделам математической статистики, комбинаторики и теории вероятностей. Словарь содержит также стилистические обороты, характерные для этой области знания, и общепринятые аббревиатуры.
Словарь предназначен для широкого круга пользователей: научных работников, инженеров, преподавателей и студентов, переводчиков и редакторов научно-технической литературы.

ТАЙНЫ АНГЛИЙСКОЙ СЕКРЕТНОЙ СЛУЖБЫ. Е.Х.Кукридж / Перевод с английского *Д.О.Игнатовой*. — М.: ЭТС. — 1999 г. — 256 с.

Книга английского журналиста рассказывает об истории борьбы английской и немецкой контрразведок времен первой и второй мировых войн. Но только факты! От методов подготовки и засылки агентов до истории Маты Хари, адмирала Канариса, тайной террористической организации «Феме», которую нацистские главари использовали для устранения своих политических противников.
Написанная в живой и необычайно убедительной форме, работа Кукриджа несомненно заинтересует не только профессионалов, историков и разведчиков, но и широкий круг читателей.

НЕМЕЦКО-РУССКИЙ И РУССКО-НЕМЕЦКИЙ СЛОВАРЬ ПО БИЗНЕСУ, ТОРГОВЛЕ И ФИНАНСАМ. Издание 2-е. Составитель — **И.В.Фаградянц**. — М.: ЭТС. — 1999. — 352 с.

Словарь построен по алфавитному принципу и содержит ок. 20 000 терминов на немецком и русском языках.

НЕМЕЦКО-РУССКИЙ СЛОВАРЬ ПО ВЫЧИСЛИТЕЛЬНОЙ ТЕХНИКЕ И ПРО-

ГРАММИРОВАНИЮ. — М.: ЭТС. — 1999. — 464 с.

Авторский коллектив: Б.И.Зайчик, И.В.Фаградянц, В.А.Шаров

Словарь содержит более 30 000 терминов по вычислительной технике и программированию, в том числе новейшую терминологию по сетям, мультимедиа, Windows и Интернет. Словарь включает также наиболее часто встречающиеся в немецком компьютерном языке англицизмы и аббревиатуры.
Словарь рассчитан на самые широкие круги читателей и пользователей.

ПЕРЕПИСКА С ОФИЦИАЛЬНЫМИ ЛИЦАМИ И УЧРЕЖДЕНИЯМИ. Издание 2-е. — М.: ЭТС. — 1999. — 212 с.

В книге вы найдете — подробный разбор структуры немецкого официального письма; образцы обращений; примеры писем; мини-словарь по делопроизводству.

ДЕЛОВАЯ ПЕРЕПИСКА: правила написания немецких деловых писем; типовые фразы и обороты; образцы писем и документов. Издание 2-е, исправленное. — М.: ЭТС. — 1999. — 240 с.

Книга предназначена для начинающих свою деловую деятельность в Германии, но она пригодится так же и тем, кто ведет деловую переписку, и тем, кто совершенствуется в немецком языке. В книге достаточно полно представлена возможная тематика делового письма, а приводимые образцы позволяют достаточно быстро справиться с созданием необходимого текста.

НОВЫЕ ПРАВИЛА ПРАВОПИСАНИЯ В НЕМЕЦКОМ ЯЗЫКЕ. И.В.Фаградянц. — М.: ЭТС. — 1999. — 16 с.

В данном пособии приводятся основные положения новых правил правописания в немецком языке, которые с 1 августа 1998 г. обязательны при изучении немецкого языка в Германии, Австрии и Швейцарии. Пособие рассчитано на самый широкий круг лиц, изучающих немецкий язык, оно будет полезно также преподавателям и переводчикам немецкого языка.

СЛОВАРЬ НОВОГО НАПИСАНИЯ СЛОВ В НЕМЕЦКОМ ЯЗЫКЕ. Составитель — *И.Фаградянц.* — М.: ЭТС. — 1999. — 32 с.

С 1 августа 1998 во всех учебных заведениях Германии, Австрии и Швейцарии обучение немецкому языку осуществляется в соответствии с «Новыми правилами правописания в немецком языке». В настоящем словаре содержит около 5000 немецких слов в старом и новом написании, показаны варианты нового написания (если они имеются), а также имеющиеся различия в новом написании слов в Германии, Австрии и Швейцарии. Словарь рассчитан на самый широкий круг лиц, изучающих немецкий язык, он будет полезен также преподавателям и переводчикам немецкого языка.

СОГЛАШЕНИЕ между Федеративной Республикой Германия и Российской Федерацией об избежании двойного налогообложения в отношении налогов на доходы и имущество. Комментарий — Петер Базедов. — М.: ЭТС. — 1999. — 96 с.

СПРАШИВАЙТЕ В МАГАЗИНАХ, ЗВОНИТЕ В ИЗДАТЕЛЬСТВО!

Тел/факс: (095) 917 21 60, 242 87 52, 400 66 34
Интернет: http://www.ets.ru, e-mail:ets@ets.ru

Игорь Владимирович Фаградянц

НЕМЕЦКО-РУССКИЙ СЛОВАРЬ СОКРАЩЕНИЙ

ISBN 5-93386-003-4

Издательство «ЭТС»,
103062 Москва, Подсосенский пер., 13

ЛР 066328 от 23.02.1999

Гигиенический сертификат № 77.ФЦ.8.953.П.314.4.99 от 12.04.1999

Подписано в печать 18.10.99 г. Формат 60х84 1/16.
Печать офсетная. 24 печ.л. Тираж 1000 экз.

Заказ № 1214

Отпечатано в
Производственно-издательском комбинате ВИНИТИ
140010, г. Люберцы, Московской обл.,
Октябрьский пр-т, 403. Тел. 554-21-86